SDNCS
荷兰新加尔文主义丛书
Studies in Dutch Neo-Calvinism Series
陈佐人 曾劭恺 徐西面 ◎主编
蒋亨利 李鹏翔 朱隽皞 ◎编委

磐石取蜜

Honey From the Rock:
Daily Devotions from Young Kuyper

作者　亚伯拉罕·凯波尔（Abraham Kuyper）
英译　邵大卫，利百加

© Latreia Press, 2022

作者／亚伯拉罕·凯波尔（Abraham Kuyper）
英译／邵大卫，利百加
中英校对／赵柳，肖庆，杜娜娜
中文校对／甘雨

中文书名／磐石取蜜
英文书名／Honey From the Rock: Daily Devotions from Young Kuyper
荷文书名／Honig uit den Rotssteen
所属丛书／荷兰新加尔文主义丛书
丛书主编／陈佐人，曾劭恺，徐西面
丛书编委／蒋亨利，李鹏翔，朱隽皞

All rights reserved. © Dutch Reformed Translation Society, 2018.

  This translation is published by arrangement with Lexham Press. No Part of this book may be reproduced or transmitted in any form or by any means, electronic or mechanical, including photocopying, recording, or by any information storage or retrieval system, without permission in writing from the publishers. For information, address **Lexham Press, 1313 Commercial St., Bellingham, WA 98225, U.S.A.** or address **Latreia Press, Hudson House, 8 Albany Street, Edinburgh, Scotland, EH1 3QB.**

  本书部分经文引自《和合本》和《和合本修订版》，版权属香港圣经公会所有，蒙允准使用。其余经文直接译自英文原文。

策划／李咏祈，徐西面
内页设计／冬青
封面设计／冬青
出版／贤理·璀雅出版社
地址／英国苏格兰爱丁堡
网址／https://latreiapress.org
电邮／contact@latreiapress.org
中文初版／2022年3月

ISBN：978-1-913282-13-4

荷兰新加尔文主义丛书序言 001
英译者序 005

卷一

第1篇 如同断过奶的孩子 / 013
第2篇 狐狸有洞 / 016
第3篇 因为雅各微弱 / 019
第4篇 这么多年来 / 022
第5篇 宁静的延伸 / 025
第6篇 但因他情词迫切地直求 / 028
第7篇 不显露的坟墓 / 031
第8篇 按时分粮 / 034
第9篇 我来要把火丢在地上 / 037
第10篇 在安息日得释放 / 040
第11篇 永不坏的钱囊 / 043
第12篇 比众加利利人更有罪 / 046
第13篇 贫穷和有需要的人 / 049
第14篇 如云彩般的见证人 / 052
第15篇 那些贪爱钱财的人 / 055
第16篇 不配的仆人 / 058
第17篇 在人所不能的事 / 062
第18篇 一切都成就 / 065
第19篇 衣裳缝子 / 068
第20篇 她一切养生的 / 071
第21篇 站在殿顶上 / 073
第22篇 他们安静的祷告 / 076
第23篇 番石榴代替蒺藜 / 079
第24篇 孩子捡柴 / 082
第25篇 一块白石 / 085
第26篇 殿中柱子 / 088
第27篇 并非醉了 / 090
第28篇 智慧变成愚拙 / 093
第29篇 床与婴儿床 / 096
第30篇 记下他 / 099
第31篇 违反健全教义 / 102
第32篇 可喜悦的思想 / 105
第33篇 行在你们的火焰里 / 108
第34篇 黄金何其失光！ / 111

第35篇 桌上掉下来的碎渣 / 114
第36篇 被新油膏了 / 116
第37篇 把你脚上的鞋脱下来 / 119
第38篇 心未受割礼的人 / 122
第39篇 要往岔路口上去 / 125
第40篇 求主教导我们祷告 / 128
第41篇 嘴唇的果子 / 131
第42篇 求祢使我专心 / 135
第43篇 散布亮光是为义人 / 138
第44篇 你们扛抬耶和华器皿的人哪 / 141
第45篇 复活的儿女 / 144
第46篇 他去世无人思慕 / 147
第47篇 把生命的轮子点起来 / 150
第48篇 素行正直的 / 153
第49篇 终日所思想的尽都是恶 / 156
第50篇 他们所作的，他们不晓得 / 159
第51篇 松开凶恶的绳 / 162

第52篇 我们晌午绊脚 / 166
第53篇 你们的罪孽使你们与上帝隔绝！ / 169
第54篇 赐华冠代替灰尘 / 172
第55篇 像野地的花 / 175
第56篇 平安归于地上！ / 178
第57篇 炼净银子 / 181
第58篇 这就是我将我的安息日赐给他们的原因 / 184
第59篇 按祂吩咐游行旋转 / 187
第60篇 我必报应在他们怀中 / 190
第61篇 那人却不晓得如何这样 / 193
第62篇 因我圣言而战兢的人 / 197
第63篇 我的食物就是作成祂的工 / 200
第64篇 那人撒种，这人收割 / 203
第65篇 将审判的事全交与子 / 207
第66篇 作为土产初熟的果子 / 210
第67篇 乃是因吃饼得饱 / 213

第68篇 受苦难! / 216
第69篇 把旧酵除净 / 220
第70篇 不能存活自己性命的人 / 223
第71篇 叫我们与祂一同复活 / 226
第72篇 暂住与归属 / 230
第73篇 因一人 / 233
第74篇 作上帝的工 / 236
第75篇 升到祂原来所在之处 / 239
第76篇 自隐的上帝 / 242
第77篇 绝对有福 / 246
第78篇 幼年的罪愆 / 249
第79篇 使我永远站在祢的面前 / 252
第80篇 不是你托着根,乃是根托着你 / 255
第81篇 我与你为敌 / 258
第82篇 撒慕拿的手 / 261
第83篇 在尽上的枝梢上只剩两三个果子 / 264
第84篇 以奸诈待你的众子 / 268

第85篇 里面空闲,打扫干净,修饰好了 / 271
第86篇 我看你如基列,如黎巴嫩顶 / 275
第87篇 睡着了 / 279
第88篇 与悖逆的人同住 / 283
第89篇 如亡羊 / 287
第90篇 赦免和敬畏主 / 291
第91篇 因信得生 / 295
第92篇 像黑暗中的滑地 / 299
第93篇 圣灵的果子 / 303
第94篇 两筐无花果 / 306
第95篇 忧伤的心 / 309
第96篇 如今常存的有三样 / 312
第97篇 绊倒人的事是免不了的 / 315
第98篇 他们以为必要多得 / 318
第99篇 祷告的殿 / 322
第100篇 要警醒 / 326

第1篇 他们在夜间看守羊群 / 333
第2篇 你完全转变了他的疾病 / 337
第3篇 访问古道 / 341
第4篇 自核至皮 / 344
第5篇 我们日用的饮食 / 347
第6篇 你的儿女离弃我 / 350
第7篇 生活与主敌对 / 354
第8篇 你们若常常遵守我的道 / 357
第9篇 无情！ / 360
第10篇 起初是杀人的 / 363
第11篇 当主日被圣灵感动 / 366
第12篇 好像塞耳的聋虺 / 369
第13篇 叫恩典显多 / 372
第14篇 经上的话是不能废的 / 375
第15篇 又甚忧愁 / 379
第16篇 祂长远活着，替他们祈求 / 382
第17章 吸引万人来归我 / 385
第18章 任凭死人埋葬他们的死人 / 388

第19章 劳苦治服他们的心 / 391
第20章 敬畏祢本是合宜的！ / 394
第21章 当纪念安息日 / 397
第22章 保护你的是耶和华 / 401
第23篇 担代不坚固人的软弱！ / 404
第24章 金子也是我的！ / 407
第25篇 祢医治的旨意要速速发生 / 410
第26章 不要为这百姓祈求好处！ / 413
第27章 灵往哪里去，活物就往那里去 / 416
第28章 何以轻看你的弟兄 / 419
第29篇 我也作事 / 423
第30篇 因为我必不向你们施恩 / 426
第31篇 用铁笔！ / 429
第32篇 背起他的十字架 / 432
第33篇 筛你们像筛麦子一样 / 435
第34篇 审判厅内 / 439
第35篇 像上帝殿中的青橄榄树 / 442
第36篇 心里正直的人 / 445

卷二

第 37 篇 我的丰富 / 449
第 38 篇 直到我眷顾他的时候！/ 453
第 39 篇 以背向我，不以面向我 / 457
第 40 篇 我必不至缺乏 / 461
第 41 篇 都来，买了吃！/ 465
第 42 篇 我们若说！/ 468
第 43 篇 与上帝相交 / 472
第 44 篇 却仍在黑暗里行 / 476
第 45 篇 就是说谎话，不行真理了 / 480
第 46 篇 使我消灭在烈风中 / 483
第 47 篇 训诲必出于锡安 / 487
第 48 篇 暗中掩盖！/ 491
第 49 篇 你的平安就如河水！/ 495
第 50 篇 不可不管教孩童 / 498
第 51 篇 是虫，不是人 / 502
第 52 篇 我如水被倒出来 / 505
第 53 篇 以利，以利，拉马撒巴各大尼！/ 508
第 54 篇 自己劳苦的功效 / 512
第 55 篇 万军之耶和华 / 516
第 56 篇 使我里面重新有正直的灵！/ 519
第 57 篇 就是摸袘眼中的瞳人！/ 523
第 58 篇 将洁净的冠冕戴在他头上 / 527
第 59 篇 舌头如火焰显现 / 531
第 60 篇 因袘知道人心里所存的 / 534
第 61 篇 天天向恶人发怒的上帝 / 538
第 62 篇 纯一不杂！/ 542
第 63 篇 不要离弃你手所造的 / 546
第 64 篇 这百姓说"时候尚未来到" / 550
第 65 篇 愿慈爱多多地加给你们 / 554
第 66 篇 愿赐平安的上帝亲自使你们全然成圣 / 557
第 67 篇 撒但，退我后边去吧！/ 561
第 68 篇 凡事包容 / 565
第 69 篇 上流人也是虚假 / 569
第 70 篇 岂是丝毫向我禁食吗？/ 573
第 71 篇 谁敬畏耶和华？/ 577

第 72 篇 即使基督也没有因成为大祭司而高举自己 / 581

第 73 篇 雄伟如骏马 / 585

第 74 篇 虽是群中最困苦的羊！/ 589

第 75 篇 可见栽种的算不得什么，浇灌的也算不得什么！/ 593

第 76 篇 心里时常伤痛！/ 597

第 77 篇 我必从我口中把你吐出去 / 601

第 78 篇 基连哈朴 / 605

第 79 篇 天天侍奉 / 609

第 80 篇 但我是属乎肉体的，是已经卖给罪了 / 613

第 81 篇 叫荣耀住在我们的地上 / 617

第 82 篇 如同羊羔进入狼群 / 621

第 83 篇 上帝为爱祂的人所预备的 / 625

第 84 篇 从万古以来，祢名称为我们的救赎主 / 629

第 85 篇 藐视我名的祭司啊 / 633

第 86 篇 我们在何事上藐视你的名呢？/ 637

第 87 篇 劳苦愁烦 / 641

第 88 篇 以自己的势力为上帝 / 646

第 89 篇 凡狂傲的和行恶的必如碎秸 / 650

第 90 篇 安静的心在上帝面前极宝贵 / 653

第 91 篇 永久的门户，你们要把头抬起 / 657

第 92 篇 圣灵将上帝的爱浇灌在我们心里 / 661

第 93 篇 因着品行，而非言语！/ 665

第 94 篇 满心知道上帝的旨意 / 669

第 95 篇 初熟的果子基督 / 673

第 96 篇 不独在乎言语，也在乎权能 / 677

第 97 篇 我受教以后 / 681

第 98 篇 上帝使已过的事重新再来！/ 685

第 99 篇 锡安悲哀的人！/ 689

第 100 篇 牛认识主人！/ 693

荷兰新加尔文主义丛书序言

荷兰新加尔文主义是在现代荷兰王国的历史中发展出来的重要基督教神学传统，在普世基督教神学中独树一帜。若要认识欧洲低地国历史与现代西方神学的发展，荷兰新加尔文主义是极之重要的文化源流与神学思想传统。

16世纪的欧洲出现了风起云涌的宗教改革运动。当时在鹿特丹的伊拉斯谟提倡温和改革的路线，与德国马丁路德的改教运动分庭抗礼。17世纪被称为宗教战争的时代，当时的低地地区与西班牙爆发80年的战争，史称低地荷兰大反抗（1568-1648）。低地国联合起来成立了荷兰共和国，长期的经济繁荣促成了重商主义的兴起。1648年的明斯特和约结束了对西班牙的战争，成为了低地迈向国家化的重要里程碑。这时期产生了著名的多特会议（1618-1619）。内忧外患的时局成为这场神学论争的背景，好像在英国内战时召开的西敏大会（1643-1649）。历史家统称荷兰共和国为荷兰的黄金时代，一百五十万人口的低地国竟然创立了东印度与西印度公司，成功地建立了庞大殖民版图的帝国。这时期是笛卡尔、斯宾诺莎、伦勃朗的黄金时代。

1789年的法国大革命将荷兰再次卷进战火。1795年拿破仑挥兵席卷低地，结束了二百多年的荷兰盛世。1813年尼德兰（即低地）联合王国成立，包括荷兰、比利时与卢森堡，但这个短暂寿命的王国随着比利时与卢森堡的独立而瓦解。1839年《伦敦条约》承认比利时独立，现代的荷兰王国正式成立。本系列的思想家之一亚伯拉罕·凯波尔出生于1837年，即《伦敦条约》之前两年。

本系列的两位神学思想家都出生于现代的荷兰，逝世于二战爆发之前：亚伯拉罕·凯波尔（1837-1920），赫尔曼·巴文克（1854-1921），他们两位的人生旅途与思想轨迹都满布着荷兰历史的足印。另一位较年轻的是霍志恒（1862-

1949)，因从小就移民美国，他成为荷兰新加尔文主义在美国的主要代表人物之一。

为什么我们需要认识与了解荷兰新加尔文主义？首先荷兰新加尔文主义者均是著作等身的思想家。他们的著作被后世公认为神学的经典。单从神学思想史来看，阅读这些荷兰神学家的原典文本，可以丰富中国学界神学视野。今天许多英美神学的重要问题都可以追源至荷兰的改革宗神学，如果英美改革宗神学像 1620 年的五月花号客船，那整个荷兰加尔文主义的大传统就像是那艘先从鹿特丹出发的史佩德威尔号。

第二，荷兰新加尔文主义与荷兰历史之间错综复杂的关系提供了许多重要的参考，使我们可以反思宗教与文化及社会的关系。荷兰没有产生自己的马丁路德或加尔文，他们在漫长国家化的历史中接受了加尔文主义的神学思想，并且进行了全面荷兰化的改造。这在世界历史中是独特的。因着历史与地理的差异，荷兰与其他主要的新教国家不同。他们的目的似乎不是单纯地将阿姆斯特丹变成日内瓦，而是自觉地要建立一个低地的王国或共和国。这个国家化过程的对手不是君主制，所以他们不必像英国清教徒一般处死查尔斯一世。这些荷兰神学家的著作为我们提供了饶富启发性的历史蓝本，使我们可以进一步透视宗教与现世处境的关系。

神学与世局有千丝万缕的关系，自古已然。从奥古斯丁的《上帝之城》到马丁路德与加尔文的著作，无不具有独特的历史与政治背景，同时他们的文本也成为神学经典。同样，笛卡尔、康德与黑格尔的哲学名著也具有特定的历史处境，但他们的作品自成一个意义的世界，作为纯粹思想探寻的文本。荷兰新加尔文主义者的著作是神学思想史上的杰作，但同时与他们的荷兰世界密不可分。这种可区分但不可分离的关系正是我们阅读文化经典的原因：从思想来反思处境，从处境来透视思想。

第三，荷兰新加尔文主义为我们提供了对基督教教会本质的反省。这是耐人寻味的问题。作为大陆中小岛的荷兰，每时每刻都在与大洋搏斗。这种存在的危机根本不容许荷兰有内战，荷兰国家化过程的敌人全是周围虎视眈眈的帝国：西班牙、拿破仑与纳粹德国。但这种同仇敌忾的国族危机并没有产生教会的合一。相反，荷兰教会的分裂是著名的。许多教会历史课本常调侃荷兰特色的基督教：一个荷兰人是神学家，两个荷兰人组成教会，三个荷兰人便会教会分裂。从17世纪的多特会议到凯波尔在1880年代的教会出走运动，荷兰教会一直在极度激化的纷争中。正如霍志恒在普林斯顿神学院的同僚沃菲尔德定义改教运动说："从内部而言，改教运动是奥古斯丁的恩典论至终胜过了他自己的教会论。"从表面来看，荷兰新加尔文主义者似乎也秉承了此种宁为玉碎、不为瓦全的分离主义。然而，新加尔文主义健将凯波尔将加尔文主义定义为整体的世界观与生活体系，并且提倡普遍恩典的概念来整合一套具兼容性的神学与治国理念。研究荷兰新加尔文主义可以帮助我们去思想基督教的教会理论中的两大张力：大公精神与分离主义，就是大一统世界观的传统教会与倾向完美主义观的小教派。两者如何兼并而非各走极端，这是阅读新加尔文主义对我们的启迪。

第四，荷兰文化与中国文化都曾经拥有黄金时代的光辉历史，并且二国至今仍然是世界舞台上欣欣向荣的文化国家。荷兰人缅怀他们的黄金时代，就是法国的笛卡尔、犹太教的斯宾诺莎、加尔文主义艺术家伦勃朗、基督公教画家弗美尔、阿民念主义的法学家格劳秀斯，还有一群毅然投奔怒海的史佩德威尔号的漂游客。这群人组成了一幅五彩缤纷的马赛克。中国的黄金时代亦是如一幅连绵不断数千年的光辉灿烂的精致帛画，是如此美不胜收，教人目不暇接。阅读荷兰新加尔文主义的著作可以为广大中国学者与读者提供一个具有文化亲近性的西方蓝本，借此来激发我们在中国文化的处境中去寻求创新与隽永的信仰与传承。

本系列的出版可以为广大读者提供高水平而流畅的翻译，使大家可以更深入地了解荷兰文化与神学思想的精妙。这是一套承先启后，继往开来的出版企划，希望广大的读者从中获益。

陈佐人
美国西雅图大学神学与宗教研究副教授
2019年10月29日

英译者序

对于亚伯拉罕·凯波尔（1837-1920）来说，每周日写一篇本周默想是一项铁律。即使在担任荷兰首相（1901-1905）的繁忙时期，他也不容自己在这方面有所妥协。他会延迟或中断其他写作项目，却从未间断每周撰写默想。这一习惯始于 19 世纪 70 年代早期，一直持续到 1920 年 11 月他去世前几天。事实上，在重大基督教节日之前的几周中，他还在持续撰写两份灵修文集。这两份灵修文集可谓卷帙浩瀚，包含了两千两百多篇。

凯波尔所写的默想基于圣经，在信仰上极为严谨，我们只会认为这反映了他深刻的属灵经历。他跟上帝深交的一种方式是安静独坐，以一种深刻且时常富有想象力的方式思想一段经文。这种与创造者及救赎者的亲密团契使他的灵魂重新充满力量。这增强、激励、更新、指示并教导了他自己。与上帝独处的宝贵时间带来的益处，从他的心、灵，并借着他富有天赋的文笔流淌出来。我们也从他的默想受益。

全面了解凯波尔

不读亚伯拉罕·凯波尔的默想，我们就无法了解他本人。越探究这些默想，我们就越了解他。凯波尔因他在基督教新闻业中的首创精神而闻名。他在 19 世纪 70 年代早期开办了一家基督徒日报，又创立了一份八个版面的信仰周报，并亲自担任主编。他积极倡导政府要资助创办基督教学校。他对基督教科学思维怀有愿景，这促使他建立了一所基督教大学。政治和司法这些重要领域是如此急需信仰引导，以至于他放弃了教牧职衔、投身政坛。城市化、工业化和殖民主义都给迅速变化的世界秩序带来了新挑战。这些世界秩序都急需以基督为榜样的解决方案。于是，他激励抗革命党积极献身政治运动。作为一位神学教授，他撰写了大量神学作品，其中许多著作如今首次被译为英文。在这些积极举措中，凯波尔展现出惊人的持久力和高效性。这都得益于他的灵性，而他的灵性在他的默想中展现无遗。凯波尔并未直接流露感情，但他的默想如镜头一般，使我们有幸窥见他的灵魂。

近来有许多优秀的学术成果涉及凯波尔的诸多成就。其中大部分集中在处于公共职业生涯成形年日的年轻凯波尔，那时他刚开始出版每周默想。这些默想首次以插页形式附在他创办的周日周刊《旌旗报》（*De Standaard*）。几年后，这份插页成为单独印刷的信仰周报，被称为《先锋报》（*De Heraut*）；该刊创于 1877 年 12 月。令人惊奇的是，尽管作为总编辑的凯波尔日程安排极其繁忙，但是任凭你如何极力地在这两份资源中搜寻，也不会发现有任何一份默想重复出现。多年来，他可能会对同一文本进行多次默想，甚至会有五六次。但在这种情况下，每次默想都是一次心灵与上帝重新相遇的结果。凯波尔的默想极具原创性，在他每周的生活节奏中至关重要，并传递了坚定的信仰和基于圣经的洞见。尽管如此，现代学术在很大程度上只有偶然的关注。这种做法也包括对凯波尔公共事业最初形成阶段的研究。所幸，这种情况正开始改变。

关于《磐石取蜜》默想集

这些默想最初分为两卷，分别于 1880 年和 1883 年出版。它们反映了年轻的凯波尔的属灵经历。第一卷包含一百篇默想，写于 1877 年 12 月至 1880 年末。凯波尔是按照它们最初在《先锋报》出版的顺序重印。第二卷也包含一百篇默想，最初写于 1879 年 5 月至 1882 年年中。出于不明原因，他没有按照它们在《先锋报》

发表的相同顺序重印。这两卷合集仅以荷文重印一次；第 1 卷于 1896 年重印，第 2 卷于 1897 年重印。

标题"磐石取蜜"是基于《诗篇》八十一 16："但你们必吃上好的麦子。我又要从磐石取蜜叫你们饱足。"[1] 虽然凯波尔从未直接写过关于这节经文的默想，它却完美展现了他默想圣经的感受。与主相交是甜蜜的。它使人灵魂最深处的渴望得到满足。圣经所有部分都会带给人灵性的滋养。这本合集主要使用了福音书、《诗篇》、新约书信，以及旧约中的后期先知的著作。同时，它也包含了对摩西五经、前期先知著作和智慧书经文的默想。

合集中的话题和主旨十分广泛，其中基于上帝圣约应许的个人确据是非常突出的重点。因此，上帝对于时常冷漠的子民所存的耐心和恒久忍耐也是重点。基督徒生命的力量和荣耀是常见的主题。在困难面前的忍耐和坚忍也贯穿始终。基督徒父母的责任，以及疏忽职守带来的可悲后果，也常被讨论。刻板、空洞、无力、伪善和追求社会认可的宗教习俗经常受到谴责。这些默想同样坚决反对那种以培养主观宗教经验为信心基础的做法；凯波尔揭露了这种虔诚带来的灵性危险。他也形象而坦率地刻画了罪在基督徒以及非基督徒生命中的力量。对他而言，**魔鬼**、**罪恶**和**地狱**是森然逼近的现实，这在他的默想中常有涉及。他强调天使在基督徒经历中服侍的能力。他突出充满活力的基督徒群体的紧迫性，强调安息日是神圣庇护和更新的时刻，以及敬拜、讲道和圣礼在恩典的牧养工作中的中心性。他对世俗的消遣、对物质利益和世人认可的追求发出警告。诚然，凯波尔在默想中使用了一些神学术语：呼召、拣选、儿子的名分、重生、成圣、救赎等。然而他这样做不是要教导教义，而是假定读者明白这些词汇。他使用这些术语仅仅是要强调与上帝团契的丰富。凯波尔对自己选择的主旨和话题，以及偶尔使用的神学术语，都赋予了一种令人称奇的新鲜而有创意的风格。他的默想在属灵方面直击心灵，令人难忘。

那些未被包含在这本默想合集中的内容也同样重要。这本合集中并未发现凯波尔对政治和社会议程的急迫呼吁。正如他时刻所强调的，默想和基督徒公

---

[1] 按照荷兰改革宗翻译协会的规定，我翻译了凯波尔引用的荷文经文。在此期间，我通常会参照几种不同的英文圣经译本，但不会依赖任何一种。

共敬拜是本质性的属灵操练；在这样的操练中，我们可以将那些占据人心的外部事物拒之门外。由此，我们进入神圣的空间，有意识地站在上帝的同在中。由此我们在祂的圣言中检查自己的内心和灵魂。由此，我们在属灵上被更新、恢复、充满，使我们可以重新投入日常的职业呼召之中。

这部两卷的英译本是首次发行。其中几篇默想在凯波尔随后出版的按主题分类的合集中也出现过，并已被译为英文。但这样的篇章在这本两百篇的合集中不超过六篇。这几篇默想收录在一些后期的荷文文集和二战前晦涩的英译著作中，但并未声明这几篇默想取自《磐石取蜜》。因为原始的两卷合集在这里是按一卷收录的，故每篇默想开篇的左上角都标出了原初的排序。

凯波尔默想的时代背景

此译本旨在完全忠于凯波尔的原著，并没有刻意隐藏他那个时代特有的社会偏见。此译本也以一种通俗易懂、当代的散文风格来展现其中内容。这包括打破原著中一些长而复杂的句子，偶尔添加阐释性注脚，以及间或用当代的同义成语或术语来代替某些难懂的荷文。

凯波尔其他重印的默想集，只有一部在主题和经文的范围上与本文集持平。书名为《更加与上帝亲近》，首印于1908年，是在他当选首相不久之后及在位期间的默想合集。这些默想文章最初也刊登在《先锋报》上，并很快以书的形式重印。与《磐石取蜜》不同的是，这些默想很快就被译成英文，它们反映了凯波尔成熟时期的灵性。

另外还有六本凯波尔默想文集，同样最先出现于《先锋报》，然后以书的形式重印；这些文集篇幅更短，也更集中于某些主题。它们主要侧重于教会牧养中的问题，如疾病与死亡、家庭生活与婚姻、基督的受难与受死，以及基督徒的重大节日。但《磐石取蜜》和《与上帝亲近》范围广泛，共同涵盖了所有这些各有侧重的默想。虽然凯波尔在1908年后仍撰写默想，却都没有收集起来，也没有以书的形式发行文集。一些早期的文集有荷文重印版，其中大多数最后被译为英文。但在二战结束之前，凯波尔的默想被大批读者无视，不论是荷文读者还是英文读者，都是如此。

荷兰改革宗翻译协会董事会感谢莱克瑟姆出版社（Lexham Press）在付印此文集过程中的协作，令凯波尔的灵修作品与他的其他著作都以现代译本的方式出现。特别感谢鲍罗斯·休勒（Paulus Heule）先生慷慨资助此翻译项目。他是荷兰改革宗翻译协会董事会的前任董事，也是荷兰驻西密歇根州的名誉领事。

詹姆斯·德扬
James A. De Jong
2017年将临节

巻一

第1篇
如同断过奶的孩子

> 好像断过奶的孩子在他母亲的怀中。《诗篇》一百三十一2

一个吃奶的孩子仍活在他幼小生命最初的享受之中。但即使有这样的享受,他仍不满足。他总想要吃奶,因为母乳总会让他饱足。这个孩子强烈地感受到自己对母乳的钟爱,在他渴求喝奶的时候尤是如此。

但现在考虑一下这个孩子断奶后的情形。我指的不是正在断奶的孩子,而是断奶以后的孩子。一哭闹就可以有奶喝的日子已经一去不复返。这个小孩子已经学会在饮食方面需要更加克制。若他现在被放在母亲的腿上,他就不再去找奶喝,而是幸福地坐在那里,单单享受和母亲在一起!

灵魂转变不也是如此吗?从剧烈冲击人的归信经历,转变到后来对平安的感知,就是以这种方式发生。难道这跟断奶孩子的经历不是十分相似吗?一个初信的人不正像一个吃奶的孩子般,总是梦想着上帝施予无限恩典吗?他岂不是通过深深地饮取,从新的生命源头得更新吗?比起软弱的、婴孩般的信心所能吞咽的食物,他能吸收的不是更多了吗?在他不止息的、热切的祷告生活中,他岂不总是在祈求神圣恩典的溪流更加满溢吗?

但接下来，最初在这种丰富恩典中得到满足的灵魂，会承受一场令人梦想幻灭的经历。他会失去极度的兴奋，失去曾享受过的丰厚，并失去对这世界而言太过美好事物的感觉。他虽仍然专注于上帝的爱，可是现在的爱已成为一种被各各他、被那让人清醒的十字架的现实所调和的爱。现在，他看待万事不再凭一腔热血。灵魂因着愿意长远期盼的事物，就不再看重紧急需要。现在，他对灵魂需要忍受什么有了感知。之前的不安被一种不断增长的平安所代替。这就像一个已经断奶的孩子，把母亲当作母亲去请求时所得到的那种平安。这样逐渐成熟的信徒如今将上帝看为上帝，并带着谦卑的恳求来祷告，因为知道自己的灵魂何等微不足道。

这就是一个深深倚靠的例子。比吃奶小孩子的依靠更深的，是断奶孩子的依靠。吃奶的孩子是任性的。母乳是属于他的，只为他而存在！母亲温暖的胸脯就是他的小王国！他用他的舌头和小嘴吸吮微温的乳汁！对断过奶的孩子来说，情况就很不一样了。这个孩子现在一无所有，发现什么都没有为自己准备，于是就跟别人吃一样的食物。他甚至都缺乏把眼前的食物放进嘴里的能力。他必须完全依赖别人！

这是否也是你从最初浓烈的爱中"断奶"后的状况？现在你不觉得自己很渺小，内心充满对上帝的依赖吗？你最初以为很多事情皆有可能！你在自己的小王国中那么满意！你随时准备好表达自己在一切事情上的想法。你的嘴唇总是准备好了要歌唱赞美上帝！

但如果诚实面对自己，你现在难道不是对微小的事物也生发了感激之情吗？你岂不是以上帝仆人微不足道的身份为乐吗？在你遇见反对意见，你的荣誉和地位被否定，你的计划和抱负失败时，难道不也有喜乐吗？这样，你现在甚至可以用一颗喜乐的心去享受上帝给你的一切恩赐。带着一定程度的降服，你岂不是学习与大卫共同见证，说："耶和华啊，我的心不狂傲。重大和测不透的事，我也不敢行。我的心平稳安静，好像断过奶的孩子在他母亲的怀中；我的心在我里面真像断过奶的孩子。以色列啊，你当仰望耶和华！"

让我再来阐述此点。如奥古斯丁所巧妙描述的，母乳也是一种食物，流经母亲的血管后变成了乳汁。所以，这是一种食物，但是先由他人享用后，才让吸吮的人也能享用。这食物变得甘甜、减少而且被分解了！但一个小孩子一旦断了奶，他就吃辅食，吃真正的食物。就是那种软软的、掰成小块的食物。即便如此，它还是食物，是含有一切供养人体所需的元素、使人身体强壮的食物。

而当你被带到你的救主，就是你生命的粮面前时，这不正是所发生在你身上的情况吗？最初你更喜欢吃那种从另一个人传过来的、对你来说更像"新生儿所需的母乳"的食物。别人藉着基督喂养你，但基督本人仍旧离你很远。祂的圣言对你而言仍旧太难，要求太高，也不易消化。然后你对祂的圣言没有欲望，只对那种结合了一支甜蜜的小诗歌，去掉了种子和果核，并加工成一顿快餐式的信息感兴趣。

如今你已断了起初所爱的丰盛母乳，并对更朴素的食物产生了兴趣，你就有胃口来享受生命之粮祂自己了。这是因为你不再是"基督里的新生儿"。现在，包裹祂柔软可咀嚼之圣言的硬壳，再也不能阻挡你。现在你会耐心地把这食物，就是祂的圣言，拿到嘴边；这食物散发着属天的、赐予生命的芳香之气。而现在，那种以为自己知道一切的可怕虚假想法已经不复存在。是的，实际上你所有的知识都会使你失望！你真的一无所知！你会因灵魂深处的无知向祂呼喊，等待从那位唯一真正的爱照射而来的亮光。在这样的等待中，你坐在那里，像一个断奶的孩子跟母亲在一起，在主的同在中平稳安静！

第2篇
狐狸有洞

> 狐狸有洞，天上的飞鸟有窝，只是人子没有枕头的地方。
>
> 《路加福音》九58

难道这句刺穿灵魂的经文不是美得让人惊讶，深深令人感动吗？狐狸仍然有洞，鸟儿在树的高处依旧有窝，但是我——你们的主耶稣——在地上没有安息之所！若你注意到这句话的上下文，你会发现它更加美丽。这样你就能设身处地去感受耶稣的思想世界，一个从祂所说的这句让人心痛的诉苦之言所反映的世界。

耶稣在他泊山上变相，被天上荣光环绕那一幕，彼得问能否搭三座棚——一座给摩西，一座给以利亚，还有一座给耶稣（路九33）——这些都位于这句经文的上文。在耶稣去往耶路撒冷的路上，撒玛利亚人拒绝给祂提供住宿也是一个前因，其结果就是祂不得不在冰冷、坚硬的地上过夜。

甚至狐狸都可以在那块地上挖个洞，在土壤深处有栖身之所；甚至鸟都可以振翅而飞，高高地离开那块地面，在它的窝里避难。但人子疲惫的身躯却没有可以休息的地方。即使之前天上宫殿的门开了，即使彼得要为祂搭座棚，祂还是没有休息之处。事实上，地球完全适合狐狸和它的爪子，适合燕子和它的翅膀，却不适合耶稣。对人子是不适合的！祂属于一个更超越的世界，那里来的荣光曾经在他泊山上将祂遮盖。那是一个更完美的世界，在那里没有狐狸挖洞，也没有云雀飞翔。在那个世界里，当主耶稣坐上祂荣耀的宝座时，会将祂吸引世人灵魂之工所赢得的东西赐予你，也就是将从天父而来的平安和休息赐予你。

这个处在咒诅之下的世界，不可能存在任何配得上人子的永久棚屋。如同福音书作者所说，当彼得提议建一座棚时，他根本不知道自己在说什么。耶稣属于另外的秩序，这秩序对这个贫穷的世界而言太超越了。这秩序的超越不只是因为祂是上帝，也因为祂是人子。人如同狐狸一样，最终会为别人在地上挖一个黑黑的洞。这样挖洞是因为有人去世了，下到了死亡的深坑，被抬到了坟墓。然而我们现在听听，紧接着这句经文，耶稣对另一个询问祂的人所说的话。祂说凡要跟从祂的人都没有坟墓："任凭死人埋葬他们的死人，你只管去传扬上帝之国的道！" 相似地，人动手盖房子用以居住，就如同鸟开始筑巢，但那房子绝不可能成为人永恒的家。当有人恳求说"主，容我先去辞别我家里的人"时，我们也当留意耶稣是怎样坚定地予以拒绝。

不，不！那些被耶稣赎出来的人，比他们的救主自己，更不被允许仍留在地上。他们与他们的主连结在一起，所以已经从这世界上连根砍断。要活在祂里面就是要活在世界外面。如同天路客踏上朝圣之旅，他们再也不在地上的家里，而是踏上了去往真正家乡的旅程。在此下面的世界寻索的人，即使是得到自己所渴望的，也离他作为一个人的真正意涵相距甚远。他们不是上帝圣天使的同伴，而只是狐狸、鸟类和森林里其他动物的伙伴。

真正的荣耀在于活出《耶利米书》三十五7所记载利甲族预言性的誓言："我们不会盖房居住，但要住在帐篷里主耶和华的面前！" 在给希伯来人的信中，使徒也称赞到处漂荡、住帐篷的先祖们。当使徒呼唤"在天上漫步"并"撇下"现在的所有时，他是在呼吁与这个世界断绝。

因此，凡跟随耶稣的人就抛弃了这世界。他们不断发现世界的魅力在衰减。在他们的内心和灵魂中，世界的荣耀已被钉在十字架上。他们这样做不是因为放弃了追求幸福的欲望，而是因为渴望一种更大、更高、更丰富和更璀璨的荣耀。

他们怀着盼望渴求那种荣耀，这荣耀使他们已经安静下来的心，现在就充满了神圣的喜乐。这是在神圣的荣美和上帝国度的纯粹荣光中的喜乐。

上帝所拣选的孩子啊，当你的灵日夜盼望的那光芒出现，可庆祝的日子最终来临时，爬到洞中的再也不是狐狸了。根据《以赛亚书》二19先知的话，那将会是在地上没有尊崇荣耀君王的人；这些人将要逃到"地上的石洞和土穴里"。然后，"疼痛好像产难的妇人"，将会胜过那些像空中的鸟一样，曾傲慢行事、实则让自己卑微的人，因"他们在黎巴嫩的高处居住，在香柏树枝上搭窝"（耶二十二23）。但你们所有看世界如同无有、被嘲笑、被世界驱赶的人，将住在"撒拉弗的家中"。主自己这宝贵的话是对你们所有承受天路旅程中漂荡之苦的人说的："在天上的家里有许多房间，在我父的家里已经为你们预备好地方了。"

第3篇
因为雅各微弱

> 主耶和华啊,求祢赦免;因为雅各微弱,他怎能站立得住呢?
>
> 《阿摩司书》七2

上帝的恩惠临到那些微弱的人身上,临到那些被藐视、受打击的人身上,临到那些被看为低到尘埃的人身上。"上帝啊,拯救我们!"先知在痛苦中呼求:"因为我们什么也不是。我们完全被打倒在地。雅各是如此微弱!"

事实就是如此!上帝的愤怒面向一切自高之人。祂的能力与傲慢的、自大的、一切高傲的人为敌。每一座高塔、每一堵坚固的城墙都将被击垮,一切都被降卑,直到人的骄傲被打碎,自负被践踏!祂绝不忍耐任何与祂并肩而坐或反对祂的人。祂自己,主我们的上帝,将被高举。这就是为什么祂眷顾那些愿意降卑自己,使自己卑微,并在软弱中进入祂同在的人。

看看马利亚!她不是唱着"祂顾念祂使女的卑微"吗?再想一想婴孩耶稣自己就更清楚了。祂让自己变得微不足道,自己卑微以至于死,且死在十字架上。如使徒所说,正因如此,因祂甘愿像地上的蠕虫一样——只因如此——祂的天父才能用一种超越性意义上的安乐(well-being)来安慰祂,并将祂升高,给祂一个在天上地下万名之上的名。

弟兄姊妹，这是否也是你生命的主导原则？你是否在否定自己？你是否甘愿变得越来越微小，好让那位已被高举的元首可以在你生命中逐渐上升？听一听诗人的宣告："上帝啊！我极其卑微，被人藐视。" 听一听耶和华借许多先知对祂的民以色列所宣告的："我的民哪，我使你在列国中微小；以后我必怜悯你！" 请仔细注意祂是如何从卑微之境生出荣耀："伯利恒的以法他啊！你在犹大诸城中为小。"但也请注意祂是怎样把安慰的应许赐予被高举的那一位："当刀剑兴起攻击我的牧人，我必向微小者伸出手。"

一如既往地，上帝的选民对这些话语的回应是"阿们"！起初被降为卑时，他们也会经历安乐的感觉。只要他们一直保持谦卑，那份安乐感就不会消散。当他们的心自我膨胀时，这种感觉就消退了；但一旦他们被再次打碎，它就全然回流。

"要变成这些小孩子的样式。" 耶稣对祂门徒说的这话也是对你我说的，字字箴言。你必须舍掉生命，而非保留你的生命。"虚己"是一种使人有权利跟随祂的行军命令。人灵魂中歌唱的主题是"主啊，我一无所是，但你是一切。"

在你不被列在位高的、有能的、伟大的人当中时，这难道不就是你安慰的源头吗？或者，当你在地上因为你的卑微被人忘记时，上帝却因此极为珍视你。祂都知道！"你只有微小的能力！" 但是，"不要害怕，我的羊群！"的应许从祂圣洁的口中说出。哦，每一个受苦、被压迫的人，每一个悲惨、贫穷的人，每一个赤身、瞎眼的人，每一个无望、被抛弃而到处漂荡的人，你们都得了确据，你们的呼求都会被听见。以赛亚呼求道："主啊，不要抛弃我，因为我们的数量稀少！" 你可以确定，从你沉重的心和受压的灵里升起的哀求，还有你自己痛彻心扉的哭喊，将会把你的诉苦带到施恩的宝座前："求主，上帝，向我显出怜悯……因为我是卑微的！"

那位躺在小床里的小婴孩被降卑，是为了让拥有一颗干涸、冰冷、空洞之心的你，在上面的国度中为大。这位以马内利，位低而卑微，却有着可以更频繁、更深刻地穿透你内心的能力。祂可以持续如此做工，直到你里面那时而复燃的不信之火被完全扑灭。另一方面，对于一颗几乎要窒息的心，祂也有能力

"不熄灭将残的灯火"，而是轻轻地吹，直到它燃为火焰，可以成为这世界"幽谷中的明光"。这乃是安慰和消除恐惧的明光。

愿满有怜悯的那位向你施怜悯，好使你可以转而向那些一无所有、受压迫的人施怜悯！愿你在检视和分辨你自己的情况后，选择向那世上卑微的人施爱心！愿你向那些被鄙视的、被拒绝的人敞开心灵！愿你向那些受压迫的、卑微的人有怜悯！当人在低微的处境中向你求助，呼喊着"我的弟兄姊妹，帮帮我吧，因为我如此卑微"时，也愿你能倾听。

第4篇
这么多年来

我服事你这多年。《路加福音》十五29

当你读到这里时，稍作停留，有片刻思考。在开始新的一年之前，想想你要如何生活在永活的上帝面前。你服侍祂。你被列在那些承认祂名的人中。你对圣灵的做工方式有自己的认知。任何时候有人谈论祂所拣选的羊群时，你确信自己就是那些寻求祂面之人中的一员。

如果有人认为你是未归信的，或以你为非信徒而难过，那么他们就是对你不公了。因为你有时也曾热心地用口见证上帝。先知以赛亚为上帝所作的见证用在你身上也正适宜："他们天天寻求我，乐意明白我的道，好像行义的国民，不离弃他们的典章。"（赛五十八2）

但在这一切中，你和主内那些最好的弟兄姊妹一样，都没有免费的通行证。问题不在于你是否服侍祂，而在于你服侍是否有生命力，生命力中是否有信心，信心中圣灵的充满是否在增多。所以请深刻省察你的内在！

至今这么多年，你一直在上帝的外院中守门。回想一下从你第一次在心里见到圣光后的五年、十年、二十年，甚至更多年前的时刻。你生命中拥有多么绵长而宽广的经历啊！这为你提供了良好的机会，使你带着更多的急迫感来反思基督对你的爱是何等地长阔高深。这么多年来，你的信心本应何等进深。你对永恒真实上帝的知识本该何等清晰可辨。从上头来的更伟大崇高的灵，本该涌流进你的灵魂。这么多年来，你坐在救恩的泉边，有常常饮用那更新灵魂的泉源之水吗？你有常常让它带领你到永生的生命之泉吗？

这么多年来，你已经习惯去服侍袖。你旧的本性已靠着基督十字架的能力，被钉在十字架上、死去并被埋葬；然而这旧本性的残留又如何了？这么多年来，你都参与服侍。但你向周围散播的祝福在哪里？你为着你的家庭、朋友和下属，在祷告中与上帝摔跤后获得的恩典在哪里？你为了属灵黑暗的世界，想要从以马内利得到的恩典在哪里？

这么多年来，你一直跟随忧患之子（Man of Sorrows）。但你在虚己、降卑自己、甘愿背负分赐给你的十字架上，都有何进步呢？你葡萄树上的枝子长出蓓蕾了吗？蓓蕾开花了吗？有了蓓蕾后有没有开花，开花后有没有结果？有没有结出很多果实来保证你是葡萄树上一根值得保留的枝子？它是否是在愉悦感官、吸引眼球的狂热逐渐冷静下来后所结的果实？它是否是脱离了财富和物质纠缠的果子，以至于比起巨额的银行存款或股票投资，你现在更看重向贫穷者行善？它是否是更高意义上的"圣灵的果子"，比如温柔、忍耐，并向上帝和别人存柔软的心？总之，它是否是最大的果子，即从上帝流进你里面的完全、圣洁之爱？这爱有没有使你出于切慕而非出于义务感去爱袖并服侍袖？

还需多说什么呢？你的良知已经在控告你了！你羞耻地默默垂下眼帘，在孤单的苦毒中哀伤："我如何才能弥补这么多年来虚度的光阴？弥补住在袖的殿里，却几乎没有结出值得一提的果子的事情？我几乎没有进步。我虽然在经历起初的爱心后似乎没有退步，但在轻看世界上也没有多少长进，在这方面我如何才能弥补？"心怀这样的自我意识，你用手捂着脸呼喊："上帝啊，怜悯我，一个可怜的罪人，一个无用的见证人，一个令人痛心的基督徒的例子！"

假如这么多年你持续在上帝那永恒、不可见的事情上成长结果，今天又会怎样呢？你本该何等完全地得享光明、确定的信靠、灵魂的力量、活泼的信心生活、对上帝奥秘的理解、宝贵的祷告生活，特别是得享与上帝柔和的团契和亲密的相交。在这么多年里，你本该有份于这种极其真诚的爱！

　　罪、世界、撒但的可怕力量拦截了你生命之路。它们使你生命中崇高的部分寸步难行，使你生命中宝贵的部分死气沉沉。要是你早就意识到这一点该多好啊！如此，那骄傲者就不能偷偷潜入，让你以为"我已经服侍祂这么多年，肯定平安无事了！"于是，你根本不会想象爬上天使的阶梯，而是喜悦走下罪人的楼梯，好接受更大的恩典。这样你就会更加全面觉知，为上帝争辩，并从上头领受一切所需。愿一切颂赞归给祂，而不是归给你！但现在，愿你在你的灵魂中找到力量，为你有恩典学习到这一真理而感谢。忘记这么多年来你失去的一切。为这么多年来祂在你里面所成就的一切而赞美。让我们被羔羊的宝血洗净，向祂寻求安静的团契。

　　那么多年过去了！你前面还有多少年？跟你走过的年岁一样多吗？还是更少了？还剩不了几年了吗？还是寥寥数月？它们还会跟以前一样吗？同样的例行公事，同样的麻木不仁，同样将自我凌驾于永活的上帝之上吗？那样一定会阻挡祂满有怜悯的爱！然后，你的灵魂受审时，即使是将残的灯火也会被熄灭。

第5篇
宁静的延伸

> 或者你的平安可以延长。《但以理书》四27

在某些人的一生中，总有一些时候让他们感觉会有不好的事情即将发生。他们因一些要临到自己身上的、看不见却在步步逼近的破坏而颤抖。他们感觉就像一阵旋风在自己周围卷起了一团碎屑。正如一位虔诚的牧师曾经说过，似乎整个天地都压倒了他。他的内心被震撼，感到自己被迫去经历"落到永生上帝的手中何等可怕"的感觉。[2]

你要祷告，即使上帝似乎离你很远，使这样可怕的一天也永远不会到来。因为对你宁静的这种扰乱，不只牵涉某种斥责。这里也涉及上帝的忿怒与震怒。我们所说的是上帝会用冲突和苦闷来阻挠你。即使你自己被祂用永远的慈绳爱索绑在祂身上，即使你伸手抓住上帝的怜悯，你也会发现祂的爱不再能安慰你了。你首先要忍受的是爱的反面。你破碎的心日日被祂每一次的打击所击垮，因为你知道明天还会有更多的打击。

---

[2] 凯波尔的脚注："这是魏修斯（Voetius）的学生、斯海尔托亨博斯（'s-Hertogenbosch）的牧师沃尔（F. N. de Waal）所说的。"

这适用于那些想要与主同行的人；对此，他无法逃避。如果个人生活如此，那么教会的日子将会如何呢？耶稣这样描述"若不减少那日子，选民必软弱了。"这是审判和宣判的日子，全能的上帝施行祂至高无上的定旨，祂做工的方式与你最周密的计划形成鲜明对比。那时，祂的圣言要胜过你自己的怨言。这是成就祂的旨意，而非你的旨意的时刻。因为你的努力是血肉的表现，是你内心想法的表达，最后也是你灵魂深处想法和追求的体现。然而，祂永远都是得胜者，那被征服的人就是被拯救的人；被拯救的人就像一根燃烧的柴，用力从火中被抽出一样。

如果你被扔进烈火的窑里，只有上帝才能知道你内心的反应。除了你，无人能如此行，即使是你最亲近的弟兄也不能。这是因为那日子的可怕之处不在于它所带来的外在痛苦，而在于它能直入你的内心。两个人在同一个炉子里，其中一个可能会死，而另一个人连一根头发也不会烧焦。在世人的眼中，一个人可能像荆棘一样被烧着，但不会被毁灭。就像狮子洞里的但以理，他们的宁静并未被扰乱。我们此处警告你的情况就是如此，就像火焰灼烧着你的皮肤，就像一头狮子扑向你。这是毫无瑕疵、圣洁且长久忍耐的上帝的手，沉沉地落在你身上。

我们与先知一起，呼吁你们"这些还没有意愿将自己献给上帝的人，要仔细省察自己，免得上帝的旨意显露出来，祂的烈怒淹没你们"。主并不急于显露祂的烈怒。相反，你的上帝乐意向你显明祂的慈爱，也不轻易发怒。即使当你不再祷告，试图用虚伪来掩盖你对祂的不忠，祂也会存留你的宁静。祂长久忍耐且有恩惠，并许可这种情形继续下去。

我们施恩怜悯的天父，再次使你免了你过去年日中的灾难。[3] 你可以在自己的内心判断，祂的仁爱与你对祂的冷淡之间何等不对称。虽然你们之间没有柔和的团契，但你的宁静未受打扰。但是现在呢？事情已经到转折点了吗？难道最后一滴也要落下，使上帝忿怒之杯满盈吗？祂现在所衡量的尺度难道还未达到吗？

---

[3] 凯波尔首先在《先锋报》第 5 期（1878 年 1 月 4 日）上发表了这篇默想文章。这是在他从神经衰弱恢复后不久所写的文章。

哦，我的朋友，祷告吧，努力祈祷愿你和你的家都能得到宁静。你要警醒，免得败坏如暴风忽然临到你身上。上帝降临，好像一阵大风，将一切都毁灭了。请放心！在上帝永恒的怜悯之光中，要使自己镇静下来。通过认罪和悔改来扭转和避免你的宁静被打破。

上帝要无限地延长你的宁静，使它成为一种持久永恒的宁静，使你确信你已经被拣选。祂不喜悦看到你的心畏缩不前，而是喜悦看到你的心靠羔羊的血能得胜地祷告，并看着你的心呼吸着神圣宁静的气息。因此，不要迫使祂拿着祂义怒的火焰之剑临到你。这都取决于你。你想要什么呢？你是愿意在狂风怒号中遇见你的上帝呢，还是愿意在微风拂面中遇见祂呢？

如果你喜欢温柔的微风，如果你真的想留在祂的爱中，如果你想要你的宁静得以延续，那么你要祈祷你对上帝的祷告都是真诚的。让它们带着真诚的记号，使你整个生命分别出来。献上祷告时，带着认罪和破碎的心。献上祷告时，要大胆在耶稣所愿的基础上祈求。献上祷告时，乃是对自己失望，也不提出任何个人要求。献上祷告时，只凭上帝的怜悯祈求。

第6篇
但因他情词迫切地直求

但因他情词迫切地直求，就必起来照他所需用的给他。

《路加福音》十一8

路加频繁描绘耶稣使用普通人生活中的语言（事实上是三次），这是上帝儿女们属灵生活的典范。在《路加福音》十六章，这发生在精明的管家身上。在《路加福音》十八章，这出现在一个寡妇的故事中。她坚持求她城中的官，这让那官感到为难。在《路加福音》十一章，它出现在这位坚持不懈的朋友身上。

乍看之下，每个例子中主的话语似乎都令人震惊。人们常常希望祂从来没有说过这样出人意料的话。当你想到这些话在嘲笑福音的人听来会如何时，你会感到不适！更糟糕的是，当它们被误解或误用时，这些含义丰富的话往往玷污了祷告的举动。

在某些圈子里，当人们不加修饰地和永生上帝说话，且用不得体的方式熟练地模仿那个坚持不懈的朋友向他邻舍的祈求时，这反被认为是更圣洁的标志。这就产生了一种使我们不再敬畏圣洁上帝的祷告。这祷告更让人联想到一个任性孩子的固执，而非一个被造物接近他们的主和创造主的方式。

你们要谨慎，免得有人迷惑你们，把你们引到不敬虔的路上。相反，要引导这样的人从错误的道路上归回。亚伯拉罕带着恳求的灵来到上帝宝座前时，所表现出来的那种态度，才是信徒在心中所应该有的合宜心态。

耶稣所说的这位执着朋友的事也与此相关。此处，我们的救主教导我们，只为荣耀上帝的名而祷告，而不是借着我们与天父的情谊向上帝施压。

一个陌生人突然出现在这个固执的寻求者门前。于是，这个寻求者为了那夜间旅行者而敲响了邻舍的门，索要面包。当他那睡眼惺忪的邻舍犹豫着要不要给他面包时，他就诉诸好客的神圣原则。他站在陌生人这一边，也同情每一个被粗暴对待、来自他乡的陌生人，因为这种事情不应该发生。他的好名声不允许这样的事发生。这就是摆在他面前的现实。所以，当他的朋友敲他的门想叫醒他时，这邻舍不敢拒绝他的请求。为了自己的好名声，这位邻舍给了他所要的面包。当这位坚持不懈的朋友提出紧急请求时，没有丝毫迹象表明他用了粗鲁或不礼貌的语气。相反，他给人的印象是他用了一种道歉和友好的方式请求他的邻舍。他的坚持不在于他要什么，而在于他的要求有赖于他带着期望地说："如果我敲他的门，他肯定不会拒绝，哪怕是为了维护他的好名声，也不会的。"

圣经不是都告诉我们，上帝的儿女应该这样祷告吗？这是主自己的解释："以色列人哪，我这样行不是因你们，乃因你们亵渎了我的圣名。"当日的以色列人既然信这话，又有胆量去行，请你告诉我：她既然曾玷污这名，现在还敢因这名祈求，岂不是很固执吗？他们竟敢像摩西那样恳求："耶和华啊，如此祢的仇敌就不能毁谤祢的名了。"他们就敢像但以理一样执着地祷告："耶和华啊，因为祢名是施怜悯的。"于是，虽然他们内心颤抖，但他们还敢像新旧约中所有上帝的圣徒那样祷告，呼喊说："主啊，离开我吧，因为我是个罪人！"但即便那样，他们还是来到了施恩的宝座前，恳求说："上帝啊，求祢为祢的圣名怜恤我这罪人。"

你的错误在于你不明白，只要你是关注自己，你一切的祷告实际上都只是持续表达自己的坚持而已。人们安抚自己的灵魂说：只要他们在祷告，他们就在从事上帝所喜悦的活动。他们认为自己是属灵的，因为他们祷告很多。他们认为自己的祷告给了他们蒙垂听的机会。他们在基督公教的荆棘丛（Rome's bramble patch）中漫步，因为那里的人认为自己的祷告会有功德。

耶稣完全拒绝这种观念。这是有价值的吗？讨上帝喜悦吗？属灵吗？哦，我的弟兄姊妹们，我们如此肤浅地对待自己的困难是可耻的！我们肤浅地缺乏圣洁！我们对上帝如此麻木不仁！我们自认为如此怀裹着需求奔向上帝即可，这是可耻的想法。除了靠着我们的以马内利，我们还敢依靠别的根基祷告吗？那时，听我们祷告的那一位就对我们低语："为了祂名的荣耀！"

第7篇
不显露的坟墓

因为你们如同不显露的坟墓，走在上面的人并不知道。

《路加福音》十一—44

耶稣在此处对我们人类内心的描绘既极其阴沉又具有令人不安的美："一座不显露的坟墓，人们在它旁边行走经过时，丝毫不知道里面有何物。"请用这个画面来试验你内心深处所隐藏的吧！

我很清楚耶稣是在对法利赛人说这话，但这难道与你无干吗？你没有假冒为善吗？你能逃避永恒之光那明亮的刺透吗？它能完全显露你内心最黑暗的角落。难道你对真理也有如此有力的理解，以至于你都无法区分内在与外在的事物吗？所有隔断的墙都倒塌了吗？岂是把隔开它们的幔子都撕成两半，使你舌头所说的与你心里所藏的全然一致吗？你自己的良知与审判你的那一位所言的相符吗？

"不可偷窃！"是你所宣告的。但是，难道这只意味着你没有做一些让你成为贼的事情吗？在上帝看来，它有更确切的含义。它的意思是你的房子或保险库里没有任何物品是不属于上帝的。把这个方法应用到上帝的一切诫命上，就可以让那些因未公然违反律法而无罪疚感的人保持诚实。

那么我想问，你为什么只是谴责那些愚昧的法利赛人呢？你为什么只想到那些暗地里的伪君子和表面上虔诚的骗子呢？法利赛人落在"我比你圣洁"的撒但陷阱中，但你这诡诈的心，岂不是同时也被更奸诈的撒但用网罗捉住了吗？

或者你岂不是相信法利赛人的行为实际上是一种瘟疫，本质上也会在你灵魂中产生致命的影响吗？难道你真的认为，如果这样视之为儿戏就会带来连带损害，那么耶稣早就以发人深省的方式提出警告了？或者这样做并非会带来难以置信的伤害？哪怕是与法利赛人的样子有一点小小的牵连，也都会使最美丽的花朵枯萎。你难道不明白吗？

一个不显露的坟墓！人们注意到了你。他们在你身边走过。他们盯着你看。然后他们甚至会研究精美雕刻的墓碑和虔诚的碑文。但他们不知道在你内心深处翻腾的是什么。哦，你最好相信虔诚是有诱惑力的。但是，当虔诚只是关于行事虔诚，而非关于上帝的圣洁时，那它就只是冰冷的灰烬而已。它会散发出腐烂的恶臭，从你的生活中驱逐所有真正的虔诚。

作法利赛人就是在别人面前或与人一起大声祷告，给人一种印象是他们永远不在乎别人，只在乎上帝。这就是表面上比实际上更圣洁。做某件事或不做某件事的原因，是另一个虔诚的人就在附近，那个人就像你一样，反过来关注你多过注目上帝。这种行为并无赏赐。这就是内外不一；就是当心灵专注于自己的重要性时，嘴唇从未显露；就是用舌头喃喃地祷告，而非发自灵魂。这种行为就是给人一种你与上帝和其他人在一起时，就拥有一切的表象。你似乎已经明显与这世界决裂，而实际上已经开了内心的后门，重新与世界开始了稳定的交流。更糟糕的是，它产生的表象是，你在上帝和你自己之间拥有了一切。这是对你自己的严重误导，就像你似乎经常背起十字架，但它仍然躺在地上未曾被动过。你会思想自己已经带来了祭物，实则那祭物还在自己所爱的牧场上四处走动、吃草！或者你那不纯洁、恶毒、好争竞的心从未遇见甜蜜的信仰奥秘，你却已经将之归因于自己。

我们必须确定，其中最恶劣的是什么。这是最可憎、最可耻的。愿上帝仍赐恩给你的灵魂！它被秘密地爱惜和珍惜着。它仍然娇惯、爱抚着那在你年幼时就开始啃噬你的致命虫子。这是延伸到你恶毒灵魂深处的邪恶。它一直在缠绕着你。在所有罪中，这是你心中最具诱惑的罪，它们理当被称为罪孽。它是附着在你灵魂中上帝恩典之工上的癌症。它与"那唯一好牧人的众小羊"完全结合。它与上帝所拣选的一切有关。它向你保证，你已经一直在变得更加圣洁。

那么现在请告诉我，你还不明白这"未显露坟墓"的意思吗？墓碑最终会显露出在内部翻腾的是什么吗？它会以带来强烈反感的方式显露吗？啊，如果你开始认为这一切都不适用于你，那就太危险了！任何想要取得进步并与主同行的人（如此能活在永恒之光中），都将轻易得出结论，就是他们远没有寻得任何平安。

然而，凡深入研究这些问题的人最终都会发现，他们曾认为正直的事物，其实都不过是黑暗而已。他们就因这新的洞察而求告上帝："求祢开恩可怜我这个罪人！尤其是可怜住在我里面的法利赛人！"

第8篇
按时分粮

> 谁是那忠心有见识的管家,主人派他管理家里的人,
> 按时分粮给他们呢?
>
> 《路加福音》十二42

我们的以马内利基督就是我们内在自我的看顾者!我们的灵魂是活的。这就是为什么它们需要营养和喂养,需要得到自己能领受的食物。作为我们的救主,祂为我们的灵魂提供赐生命的粮食。事实上,祂自己就是那赐生命的粮。祂是我们灵魂的粮,是我们生活里的生命。我们灵魂所领受的一切力量,都因祂的复活而临到我们。

但是,耶稣自己将灵魂的粮直接赐给我们的内心,并为我们的内心而赐下,这是很特别的情况。事实上,这是一种非常罕见特例,即使是上帝子民中最圣洁的人,也只是偶尔有此经历。这种特别的恩典,几乎只留给那些"在基督里为父"的人。通常来说,基督会借着他人,无论是藉由天使还是人类,来分发赐生命的粮。祂让一个人负责分给其他人。耶稣在这个比喻中用的类比是,祂委派管家管理祂的家,以便在适当的时间为仆人提供适当的食物。

在每个基督徒家庭中，父亲就是耶稣所指定的供养者。当你们家中的人，无论是你们的妻子、儿女或是仆人，因缺乏食物而憔悴时，罪责就必临到作父亲之人的头上。如果他们遭受属灵上的贫血和饥饿，那就是你们的责任。耶稣命令你们用上帝的圣言，透过祷告，以警告和基督徒的榜样来滋养他们。母亲依次也是这类的供应者。在你们的生活中，如果你们心中的马利亚被马大所掩盖，那么你们这些母亲们就有祸了。不要过于注重清洁和外表，或过于注重身体的食物和衣服，以至于你无暇顾及你孩子和女佣的灵魂。把耶稣托付给你们的东西分给他们，而非自己囤积起来。祂赐母亲的恩赐与赐父亲的恩赐不同。请温柔地与他人分享这些。

诚然，耶稣给每个人都分赐一些东西，是要让人把它分给别人。祂给哥哥姐姐们一些东西，让他们分给弟弟妹妹们。祂给孩子们一些东西，让他们在学校里可以分给其他人和更年轻的玩伴们。不管方式如何，他们都会从你那里得到一些东西，或者为自己取一些东西。不管那是耶稣生命之粮的味道，还是你自己心中的一份邪恶，你都要对那从你身上传到他们灵魂里的东西负责。

这事比大家想象的要广，它也适用于我们的侍奉人员，特别是那些侍奉儿童的人。那些易受影响的年轻人热切地吸收一切事物，尤其是与天堂有关的事物。所以，要密切关注你自己的灵魂，这样你就不会让那些柔嫩的幼苗枯萎、萎缩。他们想从你这里取得一些东西。他们想把它记在心里。他们张大嘴巴围在你身边。为了上帝之爱的缘故，要把耶稣所赐给你的分给他们一些。不要叫祂恩典的恩赐，就是那赐生命的粮，在你心里因忽视他人而发霉。

最重要的是，我所说的也适用于牧者们，即耶稣家里的管家们。他们是需要喂养我们的牧者。他们需要做的不仅仅是讲道，或者回答我们的问题，或者到会众家里探访。他们需要通过这些活动来喂养我们的灵魂。他们需要分发属灵的粮食。必须是耶稣先给他们食物，就是他们持续品尝的美好食物，然后再由他们重新分发出来。它需要一种粮食类的礼物，就是让灵魂活起来的粮食。它必须是能生出恩典和赐予生命的力量。它必须真正地让灵魂得到更新，让心跳得更有力。它必须能补充永恒生命的力量。惟愿在各乡村都有这样公义的传道者，在各城有十个这样被主所膏的人。这样的话，真知识就会增长，罪就会减少，上帝就会得到极大的赞美。

同样，如果我们学校的老师每天早晨面对我们的孩子，让孩子们觉得他们从耶稣那里有所领受，那将是多么大的祝福啊！这应该不是陈词滥调而已。它必须是一种能够淹没他们的心、重新激发他们力量的事物。它必须真正满足他们的灵魂。然后，祝福会从教会和学校倾泻到我们的国民生活中，耶稣会在我们中间被高举尊崇。

最终，审判所有这些供应者的日子即将到来：父母如何对待他们的家，姐妹如何对待他们的兄弟，看顾孩子的人如何对待所托付给他们的孩子，尤其是牧师如何对待他们的会众，以及教师如何对待他们的学生。他们会被问到是否忠诚且谨守地每日早晚把耶稣托付给他们的东西分给饥饿的灵魂。

谁能估量人们在这些事上所背负的巨大负罪感呢？上帝公义的忿怒必倾倒出来。然而，你的救主真诚地希望，你不要因你的疏忽而糟蹋祂托付给你的赐生命的粮。祂愿你把众人应得的分给他们；他们理应得到这些。要准备好，按着每个灵魂都能消化的适当量而分配出去。以一种独特且适合每个人的方式去分配。此外，要忠信、谨慎、把握好时机。不要随意或前后不一致——这时给得太多，那时却什么都不给。每天都要做。当人对此敞开心扉、内心渴望时，就去做吧！

要极其谨慎地分配灵魂的食物。忠实地做这件事乃是一种特权，会为你和你所服侍的人都带来荣耀的奖赏。要注意："主人来到，看见仆人忠心这样行，那仆人就有福了。"

第9篇
我来要把火丢在地上

> 我来要把火丢在地上。《路加福音》十二49[4]

真的吗？这无可争议！耶稣已经说明。这完全可以理解。这里没有双重含义的问题。祂已经尽可能直截了当地说明，祂来不是为了给地上带来和平。祂来到世上所做的恰恰相反。祂来要制造分裂，而非带来和平。祂来甚至要在家庭生活的中心引发不满和裂痕。祂甚至不会放过母亲和孩子之间的关系。耶稣来到世上，不是要用喜乐和幸福去祝福，而是要用火去施洗。凡不如此说之人，都不明白福音的意思，不过是任意妄为，讲出柔弱的理想罢了。

哦，我们当然知道耶稣也与永恒平安（peace）的应许有关。祂拥有"和平之子"的尊荣称号。当祂出生的时候，天使天军唱着"平安归于地上的人"的歌。"祂是我们的平安！"祂安慰祂那些灰心丧气的门徒："我留下平安给你们，我将我的平安赐给你们。"假先知们以牺牲尊荣、义务、真理或信念为代价，以我们主耶稣的名提供了甜蜜、温热、可预测的平安；但是，这个美好的前景绝非真正的平安。

---

[4] 本文原载于《先锋报》第9期（1878年2月3日）。《磐石取蜜》荷文版错误地引用了《路加福音》十一49的经文。

藉着耶稣所得到的平安是更荣耀的平安。它更持久、更丰富、更崇高。这就是"平安"一词最深刻的意义。它属于最高的次序，具有最广的范围，且具备不中断的存续。它不是表面的，而是深藏在我们心中；不以牺牲真理为代价，而是真理所结的果实。这是人与上帝之间的平安，因此也是来自上帝的平安。借着苦难和我们灵魂的苦闷，圣灵透过洗礼在我们里面作成这平安，使我们有一天能在荣耀和尊贵中高升。当主"驾着天上的云"降临时，这一切就会完全实现。

但是为了赐给我们那神圣的平安，也就是祂的平安，祂必须有意地打破一切现存的那种不应有的平安表象。例如，当一个移民想要在一个他从未去过的地方为家人创造一个平安的生活时，你想他会做什么事。他看到周围全是森林，是原始森林，那里肃穆的寂静给他带来了平安的表象，而他根本不接受那种没有目的的平安，且要远离它！为了创造他想要的那种宁静的居所，他必须打破森林中现有的孤独处境。他必须敢于放火焚烧枯死的植物。他必须砍倒树木，让它们倒在地上，发出巨大的砰的声音，吓得动物们大声叫着，纷纷跑开。他必须以一场巨大的破坏行动去改造他周围的一切。即使这样，他所渴望的平安也不会到来。首先，必须在光秃的地面上翻土，烧掉树桩和树根，挖沟打地基，挖坑撒上石灰。最终，他立起住宅的墙壁，也铺好地板。一个躲避季风的庇护所就矗立起来了。只有在这一切完成之后，能为他提供所需的平安与宁静的宜居之所才最终出现。

那么耶稣为什么不能采取同样的方法呢？为什么祂要尊重人类心灵中那类似原始森林里所拥有的平安呢？祂为什么不先把嫉妒和贪婪的荨麻和蓟烧掉呢？如果祂首先要挥起斧头，砍向骄傲和自义那高耸之树的根，为什么你会认为这与祂的呼召相冲突呢？如果祂首先要吓走魔鬼，或者抓住"怒吼狮子"的鼻子，为什么这会与我们神圣的理型（ideal）相悖呢？因此，我要问你，如果我们的救主首先要拔去罪的顽固之根，把我们心里的土翻过来，为民族、社会、国家和家庭奠定新的基础，有什么是你认为不自然的呢？如果在真正平安到来之前，在我们周围或内心需要立起属于主之家庭的墙，我们的新居所需要建成，那么这有什么值得令人侧目呢？

难道你不知道天上的迹象吗？当乌云先出现时，耶稣问道："你不是说会下雨吗？"然后，当南风吹散了乌云，你不是期待暖阳重现吗？那么，耶稣最初的样子不就像一团被雨水包裹的云吗？在漫长的干旱中枯萎的世界面前，它承诺用它温柔的雨滴来滋润我们贫穷的世界。当那些云飘来时，天变黑了，风开始怒吼。这有什么不同吗？雨水开始倾泻，直到云层退去，已耕犁的土地被雨水浸透。只有那时，"公义的太阳"的明光才会显现。

所以要注意主的道路！在歌珊的土地上，太阳总是灿烂的。这就是为什么若平安用以满足于你自己的肉体、膨胀的自我、这世界、撒但、虚伪、妥协的基督徒和其他各种各样的不敬虔而存在时，它就需要被破除。即使如此，在地上已经有一种你可以品尝的平安。至少若你渴望与上帝有平安，就应如此。这种平安来自不断加深的舍己。当祂成为你生命的中心，你愿意在自己的十字架上为祂流血时，这就是你的平安！

第*10*篇
在安息日得释放

> 况且这女人本是亚伯拉罕的后裔,被撒但捆绑了这十八年,
> 不当在安息日解开她的绑吗?
>
> 《路加福音》十三16

按照耶稣自己的话,安息日岂不是应该"解开捆锁"的日子吗?我告诉你,那些超级属灵的狂热者脱离了生活的现实。他们脱离了绝大多数人所经历的、把他们压垮的负担和困难。他们就是不能理解为什么一周中的每一天不能都像主日一样,成为引导我们灵魂接受神圣力量的管道。

对成千上万的人来说,日常生活的现实除了连续不断、纠缠不休的捆锁之外,还有什么呢?这就是说人们在许多方面以不同程度受到捆锁。这导致我们灵魂的翅膀时而向这个方向、时而向那个方向扇动,这严重限制了我们信心的翅膀自由且令人振奋地扇动。

一个人可以做简短的祷告。有时候,圣经中某节经文对你来说就像整章一样有力。即使你头脑发晕,一天的工作让你疲惫不堪,但你在阅读这些经文的

时候，也能从高处获得力量，如同触电一样。同样的道理，整个星期天无所事事有时会让你感到冷淡，属灵上毫无生气。要记住，只有当我们的日常生活与祷告生活、活在圣经里的生活以及与主同行的生活交织一处时，那种借着简短的祷告、一小段经文和信心的颤动带来的神迹才会发生。但是，那些灵魂里柔和与蒙福的体验，不仅是少数人，其实绝大多数人都无法体验到。他们从不把这些事付诸行动，而总是一心想着事情的进展。他们从来不会在上帝面前安静站立。

正因如此，上帝指着安息日呼召祂的百姓："耶路撒冷啊，要抖下尘土，起来坐在位上；锡安被掳的居民哪，要解开你颈项的锁链！"（赛五十二2）这就是松开那些捆锁的时刻。这可能是会使我们窒息和压迫我们日常劳动的捆锁。这也可能是忙碌且动荡的生活的捆锁，或者可能是沮丧和不安的捆锁。这就是那些能赞美之人献上赞美的时刻。这就是那些知道上帝道路的人，走到上帝"所定的拯救之地"的时刻。这就是那些摆脱捆锁的人欢欣鼓舞的时刻。这就是他们感到无比兴奋、尊贵和释放的时刻。这就是安息日！

至少这是他们在安息日把荣耀都归给上帝时所发生的。这就是他们在公义中寻求上帝荣耀时所发生的。若我什么都不做，那么星期天不会变成安息日。我无法以举止得体来做到，不能通过履行我的职责达成，甚至不能通过简单的祈祷和默想来完成。

安息日是上帝的礼物。我总能把我的捆锁变得更紧，但只有祂能解开我的捆锁。我下定决心要把星期天变成安息日，结果只会带来一个空洞的日子，不过是伪装和空洞的形式而已。只有在祂乐意听我们谦卑的祷告时，安息日才会临到。这就是树液开始流入干燥树枝的时刻。这就是上帝的丰盛注入空虚生命的时刻。这就是祂把温暖和光芒送回我心里冰冷的炭火上的时刻。

弟兄姊妹们，如果这就是你的经验，那么松开你日常劳动的捆锁就成为一个完全不同的、与释放有关的光荣预言。这表明你的星期日绝对是一个复活的日子。这表明你的救主已经解开了死亡和地狱的枷锁，祂粉碎了撒但的工作。

那么，在神圣的欢乐中，这何等光荣的经历就淹没了你自己！在安息日，耶和华对诱惑以色列的人所说的话应验到你和你家人的身上："我要释放你们猎取如鸟飞的人。"（结十三 20）当那些从世上虚荣和情欲捆绑中被释放出来的人，也被赐予对"耶和华院宇"的深切渴望时，这是多么荣耀啊！在那里，在那永恒的日子里，生命树上的果实成熟了。

但是，难道没有比日常工作的捆锁和虚荣的枷锁更糟糕的事情吗？你生命中不也有不义的绳索吗？主说："我所拣选的禁食，不是要松开凶恶的绳，解下轭上的索，使被欺压的得自由，折断一切的轭吗？"（赛五十八 6）这句话岂不是表明祂让你为这些事负责吗？现在请告诉我，你的心在安息日有多少次被释放，脱离死亡的捆绑，这难道有什么奇怪的吗？祂通过祂圣言的利刃和祂纯粹内在吸引力的力量来成就这一切。

我很清楚，死亡的束缚会一直持续到我们死亡的那一天。然而在有的时候，似乎全能、怜悯的上帝在安息日温柔友爱地怜悯我们，把我们从捆锁中暂时释放出来。祂如此行，是要使我们的灵魂充满祂救恩的喜乐。

这是一个温柔的怜悯时刻。那时，安息日就成了我们再次经历我们归信蒙福时刻的时间。那时，那最初使我们欢喜的圣洁之爱又会被激发出来，我们便说："耶和华啊，我实在是祢的仆人。祢解开了我的捆锁！"或者，我们可能会看到，虽然死亡的捆锁仍然绑着我们那旧的、败坏的自我，但它不再压迫我们那新的自我，因为我们已经在基督里得自由了。"我们的生命与基督一同藏在上帝里面。"

其实，在安息日能这样谈论被释放之事的人，不会压迫他人——无论是弟兄，还是寄居者——让他们在安息日仍受捆绑。这样的人反过来会给别人自由，免于日常的劳动，很可能也免除了更可怕的束缚！至少，如果上帝想用他们来达到这个目的，那就会这样。传道者们，你们在做什么呢？

第*11*篇
永不坏的钱囊

为自己预备永不坏的钱囊,用不尽的财宝在天上。

《路加福音》十二33

难道人们还不明白吗?当他们同时追逐金钱和追随耶稣的时候,难道他们没有看到他们在圣天使面前是多么愚蠢和可笑吗?

对这些良善的灵来说,很明显的是,当地上"虔诚基督徒们"跪在粗糙又难看的十字架前,向它伸手求助时,他们其实是在向彼此和世界欢呼着。他们说他们是"前往更美之地的朝圣者"。他们说:"我们感觉并不属于这世界!""每天早上和晚上,我们都寻求救主的安慰和帮助。我们在这个毫无信心的地上找不到任何慰藉,这里的一切都是干枯和死亡,只配得焚烧之火。"

那些奉派为承受救恩之人效力的灵,他们清清楚楚地看见、明白,这种信心的言语既不过分,也不夸张。他们知道,这只不过是他们有幸看到完整又辉煌的真实的软弱表现罢了。他们见证了自己受派去服侍干枯、死寂的世界,与他们所居天堂丰富荣耀之间的鲜明反差。

他们最能看到并且理解这些,因为在我们世上存在的生命中,总是如此恒常地发生着，以至于无人始终拥有他们任何个人的物品和财富。他们知道，每个人都必须抛开一切，即使是最无足轻重的人也是如此。他们见证了一个人如何为了得到他所拥有的东西而奴隶般地工作，却只得到短短几年时间去享受；即便那时，他还是充满焦虑，他的追求经常受到挑战和干扰。即使没有小偷破门而入，他所拥有的也会被蛀虫和铁锈所咬。或者他可能会受到法庭的不利判决，从而失去他认为稳妥的东西。

所以，认为众天使视这一切为愚蠢和可笑，难道是太过分了吗？他们注意到虔诚的朝圣者们欢欣地谈论一个更美家乡，缩手不去获取世界的物品和财富；这些朝圣者知道自己的旅程短暂，连一分钱也不能带到新的家乡。众天使看到社会上层和下层的人们还在专注于积攒更多的钱财和货物，看到人们是如何无法摆脱一直要努力获得更多财产的渴求，并无法摆脱受世俗之物的诱惑。

耶稣强有力的话语中带着巨大的讽刺："为自己预备永不坏的钱囊，用不尽的财宝在天上。" 耶稣此处也没有放过你。无论是在基督徒朋友之间，还是在新闻报道中，庆祝彼此的慷慨，感谢朋友的善行，歌颂慷慨的贡献者，这都是被人们所接受和习以为常的。然而，耶稣太爱你了，祂不会接受这种空洞的奉承。因为我们的主知道，这些有形的捆锁是如何用比铁更坚固的锁链、比钢更坚固的绳索来捆绑你。祂懂得每句恭维的话只会把我们捆得更紧。

这就是为什么耶稣用一种完全不同的方式对待你。祂不会奉承你。相反，祂会惩罚你。祂会以神圣的讽刺回应你荒谬的双面忠诚。祂以毫不妥协的要求，尽一切努力直接诉诸你的良知。祂让你对自己的财富感到羞愧，以至于你感到内心在祈祷："哦，我的主耶稣，我的拯救者。求祢释放我，使我脱离这罪，脱离这心的私欲，脱离这可耻的对物质追求的奴役。"

耶稣就是这一切的心与魂，因此祂就是真正的人。也就是说，祂完全明白人心里的事，明白一个生在罪中的人是多么需要摆脱对罪恶的地上财富的依恋。但祂也明白，对我们来说，渴望财宝、渴望占有、渴望财富的魅力是与生俱来的。它就在我们人所呼吸的空气中。这就是为什么主因祂的爱会敏锐地感觉到我们心里的挣扎。祂不会简单地说："保持贫穷！一无所有地活着。停止渴求地上的财富。" 这就是为什么祂反而说："不要把所有闪光的东西都称为金子。不要让追求地上的物品成为属天的追求！有钱囊，这是肯定的；但是就让它们成为永不坏的钱囊吧。让里面存着不能被偷，也不会在天上减少的财宝。"你要将以西结这句美好的话作为伴随着你的箴言："耶和华说：'我是他们的产业。'"（结四十四28）

第12篇
比众加利利人更有罪

> 耶稣说："你们以为这些加利利人比众加利利人更有罪，所以受这害吗？"
>
> 《路加福音》十三2 [5]

成功不一定是祝福，经济繁荣也不一定是上帝的眷顾。但这就是人们常常所认为的，即使是基督徒也是如此！在邻里之间，还有什么比这两种说法更常见的呢？"我显然是在做上帝要我做的事，因为我的生命受到了极大的祝福！""既然上帝的手转去攻击他，他一定是离弃了主的道路。"这两种观点都要予以拒绝，因为它们非常肤浅，也不属灵。

让我们先考虑经济繁荣这个主题。生意上的巨大成功、人按照最周密的计划得到有利结果、沐浴在名誉和荣耀中、痛饮上帝所赐的福分，如果这些都能证明这个人得了恩宠，那么，我们怎么看待发生在许多道德败坏之剧院中的纸醉金迷呢？当本地基督教学校入不敷出时，他们却日进斗金；对此，我们该怎么想呢？我们该如何解释酒吧和酒馆的巨大利润呢？我们要如何理解那些出于魔鬼

---

[5] 尽管本文最初在《先锋报》出版，却未出现在重新出版的 Wormser 版本文集中。

而非上帝、人们却欣喜若狂的无法估量的经济繁荣和有时令人不解的成功呢？

因此，基于这些考虑，各人都应该承认，我们不仅不应侃侃而谈与经济繁荣有关的祝福，而且不能如此谈论！由此看来，财富和经济繁荣本身既可以是一种祝福，也可以是一种咒诅，不是吗？也就是说，只有圣灵才能在人心中分辨这两种情况中哪一种适用于某个特定情况，不是吗？

我们所处的震怒的日子就是这样。如果有人遇到麻烦和痛苦，如果他们的生活被打乱了，如果幽深的黑暗笼罩他们，如果他们所有的努力都付诸东流，那么到处都会有人评论："他们被上帝抛弃了。他们正被祂折磨和压伤。"约伯的朋友劝导约伯承认自己的罪，并荣耀上帝。在耶路撒冷，西罗亚楼倒塌压死的那些人，被视为比其他人更有罪！彼拉多使加利利人的血搀杂在他们的祭物中，这些加利利人有祸了。

但是这样的判断根本站不住脚！历史的进程一再表明，最优秀的人受到鞭打和攻击的程度，比其他所有人都要严重。正是上帝忠心的仆人们被逼迫了，好像他们是不忠心、不配的一样。那可怕的、受诅咒的、各各他的十字架，是你能想象到的最可怕的苦难和最痛苦的死亡场景，它是专门留给上帝"所喜悦"的那一位！经验也教导我们，地上不敬虔的人兴旺，但敬畏上帝的人受羞辱和逼迫。然而，圣灵大能的声音在上帝受苦的仆人心中升起，来抗议这种冷酷、苛刻的对待。如此对待只是将被上帝遗弃的痛苦审判，加在他们以祭司身份所受的苦之上。

不，苦难在某一方面就像经济繁荣。它可以代表祝福或诅咒，恩惠或愤怒，恩典或审判。不管是哪一种，除了那蒙恩宠或受折磨的人，谁也不知道。这种洞察力并非来自那个人自己，而是来自圣灵的光照。

这里相关的命令是"不要论断人，免得你们被论断"。约伯的朋友们后来才明白这一点，他们那时才明白约伯比他们更有义。约伯必须祷告才能调和他们之间的分歧。亚萨最终认识到，他对其他人命运的看法是错的。在《以赛亚书》五十三章，会众认识到，因祂所受的苦楚，他们以为祂被抛弃了，其实祂是上帝的儿子。现在他们带着深深的羞愧逃到祂那里，以祂为他们的救主。

上帝的儿子降临这件事，本身就驳斥了以色列人不公义的审判，表明上帝那些受逼迫的儿女，也就是那些穷人，一定会得到拯救。有人说，生来是瞎眼的人所受的苦难，若不是因他自己的罪，就是因他父母的罪。上帝儿子的降临反对了这种判语。有人认为彼拉多所杀害的加利利人比其他人更有罪，上帝儿子的降临也驳斥了这令人愤怒的猜疑。上帝儿子的降临，与西罗亚的受害者比其他人更有罪的指控无关。而当祂纯洁、神圣、无辜、无罪的头在十字架上低下时，上帝儿子降世这件事在祂所受的痛苦和折磨中就达到了顶峰。

　　由此得出的教训是显而易见的。它有两个维度，一个是关于其他人，另一个是关于你自己。当我们谈论发生在别人身上的事情时，要持以下看法。如果事情按照他们的意愿发展，那么你不能确定他们是否得到上帝的祝福。然而，如果事情进展对他们不利，那么你更不能肯定他们是否已经离弃了上帝的道路而受到了惩罚。情况很可能就是这样。但是，是或不是并非由你来决定。只有上帝知道这事，如果祂想要告诉受苦的人，他们也会知道。

　　但是在你停止所有判断之前，或者换一种说法，在你思想上帝的眷顾基于爱的本性得以显明，或思想可能涉及忿怒的审判之前，请想想以下方面。在你自己身上，有没有需要你思量的经济繁荣或痛苦？你知道你自己的过去。你知道你与主同行以及祂在你内心的活动。我的弟兄姊妹，你们要谨慎，不可硬着良知。你知道"日头照好人也照歹人"。在你断定上帝正在眷顾你之前，一定要好好反省自己。当你这样做时，要非常小心，不要太快得出结论，认为你背负十字架是因为自己跟随祂。你一切所行的，祂都知道。所以，你在祂面前要确实思想这些事："主有什么事与我反对吗？我有没有偏离祂的道路？"

第*13*篇
贫穷和有需要的人

在上帝的国里吃饭的有福了！《路加福音》十四15

  耶稣在这里谈论我们饥饿的问题。祂是生命的粮。谁渴望祂呢？谁的灵魂因祂生命的馨香而鼓舞呢？当我们灵魂和生命的天父赐下这滋养的力量时，谁张开了他们的嘴呢？哦，但愿人们的眼睛能看见这荣耀福音那简单、清楚的信息！

  不，在耶稣的宴会上，在耶稣的国度里，富裕的邻舍、贵族式的胃口或灵里自我满足者并无一席之地。不过，这样的人可能也不会来。他们总是忙着购买更多的土地，仔细检查一对新买的牛，或者忙着让他们的妻子高兴。他们没有多余的时间！但如果他们真的来了，他们也不能让耶稣赐给他们一些好处。他们不会仅仅为了得到益处、补充体力或得满足而来到祂的桌前。他们来只是因为他们认为不应该远离耶稣，或者他们认为这样做是在帮耶稣的忙，是对祂的尊重，或者是让祂感觉良好。他们来，完全是要看看耶稣要怎样服侍他们。然后，他们会批评祂在他们面前摆设的东西，因为就像通俗的表达所说的那样，他们是挑食的人，然后他们就又各行己路了。

  难道上帝的儿子为这些人也流了祂的宝血吗？几乎不是！听好了！我们现

在面对的是完全不同的一种人。我们面对的是一个浪子。你听，他哭喊着说："我快饿死了！"我们在此看到主的仆人走到篱笆外和小巷里去邀请人，甚至强迫有需要的人来参加宴会，好让耶稣的房子能坐满。正是那些绝望、穷困、悲惨的人，当他们听到这个美妙的宴会时，就抓住这个机会。当有人抓住他们的手臂时，他们甚至不会挑三拣四；事实上，他们真的想被强迫而来！当他们进来时，他们看到所有的食物，眼睛都亮了。他们急切地跑上去，享受着前所未有的快乐。这些食物尽都美味，且令人心满意足。他们也不明白，富有的主人怎么会如此友好地让他们进来，让他们吃饱喝足。当他们离开时，他们单单在谈论耶稣。他们对那天晚上的宴会只有赞美和称赞。回家后，他们庆祝有这样一位仁慈的救主。

这就是为什么耶稣尽可能直言不讳地说，在属灵上自我满足的人、富有的邻舍，都不会在祂的宴会上品尝到任何食物。这就是为什么在相比之下祂会称赞说："饥饿的人有福了。" 这就是为什么祂不让自己因那些在属灵上自我满足的人而受累。这就是为什么祂照顾"贫穷、瞎眼、瘸腿和赤身的人"。

耶稣知道，对富人来说，什么都不够好。他们来的时候很挑剔，他们不缺面包。正因如此，他们才执意骄傲地，而非谦卑地来到主面前。

不，祂的国是给穷人的！这是为那些知道自己如果得不到面包就会死掉的穷人预备的。这是为有东西吃就会觉得一切都很美好的穷人准备的。《箴言》的作者说："饥饿的人，一切苦物都觉甘甜。"（箴二十七7）这句话很好表达了他们的感受。

所以，你们读到这篇文章的人，在这方面要试验你自己灵魂的状态。你知道那种饥饿吗？你还能感受到吗？这种折磨人的饥饿会驱使你一次次地去见耶稣吗？不是为了拥有更多，而是为了活下去，这样你就不会因为你罪恶的心和神圣者的咒诅而灭亡，是这样吗？

如果你努力带着这个粮食就近他人，或者当你邀请别人去吃耶稣的宴席，你也想想耶稣的这些话。随意而不真诚地提供这粮食不是福音的样式。在没有任何饥饿迹象或真正饥饿迹象已经消失的地方提供粮食，是完全缺乏怜悯的，也是不相关和不合时宜的。那么你唯一做成的事，就是看着这宝贵的粮食掰碎在手指之间，而不是被吃掉。这只会让灵魂作呕，上帝救赎的恩益也会被人轻视。但是，如果你想要真正地有怜悯，同时尊重神圣的事物，那么就按照耶稣所说的去做。邀请穷人，而不是你那属灵上富有的邻舍。不要将生命的粮赐给饱足的人，而是要赐给饥饿的人。不要用膏为那自夸身体健康的人抹身，却要膏抹那因受伤而痛苦呻吟的人。我唯一的要求是，你不要就此停顿，因为这圣言必须传到每个人的耳中，就是包括你在内的所有人。这必须发生在你以粮食、止痛药或救援行动接近他人之前。那时，你就会带来满足真正饥饿的东西。那时，你将施以药膏抚平真正的伤口，并粉碎纯粹的幻想。

第14篇
如云彩般的见证人

我们既有这许多的见证人，如同云彩围着我们。《希伯来书》十二1

在这个世界上，上帝的儿女所经历的最可怕的试探之一，就是屈服于被抛弃的感觉。他们如此微不足道。他们人数少得可怜。即使在大城市里，人们也能很容易地数出他们的数量。他们是广大群众中的特例。与绝大多数人相比，他们几乎算不得什么。他们中的每一个人在自己的圈子和环境里，都与许多人相对抗。他们觉得自己单枪匹马地对抗所有其他人！

这个世界一般的大众，或者任何其他你想用来称呼大众的说法，都不会去探寻神圣真理的深处。他们一点也不为与锡安的儿女决裂而烦恼。他们是抵挡上帝和祂受膏者的。他们不断发出同样的呼吁："让我们剪断与他们的联系，让我们切断与他们的一切联系。" 当有人成功地攻击基督的荣耀时，他们就再次欢呼。当有人说了关于基督和祂圣言的事，给人留下了短暂的印象，他们就会以喃喃的嘲笑来回应。

说实话，一旦人们觉察到周围发生的事情，他们就会痛苦地认识到这一代的孩子们通常不拥抱基督。在人类社会中，我们和成千上万这等人生活在一起！

他们推开上帝荣耀的儿子和仁慈的救主，而非拥抱祂。而我们以自己的信心、认信和我们对唯一圣者的爱，孤独地站立，似乎被遗弃了。我们就像一个孤独的个体，迷失且被遗忘在人群中。这时，我们邪恶的心很容易低声道："这种独特、老式、不寻常且稀有的人真具有人性吗？他们是真的吗？"

严肃而言，几乎没有什么诱惑比感到自己寡不敌众更可怕了。特别是当人们不断告诉我们，我们必须成为"一大群人"的时候，其实这与耶稣的话明显矛盾。尤其是对那些所谓有文化、有教养的人来说，这是感到害怕的诱惑。对于尚未断绝在寻求人认可过程中因虚假而自我膨胀的人来说，这也是一种诱惑。对于被上帝呼召来学习祂的圣言且以教育追求神圣神学的人来说，也就是对那些学习基督关于教义和生命的教导的人来说，这绝对是第一等的诱惑。对于那些还没有学会在听到负面的窃窃私语时保持沉默的人来说，这是一种诱惑，因为他们仍然不明白主的仆人保罗所说的"人眼中的智慧"乃是"上帝眼中的愚拙"。

但是，我们仁慈的上帝没有忘记祂所赎回的子民所经历的这场可怕战争。祂也很清楚我们的心需要同情。祂知道我们的认信需要支持的话语。祂认识到我们对祂爱子的信心需要其他信徒的陪伴。祂既是一切美善的泉源，也必供应你们心里的需用！正因如此，祂给我们"如此多的见证人围绕在我们周围"，以至于当我们看着这无人能数的巨大人群时，我们的眼睛立刻就明亮了。我们的勇气因那群英雄的出现而复苏，因他们比我们看得更远。我们信心的脉搏加快了，新鲜而有力，因为想到有永活上帝的军队在千百年来属灵战场上并肩战斗，我们的灵魂就因新的活力而颤抖。

让我们把古代的殉道者想象成一个单独的、看似被遗弃的个体。当进入竞技场时，他面对着一头想要把他撕碎的咆哮的狮子。成千上万的观众，嘲笑着、大笑着、叫喊着和愤怒着的场面，仿佛使他的心都停止了跳动。但你知道主在那时做了什么吗？祂把那个殉道者的耳朵完全塞住了，听不到一切尖叫声。祂拉起帘子，遮住了那狂乱沸腾的人群，使我们的殉道者甚至看不见他们。在那幔子之上，祂叫信心的眼睛，看见那群满有荣光的云彩般的许多见证人，一同站起来。这是一群殉道者、先知和从古至今属上帝的男男女女。这一大群人聚在一起。在这群见证人的背后，上帝让像银河般众多的天使从他们天上的堡垒中站起，有他们美丽、欢快的歌声回荡在他的周围。

作为那拿撒勒人的追随者，在你自己的挣扎过程中，同样的事情难道不会发生在你自己身上吗？上帝如此行是为了让你坚定地相信自己所拥有的宝贵、圣洁、普世的基督教信仰。只要你关注这世界上那些伟大的人，关注那些有属世智慧的人，关注那些你周围嘈杂的人，你就会迷失、被抛弃。但请闭上你的双眼，不要看那痛苦的景象。用你属灵的眼睛凝视那一大群站起来的见证人。想想那些"在地上被迫害、被怀疑、被生活的风暴所驱使"的人吧！他们在向你招手，向你呼吁："我们也曾像你一样挣扎过，现在我们戴上了冠冕！" 想想那些挥手召唤你，用神圣的目光吸引你的人吧！他们说："不要软弱。不要放弃。不要把胜利交给撒但，因为你的失败会让我们痛苦。我们的尊荣与你们的挣扎息息相关！" 当你被打倒，全身痉挛，几乎要放弃的时候，想想那些对你低声耳语、严肃得让人无法抗拒的人的话："靠着那爱你的主，你已经得胜有余了！"

保罗写信给提摩太说，当提摩太在地上与上帝的子民并肩角力的时候，他应该注目上帝的"蒙拣选的天使"（提前五 21）。但是，比起与天使们一起所能带来的力量，更强大的支持来自于包括人类殉道者在内的大量见证人的陪伴。这些人和我们一样。它们被扔进火炉，扔进坑里，被强行按在水下。他们和我们一样，也有犯罪的心。他们和我们一样与肉体作斗争。如果没有我们尊荣的领袖在十字架上的牺牲，他们就像我们一样，也会灭亡。

这就是为什么不信（unbelief）的声音攻击你，这世界也一遍遍地呼应且重复这种不信时，你却应该张开耳朵去倾听那一大群见证人的声音。当你自己信心软弱而你喉咙卡住不能发声时，你应该这样倾听。当你感觉被抛弃，你见证的声音淡去的时候，你应该这样倾听。在这时，你应该倾听环绕你的无数来自旧约和新约信徒的声音。他们就站在你旁边。他们站在你的面前、后面和周围。他们因你以上帝话语、透过祂圣灵的大能而作出的见证，就大声欢呼说："阿们！"

主为你们预备了这许多见证人。你真的有这些见证人！你不能没有他们！只有那独一圣者能够说："我独自踹酒醡。" 然而，甚至是这位圣者，也为着你们的缘故，借着目睹天使和他们的信心而被坚固。

第15篇
那些贪爱钱财的人

法利赛人是贪爱钱财的。《路加福音》十六14

虔诚和贪婪之间似乎存在着微妙的联系。情况是这样的：一旦人心里有雄心要行事虔诚、被视为虔诚或与虔诚的人交往，这种壮志就会主宰人的心！而这会令他们做出巨大的牺牲。这种雄心要求那人从那时起，远离那些被使徒适恰地称为"今生虚荣"的世俗享乐和诱惑。

我们不承认自己同时虔诚又有贪欲。这是因为人若出现在迷人的节日、热闹的宴会、喧嚷的聚会和不道德的戏剧表演中，人就知道这些都是与虔诚不一致的行为。二者只能择其一，不能两者得兼。所有被对虔诚的称赞所吸引的人，都必须让他们的心转离这种感官的享乐，并放弃与他们新地位不一致的事物。

但是，这样的人现在是圣人了吗？他们的心是否因此就断了念想，不再渴望外在的事物，不再渴望拥有事物和被人认可？这等信徒就蒙拯救脱离罪性了吗？才没有！那些对自己诚实的人都知道这一点！

至少如果是上帝在他们身上做了真实的工作，而不是他们假装的话，那么我们可以肯定，这等人身上会发生一种主导一切的变化。这是那些曾经贪婪之人身上的改变，他们的整个生活外观都受到了影响。这是一种持续不断的变化，通过恩典不断的更新和圣灵全新的工作，祂使人"放下这世界上的事"以及"思念上面的事"，都成为他们心中的现实。我们心中仍有对魅力、伟大和荣耀的罪恶倾向，但是生活有了新的方向。

虔诚会禁止一个人花钱，它要求他们存钱。被误导的心把前者看成是虚假的虔诚，并说："我们不能那样！" 这是不能容忍的，是世俗的。人们希望积累金钱，这就产生了节俭的美德。虔诚不在于铺张浪费，而在于节约；在于不再鲁莽行事，而在于谨慎对待人所拥有的一切。

这是犯罪的第一阶段。如果一个人没有改变这种思维方式，没有与它决裂、对它产生敌意，这种邪恶就会逐渐变成圣经中所说的"贪爱钱财"或贪婪。这时，人们在心里就因金钱的缘故变得依恋金钱。它就成为了他们的神明，他们就拜了偶像。如果这现象不能被一种更高的干预力量所遏制，比如可怕的破产或财务挫折等事件，这最初看起来如此无害的倾向，最终会演变成一个邪恶的恶魔。当上帝向你索要这神圣的钱财时，人们甚至敢于拒绝，敢在需要帮助的人呼救时却缩手不顾。最终，人们就按照是否会让钱财增加来评估遇到的每个机会。到那时，恶的种子已经在地里发芽了。它生长，然后会结出不洁的果实。所有责任和美德都牺牲给了被称为玛门的神明。人们因可怕的偶像崇拜就成了牠的奴隶。

因此，我们可以看到贪婪是如何在虔诚中逐渐自动发展起来的。敬虔的人比这世上的儿女更容易被引入贪欲。我们可以看到，要想脱离这个世界，同时又不过度依赖自己的金钱，需要多么非凡的恩典。这就是为什么以色列的先知们很坦率、毫不吝啬、毫不留情地单单反对贪婪。这就是为什么非常了解袖子民心思意念的主耶和华，就仁慈、牺牲和慷慨而制定的律法，比其他一切律法都更全备。这位慈父设计的这些律法都是为了保护以色列免受金钱之魔的侵害。这就是为什么耶稣会把贪婪与法利赛人联系在一起，而不是与撒都该人联系在一起。这就是为什么贪婪是使徒们经常警告的一种可怕的罪。这就是为什么耶稣说"凡拜玛门的，就不能拜上帝"。这就是为什么贪婪明确地被认定为人投身教会职分的障碍。最后，根据圣经所说的"贪财是万恶之根"，这就是能把人关在上帝国度之外、是祂不能容忍之罪的原因。

　　主耶稣的教会的经验充分表明，这个警告是多么必要。针对教会的控诉，还有比这更可悲、更尖刻的吗？即使在教会最好的年代，会有此例外吗？那些在我们国家宣扬罪与悔改的传道人所提出的控诉更是如此。它在控诉我们如何不能远离属地的钱财。在敬虔者的圈子里，还有什么比依赖银行里的存款甚于依赖至高天上上帝的祝福，更令人麻木和窒息的事呢？比起无法将自己从金钱中分离出来，还有什么能更明显地使那些承认耶稣之名的人枯竭呢？哦，上帝那神圣的审判是多么苦涩的讽刺啊！在他们心中，上帝的子民渴望并抓住在他们圣歌中所鄙视的不义之财！

　　很明显，我们这么说就把两种虔诚人混为一谈了。有些虔诚人真的想知道自己确实就是虔诚的。还有一些虔诚人是上帝实则已使他们成为敬虔的人。关于第一种人，使徒说他们就像狗一样，吐出来的又转过来吃进去，没有什么比使徒写的更能挖苦他们的了。他们就像一头在泥里打滚的硕大母猪。另一种人才是真正的天国之子。但是，为了警告和安慰他们，我要补充说，他们几乎所有人都感到这种罪恶的脉搏在他们血管里跳动。他们之中无人在本性上未屈服于这种罪恶。在刚提到的更深层面上，他们中有不少人甚至一度屈服于它。然而，上帝的恩典发挥作用，打破了这个魔咒。即使在我们这时代，恩典有时也能荣耀地做工。当一个曾经贪婪的虔诚人从金钱的束缚中解脱出来时，如果那个人还强调他们现在向人表现出来的怜悯，而非上帝之前对他们的怜悯，那么他们就是误解上帝的怜悯了。

第16篇
不配的仆人

> 这样，你们做完了一切所吩咐的，只当说："我们是无用的仆人，所作的本是我们应分作的。"《路加福音》十七10

耶稣在这里所说的这个可怜又高度敏感的人，除了他一切虚假的自负，还剩下什么呢？即使他重生了，也没什么。事实上，根本什么也没有！比起东方博士带到伯利恒婴儿床前的礼物，你的救主无疑带着更贵重的宝物来见你。祂必洗净你，比雪更白。祂必以宝贵的甘露膏抹你。祂必给你穿上细麻衣。祂会让你全身披戴珠宝。祂会把冠冕戴在你头上来尊荣你。祂会让你坐在祂的宝座上。你也要喝祂的杯。祂必使你如天上的星一样发光。但祂只有在一个坚定且神圣的条件下才会这样做。你必须先让祂以祂圣言的炽热烙铁除掉你灵魂里最后残余的自义。主知道人的内心在归信过程中和之后会发生的事情。

首先，至少在口头上，你必须完全舍己。你必须判自己有罪。你一定会被罪责和亏欠感淹没。你必须承认说："主啊，祢就是一切；我却是无有。"然后你才能被搭救、得拯救。如果你要接受恩典，你必须以一种迷失、谦卑者的身份来到十字架底下。到目前为止，一切都好！但当一个被拯救的人从破碎的状态转为喜悦时，撒但知道如何将牠的匕首刺入这个人的盔甲扣间。牠做这事非常狡猾。那次致命袭击的结果，带来了这种乍看之下似乎就很奇怪的态度："现在我被拯救了，我比其他人好一点，也比大众好得多。" 所以，你充满善意地向别人伸出了援助之手。作为一个可爱和虔诚的人，你决不会被轻视，你会把自己看作是你那一小群虔诚的伙伴中有价值的人。那正是你能毒害人的时候！

然而，如果你现在开始把那些其他虔诚者做的"甚少"和你灵性承担的"相对更多"进行比较时，那么事情就会更加恶化。在进一步恶化后，你会得出结论：你比他们更加真实且诚实。你现在已经习惯地认为他们不真实。可悲的是，你认为自己是如此纯洁和充满恩典，以致你在圣徒中脱颖而出，这反使自己进一步陷入网罗。那时，你几乎不会再祈祷求赦免了。那时，你会有更多不敬虔的举动，走向致命的地步，以为你"肯定有东西可以献给"你的上帝，就是献给上帝自己！在祂的圣洁中献上！接下来，根据你的判断，你从天堂而得的祝福、成功和良好条件，以神秘的方式停止临到。这结果就是，你虽盼望永恒基业，却早已失去了那认罪税吏的态度。反而，你作为一个虔诚、善良、勤奋的孩子，就是"当然做得很好"的孩子，你曾期望你的上帝会给你一个荣耀的冠冕。

罪的败坏是何等的深！它渗透骨节与骨髓，甚至滋扰了我们新生命的气息。人却逃避仁慈的救主所提供的治疗方法来医治这癌症。这是根据基督的教导所传的圣言。圣言的宣讲能透彻人心、包涵心灵，它也适用于我们生活中的每一部分，可是人仍敢于抵抗它。

传神圣福音的人哪，要兴起！要开恩怜悯！基督告诉你们的话，要告诉那些游荡在自义妄想中的人。要怜悯那些苦于越发不服约束、灵里发狂的人。你们要宣告："主耶和华为大。祂当受永远的赞美，高于一切。唯独祂配得！配得每个人的敬拜！永远的敬拜！对你来说，没有比看见祂的光辉更大的荣耀了！" 你没有什么能与祂相比。在祂以上并无别神！在祂旁边也无别神！从你在亚当里堕落之前，你就并没有什么可以给祂。你在归信前也没有什么可以带来，而且从你归向祂之后也没有。即便是现在，你们在基督里的一切长进，也算为无有。如果你能分享祂的荣耀，你永远也无贡献！父亲不会从儿女那里得着什么，而是与上帝一同将生命赐给儿女。他给儿女吃喝衣着，在他们生病时照顾他们，并承担他们所有的费用。你要以同样甚至更深刻的方式看待你与那圣者的关系。

你耗费了你天父很多东西。你让祂为你付出了天堂所拥有的最好、最高级、最宝贵的。你让祂付出了祂心中所拥有的一切。你让祂耗费的比这更多。每一天，祂让祂的土地养活你，给你衣服穿，给你空气让你活下去，你一直在耗费祂的东西。当祂布撒祂的黑暗，让你可以睡觉，让舒缓你痛苦的草药生长时，你耗费了祂的东西。同样，祂每一天都让祂所传讲的圣言触动你的灵魂，祂愿意再次聆听你的祷告；这样，你耗费了祂的精力。当祂再一次让祂的天使因祂救赎之工来服侍你时，当祂再一次把力量放进你的意志里，把生命的火花放进你的心灵里时，你耗费了祂的精力。当祂透过基督赐给你相信的能力，并从祂神圣的心怀中赐给你继续活下去的能力时，你耗费了祂的精力。当祂亲自把圣灵赐给你，使你走在祂的道路上时，当你灵魂受到困扰，祂赐圣灵来安慰你时，你也耗费了祂的精力。

所以，你让祂耗费了很多，即使现在也是如此，每天晚上和早上都是如此。你完全应该感谢祂。祂要照顾你的每一件事，如此行最重要的是为了高举你、扶持你。因为如果祂收回祂的手，你就会在自己致命的混乱中灭亡，成为又一个悲哀灾难！而对于这一切，祂从你这里并未得到任何回报。这对属肉体的来说是很难理解的。这话很刺耳。但这是不可否认的，没有什么能改变这一点。从你那里，祂一无所得。就是你祷告、赞美祂、行善事，也没有。为什么没有呢？你自己最清楚这一点！

但我凭着圣言的权柄说："若非上帝在你心里唤醒你，你就从未真正祷告过！除非祂使你有资格，否则你永远未曾真正发出过对祂的赞扬。除非祂先激励你去做，否则你未做过任何有益的工作，不管是你立志还是为祂的喜乐效力，都是如此！"

女士们男士们，你有什么不是先领受的呢？我们直率地评价道："你从祂那里得到了一切，祂却没有从你那里得到任何东西。"你怎能反驳呢？你听听约伯在古时已经向你证明："人岂能使上帝受益呢？你为人公义，岂能使祂得利呢？""你若是公义，还能加增祂什么呢？祂从你手里还接受什么呢？"（伯二十二 2-3；三十五 7）你要听使徒在你的心里所留下的话："谁是先给了祂，使祂后来偿还呢?"(罗十一35)或者更好的方式是,听一听你救主在你心里的私语:"当你做了上帝吩咐你做的每件事时,你应该说:'我们是无用的仆人。'"你们这并未全然被上帝所弃的儿女啊,要听这话!要听,且要有智慧!

第17篇
在人所不能的事

> 主啊，这样，谁能得救呢？在人所不能的事，在上帝却能。
>
> 《路加福音》十八26-27 [6]

我们需要耶利米这样的神人再次站在我们中间。他需要把良知中的愤怒一吐为快："他们轻轻忽忽地医治我百姓的损伤，说：'平安了！平安了！'其实没有平安。"让我们面对现实吧。对神圣的事务，我们还在玩毫无气概[7]的游戏，自欺欺人。"人们不必这么认真地对待这一切！""耶稣的轭是容易的！""如果人们只强调耶稣的爱，他们还真正需要相信什么呢？"这时，人们就把宗教上的感觉良好放到唤醒良知之前了。这时，激情而非被破碎就代替了信心。他们会认为自己正在取得进展，并计算着归信者的人数。噢，有谁能使我们这一代人摆脱这肤浅的诅咒呢？这种诅咒现在试图潜入那美丽、奇妙和完全惊人的工作当中，就是以祂莫测的怜悯使死人复活的全能上帝的工作。

这工作真的那么肤浅吗？这事发生得如此自然吗？它仅仅依赖一场激动人

---

[6] 凯波尔只引用了《路加福音》十八26和27的部分内容。
[7] 原文用的onmanlijk这个词的意思是"没有男子气概的，柔弱的，有女人气的"。

心的演讲吗？这就是改变你生命所需要的一切吗？你能把那些控制人们生活的错误价值观连根拔起，在其处种上不会堕落的价值观吗？这仅仅是一个使用正确方法的问题吗？是观察别人的问题吗？或者互相模仿的问题吗？在上帝的圣言中，你真的可以毫无廉耻地假定这就是你能有更伟大的爱、更坚定的信心、更完整祷告生活的秘诀吗？

你需要听到的是"在人这是不能的"。这是你的救主所设定的完全不同的基调，你却从来没有真正衡量过祂对生命完全的严肃态度。祂说这些话是为了让你能一次就永久地忘记，那些像风中羽毛一样四处飘飞的肤浅观念。"这是不能的"，因为这伟大的工作必须扎根在人类心灵最深处。你却无法真正理解这心的深度。"这是不能的"，是因为除了你自己的话语，你什么都没有。但是人类的心缺乏理解力，甚至不能理解自己正在说的话。"这是不能的"，是因为即使灵魂可以理解你所说的，它仍然不能从无中创造出有。"这是不能的"，是因为你想要影响的灵魂并非单纯漂浮在空中，而是与这个世界紧密相连，撒但正用手紧紧抓住这个有力的联结纽带。我要再一次说"这是不能的"，是因为万物都被罪的玷污和毒害所吞噬；罪把一切都败坏了。它是一种侵入身体和灵魂的全人性癌症。哪怕只是一瞬间，你若认为那是可能的，那只是因为你从未懂得你想要改变之灵魂的真实状态。

哦，但愿你能听耶稣的话！为了获得永远的生命，人需要相信。相信并不是简单地对你所呈现的东西说"是"而已，也不是对你所肯定的事情毫无异议而已。甚至也不是想要参与那些你能热情庆祝的属灵之事。不，相信乃是这样：那是主从一开始就教导所有信徒之父的内容；相信就是让自己远离一切事物；相信就是舍弃一切；相信就是放弃一切；相信是对你自己的、属你自己的、你自己里面的都毫无保留；相信是让你自己和你那被诅咒的堕落之心，完全俯伏在上帝面前祈求怜悯。

正如在这段中耶稣对那个富有的年轻人所说的，相信不仅意味着要放弃今生所有的享乐和雄心，而且要放弃世上所有的财富和财产。"你要变卖你一切所有的"，好让自己除了上帝以外就一无所有。或者用保罗更苛刻的话来说：置买的，要像无有所得；用世物的，要像不用世物。有东西在你面前、在你周围、在你内心；但是，你要完全与之分离，好让上帝成为你唯一的福分！

要注意！主说如要"现在得祝福，将来得永远的生命"，一个人首先要放下他的财物、妻子、儿女、朋友和家人，才能在祂里面完全得着这些。你不要说："这对富人来说是个好建议！"因为从所拥有的东西来看，谁不是"富有"的呢？这甚至适用于有布娃娃的孩子或有面包屑的乞丐。所以，有人站在耶稣面前却并未呼喊："这是给富人的！"即使对他们来说，这句话也是成立的。这适用于所有人。当有人问耶稣说："这样，谁能得救呢？"祂解释道："事情就是这样。得救，原是人所不能的事。但你要有勇气，因为还存在比这更大的可能性。"

是的。在那"使无变为有"的上帝，这是可能的。在叫人从死里复活的上帝，这是可能的。在无一事奇妙超乎祂测度的上帝，这是可能的。此上帝之工成就在千万渴望得生命的人心中，以及除去荆棘换上番石榴之处，这是可能的。尽管人心硬，祂这拯救的工作要持续到实现目的为止。你理解吗？你知道主怎样成就这事吗？你追寻过祂圣灵的路径吗？你有没有遵行祂的圣言呢？你是否已经进入了那能让你比刚下的雪还要白的宝藏仓库呢？

我的弟兄姊妹们，我很明白你们敬拜的时候，你们自己也会退后。哦，但愿那个现实对你来说成为真实。不要抗拒它，要让它征服你。因为你要如此行，才能照主的圣言所吩咐的去行。祂说："去传福音给万民。"你们每一个人都要在自己的圈子里宣扬福音：让妈妈在家里宣扬，让父亲在工作场所宣扬，让牧师在会众中宣扬。你们各人要以自己的口，凭自己的手所做的去宣扬。在交谈和行动中宣扬。不要只强调其中的一小部分；务要将上帝所启示的全备的圣言表明出来。不要只是偶尔做一做。要用无以形容的认真态度做这事；正是为此，要在上帝不能测透的爱中去做。

作为服侍上帝的仆人中的一员，当你这样做了，不要第二天悄悄坐下来，在你的属灵日记上写下："他归信了！"相反，你要暗暗地祷告，叫上帝喜悦你去做那"不可能的事"。如果你认为祂已经喜悦你了，那么你就不需要回头看。因为你已经离弃了自己，将荣耀都归给了祂。

第18篇
一切都成就

先知所写的一切事都要成就在人子身上。《路加福音》十八31

但愿人们能回到上帝在祂圣言中所写的简单信息！这里已经无比清楚了。耶稣自己强调："旧约所写有关祂的一切事都要成就。"《约翰福音》记载，耶稣在十字架咽气的前一刻，知道旧约中关于祂的一切都要应验了，就大声说："我渴了。" 在去以马忤斯的路上，耶稣与门徒长谈，责备门徒灵里迟钝，以及误解祂受难和死亡的计划。他们根本没有在摩西和先知书中，即整本旧约中，发现这一点。他们根本不明白！

不要认为整个旧的盟约由一篇长的哀歌组成，而这哀歌是关于一个义人，尤其是弥赛亚，所预料要经历的苦难。不要试图淡化整个旧的盟约，使之成为一首关于以色列苦难的挽歌，也不要认为弥赛亚的极端处境是为使人追忆以色列的历史，更不要在不成熟的诠释中寻找解释，只认为受难的弥赛亚被预言要为我们的罪付上代价，却不深入探究祂在客西马尼、厄巴大[8]和各各他所经历的特殊苦难。

---

[8] 这是亚兰语对彼拉多审判大厅的称呼。见《约翰福音》十九 13。

通过提出不同的看法，你应该知道与你观点相悖的并非别人，而是耶稣自己！对主耶稣来说，这些预言彻底而独特地展现了祂的受苦计划。祂以坚定的目光和绝对的肯定，提前读过、看过并审阅这个计划。祂领略这一切，就是祂痛苦、羞辱和死亡的鲜艳色彩和可怕轮廓。在这些预言性的篇章中，祂看到了自己被描绘成将要受到羞辱、压迫和击打的样子。从这些预言中，祂向祂的门徒们表明，自己不仅要受苦，而且会在大祭司的手中受苦。这事既已向祂证实，祂也甘心领受了，祂就这样行了。祂又指示他们，祭司们要把祂交给外邦人。外邦人要戏弄祂，凌辱祂，吐唾沫在祂脸上，又鞭打祂。他们会送祂赴死，从而为祂第三天复活铺平道路（路十八 31-33）。

祂要带着血和泪、在苦难中挣扎着度过的计划，祂都告诉了他们这些将发生的事；这样，预言就会按照所预示的那样应验。祂的门徒后来也重述了这一说法。当祂最终踏出通往十字架的每一步时，当祂涉过了持续受苦的激流时，当这神圣悲剧的所有细节和部分都已完成时，祂饮了祂苦难之杯的最后一滴。那细心量过的杯中之物，祂心里带着恐惧地接受了。祂做这一切时头脑清醒，完全知道一切都已应验了。然后，祂咽了气。事情就是这样发生。这就是所预言的方式。这也是你认信和相信的方式吗？

在上帝的定旨和先见中，一切都已预先决定了。这不仅适用于一般的痛苦，而且适用于将发生的最微小的细节。"已预定"，因此若说上帝儿子生活中任何一个时刻的现象、任何一句嘲笑的话，或任何一次鞭打，都因罪人的意愿而发生，这都完全站不住脚。"已预定"，这样你就永远不会认为毁灭的力量压倒了各各他的神圣和圣洁，反而要让你明白，即使是最可怕的毁灭力量，也是为了达到上帝的目的。"已预定"，好让我们知道上帝儿子的十字架，并非叫人不知所措或迷惑，乃是为了把上帝圣言的真理向我们证明。"已预定"，同等重要的是，好让基督自己在经历每一件事时，而实际上在祂死之前已经历了一千次死亡。祂以清醒的头脑，也就是祂的状态，具有道德上的意志力和顺服，而非像被洪水淹没的那种麻木状态；祂清醒而清晰地与自己早已看明的痛苦角力。难道那不可能吗？难道上帝也看这样的事为希奇吗？

但是我要问你：一个母亲的儿子作为殉道者被判处火刑，她是否能体会孩子将要遭受的痛苦？她白天在思想中看到他的挣扎，晚上在她梦里也看到他的挣扎。难道她不能预料到他身上会发生的事吗？难道不允许她预见他所戴的锁链吗？他受死的游行！他的火葬！火焰！木桩！他的刽子手们！他的抽搐！当全能的上帝把自己的爱子交给死亡时，岂不会完全参与到这些特殊事件的细节中吗？祂会无法预见它们、理解它们、并完全接受那即将到来黑暗时刻的生冷且淹没人心的画面吗？

若是如此，如果你相信在创造和立约的时候，上帝已经在专注地思想各各他，你为什么还在退缩呢？当你知道这是出于爱，是为了祝福你时，你为什么要退缩呢？为什么只能是父神参与祂儿子的苦难中呢？为什么在创造生命和给予生命的整个过程中，祂总是把十字架的阴郁景象完全放在祂君尊的异象中呢？告诉我，弟兄姊妹们，你为什么还在犹豫？还是主因你的卑微，只注意你生活景况中的大事，不注意那些小事吗？我还认为你的头发都已被数过了呢！若是这样，为什么不能有刺从那神圣头颅里扎出血来呢？或者，也许圣父心里已经尝了一切痛苦和悲伤，提前看到了这一切，但就是不愿去谈论。

所以，正如你所承认的，祂对祂的先知们说了，并通过先知们述说，如果祂不能对祂儿子的事保持沉默，更不用说会对"将宰的羔羊"保持沉默。那么，那个成为人的圣子打开了预言的书卷。这真的很奇怪吗？祂在里面找到并读到祂天父在祂永恒之爱里为祂预定的事情。这有什么奇怪的呢？祂向我们透露了祂的计划，还谈起了祂。难道这很难理解吗？难道你不知道圣子在受苦之前承受了多少温柔的爱吗？那些微小而特别的神圣洞见，在祂受苦时对祂说着温柔的话、支持着祂。

想想旧约中关于耶稣受难的预言吧！它们是旧约救赎历史的篇章，讲述的是天父对祂所喜悦儿子的爱。这并非一件无关紧要的事。现在你明白为什么耶稣必须全心守着那旧的盟约了。你知道祂懂得按字句所写于彼处的经文，完全符合上帝的旨意。祂知道"一切都要成就"，上帝的旨意将会实现。祂在灵魂深处明白，它们都是一个意思，都是一样的。你也一样明白吗？

第19篇
衣裳䍁子

> 只求耶稣准他们摸祂的衣裳䍁子，摸着的人就都好了。
>
> 《马太福音》十四36

耶稣所爱的门徒、逾越节得许把头靠在耶稣胸前的那一位，与市场上拥挤的病患群体，就是只能伸出手来摸祂衣裳䍁子的那群人，形成了鲜明的对比。难道不是吗？这些病患群体都不敢正视祂。他们必须挤在祂身后。他们无法像一群哀求者那样接近祂，而是不得不悄悄溜到祂身后跟着。他们甚至不能和祂握手，只好稍稍扯一下祂的衣裳，并且只是扯一下衣裳䍁子而已。他们不能抓住衣裳䍁子，只能用指尖一拂，渴望疾病能够得痊愈！

请告诉我：在人指望得医治时，信心的工作，岂不应该比单纯伸手摸衣裳䍁子更有力吗？然而，重点一直都是，不仅得许靠在耶稣胸前的门徒被医治了，而且那些仅仅碰了碰祂衣裳䍁子的病人也得了医治。不，在属灵恩赐的分配上，确实没有可比性，甚至在将我们与耶稣连在一起的团契纽带上，也没有可比性。不过，要单单让以下更美的比较鼓励你，消除你可能有的焦虑：每个人，无论他是耶稣深爱的约翰或在天国里最小的人，只要触摸祂，就会得拯救！只要他们碰到祂就行！你要从这个角度来看。若不接触祂，就没有与祂生命的相交。没有活泼的相交，就没有那神圣治愈能力的转移。

你的主耶稣有医治的能力。当患者皮肤或衣服上的传染病蔓延到你的血液或肺部中时，这病显出一种神秘的穿透能力。它让你这相对健康的人也生病了。但在耶稣的身上，情况完全反过来了。祂是唯一真正健康的人，祂让生病的你再次健康且完整起来，就像祂自己一样。祂医治了你。在这两种情况下，工作方式都是一样。一次看不见、难以察觉、神秘的转移发生了，把人无法解释且未曾注意的东西，从一个人身上转移到了另一个人身上。这种转移，要么从皮肤或衣服开始，要么从衣裳䍁子开始。

从属灵上来说，这就是规则！仅仅谈论耶稣，想想你的救主，甚至最后求助祂，都不重要！这些都不能医治你。必须要有一种接触，一种生命的接触，一种充满热情和活力且活泼的接触。需要耶稣把一些东西传到你身上。那是一颗神圣的种子！那是一种更高生命的胚芽！那是一种力量、一个行动、一个圣灵的恩赐！但无论以何种形式出现，它必须始终是某种属灵上耶稣拥有而你缺乏的东西。它来自于祂，让你被其淹没。在你归信之后，它通过这个管道来到你身边，成为你信仰的生命线。

这种信心在人群中的病人身上体现出来，他们为了摸到祂的衣裳䍁子，甚至俯伏在地。你要注意那衣裳䍁子。它由一朵绣着风信子蓝的流苏编成。每个犹太人都得在衣服的每个角上系一个。他这样做"好叫你们看见就纪念遵行耶和华一切的命令，不随从自己的心意、眼目行邪淫，像你们素常一样"（民十五39）。

多么美丽的象征啊！生命就像一朵花，像风信子的蓝色流苏一样，这蓝色流苏代表上帝那完全纯净、蔚蓝的天堂本身！人群中那些生病的人伸手去碰那生命之花，去碰那滑过尘埃、几乎要被踩踏而变散的蓝流苏。他们蹲下，弯腰想摸它。因这弯下腰的信心，病人们就得了医治脱离了困苦。哦，福音书作者所认识的那些流苏，折射出被绣上的天蓝色金槌花（craspedia）[9]，比"祂衣裳䍁子"本身更美丽。它们就是一种借着"弯下腰"默默作工的信心。

---

[9] 这是澳大利亚和新西兰本地一种像雏菊一样的花。

事情总是这样。为了触摸祂，让祂的力量涌进你的身体并治愈你，你需要持续地深深俯伏在地。在你痛苦的日子是这样，从那以后一直是这样。直到你死的那一天都是这样。你需要伸出你的灵魂之手，以信心触摸耶稣。

第20篇
她一切养生的

> 但这寡妇是自己不足,把她一切养生的都投上了。
>
> 《路加福音》二十一4

多好的寡妇,多美的礼物!她不仅是虽然贫困仍然奉献,不仅是能从餐桌上省出钱来,而且她把家里的一切都奉献了。她把钱包里的一切都奉献了。她把自己一切养生都奉献了。她只剩下两个小钱。它们加在一起,跟我们的钱相比也几乎一文不值。按照今天的价值计算,它们只够买一天吃的面包。但是,她没有把它们带到面包店,而是把它们放在上帝殿的奉献箱里。然后,她空手回家了。

有人曾奉献得更多吗?有人曾奉献过这么多吗?我问你,从这只有两个小钱养生的妇人身上,我们成千上万的富裕寡妇能学到什么?耶稣对那富裕的少年人说,你要变卖一切所有的,分给穷人。他仍然会有富有的朋友,会给他简单的面包充饥。但他不渴望的事正是这了不起的寡妇所做的!她没有什么东西可卖,但是喜乐且平静地把最后的钱献给了上帝。

是的,你是对的!她的行为表明了自己的绝望之情。这是一个绝望的想法,她说："为了我舍弃的这两分钱，也许上帝会施恩打发乌鸦送给我一些食物。也许我罐子里的米都不会用完。"但是，我问你，除了对我们手中的一切感到绝望，并盼望上帝怜悯，信心的本质还会是什么呢？

那两枚小钱撞到奉献箱底部时发出的叮当声，犹如一首复活的盼望之歌。这个寡妇不仅献出了她赖以生存的一切，而且献出了她的整个生命。确实，她所有的都在这了。她敢把这一切都放进耶和华的奉献箱里。她把这一切奉献到祂祭坛上，到了以至于死的地步，表明对祂的尊崇和敬拜。她这样做了，手里什么也没有留下，期待从她的上帝那里得到更丰富、更荣耀的生活。在祂凡事皆有可能。

谁能怀疑她把那两枚小钱献上，会得到三十倍甚至百倍的回报呢？在这种情况下，谁会怀疑这种甚至愿意忍受死亡的勇敢信心，会获得圆满和荣耀人生的冠冕呢？哦，但愿耶稣的这个故事，哪怕能让一个跟随祂的人把注意力集中在这个可怜的寡妇身上，这也是好的。她无疑得了帮助，而且是得到了极大的帮助！哦，耶稣有多么奇妙的洞察力！这岂不是一个祂无所不知的例子吗？祂知道从她僵硬的手指间滑落、落入奉献箱孔里的两个小钱，就是她的全部家当。

耶稣岂不知道一切吗？祂难道还不知道你手所放到祂的奉献盘里的吗？祂难道不知道你奉献时，银行账户里还有多少钱，你会有多少缺乏吗？祂因父所给祂的权柄，岂不知道献礼物的人有谁在撒谎吗？难道祂不知道如何奖赏一个尊重祂家宝库的人吗？难道祂没有能力使寡妇的施舍变为她的益处，放松那富足妇人的手，使她不受银子的辖制吗？那可怜的寡妇带着绝望的信心、以安静且高贵的举动，献上她养生的一切，祂岂不是有能力，就是按着那荣耀的能力，在今日也让人像那寡妇一样奉献吗？

我的好读者们，有时我们要问自己，圣灵是否还在人的心中发挥巨大的作用。耶稣若不知道寡妇所作的事，就没有人知道了。其实，你经常不知道在你周围所发生表达爱的荣耀举动。但是，耶稣看见了！

第21篇
站在殿顶上

魔鬼就带祂进了圣城,叫祂站在殿顶上。《马太福音》四5

耶稣经历的这种诱惑反映出上帝的众儿女,每人也会以自己的方式,时常痛苦地遭受灵里的挣扎。上帝的圣殿也可以成为他们犯罪的地方。这与何弗尼、非尼哈从前在会幕帘后拿祭肉所犯的罪不同。不,那不是最大的试探。最大的试探乃是当人们受到诱惑,把来自于上帝的神圣祝福之杯,错误地当成令人麻木、滥用上帝家中属灵财富来荣耀自己的饮品。

但真正的信徒不会经常上到"殿顶"。你可以在下面找到他们,就在地面大厅,在上帝众圣徒们屈膝的那一层。在那里,他们谦卑自己,在这种使自己谦卑的行为中,他们敞开自己接受基督赎罪之血流进来。但那不是撒但的工作之处。牠不能忍受上帝殿中那个位置。那对牠来说太低了。那是上帝的能力胜过人们良知的地方。那是那至圣者得尊荣的地方,是赞美和庆祝、哭泣和祈祷发生的地方。

不,一个把自己高升到魔鬼之高度的人,没有放弃在上帝家中使人自高自大、令人致死的工作。他就是要爬得更高,一层再上一层,一直爬到顶层的最高点。

只有当他爬到最高之地，安全地站在"殿顶"护墙后面时，他才会认为自己获得了应有的地位。那才是他满足于自己不敬虔追求的时候。因为，正如弗拉维乌斯·约瑟夫（Flavius Josephus）告诉我们的，人若站在离地面那么远的地方，他们再也闻不到祭坛上焚烧祭物的气味，也看不见赎罪祭物流出的血了；这就是他满足的缘由。这时，任何对圣洁上帝的感觉都消失在弥漫的迷雾中了。

那么，除了属灵上的傲慢，我们还有什么呢？这是一种特殊的傲慢，一个世俗之人对这种傲慢毫不在意，而这种傲慢也无法吸引城市和农村的高位人士。反而，这是撒但为上帝那些正直、温柔的儿女所设下的绊脚石和可耻陷阱。他们只想过圣洁的生活而已。他们渴望身处上帝的圣殿中。"燕子为自己找着抱雏之窝"，他们的家也同样在上帝的坛前。他们的世界就是那信心的殿。它使他们的灵魂得满足。它就是他们的一切。

但在那座殿里，令他们无比高兴的是那尊崇、极为崇高且不能测透的事物。因此，在那殿中，他们总是试图升得越来越高；若是可能，他们还要升得更高——甚至达到站在"殿顶"的程度。要实现这个愿望，就要满足他们内心最深处的属灵欲望。

当你看到上帝最优秀的孩子，再次被撒但引诱而走上那不敬虔的楼梯时，你不觉得可悲吗？最让人伤心的是，他们几乎没有意识到自己身上发生的事。这是因为在他们的属灵生活中，除了这个例外，他们一直是谦逊和谦虚的榜样，是爱心服侍的榜样，是一颗低调不张扬之心的榜样。他们如此轻松自然地成为榜样，以至于你几乎注意不到他们谦虚中的伪装和欺诈。

可是遗憾的是，在这外表之下，撒但正在达成牠的谋杀意图。在属灵生活的这一点上，牠确切知道如何让人的灵魂沉浸在想象的幸福之中，以至于人都无法抗拒这种危险。因此，尽管他们有最崇高的属灵意图，但他们作为属灵人被卖了。（若是能叫他们在这事上醒悟过来，这就是那当赞美之上帝的作为。）

他们那致命的追求是在属灵上超越一切，甚至达到"殿顶"的圣洁之巅，那时另一个威胁却悄然而至。那和骄傲没有什么区别。那是一种更坏的心中幻想。那就是有宗教信仰的人认为他们爬得如此之高，甚至他们会在上帝面前特别受到青睐。在这个地位上，他们感到上帝会指引每一个状况和机遇，为他们的计划、他们的优势和他们假想的荣耀效力。这反过来又会使骄傲的人极其放肆，甚至他们认为对像他们这样特殊的人，上帝法令的常见限制和界限都已不再有约束力了。他们就会误入歧途，他们罪恶的思维方式就让他们相信："祂会命令祂的天使来托住我，这样我脚就不会撞到石头上。"

你会发现那些站在殿顶自夸自媚的人就在这些人之中。他们是如此未归信、心硬、麻木，甚至他们敢跳下去。然后，他们就坠落下去了，砸在上帝圣殿的基石上。在那些麻木的假冒为善者之中，你也可能会找到那些被视为属灵领袖或杰出者。他们就是想领着瞎眼群众的瞎子。这完全是灾难，这是黑暗之子而非光明之子的领导！燕子把它精心构造的巢筑在下面，在上帝的祭坛上。只有田鼠才要把窝筑在高高的上面，就在殿顶的下面！

然而，就像我开始所说的那样，在上帝殿顶的这些成员中，绝大多数都可以被称为上帝最优秀、最高贵的儿女。正是因为他们卓越的属灵恩赐，才让自己被引诱爬到这高塔上。可是，他们自然不会留在那里。他们会降下来，要再次看到祭坛上的血，要再次用悲伤的泪水浸湿上帝的圣所。

因此，我们仍有弟兄般的责任，不应该让任何人在如此之高的刺骨又寒冷的空气中，在属灵上变得麻木。我们应该向那些可能站在殿顶的弟兄姊妹们发出声音。哦，但愿他们能听见，然后回来，在他们心中唯独紧紧抓住我们主耶稣自己所做的，作为他力量的源泉，就是抓住那无条件、包含一切、舍己的话，肯定地说："经上记着说"！就在我们上帝的圣言中所写的！

第22篇
他们安静的祷告

祢的惩罚临到他们身上,他们就说出安静的祷告。

《以赛亚书》二十六16

以赛亚先知在这里说:必须要安静地祈祷。这总会给那些已承受压力的人带来更大的压力。不敢大声、不能与人一同祷告、不能在众人面前祷告,都是敬虔之人生活中的缺陷。哦,我知道,还有一位上帝孤独的孩子在默默祈祷,几乎没有声音,也没有人听到,像贼一样偷偷摸摸。当你关上门的时候,它就从你的唇边悄悄升到最高的天上。若因为偏好单独私祷而误解了大声呼求上帝之名的价值,那么这就是感伤和病态的想法,且完全违背了圣经。

一个人从锡安山朝着所罗门所建的圣殿蜿蜒而行,体验到祷告的时刻,这是世上最丰富、最壮丽的宗教体验之一。以前在我国民众中举行的那些特殊的祷告日也是如此。在动荡的年代,它们是令人振奋的高点。同样,我们在祈祷室里的祈祷,或我们在家庭圈子里的晨祷,为我们今天的生活增添了属灵的光彩。在会众中,无论代祷的初衷如何淡去,对有需要的人来说,它仍有无法形容的吸引力。

可以肯定的是，屈膝和低头仍然会在独自祷告时发生。但还有一件更要紧的事，就是"站在主面前"和全体信徒一同寻求祂。这是种寻求不依赖于所使用的词汇或理解力的行动。密切关注别人所说的，并且与别人同声祷告并非主要内容。反而"一起祷告"，"在世界面前祷告"，在"安静崇敬"中祷告，同时向创造我们的主屈膝，才是主要内容！这是可以被认定为一种行为、一种行动的祈祷。当带领祷告之人只能战战兢兢地祈祷时，这才是祷告。

但主常常不赐予我们那些崇高的经历，就像祂在以赛亚的生活中所做的那样。当我们在公开、公众的祷告中所发出的光辉暗淡无光时，祂就在我们这个时代如此行。那时，我们只能一边躲在地洞里或岩缝里，一边享受"安静、孤独、秘密的祈祷"。就在那时，人们不再能享受与公开祈祷相关的庆祝活动了。就在那时，不再有世界的喧嚣。或者那时，基督徒弟兄姊妹之间的分裂使合一的祷告变得不可能！或者那时，我们周围普遍存在的自由自在的心态，会导致社会完全缺乏集体祈祷！这就是我们这时代的极致悲哀景象！

那么，你能肯定，在今天公众祷告的沉寂和消亡之后，已经开始"倾倒出安静的祷告"了吗？关乎祷告的一切都被忽略了吗？人所信的代祷之事都丧失了吗？人们关于代祷所期望的一切都消失了吗？事情到这个地步了吗？在这寂静中，是否还有一种渴望，渴望"一起祷告"？这种渴望还带着神圣的火热吗？

祈祷的人数在增加吗？不只是那些为自己命运或家庭灶台祈祷的人，还有那些心向锡安之人！那些在别人受苦时哭泣的人，那些在神圣之物被亵渎时悲叹的人，那些渴望上帝国度快临到的人！这种安静的祈祷还存在吗？尽管有不断增加的压力，它是否还存在？当前景黯淡，它还存在吗？当魔鬼溜进我们的卧室，嘲弄地问我们这一切的屈膝和结巴祷告都有什么用处时，它还存在吗？是圣灵以一种渗透到人深处的祷告之灵，逐渐注入我们里面的祷告吗？是这样吗？只是连绵如水的空话，还是像以赛亚所说的，向主倾倒出心所隐藏、所克制的那种"安静的祷告"？

最重要的是，祷告之人是否是为某个特定的需要祷告，或者是代表某种特定的需要祷告？他们祷告，是因为他们自己有需要，又是因需要而受压呢？他们是在恳求上帝把他们从那需要的捆绑中释放出来吗？请留意，我指的不是认为自己是需要帮助的人，也不是对别人的需要表示同情的人。我的意思是因自己的罪疚和罪恶而被压得喘不过气来的人。我的意思是，因为看到自己的罪疚和罪恶所造成的属灵伤害，而祷告自己能从其中被拯救出来的人。我的意思是想要爬出陷入窘境、苦恼且破碎良知之深渊的人。我的意思是渴望赎罪之血，就像发高烧之人渴望喝一口凉水的人。

如果人们能被引导走到这样的祈祷之路就好了！然后，他们会觉得自己非常渺小，在自己的眼中微不足道，就像他们在自己悲惨的处境中已经跌到了谷底。结果，他们屏住呼吸，变得极其害怕自己的声音，对自己的话感到极其震惊，甚至宁愿叹气也不愿低声细语，宁愿呻吟也不愿发声恳求。杰出的以赛亚用这些优美的话语，巧妙勾勒出了这种属灵状态："你必从卑微的地位，从尘土中柔声说话；你躺在地上时，必发出言语；你的言语，必由尘土发出！"

我非常清楚，这一切可以作为一个有趣点，进行虚伪地模仿。那么，这就严重地羞辱了上帝。从某种程度上来说，这是一种拙劣的嘲弄，与赤裸裸的谎言一样令人恼火。但它也可以是真实的，是心灵和诚实敬拜的一个层面。这种差异能被上帝所识别，而非人类所能识别。那时，在被救赎生灵的叹息中，一种非常神圣的东西悄然而至。那时，躺在尘土中却蒙恩得救的上帝儿女所发出的呼求无比珍贵。你无法衡量其价值。它来自上面，伴随着赐和平者的沙沙脚步声。

弟兄姊妹们，如果我们在千千万万的卧房内、千千万万简陋的茅屋中、千千万万何烈山的岩洞里，都能听到这种"安静的祷告"。请再一次抬起你的头！你要呼喊："拯救你们的来到了！因为看哪，无花果树上有了花蕾，又有新芽在嫩枝上萌发了。"

第23篇
番石榴代替蒺藜

番石榴长出，代替蒺藜。《以赛亚书》五十五13下半节

本章经文的上文说："你们一切干渴的都当就近水来。"而本节是这段预言美丽的结尾。当你思考番石榴时，你自然会欣赏它是多么精致，多么不同寻常，多么光彩夺目。在上帝的一切植物中，你看它叶子常青、花繁叶茂、香气幽雅，有独特加倍的果实可以做成油和酒，真是美极了！

说实话，你真无法想象上帝的选民有一天会有比这更光辉的画面：永远有绿色和青翠，从不贫瘠或枯萎，发出合一的祈祷，在我们所崇拜的上帝面前唱出一首赞歌。这些惊叹真是激动人心，且有丰富的双倍果效：以极好之油的形象描绘着对上帝宽广、非凡的属灵洞察力、知识的果效，并以酒的形象描绘着普世欢腾和庆祝之喜悦的果效。

我们有能力、有勇气，甚至不得不相信，我们自己的未来和我们最亲爱弟兄姊妹的未来，都与那预言息息相关！我们将与所有已完全得称义的灵魂共享这未来——一个巨大的番石榴花园！我们要分享这一切，就是我们这些还在毁灭之根上发芽的人！我们这些仍然被自己叶子上的荆棘所刺的人！我们这些应该被捆起来扔进火里的人！是的，我们完全有理由忘掉我们自己现在的状态，沉浸在番石榴之美的光辉形象中。我们灵魂可以被"是的，这就是真正的敬拜"的感觉所胜。

但是，在灵魂喜悦中的弟兄姊妹们，当你在庆祝番石榴的惊人之美时，不要对蒺藜视若无睹。因为以赛亚也特别提及蒺藜的名字。你还得和蒺藜打交道。有多少次，你良知深处小声说："这蒺藜就是你！你就是蒺藜。" 不，根据你的信心来说不是的。自然不是！更不像你所希望的！按照你在基督里的生命来说，因你的名已经与基督一同藏在上帝里面，那就更不是了。但遗憾的是，就你此时此地的生活而言，这种情况确实经常如此。按照你那伤心的属世现实处境来说，这就是如此。就你的老我和你自私的肉体而言，这确实如此。

你知道，即使是瞎子也能认出蒺藜是什么，因为他知道凡碰过它的人都会感到痛苦。那么，从这个角度来看，你最后一根刺已经从茎上永远拔掉了吗？蒺藜尖尖的荆棘、尖尖的刺，还有它那发烫有毒的叶尖，永远都不会刮伤你的皮肤吗？它们愤怒的伤口不会影响你吗？你是否从未经历过它们带来的痛苦？我说的不是你在尽义务时所造成的那种痛苦，像医生行医中所做的。我说的是另一种，它只适用于你自己，只适用于你日常生活中所接触周围的人。我说的是由你引起并影响你邻舍的那种蒺藜。

不，你不需要马上想到那些在野外发现的、带着巨大棘刺的巨型蒺藜。人们当然会明白，这种蒺藜在人类社会中随处可见，需要砍下来烧掉。但是，所剩下的、在蔓延以及带着无可比拟威胁的，是那些长着荆棘的小植物。它们是几乎看不见的蒺藜。它们像山楂，又像藏在玫瑰茎上的小荆棘，就藏在最芬芳的花朵下面。它们用飘散到你鼻子里的香味迷惑你！即使在你归信后的今天，你还敢随随便便地说自己与这些没有任何关系吗？

我的弟兄姊妹们，生出新生命的工作进展得如此奇妙，甚至蒺藜都变成了番石榴。这就像丑陋的蝶蛹飞出美丽的蝴蝶！这个变成那个，会引人比较。这个以这样的方式遮蔽那个，就像蝴蝶在最后一刻出现。这就是蒺藜和番石榴之间的关系。在一切未完成，最后的敌人——死亡——还未被胜利吞没之前，番石榴不能吞掉蒺藜。因此，把我们与那些没有恩典的人区别开来，这样好吗？我们认为自己仍然是它们枝叶上长着刺、叶尖上长着灼人的荆棘蒺藜，难道这不是更好吗？

我认为，如果上帝的孩子们能够认识到自己的现状，而非在自欺中盲目，那么他们就会减少苦楚，也会少遭受些痛苦！哦，上帝的儿女们，那是你们格外的荣耀和宝贵特权。那时，你们就变成了番石榴！你能做别人不能做的事。你可以修剪你的刺。你可以使你的针尖柔软。如果你真的如此想，如果你因信心真的想要这样，那么就不要单纯地烧掉你的荆棘而已！

第24篇
孩子捡柴

> 孩子捡柴，父亲烧火，妇女抟面作饼，献给天后，
> 又向别神浇奠祭。惹我发怒。
>
> 《耶利米书》七18

别忘了梁木和刺片！父母们，你们要非常小心谴责别人，因为他们虽对生而遗传下来的罪会视而不见，而你也看不到自己实际的罪玷染了生活中日常接触的人。主为耶路撒冷感到心痛，就是祂自己所选择之处，并为其中所住的百姓，感到心痛。巴比伦的不敬虔行为和罗马的淫乱并不能侮辱祂占有性的爱（possessive love），反而是耶路撒冷街道上发生的丑闻才会如此。仔细听好了！主呼叫："他们在犹大的城邑中和耶路撒冷的街上所行的事，你没有看见吗？"

在祂神圣计划中所拣选的城市，有什么令祂如此反感、如此厌恶的呢？毋庸置疑，就是焚给外邦神明的香。这显然是因为妇女们"为天后作饼"。[10] 更糟糕的是，父亲们在自己家中，非但没有像全能者的祭司那样行事，反而得罪

---

[10] 凯波尔使用了希伯来语术语 Melecheth，这个词很可能分别指的是美索不达米亚和迦南的生育女神伊师塔（Ishtar）和亚斯她禄（Astarte）。在耶利米的时代，耶路撒冷妇女对她的崇拜很流行。

上帝去"烧火"。但这一切最大的恶行，乃是上帝所强调的那恶，就是为父的把儿女都拉入这一切的恶里。他们家的男孩女孩们还没明白发生了什么事，就被误导了。他们笑着跳着，"孩子捡柴"和他们的父母一起犯罪，他们的父亲会烧起这些木材，人们会在上面献上偶像崇拜的礼物。这件事，尤其是这件事，给上帝温柔之爱带来了最苦涩的痛苦！这就是为什么以色列的圣者悲叹道："他们惹我，就是他们的上帝，发怒！"

不过，在这一点上，我们这个时代的上帝子民岂不是反映出与古代以色列人的可悲相似之处吗？即使在你所知最优秀、最虔诚的圈子里，对孩子们的关心岂非少得惊人吗？他们是未来的教会，是我们心中珍爱的宝贝，是受过洗的基督的小羊羔。那么，我们严肃且真诚地说，当我们未能更加坚定地照顾我们的孩子时，我们实际上不就是在显明我们所继承的原罪吗？我们岂非在强迫他们接受我们的罪疚和罪恶吗？在他们意识到这样做之前，岂非喝了我们自己那被玷染之杯里令人麻木的酒吗？这种病附着我们，然后又传染给他们幼小的心灵。难道不就是我们让他们染上这种病了吗？

请告诉我，即使在基督徒和超级基督徒的圈子里，今天你在哪里仍会找到有意使律法作为引向基督的导师，来教导孩子们尚未归信之心的举动呢？你在哪里能找到这种坚定的训练呢？哪里能找到这种艰苦的培育之工呢？哪里能找到为了保护我们孩子们心中宝贵安全所需，所建造必要防御工事的这种管教呢？因为只有这样才能防止外部的毁灭轻易地变成内部的毁灭。当它藏在人里面时，就会燃烧和污染。现在，也许比以往任何时候更甚，你肯定会发现一种有意的压力，抵制幼童归信，抵制他们抓住救主。当然，现在比以往任何时候都更难夸赞我们孩子在圣经知识上的储备。另外，我们马上要补述，就我们孩子而言，他们几乎没有得到任何告诫，只有很少的纠正；他们也缺乏与成人严肃且真诚的交谈。

这一切岂不都符合在耶路撒冷为父亲的祭坛、母亲的偶像"拣柴"的行为吗？当你和你的朋友群体，甚至你家人与你孩子们一同在虔诚方面闲散度日时，在天堂里就会有抱怨声，说你"惹你的上帝发怒"。"惹你的上帝发怒"是因为你如此没有爱心，以至于你孩子也与你的罪恶有份！不管你是单独犯罪还是一起犯罪；或者是作为父母一起争吵；不管是一起歪曲真理，一起服侍世界，或是一起决定你的家要坚持去行上帝已经谴责、你应恨恶的各种罪行。"惹你的上帝发怒"是因你渴望按照你自己的时间和方式，放弃在约束、正直和谦虚上的基本要求，而这些都理应成为你生活的标志。你通过在自己的圈子和生活方式中宣传奢侈、快乐和舒适来惹上帝发怒。这些都是属世之人，活在没有上帝之世界里的人所忧虑的事情。但对上帝的儿女而言，它们却永远都不合宜。

最重要的是，当你在这一切道路上游荡时，你会造成"惹你的上帝发怒"。当你认可那些名声、贪婪、嫉妒，以及其他任何被你称为属魔鬼的事（因为牠的名字叫群）时，你就惹你的上帝发怒了。当你越来越放纵，在你自己收敛之前，你允许你的孩子看到、听到这等事，你就惹你的上帝发怒了。而后，甚至在他们成年之前，他们自己不知不觉地习惯了这些事情，且被其俘获了。当你的孩子超越了你的水平，参与上帝所憎恶的事时，是你让他们参与了你内在不忠信的游戏中。你表面上看起来很虔诚，实则并非如此。现在，你和他们都同样陷入了令人不安且带来毁灭的游戏中。

我也不确定！也许我太夸张了，也许我们对耶路撒冷的生活过于悲观了。不过，我要问你，当你一次次地听到，孩子们同样屈服于玷污了他们父母却从未被坚决抹去的属灵罪恶时，你怎么看？最终吞噬孩子们灵魂的熊熊烈火，会在家庭里点起来。你能避免得出这样可怕的结论吗？

第25篇
一块白石

得胜的，我必……赐他一块白石。《启示录》二17

人们不应该误解这鼓舞人心、熠熠生辉、闪闪发光的白色石头。这种试金石与戴在胸前珠宝上的宝石毫无共同之处。它与图章戒指上的石头或王冠上的钻石也毫无相似之处。耶稣的表达是指我们能被宣布为无罪、免除死亡的诅咒，而不是珠宝。这是谈论末日审判，关于祂将坐着审判的时刻，就是指地上万代的人都要在祂面前显现的时候，也指的是审判之书何时开始打开的日子，指的是每个人都会从耶稣口中得到死的刑罚或恩典赦免的时刻。

在古代，人们用小石头投票决定死刑。它们不是黑的就是白的。白石头代表让一个人获得自由的表决。黑石头则象征不可撤销的死刑之票。如果同时审判不止一个人，每一个被告的名字都写在石头上；被判死刑的人写在黑色的石头上，被判无罪的人写在白色的石头上。

上帝的选民，直到审判大日来到之前，也是同样作为被告站立。哦，他们已经在里面被印署了。他们确实庆祝了自己所得到的恩典。上帝完美的爱驱走了他们心中所有的恐惧。但是，你也不应该轻率视之，就公众而言，无论在天堂、地狱还是地上，他们尚未被称义。恰恰相反，他们的救恩仍是一个信心的问题，尚未显明。这种情况会一直持续下去，直到一切事都说尽、做完，他们蒙召的结果反而得以证明，并且上帝驳回了对他们的控诉。而他们如此一来，似乎在自己的不信中丧命，似乎所有力量都敌对他们，似乎连主也离弃了他们。我们的先辈非常理解这种挣扎。他们在认信中表达得很美。他们说："在审判大日，上帝的儿子将承认对他们的指控乃是针对祂自己的，并将公开为他们辩护，反对那些欺压他们的暴君。"

这就是为什么上帝的儿女要叹息并盼望那伟大的一天。他们渴望那一天。在那时，他们受压迫、阴云密布、危险的生活方式将最终结束。那时，在所有被造物面前，全能的上帝会宣布："是的，这个被围攻、流浪、迷失的灵魂确实是我的孩子。" 所以，圣经上说被拣选的人和刚硬的人，必要在那日子显现在永远审判者的宝座前。在那里，他们要在众人的耳中听见为他们所定的结局。公义的法官坐在祂的宝座上，面前放着黑色石头的瓮，旁边放着白色石头的瓮，祂将伸手进去，取出那些决定生死的试金石。

这是祂向别迦摩信徒所作的见证。对于每一个选民，每一个"已经得胜"的人，祂手中给出一块象征自由和恩典的白色石头。尽管撒但、世界和他们自己的心都会给他们一块黑石头，祂却赐给他们永恒的恩典。那时，撒但必呼喊说："把他治死！" 牠会指出我们造成的所有痛苦和羞辱。那时，和我们有关系的人都会尖叫，撒但也插话："判他死刑！" 他们会指出他们在我们生活中目睹的所有罪过和软弱。甚至我们自己那害怕死亡的心，也会悲哀地承认我们的不信和属灵的贫瘠。但法庭要宣告："谁能控告上帝所拣选的人呢？谁敢定他们的罪呢？" 那时，我们完全因基督的血，也有几分是凭着怜悯，就必活着。我们将得赦免和尊荣。我们能活着，是因为我们得到了那块白石；它宣告："你已经得自由了。" 它们上面的名字被尊崇，我们就被赋予永恒的使命。

不管要花多少时间，耶稣都要用祂看不见的吗哪来坚固你，直到那日来临。到那日，祂将赐你永远赦免之印。这事将由上帝的一切被造物来见证和庆祝。祂会亲自把这块白色试金石交给你，而不是代表你交给别人。祂会把它交给你，作为与祂神圣友谊的象征。更确切地说，祂不仅要把你从死亡中拯救出来，还要把你领进荣耀的生命中。在其上，祂写下了你永恒身份的名字。这是一个极其亲密的名字；它温柔、精致、亲密地传达了祂对你最神圣的爱。它如此特别，唯有你和你的救主才能完全了解。

第26篇
殿中柱子

得胜的，我要叫他在我上帝殿中作柱子，他也必不再从那里出去。

《启示录》三12

非拉铁非教会以"兄弟之爱"得此深刻的先知性之名，她正站在七级的梯子上。在《启示录》中，主允许会众沿它上下移动，直到第二层和第三层。非拉铁非无疑高于别人。她已经达到了最容易领受恩典的地方，因为她"略有一点力量"。她社会地位很低，过着卑微的生活，但也得到了最荣耀的应许。她将被视为配得让最顽固的异端和反对者在耶稣脚前下拜的尊荣。靠着她的救主之爱，她将安全地经过最炽热的迫害的火炉。最后，她会听到后面有用大卫的钥匙咔哒上锁的声音，那将防止任何人带她偏离救恩。

为了作为在末后之事上给她确据的印记，耶稣说："你必坚立为殿中的柱子。"这话可以理解为，耶稣要显出她将美丽地开出"圣徒坚忍"之花。殿中的柱子就像森林（大自然的殿宇）中的树木，树叶就像屋顶，鸟儿就像唱诗班中的歌手；到圣殿的人与这些柱子有共同之处。就像森林里的树木能唤起一种崇高感，柱子和进殿者都举起手臂，张开双手来赞美和荣耀他们的造物主。但殿里的柱子和进殿者有分别：进殿者要暂时离开，但我们上帝殿里的柱子永存于此。主有意继续使用这形象，给非拉铁非教会这荣耀的祝福："我要叫你在我上帝殿中永远作柱子。" 为要显明祂的应许是真的，并藉着指向众圣徒坚忍的心，祂随即说："他也必不再从那里出去。" 为了进一步强化这一观念，祂又增加了一个身刻着主人名字和他所住之地的奴隶图像。身上所刻的就保证了，如果他逃跑了，别人不管是用各种方法，都会把他送回来。同样，耶稣说"我要把'我上帝的名'和'我上帝城的名'写在他们身上"。这样，如果他们想要四处游荡，主的天使就会把他们抓回来，送回到他们的主那里。最后，这些精彩的描述不应该附加任何其他意义。耶稣向非拉铁非教会显现时所用的荣耀之名更强化了这一点。祂是"拿着大卫的钥匙，开了就没有人能关，关了就没有人能开的"。

这些话显然是暗指雅斤和波阿斯，它们是耶路撒冷圣殿的一部分。它们肯定已不在圣殿内了，因审美价值而被人移去。[11] 这句显然来自"他也必不再从那里出去"这句话。"必不再"的意思是不像耶路撒冷殿中曾被搬走的柱子一样。

就像耶稣从拔摩海岛寄给七间教会的这一系列神圣书信中的所有内容，此处"柱子"乃是神圣的奥秘。它指的是圣徒坚忍的奥秘。它不是指支撑殿的柱子，也不是指其他人可以依靠的人，更不是指用来发表神圣宣告而荣耀上帝的地方。我们可以看得很清楚，它就是一个站立得稳、并不动摇的形像。它代表着被支持者因此立得坚定，就是在坚实的基础上，被支撑立在自己生命的根基之上！由上面互相连接的拱顶和拱门所支撑，成就上帝独特圣洁的目的！

这是上帝的圣徒所经历的荣耀。他们当中没有人会失丧。然而，虽然祂的恩典维系所有人，但只有少数会众足够谦卑，因此在灵性上得到充分发展，能够真正吸收这实在的甜美，而又不会破坏他们在基督里的成熟特性。非拉铁非不会是仅存的一个坚守圣洁的教会，但她的优势是能够自觉地承认圣徒已有的坚忍。世上能承认这一点的教会是有福的。非拉铁非可以，我们改革宗教会曾经也可以。在承认圣徒坚忍时能继续成长并在灵性上开花的教会是有福的。

---

[11] 凯波尔在此处联想到所罗门殿门口的两根铜柱。它们的名字是雅斤（祂必坚立）和波阿斯（因祂有能力）。对圣殿来说，它们是装饰性和象征性的，而不是结构性的。随着耶路撒冷的陷落和圣殿的毁灭，它们被带走了（"离开了"——按照凯波尔的意象）被带去了巴比伦（见王上七 15-22；代下三 15-17；耶五十二 17）。

第27篇
并非醉了

你们想这些人是醉了。《使徒行传》二15

　　撒但靠冲突活着。牠没有什么是原创的。不可能有，因为牠就是谎言、否认和纯粹谎言之灵的化身。所以，当上帝向以色列显明自己时，撒但就在异教徒的土地上发出了牠的谕言。当上帝在以色列的至圣所中隐藏祂的奥秘时，撒但就在伊洛西斯（Eleusinian）庙里制造了牠的奥秘。当先知在以色列兴起的时候，巫师和占卜师很快就在他们身边出现。当摩西在埃及行主的神迹时，埃及的术士也照样行了。为了反对耶和华的真先知，魔鬼也召唤出牠的假先知。在上帝想要建立祂国度的地方，这世界的监管者就要创造出属世的国。甚至当上帝的儿子取了人的肉身、以人声说话时，成群的鬼魔就住进了被鬼附的人，而撒但自己也住进卑鄙的犹大里面，以一种罪恶的道成肉身方式发生，这甚至都是可以想象的！即使在今天，当圣灵内住教会时，邪恶的势力也会想方设法进入教会。

　　保罗凭着经验深刻地说道，我们所陷入的战斗，不是与有血肉的人，也不是与邪恶之人，乃是与"天空属灵气的"争战。这可怕的宣告给我们五旬节的庆典投下了多么阴暗的影子啊！[12] 而这影子只会随着时间的流逝而变长。或者，说他们"是醉了"的嘲笑指责，不就算是某种预言吗？当大变节发生时，它会预言这属灵冲突终将采取的形式吗？这一事件会像打谷机一样在我们可怜、混乱的教会中推进。在很长一段时间里，教会一直在抵抗它，但大坝现在决堤了，丑闻充斥田野。现在，我们听到的狂乱喧嚷并非约珥预言的应验；这绝对是一种"被浸湿、因酒而醉了"的表达！

一个灵在这里翻腾，这是一个邪恶的灵，撒但的灵！借着牠隐秘的邪恶工作，撒但已经把这个同样可怕且恶毒的灵，同时散布到地球的所有地方。因此，世界各地人们都因他们一直渴望的致命麻木状态而遭麻醉和奴役。这灵在整个欧洲横行。它已被派往美国，也腐化了贫穷的中国。据传，它的破坏之工已经到达波斯、印度和马来群岛。

你认为这仅限于这些民族吗？是通过某种协议？有罪的只是指那些勾结的商人和制造商吗？不，我告诉你，火从地里喷涌而出，到处都是，整个地球要变成一个共同的火炉了。同样的邪恶正以本质相同的其他形式到处蔓延。然后，每个愿意看到的人都必须明白，其中有个单一的力量在运作。所有邪恶都来自同一个源头。一个灵在驱动着这一切。

但看哪，圣灵已经浇灌，使罪人里面得光照。祂使他们更像人，也使他们成为有份于神性（divine nature）之人。他们在为更可喜之物奋斗时，祂使他们变得坚强。祂使他们相信上帝的爱。但另一个侵入人类全部领地并抵抗圣灵的，就是恶魔的灵。它得到的力量是使事物模糊而非明亮。它不会让人更有人性，反而会让人更残忍野蛮。这会使他们成为撒但那邪恶本性的参与者。它削弱所有朝诚实事物前进的动力。它把除罪的祭物扔进绝望和毁灭的怀抱，让他们失去信心。

这两种灵在持续相互争斗。上帝之灵的目标是带领人走向荣耀之道，使人在信心中得到完全的荣耀。撒但的灵是把他们引到羞辱之道，结果只有怀疑和绝望。这个五旬节，看看你的周围。你认为人类会更喜欢这两种灵中的哪一个呢？那喜爱恩典之灵、坚持祷告的人，岂不是越来越少了吗？那跟从使人麻木迟钝

---

[12] 这篇默想文章发表在《先锋报》第 27 期（1878 年 6 月 9 日）五旬节特刊中。

且带来咒诅之灵的人，岂不是越发增多了吗？那些只是半心半意、不倾向上述两种道路、不冷不热、一无是处反要被吐出来的人，你认为他们将会统治世界很长时间吗？相反，你没有注意到他们一遇到压力就会溜走吗？

人们说我们只是在教义上争吵，在小事上吹毛求疵、斤斤计较！但愿耶稣基督的教会能更充分地活出教会本身的教义！作为人，活出圣灵的教义，活出拥有灵之生命存在的教义；这灵正生活在一切邪恶事物之中。那时，反对他们"醉了酒"的讥讽，就必像奔腾翻滚的江河。那时，社会各阶层的人都对即将到来的属灵传染病感到恐惧。那时，世俗政权就会认识到，面对这一狂暴的大火，只是站着不动、什么也不做，比采取错误的行动还糟糕。不过，耶稣基督的教会也会明白，结盟为反对"这些人是醉了"的指责，将毫无意义。他们也不能回避那些深饮甜酒的人。世俗政权即便勤奋努力也不能回避……除非有其他事情会发生。除非同时用属灵手段来对抗属灵的恶，否则这一切都不会有任何意义。这需要教会去反对，需要教会中祈祷之人的抵制。更好的是，这将需要那唯独得到一切能力捆绑撒但的那一位，为回应那些祈求者的祈祷而做出的反对行动。

第28篇
智慧变成愚拙

> 上帝岂不是叫这世上的智慧变成愚拙吗？《哥林多前书》一20

有一些景象使我们着迷：被逼迫的景象、为基督登上绞刑台的景象、被鞭打时背上伤痕刺痛的景象，甚至我们身体被火焚烧的景象。所有这些都会激发情感的回应。但是，要承认一个人是傻瓜，那就几乎不可能！我们得承认，这景象并不能打动我们的心。人们可以羡慕受苦。压迫会让人无言以对。蔑视常常让人产生一种快感。然而，以我们为傻瓜，甚至以没有自知之明为荣耀，那就太过分了！想起来太痛苦了。这是我们骄傲的心无法接受的智慧！因为想要像上帝一样，想要知道善与恶，罪恶就开始了它邪恶的狂暴行动。一直存在因知识产生的骄傲所带来的不虔诚，原因就在此。人类在堕落时，就模仿了堕落天使的傲慢。现在仍是如此，即使对基督徒也是这样！

哦，当你的孩子离开家庭进入这世界时，他们能面对任何事情。他们被养育成为有信仰的人。但是，不要让人们怀疑他们是否太过狭隘，以至于只是简单接受了被教导的一切内容而已；或者，不要让人们怀疑他们是不是不明就里；或者，不要让人们怀疑说，怎么可以想象一个有文化而聪明的人能接受这些内容。

经验一次又一次地告诉我们，这正是箭中靶心。否认基督的冲动在他们心中升起之时，撒但绝对知道怎样设置最好的陷阱来俘获他们！

那总是为了获得或拥有某些东西而设的陷阱，无论是为了金钱还是为了知识。因为基督的话，既是指着银子，同时也是指着知识说的："骆驼穿过针的眼，比在知识上富足的人进天国还容易呢。"想想我们的教授、医生、律师、高中老师、作家、警察和军官，以及那些属于我们所谓文明社会的人。他们的心是冰冷的，灵魂是贫瘠的，除了少数杰出的特例，他们的生活已经远离了永恒生命的活水。为什么？除了他们认为自己明智，还有什么原因呢？如果有人认为他们愚蠢无知，他们会感到脸上都惨淡无光了。或者，如你所愿的表达，他们总是认为知识树比生命树更有价值。

撒但就这样引起分裂。我指的是两种人之间的分裂。一种是受过教育、有教养、开明、思想家式且知识渊博的人。另一种是基督徒，被认为是心胸狭窄、无足轻重、容易上当且愚蠢的人。人们屈从于这种分裂，因为——你看！——人们能许可一切、接受一切，但他们骄傲的心不能容忍被认为是心胸狭窄的或被人轻视！

然而有时候，甚至基督徒也会把这种划分引入基督教的圈子。（愿上帝宽恕那些如此行之人！）然后，他们就会谈论那些没有受过教育、心胸狭窄的基督徒，而称自己、自己的朋友和其他像自己一样有思想的教会成员为"受过教育的基督徒"。那些心胸狭窄、无足轻重、落后的成员是愚蠢的人，他们是那些紧紧抓住过去、仍然相信它的人。他们没有洞察力。别人嘲笑他们心胸狭窄，他们却自认为属于非常有智慧、受过教育的圈子。

哦，弟兄姊妹们，保罗因那些"高雅基督徒"的骄傲曾遭受何等大的冒犯啊！这位大数来的人为向别人表明高雅并非真正重要，而认为自己是狭隘人中最狭隘的。他向人证明愚拙才是我们真正应该考虑的。他已经表明，在上帝面前，这是唯一关乎上帝荣耀和我们灵魂得救的事。重要的是我们是否愿意在上帝的圣言和智慧面前低头。我们的思想应该关注尊崇上帝，并且承认我们自己何等渺小。

你想为耶稣赢得灵魂吗？那么，永远不要通过诉诸他们的智慧来寻找他们，因为那将是在食物中掺入毒药的行为。相反，你首先要无情且直接地挑战他们，在他们的悟性层面上，要努力让他们傲慢的思想在耶稣的十字架前，归服那"叫这世上的智慧变成愚拙"的那一位。此外，当你搜寻你自己灵魂的活动时，要仔细省察你为耶稣所作的内在牺牲是否包含了自己傲慢的想法。圣灵在你里面的得胜是否会催促你承认"我是愚拙的，唯独祂才是智慧的"呢？

第29篇
床与婴儿床

> 甚至有人将病人抬到街上,放在床上或褥子上,指望彼得过来的时候,或者得他的影儿照在什么人身上。
>
> 《使徒行传》五15

对我们中最小的来说,没有什么比圣经对我们的关怀更令人感动的了。当耶稣还在世上的时候,人们不需要被提醒这一点。当祂说"让小孩子到我跟前来"时,那是一种带着神奇魅力的邀请。或者让我这样说会更好:这句美好的话已经成为每个有孩子的基督徒家庭的最爱。这种表述充满温暖和光彩,感动着每一位基督徒母亲倾倒出她的爱。它是一个永不失败的保护行为,使你永不可能有意识地对一个孩子造成道德伤害。这是充满磁性力量的爱的表达。我们若记得这点,当我们平静而信任地让我们年轻孩子的手从我们手中滑走时,这让我们离开他们的时刻变得非常温柔。

早期教会生活呈现给我们的是一个令人愉快的场景,它虽不那么引人注意,但也同样可爱。在这个场景中,耶稣的使徒获得了能力,让他的影子落在病人身上,就能医治他们的疾病。于是,耶路撒冷的居民都把他们的病人抬出病人自己的房间,一排排地放在自家门外。他们这样做是希望自己的亲人能从这种超人似的、奇妙又完全神圣的医治中受益。那时，正如圣经所告诉我们的，这种得神奇医治的可能性不仅扩展到老年人或成年人，而且也还扩展到小孩子身上。为了永远确保教会和儿童之间的联系，圣经也有意且着重地告诉我们，那些被抬出来的人是在床上和婴儿床上被抬出来的。使徒的影子像神圣、医治的药照在他们身上。你岂不是应该把"床和婴儿床"这话凿在每个上帝之家的房角石上吗？全能上帝以羔羊之血所赎子民的一切居所，你岂不都应该刻上吗？

在婴儿床里有那么多苦难。躺在其中哭泣的孩子们的温柔眼泪里，表达了多少痛苦。别忘了，几乎有三分之一妇女生下的婴儿都不能成长到超过婴儿床的长度，就被抬出婴儿床，埋葬在坟墓里。[13] 在婴儿床里受了苦的，不只是少数孩子。很大比例的婴儿都是如此！更让人伤心的是，有这么多生病的孩子，他们甚至连自己的婴儿床都没有。它们要么睡在大床的角落里，要么睡在地板上，要么睡在喂牲畜的槽里。无论是哪种，他们都是如此艰难且不舒服，以致他们嚎啕大哭也没有得着安慰。那些永远无法康复的小家伙们尤其令人难过。有时，他们会在婴儿床上痛苦地慢慢熬过很长一段时间，这就更糟糕了。他们的痛苦往往是默默承受、未被理解，因此也特别令人揪心。

难道基督教会之爱的影子不应该落在这些卧在婴儿床上的孩子们身上吗？如果基督感动一些人的心，去那些婴儿床旁注视、祈祷并试图减轻痛苦的话，也许教会会以母亲、姐妹或护士的形象出现。

但除了转移这些孩子对自身景况的注意力，还可以做更多的事情。除了用一块糖让他们开心，还有其他事情可以做。除了哀悯他们的困境并在他们身上铺上柔软的毯子，还有别的事情可以做。那就是让耶稣爱的影子落在他们身上。这更加超越、更加可取、无比神圣，也绝对更加高贵。我当然知道这是你无法用言语表达的。但是，这种爱的深刻奥秘，会被这些孩子以令人难以置信的深刻方式所感知。他们就会这么饮了这爱！

不过，令人悲哀的是，他们中许多人在进入坟墓时都还没有获得爱的影子

---

[13] 这里指的是 19 世纪 70 年代末荷兰仍然普遍存在的儿童和婴儿高死亡率的现象。凯波尔将这篇默想文章命名为 Beddenenbeddekens，直译为"床和小床"。这篇默想之所以带来影响，是因为对他而言，beddekens 隐含着孩子们婴儿床的意思。

落到他们身上，甚至缺乏来自他们母亲的爱的影子。啊，基督的教会，你因冷漠对待怜悯的上帝，将面对众多躺在床上的孩子们发出的何等大声的抗议！这些抗议不仅从生病孩子的婴儿床而来，也从熟睡的健康儿童的小床而来。很多家庭里都有这些婴儿床，在孩子们的卧室里，只有上帝的圣洁天使们每晚慈爱地照看着他们。但是当孩子们睡着的时候，母亲的影子却很少落在他们身上！

　　令人伤心的是，许多婴儿床缺乏足够的祈祷，而这些婴儿床的数量正在急剧增加。那么，那些父母最终会从婴儿床上收获一把荆棘而非一束鲜花。这有什么好令人惊讶的呢？我必须严肃地告诉你，除非你爱的影子落在那些婴儿床上，否则撒但那可怕又黑暗的影子一定会落下。那时，撒但撒在那些小床上的种子已经长出毒草，谁能数算有多少呢？

第30篇
记下他

若有人不听从我们这信上的话,要记下他。不和他交往,叫他自觉羞愧。但不要以他为仇人,要劝他如弟兄。

《帖撒罗尼迦后书》三14-15

对一些人来说,怜悯可能听起来很刺耳。但更多的时候,缺乏怜悯的行为反而被认为是有爱的!有人从来不敢严厉地说话。他们缺乏勇气向别人的良知说话,不敢做到令别人不安的程度。他们认为,在更高意义上而言,真正作为一个基督徒就要去除一切管教。

但愿他们能听基督使徒的这些话!保罗不是个优柔寡断的人,乃是一个直率的人。他从不心软,也从不会视而不见。反而,他总是一针见血、坚强有力。他意识到即使在愤怒中也会有爱。事实上,在愤怒中表现的爱往往比默默接受所发生的事情更正直、更有效。那是因为保罗生活在更深的层次上。他总是回到事情的根本。他不是以确保未来结果的方式处理此时此地的事情。每一种罪恶和道德缺失都会招致他的反对。对他来说,它们是必须避开的毒药。他会与它们斗争。它们是病症的传染和败坏之源,妨碍生活。除了把它们烧尽,或者像割开感染处放出脓液，别无他法。这是唯一能拯救有此类问题之人的办法。为了他们自己的益处，我们应该把他们当作感染了同样传染病的病人。

因此，保罗指示帖撒罗尼迦教会"记下他"。"记下"那些不渴望良善、扰乱良好秩序、玷污基督美名的人。"记下他"，并且要孤立他。让他独自站立。要谨慎，防备那未经试验的表象，免得在这种不道德的行为中，找不出什么可责备的。"记下他"并且"不要和他交往"。如此行并非因为和他说话就会激怒你，而是为了让你的方式产生一种惩罚和审判的效果。这不该是专横或伪善的惩罚，而应是发自爱之真诚的谴责。这应出于弟兄的心里，为要拯救他、恢复他、使他成圣。"但不要以他为仇人，要劝他如弟兄。"

但是除了使徒奉主名所提的要求，还可行什么呢？教会中若不再"记下他"，还可行什么呢？是早就失去了"记下他"的勇气吗？不再有教会训诫？对自己教会成员无爱心，且无怜悯地容忍的一切，不是人们称为邪恶和可耻的一切吗？

在认信基督之人的更大群体中，还剩下什么呢？难道人们看不到这话语中所论到的邪恶，并以"他是兄弟"为借口吗？难道世界就钻进圣洁之处了吗？当全世界都在悄悄地说"这样做不会有什么好结果"的时候，那还剩下什么呢？如果没有流淌的爱且缺乏怜悯的坦率，以至于问题得以避开，平静没有被打乱，他的愤怒没有被激起，最后他没有以被视为异教徒或税吏的方式受到惩罚，那么还剩下什么呢？

为此，我们只需简单补充我们自己家中发生的事情。在那里，有些人表现得好像是说对的人和错的人并无区别。在那里，我们发现缺乏严肃性和管教，对邪恶没有有力的攻击，直至它根除。在那里，我们和平地容忍它们的存在。但这只会徒增不敬虔的处境，即我们承认此处境本可以更好，并且事物在此处境中理应有所不同。这样，在被称为"亲爱的母亲"的妻子身上，在被视为"好父亲"的丈夫身上，在被视为"好儿子"的年轻人身上，邪恶仍在继续！

这一切都归结为：人们不允许上帝的圣言自由行事。他们不允许它去统管和控制。无论是在教会还是在家里，他们都不会在上帝圣言前弯腰。他们虽声称自己是按圣经而活，却按自己的喜好擅自删除内容，忽略自认为不适合自己的内容。在这种情况下，这圣言显然不是一把刺透骨节和骨髓的两刃利剑。那么，它所能带来的一切祝福都因你可悲的骄傲而丧失了。

不，更确切地说，这不是骄傲，而是一种灵魂的软弱。它是道德的无能！它是用"更大的柔情"和"更深的爱"等欺骗性、虚伪的口号，来伪装自己柔和的无能。但这只是掩盖了一种正在扩散并消耗精力的癌症而已。当你根据自己的感觉、内心的感受和自己的经历来定义爱的时候，这样的事情就会发生。相反，基督徒要注入的观念，是人必须以安静和孩童的精神，建立在愿意向你的上帝学习的根基之上。

第 *31* 篇
违反健全教义

> 若有违反健全教义这等事。《提摩太前书》一10

在健全的教义方面，会有许多逻辑上可争辩的地方。但是，有谁会考虑上帝圣言所说的健全教义呢？人们几乎总是把教义描述成一套关于信仰的精心表述的命题。然而，教义是完全不同的东西。学习就是吸收某些东西到你自己里面，就是让你自己按照既定的标准被重塑和改变，就是在你自己内在发展出你先前所没有的灵巧的能力。同样，有一种关于如何最好地管理你家庭的"教义"，有一种关于如何以最好方式追寻你呼召的"教义"，还有一种关于如何与他人交往的"教义"。简而言之，人生的每一项努力都有一个"教义"。

生活本身就是一所学校。工作场所就是某个行业学徒所在的地方。安静的家庭是为女儿在母亲身边长大所准备的学习之地。病床是为受苦的人准备的，病房是为立志成为护士的人准备的。在每一种情况下，"教义"都指向一个事实，就是我们不知道该如何去行事，如何完成我们的目标，或事情如何进行和展开。这就是为什么我们要花时间向别人学习，并让他们指导我们。我们允许别人塑造我们。然后，当多年的学习结束，我们将发展出与他们相同的本领和能力。

一个正在成长的年轻人，通过读书对各种皮革、鞋底和制鞋都会有丰富的知识，但从来没有在鞋店学习的经验中获益，那么他真能胜任这一行业的要求吗？如果有人已经愚蠢到许可他做鞋，那么我就会问你，那种干枯、抽象、理论性的学习能使他胜任那份工作吗？若能，原因是什么。

　　看，发自内心的生活是一门艺术。与上帝一同生活是一种艺术。最伟大的艺术是如同活在将来一样活在当下。一个"教义"也是为获得这种艺术而存在！你不会自动掌握这种艺术。单靠你自己是不可能做到的。发展这一教义的唯一途径就是参加正规的学校，或者更确切地说，就是从基督那里学习它。基督拥有这真正的教义。祂会以祂的圣言来教导你，藉着圣灵将它应用在你身上。在你的一生中，祂都会以此激励你，使你习惯于你最初抗拒的东西。祂凭此发展你的熟练程度和生活能力。如同任何一位良师，祂会塑造你，使你有资格从事这圣洁而完全荣耀的工作，就是永远且完全蒙福的生活。

　　所以很明显，主在这个过程中让你的意识、思考和推理都参与其中。你不是一块木头，而是一个人。在这个过程中，你不能像旁观者一样坐在场边。祂会亲自向你说话，会给你洞察力，会开你的眼睛。在实践学习过程中，祂会使用文字，会采用清晰、合理的解释来说明为什么事物是这样的。祂会确定组成部分，并解释这些组成部分如何一起工作。关于这个更高层次的生活，知识不仅仅是关于你活着的事实，而且关于你为什么活着，以及你应该如何活着。

　　那么，人们会怎么做呢？他们称这种理性解释为"教义"。他们认为地图就是地形本身，认为产品目录就是要出售的珍宝。他们混淆了图画和所描绘的现实。怎样才能保持健康呢？我们可以谈论真的和假的教义，可以谈论清晰与模糊的教义，却从未谈论健康或病态的教义。

　　你的教义是"健全的"。因此，当你在教会中做一切与上帝圣言有关的工作时，无论是讨论还是陈述，你的工作都是按照基督所定规的方式去塑造灵魂。当他们得到了抵抗撒但所需的力量，当你相信他们能自己处理时，这就是健康的。当他们在属灵上成长和繁荣时，它就是健全的。当他们能嗅到虚假的东西时，这就表示他们是健康的。当他们渴望能反映上帝真理的事物时，这是健全的。

　　即便你合乎逻辑的教导真的是纯粹的，这也并非教义令你健康。要想健康，人必须先活着。你知道，即使是骨骼也可以摆放得很漂亮，但它不是活的。同样，你的生活并非只因表现出一些骚动、活动和更高抱负的道德力量，就说它是健康的。甚至发烧也能显示出力量，使血液沸腾，引起精神错乱。

不，要成为健全的教义，你的教义必须符合这三个标准。首先，它必须符合基督和祂门徒以他们榜样和常规教导所描述的健全特征。第二，它必须与人们所处实际情况协调。这同样适用于年轻人和老年人，归信者和未归信者。它必须以可靠的、属灵的明确特性来证明出来。第三，随着你的教义发展，它必须没有人为的或骇人的设计。它需要变得稳固，并与神圣的实在一致。在它的发展中，它需要机智和敏感性来净化内在的奇异元素，并珍视真实的内容。

这种教义与基督的教导一致，符合人们实际的属灵需求。它不是静止的，而是在继续发展。这种发展是自然发生的。这种教义是健全的和健康的。你要乐意相信它，敢于自由地依靠它。然后，它将成为活的教义。它之所以是活的，就在于它是能教导你过荣耀、敬虔、完全蒙福生活的艺术。其结果将是一个坚定的灵魂和在上帝眼中的正直。那时，在地上你将作为天上的国民活着，并且最重要的是，也作为上帝的孩子活着。

第32篇
可喜悦的思想

> 主憎恨邪恶之人的思想，却悦纳清洁之人的思想。[14]《箴言》十五26

思想不是来自头脑，而是来自内心。邪恶的念头来自人们的内心，而非他们的头脑。头脑肯定也塑造了它们，给它们一个装束，决定了它们的形式。但是，它们的内容、它们的本质以及推动它们的冲动和力量，都来自更深之处。那是发自内心。它从我们秘密的情感生活深处涌出。

大脑以丰富的记忆、想象力和关联力，履行仆人的职责，而人心扮演着主人的角色。在内心活着的是我们情感生活的灵。这些灵有两种类型，有两种来源。有些灵是暗淡的、忧郁的、黑暗的。它们属于我们的旧本性，来自我们的旧我、肉体。它们反映了罪恶、死亡和魔鬼的深度。但是，住在我们心里的也有纯洁、美丽、圣洁和带着可爱外表的灵。它们从上头来，从众光之父那里降在我们身上。它们住在我们之中，使我们能谈论祂。它们如同启发人心的图像一样在我们的灵魂深处激荡。

---

[14] 凯波尔在对这一节的解读中添加了一个脚注："这是个有点不同的翻译，以便更好地捕捉到这节的重点。"

当这两种类型的灵想要在外部表达自己时，它们的路径必须是通过大脑。也就是说，它们必须涉及我们的意识、理性和思想过程。然后，它们才会在我们的思想领域成形。在这领域中，它们才获得可识别的形式、有意义的身份和独特的形式。在这领域中，它们才会进入我们的想象世界。在这领域中，它们才与其他想法和念头相互联系，发展成熟为全面的可能之事。然后，这些想法和念头就被提交给意志，意志会采纳它们为自己的行动，并决定予以实施。在机会合适时，它们会借着意志力成为我们日常生活中的行动。

邪恶的念头就是这样产生的。这也是我们的平和思想在上帝面前展现的方式。但是，这世界经常称之为谎言的东西，我们内心真正不想要的东西，以及我们意识很容易忽略的东西，实际上是不同的。我们希望它们在现在和将来都是秘密的、神秘的，是内在的声音，是上帝无法触及的。其实上帝无所不在、能听见万事、鉴察并理解万事。

内心的思索是否已经溜进了我们的意识之门，或者还在外面徘徊，这都没有差别。它是否已经强行进入意志的范围，或者是否仍然只是一种悬而未决的可能之事，这也没有区别。这种可能之事本身，即使在它发动的最初阶段和最初外形时，也是一种内在、隐藏却不可否认的现实。当它在我们的情感生活中初露端倪时，它就是那样了。在那个阶段，心已经对此负责了。因为上帝知道这些想法，所以在我们心中涌起这些想法时，即使在它们最初的阶段，也总是具有一种对上帝说话的特质。

即使在内心，我们也从不孤单！三一圣洁的上帝永远在那里与我们同在。那就是我们的良知！通过它，上帝继续说话。所以，祂知道我们所知道的，听见我们对自己所说的话，也倾听我们内心深处所深思的。这就是为什么《箴言》的作者说，当我们心中产生计谋时，它们首先会到耶和华那里。祂是第一个认识它们的，并最先予以评估。祂是憎恶还是祝福它们，取决于它们是依着撒但的意思或是来自天上。因此，你的心不断地向上帝发出气味。如果升到祂面前的有难闻的气味，祂就拒绝，并予以诅咒。如果有馨香的气味，从你灵魂之坛上升到祂那里，祂就欢喜，并祝福。所以，经上说："主憎恨邪恶的思想，却悦纳纯洁的言语。"

这岂不是一个荣耀的想法吗？知道你从来不是独自思考或反思事物，而是你的上帝就在那里聆听你灵魂的独自反思，这岂不是一件荣耀的事吗？你知道你所有的想法都是在上帝面前说话的一种形式，这岂不也是一个强大的激励，让你有圣洁的渴望和纯洁的想法吗？想到你的所思都被祂看透，这难道不是一种激励吗？在三一圣洁的上帝心中，这些想法不是被当作可厌可憎的，就是被当作可爱可喜的？

　　那么请思想，甚至在上帝儿女心中，也会不时冒出邪恶的念头，想到这些念头使上帝烦恼、伤心，并会羞辱祂的爱！我的弟兄姊妹们，这难道不会促使你不停地祷告吗？你所有的思想、计划和从你们心中喷涌而出的，愿它们成为祂所喜爱的源源不断的泉源。因为这独一者，祂不仅仅知道，也是搜寻你内心最深处的独一者。

第33篇
行在你们的火焰里

凡你们点火，用火把围绕自己的，可以行在你们的火焰里，
并你们所点的火把中。

《以赛亚书》五十11

　　主不会容忍人的任性，即使是在最痛苦的时候也不行。即使你被大小波浪淹没，主也不希望你自己设计一条出路。祂要你盼望你的拯救是按照祂为你预备的方式而来。这适用于你的心，适用于你个人，也适用于所有上帝的子民。即使是祂的子民，也只能通过祂提供的通道，从祂责罚的手中逃脱。人类以完全自主意愿的举动，在试图逃跑的时刻所彰显的一切煽动和纵容、一切创新和狡猾，对我们都毫无裨益。这些努力只会让我们陷得更深！

　　所有的荣耀都必须归给主，即使是在我们愚蠢的行为和有意选择的道路上也是一样。当我们坐在那美丽神圣家园的废墟上，上帝让我们以灰当饼，让我们以泪当水，让我们的灵魂带着恐惧逃离，令人齿寒的孤寂压迫着我们的心，这时上帝给我们一位安慰者。这是那位能显示神圣怜悯的安慰者，也是所有安慰者中唯一能说："我知道该说什么，也知道在合适的时间来举起你的灵。"

当那位弥赛亚看见上帝的子民，在忧郁恐惧和在黑暗阴郁中谦卑下来时，祂所说的话就会紧紧抓住我们的心。祂说："你们中间谁敬畏主呢？有谁肯听祂仆人的声音呢？他若行在黑暗中、没有光明，愿他倚靠主的名，不要倚靠别人，只倚赖他的上帝！"

但那不是人心所想要做的，要过很长时间人心才会有曙光。所以，我们一旦以为自己从永生上帝的手中掌握了自己的命运，就会伸手去拿火石，打出火花来。我们会紧紧地握住灯芯，让它着起火来，我们就会看到火炬燃烧。然后，我们会庆祝自己的聪明才智和所取得的成就，以及我们通过自己努力所获得的拯救。就在那时，我们会向邻舍大喊："看哪，黑暗消失了；火光燃烧得明亮。我们周围的一切都在闪闪发光，沐浴在光的海洋里！"

不，不要怕主会吹灭你的火。相反，祂会加柴、煽动它，直到这火对你来说变得太过凶猛。这时，你开始担心自己曾如此大大喜悦的火。现在，你开始恳求："主啊，求祢帮助我们！全能的上帝，求祢拯救我们。求祢救我们脱离这烈火，免得它吞灭我们。"然而，上帝那时会以愤怒回应我们。我们已经离开了祂的道路；我们已经从祂手中跌倒；我们本该唯独依靠祂的名来寻求支持；我们蔑视了祂的荣耀之光，反而喜悦我们自己火把所出令人窒息的浓烟。这时，以色列的圣者会说："凡你们点火，用火把围绕自己的，可以行在你们的火焰里，并你们所点的火把中。这是我手所定的，你们必躺在悲惨之中。"

这变成了一团不灭的火焰！这乃是苦难和悲哀的火焰，是控告良知的火焰；在我们尚留在世的所有日子里，这火焰都会在我们灵魂里烧灼、燃烧。它开始爆发时就是一团可怕的火。后来，它长大为完全包围我们、以窒息的烟雾网住我们的火焰。这样的情况继续进行，直到窗户被猛地推开，永恒的奇妙新鲜空气从坟墓另一边飘向我们。

即便如此，谁在盼望来自主的光呢？谁在期待从主的山所发出的光明呢？谁还拥有一种信心，就是一种坚强、深沉、正直、孩童般的信心，相信只要上帝圣言的晨星在他心中升起，谁不会愿意离开黑暗呢？是的，我的问题是，对上帝的子民来说，在很多情况下，除了他们手里拿着的火石以及从他们自己制作的火把上滴下的蜡，你还能发现什么呢？因此，黑暗似乎已经逃离。那时，人们就致力于庆祝而不是悲叹。对上帝愤怒的感觉已荡然无存。他们听不到上帝怜悯的声音。那时，似乎所有的苦难都结束了！

但是，除了新的失望，这种结果还会带来什么呢？一次又一次！一场剧变交织着另一场剧变。动荡主导了局势，再也没有宁静了。平安的圣洁已经无法实现，剩下的只有空虚和不满。当人们还认为他们了不起的时候，他们就会被自己所点燃的火焰吞噬。总是如此！他们总是要想出新想法，总是需要另一种刺激。

随着时间的推移，人们失去了任何受圣经影响的痕迹，只剩下他们自己的幻想、计谋和错觉。这些只不过是随机在我们头上飞舞的火焰和火花而已。那时，我们会想要熄灭火花和火焰。但遗憾的是，这不会发生了。每一次行动都会再次燃起火焰！试着吹熄这些火花只会让它们燃烧得更强烈。如果你试图逃离火焰，它们会像汹涌的河流一样把你吞没。现在你要听，因为这是以色列的圣者审判一切妄自尊大之人的方法："你们若愿行在你们的火焰里"，要知道这必给你们招来祸患。这甚至也是上帝子民要面临的，也要成就到他们身上。愿你再一次学会等待来自于你上帝的光！

第34篇
黄金何其失光!

> 黄金何其失光! 纯金何其变色! 圣所的石头倒在各市口上。
>
> 《耶利米哀歌》四 1[15]

当耶路撒冷的荣耀褪色,圣殿的器皿被掠夺,说着异族方言的人严重骚扰又压迫上帝的子民时,以色列的这位抱怨者哀叹道:"黄金何其失光!"耶路撒冷的东西曾经闪闪发光。那时,诗人怀着虔诚的心情,站在圣殿的院子里,大声呼喊:"我的王、我的上帝啊,你家中一切多么宏伟壮丽!一切多么欢乐!"

那时,摩尔人的仆人从俄斐运来了他们的黄金。那时,示巴女王惊奇地凝视着锡安的荣耀,被它的荣耀所征服。现在殿里却只剩下一堵光秃秃的墙。烧焦的香柏木已经冷却。所贴的金子已经被剥去。希兰华丽的石雕也被推倒。一切都成了一堆废墟!那时,先见悲叹哀号,他的哀怨渗入你的骨髓:"我就眼泪下流如河。我的眼多多流泪,总不止息。直等耶和华垂顾,从天观看。因我本城的众民,我的眼,使我的心伤痛。"[16]

---

[15] 这是《磐石取蜜》中唯一一篇以《耶利米哀歌》经文为基础的默想。它出版于1878年8月4日。在《先锋报》中,凯波尔根据《耶利米哀歌》共计只写了八篇默想。

[16] 凯波尔引用了荷文翻译的《耶利米哀歌》三 48-51。

主的百姓今日不也应当如此哀哭吗？因为在我们这块肥沃的土地上，黄金也曾在殿宇的墙壁上闪闪发光。曾几何时，人们也享受着一份辉煌和荣耀的遗产。上帝为祂仆人所作之工显而易见。祂的教会得胜了。敌人都惊奇地站立，因主我们的上帝以荣光威严大大遮盖了我们。那是金子发光之时！但现在多么悲哀啊，"黄金何其失光！"的事再一次发生了。那金色的光芒消失了。现在，锡安被人奚落践踏，在破碎中变得软弱且卑微。

可悲的是，事情必须如此！在十字架下（Sub cruce）！在十字架下！这就是跟随耶稣之人的生活常态，只要他们与祂一起背着祂的十字架在世界上挣扎就会如此。在此地，祂没有地位，也没有荣耀。如果我们看见祂，也不会看见什么使我们羡慕的佳形美容。因为祂是上帝的儿子，只有当祂在这地上被举起时，荣耀才会临到。那么，属于忧患之子的教会啊，只要你还常在下面的帐幕里祷告，还在寻求我们众人之母，就是上面的耶路撒冷，你还指望怎样的荣耀会展示出来、怎样的金子会闪烁、怎样的炭火会放光呢？

不过，请考虑下面这一点。对耶稣来说，在地上有一个荣耀和高举的时刻。事情就发生在他泊山。同样，你在地上也只有短暂的荣耀与绝对威严的遗产。那时，你的面容曾明亮如在灯光中闪耀，你的脸曾容光焕发。摩西和以利亚似乎进入了你自己的生活。但就像在他泊山那时一样，对你来说，这也只能是暂时、短暂的。那是一段完全有异常光辉的时间，上帝赐下它用来安慰你。当你再一次背起你平常所背的十字架时，当你像以赛亚一样哀叹自己被洪水所胜而灰心丧气时，上帝赐给你这可以纪念的经历使你恢复精神。

因此，锡安的民哪，不要因不再有荣光就掩面。相反，你要承认，当你还在此地之时，你曾经历的荣耀不会再回来了。不要问是否"黄金失去光泽"。这是不可避免的。实际上，反而要问失去光泽之物是否仍然是金子，是否仍然带有真金的真正标志。

在考虑属灵之事或审查灵魂内在之工时，如果这样问问题，一个属灵人就会像天上的天使那样，没有理由像耶利米一样抱怨。那背负你一切重担的独一者，只会从生命的深处、从上帝圣殿的隐密处、从装饰被救赎者生命的赞美之工出发而哀叹，除此之外再无哀叹的理由。耶利米说："黄金何其失光！"我们没有任何理由证明祂不如耶利米伤心。

布道的黄金在赞美的帐幕里已经失去光泽。祷告的黄金在祷告的殿里已经失去了光泽。神圣科学的努力和基督教教义知识之黄金，已经失去了它们在学术界和科学界的光彩。训诫、秩序和谦逊的黄金在我们的家里和街道上已经失去了光泽。更可悲的是，信心的纯金、盼望的金光、爱的精金，这些曾经闪着荣耀之光，如今都失去了光泽。甚至如果我们不敞开心扉，那么救赎黄金的内在奥秘也将失去它的光彩。被引荐给那至尊者的黄金也会如此。祂以更高、更温柔的恩典，不仅给蒙拣选的灵魂穿上衣服，而且会用闪光的宝石，就是以翡翠般的安静谦卑以及如蓝宝石般的向上帝奉献之心来装饰他们。

我的弟兄姊妹们，更糟糕的是这时代如此危险，甚至即使这种逐渐暗淡的生活仍然值得活下去，撒但却在其中作祟。用耶利米的话来说，在这黑暗中，撒但对偷金子并不感兴趣，而是对以"属世的肉体"来代替金子更感兴趣。那么，如果你还想热情地庆祝，就让定音鼓和钹声响彻，淹没竖琴的静寂悲叹之歌。

不，我的朋友们，不要寻求毫无根基的快乐来缓解你的痛苦和悲伤。哦，是的，内心的喜悦就在隐秘深处。这才是真正的喜乐，就在至圣所！要在耶和华你的上帝面前常常欢乐来庆祝！但论到外在的表现，论到你们在锡安亲眼所见的事，要追想传道者的话说："哭有时，笑有时。"那么，你们自己判断，向你的上帝诉苦的时候是否还未来到。

第35篇
桌上掉下来的碎渣

> 但是狗也吃它主人桌子上掉下来的碎渣。《马太福音》十五27

人们是否不应如此希望,这事并不重要。有一个简单的事实是:主并没有在祂的国度里平均分配恩典。亚伯拉罕所得的福分比以撒多,大卫比所罗门多,以赛亚比阿摩司多,彼得比多马多,约翰比达太多。伯大尼的马大和我们主的母亲马利亚,虽然她们都接受了恩典的恩赐,她们之间的差别何其之大。

上帝所建立国度里真实的事物,在祂奇妙的创造中也是真实的。比较田间的小花和美丽的玫瑰,比较柳树和橡树,比较翡翠和试金石,甚至比较翡翠和你走过其上用心感受的沙砾,事情就是这样。没有什么地方是单调的,到处都能看到各种各样的颜色和变化!但这种差异之所以引人注目,是因为它们不同,而非相同。这就是律和准则。

每个人都拥有自己独特的东西。每一个在羔羊之血中受洗的灵魂都有专门赐给她的东西。每一件带有每个人名字和身份的礼物都针对每个人内心的情况。美就在于那丰富的恩赐。这里没有单色调,只有五彩缤纷的展示!所以,在天国里富人和穷人聚集在一起也是真的,因为上帝创造了他们。这是真的,因为在属灵生活的领域里，富人不会死于他们的奢侈，穷人也不会因他们的贫乏而感到羞耻。每个人得到的是对自己有益的东西。少了会让他变穷，多给他会浪费。每个人的杯都不一样，生命之泉往每个人的杯里注入的量也不同。

在主的属灵国度里，没有一种人造的、一体通用的模式。相反，每天早晚都有一份礼物从天上送到地上，送给上帝在这里的每个孩子。这是为他们个人准备的。上面有他们的名字。这是恩典的礼物，证明神圣之爱最温柔、最个人性的层面。这种选择方法的核心是，它是为每个人独特的性格和生活中的呼召量身定制。

这些个体化的恩赐不是为了显示我们信心的力量，而是为了显示上帝对祂所造灵魂的伟大智慧，无论是使最富有的人满足，还是赐福给最谦卑的人，都是如此。有些人是靠更蒙恩者桌子上掉下来的碎渣为生，他们甚至因这些碎渣而获得兴盛、得到激励和祝福。知足感恩者吃一小盘粥，要比贪多者所吃的美味佳肴更好。

属灵上也是如此。只要人满足于自己这一份，而不总是以自我为中心地去追求更多，这样过着单纯恩典的生活，往往比傲慢地接受恩典时借最崇高异象带来的狂喜体验更能接近上帝。即使是最微小的碎渣也是饼，且是对灵魂有滋养的饼。那是因为它是从那供应生命之粮的桌上掉下来的。

我的灵魂哪，你要回答的问题是，你有没有藐视过别人饼的碎渣，有没有拒绝把你自己饼上的碎渣给他人。因为你该知道，在上帝的国里，所发生的事都是奇妙的。始终如此！时常如此！曾经，你可能是坐在知识之桌上的主人，而那位渴望你的碎渣并以之为生的弟兄是次要之人。但不久之后，在另一张桌上，所享用的佳肴是奉献和无私，上帝会指定那小弟兄做主人，而你得爬到地上去捡他掉的碎渣。主如此行，是要叫你们各人轮流谦卑。祂担心的是你不能在知识或在祂爱里得以提升。你们两方都应学习将荣耀归给上帝，操练圣徒相通，在凡事上并为服事弟兄姊妹的事上相互分享。

第36篇
被新油膏了

祢却高举了我的角,如野牛的角。我是被新油膏了的。

《诗篇》九十二10 [17]

在我们这个时代,为什么要避免显著的工作形象?人心很像工作坊,其中充满一套极其精巧和复杂的机械。它随着每个齿轮和螺旋弹簧的运动而跳动、冲击。带着强大驱动力的内在作坊在日夜不停地运转,里面充满了我们的梦想和愿望。

我们的心可以处理这些事情。它们很适合这项工作。我们的神经需要放松,心脏却不需要。你想想看:我们灵魂的福祉有赖于这种事态。至少,只要一切活动都按上帝的计划和已建立的秩序进行,事情就是这样。只要敬虔的思想控制着我们的心,事情就是这样。这种驱动力从上面临到我们,是由耶稣自己那里降下来给我们的。它的不同部分之间如此安静且流畅互动,以至于我们的心都不会注意,甚至都没想过。它们只考虑为耶稣的荣耀需要做什么,并且敏锐

---

[17] 在荷文圣经中本节是第11节。

觉察为祂名受苦的事。

然而，我们缺乏刚才所描述的那种和谐。不幸的是，我们心的各部分已经不再那么顺利、和谐地一起工作了。撒但想要取代耶稣，成为在它们里面工作的驱动力量。我们的齿轮更多地向着世界的方向，而非向着耶稣的方向转动。其结果是，原本工作顺利，现在却变得很艰难。曾经擦亮的东西已变得暗淡无光，布满了锈斑。我们的心使我们痛苦。轮轴发出尖叫，弹簧松动，齿轮晃动。我们有的可怕印象是，对我们来说事情一点都不顺利。我们感觉到事情并没有按照上帝计划或想要的方式进行，结果就是我们会哭泣。在我们灵魂隐秘的作坊里，我们流下深切悲伤的眼泪。我们渴望再一次走主的道路，按照祂神圣的计划行事。

无论我们是在祈祷还是没有祈祷，如果这种情况出现，一种和谐会静静地、庄严地悄悄回到我们心中，而我们都会被这种和谐所淹没，总是出于纯粹的恩典，而非我们自身的功德。它会消除我们的痛苦。在内心深处，我们会在安息日的安息中，与诗人一同欢呼说："上帝当受赞美。我体力已经恢复。我又能正常工作了。我的角高举如野牛的角。我是被新油膏了的。"

用新油！它滴落、流动在灵魂之机械的一切弹簧和齿轮之间。它使从前僵硬的变得光滑，使迟钝的变得迅速。它使整个内在功能再次按照设定的力量和目的工作。现在，我们觉得好事又发生了。我们变得多产了。祂是我们内心力量的源泉，祂的灵和力量有规律地穿过我们心的气缸和阀门。这结果就是，有美好的事物为祂国度而设计、塑造和制造。

或者，如果你想用另一种图像，即假设没有入口可以进入你心的内部，也假设你没有办法进入复活生命的宝库。不过，假设你的仁慈上帝打开了那扇门，把那些财宝带入你内心的每个角落。在没有入口时，你只是处于一种破碎团契的状态中。这无疑不是上帝想要的团契。你真的需要祂回来。但就你而言，这团契是破碎的，就你灵魂的享受方面是破碎的，在阻止你生活兴盛方面是破碎的。天堂的窗户对你关上了，你的心门也对天堂关闭了。假设你反复试图撬开卡住的螺栓、拧开锁，但这些都不起作用，情况没有改变。因为这个世界的潮湿、寒冷，它们就是变得如此僵硬且又难对付。这成了普遍情况，直到一剂"新油"被用在那些转不动的东西上，直到最终打开了锁。那时，向着上帝的门打开了，祂又进入了你的心。祂一直是信实的守望者，一直在敲门，在坚持呼喊。当你不能开出一个突破口时，上帝自己开出来了，祂现在以祂丰盛的爱来更新了你。

更好的方法是，弟兄姊妹们，你想想圣经本身的意象。它并不以机器或门上拧不动螺栓的方式来思考此事。它乃指向一个人自身的意象。东方炎热的太阳使他疲倦，自己皮肤的恶臭使他感到烦躁和沮丧。他冷淡且无感情地认为自己因散发出的气味而令人厌恶，而在他周围翻腾的沙粒像尖针一样刺痛他干渴的皮肤。

给那个人一瓶新油！即使它不是雪花石膏或松香膏，当那个人把它倒出来，抹在他肮脏、干燥、僵硬的皮肤上，你立刻会看到渴望和快乐。那是因为这可怜的人，因这种油的神奇功效，使他神清气爽，精神振奋。他自己皮肤上那种连他自己都厌恶的可怕恶臭，被一种令人愉快、清爽的香气所取代，这香味提振了他的精神。他的皮肤和肌肉变得柔软，摸起来很细嫩，而非从头到脚都干裂。新油的刺激和恢复作用渗透到他的皮肤毛孔，延伸到他的四肢和关节。它的力量仿佛触及骨头和骨髓。这就是神圣之油的力量。

是的，这就是那些属灵上变僵硬和脆弱之人的真实写照。那些心中升起的死亡恶臭成为令人憎恶的障碍，这就是那种场景。当上帝借祂仁慈的圣子，再次创造荣耀的事物，并从罪人所遭受的苦难中得到对祂恩典的赞美，这就是那种场景。当祂以最温柔的怜悯，把祂那无法形容的美好旨意之新油，浇在我们枯干的心上时，这就是那种场景。这就是以马内利，上帝与我们同在，再次在我们内在经验中变为真实。

于是，一切都变得可能。那时，我们就可以像诗人一样，再次争战。这争战就是在那已得胜之主里成为得胜的人，好叫我们能与祂一同得胜。那时，用新油膏抹就是更新我们受膏的目的、我们的呼召和我们神圣的命运。只要知道了这一点，我们就会获得再次争战的力量。这场战斗有一个更高的目标，其结果已经由我们唯一的担保者（Surety）所保证了。这是何等的祝福！这会使上帝的儿女欢庆，喃喃地说道："主啊，你是万有；我是无有！"这就是一颗和好、得救赎、恢复活力之心所发出的声音！

第37篇
把你脚上的鞋脱下来

> 不要近前来。当把你脚上的鞋脱下来,因为你所站之地是圣地。
>
> 《出埃及记》三5

从参与世界的低级层面,到流连于那神圣洁的山顶上之间,必须有一个过渡。这就是主对我们的期望!若说信心必须渗透我们生活的每个部分,并以此原则为基础抵制这种深刻的意识,就太过属灵了,在某种程度上削弱了对荣耀之主的一切真正崇拜、赞美和敬拜。这种意识对其他人而言是非常明显和真实的。凡提出这样要求的人,此时此地就想要得到的,首先是可能超越我们的一切事物。他们狂妄地以为自己已经达到了。其实,这并没有真正提升我们,而是将我们拉低了。

我们虽然是上帝的儿女,我们的生命本性却仍活在至死也要反对我们天父的世界里。这种对立存在于我们身外和我们周围的一切。这种对立也仍然存在于我们自己的肉体和我们自己灵魂的萌动中。这种对立要求我们清楚地认识到,那存在于这个世界上较低层次的生命和耶稣国度那较高层次的生命之间愚钝的、具体的和尖锐的区别。它还要求人们反思先知以西结谈论上帝的方式,要求他们始终睁大眼睛看清圣洁与不洁之间的真正区别。

当然，我们必须不停地祈祷。我们生活的方向无疑要朝向天。每一个掠过我们脑海的想法，如果不是来自上帝，或者不是使我们转向上帝，我们就必须在它诞生之时就扼杀它。但可悲的是，现在的生活事实是我们就是如此时常缺乏不住地祷告。我们经常转向那低级的不虔诚的想法。我们甚至在内心与罪恶的斗争还没有开始之前，就常常沉溺于那些罪恶的形象中。

这就是为什么摩西接受了他所遵行的神圣诫命。这就是为什么借着这神人，每个人都能做同样的事。在我们从不圣洁之地过渡到圣洁之地之前，上帝吩咐我们"把脚上的鞋脱下来"。最重要的是，我们有必要以脚上的东西来表明和证明我们与世上之物无关，它们也不再属于我们。

上帝设计我们的脚可以在天堂里行走，那里没有任何事物会伤害、打伤或损害双脚。我们的脚却不适合走在荆棘和蒺藜的地形，也不适合走在有锋利的岩石突出的地方。这就是为什么我们要穿鞋来预防这样的地形。这就是为什么我们会像东方人一样，在进入一间设备齐全的房子、走在光滑的地面和柔软的地板上时，我们会脱下鞋。这也解释了为什么人会把这鞋子与那些不被看重的东西联系在一起。这就解释了为什么主人会指派卑微的奴隶为人解鞋带、脱鞋。这就解释了为什么级别更低的奴隶，在那时和如今都会受命去洗某人光脚上的灰尘和污垢。

这幅图给了我们一个正确理解我们属灵状态的形象和基础。耶稣说：干净的人不需要洗脚，因为他们是完全干净的。只有不断与堕落世界接触的脚，才会使人变脏。这就是为什么作为弟兄姊妹，我们蒙召要不断重复地洗彼此的脚来彼此服侍。借这事工，那粘在我们身上的尘土就得以除去，不至于毁灭我们。它会被一种更高的属灵力量除去，这种属灵力量就是通过我们弟兄之爱表达出来。

不过，这还不够。在每一次神圣的活动中，在每一次敬拜中，主想要我们记住再一次解开鞋带。仅仅祈祷、坐在教会里、参加圣礼，或聆听上帝的圣言是不够的。更重要的是参与每一个神圣生活的高光时刻，意识到我们行走在圣洁的土地上，并且我们已经离开了那不洁之地。更重要的是，我们首先要准备好我们的心，把我们生活中平凡的事情抛在脑后，以一种真诚和圣洁的态度去面对。更重要的是，我们穿着鞋子走过世界，它们保护我们免受世界的伤害，我们要解开鞋带来到上帝面前，因为现在它们已经没有任何用处了。现在，我们站在没有荆棘的土地上。

嗯，"没有荆棘"说得太过了。燃烧的荆棘里仍然有刺，但主的荣耀会暴露出它们。这荣耀甚至会在它们里面发光、通过它们发光，因此我们会看到它们的本相，并仔细注意它们会伤害我们的一切力量，因而这力量也就减少了。

指引我们脚步的灯照亮在那神圣的土地上。它是一盏明灯，照亮我们前进的每一步。主的旨意是，在祷告、赞美、感恩和永恒庆祝的时刻，我们会从世上的重担中体验自由，脱离污秽。当祂的儿女祷告时，上帝放在他们手中的不是铲土的铁锹，不是用来筑墙的抹子，不是用来战斗的剑。祂乃把金色竖琴送给他们，为要欢庆赞美祂。

这就是为什么在我们进入上帝的帐篷、亲近全能者之前，需要解开鞋带，擦洗双脚。否则，我们会因自己与这世界的污秽相交而分心，变得有罪。总有一天，当我们最后看一眼这个世界时，会永远脱下鞋子。在此之前，我们每天晚上躺下睡觉、向上帝献上祈祷晚祭时，都会解开鞋带。如果可以的话，我们扩展这个意象，使用一个明确传达现实本质的意象。其实，那时我们每个人都需要灵里再一次抖掉脚下的灰尘，作为对那将要来之事的预言。无论我们是在祷告的殿里还是在圣地上，"我要走到上帝的祭坛"这句话，就能传达我们内心真实的想法。

第38篇
心未受割礼的人

> 真割礼也是心里的，在乎灵，不在乎仪文。
> 这人的称赞不是从人来的，乃是从上帝来的。
>
> 《罗马书》二29

不，"心受割礼"并非指远离这罪或那罪；并非指断绝这种或那种邪恶倾向；也非指借除掉邪恶或生命中的癌症，或不圣洁之物，来修剪心里的枝子，就像农夫除掉葡萄藤上发出的旁枝一样。从这个角度看，"心受割礼"仍然是你的工作，这是人的工作。在此情况下，这也是未完成和经常会中断的工作。这对找到事物永恒根源的目的是完全无用的。

因为，从保罗写给罗马教会的信来看，事情正好相反。心受割礼的功劳"不是出于人，乃出于上帝"。如果你想要领会心受割礼的奥秘，就必须注意割礼的圣礼，而非"割"的行动。

在以色列，割礼并非意味着失去一部分像一小块皮肤那样微不足道的活力或能力，也不代表失去感官上的欲望。它的意思乃是说，一个人身体上已经借由神秘之物，在众人眼所不见的地方得标记了。它意思是说，一个人不再是地上众族的一部分，反而他已与地上的众民隔绝了，现在是属上帝的子民了。

这不是自己主动的行为，而是被动接受的。这是做在只有一周大的孩子身上。这事如此之早，以至于那人从一开始一直到整个生命的末了，都是以色列人。简而言之，人们只有在后来的属灵发展中才领悟这种行为的含义。事实上，这种拥有包罗万象之意义的行动，只有属灵成熟的人才能理解。这是因为它实际上是一种圣礼，因此也是一种印记，证明一个人生活在盟约之中。

但是，说一个人处在盟约中是什么意思呢？这一切的荣耀首先在"心受割礼"这话上得以显露。恩典之约总是传达一种含义，我们那疏远和孤独的心从此得到了一位永恒的朋友。这位朋友把我们锁定在一个永远不会被打破的盟约中。这无疑是一个涉及替代性的盟约。祂承担了我们的责任，而我们领受了祂的荣耀。对我们来说，基督教信仰的超凡之美就恰恰在于此。它一直都是，也将永远都是如此。这就是救恩之工的奥秘，是灵魂所珍视的盟约，是蒙拣选者得救的美善之处。这杯，这满溢的杯，就是他们平安与救恩的杯。

那时，你就意识到受割礼就等于扎根于盟约。不，这绝不等于从你心里割掉什么东西。这等于你把整颗心都割掉了，因为这颗心就是不想处于盟约关系中，因为它在那时想要保持孤立。那时，它因太骄傲而不能接受一个替代者。它坚持要自己处理一切事情。那么，嫁接到那可怜之心里的就是一个谎言，即这一切都被误认为是割礼！

这就是为什么整个心都要被除去；不只是一部分，而是全部都要除去。只有它永远除掉之时，心里的割礼才会完全成就在你里面。那是因为现在你就敢于放弃你的心，让自己完全依靠耶稣。现在，你不再是没有替代者而活着。

现在，你第一次感受、理解、享受和体验活在盟约中的滋味。这是与那永不离弃你、其信实不动摇的独一者所立的约。它像主的山一样坚固。现在，保罗对腓立比人所说之话中的真理已经得以证明："因为真受割礼的，乃是我们这以上帝的灵敬拜，在基督耶稣里夸口的人。"（腓三3）

在那美好、健全和荣耀的意义上，我们生命中的每个细微部分都需要具有圣礼性。我们关上了生活中一切来自我们内心意愿的门，打开门接受所有我们在基督里生活所生出、并使我们更接近祂的东西。我们自己罪恶之心所发出的一切都要被剪除，这在上帝面前是不能容忍的，也是被祂咒诅的。我们反而要向主尊荣的大道敞开，祂的恩典在这道上迎接我们、陪伴我们并淹没我们。这就是心里的割礼，且唯独如此。

  哦，愿你身上会发生两件事。第一，你在自己的生命中治死罪，并非除掉稗子而已，乃是改变长出稗子的田。这并非拿斧头砍这或那根树枝，而是砍断树根。或者，如果你愿意的话，它并非是盯着这个或那个罪，而是同时盯着所有的罪。第二，愿你明白，除非你总是有意地承认你对这盟约的信心，否则你思想的割礼或你生活方式的割礼都不会对你有任何益处。愿你永远热情地依靠你那位替代者。愿你常常承认："并非我，乃是耶稣"。愿你虔诚，以致在与人相处时，他们会兴旺，你却衰微。但可悲的是，只要你灵魂里长久为自己保留的尊荣之位没有披戴耶稣，你就仍是"心未受割礼"之人。

第*39*篇
要往岔路口上去

> 你们要往岔路口上去，凡遇见的，都召来赴席。
>
> 《马太福音》二十二9

一切都被亵渎了！这甚至蔓延到人们那神圣、敏锐、内在品格，而耶稣国度的能力就隐藏在那里！祂的敌人正在滥用这品格。祂那些三心二意的朋友们正在滥用这品格。在他们缺乏属灵激情和勇气的时候，祂买赎了他们，但悲哀地说，他们甚至也滥用了这品格。

耶稣说："出去，直面今天，显明你自己的身份。"展开你神圣的旗帜，让大家听到你战斗的呐喊。不要躲在角落和卧室里。要出到外面，走进生活中的市场，进入其事务中。要勇敢地把徽章挂在盾牌上，摘掉你的脸上的面纱。简而言之，"你们要往岔路口上，大声喊出来！"

然而，现在人们在听的是什么声音？"不，不！"耶稣不明白！祂说这些话并不适合我们这时代。被拖到大街中间的事完全不适合基督教这种光荣而美丽的信仰，因这信仰太神圣、太温柔、太亲密了。恰恰相反！正好相反！基督教作为一种宗教，必须严格保留在私人且个人的层面。它作为一种宗教，必须隐藏起来，而非陈列在街道上。在公众生活的中心，不应有这样的痕迹。"上帝是个灵，所以拜祂的，必须要在灵和真理中拜祂。"这问题显然应由上面这句宗教格言来解决，因为说起"灵和真理"，除了悄悄地、秘密地、不引起任何人注意，还能有什么其他意思吗？

  这就是我们这个时代的权力破坏者，那些耶稣的死敌，如何用看似敏感的小曲儿试图来误导世界，并在公共生活中除掉基督的十字架的方法。当然，每个人都应该有良知的自由。那些相信的人，就让他们如此相信吧。但同样，那些放弃信仰的人，就让他们放弃吧。我们整个强大的社会与你的选择无关！与政府、行政官员或任何国王都无关。你完全信仰自由，至少只要你在紧闭的门后持守你的信仰就好。或者，只要你把囊括世界的耶稣宗教限制在你私人空间里就好！最好就是，即使是在你自己家里，当你度过了一天的生活，你疲倦的身骨所需的只是一个好觉，晚上只要你带着你的信心回到卧室就好！

  因这句口号，基督就被驱逐出了我们的行政当局，在国民生活中被废黜，被赶出公立学校。因着这话，那些不信上帝的犹太人，就是各各他的宿敌，继续在国家事务中追求他们不敬虔且带来破坏的胜利。是谁为他们的胜利铺平了道路呢？哦，不要问！不要谈论这件事，否则你会引起很多痛苦。

  或者，你没有听说过那诱惑人的是如何在耶稣的门徒中游走，去引诱他们偏离的吗？牠引诱了他们，致使他们实际上唱着和黑暗之君一样的歌，而且他们还在唱着！他们担心表面上过于虔诚；当有人告诉他们，他们应该只在夜晚亲近耶稣，或为犹太人的缘故，应该让这些事保持在私生活范围内，他们就表明说其实自己只是假装而已。[18] 这就是他们证明他们对耶稣荣耀福音中的核心、包罗万象的呼召，甚至未能有半分理解。

  哦，你知道他们是谁，就是那些反对一切引起骚乱之事的朋友们！只要他们被允许默默地祷告、温柔地传道，并在幕后大力宣教，他们就愿意与有关教会和耶稣之名的一切事物保持表面和平。只要他们蒙准把那些抵挡拿撒勒人耶稣所愿之事的事，留给民事法律和行政当局，留给国家和其公民，留给人民和

---

[18] 凯波尔在这段中的反犹太主义态度应受谴责。我们与其为它开脱，还不如从荷兰社会和文化中多元主义的兴起，和基督教主导地位的瓦解的角度来理解它。

他们的国王，他们就心满意足了。

当然，如果那些跟随那位拿撒勒人的人们，从圣灵那里继承了哪怕一点点勇气，这种软弱无力的姿态也不会影响他们。但遗憾的是，就连这种侮辱也得隐瞒起来！不，不，那些承认祂名的人反而跟其他人同流合污。

你意识到，如果他们果断地行动，就会被嘲笑。如果他们的基督信仰真的出现在商界，他们的商业机会就会减少。他们会被嘲笑、被利用、被迫害。尽管他们对殉道者感到惊奇，可是他们自己完全倾向过一种平静和睦的生活。然而，无论事态如何发展，那永恒的福音（evangelium aeternum），作为一种呼召和要求，始终都要求人予以公开表达。它本质上明确而真实地期望人的生活是为君王耶稣公开地活着。并非树干留给撒但，只留下几片叶子给耶稣而已。而是整个树干和所有叶子、枝子，都属于那爱我们至于死的主。

所以，弟兄姊妹们，不要只是袖手旁观！不要做沉默的伙伴！不要使本应拥抱全世界的宗教成为隐藏和封闭的！基督徒们要走在街上，留在岔路口，要在生活的市场上被人找到。即使付出自己血的代价，他们永远也不会让自己被赶出去。

第40篇
求主教导我们祷告

所以，你们祷告要这样说。《马太福音》六9

现代生活的消极影响跟它对祷告的扰乱和破坏一样大。于是，人心就失去了纯真。除非控制一切的头脑首先确定某种冲动并非自欺或虚幻，否则它不会再屈服于任何冲动。在此情况下，娇嫩的祷告之株就会一朵朵花、一片片叶子被剥去，直到最后枯萎。请密切注意这一点！对不敬虔的人和敬虔的人来说它都会枯萎，即便他们的遭遇各不相同。

就不敬虔者而言，他会为免了祷告的义务而感到宽慰。他的心从来都不放在这上面，从来就不想做这件事。他只是因为别人祷告才祷告，出于惯例而已！因为有人告诉他要这样做！但这总是让他感到不快。如果他能摆脱，那么这对他来说总是一种解脱。现在，现代性的使徒们终于已经决定，祷告其实不过是灵魂的自言自语罢了。他坚强的灵（esprit fort）自然不再需要这种孩子气的活动了。无论是他，还是绝大多数的"文明"成年人和年轻人，都不需要祷告。这很可怕，却是事实。随着精致思维的发展，祷告已经消失了。

更糟糕的是，虔诚者也如此行。即使是那些对敬虔更敏感的人也更少祷告了。

导致这一切并非现代的生活方式，而是现代神学。现代神学不断呼唤与上帝更相配的祷告。它说我们祷告的人性需要消失，必须被一种更神圣的维度所取代。它声称，当大多数虔诚者只向上帝祈求一切时，这只是不虔诚的咕哝，并非祷告。哦，这听起来太诱人了！那么多虚伪、参加教会的人没有哀叹对神圣事物的轻率亵渎，而这些行为甚至经常发生在圣所中！那么，这种说法听起来更诱人了。但说人们需要在祷告中以上帝的（godlike）方式来接近全能的上帝，就是永活的上帝，从而使祷告成为祝福和喜悦，或使祷告得以荣耀祂威严的存有，这并不正确。

努力以上帝的方式祷告，这是现代神学在当今几乎每一个虔诚处境中所发出的呼吁。因此，人们越来越多地避免在他们祷告中涉及日常生活的需要，无论如何都要避免为那些受苦的人而祈求，以至于为国王祷告在很大程度上也被废弃了。一切为得到某些东西的祈求和恳求都在丢失。祷告越来越成为灵魂的宣泄，就像从演讲中抽出一段话塑造为祷告的形式而已。直到最后，真正的祷告太少了，以致对祷告的需求就从人的心里消失了。人们就认真地问自己继续这样祷告还有什么用处。因为无论我们是继续祷告，还是默不作声，主宰万物的各种伟大力量都将按自己路径行事。仅仅是一个被造物的诉求，丝毫不能让这强大的发展计划改变既定的路线。这人祈求成就的事而那人祈求不要成就，这种事岂不是频繁发生吗？总而言之，在更深层信心上敬畏上帝之人的生活中，还有什么祷告的空间吗？对他来说，祷告的结果和缺乏虔诚的人是一样的：祷告就变得更单调、更迟缓、更无生气；直到最后，只有在人恐惧和绝望的时候，祷告才划过嘴唇。这不足为奇！因为上面所提倡的一切都是彻底错谬的。不！上帝要我们以一种更人性的方式祷告，而不是一种神性的方式祷告。

简而言之，以一种更神性的方式祷告是荒谬的，因为上帝既然是全备的上帝，就不需要祷告，而且不先成为人子就不能祷告。那时，祂是从祂作为人的内心深处祷告。那时，祂也活在我们人的需要里，用人的语言祷告，采取了人的姿势。总之，祂以一种完全发自人性的方式祷告，并通过祂的经历学习了祷告的内容以及应该怎样祷告。

在祷告这话题上，对一切关于上帝主权的掌管、我们祷告可能产生的后果、以及谁知道还有什么其他可能性进行合理化解释，都很愚蠢。祷告是我们灵魂的呼吸。我们自动祷告，不问它如何产生果效。此外，我们自己的灵魂首先会认出真正的祷告。一切哲学对你的祷告生活而言，都是致命的毒药。它会抹杀祷告。很少有人能从中恢复活力的祷告生活。

如果你想要以人的方式祷告，完全开放且自由地表达你作为人内心的需要，以及你作为人的希望和愿望，那么对你来说，问题就不是关于祷告本身了！门徒们问耶稣："求主教导我们祷告。"你看主所做的。祂把祈求，就是所有的祈求，放在他们嘴中，就像一个孩子向他父亲祈求。无止境的请求包括一切，和任何祷告一样有亲密人性。这就是祂教导他们的内容，而祂与父为一、从上帝而来且与上帝同在。在祷告时，我们的灵魂必须信靠祂，而非信靠我们思想里干巴巴的推理。

我良善的弟兄姊妹啊，永恒上帝那不能测度的怜悯就体现在这一点上：祂带着我们的人性，愿意成为一个小孩子，并以变得单纯为乐。是的，祂那无比怜悯的荣耀在于，祂在你的心里创造了祷告的气息，祂要你倾听那从祂荣耀宝座来到你面前的安静呼召。

第41篇
嘴唇的果子

> 我们应当靠着耶稣，常常以颂赞为祭献给上帝，
> 这就是那承认主名之人嘴唇的果子。
>
> 《希伯来书》十三15

穿过我们嘴唇、进入我们嘴里的食物并不太重要。反而是出自我们、发自我们嘴唇的那些恩典满溢的感谢之语，和对全能上帝的赞美之言才重要。它们就是上帝有意且愿意我们结出的嘴唇的果子。这就解释了使徒为什么在第9节说："因为人心靠恩得坚固才是好的，并不是靠饮食。"他在第15节中指出，按照上帝的安排，基督徒嘴唇上需要有什么样的果子。他们要"以颂赞为祭"且承认主名。

嘴唇是人类最敏感的器官，灵与肉的道路在上面相交。身体和灵魂最强的联系来自于嘴唇。对身体来说，"嘴唇的果子"是借着嘴唇而获取的饮食。这是我们嘴唇所服务的次要、低级、完全属物质的目的。但在它之外和之上有更高的、完全不同的目的，那就是它们被指派的属灵呼召。这是为了表达人内心和灵里的内容、灵魂深处升腾的东西，以及他们内心情绪的状态。这些事需要表达出来。

上帝为自己的旨意创造万物，连嘴唇也是如此，这对每一颗良善正直的心来说也是确实且真实的。若是如此，那么很明显，嘴唇的果子最好要成熟；也就是说，当这些嘴唇成为赞美主和承认耶稣之名的工具时，它们就达到了作为人类嘴唇的目的。

若是有被动、沉默的敬虔，就是与圣经不符的果子。上帝愿意让你尽心尽性去爱，也愿让你尽力尽意去爱。这总是最重要的诫命。弟兄姊妹们，当话语以言语和诗歌的形式表达出来，还有什么力量能超越它呢？话语是思想的载体，特别是作为嘴唇的果子，它具有深远的可能性和影响力。

保罗当然也希望我们把自己的身体作为理所当然、上帝所喜悦的祭物献给上帝。但若要把灵魂和内在生命献给上帝，单有敬虔的丰富，却不肯把身体和公共生活献给上帝，这就是无原则的三心二意。这是属灵上的虚假、没有勇气、缺少属灵上的火热。这就是一切如云彩般见证人和殉道者们所谴责和抵挡的。

你所亏欠上帝的，就是你在灵、魂和身体上要完全正直。保持沉默并非认信，而是否认。这种否认比不信更糟糕。这就是对主不忠信！要用你的能力来说话、唱歌。在不敬虔的人和魔鬼面前，让你言语和歌唱的能力得以体现，使更高生活的恩典在你生命中成为真正的力量。让它像你灵魂的荣耀一样，在敬虔的百姓和天使面前发光。这是造物主赋予你的一种奇妙、尊贵且无与伦比的丰富能力。作为人类，我们能够以嘴唇表达愤怒和反对意见，能够以上帝的圣言惩罚和谴责蝎子，同时能祷告和赞美，能以这嘴唇感恩和见证，为赞美我们上帝的大作为，这是我们至高无上的荣耀。即使是达尔文也不能给他的大猩猩戴上如此桂冠。一位深思熟虑的哲学家如此评价这不寻常且高度发达的动物："如果它们能说话，它们就是人类。"是的，无疑如此；一切都与此相联！对动物来说，"嘴唇的果子"就是它能养活自己，并发出声音，不管这声音是尖锐或美丽，它总会只是噪音而已。只有人类才会说话。只有女人所生的才能用有意义的歌曲来赞美。只有在耶稣基督里重生的人，才能带着推翻国度、让暴君在宝座上颤抖的能力来认信。

实际上，以色列先知被称为"大声疾呼者"。他是一个无法克制话语的人。这就是那善用双唇、以之为永生泉源的人。他是在圣灵的激励和催促下，敢于打破沉默，宣扬、赞美且宣告信仰的人。甚至在五旬节，圣灵最初的果子就是"嘴唇的果子"。那时，使徒和门徒们"用不同的乡谈，讲说上帝的大作为"。在每一个断头台上，在每一个殉道者的火堆里，甚至有时透过滚滚浓烟，都有人在讲话、庆祝、见证。这就是上帝所拣选儿女临死前的荣耀。

在基督教会里，没有一次剧变的降临不是伴随着歌唱。无论是大卫的赞美诗还是海洋乞丐（Sea Beggars）的旋律[19]，一次又一次的歌唱显明，这是对抗暴行最有效且光荣的武器。看，魔鬼喜欢的就是使受迫害的人哑口无言。但那来破坏魔鬼工作的独一者，却以能松动人的舌头为乐，使他们结出"嘴唇的果子"来荣耀父。

所以，如果这一切都是真的，当你在逃避那为嘴唇设定的目的时，你是否还敢否认你是在滥用和亵渎你的嘴唇？当那用来倾听灵魂、使恩典得以明了、发出语言的荣耀工具，不是哑了就是被用做空洞、空虚、无用或只是短暂的事务时，你是否还敢否认你是在滥用和亵渎你的嘴唇呢？当源源不断的灵感不再穿过它们时，你是否还敢否认你是在滥用和亵渎你的嘴唇呢？那灵感就是在主面前表达欢欣鼓舞的灵感，甚至也是在灵魂深处表达悲伤的灵感，因祂无限量的怜悯之浩大显明出来。对于现在人们谈论的话题，难道不应该更多沉默以对吗？他们岂不是有很多空谈吗？人与人之间密集的交流与蜂箱周围的嗡嗡声岂非惊人相似吗？这不正是羞辱，而非令人振奋吗？

另一方面，现在人们怯懦且冷冷地压抑在嘴边的许多话语，岂不是应该说出来吗？难道我们这些基督徒不是正在偷取上帝祭坛上一切赞美之祭吗？不是在止住不宣告祂的名吗？因此，不就是从至圣者那里抢夺嘴唇的果子吗？上帝一定会审判这些事。这就是为什么主愿意每个人审查自己。弟兄姊妹们，在你嘴唇果子的言语上，你有勇气这样做吗？你这样做了吗？

现在我明白了，有些人会这样回应："我一直在唱歌！我充满热情。我从不沉默。"那么，我只想问他们："难道一切嘴唇上的果子都是洁净的吗？如果那撒拉弗带着祭坛上的火炭飞下来，为要洁净你的嘴唇，那会怎么样呢？或

---

[19] 海上乞丐（Sea Beggars）是荷兰反抗信奉基督公教的西班牙帝国军队以求独立时的草莽英雄。他们因为信奉基督新教，且大部分是改革宗信仰，而遭到迫害。

者更简洁地说,你从你的口中给祭坛带来了什么呢?你嘴唇上的话,是靠上帝的灵呢,还是靠自己的灵呢?换句话说,你的嘴唇为上帝收获了什么果子呢?是新鲜果子还是坏了的果子呢?"

第42篇
求祢使我专心

> 求祢使我专心敬畏祢的名。主我的上帝啊，我要一心称赞祢。
>
> 《诗篇》八十六11-12

"哦，上帝啊，求祢使我专心！"无论是谁这样祷告，这人认识到自己的心现在并非专一，而是分裂的。他向鉴察我们灵魂深处的上帝承认。在某种意义上，他的心已经支离破碎了。他已不再羞于承认自己无力拼凑自己的心；他无法将之重新组合或拼接成一个连贯的整体。他既晓得凭自己的力量不能成就这事，于是来到那掌管万有的全能者面前。他向上帝祈求："主啊，求祢在我里面深深作工。我的上帝啊，求祢使我专心敬畏祢的名。"心的专一。这就是问题所在，就是症结所在。

有谁已经得了他所需的不可估量的力量，能让一颗正常运作的心发挥功效呢？这岂不是需要我们的灵魂投入一切，为此筹划并献身吗？即使这是可能的，有没有哪个人的心有力量、能力和决心，能具备所要求的目标和强度来实现此事呢？并没有！

这反而是理解撒但的秘诀！撒但的心无疑是专一的。在地里面没有分裂或不专一。在牠那莫测的邪恶之心深处，没有一丝矛盾，也没有任何挣扎的迹象。牠的心完全专一，不过也彻底邪恶。它不仅能以全部心思和力量恨恶上帝，也充满了强烈愿望如此行。这也就是那些极端不敬虔的人会对教会、国家和社会有如此影响力的原因。

只要我们应对半心半意地不敬虔、也只是半心半意地持有信仰的一代人，那么不敬虔的洪水就不会势不可挡。当这样的一代人在控制之内之时，这洪水就不会泛滥。他们心思不定，太过妥协，而且十分软弱，因此不可能发生这种事。他们的心分成了三四个方向。但对于现在那领跑的一代，却并非如此。现在，一种有专一之心的人出现了。他要尽心尽性地除掉人对主名的敬畏。你就看事情会如何进展吧！看看人们如何想颠倒一切，扫除一切阻碍之物。一种恶魔般、几乎是超人的力量已挣脱了束缚。

但是，我的弟兄姊妹们，不要绝望。只要祷告你会得到这些恶人们所拥有的，就是要得到一颗合一、融合、未分割的心就好。你这么做显然是因为，如果你有一颗妥协又三心二意的心，那么你将无法完成任何一件事，因为那些与你战斗的人，都是凭借他们那专一之心所发的惊人力量行事。要应对目前的情况，三心二意又不专一的努力完全无用、无力且无效。

你可以看到这些蜂拥而来的离经叛道之人，每天是如何获得更多的影响力，那些三心二意的人又是如何被排挤出去。半心半意的虔诚、妥协的正统信仰或半生不熟的神学，都不会带来任何益处。现在，日间的炎热已经来临，它的光已烧尽了一切阴影般的薄雾。唯一不会枯萎的就是深植于肥沃土地的事物。只有它才能抵抗这热气，并屹立不倒。

这就是善从恶而出的方式，而不敬虔之人一致的内心会引发上帝百姓的嫉妒。但只有他们被令人厌恶的半心半意之境况所激怒，并且恢复到完整状态下，这事才会发生。只有全能的上帝听到他们祈求"求祢使我心专一"，他们的心再次合一时，这才会发生。只有当祂听了这祷告，并确信他们"全心爱祂"，而且"全心全意地属于祂"这位怜悯的上帝时，这一切才会发生。

这岂不是值得庆祝吗？所以，让我们感恩吧！要坚定认真地再次体验重新委身所带来的美好时光，让我们用这样的嘴唇来献上感恩。无疑，罪恶已经爆发。

然而，最丰富、最荣耀属天能力的表达也是如此！

　　愿人们只关注这件事。首先，要让每个人都省察自己心中的事情，在伴随己身的心中省察。让他们省察它是否专一、是否用一个声音说话、是否整全。如果不是，那就祷告吧，不停地祷告，时时祷告。向在你里面且与你一同祷告的圣灵祷告，好让上帝赐给你由"一颗专一之心"所出的神圣平安。

　　我非常清楚，在地上，上帝永远不会完全允准这个祈求。但我也知道，无论这方面有什么欠缺，这都是透过我们中保那完全神性与人性的专一之心来遮盖和完全成就的，因它从未破碎过。反而在祂一生和一切苦难的日子里，一直到死，祂都专一敬畏祂天父之名。

第43篇
散布亮光是为义人

散布亮光是为义人，预备喜乐是为正直人。《诗篇》九十七11[20]

散布亮光是为义人！这亮光被带到外面，埋在地下。虽然有一段时间人看不见它，但它实际上是在大地之宫里发芽、长大。不久之后，收获之日会来到，会以丰富的光芒和光辉淹没他。承认吧！这个图画的意象很精美，且带着难以置信之美。

那选择了上帝，因此在心中与世界及世上一切华丽之物都决裂的人，他看到周围的一切都在逐渐变暗。这盏灯在他前面灭了，那盏灯也在他后面也灭了。他在任何地方聚会时，即便那地曾经都有散发着邪恶光芒的烛台，现在他却吹灭了它们上面的蜡烛。那些本可以继续烧灼世界的其他小灯光，就对他极度不满。它们被吹灭，只是为了折磨他。又有许多别的光，被光明的使者吹灭了，这是为要洁净他的灵魂。现在，他在几乎完全的黑暗中，一步一步走在朝圣的道路上。他像个孩子一样精力充沛，因着上帝的怜悯，他道路上不时闪出一道可爱的光。

---

[20] 与荷文一样，希伯来原文和大多数英译本都使用了"播种光明"的混合比喻。凯波尔正是围绕这混合隐喻写出了这篇默想。

要密切留意！我们不是在玩文字游戏，也并非在夸大事实。我们仍然可以谈论光、光泽和火花。在相当大程度上，上帝的儿女仍然懂得另一种安静的快乐和家庭的幸福。谁没经历过这些，并为此赞美和感谢上帝呢？但是，他们所缺乏而且不得不放弃的，是世俗的聚光灯、被人认可的光芒和世俗荣耀的闪光。上帝不允许他们在地上拥有这些灯光，否则他们将失去他们的信仰和健全的属灵生活。

然而，这样的光是今天生活的重要组成部分。我们渴望它。我们已经得了承诺，我们可以拥有它，而且不限于一点点压抑的喜悦和沉静的幸福而已。我们的心就被喧闹的笑声、胜利的魅力和被人认可的至高荣耀所吸引。可是在世上，我们必须把这些留给那些反对上帝的人。那些跪在十字架底下的人不被允许享受这些世俗的、不虔诚的灯光。

日常经验不断以新的方式向你显明这一点。在我们日光之下的世界里，在人类生活的大戏中，被自高自大奴役的人们沐浴在被人认可的光芒中，就像玛门和撒但所做的一样。与此同时，上帝的圣徒们和虔诚的儿女却被推到这单调的背景之后，他们就在黑暗和朦胧的迷雾中消失了。

圣灵知道这一切。祂作为那鉴察人心者，也知道这会让我们付出什么代价，会让我们何等悲伤，会如何频繁地威胁我们的信心。请记住，这就是为什么祂作为保惠师，现在会以这奇妙的痛苦之歌，来到我们面前来安慰我们。祂在我们灵魂中低语："荣耀的光芒似乎已经消失了，而它却没有消失。它已经被播下了；也就是说，它藏在大地之宫中。世界的日子过去，你的日子已经来到，你就要丰富满溢——有三十倍、六十倍、一百倍的收成。"

所以，当撒种的人把种子带到田里，撒在犁耕过的土地上，当他的谷仓空了，他的袋子被掏空的时候，他会悲伤吗？不，恰恰相反！现在，他终于完全满足了。种子从仓里出去，都藏在田地的遮盖之下。他知道他的种子在为他效力。他知道是上帝让它兴旺。他知道他宝贵的种子被藏之后，将会收获更丰盛的麦子。

我的心哪，基督进入你生命之时，祂的使者跟随着祂，要从你家里带出大尊荣与荣耀之光，那时你应该悲伤吗？他们给你披上昏暗之衣的时候，你应该悲伤吗？人们忘记了你，整个世界都在嘲笑你的时候，你应该悲伤吗？彼列之子把你拖过泥淖之时，你应该悲伤吗？你在世人眼中被藐视之时，你应该悲伤吗？

　　要明白你的光是更好的光，更灿烂的光。它绝对如此，且永远如此。它确实存在，尽管你可能在漫长的日子里不能得见它。它并非光芒四射，却隐藏在那里，就在你的脚下，就在你的面前，就在你日常生活的表层之下。它被藏在那里另有目的。它并非不活跃。相反，你的上帝在保护着它。在那里，上帝的威严使它的光彩不断加增，而非减少。它正变得纯净、清晰、力量和光泽，直到它最终爆发。义人哪，它会吞没并且必然淹没你，如急流冲没你身。它必淹没你和许多与你一同有义的人。这光必使你显出你主的光彩，如同天上的星辰一样。

　　诗篇的作者唱到，不虔诚之人的生命就像密云和幽暗。闪电从中发出，光照世界，带着消耗、破坏和败坏的光辉（第1-7节）。然而对于你，就是跟随那忧伤之子脚步的人来说，在你生活、热爱和挣扎之处，生活当然也可能是黑暗的。但那黑暗就像那灰色的田野，在孕育种子的籽粒。当你成熟和长大时，它们就在那里躲避光明，直到你周围的一切都变成光明、辉煌和荣耀的时刻（第7-11节）。所以，"你们义人当靠耶和华欢喜，称谢祂可纪念的圣名"（第12节）。

　　宣告"我是世界的光"的那一位发出了令人警醒的预言："一粒麦子不落在地里死了，仍旧是一粒；若是死了，就结出许多子粒来。"我们需要聆听。祂的话需要在这光中才能被理解。祂就是我们一直跟随的那位独一者！

第44篇
你们扛抬耶和华器皿的人哪

不要沾不洁净的物，要从其中出来。

你们扛抬耶和华器皿的人哪，务要自洁。

《以赛亚书》五十二11 [21]

这项对以色列的呼吁出现在救赎的预言中。这预言说，上帝要将百姓从被掳巴比伦的痛苦、羞辱、羞耻中拯救出来。在这个预言的时代，先见看到了那带来屈辱和耻辱的判决的终结。透过圣灵的启示，他看见那些曾经被卖为奴的百姓穿着麻衣，欢呼凯旋。在那些流放中饱受痛苦的人们听来，这"离开吧，离开吧！"的命令，一定像生命之歌一样在耳中回响。那是属天的旋律。这就是那守护以色列尊荣者发出宝贵命令的背景。祂说："你们扛着主器皿的人哪，离开他们，洁净自己吧！"

这句话自然给利未人的诗班、祭司的随从和亚伦的后裔留下了最重要且最全面的印象。这些都是按抽签和血脉所选的人，他们因此被认为配得服事上帝

---

[21] 本文最初于1878年10月13日在《先锋报》出版，后来又以书本的形式再版，经文出处被错误地写成《以赛亚书》二11。

的圣徒。现在，他们会以满溢的喜乐和顺从的心，穿过沙漠，把为这事工所指定的神圣器皿带回锡安。它们曾经被粗鲁又野蛮、偷盗又掠夺的战士们从圣殿里拖出，带往巴比伦。

那些指定搬运主器皿的人，必须在他人之前领路先回到耶路撒冷。他们准备与巴比伦决裂，进入荒芜的旷野，穿越未知的沙海，去寻找圣山。因为他们向往耶路撒冷，耶和华就拣选了他们。这就是为什么预言这样说："离开吧！你们扛抬耶和华器皿的人哪，要领路。在你们担起神圣的担子之前，要先洁净自己。"

于是，主所拣选的人就洁净了自己。他们肩负重要、宝贵、神圣的担子，走在了其他人的最前方。他们经过幽暗的山谷，来到旷野，不是为别的缘故，乃是为所带的主器皿的缘故。他们唯独注目那些神圣的器皿。他们所有的努力都是为了它们。当他们的脚受伤，他们的脸被沙尘暴袭击，或者他们衣服被弄脏时，他们没有异议。惟愿主的器皿能完好无损地经过旷野，渡过约旦河，走上山顶，经过耶路撒冷的街道，再被运到主的圣殿中！

利未人的游行队伍穿过一片广阔的沙漠，这幅画不就代表了上帝的圣徒们在朝圣之旅中，走过了沉闷生活之谷，走在朝向永生上帝之城的路上吗？你岂不是也拿着主的器皿吗？你是否也因祂无限恩典而被拣选来完成这项任务呢？

我来问你一个问题：若你的心不是一件珍贵的器皿，那它又是什么呢？耶和华要把它装备为祂荣耀的器皿。祂洒上牺牲的血，用圣灵膏抹它，使它成圣归自己。你若是这国度的儿女，灵魂岂不属乎祂吗？若你是重生之人，从而与基督一起活过来，你岂不是属祂吗？你的灵魂岂不是属祂，因此你除了保持你灵魂纯洁之外，再无其他权利或义务吗？从现在开始，除了将你的生活指向那在上的新耶路撒冷，还有什么值得呢？在那里，你的灵魂将作为祂恩典的装饰和纪念，被献给那看顾你的上帝。在那里，它将被加入那巨大且精心制作的陈列之中；该陈列显明了上帝无限的仁慈。

当你背着主的器皿，难道在路上遇到的相同困难不会压垮你吗？不是有同样日间的炎热吗？不是有同样旅行的危险吗？那些利未人在穿越沙漠的路上，在穿过被携路上的众河流，来到那"使耶路撒冷欢喜的上帝之河"。难道他们与你可能经历的恐惧不都是一样的吗？"离开那里，洁净自己"，这命令岂不应与你产生共鸣吗？

这是一个及时的话语，为要告诉你应与你周围的世界决裂。你永远无需再重复"我应该前往"，却从未真正前往的事情。这"离开"的命令岂不是你行动的激励吗？"洁净自己"的指示岂不是对你也有意义吗？好让在你离开这世界时，就不会在心里拖着这个世界一起走了。难道你可以无视上帝对你所发的"脱下你脚上的鞋"的神圣命令吗？

成千上万的人仍然坐在巴比伦的河边，带着所托付给他们的"主的器皿"。他们当然热切地注视耶路撒冷，但他们不敢用巴比伦的奢华来换干旱的沙漠。也确实有一群群人离开了，但他们被这座罪恶之城的诱惑压垮，身体几乎没有力气，臂膀也没有地方来扛抬主的器皿了。

然而，你自己作为主的器皿，就是被耶稣之血所赎的灵魂，是如此珍贵；因此，你要奉献一切，带到主的圣殿里献给主。不是立即！这是你无法做到的。但现在，你和那些像你一样的人就像朝圣者一样带着器皿，走在人生的道路上。你们如此行，直到你们也到了永恒约旦河的彼岸。在那里，你必抖掉脚下沙漠的尘土。到那时，你必经过死荫的幽谷，进入荣耀奇妙的耶路撒冷，那里有为主一切器皿预留之处。更妙的是，在那里已经预先命定，主的一切器皿都可以不间断地用来侍奉上帝。在那里，在天上的天，它们将被保存，用在那无尽、完全蒙福的服侍之中。

第45篇
复活的儿女[22]

> 他们是上帝的儿女,是复活的儿女。《路加福音》二十36

复活的儿女是什么意思?耶稣与多愁善感的情绪为敌。祂为着属上帝的神圣之物而生活、工作、奋斗并牺牲。然而,祂没有理会那些软弱、情绪化的借口,反而指示"让死人埋葬他们的死人吧!"对祂来说,一切都是关乎上帝,并且唯独关乎上帝。上帝不会尊崇任何被造物;因此,即使是最神圣的被造物,也必须服侍祂那伟大的威严。"爱父母过于爱我的,不配作我的门徒。"说得更强烈一点:"凡不为天国的福音缘故恨恶丈夫、妻子、儿女的",就必会从他在天国的位上坠落下来。

这也适用于天上的生活。在我们向往天上和思考其情形时,我们应该唯独注目于上帝身上。所有对即将发生之事的猜测,所有对我们逝去亲人在天堂蒙福状态的想象,都会被上帝谴责,因为这些举动将祂放到了幕后。这等事把这世界和今生的关系,拉进了坟墓的另一边世界。实则应该相反:属于将来世代

---

[22] 本文最初于1878年10月20日在《先锋报》出版,后来又以书本形式再版,经文出处被错误地写成了《路加福音》二十86。

之物应该已经控制了属于这个世界之物。将来要成之事要藉着我们已重生的心，被带到我们现在的日常生活中。

这就是为什么当他们问耶稣，人死后，地上曾经的夫妻会是什么关系时，耶稣迅速地以一个影响深远的姿态回应了他们的想法。我们甚至可以说祂当如此行时毫不留情！这种想法不应存在于人心。祂对来世的奇妙启示是这样说的："在那里，我们要只为祂而活。"在那里，他们不再为对方而活，而是为祂而活。祂是唯一的中心，所有人的生命都归到祂那里。祂是他们完全得以知足的产业。祂是他们生命的力量，是他们生活的目的，也是他们唯一的善。哦，在那里，我们肯定能见到彼此，并认出彼此。但这是附带的，从属于归荣耀给上帝。当妻子在完全蒙福的生命中醒来时，她首先会从丈夫身边走过，因为她对那至圣者的爱会淹没她。然后，她也会寻回她的丈夫，只是她会在耶稣里找到他。

我们当然知道有人认为，如此看起来，人是懵然不知的，因为这没有考虑到人类的渴望，也没有激起人的情绪。然而，这种说法和圣经的说法一致，很直接、刚猛且是神圣之物所要求的。这也完全是真的！

耶稣说在那个时代，人们将不再死亡，也不会出生。他们不娶也不嫁，因为婚姻的目的是让人"出生"。在即将到来的更高生活中，这个目标就没有了，再也没有理由这样做了。不应该让它继续下去。在那里肯定会有真心真意的关系，但它们不是被世俗标准所定义。它们会更圣洁，更与众不同。

耶稣继续说，这也适用于父母和孩子之间的关系。这些关系都将会消失。好吧，更好的说法是，他们之间的关系并没有消失，而是转变为一种持久且更为崇高的关系。人们将不再被人称为"这位或那位地上父母的儿女"，他们只会被称为"上帝的儿女"。这不仅是因为他们只会得到这样称呼而已，因为在那完全荣耀的日子，他们实际上就是这样的！救主说，在那个荣耀的时代，他们不再是你的儿女，也不再是他们母亲的儿女，而是"上帝的儿女"，因为他们是"复活的儿女"。

在这新时代之前，他们曾经是你们的儿女。你努力借着你那快速衰弱的力量和母腹生出他们。你给了他们存在的机会。你生了他们。但到了那时代，就是他们将发出完全的光之时，那叫他们活的，不再是你，乃是上帝。他们最初出生在这世上，生于一个有罪生命的腹中。那时，他们将最终且完全地生在那蒙福的未来之中。他们将借着一种贯通一切的力量，离开母腹的坟墓。那时，死亡被压倒并消灭。那时，他们就必复活得永远的生命。

　　藉着那复活、根植于上帝永恒拣选的重生，这荣耀之工将最终完成它的目的。那时，他们将完全成为上帝的儿女。他们必完全得享凡属上帝的一切。他们将成为上帝的儿女，这比他们在世上时更加丰富且荣耀。因为那时，他们的整个人格、身体、灵魂，都将全部从上帝而生。这就是他们称为"复活的儿女"的原因。复活将是他们出生前最后的阵痛。或者你可以说，这将是永恒的上帝使你完全成为祂儿女的最后宫缩。

第46篇
他去世无人思慕

　　他去世无人思慕，众人葬他在大卫城，只是不在列王的坟墓里。

　　　　　　　　　　　　　　　　《历代志下》二十一20

　　约兰是个可怜的人。然而，他父亲是犹大最虔诚的君王之一。然而，这位父亲因儿子而有了污点。这一点可以从他同意让他的儿子，这个大卫的后裔，娶一个不信上帝的公主的事上得以窥见。

　　约兰出去旅行，发现亚哈的世俗宫廷非常吸引人。他就在那里结识了完全邪恶的亚他利雅，这淫乱的妇人就用网罗缠住了他。虔诚的约沙法最终同意让他的长子约兰，这位将来会继承他皇冠的年轻人，娶了这狡猾如狐、淫荡又不信上帝的公主为妻。约兰就接她进了大卫的宫里。接下来发生的事情就可预见。约沙法刚合上眼，约兰被立为王没多久，亚他利雅就将大权掌握在她自己手中了。她把约兰带进了各种可憎可耻的勾当里。这一切恶事从约兰杀死众弟兄，剪除犹大众贵族开始。然后，他为偶像建造庙宇，并为崇拜他们建立了邱坛高岗。最后，正如圣经记载，他强迫他那些无助的百姓"去随从别神"。

　　那时，上帝介入了，对祂穷困的子民显出怜悯。瘟疫、灾祸，以及朝贡诸侯的不满接踵而至，而且还有非利士人入侵。这一切都是为了唤起百姓的良知。但是，可怜的约兰感受不到这种提醒。最后，挫败临到他本人，他"肠子患不能医治的病"，最终"肠子坠落下来，病重而死"！躺在那里的是倒下的君王变了形的尸体。人没有给他作任何纪念的物品。我们从圣经中读到，人们并未向他表达任何对皇族的敬意，"没有为他烧什么物件"。他们没有把他安葬在列王的坟墓里。最后，"约兰去世，无人思慕！"的话传遍了耶路撒冷的大街小巷。

约兰所走的道路，以及他如何失去上帝的眷顾，并非我们使上帝忧伤的罪恶之路。这也是显而易见的，因为我们生活在不同的环境，所面临的试探与约兰所做的有不同的维度和形式。但到最后，当我们眼中的光也熄灭时，我们罪的形式所带来的结果又有何差异呢？当我们死了的时候，当我们被人搬走的时候，当人们最终说出心中对我们看法的时候，我们与约兰有何差异呢？

如果事情发展到这一步，如果人们对我们的看法成为上帝即将到来审判的预言，难道"他去世，无人思慕"这句话不也会在我们自己的圈子里广受认可吗？你们这些敢于自称诚实的人，请回答我！当我们逝去时，不要被暂时的悲伤所误导。当我们不复存在时，悲伤也不会持续。死亡总是在威胁。关上的窗户总是发人深省。送葬队伍唤起的情感反应很快就会过去。不，不，这些不是永恒的，能持久的是在之后发生的。当真心的泪水被擦干，百叶窗再次打开，悲伤的符号被收起时，我们真的没有强烈的愿望去找回那些逝去的人。这种欲望并不是全身心投入的。这就是我们内心真正想要的吗？

如果我们对自己诚实，我们必须承认十有八九，大概一年之后，几乎所有关于逝者的记忆都自动消失。我优秀的读者们，这岂不是真的吗？当别人谈起这样一个人，当某些事情发生，让我们想起了逝者——也许是他们的生日或者忌日，或者是我们去拜访墓地时——那时，稍纵即逝的记忆会重现。我知道这种情况。但遗憾的是，这些都很快就过去。或者他们在我们心里造成了痛苦悲伤，但我们真的不想念他们。我们感觉不到真正的悲伤，心中没有空虚，也没有伤痛。

当然，在这片土地上仍然有许多人受到了死亡般败坏的影响。他们是沉默的，在很大程度上是被遗忘的。然而，在他们狭小有限的社交圈里，他们通过真正的爱和自我牺牲的行为，已经深深扎根于他人的内心和生活。当他们去世时，人们常常感到一种难以言表、发自内心的悲哀。人们哀悼和怀念他们。人们的确会因为失去他们而在灵魂中遭受痛苦。

不过，弟兄姊妹们，数字是不会说谎的！真正的哀悼非常罕见，而且非常偶然。在我们这个躁动不安的时代，一颗心对另一颗心的影响已经变得肤浅。今天，将一个灵魂与另一个灵魂编织在一起的纽带已经非常松散。这就导致了我们的肤浅！它使我们极其烦恼，让我们没有安静的委身奉献或自我牺牲。反之，这也反映了爱和根深蒂固之信仰的严重匮乏。这种匮乏显然如此可怕，以至于即使是真正哀悼者表达的悲伤，也几乎总是被平淡的多愁善感情绪和非基督教的肤浅所污染。

这种情况多么令人苦恼啊！如此令人苦恼，以致切断了这代人与下一代人之间的联结。人们觉得在已经安息的人和仍然活着的人之间的联系，已经没有必要了。因为纪念碑已不再竖立在人们的心中，他们将之放在街角的某个地方，或者把本应该铭刻在心中的东西刻在了墓碑的花岗岩上。全都是外在的！在石头上！那么冷冰冰！那么寒冷！那么无情！也许，人们将如此待你！弟兄姊妹们，难道上帝的儿女们就一定会"去世，无人思慕"吗？

第47篇
把生命的轮子点起来

> 舌头就是火，在我们百体中，舌头是个罪恶的世界，能污秽全身，也能把生命的轮子点起来，并且是从地狱里点着的。
>
> 《雅各书》三6[23]

每个人都能理解车轮转动过快的现象。人们说，由于轮轴上产生的热量，车轮会着火。风车的轮轴、保养不善的车轮和转动过快的齿轮都会如此。这现象的发生总是出于同样的原因，比如：由于强风作用于风车，叶片转动太快，或者由于马的精力太旺盛，使得车轮滚动太快，或者由于蒸汽的压力缸燃烧太强烈，导致机轮驱动太厉害。

雅各在把舌头和我们的内心联系起来时，所引入的就是这个图像。他将内在生命比作一台由轮子驱动的机器。我们内在的生活有两个维度。第一个与我们活出重生生命有关，也就是活出我们新的人性。第二个是活出我们第一次出生的生命，也就是活出我们旧的人性。在这一点上，如果要引入机器的比喻，

---

[23] "生命的轮子"（het rad onzer geboorte）经常被翻译为"我们的生命历程"（the course of our life）。这里的意思是，舌头会激动、败坏我们生活的方向和目的，并且使其妥协。根据"轮"这一词汇，凯波尔发挥其想象力，写出了这篇默想文章。

前者就需要被称为"我们的重生之轮"。显然，活出我们旧的人性就应被称为"我们第一次生命的轮子"，或简称为"生命的轮子"。

这两个轮子各自被相反的动力源所驱动。我们的重生之轮是由天上降下来的力量所设定，并使其运行。相比之下，我们自然生命的轮子是由来自地狱的力量所驱动。它们运动的结果与它们力量的源头都完全不同。当我们重生之轮正常转动时，我们会赞美上帝，我们的天父。相反，当我们第一次出生的轮子自由转动时，它会在照上帝形像被造之人里面产生当受咒诅的东西。

然而，这两种产生生命运动的轮子都涉及同一颗心，也就是同一个人。它们需要围绕同一个轴转动。雅各说，这个轴就是舌头。其结果就是舌头无法控制；甚至我们说，它控制着我们全人（身体）的机器。这整个强大的个体由舌头控制，就像一匹强壮的马由缰绳控制，一艘巨大的远洋轮船由一个小小的船舵控制，一组沉重的齿轮由一个细轴控制。还有什么能比抓紧并停住快速旋转的轴更困难的事呢？雅各论道，同样困难的是勒住我们的舌头，它就是我们生命的轮子围绕旋转的轮轴。一旦启动，它实际上就无法控制了！

当重生之车轮，也就是由上帝的灵所驱动的新生命，启动来赞美和高举上帝的时候，它就是无法控制的。但是，当我们第一次出生之轮开始在其轴上转动时，也就是当地狱的灵在我们内部发动不圣洁生命的情欲时，它同样是无法控制的。其结果就是诽谤和诅咒。那时，所有的约束都消失了。我们舌头的轮轴是被那来自地狱不止息的情欲点燃了（第6节下半节）。当轮轴烧红的时候，舌头本身就被点燃了（第6节上半节），没有什么能阻止我们天然生命的轮子被点起来。因此，我们生命的轮子就被地狱之火点燃了。这时，人自然就不再是自己的主人了，本不应说出的恶言恶语就会脱口而出。我们发现自己真的站在情欲之火中。更糟糕的是，我们会让火一直蔓延到与我们的心有关的一切事物。一切都会在火焰中燃烧。

人们仍然会说，在生活中的一切事上，言语诚然不那么重要。我们所做的比我们所说的更重要。那些被忽视的力量比我们有意识热情表达的语言更重要。雅各连说三遍"不，不，不"。舌头肯定比手更有力、更危险，甚至更有杀伤力。人心因贪恋、嫉妒、诽谤、诅咒而燃起火焰，直到最后整个世界都燃烧起来。

不，不是的，一个说出来的词语，即使是你说的词语，也不只是会消失的声音。它是你生命之轴上的驱动力，是你自然生命之轮的转动，是可以毁灭或激发人的火花。语言，也包括你在谈话、耳语或喃喃自语时所说的话，就像奔流的河水，会在你生命的基石上留下痕迹。你可能不会注意到，但它是永恒的。

说话不仅仅是对别人说些什么而已。同时，它也是表达我们自己在说话时作为人的景况。它显示出我们的言语是来自上面还是来自深处。它表明我们的语言是服侍"从上头来的智慧"（第 17 节），还是服侍"属地的、属情欲的、属鬼魔的"智慧（第 15 节）。舌头这个器官能体现它们是在为你内在的成圣而效力，还是在为毁灭你的灵性而效力。

第48篇
素行正直的

他们得享平安。素行正直的，各人在坟里安歇。

《以赛亚书》五十七2

上帝对我们的唯一要求，按着合宜的理解，就是我们要正直行事。对那些如此行的人，祂应许赐给他们人所能想象得到最荣耀的奖赏。他们"必得享平安"，必"免了祸患"，并且将在床上安歇。这一切归结起来就是要诚实，驱除一切虚假，特别是在我们虔诚里的虚假；在那鉴察人心者面前，要诚实。在上帝面前，我们内心深处要真实。

请注意，根据上帝的话来说，在内心深处的诚实，当然不是指世俗之人所说的"坦诚"。这并不是基督徒通常说"仍然要诚实"时所表达的意思。世界上的坦诚并非诚实，而是不敬虔的残忍。当世俗的人们出于自己的话语，而动摇了对全能上帝的尊敬时，这一点就表现得很明显了。当他们内心再无对上帝的敬畏，他们就张开不圣洁的口来亵渎上帝，既不畏缩，也不脸红，口里爆出他们敢说的最可怕的话来攻击永生上帝。

特别是在最近几年，人们所说的"不诚实"，并不接近上帝圣言所定之公义的根本含义。人们所珍视的"诚实"的表达方式，通常只是意味着嘴里说出心里还没思考的话。这是一个亟须打破的习惯！诚然，它也有合理的一面，只有当它演变得过度时才会成为一种罪。对于一个不狂热，反而活在上帝圣言以外的人来说，正如《罗马书》五章开篇所阐明的那样，认罪先于属灵经验。对于这一章，许多犯错误的弟兄都应该铭记在心。任何以经验为先，甚至在有令人信服的宗教经验之前都不愿承认信仰的人，就是在反对救恩次序。

不是的，根据圣经，"行在祂的义中"就意味着你行真理。既然对你来说这一切都是行真理，这就意味着你要在唯一能为你提供真理的那一位那里寻找真理，那就是上帝自己。"上帝是真实的，人都是虚谎的。"你所有的渴望和愿意冒的险，都必须建立在这现实之上。要清楚理解这一点。冒险并非是你可以排除各种例外或各种意外事件。但它会清楚、直白且清晰地表达诚实和真实的内容。

"只有上帝是真实！"如果你真的严肃关切行真理，那么你只要直接来到上帝的圣言面前，问问上帝就那些祂乐意显明自己的事上说过哪些话。然后，如果你确定、肯定且确信事情就像上帝所说的那样，那么你就会遵行真理。你不会先跟着潮流走。你不会先等待，直到你的宗教情绪告诉你这是真实的而再行动。你反而无需任何额外的测试，甚至当你没有这些感觉时，你都会兴高采烈地宣称它是绝对、坚实、无可辩驳的真理。现在，如果你想确定你所说的是真实的，真理就在你里面，你就必须更进一步。你必须深刻地自省，通过询问自己、他人，甚至询问上帝自己，来了解你到底是谁。

这并不是说只有你对这项努力最感兴趣。如果你带着其他一切问题去朝见上帝，但在最重要的事上去请教其他的神谕，也就是关于你是谁和你周围的事情将会如何，那么你一切围绕上帝圣言的行动都只不过是一场无意义的游戏罢了。所以，你要到上帝圣言中仔细审视你自己，了解你的身份、你的生活会如何。只有上帝的圣言才会提供答案。

有鉴于此，我优秀的读者们，谁才是"心里正直的人"？如果上帝以祂的圣言显明人在灵里是何等扭曲败坏，何等有罪且当受咒诅，那么谁会有资格呢？人知道自己本是疏远、迷失且彻底破碎的，谁还能逃避呢？哦，预言他们的毁灭似乎是不可避免了！但是谁会站在那个位置上呢？谁会活在那样的现实中呢？除了他们自己承认，自己就是上帝圣言中经常提及的极度堕落的罪人，谁会有其他解释呢？这也是上帝教会今日的普遍情况吗？

然而，这是决定一切的现实，就是所有问题的症结。如果你还没有认识到这一点，你对上帝的一切赞美都只是非常邪恶的假装而已。你虽表现出对上帝的敬畏，但是这种敬畏其实并不存在于你心里。就正确地理解而言，"正直"是唯一重要的事。因为自知失丧的人正是被高举的人！"凡知道自己将失去生命的人，实际上将得着生命！"

所以，你应该始终关注被称为"正直"的救恩维度。你不应该让你那些说谎的同胞，或你内心的欺骗情绪，来回答你的重要问题，表明你是否属于诚实活着的那一小群人。可悲的是，成千上万的人正在如此行。更确切地说，你要把这个问题交给上帝，只有上帝知道这事的答案。要从祂的圣言中学习一个被改变的灵魂如何通过省察自己来获得答案。其次，要省察你自己，看看你自己的灵魂是否想按照上帝的圣言而行。这就是读圣经的方法，就是察验上帝圣言的方法，也是在灵里"以正直的心"行在全能上帝面前的含义。

第49篇
终日所思想的尽都是恶

> 耶和华见人在地上罪恶很大，终日所思想的尽都是恶。
>
> 《创世记》六5

　　上帝以自己的圣言审判人心。这完全不同于人判断自己的日常交往、谈话，甚至他自己的方式。我们也知道，人心也有丑陋的一面。当我们有理地对我们的同胞生气时，尤其如此。当我们听到关于可怕暴行的报道时，或者当我们对那些可怕事件的爆发感到悲叹时，也是如此！

　　永远不要忘记，我们区分善人和恶人的时候，通常我们会悄悄地把自己归为前者。于是，我们不再对付人之为人的恶，或一概适用于所有人的恶，或我们的本性和我们所属的族类。那时，我们对付的就是一些被人所知的典型无人性的人，以及更加具体地正处于无人性时刻的人们。

　　在我们心中根深蒂固的想法是：这样的人不邪恶，而是善良，不是可恨，而是友善。我们常常竭尽全力去搜寻更有爱的词语，尤其是在艺人的歌曲、颂赞者的颂词、墓前演讲者的祝福中搜寻，来表达人们更可爱之处。那么，属尘土之人实际上就更像天使了。我会说，不，他们似乎变成了半神。

然而，这是一种最高明的欺骗。这是妄想，乃是彻头彻尾的谎言。这是谎言的原因很简单，因为上帝的圣言所说的，常与之恰恰相反。这谎言完全颠倒黑白。在祂的圣言中，上帝告诉你："人啊，你知道你所思想的尽都是恶。你所思想的唯有恶。是的，你终日所思想的尽都是恶！"

这就是大洪水之前的情况。然而，在洪水泛滥之后，在上帝与挪亚立约之后，我们读到："人从小时心里怀着恶念。"（创八21）"上帝不信任祂的众圣者，在祂眼前天也不洁净。何况那污秽可憎、喝罪孽如水的世人呢？"（伯十五15-16）"心中乖僻，常设恶谋。"（箴六14）"人心比万物都诡诈，坏到极处，谁能识透呢？"（耶十七9）为了堵住人们内心的声音，耶稣看出人的"恶念、凶杀、奸淫、苟合、偷盗、妄证、谤渎"。在祂的圣言中，上帝对此没有留下余地！这些引言如此大胆且生动，甚至没有什么事能幸免。

你的全身，从头顶到脚底，无一完整。但你可能会说："这根本不算数。这与事实相矛盾。它与日常经验相矛盾。"岂不是有丰富的良善、奉献、极强烈的爱和怜悯，让日常生活过得下去，像一剂治愈的膏油覆在你心上发挥作用吗？完全正确！但请不要忘记四件事。

第一，不要忘记世上有许多归信之人，对他们来说，斧子已经放在毒树的根上，他们不再为自己而活，乃是为住在他们里面的基督而活。他们当然不只是因内心的邪恶而写诗歌。而是圣灵常在他们心里歌唱，因为他们的心在基督里。

第二，要记住，在未归信者的心中，也有上帝保守的恩典在发挥作用。这种恩典与救赎的恩典毫无关系（见 来六），可是它是无价之宝，能驯服人心中的野兽，并在他们当中起到约束的作用。这就是公共社会秩序得以形成的原因。它的存在为基督教会的存在创造了空间。我们的父辈称这种恩典的果实为"无恩典之人的美德"。

第三，请注意这样一个事实：在许多看似大胆且勇敢的事情中，人邪恶之心的恶念往往占主导地位。亲吻是爱的表达，但它也可能是犹大之吻。许多看似良好行为的表达，难道实际上不是有意要让我们对正在发生的事情视而不见吗？这里我们所讨论的是意图，也就是达成某事、使某事发生、实现目标的内在动机；上帝说这是出于邪恶的意图。这是人为了自己的目的而创造东西，而非让上帝创造他心中所存的。这只会导致糟糕的结果。但是，即使结局很糟糕，我们也绝非在看待发挥作用的所有因素。

  第四个方面，请考虑下我们这一代已经变软弱，并迅速变得过于软弱，坦率而言，我们都已经不能遏制其内心的邪恶了。就让骚动继续发酵吧！让狮子从洞里出来，做一次猎物吧！让约束、纪律和秩序都消失吧！那时，面对人类已然变化成犯下如此耻辱和暴行的存有，还有谁不会愧而掩面呢？如果你想知道水的底部是否还有烂泥和泥浆，你一定不能看向涓涓的水流，而需要在巨浪澎湃的时刻观察。那时，你就会看到在像镜子一样平坦的表面下到底藏着什么。花的香味可以如此美丽芬芳。但你让它放一放，十天后再来。那时，你再判断一下那美丽的花瓣到底散发出何种香味。人类岂不也如此吗？

第50篇
他们所作的，他们不晓得

当下耶稣说："父啊，赦免他们！因为他们所作的，他们不晓得。"

《路加福音》二十三34

关于救赎的工作，一个最深刻却最少被人最理解的奥秘乃是，罪会令人沉醉其中。一个人一旦沉迷于罪，他就完全不会明白自己在做什么。魔鬼当然会明白。正因如此，牠不得赦免。人却不是这样；他们被孕育在罪里，生在罪中，且一直活在罪的麻痹影响之下。可以肯定的是，在这种麻木状态下，当主狠狠地打击他们时，转机就会出现。他们要么不得不屈服，要么会继续硬着心肠。如果他们像法老一样冒险采取使心刚硬的方式，他们就会变成确确实实的罪人，伏在审判之下。

然而，这不是普遍情况。通常情况下，罪只是年复一年地发挥它那使人麻木的力量。当我们犯罪时，我们并非没有意识到我们做了坏事。但是现在的情况是，我们没有意识到我们的罪行所带来的长远后果。

当耶稣被钉在十字架上时，犹太人就是这样嘲笑祂！他们知道嘲弄总是不好的，尤其是嘲弄一个垂死之人总是邪恶的。然而，他们完全不知道他们所嘲笑的人乃是上帝的儿子。彼得自己也说："弟兄姊妹们，我晓得你们作这事是出于不知，你们的官长也是如此。"保罗在给哥林多信徒的信中也重复了这个观点。他写道："他们若知道，就不把荣耀的主钉在十字架上了。"

但我们既然有耶稣自己的见证，为什么还需要他们的见证呢？祂的更可取。祂祷告说："父啊，赦免他们！因为他们所作的，他们不晓得。"所以，真正的情况是，罪所固有的某些东西，导致罪人几乎永远不知道他们在做什么。正是因为他们不知道自己在做什么，这才构成了恩典的引子。它并非恩典的基础，亦非恩典的起因，可是为恩典建立了一个接触点。换句话说，也许是一种更尖锐的说法，就是"他们不知道自己在做什么"的事实，构成了一种持久的人类处境；在这处境中，罪的赦免仍然是可能的。

耶稣明确地说："我父啊，赦免他们！因为他们所作的，他们不晓得。"又有一个著名的比喻说："唯有那不知道的，做了当受责打的事，必少受责打。"因此，没有人说："我不知道，所以我是无辜的！"不留意主之道的不敬虔者会如此盲目地自言自语。不，那些按圣经生活的人更清楚。罪总是罪。当一个人不知道自己在做什么的时候，罪就会招致罪疚。

耶稣当然没有说："父啊，他们真的没有罪，因为他们所作的，他们不晓得。"祂所说的正好相反。祂知道他们完全有罪，而这就是祂祈求上帝赦免他们的原因。这也表明赦免他们的罪恶和罪咎的道路仍然是敞开的。

同样，耶稣在刚才的比喻中也没有说："不知道主人意思的人，可以不受责打。"相反，祂指明这人所受的责罚会轻些，因为虽然也要受责打，但是他挨打的次数要少些。这一标准清楚表明，一个罪人的罪咎相对于另一个罪人的罪咎，上帝的看法是何等地不同。上帝不以人的标准来衡量。一个人知道得越多，他的罪咎程度就越强。减轻的罪咎就需要让人生道路行在相对更大的黑暗中。这就是为什么你们这些知道上帝圣言之人的罪咎最大。暴露得越充分，罪咎程度就越深。最严重的罪咎会落在主的孩子身上！

令人伤悲的是，审判总是从上帝的家起首！好好考虑下！请注意是什么样的亮光揭露了亚当所犯之罪的滔天程度。从那以后，无人像他那样以清醒、完全自知、带着坚定的意愿犯罪。每个在他之后的人犯罪时，都带着相当程度的迷糊之心，这是亚当那时所没有的。当他跌倒时，几乎没有迷糊的状态，可以说无法察觉，似乎毫不起眼。

如果罪咎能被降低到加强人麻木之效果的程度，那么罪咎也同样可以被增加，以致使人麻木的效果被降低。因此，对第一个犯罪的人来说，这是最严重的，在罪还没有对他产生沉醉的效果之前，他就屈服于罪了。唯有他要为自己的罪过负全责，因为那一次的罪过，罪就传给了全人类。一切在他之后的人都有亚当的罪咎。这教义如此深刻，看起来如此冷酷，甚至我们最好把它看作是赎罪恩典的必要反面。这就是忧患之子（Man of Sorrows）在祂祈求时的画面。祂说："赦免他们。赦免他们，哦，父啊，因为他们所作的，他们不晓得！"

第51篇
松开凶恶的绳

> 我所拣选的禁食,不是要松开凶恶的绳吗?《以赛亚书》五十八6

"你要大声喊叫,不可止息!"这就是圣灵藉以赛亚所作的见证。但是应该喊叫什么呢?不应该止息什么呢?上帝禁止你舌头压抑的是什么呢?耶和华回答:"这是我的子民,就是呼求我的名,天天寻求我的人,所应当行的。他们应该松开生活中凶恶的绳!"

在我们国家,为上帝子民所做的这类事实在太少了!领袖们紧追而要俘获世俗之人。他们把带饵的鱼线抛向那未归信的人。他们不宽容那些耽于感官享受的人,劝他们离开不敬虔的行为。但是他们为上帝的子民做了什么呢?他们为那些坚定承认自己信仰,却正是为此被撒但猛烈攻击而处于加倍危险之中的人做了什么呢?那些遵循圣经的以色列的朋友们,一直处于被虚伪束缚的危险之中,他们为这些人做了什么呢?那些真正归信,却尚未住在天上之城中的人,他们在心灵深处反而渴望上帝儿子所憎恶、躲避的事,他们为这些人又做了什么呢?说真的,你们这些牧者在这些方面是怎么对待你群里的羊的?

哦,但愿人们能完全拒绝这条道路,不想和它有任何关系。但愿他们能痛骂且蔑视它。愿这不会造成任何损害！但愿他们事先就知晓这一点。但你们这些以他们道路为自己道路的人做了什么呢？你们这些与他们有同样信仰的人，那些相信自己力量的人，实际上做了什么呢？你为那些呼求主名，却常常病危的人做了什么呢？

你安慰过他们吗？你鼓励过他们吗？可能也做过，但是不就是这些事也可能行得如此宽慰、谄媚、闪烁其词，以至于都没有摇醒他们，或借着怜悯的纠正抓紧他们吗？因那至圣者向祂锡安所犯之罪爆发忿怒，你是否止住没有当面抵挡他们？你是否曾经想说什么，却闭上了嘴，沉默而忍住没有说呢？

那么，好吧，请听上帝对我们的心所说的话："你绝对不能让这些话闭在嘴中！你不应对此保持沉默。你不应止住。你必须大声呼吁，以同情心直面他们。你必须带着强烈的爱与他们交谈，以至于他们要紧紧贴近你的衣襟，以你为他们灵魂的安慰者和释放者。"

任何人都不要无视以下事实：仍然有许多凶恶的绳在束缚上帝儿女的心。他们经常被虔诚的活动束缚得更紧，而不是被放松。感谢上帝，有些凶恶的绳虽然不是频繁外显，但在永生上帝的眼中更严重、可怕，因为它们毁坏、否定、败坏我们的内在生命。确实，就完全字面意义而言，这些就是枷锁。这些绳缠得太紧了，以至于当人的手指试图解开它们的时候，指甲就折断了。然后，这人就会放弃，哄自己入睡，心里想着说："哦，上帝啊，你才是那必须成就此事的人！"

现在我意识到，世界之子不会看出灵魂隐藏了生命的黑暗面有何危险。但对于上帝的子民来说，这乃是一个令人不寒而栗的现实。那是因为他们总觉得这样做会让他们亲爱的天父非常难过，会冒犯祂。他们借着圣灵的光照，也清楚地知道这会亵渎上帝儿子的宝血。他们感到自己因此冒犯了上帝的众天使。这会让他们憎恶自己，剥夺自己的祝福，以为他们激起了上帝的忿怒。他们因此而受苦，这就像癌症一样，会无情地恶化并腐蚀和摧毁一切。然而，人们默然接受了它。

对肤浅的人来说，劝人悔改的讲道听起来没有问题。但那些为要穿透且抓住上帝儿女之心和灵魂的话，似乎有些过分了。人们不会走到那个程度！否者，上帝的儿女和谎言的儿女就无法辨别了。值得庆幸的是，对属肉体的问题或良知的问题，你可以不必那样深入。作为盟约的子民，当你受到训诫时，你也会看到自己内心美好的一面。

听着，如果我们国家的基督徒采用阿米念的方法来获得救恩，我们就会说："退后吧，别争论了。无论如何，都是没有希望、没有用的。"说实在的，恶所爆发出的势力已经强大起来，在上帝的殿中，圣洁已经枯萎，以致与恶搏斗的力量已经丧失了。好吧，是的，那些肤浅的人仍然有一些力量，他们不太在乎，就是不想听到敏锐的良知之声。但如果你关注那些祷告更深入的人，就会发现这力量并不存在。这些人更深切地感受到他们的痛苦。当然，当孤独的隐士迷失在上帝所不认识的人群中，或被放逐到孤僻之地时，他们并没有上帝所赐为要特别指导他们的牧者。通常来说，这诚然是上帝所安排的一项规则：祂的这些百姓一定会被牧养，他们的牧者会理解他们，在他们挣扎时慷慨地帮助他们。他们若不从牧者那里得到这等帮助，或是因为在基督里没有弟兄蒙差到他们那里而缺乏牧者，那么这就是太残忍、太鲁莽了；他们就是被抛弃了。

这凶恶的绳不得留存。所以，虽然主神完全可以从中间切断这绳，但这不是祂想做的事。祂要你去解开它们。你自己去解！祂要你解开，不是要你只得自由而已，乃是要使你不再冒犯祂，使祂的圣灵也不再为你悲伤。祂要你因为爱你的主而解开它们。当你开始这样做，绷紧你弯曲的手指，挑战你的灵魂时，那似乎不太起作用，于是你就准备放弃了。你知道什么方法有用吗？我的弟兄姊妹，那时，一句及时警告的话语会提供奇妙的帮助。它就像射中靶心的箭一样。那时，一句谴责的话会让我们内心发颤。这时，慈爱弟兄的训诫，会使我们谦卑伏地，使我们在上帝眼中觉得自己很渺小。那时，属上帝的人知道该在哪里下刀，他会使刀深深地刺进我们的肉体，刺伤我们的灵魂。那时，上帝会使用这一切词语，就像在凶恶的绳上拖拽很多次，以达到同样的效果。完全圣洁的上帝知道那种弟兄般的关怀和忠诚，就像黎明的光明一样，会冲破内心的黑暗。

那才是心灵真正呼喊的时刻：

主我的上帝啊，我走迷了路，求祢使我回转。

主啊，这完全取决于祢的良善！

因我心已抛弃我，超过我所能测度的。

哦，吸引我，让我回到祢身边。

好让我能歌颂祢，直到永远，

愿我被耶和华大能的右手驱使，

愿祂寻回我任性之心，使之唯独受祂束缚，

以牢不可破的纽带绑住。

愿我的太阳、我的盾牌、我的力量在我里面施展功效。

就在这一瞬间，

祢能让一切黑暗消失，愿祢来照耀我内心。

耶稣啊，愿祢快来！[24]

愿一切荣耀归于善成诸事的独一者。作为独一者，祂也乐于用这些事、用加倍的悔改和警告的话语来责罚你。

---

[24] 凯波尔的注解："这灵魂的哀鸣，应以《诗篇》六十一篇的风格演唱，正如它在第六版 De verloren zondaar gezocht en gezaligt (Amsterdam: G. De Groot, 1717) 所呈现的。"这是一首赞美诗，由尼古拉·西蒙·范列瓦登（Nicolaas Simon van Leeuwaarden, 1648-1730）改编而成。范列瓦登是荷兰归正教会中颇受欢迎的诗人，他这些灵修诗歌经常被重印。这首赞美诗在 19 世纪也被霍维克（Höveker）重印发行。这家阿姆斯特丹出版商专门出版灵修材料，为 1834 年分离派（Afscheiding）的追随者所热切阅读。有韵律的荷文诗歌如下：
Heer, mijn God, ik ben aan 't dwalen
't wederhalen
hangt al aan uw goedheid, Heer!
Want mijn hart heeft mij verlaten,
boven maten!
ai, trek mij, dat ik wederkeer!
Opdat ik voor eeuwig zingen
mag, het dwingen
van Jehovahs rechterhand,
die mijn dwalend hart gevonden
en gebonden
heeft met onverbreekbren band.
Dat mijn Zon, mijn Schild, mijn Sterkte,
mij bewerkte,
Gij, die in een oogenblik
al het duistre doet verdwijnen,
kom verschijnen,
Jezus, kom toch haastiglijk!

第52篇
我们晌午绊脚

> 我们摸索墙壁，好像瞎子；我们摸索，如同无目之人。
> 我们晌午绊脚。
>
> 《以赛亚书》五十九10[25]

这国和邻国仍然想寻求上帝的人们，都想要取得属灵上的进步。可他们做不到，因为他们经常迷失方向。当路转弯时，他们却一直往前走，然后他们在该直行之处转弯了。他们会突然转向以避开实际并不存在的障碍物，他们的头却会意外撞到悬在路上的树枝。他们让路给并未靠近的人，却撞到了在旁边走路的弟兄。他们到了不知道该走往何处的地步，他们不断做错误的决定，笨拙地摸索前进，最后他们觉得自己真的迷路了。那时，他们就泄气了，站着不动，只是靠在附近的墙上。这就是主在《以赛亚书》中所描述的情形。它描绘的是百姓像鸽子一样咕咕叫，等待着永远不会到来的搭救。他们就像一群盲人，并非在漆黑的夜晚，乃是在正午的光和明亮的日光中，沿着一堵墙摸索。

---

[25] 这篇默想最初出现在《先驱报》第52期（1878年12月8日），其上有正确引用的经文，然而1896年重印时却错误地引用了《以赛亚书》五十九16。

主的手必不缩短，祂的亮光也不至消散。这是你可以确知的。但愿我们真的有眼睛，得以在祂的光中行走，上帝的子民就会欢欢喜喜地唱着歌，完成他们的旅程。他们会走路，不至疲倦。他们会大步前进而不至绊跌。他们会取得进展，也不会分心。这样，我们的中保、担保者、君王、盟约的元首，就会因他们灵魂努力的果实而得到赞美和荣耀。

上帝的圣言仍与我们同在。祂的灵仍在工作。在上帝的圣言和圣灵照耀之地，光就充分地照耀着。这光比我们在地上所接收到的其他任何光都更荣耀。这光足以满足我们一切的需要。有了它，我们在任何情况下都能找到自己的路，能够发现每一个障碍，能侦察到每一处埋伏攻击我们的敌人。

然而，我们的百姓忘记了一件事，就是那光只照耀在歌珊那肥沃土地以色列民的家中，而在埃及人的房子里，却只有黑暗，只有最漆黑的黑暗。以赛亚的比喻所表达的，以及它想要传达的，是当我们的灵魂不总是注视和渴望这世界的道路时，我们只能通过上帝的圣言和圣灵的光来看见。只有当我们把上帝的子民和世界的子民绝对分开时，我们才能看见。那时，我们就跟他们的歌舞无关了，不管是在我们的心里、头脑里，还是家里都是如此。

这就是我们父辈的感受。这就是为什么他们会成为坚定的清教徒，也就是那些有勇气与邪恶世界决裂的人，上帝准确地描述这世界："他们抱毒蛇蛋，结蜘蛛网。" 我们属灵的父辈不愿效法这个世界。这就是为什么他们有不同的想法、不同的歌唱方式、不同的生活、不同的饮食、不同的衣着、不同的养育孩子方式。他们不允许世界来支配他们的标准，反而虔诚地向上帝的律法鞠躬。当世界呼唤："跟我来！" 他们早已准备好的、忠实、勇敢的回应就是："我们不能！" 他们没有跟随世界，而是坚持走自己的道路，最终到达目的地。

弟兄姊妹，在同样的规则下，这也是我们应该做的。我们不应该引入门诺派式的回避，也不应该扮演"精确主义者"（Precisionist）的角色，亦不应期望上帝会因我们通过惩罚自己获得自义的方式来满足祂，从而得到奖赏。在祂的诅咒之下，这一切都会变得使人麻木，无法产出分毫东西。

不是的，我们虽然活在世上，但当世上话语的要求与上帝的圣言相冲突时，我们就必须坚定不移地站在上帝的圣言上。我们需要坚持下去。我们只需要继续在这个圣言的基础上，以极其严肃的态度反对所有属地的权势、朋友、亲族和属人的谈话并流言蜚语。

我们绝不能把这圣言藏在世俗的衣褶里。这就是今日所经常发生的事情。在抚养孩子方面是如此，在与亲戚和邻居交往时也是如此，在选择享受和娱乐方面又是如此，在选择服装和生活方式上如此，在人们的谈话、阅读的文学作品中还是如此。这一切都让上帝很生气。那时，祂会在怒中允许这一切世俗的烟雾在我们周围旋转、蒙蔽我们，使我们甚至不能再看到面前的手。那时，虽然我们想前进，却是不能，我们只能摸索着往前走。

这就是恶藉着我们肉体的外衣，在世俗中前进的时刻。它从肉体中爬进我们的思想和反思。如果一个人仍然相信基督教，或更准确地说是相信上帝，并仍珍视基督教，那么对他来说，基督教无非只是这个世界编织品上的刺绣罢了。真理自然最终会在街上蹒跚而行。正确的事都不会给人留下印象。人们已经远离了航向，甚至上帝的忿怒也不再对他们有任何影响。当上帝因着热心以祂的怒气回应我们的罪时，我们总是认为这只会适用于别人。

第53篇
你们的罪孽使你们与上帝隔绝！

> 耶和华的膀臂并非缩短……但你们的罪孽使你们与上帝隔绝，你们的罪恶使祂掩面不听你们。
>
> 《以赛亚书》五十九1-2[26]

主如此说：这不是对推罗、西顿的百姓，不是对那些祭火神、敬拜日头的人，也不是对未受割礼的非利士人，乃是对祂自己百姓的儿女所说的。祂将自己所拣选的百姓背在翅膀上，好像鹰展翅背负其雏，这是主对这百姓所说的。这是祂对那些祂指定要承受产业、透过祂拯救之工而得丰富之人所说的。

这百姓曾经有过真理。他们对真理的理解不同于他人。因此，从他们信仰宣告的角度来看，希腊人的崇高知识必被认为是空洞，而埃及人的智慧必被认为是空谈。事实上，关于他们，我们可以肯定地说，只有他们所宣称的真理已经征服了世界。它构成了权力和思想的领域，拥有驱除罪恶和谬误所需的一切资源。

---

[26] 虽然在原文中提到的只是《以赛亚书》五十九1，但凯波尔实际上引用了1-2节中精选的部分。

然而，人们仍然深陷在罪恶和不义之中。他们拒绝在光明中行走。于是，主用铁杖管教他们，在怒气中攻击他们。祂如此行，并不是因他们没有真道，乃是因他们没有行出所宣告的内容。就在那时，人们祈祷着，像湍急的河流一样奔向上帝，呼喊道："主啊，求祢帮助我们！" 主却不帮助他们，反而更严厉地击打他们。祂的怒气越发炽烈，以致你以为百姓最终会撕裂自己的心，俯伏在那圣者面前。

然而，不是如此！人们可以活得跟他们嘴唇所宣称的如此远，以至于他们会变得愤怒，竟有勇气向上帝抱怨，而不是责难自己。他们竟敢说："主的膀臂太短了！" 当他们祷告时，关于上帝为什么不听他们的祷告，他们认为除了他们自己的罪，还可以找到其他解释。或者你可以这样说，当他们像鸽子一样发出哀鸣、祈求拯救和搭救时，为什么上帝就让他们躺在悲惨之中？为抵挡对上帝那神圣威严普遍且可耻的攻击，圣灵愤怒地回应那不忠和邪恶的百姓说："不，主的膀臂并非缩短……但你们的罪孽使你们与上帝隔绝。"

这岂不也适用于今天的我们吗？在我们这个时代，这不也正是上帝的子民所受的伤害吗？真理岂不是还存在于他们心中吗？尽管他们劳力苦干要追寻真理，但他们离真理越来越远，这岂不经常让你感到惊讶吗？在我们国家受过良好教育的阶层，尽管他们似乎充分且完全地掌握了真理，他们岂不是也被污染和玷污了吗？难道神学家岂不是应该回到圣经，好让他们的脚再次牢牢地站立吗？

当你再次抓住你所宣信的内容时，那种能再次呼吸的美妙感觉会淹没你的心。难道你对此不感到震惊吗？你不觉得你已经摆脱了那种令人厌恶的空虚感吗？你岂不知道你要去哪里吗？你的生活方向是哪里？你的目的地在哪里？不管主的子民被世人怎样讥诮和藐视，他们岂不是仍带着那真光吗？然而，这些人仍然带着真理，难道他们挣扎和斗争岂不是没有结果吗？耶和华与他们的争论岂非一直在进行吗？他们岂不是向祂祈祷、呼喊吗？虽然如此，主岂非一直与他们反对，直到永远吗？压迫有时会被打断，但在那一瞬间他们会得到从上面来的恩典，不是吗？我问你，除了因我们自己的不义，还有什么缘故呢？除了忽视我们内心和生活中的真理，还有什么能导致这种情况呢？除了解开那些不义的绳，再为上帝开辟一条通向我们心里、头脑和家中的宽阔大道，上帝拯救我们的膀臂还能怎样转向我们呢？

长久以来，上帝的百姓一直得到宽恕和宽大处理。因为世人在不义的道上想引诱他们，假称他们的真理不是真的真理，所以上帝的百姓就退后、变得内敛了。他们心中产生了一种怨恨的态度。他们忘记了对弟兄的服侍，忘记了日夜直面以色列罪恶的相互义务，忘记了呼吁犹大悔改的事。

不知不觉中，我们在邪恶的日子里采取了"凡不活出真理的人就不拥有真理"的错误立场。我们认为自己既然拥有了真理，就以为自己也是照真理而活了。啊，这是多么虚伪、彻底虚假、邪恶得可怕的结论啊！好像真理并非从上帝而来，乃是从外面来的，仿佛它是通过血肉传递给我们灵魂的事物！

弟兄姊妹们，事实乃是，这些虚假的印象败坏了我们。它们让百姓死亡。正是由于它们，警告和管教才不为人知。这也是悔改和归信不会发生的原因。它们解释了为什么改革宗身份的基本要素会在那些自称信仰改革宗的人身上消失。要拒绝这种错误的观念。要证明你会毫不犹豫地承认这些人所宣称的是上帝的真理，这是唯一的真理，这就是你想生死仰赖的真理。那时，你马上就会看到你的心是如何与跟你相像之人的心绑在一起。你若亲近他们，讲论他们的罪，切切地为此向他们施压，他们就必听从。你若坚定施行主的管教，求他们与各自的旧人断绝，直到一无所剩，他们必侧耳而听。这就如你呼吁他们改变心意和生活，给他们铸就了一面钢铁之墙，让他们可以倚靠。那时，我们就成了彼此的避难所！那时，这些人就必不转头离开你，反要亲吻你曾击打他们的手。

一定要确知：他们会因你给了他们属灵上的忠告而深受感动。他们会明白他们需要听到强烈的言辞，甚至是异常强烈的言辞！但你还需要做一件事：你绝对不要挑战他们神圣的宣告，因为那不是来自他们自己，而是来自上帝的真理！

第54篇
赐华冠代替灰尘

> 主耶和华的灵在我身上,因为耶和华用膏膏我……
> 赐华冠与锡安悲哀的人,代替灰尘。
>
> 《以赛亚书》六十一1、3

在云层、我们的教会、我们家里、我们嘴唇上,这都是一件激动人心的事情。天使向我们唱颂珍贵的福音,就是耶稣那可爱之名:"在至高之处荣耀归与上帝,在地上平安归与祂所喜悦的人!"这是一种满有荣光的呐喊和歌声。这是有主的灵常常同在,并被上帝命定和膏抹之人所发的欢庆。这样的人给温柔的人带来了喜讯,也包扎了伤心之人的伤痕。这样的人给那些被锁链捆绑的人带去预言——监狱的门会为他们打开!

"你们要安慰,安慰我的百姓!"圣灵通过远古的先见如此呼吁。那灵早已经预言必有这事,祂说:"耶路撒冷啊,你是那报好消息的。要爬上高山,让它传遍每一个城市和市场。你的救主来临了,王为你而生了。让每一颗苦闷和破碎的心以神圣的喜悦庆祝吧!看哪,祂来了。看哪,这就是你们的上帝!"[27]

---

[27] 此处凯波尔相当自由且松散地引用《以赛亚书》四十1、9。

这预言已经应验了。弥赛亚，荣耀之王，我们灵魂的救主降生了。祂被人看见了。作为上帝，祂以肉身接受敬拜。我们再次回忆起伯利恒的荣耀。我们纪念在那里所显出的极大热心之神秘。我们纪念这圣子作为我们的兄弟，以肉身为我们永远的福份而来。[28] 然而，我问你，我们应该如何思量这事呢？有关以马内利的这些回忆对谁来说才是实在的、真正属灵的、在亲密关系中为真实的呢？你且听：

> 祂给那些真正温柔的人带来一个喜乐的信息。
> 祂来包扎那些彻底伤心的人。
> 祂来是向那些真正被囚者宣告自由。
> 祂为那些真正被捆锁的人敞开监狱的大门。
> 祂必拯救在锡安受欺压的人。
> 祂赐喜乐油给那些在忧伤中谦卑的人。

如果有人内心充满了焦虑，祂会给他穿上赞美衣，即使这种焦虑不明显，祂也不想让人知道。如果你想说得更直白、更直接、更有力些，请记住，以马内利要赐你华冠！但这只适用于那些头上带着灰尘以表示悲痛和沉重心情的人。比起那胸中之心像一堆灰尘的人，谁的头上会有更多灰尘呢？

灰尘！当我们的外表被扔进火炉之后，就是当我们的名誉、荣誉、力量、智慧、爱心和慷慨，甚至还有我们的虔诚和属灵果实，在烤炉里都被烧毁后，剩下的就只是灰尘，其他什么都不会留下。灰尘！当力量耗尽，即使是所剩的一点点也几乎消失，连光和温暖都变寒冷了，这就是所剩下的东西。灰尘！在看透我们灵魂的那一位面前，除了被烧毁的残余，在火焰中燃烧的残余，在上帝面前无立足之物，它们还能有什么呢？灰尘！我们的一切都完全烧尽了，冷得像石头一样，死了！

这就是耶稣要授予属灵冠冕之人灵魂的处境；但是，一顶镶满宝石的华冠，镶嵌着珍珠和红宝石的华冠要代替灰尘！授予华冠并不是为了代替祭坛上尚未烧尽的东西，也不是为了代替只烧了一半的东西，甚至不是为了代替仍然在闪

---

[28] 这篇是首次出版于1878年12月22日的降临节的默想文章。

烁、闷烧并且仍能发出一些火花的东西。它只是为了代替灰尘，只代替灰尘！向上帝承认我们是微不足道、毫无价值，这不会有何影响，说我们是尘土也不能。相反，我们要跟亚伯拉罕一起喊叫："我不过是灰尘和灰烬。"此外，我们要完全拒绝自己，这就是所需要的态度。

　　弟兄姊妹，现在有一个人应该很了解我们。我们并非不加解释地说，恩典尚未发挥效用。我们也不是说我们的赤身露体不能被遮盖。圣灵藉先知向我们所作的见证乃是这样："属灵的冠冕要赐给人，只是要代替灰尘。" 这些宝贵的礼物，这些温柔的怜悯，这些天上的珍宝，这些上帝所珍藏的珍贵宝石，祂只分给世上那些丢弃了自己所有珍宝的人。祂不把这些给别人，只把它们给那些满身灰烬的人。

　　我们上帝的教会啊，在这个圣诞节的庆贺里，你愿意你主耶稣的荣耀被高度尊崇吗？那么你要谦卑且谦虚，要以自己为无足轻重，不要看自己的脸面，乃是看自己的灵魂所告诉你的，不是你嘴里发出的，乃是你心里深处发出的。然后，你将在自己的灰尘中谦卑，而祂将亲自赐给你一顶华冠！

第55篇
像野地的花

> 凡有血气的尽都如草,他的美容都像野地的花。草必枯干,花必凋残……惟有我们上帝的圣言,必永远立定!
>
> 《以赛亚书》四十6-8

过去的每一年都如同上帝的使者穿越沙漠时发问:"我该宣布什么?"他总是得到同样搅动人心、令人心碎的回答:"你要向世人宣告,凡有血气的尽都如草,他的美容都像野地的花。"所有的世人,包括你,都如草,但肯定不是荷兰牧场上那种味道甘美、新鲜、叶片又大的草,不是那种常年生长、即使被日头晒着也保持常绿的草,不是那种在雪下还在生长的草!我们当然知道,在我们中间,你也可以以草作为坚韧和活力的形象。

不,这里的"草"指的是中东的草,无水之地的草,干旱沙漠边缘的草。这种草长得矮小,生长稀疏。它几乎没有根或实质,缺乏汁液和硬度。当它破土而出,太阳一变热,南风一吹,就很快变黄、变软,枯萎了。它会被从地下扯出来,裹上沙子和污垢,然后被吹到空中。

圣灵把你比作这种无价值的草。祂拿你最亲爱的孩子与它相比,也包括你心爱的妻子，还有你珍爱的母亲。这群可爱、友好的人，他们的忠诚激励着你，他们的委身在你受苦时支撑着你，他们的爱像珍贵的珠宝装饰着你的家，而祂却把他们比作一文不值的小草。

听着，别这么说！请不要说主在祂的圣言里对这些人所发的爱、热诚、持续的关注没有任何爱心或理解！听我说！祂不是谈论草而已。祂还谈到了花。花是一种美丽、优雅、引人注目的东西，上帝设计它在长得矮小的草上盛开。上帝很清楚，这长得矮小的草是田野里芳香之花的铺垫，这田野里的花既美丽又动人。你想忘记的，圣灵却不会！田野里那朵美丽的花会枯萎，像草一样枯萎。它的花瓣会落在地上，光彩也消失了，什么也没留下，什么也没剩下。它曾经存在过，但现在已经不在了。

这适用于人类享受的所有怜悯，适用于你生活中所有善良、有价值、有吸引力的东西。哦，在你人生的道路上当然会有鲜花点缀，甚至会有美丽的花。但是，这就是令人不安的地方。如果它只是关于田野里的花朵而不涉及我们所享受的美善行为，那么当死亡来到时，一切如此吸引人的东西就都被折断了茎。它会淡去、凋谢、消失。它真的存在过，真的，就像那朵花一样。这就像你那忠诚的狗会在你的坟墓上哀悼一样真实。但是，正如那只狗的忠诚很快就会消失得无影无踪，那些如此吸引人的事情也会被遗忘。看哪，这是主在这里所说的话。

世界却不是这么说，而你通常也不是这么说。"凡有血气的尽都如草！"可是你以为还没有轮到你呢！南风必不伤害你亲近的人。你虽像草一样，但是凋谢的季节还未到来。这就是年轻人说话的方式，甚至年纪更大的人也是如此。

我们怎么还在愚弄自己！上帝的圣言临到你，除了说"凡有血气的尽都如草，你的肉体，也就是你的整个存在，都像枯草一样脆弱"，还有什么别的缘故呢？这是它直接、断然地对你个人的要求，针对你自己，而非别人。所以要注意你的生活方式，整理好你的灵魂之屋。不管你有没有上帝，要注意上帝圣灵的气息会如何扫过你，你将如何枯萎、萎缩，并且永远地倒在地上。圣灵非常认真地对待这件事：祂首先会把你完全曝光，剥去你所有的衣服，摘掉所有的珠宝，然后让你看到真实的自己。

你还有什么东西可以支撑你免于这种枯萎吗？是你的体力吗？时机一到，

你就会失去体力。是你的好名声吗？它会随着你一起消失。是你的金钱和物质财富吗？它们到了你子孙那里就化为灰烬了。是别人给你的荣誉吗？这还不够，因为一旦你死了，他们会忙着追逐自己的荣誉，不再以你的荣誉为你加冕。不，唯一还能让你感到满足并能让你随身携带的，就是你的良善。我指的是你内心可爱的品质，你内在生活中值得称赞的价值，你作为一个人的正直。因为，对于这些事情，你至少还敢这样想，这样希望，说："这些事情将会持续下去。它们是永恒的，将伴随着我。"

不，现在你听着，就连这些最后的芦苇也会折断。这些支持的最后来源也会让你失望，因为你完全错了。圣经以穿透灵魂的洞察力对你的心说："血气之人啊，千万不要在此基础上建造，不要以任何方式建立在你善良之心上。因为我，就是你们的上帝，告诉你们，即使是你们一切的仁慈，也和你们自己一样都是徒然且应当灭亡的。正如你将如草一样枯干，你自己生命中的田野之花也必永远枯萎！"

如果你带着不安的灵魂焦虑地问，是否所有东西都将完全消亡，没有任何东西将存留下来，那么就请听这句话。我优秀的读者啊，请倾听圣灵在你离开的庄严时刻，以荣耀和安慰的口吻回答你的话："是的，确有一样东西是永恒的，是永远不会消失的。那就是上帝的圣言。也是因这圣言的大能，祂才在你心里和你在世的生命中成就了一切善事！"

第56篇
平安归于地上！

> 你们不要想，我来是叫地上太平；我来并不是叫地上太平，乃是叫地上动刀兵。
>
> 《马太福音》十34

人对上帝圣言的解释能变得多么空洞和空虚啊！人们对圣诞节时天使之歌中的"平安归于地上的人"的理解就是如此。对阿富汗、亚齐和世界上任何其他值得提及角落而言，这一切隐藏的含义都是那么模糊、浅薄和极为肤浅。[29] 好像"平安归于地上的人"这种表达，并非指比结束争斗和冲突更丰富、崇高且令人振奋的内容！

牧师们、作家们和评论家们都认同这样一种共同解释，他们对正在发生的真实战争的理解实在是少得可怜。这场战争不是以鲜血为代价，而是以灵魂为代价。它并非发生在一个孤立的地方，而是在整个地球的各个尽头，每天每时都在发生。它发生在人们居住的任何地方，这就是与永生上帝无休止的斗争。

---

[29] 19世纪70年代中期，荷兰殖民势力发动了一场持久而残酷的战争，试图征服苏门答腊岛北端强大而富有的亚齐穆斯林统治者。一个又一个的战略和倡议都失败了，让荷兰王国几乎破产。在他写默想的时候，凯波尔指的是所发生的这场激烈争论。

撒但不是比最强大的埃米尔（emir）更强大吗？对我们人类生存的中心、核心和我们的生活方式来说，牠的攻击和作战计划岂非更危险吗？灵魂不是比肉体更重要吗？我们的众弟兄姊妹和同胞们，与上帝有和平是一天之内就能实现的吗？就像征服亚齐一样吗？与那些被主打败的人在毁灭的深渊中所经历的恐怖相比，难道战场上的恐怖不像小孩子的戏耍吗？你难道没有意识到，此时此地正在发生的可怕冲突中，感到自身深陷其中的人会变得如此不堪重负和弱小，以至于他们宁愿结束自己的生命也不愿继续抵抗吗？然而，在这里所经历的令人窒息的压力和恐怖，与即将到来的永恒审判相比，又算得了什么呢？"汗珠如大血点"从上帝儿子的脸上滚落，或者如你所要的表述，与上帝儿子所经历的非人痛苦相比，这又算什么呢？

哦，在战争和小规模冲突中，假如士兵摧毁一小块土地，这毁灭只会持续一年左右。然而，上帝的灵对我们周围一切不圣洁和我们里面作工的那恶者发起的争战，乃是一切受苦的根源！这是一切痛苦的根源。所有遗憾和每一种无名痛苦每天倾泻到我们血肉之人的身上，一直到世界的尽头，这就是其起因。这就是刚才提到的战争和小规模冲突的起因。然而，更重要的是，隐藏在内心深处的一切，最终被揭示出来的一切，跟不能与上帝有平安之人争竞的一切，就是根源。人们就是对人类苦难的海洋视而不见。他们只会处理那些暴露他们思想空虚的零星不快而已。我善良的人们，这些就是你们的挣扎！

我告诉你，要避开这些盲目的战斗，要转向那些可爱的天使。当他们出现在以法他的田野中时，绝非在我们士兵的战场上挥舞着和平的棕榈枝；实际上，他们是在我们属灵的战场上挥舞着棕榈枝。当他们唱着"平安归于地上的人"时，他们心中肯定有深不可测、无法估量的痛苦，是因为我们对圣洁上帝所怀的敌意，这痛苦已经持续了六十个可怕的世纪，现在已经引发了愤怒和震怒。

那么，当我们坚持到底打那美好的仗，和平就会有！当信心领受了所播下的好种子时，平安就会落在我们内心的土壤，就在作为我们和平的那一位里面，而且祂赐的平安不像世人所赐的平安。这就是天使为你所庆祝的。这就是上帝的儿女在他们灵魂体验中所见证的。但是，我要问你，这种神圣的平安与那种越发压低声音以减少敌意、压抑心中的欲望或撇开人与人的差异有什么关系呢？

难道这些渴望平安的例子，像是人们在伯利恒的婴儿床里看到萨提尔（satyr）与未归信的大众争战时渴望平安的样子吗？难道这像一个人目睹信徒之间在信仰问题上爆发分歧，某个人急于提供建议以平息这事，或找到一个最好保持沉默的理由时的样子吗？

我一直在想，如果这就是我们遵循的规则，那么伯利恒的降生事件没有发生反而会更好。因为，假如世上真有什么引起大规模战争和流血事件，又或有一个引起诸多争吵和分歧的源头，那么这肯定是忧伤之子的耶稣，曾经作为婴孩躺在伯利恒婴儿床里的福音了。更值得说明的是，这忧伤之子如此清楚地表达了自己，祂消除了所有误解！

祂当然知道人也会把祂看作一个虚假的安慰者，想用"平安了，平安了！"安慰人而非真正医治他们。所以耶稣严肃地警告门徒："你们不要误解我的意思，别把我当成别人。我来不是要给地上带来和平，而是要给地上带来刀兵，并要把人分成两组！"是的，肯定要有两组人，两组人都承认祂的名，但心里不同意对方的说法。他们的心需要被圣灵所扎，直到他们有勇气把祂和祂的名置于某些虚伪、软弱、诡诈的外人之上。

你要是问我为什么会有这种扭曲，除了人们高看自己和邻舍，肤浅地轻视罪恶，没有把它看作是一种侵袭性的癌症，还有什么其他原因呢？因为，事实上，凡是能在上帝圣言的光照之下看清在人性、世界和人自己心中混杂着何等嘲弄和不敬虔力量的人，都对这件事再清楚不过了。他们明白，像雪一样白的人不可能掉进那种泥泞的沼泽，然后还能干干净净地爬出来！或者，如果你想要直白点，不用意象来解释，他们就会痛苦地意识到，基督不可能在不卷入、也不增加冲突的情况下，降临我们这个充满争竞的世界。为祂神圣之名荣耀，祂就与那种世界、那种人心、那种半心半意起了冲突。

第57篇
炼净银子

祂必坐下如炼净银子的。《玛拉基书》三3

在所有为降临节（Advent）作见证的人中，玛拉基是每个人都珍爱的先知。怎么可能不是如此呢？请注意他在《马太福音》记载基督降生故事之前的最后一句话，万军之耶和华说："你们所寻求的主，必忽然进入祂的殿。立约的使者，就是你们所仰慕的，快要来到。"[30] 在基督教圈子里，人们不是应该高兴地庆祝这一节日吗？不应该把它更生动地写在降临节期间流传的卡片上吗？他们想要证明这些话在婴孩基督临到伯利恒马槽时就应验了。

然而，在所有这些美丽的宗教语言中，你岂不会忘记这事的严重性吗？不要忘记下面这个带来发人深省的力量预言：弥赛亚来，为要坐着审判世人！这话就在那里！它与先前所描述的有关："祂必坐下炼净银子。"

关于"突然临到"的美妙宗教语言也适用于摇篮，甚至更直接地说，"炼净银子"其实并不局限于审判日。难道你忘记了这事吗？炼净银子的过程已经开始了，而且现在正在发生。这岂不也适用于那些说自己是属耶稣的人吗？（最

---

[30] 凯波尔引用了《玛拉基书》三1。这篇默想于1879年1月12日圣诞节后首次出版。

终上帝会承认这乃是真的！）因为银子是指一切被赎的人，金子是指一切被拣选的人，就是照那保护灵魂者（Protector of Souls）所估定的。

祂并不认为他们只是一次性的小饰品而已，而是视他们为珠宝。他们也不再是罗阿米了，而是已经成了路哈玛。[31] 因为祂借此过程所取得、所创造和所塑造的无价之宝，在祂眼中都像贵重的金属。但如果银子仍然以银矿的形式存在，而不是纯银，它就仍然需要被放在坩埚里，在火焰中熔炼。必须先将银子与杂质分离，精炼的矿石才能闪闪发光，闪耀着上帝的荣耀。

我清楚地知道，只有当所有罪恶之物都死了，在提炼过程中，混杂在垃圾与泥土中的矿石中才会被完全彻底分离。罪恶的东西必须被彻底抛弃！只有当热度达到分离所有附在它们身上垃圾所需要的程度时，炼净才会发生在你的灵魂、我的灵魂和每一个人的灵魂里。那时，熔化的银子散发着它一切的光辉，被倒进上帝所铸的模子。

已经发生在提炼过程中的劳力是否不值得一提呢？除非你知道精炼和丢弃那些不洁之物的工作一直在进行，不然你作为上帝的孩子，怎能与那些仍然附着在你身上的不洁和平相处呢？如果你不知道附在你身上的邪恶也同时正被撤去，你怎能和上帝的羔羊有片刻的团契相交？除非你感觉到祂在忙着把它们与你分开、从你的生活中剔除，不然你怎能有此种团契呢？对于一个会反思的人来说，他已经归信，但还没有摆脱束缚，已经获得自由，但还未能与主同住。对主的儿女来说，除非耶稣在他们面前为他们做洁净和精炼的工作，否则这一切怎能发生呢？请注意，祂不只是偶尔如此行，不只是不时炼净而已，而是经常、不断地如此行！

如果你不能从经验上理解这一点，你可以到世界上炼制工人的熔炉那里，他们正忙着炼制金银。你要观察他们，注意操作人员是如何准备熔炉，如何保证燃料的供应，如何生火，怎样处理矿石，怎样让火变得更热。这一切步骤都是整个过程的一部分，任何一个步骤都不能与其他步骤分开。现在，你要把这应用到经文中，应用于耶稣作在你身上的持续、统一、不可阻挡的工作中。即

---

[31] 这两个名字来自《何西阿书》一 8-9。罗阿米意思是"不蒙爱"，路哈玛是歌篾所生第一个孩子名字的后半部分（罗路哈玛），意思是"我的民"。

使你因为还没有看到周围火焰的光芒而茫然不知，祂仍在不断炼净你。热量还没有渗透进去。祂刚刚开始准备炉子，添上燃料，这是第一次点起来。

虽然别人可能不是如此，但是你不是如此吗？你很少受到惩罚，一开始几乎觉得你是个私生子。当祂还没有提到要剥去外皮的时候，你以为你可以自己剥掉你个人习惯的皮，就像蛇蜕皮一样。然后，你感到自己越来越圣洁了，于是你开始庆祝这个事实，你开始想："我抵达终点了！"

再后来，当你站在上帝面前的时刻来临，你才发现这一切似乎都是幻觉、自欺欺人和虚假的希望。当主耶稣终于以祂炼净之火使你认识到，你一直都是、确实仍是那毫无吸引力、老旧、未经提炼的矿石，你就会被可怕的感觉所胜。那时，你也感觉到自己实则才第一次接受炼净。你觉得从那时起，它才开始起作用了。你觉得它会给你带来很大的痛苦，一种刺穿你内心最柔软部分和你灵魂肌肤的痛！疼痛，那是当然！但是你的邻舍会想："我的邻居真的十分享受！"你的孩子从来不会质疑你所受痛苦的深切。真的，在地上没有人体会，只有在天上的那一位会因你所感受的沉重而感到压抑。祂是唯一能安慰你的人。

当我们最终来到那个时刻，我们心中的朝圣者出现了。我们周围曾经如此有吸引力的一切都开始褪色和消失。那时，我们要么羞愧地低头，要么可能会看到一些即将到来的荣耀或等着我们的冠冕。或者，如果你允许，我要说到达那时刻的人，第一次明白了加略山的十字架和那位忧患之子（Man of Sorrows）。他们会明白十字架不需要重复，因十字架的工作已经完成了。

第58篇
这就是我将我的安息日赐给他们的原因

> 又将我的安息日赐给他们,好在我与他们中间为证据,
> 使他们知道我耶和华是叫他们成为圣的。
>
> 《以西结书》二十12[32]

基督徒守安息日有三层含义。全能的上帝在西奈山说:"当纪念安息日,守为圣日,因为六日之内,耶和华创造天、地、海和其中的万物,第七日便安息。所以,耶和华赐福与安息日,定为圣日。"

请注意其中对创造之工的提及。按上帝形像被造之人的生命是上帝创造活动的反映。这特别指的是你作为一个人所有的自然的、身体的和创造性的活动。这表明个人、家庭和国家都被赋予创造性。人类被造也奉派在七天的周期中休息一天。你也可以说这是地上和人类社会中生命存在的必要条件。他们要遵从上帝的行事方式。这固定的法则,乃是为符合祂治理性护理世俗事务所制定。这是一个与上帝自己神圣生命节奏相呼应的规定。做工者在劬劳中得歇息的日子,人的灵就因思想主,他的上帝,得以苏醒。

---

[32] 或是凯波尔或是排版人员,错误地引用了《出埃及记》二十12。

但是在《申命记》中，这个问题的表述有点不同。在那里，摩西作为旧约的中保，将最初在西奈山上赐下的律法转变成他离世演说中对以色列人的劝勉。在圣灵有意启示的引导下，当提到第四条诫命时，他对安息日的解释从创造之工跳到了救赎之工。他以如下话语来约束以色列人的心："当守安息日为圣日。你也要纪念你在埃及地作过奴仆，耶和华上帝用大能的手和伸出来的膀臂，将你从那里领出来。因此，耶和华你的上帝吩咐你守安息日。"

这里的安息日和以前一样，是上帝的安息日。然而，这里的原因并非基于人类的被造，而是基于上帝子民所得的拯救。这里有一种更深层次的意义，有更高的内涵。它把安息日提升到超乎寻常、自然的秩序之上，进入非凡、令人惊奇的属灵秩序的范畴。这里也有关于安息的说法，但这安息乃象征着灵魂荣耀的安息，那是灵魂第一次获得自由并被领出为奴之家埃及之时。她曾在砖炉前蹲下身子，背部遭受鞭打，如今却逃了出来。

当主第三次解释安息日的时候，解释又不一样了。这发生在先知书中。这里，祂回首帐幕，借以西结的话呼吁以色列和我们："又将我的安息日赐给他们，好在我与他们中间为证据，使他们知道我耶和华是叫他们成为圣的。"祂再次一跃，就像祂从创世跃到救赎一样。这次是从救赎之工，跳到成圣之工。

对这个主题的任何重复讨论，都不会有比乌尔西努（Ursinus）在《海德堡要理问答》注释中所言更美丽、更鼓舞人心或更令人愉快的观点："我一生的日子要止息作恶，降服于主，让主藉着祂的圣灵在我里面作工；这样，今生便开始了那永恒的安息。"因此，安息日是基于（1）圣父的工作和我们的被造，（2）圣子的工作和我们的救赎，（3）圣灵的工作和我们的成圣。这三方面的总结就充分体现了这一点。在这个世界上，三而一的三一上帝的影子就遮盖了安息日。

因此，它要让你从这世界的压力中得到休息。这是首要的。靠着上帝的名，你需要能每隔六天就停止这世上工作日的活动。你需要同其他一切被造物一起停止日常能量的消耗。你需要恢复所失去的力量，需要再次从上帝那里得到你日常工作和努力所需的资源。有了它们，在安息日结束时，你就能面对等待你的新的六日。其次，安息日也让你从魔鬼的攻击中得到休息。靠着上帝的名，你需要被装备，从而摆脱魔鬼工作的束缚。那是你进入禧年的日子，就是你的救赎主和担保者的赎罪之工使你得释放的时刻。第三，安息日也让你从自己内心的强烈欲望中得到休息。靠着上帝的名，你需要被装备，去放弃自己邪恶之心对自身的奴役。你需要放弃那种没有任何用处的空虚的生活方式。你必须不再饮于那未曾提供纯净之水的泉。你需要进入那有福的、完全荣耀的安息，这就包括自我得释放。这样，上帝的工作就可以通过祂的圣灵在你里面得以完成。这就是在圣父、圣子和圣灵中之安息日的全部含义。

　　论到安息日，那站着呼唤的人说："凡劳苦担重担的人，可以到我这里来，我就使你们得安息。" 这就是祂所讲的。哦，希望你永远不要忘记，不是你创造了安息日来荣耀上帝，安息日乃是上帝在恩典中赐给你的礼物，使你可以分享祂的诸多丰富。这样的安息日只能是恩典和祷告的果实！

第59篇
按祂吩咐游行旋转

这云，是藉祂的指引游行旋转，
得以在全地面上行祂一切所吩咐的。

《约伯记》三十七12

这句话是从天上之云来的信息，不是从人类子孙而来的。然而，这种来自天上的沟通立刻让约伯想起了人，因为它清晰地反映了人类生活。它已经而且一定会直接应用于我们每个人、我们的生活！

云是多么美丽啊！它就是如此，不是吗？它们在天空中移动得多么庄严啊！有时，它们被太阳的光辉照耀，洒满了金色，边缘上刻着银泽。再片时，当它们笼罩着你时，又是黑的、透着威胁、满了黑暗。你可曾见过，有时在大风的吹动下，云的移动速度快得几乎无法用肉眼观察得到吗？它们互相推搡，甚至好像被风吹到一边去了。它们这么快，是要去哪里呢？这会儿正飞在你头顶上的云，片刻间却被推到一边。它们的目的地是哪里呢？有时它们被其他云所覆盖。有时，一片云像旋风一样旋转，然后向后移动。过一会儿，它又像失去了方向，只是矗立不动。难道这一切不像是没有任何秩序，只是出于某种舞蹈或游戏而混杂在一起的吗？

是的，云彩就是这样扭转和移动的。以利户在圣经中说"这云，是藉祂的指引游行旋转"，从天空的这个角落飘到那一个角落。它们像月光投在地球表面的影子一样飘动。它们像波浪和翻腾的巨浪在海洋表面一样翩翩起舞。这种转向和方向的改变，难道不是惊人且准确地捕捉到了你所谓的"我的生活"吗？在你的个人生活中，难道不是有持续的不稳定性吗？它总是不同，总是在运动、飘扬、转动并且改变方向，就像以利户所描述上帝手下的云彩一样。

你想取得进步和进展，但你得到了什么呢？你不就像被风捉弄的云一样吗？向这个方向拽，再向那个方向拉？翻转过来？上下翻飞？明天你岂不是会发现自己仍处在你前天开始工作的地方吗？你能看清自己的生活吗？你能看到你生活的真正方向吗？你真正想从生活中得到什么呢？不断变化的方向最终会让你落在哪里呢？为什么你在朝着某个方向前进的道路上几乎没有任何进展？为什么你会突然被甩到一边，然后原地打转，甚至会倒退？为什么你的生活总像云一样没有生气，或者至少是没有目标和方向的生活？为什么你似乎在不断地"游行旋转"？为什么它会让你想起好像自己活在迷宫中，而非怀着坚定决绝的目标？就你所爱、所坚持、所放弃、所失去的方面，你在没有任何控制或目的的条件下被驱动着。你会被傍晚凉爽微风，被暴风雨驱动，或被可怕的致命狂暴飓风所驱动。

那么这一切又是什么呢？它真的比毫无目的地被随意抛来抛去更有意义吗？它岂不是让你这次退入自己的世界，下一次又自信地敞开心扉吗？不是时而辉煌灿烂，时而却像天上的云一样淹没在黑暗中吗？难道上帝只是在你方向变化时捉弄你，就像祂在广阔的天空中捉弄云彩一样吗？捉弄？你在这样的图景中能了解到什么？除了这样，你对自己还有什么看法？你想象的是什么？云间的湍流只能是一场游戏而已？难道在月光下的一切混乱和压力只是偶然的，难道它就没有计划或目的吗？难道所有转变中都没有秩序，所有的方向变化都没有计划，被驱动和转向的背后都没有力量在指导吗？

那么，听听圣灵通过以利户所说的话吧！如果你认为天上的云只是参与了它们自己眼中反复无常的游戏，那么你要知道，若非"借祂智慧的定意"，它们就绝对不会改变方向。先见说："上帝如何吩咐这些，如何使云中的电光照耀，你知道吗？"（伯三十七15）即便如此，还是有秩序的。他宣称，每一次云的聚集，都处于"平衡的位置"（伯三十七16）。事实上，无论云如何转向都是稳定的。在一切旋转中，它们在地面之上的天空，只行"祂一切所吩咐的"（伯三十七12）。这是先知为要激动你和各样受造之物的缘故，为要让你们称赞那"知道万有者"的奇事。

那么，想想云是如何被风驱使的吧！它们不知道自己这么快从哪里来，也不知道要去哪里。然而，圣灵告诉你，即使你最周密的计划也不会偏离上帝的定意。坐在宝座上的那一位，以千万天军引导它们改变方向。你这小信的人哪，为什么要担心你生命中无休止的方向变化呢？你的生命不是比云彩更贵重吗？你这蒙祂所召的人哪，你的灵魂在祂的全军中岂不比它们更宝贵吗？如果上帝让天上的云改变方向，让它今天在这里，明天就倾在雨中，难道祂不会引导你生命的变化吗？你这蒙祂儿子宝血所搭救的人，祂岂不是更要引导你吗？

在你一切被驱使的活动中，虽然压力和快节奏的生活影响你的魂与灵，难道这不都被编织进了有序的过程、既定的计划、隐秘的旨意、神圣的知识当中吗？在你的生活中，一切都似乎没有目的地，到处移动，它岂不就像蒸汽机气缸里的活塞上下滑动一样吗？它的确改变方向，但它所有上下运动所产生的力量产生了前进的动力。同样，你生活中的所有活动，都有一个预定的秩序在背后。

如果你的云有时很沉重，静止地悬在你头上，而非推动你前进，你还需要什么呢？或者，如果在其他时刻，它们似乎堆积起来，使你窒息、沮丧，如果上帝使人得安慰的容颜上几乎没有一丝光线透过你的灵魂，我的弟兄姊妹们，你还需要什么呢？即使我们不再有上帝的光来安慰我们，祂的旨意仍是我们心中平安不可动摇的根基。愿这句话成为我们的格言："方向虽可改变，但它们必遵祂智慧之命而改变。"

第60篇
我必报应在他们怀中

看哪，这都写在我面前，我必不静默，必施行报应，
我必一同报应在他们后人的怀中。

《以赛亚书》六十五6

在上帝复原人的本性后，顺服乃是人的本性之美所表现出来的最高贵特征。如果人们再次顺服并降服于上帝的权柄，他们人的本性就会得以提升。如果他们是乐意而非勉强而行，如果他们如此行不是因他们被压制和强迫，而是出于一种内在动机，那么情况就会如此。我的弟兄姊妹们，他们那时就会表现出自己愿意顺服，并且有能力再次顺服。那时，上帝会给你一枚奖章，别在你胸前。这就是美好事情会发生在你灵魂之中的时刻。

支配、命令、主张和展示力量的行为，这些都不应出现。因为这一切仍然是肉体的表现，是在用旧的方法试图完成你所不能完成的事情。这是你的一个企图，就是你要抓住你从上帝那里偷来、抢走且必须在祂面前摘掉的冠冕。但是，你必须要俯伏，直到你这渺小、温顺、低微的被造物俯身。羔羊无论走到哪里，你都要跟着祂，不管祂赐你什么，不管祂要你怎样服侍。然后，你在如此行的

过程中不断进步时，需要心甘情愿地承认，无论你身上有什么高贵、杰出和圣洁的东西，都没有什么不寻常和特别的，那只是单纯的顺服而已。这就是用一串葡萄酿制的新酒会升值的原因，也是为什么人们不会把它扔掉，他们会说："这是很好的东西！"

顺服绝不只是去做所吩咐你去做的事，乃是与那些你服侍的人合作，是完全且全心全意地去行。勇士在战场上遵从命令是出于荣誉感，而不仅仅是为了精确地执行命令。不仅要迅速完成任务，而且要把所有精力投入他的队长想要达成的目标，并以之为他唯一的任务去完成。在修建一座建筑的墙壁时，建筑工人不仅要遵循蓝图，而且要通过仔细研究这些蓝图，使他们的工作与建筑师的计划协调，从而发挥他们的作用。同样，你不能仅通过连续不断地遵守上帝的诫命来顺服，乃是你要在本质上对上帝所做的事有一种感恩之心，自己甘心要深深地投入其中。

在《以赛亚书》六十五章中，主自己说，祂让祂忠心的仆人和那些攻击祂的人互相敌对。圣灵说那些与主作对的人是"拣选了主所不喜悦的事"（12 节）。与他们相对的是忠信的仆人，主呼唤他们："我的百姓啊，你们当因我所造的而永远欢喜快乐。"（18 节）[33] "婢女的眼睛怎样仰望女主人的手，我们的眼睛也照样仰望耶和华——我们的上帝！"服侍总是想着、渴望一件事，就是讨我们所服侍的主的喜悦，与祂携手工作，如果可能，甚至在祂呼唤我们之前就出现在祂面前。在祂建造耶路撒冷城墙的过程中，我们就是带着这样的渴望、喜乐和满足去参与。我们切慕顺服祂，因为我们知道这是祂所喜悦的。我们发展属灵的本能来跟随上帝的计划，并领略上帝建造的方式，每一个人都要在实现更高层次的顺服上尽自己的一份力。这种顺服并不在工作之约之下，乃是恩典之约冠冕上的珍宝。

事实上，我们的顺服需要像只有上帝的儿子才能达到的顺服。祂说："看哪，我来了，为要照祢的旨意行。"祂的意思是："只有我能成就这件事，只有我能这样服从祢。我心里明白了'我爱耶和华和祂的殿'之后，祢就吸引了我全部的注意力，预备我的身体去为祢作工。"基督是唯一真正顺服的那一位，唯

---

[33] 这篇默想的最初版和它的再版都错误地将经文出处写作第 15 节。

独他达至如此令人振奋的顺服之尊贵和荣耀水平的人。祂活出了顺服，为此献身。这顺服深入祂的内心，祂也成全并成就了它！

我们唯一可夸耀的，就是能分享耶稣那难以形容、美丽且荣耀的顺服。这是一件艺术品！我们唯一的荣耀就是被它完全遮盖。让它在我们里面，通过我们去工作，直到它改变我们，使我们在祂的形像里得到更新！那时，我们就会得到奇妙的祝福。那时，我们会被祂拥抱。那时，我们就不会再漫无目的地生活了。那时，我们就知道我们要去往何处。那时，我们所有的努力都值得，所走的所有道路都有价值。那时，我们就会发现，活在上帝所喜悦的计划里，并且活出上帝所喜悦的计划，是何等的荣耀。那时，我们就能寻得平安，这平安不是从别处得来，乃是从顺服上帝而来。遗憾的是，大多数人都不是这样。除了他们对抗上帝，还有什么其他原因呢？他们"用脚踢刺"，公然反对上帝，总是违背上帝的旨意，从不遵守上帝的旨意。为什么要花更多的时间去描述其原因呢？答案就在第12节中，这句话是如此尖锐而直接：他们"反倒行我眼中看为恶的，拣选我所不喜悦的！"

然而，这不仅适用于世俗之人，也适用于许多善良诚实的人，甚至许多基督徒。在他们当中，你甚至可以找到许多舍己且以爱心服侍的杰出榜样。有爱心服侍的例子，但这仍然不重要！有坚实认信的例子，但平安仍然不在他们中间！有一丝不苟而专注生活的例子，但即便如此也没有融化他们的心！

当然，因为你自己可以成为爱心服侍的典范，却仍然坚持自己的行为方式。你可以像非尼哈一样敬业，然后意识到人们并不认可你。你可以成为认真尽责的化身，但仍服侍自己的目的。因此，若没有顺服，不与主同工，且总是在抵挡上帝的旨意。那你怎么才能寻得平安呢？

难道主不是说"在他们的怀中，我要报应在他们怀中吗"？如果那看不见的上帝使你这悖逆的人心怀不安，使你里面深处不安，使你心肠里不安，使你灵魂深处不安，你心里怎么能得平安呢？如果祂使你受苦，在祂的公义中使你涌出抱怨和怨恨，你怎么可能经历这神圣平安的喜悦呢？

第61篇
那人却不晓得如何这样

> 上帝的国,如同人把种撒在地上。黑夜睡觉,白日起来,
> 这种就发芽渐长,那人却不晓得如何这样。
>
> 《马可福音》四26-27

通常情况下,人们会过于关注自己做了什么,而对上帝所做的关注太少。我们在谈论的是那位属灵生命的创造者,或者更确切地说,是圣灵。耶稣讲这个关于田地的比喻是为了就此事责备我们。祂想让我们看到自己这样想是多么愚蠢,并让我们停止这样做。祂想让我们思考的事实是,属灵的土壤和田地的土壤都是一样的。

每个人都知道农民对作物的实际生长过程没有什么贡献。他既不能加快,也不能减慢作物的生长。他能做的和应该做的,就是准备好土地,确保他能种下好种子,用土盖好,必要时除草,或者用别的方法控制杂草。除此之外,他所要做的就是留意,等待时机,直到成熟的谷物自己在微风中摇摆。然而,成长的努力和背后的力量不是由他控制。那是另一位的工作。农民不能制造出种子。他必须接受这现实。不是他,乃是另一位,把种子的生命藏在谷物中,藏在谷壳和谷糠之下。

他甚至都不能使种子发芽。如果他开始干涉这个过程，他只会把事情搞砸，并让种子永远不会发芽，因为发芽也是由另一位促成。有人在神秘地、秘密地做着这项工作。没有人注意到，也没有人能够追踪到。通过地里的力量，借着太阳光线的温暖，加上雨滴的作用，种子就发芽了。首先，它胀大起来，然后发芽，变成了叶片。它生出蓓蕾，而蓓蕾又变成成熟的谷粒。农夫肯定看到了这一切的发生！这是因为过程中这一部分是可见的。但是，农夫在这方面完全没有能力做出任何贡献。他除了知道事情正在发生，"那人却不晓得如何这样"！

　　我们的救主说，对属灵领域所发生的事，这正是一个人应有的处理方式。他必须准备好土地，或翻耕，或耙地。是的，他必须好好地劳作。然后，他必须有一个非常敏锐的眼光来选择在哪片土地撒种。不可以撒坏种子。好种子和坏种子往往长得非常相似，但是如果他在选择种子时犯一个看似很小的错误，就可能使他失去整个收成。除此之外，他就无能为力了。就属灵工作而言，他就像一个站在上锁大门前面的小孩一样无助。生长、发旺、成熟和结果的过程都不是他的事。必须要有其他人来做这事，他却不能去行。正如他的创造力、最好的努力、专注和属灵力量都不能创造出哪怕一粒种子，除了勤奋地撒出所托付给他的东西，他对实际的撒种也做不了什么。他必须按照指示去做，就是在田地里向他指明的方式。至于那一粒种子在此之后会发生什么，他无法再助益分毫。这事自己会发生，也就是说，这是由一只神秘的手和一种神秘的力量所促成的。当他意识到发芽、成长和成熟是确实发生了，"却不晓得如何这样"时，他会感到谦卑和羞愧！如果他不愿意接受这个事实，拒绝只是静静等待；如果他变得焦躁不安，想要看到一些进展；如果他不断翻动地面，那么他所得到的唯一结果就是，他只会把新长出来的小芽折断。即便没有完全摧毁芽，他也会阻碍成长的过程！

　　人们会看到父母对他们的孩子做这样的事。他们看到老师对学生会如此行。更糟糕的是，他们看到牧师们也这样做。这些人从不给种子发芽、出穗或发旺的时间。他们总是太紧张，总是认为他们必须得到结果。哦，他们不相信自己的努力，因为他们太清楚努力带来的结果！他们看不到上帝在人们心中的工作，就是上帝隐藏的工作。那种灵性状态真的就等于不信！这会激起圣灵抵挡他们的热心，只会阻碍他们自己属灵的成长。

看这里！如果能正确地理解，你会看到他们几乎不能为这生命的开始或成长助益分毫。一切都来自于主。祂使他们有鲜活的种子。在内心的表皮下，圣灵会剥去种子，打开它，让它成长。祂会以公义之子养育它，以祂爱的甘露滋润它，并赐给它柔和的灵雨，使它长大茂盛。人们却愤怒地颠倒整个过程，以为自己贡献了一切，以为耶和华上帝并没有做什么可以信赖的事。他们变得不安、压力重重、不稳定，以至于总是打扰那颗可怜的谷粒。他们扰乱了整个过程。他们想要控制这个过程。

这岂不是与归荣耀给上帝的目标南辕北辙吗？这岂不会对祂工作的本性和精神带来了不利的影响吗？这岂不是很无礼吗？没有分毫！没有分毫！我怎么说都不为过！一个人除了默默顺服地预备土地，注意种子的品质，还要除草，但他不能为这一事业助益分毫。其余的都需要从上面来，诚然如此。在这一切之中，都有耶和华上帝的工作。祂从不打盹，也从不闭眼睡觉。祂的力量总是在人内心深处发挥作用，以实现祂的目的，使祂的名得着称赞。

所以，你们在一切公义上敬畏主的人，要将祂名所当得的荣耀归给祂。要调低你对自己贡献的估量，把它缩小到实际的、微不足道的程度。从外表的帘子后面窥视就好，只需看看圣灵在你心中所做的那奇妙、全面、宏伟的工作。你要心里思想公义之子（Son of Righteousness）的作为，那是使你里面那工作得以开始、发芽并成熟的恩典。这是为了祂的荣耀。那时，你就会寻得平安——有平安，是因为你将会尊荣上帝！那时，你就能比现在更好地放弃所托付给你的东西。那时，你就能更专注于只有上帝才能做的事。那时，你立刻会更少估算自己的工作贡献。因为你意识到，当你翻地时，只是把铁锹推到了一半而已。你会意识到你在孩子心里播下了坏种子，在除草方面也做得远远不够。当你以这种方式归信、得完善、被上帝的能力抓住时，你就会寻得平安。

此外，你还会发现你已经从恐惧得释放了。当你今天播种的时候，你将不再因为看不到根茎或叶片而唉声叹气。你会平静且满足，会知道圣灵正忙着作工。你会知道，因为有了祂，万物才会有序地蓬勃发展："首先是花蕾，然后是花朵，最后是满头的谷穗。"那是因为上帝在成就这事。祂才是真正的工人!上帝做了那当赞美的拯救之工,无论是在最初,是进展,还是最终完成,都属乎祂。这是你起初因自己的不忠信所没有看见的。但使你得安慰的是,你现在终于承认了。

第62篇
因我圣言而战兢的人

> 但我所看顾的，就是虚心痛悔、因我圣言而战兢的人。
>
> 《以赛亚书》六十六2

我们需要为上帝的圣言而战兢。这是主自己说的，因为圣灵借着以赛亚作见证："这就是我所看顾的、就是因我圣言而战兢的人。"毫无疑问，"这就是我所看顾的"的意思就是"这就是我向他显明恩典的人"。结果就是，主真正说的是，祂将从任何并未"因我圣言而战兢的人"中收回祂的恩典，而且祂已经收回了。按照这句话，任何一个渴望得救、寻求得救的奥秘，并想要住在永恒帐幕院中的人，都知道"因上帝的圣言而战兢"也必须存在于他们里面。

那么，"因上帝的圣言战兢"到底是什么意思呢？当然，这并不包括当主向先知的灵魂显明祂的负担，并让他的耳朵听见时，先知所体会的那种非凡经历；这是不可能的。因为经上说："但我所看顾的，就是虚心痛悔、因我圣言而战兢的人。"这句话显然适用于所有上帝的儿女，而不只适用于那些有特殊职份的人。同样，也不是说我们需要在听到上帝的圣言时就充满恐惧或惧怕，从而逃避上帝的同在。天使说的第一句话总是"不要害怕"！上帝的圣言明显是来祝福和安慰我们的。这更不是说，这句话表达的是我们需要在上帝的圣言中听到审判的回响，因为上帝圣言的核心是福音。这不仅始于马利亚怀抱伯利恒马槽里婴孩之时，而是在天堂就已经开始了。

不！你"因上帝的圣言而战兢"有完全不同的意思。它的意思是，你首先绝对不能用你最深刻的观察和思考来理解这句话。它的意思是，你应该以完全谦卑的态度，向上帝献上每个父亲都希望从他孩子身上所得的荣耀。这也意味着你应该认为在这圣言中对你讲话的上帝，是所有智慧、知识和科学的唯一回转仪。故此，祂是一切进步和生活中不断深化之洞察力的源泉。祂的目光扫视各个时代，探寻万物的核心和万物的原因。祂的意念比你想象的要高，正如天比地高一样。因此，在此基础上，在这句话前，你要怀着敬畏的心屈身敬拜。你应该立刻让你谦卑的灵魂顺服在祂的威严之中。你应该静静地、沉思地倾听上帝对你所说的话。

然而，"因上帝的圣言而战兢"的意思比这更丰富。当听到一些声响或声音时，我们会发抖；当这些声音只在我们的耳膜上回响时，我们会做出强烈的反应。可是，如果那种声音像电击一样穿过我们，我们的膝盖就会发软。那时，耳膜通过我们的神经系统向我们全身传递一个信息。我们整个生命都明显地被震动，我们被迫跪在地上。那么，这就像是上帝的圣言对我们的影响。它不应该只是从我们的耳膜中反射，或者在我们的灵魂网络中平稳地滑过而已。它应该直接、立即、强烈又彻底地穿透我们全人。它应该抓住我们属灵的全人。它的信息应该触及我们灵魂的每一个角落，应使我们整个生命颤抖。不是像贵格会信徒那样的表面经历，好像我们的嘴唇和手会颤抖，而是在心里，以致我们的心在胸膛里颤抖。"因为上帝的圣言是活的，是有效的，比一切两刃的剑更锋利，甚至可以刺入剖开魂与灵，关节与骨髓，并且能够辨明心中的思想和意念。"

然而，这还没有穷尽"在上帝的圣言前战兢"的意思，因为它包含了一种崇高且难以言表的威严。上帝的圣言如此强大，总是表达力量，总是创造事物，总是完成事情。就像风吹着枯叶时，风并没有对叶子说"爬起来，到那边去躺下"，好像叶子很平静地听了风的话，马上就靠自己的力量爬了起来，向着指定的方向飘去。不是的！事实乃是风自己卷起树叶，无情地把它推得越来越远，直到它把叶子放到另一个地方。

这正是上帝的圣言在我们身上发挥作用的方式。就像树叶被风吹得瑟瑟发抖，我们的灵魂也会因圣灵口中的气息而战兢。所以，我们不能只是冷静地听这话语，然后决定我们是否要照它所说的去做。在某个时候，那可能会更适合我们！那就是靠我们自己力量的时候，靠我们自己智慧的时候，在我们个人方便的时候！不！事情是这样发生的：当上帝的圣言冲击我们的灵魂时，我们整个灵魂会立刻被触动。它会被这个话语本身所抓住，从而被带到它必须去的地方，而非靠它自身的力量而去。

如果这就是发生在我们身上的情况，那我们就是活在了"敬畏主"里面。我们"虚心"，像那片叶子一样被驱使。我们"心里痛悔"，就像那片枯萎的叶子。主口中的气一出，我们就战兢战兢，被驱使渐渐向前。那时，我们也体会到这种荣耀的安慰："但我所看顾的，就是虚心痛悔、因我圣言而战兢的人。"那时，成就需要发生之事的不是我们，而是那圣言。这圣言的荣耀就在于上帝在其中与我们同在，并且接受一切的尊荣。

第63篇
我的食物就是作成祂的工

> 耶稣说:"我有食物吃,是你们不知道的。"
> 门徒就彼此对问说:"莫非有人拿什么给他吃吗?"
> 耶稣说:"我的食物就是遵行差我来者的旨意,作成祂的工。"
>
> 《约翰福音》四32-34

属灵生命的本性常常与物质生命形成鲜明的对比。当一个人的灵受到上帝的激励时,肉体就会与他的灵斗争。肉体和灵意见相左。它们常常提出相互竞争的要求。它们并不会和谐地一起工作,反而会相互对立。如果灵想向右走,肉体就会向左走。当灵想前进时,肉体就反其道而行之。灵一兴旺,肉体就会抱怨。肉体渴求在下的,灵渴求在上的。现在,因为我们的灵还没有被解放、加冕和搭救,所以这种尖锐的对立性就会持续下去。只有当身体被摆脱、被带到坟墓里,并通过一些化学过程分解后,灵被解放的时刻才会到来。

看!这就是耶稣在解释灵与肉如何彼此对立时,使用"吃食物"这种说法所要表达的意思。要这样理解:身体借着作工发展了对食物的需要,而灵借着作工减少了对食物的需要。努力工作后,身体会变得筋疲力尽。但正是通过完成灵里的工作，灵就克服了它的疲惫。或者有人可能会说，肉体在几天不工作后能较少感受到饥饿，但灵魂在经历几天的干旱和不活动后，才会恰恰出现饥饿感。人的身体在消耗了巨大能量后，才会感到最强烈的饥饿感；人的灵在付出了巨大的努力后，才会感到最奇妙的满足。简单地说，就是身体吃东西是为了作工，灵作工是为了得食。耶稣说："我的食物是……作成祂的工。"

祂与撒玛利亚妇人的整个讨论都围绕着属灵和属物质生活的不同需求展开。我们要立刻补充的是，这场讨论只能从这个角度来理解。这就是为什么《约翰福音》四章首先展示了身体和属灵喝水的对比，然后是身体和属灵吃饭的对比。耶稣说，身体喝水的人，总需要再喝才能得到满足。他们需要再次打水。在更剧烈运动之后，人会感到更强烈的口渴，吞咽的量也会更大。相比之下，灵里喝水的人只喝一次就好。他们不需要再次打水，因为他们已经得到了。永恒生命的水在他们的灵魂中流动和激荡。他们的灵魂更充分地被唤醒；当他们迫切地喝水，当水充分地流动时，他们就会越发感到美妙。

那时，耶稣用喝水的比喻把这个美好的事实告诉了撒玛利亚妇人后，祂又用吃东西的比喻重复了同样的观念。同样美妙的基本思想也适用于肉体和灵的对比。然而，门徒们仍然只专注于物质的食物，只关心耶稣可能是饿了。他们担心这次旅行以及祂现在与那妇人的讨论，已经使祂筋疲力尽了。可是，他们发现祂并没有精疲力竭，而是完全恢复了活力。对于祂的情况，他们没有别的解释，只有说："一定是别人给祂带来了食物。" 他们一直对祂说："拉比，因为你工作这么辛苦，所以你必须吃饭！"（31 节）

耶稣做了什么呢？祂立刻把话题转到属灵生活，说："我工作了之后，因此就要吃东西？我亲爱的门徒们，你们还是不明白我的意思。对我来说，工作就是我的食物。工作正是使我感到饱足的方法。我的食物就是我能做到这一点。这就是我的食物，它使我有力量，好让我能作成我的工。"

这一切的意思是说，对于一个有信心的上帝的儿女，他们可能会有一种想要去工作并努力奋斗只为争先的欲望和激情，好像这真可以满足他们的灵魂。你想想吧！耶稣并没有抓紧时间赶路。相反，祂静静地、平静地花时间与祂在旅途中遇到的人进行严肃的讨论。耶稣所说的工作不是特别的，而是非常普通的工作，这难道真的需要补充吗？这就是每天占据我们时间的事情。信心总是要渗透至我们里面，并使我们所做的事情充满生气。耶稣美妙地补充道，工作本身并不能使人得满足，而是完成上帝的旨意才能使人得满足。工作本身会使我们烦躁和疲惫。那样的话，它唯一的结果就是让我们饥饿。但是，如果我们的工作是被上帝分配给我们的工作所占据，那么我们的工作就使我们得满足。

归根到底，这不是任意的、自私的或未完成的活动，而是在处理和完成上帝所分配的工作时，完全抛开自我意志和个人偏好。这对每个人都适用，也适用于他们自己的职业和家庭。在每个人的心里，在他们自己良知的隐密处，这都适用。它适用于他们当天被要求完成的任何任务。

这种方法不能容忍无精打采、枯燥和分心！这些事只会导致人的软弱和恶化。但在工作中努力培育更多东西才是令人满意的。只要有决心，且有取得成果的足够决心，这就会成就。这就是解渴和消除饥饿的方法。因为凡如此行的人，总会只忙于从上帝手中所领受的。这样的人从不自己瞎编，而是仔细聆听并回应上帝所说的。这样的人从不自行调制，而是完全享受上帝已经提供的。他们按照祂的供应生活。那人不是凭着自己的能力运作，乃是从上帝所赐的力量中尽可能地使用必要的力量。最后，他们会发现自己有满满一篮子所剩下的。对那人来说，凡事都要祷告，乃是要恳求上帝，然后耐心等待，乃是要对所领受的东西心存感激。那时，祈祷和感恩就等于总是饥饿，但同时也是如此完全满足，甚至体验到饥饿也是完全享受的。

那么，为了你一生的工作而赐给你的那一份呢？你为此所需的使人坚固的恩典呢？在满溢的丰盛中所领受的呢？除了耶稣基督，你还能在谁里面得到这些保证呢？每一个饥渴灵魂所需的无尽无量生命之水的储水池，不就是在祂神圣的心中找到的吗？同样，那篮子的饼岂不能养活一切饥饿的人吗？若是这样，一切不都在祂慈悲的心中吗？那么，在《约翰福音》第四章中，耶稣关于祂自己所吃之食物的说法，和祂在迦百农所表达的完全一样，正如《约翰福音》六章所记录的："我就是生命的粮，到我这里来的，必定不饿；信我的，永远不渴。"你信这话吗？

第64篇
那人撒种，这人收割

俗语说"那人撒种，这人收割"，这话可见是真的。

《约翰福音》四37

我们做事的方式是什么？哦，当我们播种了，我们以为我们来之前，地里什么也没被动过。我们还认为，在我们播种之后，我们必须等待很长一段时间，地里才能生产出可以用镰刀收割的庄稼。我们认为，我们收割的永远是收割我们自己所播种的！我们想象一切都是我们亲手完成的，除了我们自己，没有其他人在工作。我们总是犯错。我们错误地认为一切都归结于我们的所作所为，一切都应归功于自己。我们犯了错误，以为在我们用犁把地犁开，在我们亲手把种子撒在上面之前，每一块地都在休耕。就像耶稣说祂的门徒，他们是这么想的，我们是如此。

耶稣这样说："你们说：'我们已经种完了，收割还要等四个月。'"我们的播种！我们的收割！全靠自己做！所以很明显，当事情没有按计划进行时，我们会变得不耐烦。然后，我们就谈论自己的失望。接着，我们就说自己的工作是徒劳的。我们说我们为儿女所作的是徒然，在主的葡萄园里作工是徒然；

作为一个民族、一个国家，我们所作的也徒然。我们周围都是徒然的！

当然，播种并不是那么令人愉快。这相当于把一些东西扔掉，埋在冰冷的地里，让它沉到看不见的地方。播种的人带着丰盛离开，却空手而归。就像《诗篇》诗人说的那样："那带种的，流泪出去撒种。"不，给人快乐的不是播种，而是收获：

> 因为他不用担心大灾难，
> 不久他就会欢欢乐乐地回来，
> 在那幸运的时刻感到喜乐，
> 带禾捆回来。[34]

他收割时总是空手出去，回来时却满载而归！播种的人变得更贫穷了，但收割者每次挥舞镰刀，都使他越发富足。光荣和快乐在于镰刀的击打，而不在于光秃秃土地的丰饶。因为播种是托付给了大地，因此也是托付给了死亡和埋葬，但是收割与复活和生命有关。它的焦点在于财富的收获。

安慰我们灵魂的主知道这一点，就叫我们先收割，而不是先播种。祂凭着祂的慈爱叫我们和收割的人一同欢喜，而并不是和撒种的人一同流泪。请密切注意这一点。耶稣说："你以为你还要等好几个月才能收割，但这是由于你的骄傲和属灵的盲目，是因为你只相信自己的努力，自己的播种。你全神贯注于荒凉、黑暗的大地。但我现在告诉你，要摆脱这种骄傲。你们举目向田观看，庄稼已经发白，可以收割了。"

小信的人哪，你的镰刀在哪里呢？你是如何退缩、嘟嘟嚷嚷、自怨自艾呢？哦，你当然也要播种，但是你要先收割！你必须先收割。你要将主透过工作所耕种、播种、滋润、浇灌、使之成熟的，都收割成捆。祂在你或其他人没意识

---

[34] 这首赞美诗显然是基于《诗篇》一百二十六 5-6。带有韵律的原文如下：
Wie 't zaad draagt dat hij zaaien zal,
Gaat weenend voort en zaait het al!
Want hij zal, zonder ramp te schromen,
Eerlang met blijdschap wederkomen,
En met gejuich te goeder uur
Zijn schoven dragen in de schuur!

到之时就做了这件事。祂以神秘而奇妙的恩典成就了这事。主说："但愿你只管收割。因为，收割如此光荣！""收割的人得工价，积蓄五谷到永生，叫撒种的和收割的一同快乐。"（36节）你的属灵错误被一件事所掩盖了，那就是你总是认为除非你自己先播种，否则你就不会收割。但主告诉你："那人撒种，这人收割。"（37节）并且，"我差你们去收你们所没有劳苦的；别人劳苦，你们享受他们所劳苦的。"（38节）

我们救主所表达的，是一种多么美好又荣耀的方式啊！因此，我自己的努力不是独立的、孤立的，而是与他人的努力有关。它联系着我在过去漫长岁月中所付出的一切努力，以及在那时候透过恩典所取得的成就和为我们时代所准备的一切。它还联系着我身边和周围的人，在越来越宽广的田地里付出的努力，正是这些田地形成了那好牧人郁郁葱葱的牧场。诚然，它首先联系着我的救主在整个生命的大背景下，以奇妙方式所完成的事情——祂安静地、神秘地作工，到处都是祂工作的柔和且清爽的沙沙声。祂在每个人的心里都忙碌作工。祂每一天并在每一个灵魂中都成就了一些事。祂知晓万事，按每个人的名字知道各人，并"因为祂能成就大事，就按着祂的大能大力"来吸引他们。

你看！现在，上帝的儿女在诸世代中借一切努力所成就的工，上帝已经完成，而我与这完成的工作也有关联。我与之有联系，不是为了能做什么大的贡献，而是为了做一些小的贡献。主差遣我们出去，并不是要我们在工作上多做贡献，乃是要我们因看见祂荣耀奇妙的工作，灵魂受激励，心被鼓舞。那是一片白色的田地，是丰收的景象！

我们却出于骄傲，想要摧毁这一切，彻底翻转局面！我们乐意看到，视播种不归我们为一件坏事。我们暗淡的眼睛希望看到白色的田地变为荒凉、裸露的土地。我们自私自利的本性缺少了孩子般的纵情，使我们无法拿着镰刀在田地里快乐地玩耍。我们是多么不知感恩啊！

哦，如果上帝让我们在祂从未作工的人心里作工，我们将多么痛苦啊！在人原始和未蒙驯服的心中，我们除了罪恶和愤怒的尘土，不会激起任何事物。然而，出于上帝的仁慈，祂并没有这样做。祂在我们的孩子和会众生活中保护了如此多的收成。当我们因心中的邪恶而宁可抱怨，也不欢喜，宁可哭泣，也不欢呼，袖有时甚至也藉着袖的救恩使之成熟。那时，我们感觉自己像是殉道者。那时，我们抱怨自己变成了爱抱怨的人。那时，我们在岩石上开垦。那时，人们变得气馁了，就干脆放弃了。那时，当我们在自私自利的骄傲中把一切都搞砸了时，就会觉得自己被误解了，没有得到赏识！我们的灵魂真可耻！

你要知道，你必须吹灭与耶稣荣耀之光一起燃烧的烛台，而这就是方法。那时，你心中最沉重的负担就是，这乃是你败坏孩子的方式，而非正确养育和培养他们的方式。这乃是你摧毁一个会众，而非坚固和建立他的方式。这乃是污染而非净化空气的样式。那时，你的脸就会垂下来，眼睛会透出气馁。在你的灵魂和你存有的深处，一切看起来都是暗淡。哦，再次举目看吧，长老们、牧师们、基督的群羊们！看看田地里的庄稼。看看它们有多白，是收获的时候了！

第65篇
将审判的事全交与子

父不审判什么人，乃将审判的事全交与子……
并且因为祂是人子，就赐给祂行审判的权柄。

《约翰福音》五22、27

上帝的尊荣依赖这样一个事实：所有不管是被拯救还是被定罪的被造物，都将永远承认并必须承认"上帝是公义的"。《启示录》向我们揭示的场景中，那位在拔摩岛的使徒听见好像有伟大天使的喊声："哈利路亚！救恩、荣耀、尊贵、权柄，都是属乎主我们的上帝！祂的判断是真实、公义的。"蒙拯救的人看见不敬虔的人受审判，就在这一幕中，也赞美上帝的义。在全本圣经中，敬畏主的人都赞美："上帝是公义的。" 有时，当上帝的惩罚使他们谦卑，当他们的身体和灵魂被上帝的酒榨压下时，他们就会更大声、更有力地呼喊赞美。

诗人哀叹："我的眼泪下流成河。""耶和华啊，祢是公义的，祢的判语也是正直的。"[35] 当耶路撒冷沦为废墟，"锡安举手，无人安慰"，人们仍然承

---

[35] 凯波尔在此引用了《诗篇》一百一十九136-37，这样连接了诗篇的两个不同部分。

认上帝的荣耀，说："耶和华是公义的！祂这样待我，是因我违背祂的命令。"[36] 当耶路撒冷被重建，城墙上的破口被医治，罪又爆发出来，接着又是审判。年老的以斯拉就俯伏在地痛哭，在上帝和一切受造之物面前证明："耶和华以色列的上帝啊，因祢是公义的……看哪，我们在祢面前有罪恶。"[37] 但即使这样也还不够。只有当所有不敬虔人中，最不敬虔的人被定罪的时候，他们才会深切认识并承认保罗所说的："这等人定罪是该当（公义）的。"[38] 这不可能，也绝不会是以另一种情况出现。即使怀疑祂是不义的，也会使这无法熄灭之火成为对上帝威严的侮辱。从道德层面讲，对祂所创造的每一个被造物而言，上帝无论是永远地恢复他们，还是永远地摧毁他们，祂都一定是得胜者。

正因如此，审判不可由圣父执行，乃要由圣子执行。这也是为什么圣子在审判的时候，必须透过与我们合一、作为人子来审判，而非作为圣父的儿子来审判，来保证上帝的公义。"谁能定他们的罪呢？"保罗问道。他的回答如下："有基督耶稣已经为我们死了！"耶稣自己也清楚解释了"因为祂是人子，天父就赐给祂行审判的权柄"。这其中有两个原因。

首先，一个被造的人绝不能说，他们被上帝那崇高的品格、那难以形容的威严、那无限的能力弄瞎了眼、粉碎了、彻底毁灭了。我们最终没有任何借口这样做，这一点至关重要。但是，必须始终以罪人有罪责的信念为基础，这不会遭受任何反对意见。他们绝不会有借口说，他们没有勇气说哪怕一个字来反对如此崇高的上帝。因为不能理解这一点，所以对很多人来说，约伯对以利法的反对不可理解。约伯在他的绝望中也反对上帝，这是因为他爱上帝的荣耀。然而，想让上帝不听这些话只不过是人心中可笑的傲慢。这并未提升上帝的荣耀，反而减损了它。

一个被造物必须敢于对他的审判者说任何事情，只要这是基于正义。当然，这必须恭敬地进行，但这仍要进行。他们不能隐瞒任何事情；这样，在判决结束后，

---

[36] 他把《耶利米哀歌》一 17 上半节和 18 上半节拼接在一起。
[37] 《以斯拉记》九 15。
[38] 《罗马书》三 8。虽然现代英译本如 NIV 和 NASB，软化了这节经文，但是凯波尔和荷文圣经（Statenvertaling）没有如此翻译。

他们就不能说："假使我当时说了这个或那个，我的判决就会很快被撤销。"所以，上帝为我们预备了这样的审判者，祂自己就曾"被人藐视"。世间最被藐视的人，也可以向祂倾诉一切，也敢于向祂说任何话。祂是税吏和罪人的朋友，是为人洗脚的人，是你们中的一员。祂服侍你。

但还有另一方面！第二，我们必须以最有力的方式来强调，被定罪的人绝不能说："我的审判者有偏见！" 所有的罪都是对上帝崇高、至高之威严的亵渎。这是对上帝自身的侮辱，也是对天父自身的冒犯。所以，天父若审判，那么就是在审判自己的案子。祂将同时担任审判者和原告。这样，试图为自己辩护的罪人就会产生这样一种印象：祂的审判者有偏见。这就是他们的看法。因此，天父把审判交给另一位，交给站在祂和受造物之间的那一位，这人对两者都是公平的，这就是第二个原因。这一位披上了我们的人性，并与我们血肉相连。祂成了我们的弟兄，成了真正意义上的人。因此，如果有人想抗议这位审判者的判决，向天父抱怨："那位审判者也是您儿子！" 那天父就可以回应祂的创造物："但祂也是你的弟兄啊！"

第66篇
作为土产初熟的果子

以色列归耶和华为圣,作为土产初熟的果子。《耶利米书》二3

如果说上帝会向往什么、渴望什么或渴想什么,那么肯定有人会说祂渴望得到祂所拣选被造物的爱。当然,即便没有享受到那种爱,我们圣洁的上帝也在祂自己的存有中也是完全被尊崇的。祂如此,因为祂是上帝。祂自己是完全充足的。祂在自己的爱中也是完全充足的。这个事实隐藏在神圣三位一体的奥秘中。爱的相互交换在神圣存有中得以实现。借此,爱就是无穷无尽,并且祂用无止息的爱去爱。这种永恒、位格性的爱与圣灵一样,既是在上帝里面,而且也就是上帝。

然而,借着创造的谕旨,情况发生了变化。现在,上帝的旨意和意图不再将祂的爱局限于祂自己,而是扩展到祂的创造物。上帝同样的决定也意味着,被拣选的被造物也要以爱回报他们的上帝。上帝自己渴望被爱。这种渴望与神圣存有是不可分割的,乃因永恒不变的谕旨,即爱的回应只能借由圣灵强有力地在被造物中激发出来。

圣经美妙地称这种回应的爱为"主从我们这里得到的收成"。用耶利米的话说，其字面翻译就是"祂的收成"。这次收获，包括初熟的果实、完整的收成和之后的拾遗。这收割的庄稼要被全然带进上帝的圣殿。那时，全体被赎出来的百姓，要在上帝的宝座前永远爱祂，像祂爱他们一样。那是一种不灭的、炽热的爱！所以，主我们的上帝如此为祂收割"土产初熟的果子"欢喜，且显出完全的喜乐。这也是为什么当祂最初的爱被拒绝时，祂会如此痛苦地抱怨。

欢呼声曾在水晶海的旁边响起。这来自千千万万以色列的被赎者，他们曾站在他们救主的宝座周围，是祂庇护了他们。他们的眼睛闪烁着幸福和感激的光芒，因为在那苍穹之上，他们陷入了温柔之爱中。那时，主饮了他们的回应之爱。那时，祂收到了土产初熟的果子。但遗憾的是，大丰收还没有到来。

> 哦，祂的子民不愿听祂的声音。
> 以色列离弃了上帝和祂的约。
> 她寻找别人，
> 被自己的享乐所引。[39]

感恩的语气消失了，爱也冷却了。曾经圣洁的百姓又一次使圣灵悲伤。他们使上帝心里悲伤。他们以有罪之手，因罪和懒散丢弃了上帝荣耀的冠冕。

那却正是难测其慈爱的上帝，开始得到"土产初熟的果子"的时候。上帝藉祂的先知接近以色列人，不是要使他们想起祂爱以色列人，乃是要叫他们知道自己从前爱祂的心。耶利米说："你去向耶路撒冷人的耳中喊叫说，耶和华如此说：'你幼年的恩爱，婚姻的爱情，你怎样在旷野，在未曾耕种之地跟随我，我都记得。那时以色列归耶和华为圣，作为土产初熟的果子。'"上帝带着一个受伤爱人的忧伤，问他们说祂是否亏欠了他们。祂曾停止过对他们说话吗？祂，就是他们的上帝，对他们的爱有任何问题吗？"雅各家、以色列家的各族啊，

---

[39] 这首赞美诗的荷文原文是这样的：
Och, zijn volk wou niet
Naar zijn stemme hooren,
Israël verliet
God en zijn geboon;
't Heeft zich andre goôn
Naar zijn lust verkoren.

你们当听耶和华的话。耶和华如此说：'你们的列祖见我有什么不义，竟远离我，随从虚无的神，自己成为虚妄的呢？'"

最让祂伤心难过的是，当他们的上帝离开他们的时候，以色列人竟然不思念祂。祂非常思念他们的爱情，但是祂的百姓不因失去祂的爱而感到失落。他们没有任何抱怨。"他们也不说，那领我们从埃及地上来，引导我们经过旷野、沙漠有深坑之地，和干旱死荫、无人经过、无人居住之地的耶和华在哪里呢？"

哦，这哀歌深深地刺进祂的灵魂，深深地伤了祂为父的心。但是，如果还有什么东西坚强地足以使上帝子民心中枯萎的爱重新发芽，那岂不就是带着哭泣的神圣之爱吗？或者说，现在不一样了吗？今日比那时情况更好吗？你的心或我的心对上帝更好了吗？或者以下这句话还适用："有一件事我要责备你，就是你把起初的爱心丢弃了。"我们读到这节经文的人都会羞愧得满脸通红。我们回想起初爱恋时那难以言表的幸福，不禁痛苦地自诉起来。我们也想起自己可耻地忘记了自己曾一再沉醉于上帝那无限怜悯之中。

但是，我优秀的读者啊，因为上帝的圣言比任何一把双刃的剑都锋利，所以这句关于祂"土产初熟的果子"的短语，就对我们产生了神圣的影响。它会对我们的心有约束，甚至可能会唤醒我们，激发我们的灵魂做出反应。因为，我们只能在后悔和自我批判中对自己说："啊，我的灵魂，你要站起来，回到我亲爱的天父那里，对祂说：'父啊，我得罪了祢的爱，使祢伤心了！'"除此之外，我们不会得到平安。

第67篇
乃是因吃饼得饱

你们找我，并不是因见了神迹，乃是因吃饼得饱。

《约翰福音》六26

　　饼的神迹与乐园里对人的宣判有直接的联系。这绝对不只是耶稣能力的展示，也不完全是对祂爱的启示。这乃是以一种狭义的、非常特殊的方式，解除人们肩上沉重工作负担的第一步。这负担因人类的罪被加在人身上。

　　为了理解耶稣的话语和祂的行为，我们必须永远把乐园的事记在心里。离开乐园时，祂心中带着荣耀的种子。弥赛亚的最终目的是将乐园恢复成比之前伊甸园更美的样子。当祂在十字架上赐恩给那个杀人犯时，这不只是预言了那人的救恩。当祂喊着说"今日你要同我在乐园里了"时，这也预示了祂自己的喜乐。实际上，祂是在说："我也会和你一起在那里。" 祂并不是从上帝的角度来思考乐园，因所有荣耀永远都属于上帝。祂乃是从人类的角度，作为人子，作为一个敢于思考自己荣耀的人来谈论此事。在乐园之外，一个人就不会是真正的人。乐园属于人类，涉及人的第二个身体。在这种环境里，他们的生活可以不受阻碍地蓬勃发展。只有在乐园里，在没有十字架和荆棘冠冕的情况下，人才能第一次在敬拜时心中没有虚假。

就现今在地上和在乐园外的情况来看，要有全心全意的敬拜，所需的是十字架的压力和工作的重担。在这个世界上，我们没有能力与上帝有持续不断的属灵相交，而且这相交还要朝向上帝且被祂滋养。这就是为什么外在的劳力会强加在我们身上。显然，这是一种惩罚！然而，这同时也是与上帝一切责罚有同样意义的一种保护，可以防备邪恶。因为能吃到我们汗流满面挣来的食物，是上帝为我们抵抗撒但和自己肉体所提供的最强大手段之一。而那些没有归信的人，劳动变得懈怠、减少了，我们只看到自尊和目标感的丧失。即使他们忙碌着，他们的心放在所做的事情上，他们也会因为空虚和平凡而骄傲和膨胀。可悲的是，即使是上帝重生的人，这种软弱的属灵活动仍然存在。只有圣灵直接和内在的工作，才会在他们心中产生短暂神圣的、属天的属灵相交。

但即便如此，我们手的工作也始终是我们耻辱的象征，这一事实仍然存在。无论是在乐园里，还是在上帝的宝座前，双手劳作配不上人类。就像空中的鸟儿也不种，也不收，也不把谷收聚到仓里一样，人类作为被造界的统治者，全神贯注于物质上的努力和劳动，这实在是不合适。他们不应该被此压垮，也不需要不断思考生存所需要的东西。

乐园就是这样，那里每棵树都结出果实供给男人和女人，那里没有饥饿和干渴的痛苦。在旷野也是一样，吗哪从天上掉下来，以色列人不用在石头地里刨沙，也不用铲子。当我们吃生命树的果子，喝银光闪闪的泉水时，这就是"在天上更荣耀"的意义了。到那时，在主为万民擦去额上的汗水后，在主为他们所预备的丰盛筵席上，我们要吃更奇妙的吗哪，喝清纯的酒。你要由此看出在乐园里失去的是什么，在旷野又显出什么，并知道我们在将来荣耀中所盼望的是什么。耶稣给了我们这些事情的一个兆头，一个例子和一个保证。祂首先在迦拿的婚礼上，后来在给群众提供食物的神迹中都如此行了。

当千千万万的人不用劳碌就得了粮吃，并且吃饱了的时候，乐园的平安与荣耀霎时又出现了。它曾在加利利海边闪闪发光，那时甚至没有出现额头上的汗珠。这就好像耶稣想要通过使人们不用劳作就获得的食物倍增，以此来提供确凿证据，证明祂所说的即将到来的荣耀并非空洞的言语。祂把确凿的证据交给了人们。祂在自己身上活生生地证明了祂的荣耀。祂想要表明祂是一个伟大的英雄，有能力将荣耀分配给任何祂想要分给的人。

如果人们只是为了吃而吃，而没有尝到那神迹之饼里将要来的荣耀，他们就会完全误解祂的神迹。如果他们没有看到这是祂弥赛亚力量的一个记号，彰显为要使人可以获得的荣耀，那么他们可能会错失要点。这就是为什么在第二天早晨，在激动的众人在冷静下来后，耶稣严厉斥责他们："你们找我，不是因为见我里面有比我更大的，乃是因为你们只吃了些饼，没有别的。"

如果有人能从中得到的比这更多，那么耶稣就赐福给他！因为我们常常被一种满溢的喜乐、一种奢华的幸福感和丰盛的祝福所淹没。当我们受到高度青睐时，这并不仅仅是因为我们存在的事实而已。它不是基于我们自身的某些东西，乃是基于上帝自由地赐给我们、随着我们流淌的恩典。当它作为我们在救主身上看到的某种记号时，这就可以成为我们祝福的源泉。这也就是它成为我们在祂里面所得丰富凭据的时刻，就是它成为我们预尝永恒福分的时刻，就是让我们感恩的时刻，就是升华我们内心的时刻。但是，如果我们有份于迦百农人所犯之罪，只是为了享受而享用这饼；如果我们的心只是习惯于那种好像我们有权享受它的感觉，那么我们吃吗哪时就是在审判自己，饮那杯时就被诅咒了。那就是我们的灵魂困惑之时。那时，我们就只会自我满足。那时，我们会收到微不足道的礼物。当然，我们也会完全错过与那慷慨赐予者的联系。

第68篇
受苦难！

> 他们在一切苦难中，祂也同受苦难，并且祂面前的使者拯救他们。
>
> 《以赛亚书》六十三9

陷入苦难就是看不到光明，就是喘不过气来。对人们来说，这个时候一切似乎都在混乱之中；他们感到被困住了。这个时候他们无法继续前进；因为一切都没有变化，他们会感到额头上有焦虑的汗珠。然而，比胸闷喉塞更糟糕的是灵魂的沉重感。他们的灵就被噎住，心就被挤压，灵魂就抽筋扭曲。他们感到自己与一切都隔绝了，觉得没有出路。他们被封锁，而这个"冷酷的折磨者"在他们身上践踏（赛五十一23）。[40] 他们被捆成一团，被囚禁，好像死了一千次。全能者的一切波浪也冲击着他们。

哦，我们会在心里突然感到那说不出的痛苦！这种痛苦让我们在面对它的时候感到完全无能为力。那时，我们就像被扔进了一个最深的坑里，狮子从四面八方向我们撕咬过来。那里没有一点光亮，我们连一滴凉一凉舌头的水也没有。

当人还年轻的时候，他们不相信会发生这种事。他们认为那样的感觉只是

---

[40] 荷兰文中错误地将其出处写为《以赛亚书》五十一73。

人的想象或狂热而已。所以，他们不会被那在危难中赐安慰的话语所吸引，也不会与那些被压迫者说话。事实上，你甚至可以看到头发花白的更年期男女，对这种灵魂痛苦的抱怨也嗤之以鼻。事实上，有时这种目光短浅会发展得太过，以至于即使是真诚的基督徒，也会认为这种发自内心的沮丧只不过是酸溜溜的极度夸张而已。他们将其归因于人的性情，归于人过于严肃的性格，归于对事物的看法过于悲观。这种嘲笑和假笑只会持续下去，直到不知从哪里出现一个人，说话时非常严肃，眼里带着恐惧。他虽是个胆战心惊的人，却敢对这样的人说："你知道吗？我就是经历过这种痛苦的人！"

这种情况经常发生在很多圈子中。你不会在报纸上读到这件事，但它确实发生了。上帝把它记在了天上的书卷里。天使们注意到了。"在患难时作他救主的"（耶十四8）看着这发生的一切，在祂安慰的脸上写满了怜悯。不管这世界愿意承认与否，不管肤浅的基督徒愿意相信与否，那些处于困境之人的哭声总是能触动其他人的心，它会对听到的人产生难以置信的影响。正是那些"掉进了这样坑"中的人所经历的那种痛苦，比任何东西都更能刺穿那些冷漠之心表面的自满。

痛苦对我们的影响非常令人不安！痛苦的灵魂在哭泣，就像产妇在分娩一样。但这就是为什么有些东西会从那种恐惧中产生。它会产生力量。恐惧会结出果子。在灵魂里受苦就是参与了天国的工作。那就是为更高的生活而受苦。那就是在一瞬间死了一千次，好让在这样的死亡中有新生命的萌芽和成长。这都是完全真实的，除非这种焦虑来自地狱，并带你回到地狱，因为它生于你自己邪恶的本性，迫使你采取更加不敬虔的立场来对抗你的上帝。而这是你能想象到的最可怕的事情。

这件事却有一个例外。所以，只要密切关注耶和华上帝用来压迫我们的苦难，直到我们认识到，这里面实则完全有上帝的参与。因为上帝的手挤压你的灵魂，就像你挤压一个皮袋，直到它完全空了，所有空气都被挤出来一样。然后，一旦你停止挤压，酒就会被自动吸回去，直到袋子装满。所以，这一切难以忍受的痛苦，只不过是由于你从这地上吸进了不洁、不虔诚的空气，上帝要把它完全从你灵魂的肺里挤出来而已。祂的目的是，一旦你被倒空了，祂就要创造一种压力，把天上新鲜的空气吸进你的身体。祂想让你深深地吸进去。

你的灵魂真的就像你的肺一样！上帝设计肺来吸入空气，祂也设计灵魂来吸入、吮吸或饮于从上帝那里得的生命！只要你灵魂的空间充满了不是来自上帝的其他气体和空气，上帝的生命就不能进入其中。要做到这一点，耶和华上帝首先必须挤压你，把你压扁，直到所有不圣洁的东西都被挤出来，在你里面为上帝的气息腾出空间。那才是真正属于你灵魂之肺的东西。

无论你的痛苦是来自外部还是内部压力，这都没有区别。它们可能会在你办公的地点或家里突然袭击你。它们可能是因为你的孩子，可能与你最周密的计划有关，也可能与你的成果有关。它们甚至可能出现在你的沉思和反思之中。另一方面，它们可能会因为你血液紊乱而从内部潜入你的灵魂，让它们在你身体里感到非常自在。它们在那里可以通过疼痛和疾病对你进行攻击。基于上帝的公义和你自己对定罪和无能的感觉，它们可以是直接的属灵痛苦。更令人苦恼的是，它们也可能透过那恶者的攻击而产生。然而，这一切差异都只是程度问题。痛苦就是痛苦！如果你仔细观察，就会发现所有被淹没的感觉都很可怕。它们是上帝在压制祂儿女的灵魂。无论它们发生到何种程度，都是祂钉死你老我的方式，好让你的救主能在你里面复活。

事情就是如此！一个临产的妇女如果不知道"所有这些痛苦都是为了生出我的孩子"，那么她就会放弃。同样，如果你的灵魂不知道所有痛苦都是为了得到新的呼吸，它也会放弃并死去！但既然知道了这一点，它就会庆祝。它知道了什么呢？困苦的人知道，他快要穿上"赞美衣"。灵魂知道黑暗的时刻将要过去，将再次进入"宽阔之地"。它知道自己会短暂地被紧紧挤压，但后来将得到荣耀。"主啊！惟独祢必得称赞，因祢的道路公平。赞美祢是可喜悦的！"现在，灵魂将与哈巴谷一同喜乐："我在急难之日必耐性等候。"[41] 它与在海怪肚腹中的约拿一同祷告："我的灵魂在我里面发昏的时候，我仍要求告主！"

但是这位施恩又仁慈的上帝所做的还要更多。祂是那富有同情心和同理心的上帝。除非祂和你一同下到坑里，在那里维持你，否则祂必不会把你放进深

---

[41] 凯波尔引用了《哈巴谷书》三16 的前半段。第二部分如下："等候……犯境之民上来。"凯波尔肯定预设他的读者会理解这篇文章的整个背景。

坑中。祂不会把你锁在门后,反而你会感到祂永远的仁慈臂膀在你下面支撑着你。祂镇静地以祂的圣洁对你说:"在你一切的患难中,我是你的上帝,在患难中,我与你同在。"那么,我优秀的读者,请告诉我,怀着无限仁慈的上帝还能为我们做其他事吗?那么,我们在焦虑中抱怨,不就是缺少爱的可耻表现吗?

　　我们又来到了大斋期的时期。[42] 你是住在离十字架很近的地方吗?你是活进(living into)了耶稣在受折磨的灵魂里所遭受的一切吗?你生活在更深的层次上吗?就是祂在酒榨中独自受苦、没有人扶持祂的时候?就是当祂痛苦至死的时候?当祂害怕得汗如大血点从额前滴下来的时候?哦,当恐惧淹没你时,愿你为这一切感谢你的救主。哦,但愿你能亲近耶稣,少受惊吓,在祂面前得享平安。

　　对一个母亲来说,最令人欣慰的时刻,是当她看到她的孩子因为看到她与他们同在而不那么害怕的时候。你认为耶稣为你所做的会比一个母亲为她孩子做的更少吗?所以,当你感到不堪重负时,永远不要忘记耶稣。当你看到你的弟兄姊妹陷入困境时,就想想耶稣。要再一次说明,因为痛苦是可怕的,但是安慰别人的痛苦是一件蒙福的事。简直如同上帝做事一般!正是你主的苦难才会在你自己的灵魂里结出果实。

---

[42]　这篇默想于1879年3月30日首次出版。

第69篇
把旧酵除净

你们既是无酵的面，应当把旧酵除净，好使你们成为新团。

《哥林多前书》五7

除酵节是逾越节的一部分。这不是我们可以一瞥而过的一件事，乃是一件很重要的事情，曾被两度向以色列予以详细描述。事实上，圣经详细地将它描述为一种说明性的预言，因为耶稣的使徒把逾越节的经文应用于上帝的儿子和祂的教会身上："因为我们逾越节的羔羊基督，已经被杀献祭了。所以我们守这节要除去旧酵，只用诚实真正的无酵饼。"

一团"无酵"的面团是什么意思？酵母会激起面团，使它膨胀得更高，让它发起来。因此，它使面团看起来比实际要大。在我们这个时代，酵母仍然是面包必不可少的原料。圣经称无酵饼为"困苦饼"（申十六3）。它被称为无酵饼，是因没有酵母。酵存在于面团中，会使面包变得轻盈，使我们的消化系统更容易地消化它。面包是维持人类生命之饮食的基本部分，因此它也是人类生命本身的象征。但我们人类的生活实际上是"悲惨的生活"。如果顺其自然，在你内心和你周围，它只会是一种可悲而沉闷的存在。

这就解释了人们为什么总是对刺激感兴趣。我们总是在寻找能让我们超越于日常生活的东西。我们要超越它。人们创造了各种各样的方式让人类的生活更宜居。（我几乎都不敢这样说！）在我们的大城市里尤其如此。那些刺激有赖于创造令人兴奋的事，发挥自己的力量，极尽所能地互相刺激。更糟糕的是，所有属灵生命都被一切与救恩无关的事情所占据！然而，它在尽一切努力展示真正美德及可爱的光彩和美丽。这种虔诚的借口只不过是一种有酵的、自高自大的生活方式罢了！也就是说，这是一种不自然的生活方式，是将野心和骄傲添加到人类内心的结果。这是添加了比食谱所要求更多的东西，搅拌属灵的刺激物，增加压力，提高热度的结果！如果人们在混合物中不加入这种酵母，我们的生活就会像卡费尔（Kaffir）和祖鲁人（Zulus）的生活一样：非常单调、令人沮丧、无味！

有两种方法可以避免这种可怕的糟糕前景。第一种是上帝的方式，而另一种是人的方式。关于后者，也就是人的方式，人们会简单地告诉你，面团就是那样，它不会自己改变。上帝就是这样创造的面团。如果要想从中得到更令人满意的东西，你唯一能做的就是在其中添加一些东西。它们让面发起来，变成一个美丽的、有气孔的面包。但是，当谈到上帝的道路时，人们就会说："不，不要指望从有酵的饼中得救恩。发酵过的面包只是外表好看而已。你只需要等十天左右，它就不再新鲜了，发霉、失去了所有好的香气和味道。"

所以，我优秀的女士啊，你要做的就是不要在老面团里加入让它发起来的添加剂。你需要的是不同的土壤，一种能生产不同谷物的土壤，一种能生产不同面粉和更好面团的土壤。你需要让面团自己发起来，自己工作，产生独特的香气和味道。这样做出来的面包永远不会碎裂或发霉，而是永远新鲜，闻起来很好，即使你把它带到坟墓的另一边也是如此。以色列人若要学习这一切，必先把一切的酵除掉。那时，他们因其苦难，不得不在许多漫长的日子里吃无酵饼。最后，他们必须接受不需酵母而是完全准备好、从天上降下来的吗哪。

上帝又吩咐祂的百姓和祂的儿女，要把一切刺激性、兴奋性、过度的激动，以及有所成就的感觉，与一切的酵都除去。然后，在上帝的安排下，他们会被倒空、泄气、谦卑，不得不在很长一段时间里吃着自己的苦饼。然后，祂会把生命的粮送到他们的嘴中。这就是来自天上的粮，不需要添加不圣洁或人工的配料。使徒说："我们逾越节的羔羊基督，已经被杀献祭了。所以我们守这节不可用旧酵，只用诚实真正的无酵饼。"现在你明白他所说的意思了吗？

你明白吗？你会照着做吗？因为主我们的上帝不会让祂圣洁基督徒的信心，被一种毫无益处的酵所玷污。虽然面团看起来很好，但是这种酵会在面团里不停发酵。上帝认为基督太神圣了，不能做这样的事！不，在你身上，面团需要是更好的面团，不受外界干扰，自己发起来，产出能真正养活你的面包。

这就是你生活应该有的样子。每天早晚，你的灵魂都要吃上一块健康的生命粮，是精心准备、不含任何欺骗人的成分。无论你用手拿起什么，还是嘴上挂着什么，都必须准备好，并且做到完全正直，绝对真实。这面包必须像它应该的样子！可是，只要你的灵魂想要半途而废，那么这就不会发生在你身上，也不会为你而发生。如果你这一次吃了一块用健康小麦烤的基督的生命粮，而下一次你又吃一片按你自己食谱烤的发酵面包，那就不会发生了。

这一切都是关于祂作为生命之粮的身份，无关别的。它要滋养的灵魂，永远不能容忍在所吃食物中混入哪怕是一粒这样的酵。只有这样的面包才能喂饱你。否则，它所有的滋养力量将对你毫无益处。为了生命的粮能滋养你的灵魂，必须除掉最后一点坏酵。

第70篇
不能存活自己性命的人

凡下到尘土中不能存活自己性命的人，都要在祂面前下拜。

《诗篇》二十二29[43]

谁在紧紧抓着复活的主？这位主已经复活，有能力走出坟墓，从死亡口中夺回自己的生命。谁在奔向祂而寻求帮助呢？谁是那个无论怎样都不会再放手的人？[44]你在泉源之处遇见谁？总是会遇见那些口渴的人。谁会尽情地享用他们的食物呢？就是那些饥饿的人。谁在寻找树荫？就是那些酷热难耐的人。请你告诉我，那些跑到从死里复活的耶稣那里抓住祂的人，会是谁呢？绝不放开忍耐他一切所行之事的耶稣的人会是谁呢？诗篇作者在《诗篇》二十二章中所描述的人是典型的这类人！他们就是那些"不能存活自己性命的人"！

你要相信我！我告诉你，那些先试过各种方法，又在其他地方已有尝试的人，当他们最终来到耶稣面前时，他们就是成为祂最忠心门徒的那些人。活着是我们所关心的！人们把一切都押在活着和维持生命上。他们用这些方面来衡量一

---

[43] 最初的经文出处是《诗篇》二十二 3，而实际上经文来自荷文圣经的《诗篇》二十二 30 和英译本圣经的《诗篇》二十二 29。
[44] 这篇默想发表于 1879 年 4 月 13 日的圣周期间。这点有助于我们理解这篇默想。

切。每一种会呼吸的生物都在挣扎，努力工作以维持生存。我们的一切奋斗和努力都是为了过上更充实、更丰富的生活。人的心灵和头脑都决心这样做。通过生活，我们也一直在挣扎着思考，到底什么是真正的生活意义。当生活不像它应有的方式发展，死亡却以某种形式入侵，我们就灰心了。我们变得失望又紧张。最后，无论我们有多长时间在挣扎、拒绝这个问题，都会把自己摔倒在地，躺在尘土中。这整个过程代表了失去快乐满足之生活的深刻悲剧。

　　这解释了为什么我们会与死亡作斗争。那些认为生活是由物质构成的愚蠢之人，通过获得物质行了肤浅的事。然而，那些通达之人会明白，灵魂乃是人类存在的本质和核心。他们宣告："我需要专注于我的灵魂。灵魂需要维持我的生命。"所以，他们很自然地关注属灵的维生素和增强灵魂的药物。哦，这种能力，这种改变冰冷灵魂的奇妙能力取决于你能找到一种方法，首先让它活过来，然后让它活下去；要找到一种方法来做到这一点，而不会长时间地破坏它与我们肉身存在之间的关系。于是，这就是一种竞赛了。

　　有人想在一个特别虔诚、不自然且苛求的灵性生命中找到它。另一个人希望透过行为诚实、有美德、严肃认真而获取它。第三个人则坚定地用慈善的施舍折磨自己，认为这会给他们带来某种魔力。但是，在努力做到诚实正直的过程中，他们当中任何一个人，无论多么烦恼和挣扎，都是没有用的，因为这不能使他们更接近所追求的。这三个人最终都会到达那一步。那个超级虔诚的人是这样，那个完全诚实的人是这样，那个折磨自己的女人也是这样。因为这个问题不会因你有好衣装，或在别人那里有好名声，或有坚决的自律而得以解决。这个问题在于生命有赖于灵魂而活着！这取决于一种能够应付任何事情且永不放弃的生活方式。但遗憾的是，这一切属灵的维他命都不能让你有丝毫更接近问题。因为你太弱了，无法实现你想要和渴望的。也就是说，你无法决定其他任何事。你完全没有能力"维持自己的灵魂活下去"。

　　你必须意识到这个事实，必须不只是含糊其辞地表达，而是必须完全坦率，并发自你的灵魂深处。你的心要在其中！在上帝和其他人面前，你必须说："不！""啊，我的上帝啊，不！""啊，我的弟兄，不！""我不能维持我的灵魂活下去了！""我想这么做，我试着去做，我工作得如此努力，以至于我的灵魂都在流汗！""我本来会自己做，本应自己做。如果我足够热情地渴望它，足够想要它，有足够的坚持，我最终会成功的。""我心里说：'我的上帝啊，祢因怜悯，必顾念我的苦楚。最后祢一定会祝福它的。'""但是，事实并非如此。上帝并没有像我希望的那样回应我。祂，那独一的圣者，却反其道而行之。祂毁了我所有的努力。祂的波涛淹没了我。祂的强风吸空了我的肺。""因为我现在知道，祂爱我比我爱自己更深切。这就是祂留意要让我所有努力都白费的原因。这就是我选择的所有道路都被切断的原因。它们都以失败、挫折和失望告终。最后，我所有的虚荣都消失了。我任性的决心消退为我的羞愧。结果，我终于承认了一个我曾不愿向全世界承认的事实：'我做不到！我不能维持我的灵魂活下去。无论我做什么或试图做什么，都无能为力。我所做的每件事只会使我的灵魂更加麻木。它消耗了我的体力，几乎要了我的命！'"

如果这样的人最终惊呼"维持我的灵魂活下去，这我根本做不到"，那他们就已经在庆祝一个真正的逾越节了。我告诉你，如果这样的人再次听到关于耶稣的事，关于耶稣从死里复活，关于耶稣透过祂所经历的托住他的生命，从而证明了祂可以"让自己的灵魂活着"，那么我直白地告诉你，很显然，我优秀的读者，你当然不需要告诉这样的人"去耶稣那里就好"！

"去耶稣那里就好"？那个人已经在那儿了！他们已经抓住了耶稣。祂的生命就是他们的生命！你知道，这正是真正信心的奥秘。在逾越节的时候，为使你亲眼看见耶稣还活着，你首先要亲眼看见你自己已经死了！哦，生命并不在于庆祝活动的兴奋和欢乐。除了那些躺在尘土和死荫里的人，那生命的主宰不会向任何人显现！

第71篇
叫我们与祂一同复活

祂又叫我们与基督耶稣一同复活，一同坐在天上。《以弗所书》二6

这是何等的神迹！我的弟兄姊妹，你和我已经"与基督一同复活了"！这是什么样的奥秘？那将会是怎样？在祂死时，我们与祂一同埋葬，与祂一同复活，一同坐在天上？也就是说，我们与祂成为了一棵葡萄树，在祂死和复活上与祂一样了。圣经并没有说"祂将要使你们与祂一同复活"，而是说"祂已经使你们与祂一同复活了。"圣经并没有说"祂先叫基督复活，后来又在另外一个时候，也叫你们复活"。它乃是说"基督和你们是在同一时间、同一时刻复活"。你的复活与基督的复活紧密相连。

这里并非关于你死后复活的讨论，也没有提到你在归信过程中被赋予生命的举动。不，这里丝毫无关乎只会在几年之后发生的某件事，或者是最近才发生的事。这经文讲的是曾发生在1800多年前，上帝在你灵魂中的一次行动！

不过，这难道不是令你晕头转向吗？这难道不是极其荒谬吗？它岂不是完全违背了人的一切感知和理性吗？你真的在你真正出生前的许多世纪就已经复活了吗？甚至在你父母出生之前？在约瑟的墓园里，在那从来没有葬过人的坟墓里，你真的在彼时彼地就复活了吗？巨大且大能的恩典举动让所有天使和撒拉弗都唱起歌来，它真的已在你身上发生了吗？哦，这绝对是一个神迹，一个深不可测的奥秘，一个无解的神圣全能之谜。

那么，我可以问你一个问题吗？你相信有一场由罪引起的大洪水吗？你真的相信在那场洪水中所有属血气的都死了吗？例如，所有的羊羔都死了。所以，当洪水退去，除了那些和挪亚一起从方舟出来的羊羔，再没有其他羊羔在世上的草场吃草了。你相信吗？好，如果你真的相信，请允许我再问你一个问题。从那时起，地上的所有羊羔不都和挪亚的羊羔一样得救了吗？那么，如果这些羊羔没有得到保护免于洪水带来的死亡，那么所有后代的羊羔都将与它们一同灭亡，不是吗？在本质和身份上说，后来出生的所有羊羔，岂不都与那少数几只羊羔紧密相连吗？

因此，如果我说现在活着的羊羔是和挪亚方舟里的羊羔一起保存下来的，这就不只是一种想象，乃是事实上完全清晰的现实。难道不是吗？你思考这件事时，这岂不是一个很有用的角度吗？为什么我要谈论羊羔呢？挪亚的儿子们不也是这样吗？当我说到在方舟里的人，这仅仅是一种想象，还是一个现实？如果他们没有被保存下来，整个人类就会灭绝。因此，就自然生命而言，所有人类都被拯救、获救了，并与挪亚一起在上帝的方舟里得到保存。

如果你理解并同意我们所说方舟的事适用于肉身生命，那么同样清晰的应用岂不也适用于耶稣和祂在另一场洪水中所做的拯救之工吗？祂保护人们免于死亡和毁灭的事，岂不一样适用吗？看哪，保存羊羔的方舟只是选民在救主里寻得避难所的一个象征和原型。这不仅仅是那些讲寓言故事的人说的，而是圣经本身所说的。用耶稣的血施洗，字面上就"象征"了挪亚一家八口从洪水中得救（彼前三20-21）。

在这里发生的事是如何象征耶稣的呢？这种象征绝对借着以下完全清晰的方式呈现出来了。祂担任了弥赛亚的职分。通过成为人子，耶稣不仅仅是取了人的本性，也成为了新人类的元首，因此这就包括了所有将成为上帝儿女的人。祂以高天大祭司的心肠拥抱了他们。在父将我们赐给祂之后，祂就以永恒的爱使我们归于祂。从那一刻起，我们就住在祂里面，在祂的心里，在祂那高天大祭司的位格里！从那一刻起，我们就在祂里面。我们在一切罪恶中仍然不洁净、不圣洁；但祂作为上帝的羔羊，将它们都除去了。

于是，祂与所有跟祂系在一起的上帝儿女一同站立，从前活过、那时活着、现在活着和后来要来的人都是如此。凡蒙拣选的族类都被系在人子身上。因此，基督就沉在本属上帝儿女的不义洪水之下，这洪水漫过祂的心。这些罪使祂背负"上帝怒气的巨大重担"。祂就是这样遭遇死亡、下到阴间、在诅咒之下被葬。然而，被埋葬的不是只有祂自己，我们也与祂一起被埋葬，因为我们在祂里面。祂下到哪里，我们也下到哪里。当祂死时，我们也死了，与祂一同埋葬。当祂躺在坟墓里时，我们也系在祂心上，躺在那坟墓里。在祂里面，我们与祂分享命运！

祂复活的时候，挣开了死亡的绳索，胜过了阴间和坟墓，但并没有把我们从祂心里打发走。我的弟兄姊妹，祂没有让我们只躺在坟墓里，而只有祂一人取得胜利。不，祂带着我们一同复活，和祂一起走出坟墓。当祂重新活过来时，我们就和祂一起跨过了门槛，走出了废墟，开始了新生活。过了四十天，祂升天，但没有把我们留在地上。祂乃是把我们紧紧地抱在心里，又带我们同祂到高天之上，现今和祂一同坐在天上。因为祂在自己心里为我们祷告，我们就在祂心里也可以得着平安。

现在你明白了吗？你看清楚了吗？如果你仍然问："但这些事情怎么可能是真的呢？我怎么可能在出生前几百年就在耶稣里面了呢？"我只能这么说："亲爱的先生，难道你不知道有一个'新人'将从你身体里诞生，取代'旧人'吗？"这新人不就有"上帝自古就预先知道"的本体的种子、根与内核吗？作为上帝的孩子，除了在基督耶稣里，还能在什么地方让这些事成为你的呢？

所以，我现在直接告诉你，这一切里面隐藏着一个奥秘。如果你有眼光看到这奥秘，那么正是这同一个奥秘，在每个春天的每颗花的种子和每个小鸟巢里重复。如果你看到，你就永远不会说："这些事在本质上我是清楚的，但关于我在基督里，却一点也不明白。" 在基督里只有一个可怕的问题："你对自己的呼召有把握吗？你使你的拣选坚固且确定吗？" 回答这些问题就是在基督的死中与祂同死，与祂一同复活，与祂一同坐在天上，并常在弥赛亚的心里。"上帝儿女"的荣耀头衔确定会属于你。在神圣真理的永恒深处，你真的是这样的人吗？不是因为你盗用了"上帝儿女"的头衔，而是因为在纯粹恩典的基础之上，这头衔就是你的权利！

第72篇
暂住与归属

我们坦然无惧，是更愿意离开身体与主同住。《哥林多后书》五8

停留在某个地方和归属于某个地方有什么区别？仔细想想，看看它是否能归结为以下三点：（1）你更少强调你暂时居住地的不便；（2）你的身份和地位是更多地基于你真正所属的家庭；（3）你一切永久性的安排都是为了你真正归属的家。至少这是我们在日常生活中看待事物的实践方式。

去和某人住一段时间，或者像我们通常表达的那样，和他们住在一起，然后请注意你对小麻烦很容易不以为意。而在家里，一切都让你烦恼，你能忍受的很少。当事情不像你想的那样时，就会沉重地压迫着你。然而，如果你住在其他地方，事情有些困难，不是你喜欢的，或不是完全符合你的需求，对你来说有什么关系呢？这一点都不重要，只要你摆出一副友好的面孔，什么也不说，就能应付自如。如果有人跟你谈这个问题，主动提出帮忙，那么你就会承认，并马上回答："哦，这没什么！"

所以，我想说，既然在地上，你实际上只占有你的身体，那就把它想象成我们所说的临时住所吧。那么，你为什么不同样以随和的态度对待那些妨碍你生活的种种不便呢？比如，你的身体不能做你想做的事而造成的不便！不要把事情看得太严重。你可以这样想："我只在这里待一会儿而已。"你可以这样说："哦，这没什么！"这就是健康的态度。如果路上有一些颠簸，如果我的床不像我想的那样舒服，或者事情没有按照我想的那样发展，那都不算什么。这不是我的房子，规则不是我定的。我没有资格坚持要求别人满足我的要求。我只是暂时待在这里。

是的，"没事"！如果你生病的身体让你不能做你想让它做的事情，那也没什么。它本来就不能像你的灵魂那样轻快地行走。如果你经常会有此类问题，那这就是你疼痛和痛苦的根源。所以，你也应该能这样说："这没什么！只是我的身体而已。我不能责怪自己出了什么问题，我当然也不能做什么。"当事情很棘手时，人们往往只能保持沉默。但你仍然可以做一些事情，完成一些事情，只要你永远不忘记，在目前的情况下，你至多只是短期占据你的身体而已。实际上，你并不住在这里，这不是你真正的家。

说到这里，我们就很容易谈到下一个更高级、更高层面的考量：你的身份和地位更多是基于你真正所属的家庭。因为，即使在社会上，一个人的地位也并不取决于他所住的房子，不是吗？这无疑取决于你父母的家庭，那才是你自己的家。这岂不适用于我们现在所讨论的问题吗？一个国王可以在小屋里过夜，但他仍然是一个国王。同样，如果你有耶稣为你的弟兄，你承受你天父的家，那你将永远都是"天国里的王子"。因此，如果你为了在地上获得更高地位而忙忙碌碌，冒着失去你在永恒国度荣耀地位的危险，这岂不是在嘲笑祂吗？那岂不是让你内心真正欣赏你所拥有的荣誉和神圣价值吗？在你内心深处，知道这是坚固的真理，而且是纯粹出于恩典，难道这对你不是意义深远吗？这对你的身份与地位的荣耀理解会有什么影响吗？这会让你对所指定给自己的地位感到平静且满足，让你心怀感激地接受它吗？与此同时，你会在你所做的一切中，尽一切努力来表达你荣耀地位更高贵、更精致、更崇高的方面吗？在你一切的行为中会如此吗？在所有与他人的互动中会如此吗？

只有你真的视你真正的家是在耶稣里，才会如此！只有你记得上面的卧室是为你敞开，才会如此！只要你相信，天上的上帝何等强烈地渴望并等待你回家！相信这一点，只要你愿意从你灵魂深处对那些在上的、你称为自己家人的人表达你永恒的爱就好！

紧随这之后，而且几乎是自然就得出的，便是第三点：你所有的永久性安排都着眼于让你感觉最自在的地方。在这点上，人们在日常生活中几乎没有意见分歧。当来到必须作重要决定的时刻，每个人都无一例外，从不考虑那些他们只是暂时相处之人的意见。反而，很少有人会不认真考虑他们家庭圈子里，就是他们会感到完全自在相处之人的观点。每天发生的小事都很容易解决，但这些事跟这里所说的无关。相反，那些具有持久意义，并且将有持久影响力的事件，绝非偶然发生。每一个人都会在这些事上有长期和深刻的反思。他们会从个人机会和处境的角度来考虑这些问题。当涉及评判和估计这些事时，他们不会愚蠢到听从那些他们只是暂时与其同住之人的建议。反而无一例外，他们都严密关注在自己称为"家"的地方带来的重要影响。

就这个问题，我要问问你，我的灵魂，这里是否有什么可以适用于你。你说你离开了你的救主，你只是暂时住在你的身体里，难道我们没有此地的义务吗？在生活中所有重大事情、严肃考虑的事和关键的决定中，我们难道会愚蠢到无法形容的地步，以至于只是以肤浅的方式评估事情，就像我们衡量世俗之事一样吗？对于基督徒来说，当如此行时，唯一值得尊敬和允许的，就是与主一同来应用在上面的家中的标准。

在这方面，夸张会造成损害。我们不能把这些难以置信的崇高和神圣准则，用到每一个无关紧要的决定中。这将给我们提出我们无法做到的要求。这是不自然的。它会错过这里所强调的要点。在次要的事情上，我们可以考虑今生的机会。我们必须在这个基础上进行。然而，当涉及生活中的重大决定，影响人们实际居住地的决定，以及影响孩子生活的选择时，情况就不同了。甚至当结果会是什么、它们是否会产生持久的影响、它们会对你自己的未来产生什么影响都不那么明显的时候，情况也是如此。我的弟兄姊妹们，在此情况下，我只能告诉你们，我们应该实际一点，按照每个人的具体情形去做决定。但我们在做决定考虑时，不是应该考虑暂时栖身的房子，而是应该考虑真正像家一样的地方。诚然，如果在我们身上找不到更高层次的精神，你会怎么想？我们真的喜欢与主同住家中吗？

第73篇
因一人

> 这就如罪是从一人入了世界，死又是从罪来的。《罗马书》五12

保罗被圣灵感动，用了两种几乎相同但又稍有差异的表达，就是关于死之起源的表述。我们在《罗马书》五12读到："这就如罪是从一人入了世界，死又是从罪来的。"《哥林多前书》十五21的内容几乎相同，但又有所不同："死既是因一人而来，死人复活也是因一人而来。"它们之间的区别就在于此。《罗马书》五12明确地说罪是"从一人（through a single man）入了世界"，而《哥林多前书》十五21只是简单地说"死既是因一人而来（through a man）"。这种差异在翻译中不那么显著，但在希腊文中是显而易见的。在《罗马书》五12中，数字"一"被有意地加在原文中，而《哥林多前书》十五21仅仅说"死是因一人"。

这里有矛盾吗？一点也没有。至少，如果我们认为圣灵想要在《罗马书》五章和《哥林多前书》十五章中揭示一些完全不同的内容，那么情况就不是这样。在《罗马书》五章，盟约元首亚当与盟约元首基督之间，有一个完全和决定性的比较。这就是为什么我们要强调，对上帝而言，我们面对的不只是我们个体的罪，因为亚当的罪被加到了我们的账上。我们要进一步澄清，重点并非是罪的起源是许多个体。一切罪都起源于一个人，即亚当。

相比之下，圣灵在《哥林多前书》十五章中想要揭示的是，死的根基并非在自然中，乃是通过一人进入自然。与此思想一致的是，祂还说荣耀的复活并非通过自然的力量而实现，乃是通过与死亡曾进入的同一路径而实现，即通过一个人。按照我们的说法，我们可以说死亡并非一个完全自然的事件，乃有属灵的维度。同样，复活也不可能只是一种自然现象，反而必然带有内在的属灵力量。然而，这种属灵元素并不存在于自然中，而是居住在地上所有生物中独一无二的人性内。因此，死亡和复活不能只通过人类的手段来实现。第一句是表达上帝的忿怒，第二句是表达祂的恩典。

然而，如果有人基于这种解释就认为，《罗马书》五12和《哥林多前书》十五21是矛盾的，那就大错特错了。相反，圣灵在《哥林多前书》十五章所启示的，虽未强调此点，却恰是有意设计的，意在传达死亡和复活都是通过一人来到这世界。

这里可能存在两种截然不同的立场。人们肯定会问："死亡和复活的现象是属于缺乏灵魂的自然，还是属于拥有灵魂的人类？"对于这个问题，《哥林多前书》的回答是："不是自然，而是人类。"但也有人可能会问："怎么会呢？它们是源自每一个个体，还是从一个作为元首的人传到其他所有人身上？"对于这个问题，《罗马书》五12和《哥林多前书》十五21都回答道："并不是源自每一个个体，所有人都是源自一个人，这个人乃是第一个存在的人，是他们盟约的元首。"

因此，《哥林多前书》十五22继续写道："在亚当里众人都死了，照样，在基督里众人也都要复活。"这个明确的解释，由句首的"因"（for）的因果用法得以清楚表明。毫无疑问，它表明这个思想建立在前面的经文上，而且也明确要求在第21节对人的提及不能直接理解为每个人，而应理解为第一个人，即所有人类的父，我们立约的元首。在第23节中有更详尽的解释。我们在那里读到："但各人是按着自己的次序复活，初熟的果子是基督，以后在祂来的时候，是那些属基督的人。"这里有两种观点。其一，人类未被视为一个松散个体的集合，而是属于一个确定的、有机联系的承续。其二，在这种有机合一里，基督是最初的果子，是始祖，是最初的人，而其他在基督里的人只是从属的。这些人是指那些在属灵上从上帝而来的人。

就这句话而言，"死既是因一人而来，死人复活也是因一人而来"。根据上述无可争辩的有关合一的论证，我们不应认为它只意味着死亡的起源在于人的行为，而非自然的律。相反，它的正确理解是，这个表达中的"人"意指始祖、最初的人、盟约元首。因此，在这两处经文中，我们都在讨论"一"的概念。正如每棵树都有一个始祖，每一个盟约只能有一个元首。诚然，对于这个重要的表述，我们需要拒绝其他任何解释——不仅因为其下文，还因其上文的内容。

然而，又有话说，基督不但从死里复活，而且在复活的时候，成了初熟的果子，就是成为一切已死但有一天要在祂里面复活之人的始祖、盟约的元首和根源。现在，鉴于此推理脉络，圣灵实际上在说："死亡是通过一个人来到这个世界，这是很明显的，这确实是通过每个人的始祖发生的。复活也只能从一个人来到世上，这也是通过一个人而来的，祂是所有复活儿女的初熟果子或盟约元首。"

这段与《罗马书》五12的一致，不应由于"因一人"中所强调的"一"而变动。[45] 我们绝不应只考虑这一方面，而忽略了与整个背景相关的思路。相反，考虑到上下文的经文，《哥林多前书》十五21中的"人"，除了指同为所有得救之人的长子、始祖、源头、盟约元首，不可能、也不应该有其他的理解！这才是我们要找的重点。

---

[45] 这里凯波尔所强调的观点，是关于荷文中放在数字1上面的两个重音符号：één。

第74篇
作上帝的工

信上帝所差来的，这就是作上帝的工。《约翰福音》六29

工作和相信彼此矛盾吗？工作不是基督徒应该庆祝的事吗？不做任何事对他们来说是光荣的吗？懒惰要成为他们荣耀的冠冕吗？若非如此，工作意味着什么？这难道不是生命的一种表达吗？这难道不表明他们还活着吗？不是说他们是活着的、会呼吸的人吗？死了的人不能工作。人们晚上不工作，伸直身体、无意识的人也没在工作。但大牧者的声音在向一切有生命的人呼喊，向所有被光所照的人呼喊。祂向每一个知道自己存在的人、每一个活着的人、每一个站在上帝面前的人说："趁着白日，我们必须作工；黑夜将到，就没有人能作工了。"不，我们需要避免的不是工作，而是为自私的原因工作。我们不像蚂蚁那样，为了享受采集到的东西而采集。我们更不像蜘蛛那样，为了产生毒素而囤积。我们乃是像蜜蜂一样在蜂巢里产蜜，不是为自己，而是为卖蜜的养蜂人。

那么，耶稣基督的教会就需要像蜂巢一样。在那里，每个人都努力做出自己最好的贡献。他们不间断地使用自己的恩赐，以便从蜂巢中倾倒出最纯净的蜂蜜。他们这样行，不是自己要吃那宝贵的初酿蜜，乃是要献给全教会所属的主，为要尊荣祂。如果有人问耶稣是否明确说过"上帝的工作都是关于相信耶稣",那么我们给出以下答案:"当然,只要你确信这一点,并且按照祂规定的方式去做!"

当论到认识真理时,要相信。这意味着我们要把自己当作一个彻底的傻瓜,来尊荣耶稣为"上帝的智慧"。就赎罪而言,还是要相信。这就是说,在偿还我罪债时,我连一粒沙也拿不出来,也不能献上;在赎罪之工上,耶稣才是阿拉法和俄梅戛。在找寻前进的路上,还是要相信。这意味着我不敢依据自己的洞察力前行,而是要一步步地紧跟耶稣,那位我信实的大牧者。当大海狂怒,海浪拍打着我的救生艇时,依旧要相信。这意味着完全确信。如果我依靠自己划船和导航,就将死去并被人遗忘。这也意味着我只能依靠耶稣,是祂平静地用祂神圣的手握住我的舵柄。当生活中充满了挣扎时,要相信。那它就意味着,我相信如果结果取决于我自己,甚至在我还不知道时,我就会跌倒、被完全打败。这也意味着要完全相信,只要我的保护者带领着我,用祂的盾牌护着我,就没有箭能刺穿我,没有矛能刺穿我。

所以,相信总是有不同的意义,它取决于手头的事情,取决于你将要面对的事情,取决于问题是什么和所讨论的内容。生活中的每一种情况都提出同样的问题:"现在怎么办?" 对于这个问题,总是有一个相同的答案:"相信耶稣!" 永远相信!除了相信,什么都不要做!当涉及你的工作时也是如此。即便在工作时,还是要相信。然而,它也涉及专门适用于工作的相信。

假设有人正在建造一座宫殿。早晨,木匠、泥瓦匠和工头都来了。他们必须开始工作。但是他们应该如何开始工作呢?他们每个人都应该按照自己的想法,采取自己的方法吗?当然不行!相反,他们应该信任建筑师!他们应该相信,如果他们不遵循他的计划,不听从他的指令,不参考他的蓝图,就不会有好结果。他们还应该相信,如果他们毫无疑问地听从他的指示,一切都会好起来,一切都会到位。所以,他们应该无条件相信建筑师。他们应该相信他,知道他在他们行动之前就已预期到了一切。这应该给他们信心、激励他们。他们应该相信,建筑师就是把他们绑在一起的无形纽带。他们应该相信他,因为知道他提供了在建筑工地上建造墙壁所需的一切材料。

耶稣的建造工程不应也是如此吗？或者说，耶稣不就是在建造一座赞美的殿，让上帝的荣耀闪耀其中吗？祂的整个教会不都在忙着建造圣殿吗？如果这个工程有好结果，难道你不应该把你整个生命，所有力量、金钱、财产并你的爱，都奉献用以建造这殿吗？但是，你应该如何参与这项工作呢？当然不是用你准备好又带来的材料，而是用耶稣提供的材料。岂非如此吗？当然不是通过遵循自己的想法、倾向或良好的意图，而是通过相信那一位建筑师。相信只有祂知道一切，完全理解一切。通过祂的眼睛看事情，被祂的灵所鼓舞，完全相信祂的圣言，就是祂在你灵魂中所说、所低语的。是的，通过相信祂才是那独一且全备者，可以避免陷入你自己拙劣的失败中，你正是在祂里面寻得成全。

　　请想想此事。当一段墙完成后，你退后一步，从远处审视它，你喜欢你所看到的，你的灵魂感到内心需要说点什么。那时，你不会对路人说："看！是我砌的砖头！"不，你觉得自己需要惊呼："看那美丽的景色！这就是耶稣所命令的。祂配得所有荣耀！"我优秀的读者，那就是你在内心深处找到平安的时候。因为这样，你就能以唯一令人满意的方式完成你的工作：借着相信你的主！

第75篇
升到祂原来所在之处

> 这话是叫你们厌弃吗？
> 倘或你们看见人子升到祂原来所在之处，怎么样呢？
>
> 《约翰福音》六61下 – 62[46]

就我们君王的升天而言，由于我们对祂返回的天堂的关注，我们可能永远不会忽视升天、升上去的现实，或被高升的事实。然而，我们的思想不应该只是关注耶稣在天上而已。反而，我们首先应该集中于它在今日被人所称呼的，以及它被历代所铭记的方式。它应该是对耶稣升天的纪念。那样，我们将以感激的方式，按主自己指示的方式来纪念升天，也就是对比祂早先从天上降临的事实。祂再一次被接回到祂先前的荣耀里，与这降临正好相反。

我优秀的读者，否则，你怎么能理解耶稣对迦百农的百姓所说的那句，让他们难以理解的惊人之语："我是从天上降下来生命的粮"呢？就是那时，主对他们说："这话是叫你们厌弃吗？倘或你们看见人子升到他原来所在之处，怎么样呢？" 我们需要注意的问题核心，是第一次从天上降下和再次升天之间

---

[46] 凯波尔原文的经文出处只有《约翰福音》六62。

的对比。只有在"先降下"的背景下,我们才能理解"再升上"的本质。

你是在问这里涉及什么、说了什么、在这些里面有什么更深层次的想法吗?你看,许多人跳进了小溪去救溺水的人,结果自己沉下去,再也没有上来。他随着所同情的对象一起死了,沉到了水底,牺牲了自己。然而,对我们的中保来说,情况就完全不同了。为了抓住我们、紧紧抱住我们,祂跳进我们的不义和苦难的溪流。祂把我们从悲惨的洪流中拉出来、带到水面之上,这和那些有心无力的人完全不同。祂把失丧者抱在怀里,心里想着祂的新妇,紧紧抓住祂赎买的人!祂的降下是祂满溢之爱的表现,但升到天上就显示了祂势不可挡的力量。

从荣耀的宝座上下来,需要怜悯与同情。走下来,进入一个女人的子宫,在这个可怜的世界成为一个可怜的男人,作为世界上最受鄙视和拒绝的人而受苦,承受最痛苦的死亡重担!这就是拯救工作那么辉煌的原因。这就是爱罪人的意义,爱就代表舍己。这反映了上帝的决心和完全恩典的胜利。

升天却完全不同。在一个孩子溺水后跳进小溪,是任何一个有爱心、同情心、舍己和怜悯心的人都会做的事情。其中就包括小男孩、瘸子和孩子的母亲。但是,谁能把孩子拉到安全的地方呢?唯有有能力把自己也拉上去的人!这种升上不是依靠爱或怜悯,而是依靠力量、能力和所需的才能。它有赖于能统管河流、风和洪水的强大、宽长的手臂。

你在哪里能找到满溢的爱和势不可挡的力量这两者呢?在地上,它们不是几乎总是对立的吗?一个非常坚强的人,难道不总是缺乏爱和温柔吗?难道不是好像别人几乎总是利用那些特别有爱心的人吗?不是他的力气都白费了吗?他的悲惨命运不就是失败吗?"上帝受苦的仆人"这美丽而动人的名字,岂不适合每一个在爱与能力的争战中屈服的耶和华的仆人吗?在这场斗争中,难道不是那些最弱小的人,在渴望利用这个世界的资源进行斗争吗?他们要从上帝那里得到冠冕,却在冲突中屈服了!

看!这一切可能看起来可爱,或悲惨,甚至会令人情绪激动到泪眼婆娑。但是,你说这对你没有吸引力!耶和华上帝不会以悲剧作乐。对上帝来说,死亡绝不是一场游戏。即使对最显著的道德伟大的展示,只要它只是一种展览,那么就远不及上帝的神圣威严。不，耶和华上帝会拯救，实际地拯救！祂拯救肉体和灵魂。真正美丽的事物不是拯救之爱表面上的失败，尽管那可能是悲情般动人。不，唯一真正美丽、动人和神圣的，是得胜的救赎之爱。它不仅会下降到水流，也会从水流中升起。祂不仅成功地从水里升了上来，而且把落水者一同从悲惨的水中抬了出来，把落水者安置在祂原来坐过的宝座上。

我优秀的读者们，这就是为什么耶稣的升天如此美好。这就是为什么它如此庄严和彻底辉煌，因为我们在此处看到了压倒性的力量——这是彻底的胜利。在这里，我们再次看到祂从一个庄严而美丽的挣扎中高升。在这里，我们看到祂攀登得更高，被举起来，直到祂终于回到"原来所在之处"！

纵有一切反对，祂仍在那里。自然律反对祂，环境对祂不利，祂所取的肉体反对祂，连门徒心中的爱也抵挡祂。这一切都把祂往下拉，压住祂，阻止祂升天。即便如此，也没有什么能抵挡祂。祂征服了这一切。祂升上天。

哦，神圣全能的神迹！在上升中，祂带着整个被救赎的教会与祂一同升到高处：那些住在上面的人，现在那些还活着的，还有那些将要活的人，所有上帝的儿女！看！看祂站在天上，怀里抱着祂的珍宝，那就是救赎者的灵魂。所有天使都崇拜祂，所有殉道者和先知都跪在祂面前。天父在给祂戴上冠冕！

第76篇
自隐的上帝

祢实在是自隐的上帝。《以赛亚书》四十五15

上帝岂不是主动启示祂自己吗？我们一定要搜寻，才能找到祂吗？我们必须紧紧抓住祂，这样祂才不会把我们拒之门外吗？我们必须坚持下去，上帝才能向我们显明祂的荣耀吗？在我们心里，我们对事情的看法如此不同！

我们以为我们的罪像一层薄雾升起，使我们看不见那独一的圣者。我们以为凭自己的手触到了使我们不能看见的永生上帝的幔子。关于耶和华上帝，我们想象祂是一位启示自己的上帝，祂凭一切仁慈的能力努力作工，通过祂儿子的血穿透阴霾、撕下幔子。我们想象着，祂最终会找到我们、穿透我们的灵魂，用令人欢喜的祝福之语对祂的子民说："看哪！耶路撒冷啊，我在这里。看哪，你的上帝在这里。"然而，这似乎不可能，因为以赛亚强调："祢实在是自隐的上帝！"他不是说"目前祢还是隐藏着"或"祢不知不觉地隐藏着"。不，他乃是说："祢是上帝，祢的神性要求祢按照自己的意志行事，那就是祢会隐藏起来！"

这有什么意义呢？先知在这里想说什么？如果我们读《以赛亚书》的上下文，

这句话直接的意义及上下文的含义都毫无异议。以赛亚是在以色列最深的屈辱中说这话。他谈论此事时，是考虑到以色列将在巴比伦经历的更深重的苦难。现在，他在预言，上帝之所以明显抛弃祂的子民，实际上只不过是祂为荣耀以色列而精心计划、选择并且实现的方式。《以赛亚书》四十五15说"祢实在是自隐的上帝"。这意思直截了当："祢隐藏自己的计划和决定，祢不让人们直接知道祢的意图。"

以色列本以为发生了完全不同的事情，以为上帝收回了对百姓的爱。因为他们害怕因自己的罪，耶和华的信实就永远粉碎了。她把上帝描述为在怒火中烧时没有爱心的样子。但回头来看，很明显，在这一切中除了爱的冲动，没有别的，上帝完全不同于人们根据祂所行之事而认为的上帝。这就是为什么这并非哀歌，而是欢乐的庆祝："上帝啊，祢使我们全然惊奇！祢与我们想象的完全不同。我们何等误解了祢。祢实在是自隐的上帝！"

这种更深层次的见解依旧不完全令人满意。这是因为，虽然这句话和我们在其他地方读到的意思一致，但在另一层意义上，它又完全不同。在其他地方，我们读到："我的意念并非你们的意念"、"隐秘的事属于主耶和华我们的上帝"、"祂的判断何其难测"。保罗又说："祂的踪迹何其难寻！"可是，这里所表达的完全不同，因为它触及上帝存有的一个特征，表达了祂的意志，代表了上帝作为上帝而有意做的事情——"祢实在是自隐的上帝。"

显然，在这进一步解释的背后，隐藏着一个更深层的原则。此原则能俘获灵魂，就像一些在水的更深处的东西，透过水面反射而闪闪发光一样。人们会仔细观察，想要理解它。这更深层次的原则真的如此难以理解吗？还是说，只是因为事物独特本性的高贵、纯洁、温柔，才保持隐藏呢？

奸淫的女人，人人都称她为"公共女人"。但清洁贞洁的年轻女子，总是隐藏起来。我们的身体是可见的，可以在公共场合看到，但我们的灵魂是隐藏的。就身体而言，像手和脚这样不太吸引人的部位可以看到，但是像肺、心脏和血液这样更重要的器官，被隐藏起来了。当然，当一个人因羞愧或兴奋而脸红时，血液也短暂地可见。

这个原则是普遍正确的。路上有一块鹅卵石，大家都可以看到，但矿井深处会藏着金块。在任何海滩都能找到蜗牛壳，但你必须潜到隐藏的深处，才能找到含有珍珠的牡蛎壳。星星在昏暗的夜色中会开始闪耀，但它们会躲在阳光下。所以，上帝不就是应该隐藏起来吗？祂是天地间一切纯洁、好名声、可爱、高贵事物的源泉和枢纽。如果祂把自己完全暴露在祂的创造物面前，把祂神圣之心深处散落的珍珠交给狗去翻腾，祂还能是上帝吗？

  一位对任何人都是透明的上帝，难道不是毫无深度的上帝吗？难道祂不是一个缺乏私人内心生活的上帝吗？难道祂不正是一位缺乏最深、最内在、使之为上帝的神圣存有吗？学习认识上帝，就是学习以更亲密、更深入、更准确的方式认识上帝，这岂不是上帝的儿女在地上以及永恒中蒙上帝允许的唯一最蒙福的努力吗？如果你真的可以说，"我现在已经完成了对上帝的认识"，"我现在完全理解祂了"，"现在，除了学习认识上帝，我已经没有什么东西可以学了"，那么会是什么样子？难道你的蒙福感不会同时消失吗？在天上永生的魅力难道不就消失了吗？

  如果这种完整的知识持续存在，还会有什么永远隐藏的深奥有待发现吗？若是如此，你就能找到上帝存在的界限，那么上帝岂非不再无限，事实上也不再是上帝了吗？如果上帝不再隐藏，你的上帝还能再得着全然的荣耀和颂赞吗？

  我的弟兄姊妹，如果上帝不再隐藏，你不就会停止敬拜祂了吗？这一切都只是为了让你承认自己的灵魂不可能了解上帝吗？如果一个人从来没有潜入水中去采珍珠，它不就会一直藏在水的深处吗？如果人不开采黄金，黄金不就会被埋在地下吗？如果你不逐渐了解你妻子的灵魂，她的灵魂不就一直隐藏在她肉体的面纱之后吗？

  在有关上帝的事上，这有什么不同吗？或者，当祂要求人们潜入深处去接近并找到祂时，祂是要求太多了吗？祂要求人探索祂存有的深处。他们在挣扎中测试和探索，以便抓紧祂。上帝不是允许所有关于祂荣耀存有的知识，都要通过灵魂的汗水来获得吗？这不是对属灵劳苦的奖赏吗？借力量赢得，又从祂那里赢得？通过祂所坚固的意志获得？通过真正的努力取得？

  可能获取有关上帝的其他知识吗？甚至是否能想象呢？怎样才能认识上帝呢？透过你的思维过程吗？透过你的记忆力吗？透过你的思想吗？透过你提取

概念吗？透过你的感情吗？不！是你！你自己！如果知识不深入挖掘，你又怎能知道呢？除非你在存有的深处参与其中，否则如何能深入你的存有呢？我的弟兄姊妹们，你的灵魂不费多大力气就能实现这一点吗？这就是即使在我们的灵魂看来，当全能者藏于厚重的黑暗中时，我们才逃向祂的原因；恰是祂的隐藏，才是我们应逃向祂的原因。

  当我们面对生活中最困难的情况时，我们应该这样做。当我们的灵魂感到灵里被抛弃，我们的心几乎毫无生机时，我们应该这样做。即使我们因害怕失去与上帝的联系，我们的灵魂会在我们里面死去，死一千次，我们也应该这样做。我们自己的孩子就是这样！当他们发现我们有一些不愿与他们分享或不允许他们看到的事情时，他们会和我们走得更近。那就是他们拒绝放开我们手的时候！

第77篇
绝对有福

不从恶人的计谋，这人……便为有福。《诗篇》一1

我们的《诗篇》开始时竟提到一个有罪的、失丧的、无足轻重的人。他在痛苦中挣扎，在痛苦中死去，嘴里不断抱怨，但他仍为有福，这岂不非常深刻吗？是啊，多么幸福！他甚至被赞美为绝对有福的！不仅在来世得到绝对的祝福，而且现在就已经得到了。不是说那人将来定然被祝福，而是说那人已经定然被祝福了。

每个人都很清楚，我们在心里渴望幸福。人类的一切努力和奋斗都是为了这个目的。我们试图消除那些通向幸福之路的障碍。在能说我们乃为蒙福之前，我们不会，也不能安息。"成为穷人的祝福"这话，是各种偶像崇拜所采取的方法、所许的诺言、所宣告的预言。每一个改革者、圣战者、哲学家和世界征服者都是如此。受苦的群众在看到所应许的福气还未到的时候，就会避开这些人。不满的刺痛会在他们心中带来更强烈的不安。

现在考虑下你的圣经，也就是上帝的圣言。它就给你的福分，也采取一种方法、提供一个承诺并宣布一个预言。然而，圣经在语气上要比圣战者的方法所带来的渴望更加强烈有力。圣言不仅承诺会有更少苦难和减轻痛苦，而且提出要注入真正的福分。这种幸福是如此圆满，甚至可以被称为"定然的祝福"。你可以深饮于那种幸福，甚至连"定然的祝福"这个词都不足以形容，无法捕捉此处所包含的和平与欢乐的全部丰富。

圣经如何以及怎样应许人那种定然的祝福呢？要明白这一点，只要翻开《诗篇》，你就会发现，在许多地方，不愿照恶人的计谋行事的人，其实在渐渐衰弱。你本认为上帝会把他从所有疾病中拯救出来。但是，请注意他如何带着镣铐抱怨，如何在他所面临的致命危险中大声喊叫，如何在某个无水的坑底哀叹。你原以为他的杯里满了福乐富足，却见他像母鹿在山上被追逼，全能者的波涛海浪漫过他身。你以为他周围会有一群忠实的伙伴。看哪，他所认识的人都离弃他，吃他饭的人也以苦难回报他。如果这一切世俗的祝福继续受到威胁，你至少会想象这最受祝福的人会在主面前安静行走，享受不间断的圣洁和委身。然而，你会发现恰恰相反，因为他的嘴唇一次又一次地抱怨他的罪，他在祈求得到宽恕。他内心深处的挣扎，使他在自己眼中成为一个破碎的人、一个可鄙的罪人。你可能会问，为什么圣经仍然会称这样的人"定然有福"。我优秀的读者们，这就是那奇妙秘密的关键。

在其他方面，那个人是所有人中最悲惨的。没有人比保罗所说的更有说服力："我真是苦啊！谁能救我脱离这取死的身体呢？"然而，在一方面，这一页完全被翻过去了，那正是救赎出现的地方。那人知道不是他拥有上帝，乃是上帝拥有他！他靠信心活着、以信心活着，这就是他所需的。他没有更多的欲望。现在的无水之坑，反成为了上帝的坑。上帝把他放在那里，在他里面工作，想要把他从苦难中拯救出来，也一定会拯救。

你现在明白了吗？定然蒙福，是因为上帝拥有他、支持他、将他灵魂包裹在祂神圣旨意的纽带中。这些纽带会把他牢牢地系在祂爱子基督身上。上帝与祂的儿子同在，也与这人同在。这真是一个神迹。其他那些能使人们得福的建议、计划和策略，早已被人抛弃、嘲笑、遗忘了，而怀着满腔怨恨的人，也不再追随那些对他们做出虚假承诺的人。那时，《诗篇》中关于寻得定然有福的计划会再次出现。这已有三千年的历史了。在每一个地方、每一个民族，你仍能找到圣灵所描述的活生生例子:"往那里看!这就是我说的那种定然有福的人!"如果你把全世界的人聚集一处,就会有一大群人一起庆祝,并且齐声说:"是的,我是经历过这种光荣恩典的人之一!" 你可以一遍又一遍地听到那些被追逐和追捕的人们仍然在歌唱。有时,他们躺在深坑里。有时,狮子在他们周围咆哮。那时,他们会唱出歌来,克服他们的恐惧,甚至会为他们的痛苦和压迫欢呼:"就我的情况而言,这能让我靠近上帝。"我的弟兄姊妹,你的灵魂也是如此吗?你真的是这等定然有福者吗?

第78篇
幼年的罪愆

> 求祢不要纪念我幼年的罪愆。《诗篇》二十五7

当我们还是孩子的时候,都从所学的赞美诗中学到了以下优美的诗句:

> 永远不要再想起罪来
> 我幼年时所作的事。
> 求祢因祢慈爱纪念我
> 让我永远受益于祢的良善。[47]

不过,我们在年轻的时候有没有想过,甚至考虑过,这段基于一节《诗篇》经文的诗句,在我们年老时会怎样烦扰我们的良知?它会如何将我们灵魂完全投向上帝的恩典中?

---

[47] 凯波尔此处所提的赞美诗改编自《诗篇》二十五7。在这篇文章出版之前的100多年里,荷兰改革宗教会崇拜时就会唱这篇诗篇改编的韵律版。荷文版如下:
Sla de zonden nimmer ga,
Die mijn jonkheid heft bedreven.
Denk aan mij tochin genà
Om uw goedheid eer te geven.

上帝子民中的每个人，都为"我们幼年的罪愆"感到悲伤和沉重，这是因为那些罪恶就在那里。它们潜伏在你身后的记忆里。你无法摆脱它们，它们还在困扰你。最糟糕的是，它们每天都在变大。你会问这怎么可能呢？一个人年事已高，而幼年的罪愆怎么会一天比一天大呢？看，答案很明显，也很简单。借着上帝圣灵的圣洁之光，你幼年时的某些东西会一次又一次地被显露出其罪恶来。当你彼时行这些事的时候，一点也不觉得这是罪恶。但如今你确实知道这件事是与上帝为敌的，叫那在你受洗时临到你身的圣灵担忧，并且你要为这件事负责。

请允许我再加上一点：你的生活越往前行，这种感觉就越发不好。我可以这么说，请假设在你的过去中，有一部分是白的，另一部分是完全黑的，假设这些是相邻的斑点。后来，你不得不考虑的事实是：黑色的那块会膨胀，而白色的那块只会收缩，直到你最终会思考那里是否真有什么有益之处。

幼年的罪是加倍的灾难。它们就像在看似健全和健康的身体组织上出现一个发炎的脓肿，或者是毒液持续滴入仍在发育的身体组织。在整个发展过程中，它会造成损害和破坏。幼年的罪愆！哦，它们会控制整个人性格的形成、生活的整个基调和未来的整体形态。它们会深深地侵蚀我们，因为幼年的性格加倍柔软且易受影响。它们把在年轻人心中蓬勃发展的无限青春活力和热情的精神，都交给撒但来支配。

哦，那些"我们幼年的罪愆"就包括埋在那里的"隐秘的罪"。谁能估量其中所牵扯的可怕罪恶呢？请清楚理解这一点，因为它们不容易被检测到。人们会高看你。你的幼年本身就像一个盾牌在保护你。它会让那些劝你的人把注意力放在你更好的方面。这成了你不受干扰、不受阻碍地坚持做坏事的许可证。更糟糕的是，在你犯错之后，它们会在你有生之年一直起作用。甚至当你已经与上帝和好，并且被上帝那难以形容的怜悯所拯救，那个宿敌还是埋伏在你里面，用我们信条上的话说，邪恶就"像从污秽的泉源里出来"。[48]

哦，如果我们没有救主，如果祂没有用祂的神圣怜悯来埋葬我们的罪，我们能藏在哪里呢？试想一下，如果你永远无法摆脱那些挥之不去的记忆，那会

---

[48] 凯波尔在这里引用了《比利时信条》的第 15 条。

是什么样子。那对你来说会多么可怕啊！但也要想一想，上帝的儿子就站在你和你幼年之间，这是多么难以形容的恩典。祂对你说："要忘记你身后的一切，向你前方的方向伸展。" 祂从摇篮里就悄悄对你说了使你得福的和好之语！

哦，我们年轻又自作聪明的人，我们的孩子，我们的年轻人要是能知道那些"我们幼年的罪愆"，知道怎么面对一颗仍未与上帝和好的心，那该多好啊！他们是多么理应逃向上帝啊！他们是多么理应逃离世界的污秽啊！祂说："让孩子们到我这里！" 他们是多么理应在祂身边寻得避难所啊！这就是祂的保护性恩典的作用之处，即使是对未归信的年轻人也可以。

孩子们，不要低估"你们幼年的罪愆"！在它们发生之前，就要祷告使它们远离！要全心全意地与它战斗。我深知，没有不犯罪的青年。所以，你为什么不全心全意地转向可爱、有美名的事物呢？永生上帝的教会，你要帮助你受洗的孩子们达到这一点。父母们，你们尤其应如此行！有很多可以避免的事，有很多可以抗拒的事。孩子灵魂的毛孔很容易接受新事物。你能如此轻易地以你自己的罪恶环境浸染而令他们毫无察觉，但主也想以不引人注意的方式，使用你来给你的孩子注入好的药物。

我要再说，"我们幼年的罪愆"代表了人类罪恶历史上如此悲伤和令人深感沮丧的一页。与此同时，从上帝的圣言来看，我们可以为我们的年轻人、与他们一起并在他们中间，做很多事情来约束和限制他们，并消除他们犯罪的动机。所以，我的读者们，无论老少，你们都要警醒，忠心到底！

第79篇
使我永远站在祢的面前

祢因我纯正就扶持我，使我永远站在祢的面前。《诗篇》四十一—12[49]

《诗篇》中有许多人们很快能读懂，却看似无关紧要的表达。然而，当我们深入探寻时，就会发现它们带来丰富的安慰，成为恩典的源泉。在这篇默想之前的《诗篇》第四十一篇就是如此。请你默想一分钟，让它在你灵魂里留下印象。在这简短的话里藏着何等奇妙的恩典！

上帝的儿女说，我本应死了，但是我没有！我要向我的仇敌和那折磨我灵魂的人夸胜。但这肯定不会因我能承受他的攻击，或因我比他更强壮而发生。我会得胜，仅仅因为我是上帝的儿女。这并不有赖于我是祂的孩子，而是有赖于上帝！因为这是我的上帝、我天父的荣耀。这就是为什么只因如此，不管有多少不幸，上帝的儿女最终都会坚持下来。

如果没有公义，这一切就不会发生。否则，所有魔鬼都会反对，牠们会从地狱深处对着天空大喊："上帝是不义的！"如果事情如此发展，那么魔鬼自己也会上到天堂！不，上帝的儿女坚持公义，没有一点不义。而这奥秘发生的

---
[49] 荷文《诗篇》四十一13 也包括在凯波尔此处的默想中。

方式，诗篇作者从自己的属灵经历中得出答案。他一再拒绝坚持自己的义，因为他发现上帝在他里面、为他建立了这义。"主啊，祢因我纯正就扶持我！"纯正甚至超越公义，因为这就等于说："我因祢成了公义，我绝不会说这是因我自己而成的！"纯正就是在心里承认："这事是主独自成就的！"

祂的作为是如何展开的呢？很简单地说，我优秀的弟兄姊妹，这是因上帝以祂的爱做了一件非常简单的事，祂"使你永远站在祂面前"。祂在永恒中，在建立世界根基之前就这样做了，让人永远站在祂面前。在这样的举动中，你的蒙拣选和你得救的根源连在一起。"使你永远站在祂面前"也包括了你的重生，这是在你从死里复活后，向你灵魂注入了相信的能力。[50] 你要认识到自己在死亡中的一切属世生活和存留，就等于你在祂的光之外，因为你与祂，就是你的上帝，疏远了。你因信而觉醒获新生命，正是你来到上帝面前，借着祂的光，立刻透过祂面前的光，看见你永远的死亡和祂无尽的恩典。你没有前去站在上帝面前，这是你明明知道的，而是祂把你放在那儿！哦，那是你永恒重生的神圣时刻，完全慈悲的上帝俯视你。然后，你就不可能离开祂了，因为现在你已经站在祂的面前，站在祂那令人敬畏却又如此让人安心的容面之前。

事情总是这样吗？因为你和我仍然不虔诚，以致在上帝施行怜悯的神迹后，在我们暂时享受自己在祂面前的乐趣后，我们会忽然断定自己不能时常看见上帝。我们的灵魂告诉我们，我们已经受够了上帝，在这样单调的生活中没有太多生命内容。我们想回到真正可见的事物面前。我们这样做，自然以为以后可以再回到上帝那里，即便至少就当下而言，我们可以享受一些远离祂的美好事物。但是当我们离开祂的时候，我们真的很想在如此行时还同时唱着："然而，靠近我的上帝真好，这是我的祝福源泉！"

真的，我们人类的心是多么令人费解啊！我们有时真的会吓到自己，不是吗？事实却是，上帝的儿女不能拥有或做他们想做的事。他们可能想要逃离上帝以获自由，但上帝不会让他们这样做，所有的逃跑只会发生在梦里。他们想象自己远离了上帝的面，想象自己现在自由了，梦见自己以后会回到上帝那里。

---

[50] 这是对凯波尔备受争议且争论激烈的"假定重生"（presumptive regeneration）教义的明确陈述。

但是在现实中，这一切不过是海市蜃楼。

他们就是不能！因为上帝已"使他们永远站在祂面前"！最好的情况就是，他们只能用嘴唇接触罪恶之杯，然后就会有可怕的光在他们周围照耀，有火焰在他们里面燃烧。那么，良知的沉重是什么呢？悲伤会涌上他们的灵魂吗？他们的腿会感到可怕的虚弱感吗？除了你常侍立在祂面前的上帝荣面，还有其他因素导致了这一切吗？这就是为什么上帝的儿女犯罪后，灵魂一定会被随之而来的可怕混乱所折磨，被悔恨所困扰。悔恨之后总是赞美，因为上帝总会成功。如果你谦卑自己，心里顺服地喊着："上帝啊，求祢放弃我吧。我不配抬起眼看着祢的脸！"那么，上帝还是总会做同样的事。祂会再一次使你站在祂面前。现在，在祂安慰的荣面之前，基督的爱开始静静地流进你的心。

所以，愿上帝得赞美，愿永远如此。"祢使我永远站在祢的面前。" 这就是为什么无论发生什么，无论我们受何威胁，我们都不会被它征服，而结果总是好的，因为上帝就是上帝。当我们超脱这些时，所有想要离开上帝的欲望都会消失，因为那是我们自己意志永远想要的。那时，上帝要把祂所有的儿女都摆在祂面前，使他们永远与祂同在。愿耶和华因祂的圣民而被高举！哦，愿祂的慈悲也把这荣耀赐给你和我！

第80篇
不是你托着根，乃是根托着你

你就不可向旧枝子夸口；若是夸口，

当知道不是你托着根，乃是根托着你。

《罗马书》十一—18[51]

当恰在五旬节之后思考这句话时，我们发现它是多么有洞察力和启发性啊！它重新唤醒了我们在这重要宗教节日内心要说的话："不是你托着根，乃是根托着你！"五旬节的时候，我们看到基督的身体在天堂里孕育，在亚伯兰的呼召中显现出生命的迹象，并最终透过以色列母亲的子宫而诞生。这一事件标志着一个难以置信的时刻，那就是圣父赐给我们元首的圣灵，借这元首透过其属灵组织的所有血管，注入了永生上帝的教会。

这个强有力的事实，让上帝儿女的灵魂得到极大的安慰，至少只要他们记得圣灵永远不会抛弃教会，或者说那生命的神圣气息永远不会被抽出教会的肺腑。又或我们甚至可以说，当教会的一个肢体（也许是一只手，也许是一只脚）

---

[51] 这篇默想最早发表在《先锋报》第129期（1880年5月30日），那里的经文出处是正确的。当以书的形式出版时，这个经文出处被错误地写作《罗马书》十一28。

看起来像冰封的、冰冻的、石头般冰冷地死透了时，圣灵自己还是会使这个肢体复活，并维持他的生命。祂如此行，因祂是保惠师、赐生命者、使人重生的施动者。

那么，耶稣这位杰出的使徒保罗，在这句"不是你托着根乃是根托着你"的话中，教导了我们什么呢？在他的脑海里，他看见永生上帝的教会像一棵橄榄树站在他面前。因此，它是有生命的，因内在的生命而生机勃勃。它所有枝干和细枝都从它的木髓中汲取汁液，从它的根中向上汲取汁液。一棵树会有生命在里面，若非如此，它就不再是一棵树了。如果一棵树的根没有生命、它赋予生命的汁液已经干涸，那么它就是枯木，不再是一棵树了。那么，自然生长或嫁接的每一个枝条和小树枝，曾经在树上生长并悬挂其上的每一个花朵和果实，现在里面定然已经连一滴赋予生命的汁液也没有了。于是，有人就会把它从土里拔出来、连根拔起、顺着茎往上拔出。

使徒把这一点运用到教会中。他告诉我们，在永生上帝的教会中也发生类似的事。因为教会的诞生并不是人从别的树上砍下活的树枝，然后马上把它们嫁接到另一棵树上，以确保树底下有根来支撑着新树枝。不，不，根本不是！那将是拒绝圣灵的浇灌、拒绝教会与其元首的生命联结，也是拒绝所有属灵团体都植根于上帝拣选的事实。不！那也会否认永生上帝的教会首先出现在上帝的圣言中，就像否认未来的橡树已经出现在一颗橡子中一样。这也是没有看到，是上帝先把它栽在世上的土壤里，后来它生长像一棵小苗，及至它长起来，上帝就在以色列国的园中看顾它。但在第一块园圃里，它生长得太疯狂了，虽然它确实结了一些被选中的果子（7节）。但作为一棵树、一条树干和应该产橄榄的树，它在某些方面出了问题。耶和华上帝就砍下了树冠，祂暂时拒绝了以色列。然后，祂把异教徒国中野橄榄的嫩枝，嫁接到祂选民的树干上；这些嫩枝由祂教会的汁液滋润，而这汁液是取自祂儿子那荣耀有机体的活根。

如果有人认为曾经光秃秃的树干上，现在只有这些新嫁接的枝干呈现绿色，而这些新枝与之前的枝干毫无关系，那就愚蠢至极了。那就是忘记了它们的美丽，无论是现在还是将来，都取决于以赛亚所说有"根出于干地"，现在又重新绽放的树根。事实上，这就是他们想要的思维方式。他们在愚蠢中屈服于这种观念，然后认为自己脱离了以色列。那时，他们就认为自己已经完成了正在发生的事情。这就是保罗如此严厉地责备他们的原因，他说："不是你托着根，乃是根托着你。"愿我一切的弟兄都听从这句话，不要以为从根上被剪除，还不等于从以色列中被剪除。远非如此！这乃是说与永生上帝的儿子、你的中保和生命的保障隔绝了。以色列算不得什么，亚伯兰也算不得什么。但他们栽在你主里面的时候，你主的永活汁液必发散出来。

你要将它铭刻在心，永不放松，直到你所有的弟兄都掌握了。在我们这个时代，除非我们这时代的人再一次反思这棵树的事，明白他们只是树枝而已；否则，正统信徒中许多热心者的疯狂探寻和追求，不可能也不会持续很久。愿他们思考枝头环绕的树干，思考流淌着、作为树干生命之源的汁液，最后思考树干所赖以生存的树根。

一旦你领会了这一点，你就会很自然地再次联于我们先辈的教义、活力和精神。记住，加尔文并不是什么了不起的人物，并非戈马勒斯（Gomarus）取得了多大的成就，亦非多特的先辈们带来了多大的改变。实事求是地阐述就行了，并且要好好地了解。加尔文只是个被造物，戈马勒斯是个有罪的人。在上帝的眼中，多特的所有先辈都无足轻重。这样，你和你的孩子们就会真正感到与那些人的生活紧密相连，与那些纪念他们的不朽作品紧密相连，尤其是与那些不朽作品所仰赖的圣经紧密相连。因为这样，你就会承认："在他们的日子，这也是基督的身体，那时基督也在这身体里作了工。"或者你可以这样说："在那些日子里，基督已经在树根、树干和发芽的汁液中做工，使我的灵魂得以活到今天。"

第81篇
我与你为敌

> 你要面向西珥山发预言攻击他，对他说，
>
> 主耶和华如此说："西珥山哪，我与你为敌。"
>
> 《以西结书》三十五2-3

耶和华上帝有两种方式对待百姓与国家。一方面，祂会表现出神圣的耐心和忍耐。另一方面，在特定的情况下，祂确定且明显地会结束长期的忍耐，在忿怒中攻击那些悖逆顽梗的人，祂会在怒气中使他们谦卑，用严厉的审判威吓他们。这其中的原因是什么呢？祂如此行单单是为了祂的名和尊荣。

请记住，耶和华上帝不仅要面对罪人，还要对付魔鬼。《约伯记》很清楚地说明了这一点。全能者的大小波浪，冲击虔诚人约伯那疲惫、受伤的头，你觉得这是什么原因呢？当然不是因为他异常的罪恶，也不是要通过受苦来进一步使他圣化，甚至不是为了考验他的信心。只是因为魔鬼，带着来自地狱的嘲笑，指责约伯对上帝的信心不是真的，他的虔诚只是因为上帝给他的财富和特权。这就是约伯要受苦的原因。不是因为上帝怀疑约伯，而是因为上帝没有怀疑约伯。所以，为了祂名的荣耀，祂要向魔鬼证明约伯的信心是多么真实，一个上帝的

儿女能如何承受这样的痛苦而不跌倒。当事情按照上帝子民的意愿发展，而他们也像约伯一样没有犯可耻的罪时，那么魔鬼在上帝子民和祂所拣选儿女的事上纠缠着祂，就是别有所图。你真的认为如果上帝的百姓责备撒但，撒但会毫不在意吗？

那么，复活之子，你怎么看？你真的认为一个罪人成为了上帝的儿女，而不会成为撒但眼中的刺吗？你真的认为撒但没有仔细观察上帝的儿女，以便抓住他们灵性退步的时候吗？如果他们后退，这就证明祂那些虔诚的、被爱的、蒙拣选的孩子，仍然是可怕的罪人，撒但会高兴地搓手，在上帝面前哈哈大笑地嘲笑祂。你觉得不是这样吗？撒但会嘲笑上帝，因为他们如此伪善。

当撒但这样指着如此这般的上帝儿女时，耶和华上帝又会如何回应撒但呢？这难道不是一个令父亲尴尬的反应吗？父亲难道不得承认事情的真相吗？难道父亲不是无法反驳吗？因为上帝使这样的罪人成为祂的儿女，在撒但眼中这样可怕之罪的羞耻不仅落在了罪人身上，也落在了上帝的身上。难道祂不是如此敏锐地感觉到了吗？

从这个角度来思考一下你生命中的罪恶吧！然后，告诉我，你是否对上帝的耐心所需的无尽能力感觉完全不同。尽管撒但有恶魔般的嗤笑，上帝仍以祂无以形容的耐心来忍耐你。祂不是立即拒绝你，而是让你几乎注意不到你给祂带来的痛苦。因祂慈父的怜悯，祂知道你是怎样的被造物，祂通过祂圣言的力量来劝诫你，激励你做得更好。祂派祂的天使来约束你。然后，你会用圣灵的能力祈祷，希望不会使你天父的灵担忧。

请注意，就上帝自己而言，作为全能的仁慈者，祂肯定会继续不断地忍耐。但是，如果耶和华上帝在对抗撒但的过程中，冒险依靠你对天父的爱，而这并无效果，撒但也注意到这并无效果，那么牠就会嘲笑上帝。倘若那样，撒但就会用恶魔般的语气对上帝说："主啊，请看！祢说他们是祢的儿女，他们不会说谎；但是再看一遍，祢现在怎么看待祢的儿女呢？"请告诉我，我优秀的读者，是不是总有一天，耶和华上帝会为了祂名的荣耀，不再忍耐，不再等下去了呢？

当撒但正忙着嘲笑上帝的时候，你却仍坚持你的迟钝之心和恶行，这会如何呢？如果你一点也不在乎上帝，也不为此没有不安，那会怎样呢？你的天父难道不会采取强硬的措施吗？祂在这种情况下就是这么做的！祂其实曾经说过："我的儿女不会说谎！"但祂在那里说的儿女，从他们身上可以明显看出，他们是真正的儿女。你可以在《以赛亚书》六十三 8 读到。事实上，这样的儿女是可以找到的，而且会很明显。

  然而现在在你身上，似乎不可能透过神圣的耐心看到光明，所以上帝最终不得不诉诸祂神圣的忿怒。万军之耶和华说："看哪，我与你为敌。"或者说，这是非常悲痛且气愤的天父，对冒犯自己的儿女所说的话。

第82篇
撒慕拿的手

> 疏割人的首领回答说:"西巴和撒慕拿已经在你手里,
> 你使我们将饼给你的军兵吗?"
>
> 《士师记》八6

基甸是信心的英雄。他不是一个自负的英雄。他不莽撞地向前冲,也丝毫不吹嘘自己信心的力量。基甸就像一只黄鼠狼,会蹑手蹑脚地靠近地面,从不冒险。他不是很勇敢;恰恰相反,他缺乏自信。现在他的上帝要他注意一个不同寻常的启示:他应该密切注意祂所提供用以坚固他信心、使他脱离缺乏自信的各种神迹。但那创造万物的上帝,怎样唤醒基甸心中的信心呢?他为何不再迟疑,并抓住剑柄去追赶米甸人呢?他和二万二千名士兵在一起!想想那是一支什么样的军队啊!

这自然又一次削弱了他的信心。一个有二万二千人的领袖,比一个独自站着的人,显然更少依赖上帝。因为耶和华上帝想向我们证明,基甸是一个有信心的英雄,所以他必须摆脱掉军队。然而,军队人数的减少不应借着上帝单方面的行动,乃必须通过上帝给基甸的任务来完成。基甸自己就承担了遣散军队的可怕责任。圣灵在他里面工作，使他能如此行。所以，他就这么做了。他说："凡惧怕胆怯的人可以回家！"有了这个提议，一半以上的人就溜走了，只剩下一万。但这还不够。"不，基甸！有一万人，你还在用四分之一的力量坚守信心。"所以，现在基甸又要筛出更多的糠秕。只有那些用手捧水而不是跪在溪边喝水的人，才可以加入他们的行列，其他人都不行！基甸现在一定以为至少有一半的人会跪下喝水。但事实并非如此，只有一小部分人做到了，少得屈指可数，这是一个微不足道的小队伍。在这时刻，基甸面临这样一个问题："在几乎所有人都已离开的情况下，是否有足够的信心完成这任务？完全知道该做什么了吗？足够了解吗？"

值得注意的是，基甸的这种信心来自圣灵。所以，他穷追不舍。他攻击米甸人，又杀了在他面前逃跑的米甸人；敌人都惊惶奔逃。信心敢于行动，信心就取得了胜利！这就是基甸，信心的英雄！想想这个光辉的例子与疏割无信心之领袖们所投下的阴影之间的反差吧！

疏割的百姓尽都自信。当然，他们也站在主和祂神圣国度的一边。当然，他们也会参与！当然，他们也会在主的子民面前尽自己的一份力，只是他们首先想要看到撒慕拿的手。[52] 撒慕拿就是米甸的大能君王，成了以色列人家中的瘟疫。他是一个可怕的暴君，是以色列的祸源。疏割若起来敌挡他，他就以残忍的方式报仇。这就是他们害怕和退缩的原因。哦，他们肯定想除掉撒慕拿，向那位将他们从暴君手中解救出来的英雄致敬！但在他们公开认同这场运动之前，他们必须确保如此行不会带来什么恶果。

如果第一次成功了，如果他们看到成功了，如果取得了胜利，那么他们就会支持。他们按照迦玛列的错误理论行事，迦玛列曾说："如果事情成功了，那就是出自上帝的手！"惟有这样，他们才可以将万军之耶和华的旗帜扬起来。当不再需要攻击时，你会发现他们准备加入冲锋。这被当做相信！这就是他们所说的信心的行为，谨慎信心的果子。如果安全地呆在家里会适得其反，那么这些人就会说："你看，我们没有参与，没有立即执行那个计划，做得多好！

---

[52] 在圣经历史的这个阶段，被打败的敌人身体部位会被战士带回作为战利品，用以确认胜利。

现在很明显，这不是上帝的旨意！"

人们自然必须无条件地反对那些傲慢地谴责爱好"撒慕拿之手"为证据的人。他们心想："我的信心肯定比他们更有活力。"请你明白，今世的基甸人已经从经验中知道了疏割的儿女们一切虔诚的歌唱。他们虽然奋勇追赶米甸人，却在上帝面前心中发颤，如风中的芦苇一般。他们像不信的后裔一样，祈求上帝给他们一个神迹，然后又祈求另一个神迹来寻求确定性。他们渴望得到圣灵的安慰。其实，没有太大的区别。属基甸的人本质上是疏割人，他们在寂静中强烈渴望看到撒慕拿的手。

然而，有一点不同。属基甸的人看见了这一点，就谴责它。所以，他们一次又一次地转向圣灵。最终，当开始追求的时候，他们所渴望的并不是撒慕拿的手，而是上帝的信实。所以，他们在信心中前行，在信心里行神迹！但爱撒慕拿之手的人，可以舒舒服服地待在家里。他们安于自己的不信之心和思想。他们最想要的是表现出法利赛人的样子：要么是他们非常有洞察力地知道整个努力将会失败；要么他们是坚定的英雄，当凯旋之时，他们一起庆祝胜利。

后一种选择经不起永恒的考验，因为它不是出自上帝，实则抵挡上帝。这是从疏割人那里学来的。基甸胜利了。他最终夺回了"撒慕拿的手"。在这个时候，疏割要把食物和供给分给属基甸的人，并向他们唱凯歌。基甸却藐视他们。他尽量远离这些张扬的傻瓜，以及他们不相称的敬意。在庆祝的时候，他用沙漠里的荆条和枳棘"教训了疏割人"。相信上帝圣言的英雄也要如此。这就是为什么因着上帝的旨意，凡从疏割来的人都灭亡了，因为他们看重撒慕拿的手，不看重主那永不缩短的手。

第83篇
在尽上的枝梢上只剩两三个果子

其间所剩下的不多，好像人打橄榄树，
在尽上的枝梢上只剩两三个果子。

《以赛亚书》十七6

因各各他的缘故，十字架作为在这世界上生命的象征和印记，已经一次而永远地刻在上帝的儿女身上了。因此，十字架可能取两种不变方式之一而出现。其一，如果我们与世界和平相处，世界就不会迫害、诽谤或杀害我们，那么我们的内心就会很痛苦。其二，它指向一个事实，即世界显然是在迫害基督徒，不能容忍他们。然而，在这种情况下，上帝的儿女在灵里就得到了最大的祝福；他们会被鼓舞，充满了信心和圣灵。

第二种远非可能发生的最悲哀之事。因为世人若放逐你们、赶出你们、嘲笑你们、讥诮你们，最后下手逼迫你们，首先要发生的事，是你会先除掉假冒为善的心。他们会变得非常小心，不再认同你！随后发生事就是，你内在的假冒为善就会遭受上帝恩典的坚实一击。你不必担心给人留下什么好印象，只要担心你有没有内心的坚定和信念。更重要的是，主会将加倍的恩典赐给你。祂每天用圣膏膏祂的子民。祂的一切力量，都满有荣光地浇灌在蒙祂所赎者的心里，并由他们的嘴唇流露出来。

这就是为什么在相对和平的时期，若你看得清楚，就会发现一个更重的十字架被放在耶稣的教会身上。在我们这样的日子里，反对、颠覆和谩骂层出不穷。但是，人们仍然安静体面地允许你做你自己，容忍你做你自己的事情，只要你不变得过于狂热就好。当然，他们仍然会恭恭敬敬地向你问安。

你必须意识到，在这些时候，你永远不知道你可以依靠谁。半心半意的朋友和一心一意的朋友混在一起。在你自己的生活中，你总会发现自己走在小街小巷中，似乎经常没有精力行在皇家公路上。基督徒的生活枯燥乏味。这好像是耶和华上帝不乐意兴起有能力的人。整个基督教的遗产正在退隐到阴影中。渗透那些承认耶稣的人群的，似乎不是一个沉睡的灵，就是一个瞌睡或打盹的灵。四处都有人们在争吵。你几乎找不到能持续到生命尽头的忠诚。坚守基本原则的现象已经不存在了。人们在阴郁中承认，一切都被撕扯得七零八落。一个可怕的问题在冲击你的灵魂。你会问如何才能达致任何确定、稳定的境地，以及如何寻得洞察力来明白生活中美好且经过检验而可靠的道路。那些在你身边闲荡的弟兄姊妹们，宁愿给你绝望的忠告，也不愿给你指明通往上帝和祂里面平安的确切道路。

如果你在这些事的重压之下消沉，最后沉溺，这有什么区别呢？因为你知道，耶稣的教会所处的世界，是不洁的、有罪的、软弱的。它不能容忍像羊毛一样洁白的雪在它身上闪闪发光，哪怕只是一瞬间也不能容忍。上帝的真理坚定、确定且纯正。但我们自己的生命、心灵和良知支离破碎，如薄片一样，以至于这真理在我们属灵生命的存在中只能是破碎、摇摆的。

如果基督公教的教导和承诺是真实的，也就是说，教会可以给出任何事情的绝对确定，那么它定然是美好的。事实上，它却不会如此，因为罪如此可怕，而且罪人除了坚守信心生活中的永恒确定性，罪不允许他做任何事。信心的生活是什么？它就是经历那些难得的、完全蒙福的时刻；那时，丰富的信心充满力量，耶和华上帝乐意以完全的光明照耀我们黑暗的心。

这就是现在的情况，也将一直持续到最后。我们不能逃避这样的斗争。并且，在我们死前，都要从信中跌落到不信中，好叫我们可以再从不信中兴起，以至于信。与此同时，教会会不断被揭露。弟兄之间的冲突会撕心裂肺。如果你渴望合一，那是不会来的。如果你在承认真理时渴望完全的纯洁，那么就会发现斑点和瑕疵。当你看到别人如何未被这种挣扎的负担所困扰时，你的灵魂会变得更疲惫。很多人会把上帝的真理换成人为的定规，就像俗话说的，这是尝试使之"产生关联"。持守上帝圣洁圣言之真理的人会减少。你会一次次地对你本应已经建立的提防感到失望。你意识到你每天都做不到。最后，你会悲伤地问自己："难道就再也没有人敬畏上帝了吗？所有关于祂的知识都消失了吗？现在只剩下法珥法的水了吗？"[53] 流到约但河的溪水都全然干涸了吗？"

　　这种被遗弃的感觉是你能想象到的最压抑的感觉。这时十字架压得更重了。这就是你变得何等孤独的情形！那时，我们就会怀疑还有没有人和我们在一起了！那时，我们喊着说："我的上帝啊，我的天父啊，这些人真都不敬虔吗？我还敢为祢辩护吗？"这种属灵上的恐惧不应被消除。苦涩的渣滓必须吞下。因为"凡鼻孔里还有气息的，就都放弃了"。他们因在灵里放弃了最终在上帝里面寻得一切他们所需的，就陷入了彻底的绝望。世界最亲爱的人在他们的灵魂中流失得最快，走得最远。

　　如果你敢继续前进，那就是你找到出路的时刻。那时，耶和华上帝会用祂的圣言来安慰你。祂会填补你的空虚，驱散你的孤独。那时，祂会告诉你千秋万代都是如此，而祂，你的上帝，仍然帮助祂的教会渡过这一切。祂还说，别人会因你和你的见证而得确信。他们通过你将在信心中稳固地扎根。祂应许你，你并非孤单，虽然你可能不知道这些人是谁，但上帝知道。祂向你保证，他们就在你身边的环境中，他们在为你祈祷，并且他们以看不见的方式在你身边生活。

　　我们的处境就像以赛亚时代的以色列人的处境。所有东西似乎都已经被收割和摘光了，甚至连落穗看起来都被收尽。你可能会说："橄榄树光秃秃的。"这不仅发生在离地面最近的地方，而且发生在离地面很远的高处。在那里，上帝俯视人类看不到的一根细细的小树枝，看到上面挂着几颗小橄榄。它们就在那里，在那些被摘得干干净净的沉重树枝上。它们因油和营养长得饱满。

---

[53] 见《列王纪下》五12。

以赛亚的话很美："在尽上的枝梢上只剩两三个果子。" 上帝宝贵的太阳正照在它们身上，祂圣洁的眼睛并没有错过它们！是的，主是应当称颂的。那就是当时的情况。在我们的时代也是如此！我们奇妙的主在祂的救赎之工中是超越人眼所能见的。

第84篇
以奸诈待你的众子

我若说,"我要这样讲",这就是以奸诈待你的众子。

《诗篇》七十三15

对于一个被孤立、被遗弃、生活在孤独中的人来说,最强烈的印象莫过于,知道自己置身于一切都已是最好的百姓和一代人之中。如果你只关注自己,那么你就会放弃。当一个软弱的人完全靠自己,面对全世界所有的聪明、强大和有影响力的人时,那会是一种怎样的挣扎呢?他们只是因为你的信念而一笑置之,对吗?他们只是对你头脑简单的事耸耸肩膀而已。与此同时,他们却充分享受这个世界。他们得尊荣,遥遥领先。他们显然没有因以马内利在他们生活中无处可寻,就过不好的日子。

当你起先归信的时候,情况并没有那么恶劣。难道不是这样吗?那时你会自己思想,内心有个声音在说:"我为什么需要他们?让他们拥有这个世界所能提供的一切吧。我有我的上帝和基督,我完全享受基督的爱就够了。我不是比他们更富有吗?"然而,这一切并没有一直如此!当你的信心生命第一次被点燃的时候,它的光芒有着难以形容的美。你被迷住了。这就像你刚从寒冷的环境中回来，浑身僵直，从壁炉里感受到的那种温暖。你刚归信时的内心感觉比这还要光荣！这就是一个转折点。那是你第一次饮于永恒之泉。这就像你穿过红海，看见法老被淹死的经历；就像你在内心深处，在遥远的海岸庆祝一样。但是你必须穿过沙漠。上帝的圣言很好地向你说明："现今的苦楚，不能与将来要显的荣耀相比。"主的使者说得好："我们行事凭信心，不凭眼见。""在盼望中，我们蒙福，再无别的！" 但是这些积极的话并没有引起你的注意，你认为情况会好转；就是现在，就在今生！

这一切的发生，是因为最初你并不了解信心的本质。你仍然没有意识到，相信就是你手中一无所有。这和你所经历的真实情况完全相反。你还没有看到，上帝赐福的确定并不取决于你的经历，而是取决于上帝在圣言中所摆在你面前的。你的反应并不令人惊讶。信心不是你从书本中学到的东西，不是教理问答课中学到的内容，不是在讲道中所学的，也不是别人告诉你的。只有上帝教导你什么是信心，祂使你相信，并引导你在灵里进入信心。祂就是这样教导亚伯兰去相信！还有大卫！还有保罗！祂不是通过提前向他们解释，而是引导他们进入其中。今天，上帝对祂所有的儿女也是如此。

这不可能是其他样子，而是必须如此。为了给恐惧、灵魂的灰暗、一无所有、茫然无语和不结果的树枝预留空间，最初势不可挡的蒙福经历最终必须淡去。那时，你第一次真正认真起来。现在的情况是：那些属世的人真的过得很好；他们很平静，而且真的在嘲笑你。现在，对于那些人，你认为这个世界确实有很多可以提供给他们的东西。你内心感到如此贫乏、赤裸且痛苦，甚至如果他们能看到你的内心，你会感到羞耻。

这就是信心真正突破的时刻！一无所有，却仍然欢喜！不是基于你的经验而喜乐，而是因为上帝的圣言告诉你应该喜乐！相信更多的是基于上帝当面告诉你的内容，而非你的灵魂对你所耳语的。于是，你让开了路，上帝成为了一切，甚至在你灵魂内在的工作中如此，在你变得更加圣洁的过程中也如此。你就相信、知道、深信，正是借着祂、在祂里面、出于祂，你才变得更加圣洁。这就是变化！祂在你身上完成这一切。祂不能放弃这种努力，因为祂的永恒旨意已经决定了，所有被拣选之人都要在祂面前成为圣洁且无可指摘。

凡是敢承认的人，都会到这一境地。最好的说法是，他们已经在那里了！但这只能通过恐惧、担忧和数以千计的死亡来实现。那时，你将体会亚萨在他脚几乎要踏出门外时所做的事，即心无感恩的亚萨将要放弃那良善信实的上帝的时刻。他几乎要让最可怕的诅咒从他灵魂中迸发出来。那时，他想抛弃上帝，认为自己与那恶者在一起会更好。但在那时，是什么使亚萨免受这样的诅咒呢？或者你可以问，当面对类似的情况时，是什么同样在约束每个上帝的孩子呢？你说是上帝的恩典，你是对的！上帝成就了这事。我的意思是：在这种情况下，一个受困扰的属上帝的儿女是如何深思熟虑的呢？他们是如何在灵魂深处解决这个问题的呢？他们会想到上帝吗？会想到耶稣吗？会想到关于祂的赎罪宝血吗？哦，这些都是以后才有的！他们的第一反应完全不同。这是完全可以理解的，也是完全发自人性！他们只认为会有更多同样的事情发生，并且认为上帝的儿女们总是这样。

如果我会说任何不同的话，"我就是以奸诈待你的众子了"！在那一刻，对亚萨来说，他是否让他的上帝伤心并不重要。重要的是，他是否被认为是一个对他弟兄守信的人。他想，这么多的见证人已经经历了这么多世纪。现在，我是他们当中的一员。我要放弃了，要找出他们有什么不情愿的，并认同他们的痛苦挣扎。

无信心？根本不是。因为上帝保护了我！我决不做叛徒！这时，孤独感就消失了。那时，所有完全得称义之人的灵会围绕我们，殉道者会在我们头上挥舞胜利的棕榈枝。那时，我们会听到天使天军喜悦的声音。赞美上帝！我在那儿了！战斗结束了。让世界自娱自乐，甚至嘲笑我吧。即使他们如此行是在嘲笑上帝，我仍然充满了圣洁的信心。我可以作见证，我或许诚然被藐视、赤身露体、家产稀少，却是为了因信得作王。

第85篇
里面空闲，打扫干净，修饰好了

于是（污鬼）说："我要回到我所出来的屋里去。"

到了，就看见里面空闲，打扫干净，修饰好了。

《马太福音》十二44

当我们听到耶稣讲论时，撒但和我们灵魂之间关于我们救恩的战斗就变得不可思议地严肃起来。当邪恶污秽的灵依偎在我们心窝时，就像猫头鹰与田鼠在树洞或岩石缝隙中筑巢一样，这就开始了。我们不是在此处谈论在我们内在的人格里的魔鬼，那黑暗之君，或可怕的撒但。不是的，我们说的是牠所支持的那些灵，那些牠以邪恶激发的灵，以及那些牠用来从上帝那里掠夺灵魂的灵。这些污鬼强行进入我们里面，这个过程是渐进的且通行无阻。然后，牠们会变得更加大胆。虽然一开始牠们只是在某个隐蔽的角落舒适地待着，但最终牠们会扮演支配我们整个内心的角色。牠们的行为就像牠们是主和主人，牠们最后会宣称："这个人的心就是'我的家'"。（太十二44）

这时，我们灵魂就开始反抗了。我们邪恶的一面仍然想容纳这些污鬼。它会以特例的方式容忍牠们成为居住者。污鬼摘掉面具，不但不服侍我们，反而在我们自己家里，就是在我们心里命令我们。此时，我们的骄傲会使我们反抗，会尽最大的努力让那污鬼得不到安宁，使牠的生活无法忍受，从而迫使牠开始寻找其他住处。这在大多数情况下是可行的。这就是耶稣在这个寓言中所说的，祂谈到一个污鬼离开这人，不是因为牠被耶稣丢出来，而是牠自己要离开，因为牠"寻求安歇之处"。这个迹象绝对表明那个被污鬼渗透到心里的人，已经让那灵变得不舒服了。我们这里说的不是一个已经悔改的人，而是一个还没有悔改的人；众鬼的首领别西卜，用牠的诡诈刺激并强迫那污鬼离开此人。

看看接下来会发生什么！当那污鬼走了，在无水之处游荡，那个善良的人就开始在家里做工了，这家就是他的心。他的计划成功了，最后一个居住者拔腿走了，事情进展顺利。现在，他在自己心中又成了主宰。他重获自由，可以像以前一样做他认为最好的事，但他也希望自己的成就能得到认可。于是，他想到的第一件事，就是把房子从上到下彻底地打扫一遍。这是因污鬼在各处落座，凡牠所接触的都污秽肮脏。这样，此人把他心中的房子里里外外打扫得干干净净，直到无一处能找到分毫污鬼留下的灰尘。这一切都完成了，他可以实实在在地说，现在一切又变得整洁可爱。他甚至至此还没有停下来！他还想装饰房子，也就是说，他不仅想除掉坏的东西，还想用美德重新装饰这个地方。是的，在他的邻居看来，这个住在隔壁的人不仅除掉了所有罪恶，而且更重要的是，他成了安静善良和美德的化身。

唯一的问题是，他的心仍然是空的！除了他自己，没有别人住在那里。污鬼为了寻找和平与宁静而逃走了，但是没有听说有其他人进来接替牠的位置。事情就这样持续了一段时间，而且进展顺利，可是这并没有持续多久。因为那污鬼已经离开，寻求安歇之处，但牠似乎没有找到。如果牠没有在外面找到平静和休息，反而发现事情变得更糟糕，这又会怎样呢？牠就是如此。因此，牠立刻决定，宁愿与那颗心的主人活在不断的冲突中，也不愿继续这样不安地到处乱跑。如果那个污鬼回来又会如何呢？

是的，那颗心的主人考虑过这种可能性，但他并没有为此感到不安。他已经采取了自己的措施来防止这种情况的发生。他选了好方法。但最重要的是，即使污鬼想要闯进来，他现在在道德上更强大了。如果必要的话，他可以用武力把入侵者赶出去。不，不！快看他那颗美丽的心，现在打扫得干干净净，装饰得漂漂亮亮。一个有那样一颗心的人，怎么会害怕邪恶呢？问心无愧是抵挡魔鬼的可靠魅力！

那人就是这么想的，但他的算盘打错了。因为发生了一件他根本没有考虑到的事情。污鬼回来了，但牠不是独自来的。牠也很狡猾。牠知道自己若要独自完成这一任务，就会冒着相当大的风险。这就是牠如此小心的原因。牠带了同伙，共来了八个。主继续讲这个故事："（污鬼）便去另带了七个比自己更恶的鬼来，都进去住在那里。"

噢，太可怕了！谁会想到事情会发展到如此糟糕的地步呢？这个人怎么能抵抗呢？你说"让牠们离开你的房子"。这是什么傻话？你还没来得及想，就完全跌倒了。你发现自己被摔在了地上。在你把房子打扫得干干净净、装饰得很漂亮的时候，八个可怕的污鬼已经在房子里建立起了邪恶的治家模式。你失败了，而且败得很惨。你心的邻居们就会对那里的生活摇头，这就是对那个昨日还过得那么安详的人的诅咒。

那些污鬼再也不会离开了。现在，牠们"住在那里"。"那人末后的景况，比先前更不好了。"多么令人不安的话！"比先前更不好了"！他的意图不是很好吗？他不是自信地断绝了自己的罪行吗？邻居们不是一起谈论他好心肠的榜样吗？这一切似乎都是可能的，但最终情况非但没有好转，反而变得更糟了。现在，在非常真实的意义上，他成了撒但队球员脚底的一个足球。

当那个污鬼和另外七个污鬼一起回来时，到底发生了什么？起初，他的罪主要表现为一种特定的罪。可是在后来，所有的罪都同样地抓住了他的灵魂。难道不是如此吗？结果就是，他的整个生活现在都在为魔鬼服务。你是在问这是怎么发生的吗？耶稣自己告诉了我们。污鬼到了，看见房子"打扫干净，修饰好了"，却"里面空闲"。当然，污鬼已经离开了，但圣灵还没有进来。撒但确实被扔出去了，但耶稣还没有被带进来。结果是心是空的。没有人住在那里。

也就是说，除了那个可怜的小小的"我"，没有人在那里。正是因为耶稣没有被带进来，这个"我"就表明了自己深陷虚伪，想象着它可以拯救自己。从表面上看，这是归信，但不是真正的归信。真正的归信正是你自己想做却只有仁慈的上帝才能做的事。事实上，在那显然已经被洗净了罪的房子里，罪仍然在那里。因为内心的"空着"也是罪恶的。实际上，这是终极的罪，因为这就好像一个人对耶稣说："离了你，我能成功。即使我空虚，我也能被拯救。"这直接违背了上帝的一切典章。

  弟兄姊妹啊，上帝设计你原是为了住在你里面。上帝的意思是要你成为一座圣殿。上帝的意思是你被一个比你更强大的灵所引导、所支配。那可能是撒但，也可能是耶稣！那些人说："不，我要住在我自己的心里。"这样，他们已经放弃了耶稣，成了撒但的战利品。耶稣说："这邪恶的世代，也要如此。"主啊，求祢怜悯，怜悯我们！

第86篇
我看你如基列，如黎巴嫩顶

耶和华论到犹大王的家如此说："我看你如基列，
如黎巴嫩顶，然而我必使你变为旷野，为无人居住的城邑。"

《耶利米书》二十二6

当主我们的上帝从祂恩典的宝座上俯视我们这个小小的世界时，这世界给祂的印象与给我们的印象截然不同。如果我们偶尔从高塔或山顶往下看，那么会看到什么？我们会看到田野和森林、城市和村庄、小溪和河流。那会像一幅壮丽的全景图在我们脚下伸展开来。但是我们几乎不会注意到人，他们看起来那么小，就像青蛙或蚱蜢那么大。我们的眼睛几乎只会陶醉在大自然的宏伟中，只会欣赏树林和溪流的轮廓。然而，对主我们的上帝来说就完全不同了。对祂来说，树木和山谷并不重要，而在祂看来，人的世界反而是美丽、美妙并令人兴奋。在《箴言》八31，弥赛亚通过圣灵说（或更好的说法是，歌唱）："喜悦住在世人之中。"

圣经常把一切活着的灵魂描绘成全能者信实的对象。在更广泛的人类圈子中，上帝就像我们看待自然全景图一样。我们区分沙漠和干旱之地，常见的美丽地区和一些特别引人注目的地方。同样，圣经将上帝的子民定义为主的园子、"祂喜乐的院子"和"祂所栽种的葡萄园"。圣灵甚至对上帝所拣选民众中最尊贵的说："犹大王的家啊，我看你如基列，如黎巴嫩顶，如佳美的香柏树林。"这话从上帝那里向我们轻声说出，不是很奇妙吗？

　　请思想，上帝如此无形和神圣，俯视着祂如此巧妙创造的复杂世界，却很少注意到基列的山谷和黎巴嫩的香柏树。另一方面，当我们这些木讷的人类这样做时，却几乎无法自我节制，会不由自主地喊着说："大自然岂不美得惊人吗？"上帝的目光几乎只会注目那些渺小、有罪、我们称之为人的生物。祂如此行时会呼喊："我喜悦人类。这些人就是我的森林！"对你的上帝来说，他们就是万物中最美丽的部分。祂所有的渴望都与人类有关！

　　你会说，这真是非常难以置信。人类的世界经常会让你心烦意乱。你总是避免它，喜欢在上帝的创造界中寻求你的喜悦。甚至那些在你最亲密圈子里的人也会激怒你，让你伤心难过。这同样适用于那些敬畏上帝的人和不敬畏上帝的人。有时候，前者反而最让你烦恼。那么，你要听上帝所说的话："我喜悦住在世人之中！"或者听听你上帝的圣言："我看你如基列，如黎巴嫩顶！"

　　难以置信！在这一点上我们错了吗？难道人类真的不像我们想象的那么不洁、邪恶、不敬虔、可耻吗？好吧，让上帝的圣言给你这些问题的答案。那时，你会发现你对人类的评价还是太高了。他们比你想象得要更加堕落。以你自己的灵魂和你这个人为例。你的情形比人们想象的或者你所承认的要糟糕得多。你可以在这篇默想开首的经文中清楚地看到这一点。那些君王和首领，上帝指着他们说："我看你如基列，如黎巴嫩顶。"他们却都是可耻而不敬虔的百姓。在耶和华上帝的眼中，这些人十分残忍。

　　如果你想了解其中的奥秘，哦，我的孩子，请认识这位荣耀圣洁的上帝从不喜悦被造物的行为，而只喜悦祂自己的工作。在每一棵树上，每一朵花上，都可以看到上帝的工作。在森林里每只歌唱的鸟儿身上，你都能看出祂的作品。然而，无限更超越的是上帝在祂人类儿女中所做的工作。我们已经从他们如何思考、说话和祈祷中看到了这一点。在这一切之中，最崇高和最好的乃是祂救赎恩典之工。祂为那鼻孔有气息且要归于尘土的人，在祂穹苍中使星光闪烁，使他们作祂的儿女、成为永远的活人，好在祂宝座前欢呼，直到永远。这比这位最高的建造者其他所有巧妙之工都要卓越。

如果上帝向祂的天使显示祂威严的能力，像所罗门对示巴女王那样，那么仁慈的上帝岂不越过祂的圣山，看见所有在天上完全被称义之人聚在一处吗？当祂这样做的时候，岂不惊呼："这些人都曾不虔诚，但看看我在恩典中使他们成了何等样子？" 这就是我们理解耶和华上帝，如何在这项工作中获得更大满足，这正是因为人类已经如此深深沉沦。祂想通过祂藉着邪恶人类而成就一切，来高举祂仁慈的美名。在此，我们领会了上帝喜悦那些因祂恩典复活的枯死树枝的奥秘。

恩典在其中工作的每一颗心，都是一个展示奇妙神圣恩典之创造力的工作坊。每一个死去的和从死里复生的人，都像那天堂园丁手中的一个美丽花园。上帝的圣言滋润生命的汁液，在所有灵魂里流淌，在他们里面工作，使他们灵性成熟。就整个集体而言，他们就构成了上帝的基列。他们就如黎巴嫩的香柏树。关于他们，《诗篇》九十二篇如此说："义人要生长如黎巴嫩的香柏树，因日头滋养发旺如棕树。你们原栽在主的殿中，在祂的院中，必因主的手而成熟且加增。"⁵⁴

所以，当主因祂圣洁的全知俯视世人的时候，祂在哪里看到分隔呢？全然干枯的旷野和处处茂盛的基列平原，两者的分界线在哪里呢？在上文第3节中，圣灵通过先知回答："你们要施行公平和公义。" 怜悯临到他们。愿怜悯住在你灵魂里。"要拯救被抢夺的脱离欺压人的手。不可亏负寄居的和孤儿寡妇。" 你们若这样怜恤，我就作你们的上帝。"不然，我岂不使你们荒凉吗？我必使欺压你的人成圣。他们要砍下你佳美的香柏树！"

弟兄姊妹们，不要简单地忽略这些发人深省的话！请在心里对它们说"阿们"。不会有什么不同。事情必须这样发生。我们的上帝说，不敬虔的人必不得平安。这时，你在你可怜的灵魂深处会呼喊："那么，我怎么办呢？我怎样才能行事公义呢？" 现在，你若为此以正直哀哭，就当察看树林中的香柏树，看它们如何生长。它们不劳动，自己不编织叶子，然而所罗门在他最荣华的时

---

⁵⁴ 凯波尔也许在此处非常自由地引用了记忆中的《诗篇》九十二 12-13 和其他经文。

候，也没有比这些叶子更荣耀。只要把那棵树连根拔起，把它埋在你的地窖里，没有肥沃的土地来让它汲取汁液，没有赋予生命的光让它来汲取力量，没有阳光照耀它，不给它温暖，然后你看看会发生什么。这棵树就死了；它会枯萎腐烂。但当这棵树深深扎根在肥沃的土地时，它不会宣告："我想我要开始成长了！"这事会很自然地发生。它活着就会成长，呼出先前吸入的空气，叶子闪闪发光。

这就是你应该做的。离了基督，在圣灵的影响之外，你如果抗拒天上的温暖，你将会带着不敬虔和羞愧而枯萎、死去。你将憔悴，将很快彻底消失。你会厌恶自己，会成为上帝天使们的障碍。你会冒犯上帝圣子的爱。如果你想要成长和开花，就不要作一个把根散在空气里，把树枝埋在泥土里的傻瓜，乃要扎根于基督里而活。让你所有的叶子在属灵的空气中畅饮；要心中珍惜那公义之子。

扎根、畅饮、珍惜——如果这一切不是相信的话，那又算什么呢？你，一无所有！祂，乃是一切！你心里将有的，愿它是上帝先赐给你的。哦，你很了解这一点。这是来自那一大群见证人古旧常新的见证："义人必因信而活！"这就是上帝院中的样子！

第87篇
睡着了

这些作梦的人也像他们污秽身体，轻慢主治的，毁谤在尊位的。

《犹大书》8

　　入睡之灵魂的观念有深刻且奇妙的安慰。与此相随的，却是致命危险和属灵死亡的可怕想法。每个人都理解其中的安慰。因为当上帝的儿女在不虔诚的道路上徘徊时，上帝的圣言就会在他们怀疑的信心中临到，并告诉他们，他们的灵魂睡着了。这发生在他们丧失信心的时候；在没有圣灵同在之记号的时候；在他们心冰冷，就像死亡般寒冷的时候；在他们的心对上帝、耶稣和自己的救恩都变得冷淡的时候；在绝望完全包围了他们的心，他们已经听到地狱在声索他们灵魂的时候。上帝的圣言好像在对他们低语："不要绝望。只要信。你的灵魂还没有死。要赞美上帝，你所经历的只是你灵的沉睡，你被撒但像用毯子盖住了一样。"

　　然后，灵魂就复苏了。"所以，我并没有真正地死了！我没有犯过亵渎圣灵的罪！仍有怜悯和宽恕从上而来赐给我！我根本没死，只是睡着了！请叫醒我，因为我只是睡着了。从那些没有面部表情，像死人一样的人中，把我唤醒吧。

醒醒吧！保持清醒！起来！主耶稣啊，求祢再一次在我灵魂中照耀，就像你先前以温柔之爱所做的那样。"这种安慰对于上帝那有罪的孩子来说当然奇妙。谁又能数出有多少人已经奄奄一息，但又恰好听到"你还没有死，只是睡着了"的判语，并从废墟和魔鬼的魔爪中挣脱出来呢？

但是，这里有一个很大的"但是"，这就是所有要说的话吗？圣经经常提到我们的灵魂睡着了，岂不是有更多的内容要说吗？岂不是发出紧急呼吁的声音吗？你看，当上帝的儿女真正绝望、真正害怕时，他们的心如此贫瘠，认为自己正在滑向地狱，他们就真的不再睡觉了。那时，他们就已经醒了，已经被摇醒。那永恒的晨光已经触动了他们的灵魂。上帝的儿女只有在没有注意到自己正走在通往地狱的下坡路上时，才会睡着。在这种睡眠状态下，他们仍然可以祈祷。他们仍能梦见上帝的劝告和祂有关救恩的旨意。他们能够对这些深奥的奥秘进行长久而深刻的思考，但是这一切都只是假想的活动，没有现实可言。他们的祈祷并非真正的祈祷。上帝的忠告再也不能振奋他们的灵。对他们来说，奥秘也不再有神圣之美，也不再对他们有任何影响，不再安慰他们，他们的灵魂也不再渴望安慰。

这就是为什么可怜的上帝儿女有时会睡得像一堆木柴，有时一群会众全是如此。这就是事情最糟糕的时候，因为没有人提醒他们。没有人大喊："参孙哪，非利士人捉拿你来了！"除了从不打盹的那一位，没有一人。这位就是以色列的大牧者。上帝的儿女啊，这位就是你的天父。

这种冰冷的睡眠从何而来？没有人会否认，借着赐你生命之上帝的莫测的定意，这种睡眠胜过了你。若非有祂的旨意，你连一根头发也不会落下。上帝怎能不叫你沉沉地睡去呢？上帝是公义的，也总是慈悲的。那么，如果你必须要经历这样的睡眠，必有其因。有一些原因在你的里面，决定为什么光需要离开你一段时间。你丧失了保持清醒的荣耀乃出于一些原因。但是，是谁使你沉睡呢？是谁麻醉了你？是谁给你开了安眠药？是谁在你耳边唱着催眠曲让你入眠呢？

我优秀的读者们，不要担心我们现在看到的这卷书只有一章的篇幅。耶稣基督的仆人犹大，在这一章中写了一些非比寻常的内容。他阐述了在基督教早期教会中，可怕的罪恶已经爆发。所多玛人已经悄悄混入了弟兄姊妹们之中。

教会和她的监督们在这方面处于非常弱势的地位，以至于这些人甚至被允许参加教会的爱宴；在这宴席中，众人奉主的名坐在一起。

你想知道这是怎么成为可能的吗？你想知道在早期的教会中，怎么会发生这样属肉体的可怕不洁之事，这样亵渎神圣法令的事，这样拒绝上帝权威的事吗？那么，请读一读耶稣基督的仆人在第 8 节所说的话。他写道，他们"睡着了"。这显然是说他们屈服于这种不加掩饰的邪恶；当他们被魔鬼催眠入睡时，他们对此浑然不觉。魔鬼的工作就是让人睡着、给人下麻醉药、使人失去意识、使人不注意事情、使人失去知觉、使人任意被摆布、使人对上帝的圣言充耳不闻。小偷想偷你的东西就会这么做！当牠想夺去你从上帝那里所拥有的财富、安全和宝物时，牠就会这样做。

现在你明白在客西马尼园中，门徒为什么会睡觉了吗？你明白为什么耶稣一次次用比喻和习语激励他们的灵魂，说"所以要警醒，要警醒"了吗？你现在是否也明白，使徒们既然一次而永远地被唤醒了，他们为什么会因客西马尼园所发生的事，而如此持续地向教会呼吁了吗？他们警告教会要警惕这样的睡眠。当教会已经半睡半醒的时候，你明白为什么他们必须马上把她叫醒了吗？

"你们要醒悟为善，不要犯罪，因为有人不认识上帝。我说这话是要叫你们羞愧。"[55] "你这睡着的人当醒过来，从死里复活，基督就要光照你了。" "你们晓得现今就是该趁早睡醒的时候。" "黑夜已深，白昼将近；我们就当脱去暗昧的行为，带上光明的兵器。" "你们都是光明之子，都是白昼之子；所以，我们不要睡觉，像别人一样，总要警醒谨守。"[56] "但我们既然属乎白昼，就应当谨守，把信和爱当作护心镜遮胸。"这是贯穿整部圣经的严肃语气。这是上帝在圣经中对我们说话的语气，因为祂知道祂自己的孩子正处于睡眠状态。祂也知道灵魂睡眠会产生的可怕感觉。

哦，我很清楚，要想保持清醒，就得和这种麻木的睡眠作斗争。这个斗争的时刻就是在眼皮变沉的时候！在迷雾笼罩我们的灵，任何保持头脑清醒的尝

---

[55] 《哥林多前书》十五 34。此处，凯波尔的荷文版和钦定本（KJV）一样，不同于大多数现代译本，使用了"保持清醒"的命令式。

[56] 《帖撒罗尼迦前书》五 5-6。凯波尔省略了第 5 节的部分内容。

试都失败的时候！在我们还想喊出来，但我们的声音卡在喉咙，我们的嘴唇颤抖，说不出话的时候！在我们抓住机会去仰望天上，却有一层帷幕落在上帝、祂宝座以及祂天使们周围的时候！在我们不再注意我们应该注意之事的时候！在我们周围的一切都变得黯淡无光，毫无生气的时候！在我们仍然想要祈祷，却厌倦了自己空洞的咕哝，对不值得的事，连一句"阿们"都不愿说，索性放弃的时候！

是的，即使这样，当我们透过这样的迷雾看到救主的形像时，真的非常可怕。当我们看见祂从很远地方走来走去，我们的确想喊："主耶稣啊！来吧，请你快来。"但问题是撒但就站在我们旁边。我们想挣扎，想摆脱束缚，但是我们做不到。事情已经不可收拾了。我们就放弃了挣扎，眼睑下垂，迷雾就把我们完全吞没。这是多么可怕的事情！除此之外，你已经没有什么可做的了，当然，除了在你睡觉的时候，你的上帝仍然有能力控制你！祂用雷鸣般的声音呼唤你的灵魂。撒但不得不离开了，你又醒过来了。在对自己的沉睡进行自我批评时，你清醒地意识到，一切都留在了十字架下面。

上帝的儿女永远不会忘记这一点。一旦醒来，他们绝不会说："上帝啊，这是撒但对我做的！"相反，他们会责怪自己。他们承认这事是因自己的罪而发生的，他们就懊悔而悔改，走到天父跟前说："父啊，我得罪了天，又得罪了祢。从今以后，我不配称为祢的儿子。把我当作一个雇工吧。"

这不是什么梦，而是真实的！我的弟兄姊妹们，你们要清楚明白这一点。凡不想屈服于睡眠所致那令人麻木效果的人，就会在撒但试图关闭窗户时及时跳起来。他们会说："住手，你这个肮脏的魔鬼！让窗户开着。我要让从上帝的圣山而来的新鲜空气，让我保持清醒！"或者你想用一个不同的例子：当撒但想给你唱催眠曲的时候，你不会伸懒腰躺在床上；你要站着，来回踱步；塞住耳朵，大声唱赞美诗。

所以，在柔软枕头上放松的人要小心了。如果你这样躺着，就会滑下来！把头从枕头上抬起来。作为耶稣的一名战士，你必须站起来，保持清醒和警觉。让光在你心中闪耀，因为撒但潜伏在黑暗中。从上头来的光一照耀，撒但就会逃跑；牠受不了这光。所以，如果你一直让蜡烛在你身边燃烧，不吹灭它，那么牠将永远无法为你唱牠致命的催眠曲。

第88篇
与悖逆的人同住

> 祢在人间，就是在悖逆的人间受了供献，
> 叫耶和华上帝可以与他们同住。
>
> 《诗篇》六十八18[57]

人分两种：一种是未信主的人，他们起来反抗上帝；另一种是相信上帝的人，他们像羊一样顺服且顺从地跟随大牧者。没有什么观点比这种观点更令人失望，而就结果而言，更可悲地被否定了。事实并非如此，也从来不会如此，永远也不会！试问你自己，是谁更执着地乞求宽恕罪恶呢？在他们灵魂深处，在圣灵和真理中，是谁在这样做呢？是谁总是深感歉意呢？是谁在他们的上帝面前，不断躺在尘土和灰烬中，心里破碎，念着悔罪的诗篇呢？

你认为这会发生在未归信者身上吗？你认为那些没有归信的人，会与"每个人都为自己的罪何等悲叹、哀怨"这样的表达产生共鸣吗？如果你认为会这样，那你就大错特错了！即使是最目中无人的人，也会时不时感到良知的刺痛和不安，这一点我们并不质疑。他们对上帝的可怕愤怒有一些印象。我们知道，

---

[57] 荷文版圣经是《诗篇》六十八 19。

即使在各各他十字架之外，人们也会对自己的邪恶感到震惊。他们甚至可以泪流满面地寻求悲伤的解脱，而没有一个痛苦的灵魂能找到这样一个地方。

你在属世之子身上找不到这种真正的、稳定的、不断增长的对赦罪的渴望。你也找不到他们会请求宽恕。相反，在这些人身上，你恰恰认为这些会远超他们的需要。只有在上帝的儿女中，你才能找到他们。你会发现不仅是在归信时，或是在归信后不久，而是直到他们死去的那一天，他们都会拥有。

他们是悖逆的。但是，因为他们不由自主地被永远的慈绳爱索拴在祭坛的角上，他们心里深信，只要他们所承认的大祭司割断绳索，他们就能逃出祭坛。可是，他们肯定不再是以前的样子了！恰恰相反。他们已经成了被改变的人！早前，如果他们想到耶稣能抓住他们悖逆的心，他们会觉得很可怕。但是现在，相比过去，他们一想到耶稣会释放他们悖逆的灵魂，就会觉得那很可怕。尽管如此，他们仍然是悖逆者，比他们强大得多的力量把他们与耶稣捆绑在一起。

当然，把他们捆在耶稣身上的更强大力量不是外部力量。它不像利未人用来迫使公牛或公羊在祭坛前低头的绳子。耶稣使用的是内心的纽带。你看不见它们。这是属灵的工作。祂约束着你，而你不明白祂是怎么约束你的。祂牢牢地抓住你，而你没有注意到祂使用的方法。耶稣甚至会用那更强的力量来约束你的意志；事实上，到目前为止，你的意志会渴望它最初并不需要的东西。但是，无论用什么方法来达到内心的顺服，世上的上帝儿女在死之前，仍有那种别样的东西一直在牵引他们灵魂的感觉。有一种力量在起作用！事实就是，如果这种力量一旦停止工作，他们就会像木桶壁或橡皮筋一样松脱，倒退而远离耶稣。

事情的发展实则比那些上帝的儿女所感觉的要好得多。但在内心，他们感到有更深的力量在发挥作用，把他们拉得远离耶稣。当耶稣牵着祂的绳子时，他们想跟随耶稣。然而，即便是在这种与祂同行的愿望中，也有一种反抗力量朝着不同方向拉扯，好像一个人的灵魂门柱和窗框正在下垂和弯曲！他们的内心深处显露，里面冒着气泡的池子很吓人。在更明亮的光线下，人都能看到它所产生的污秽飞溅物。最后，这位有自觉的上帝儿女会陷入更深的沮丧。随着时间的推移，这种沮丧不但不会减弱，反而变得更厉害。他们会抱怨："主啊，我可怜的心怎能如此严重地不敬虔呢？"

就是这事唤起了祷告:"求祢用牛膝草洁净我!"就是它唤起哀叹:"主啊,主啊,请听我祷告!" 当听到别人说他们不能再祈求主祷文第五项时,他们不明白其中的意思,而他们也不谴责他们。他们只是说,他们所信靠的福音与他不同。他们承认,如果他们提出相反的建议,那就是在欺骗上帝。是的,直到死的日子,上帝的儿女都是悖逆的。但是,当他们第一次意识到耶稣在牵拉他们的时候,就透过牵拉知道自己作为悖逆的人,必须活在上帝面前。与上帝同住!在上面,在天父的家里,心甘情愿地在耶稣将要预备的许多房间中的一间里,与上帝同住!如今,他们仍住在那隐密的锡安,在组成教会的上帝的殿中,在甜蜜的相交中,被围绕在被赎者的秘密团契中!不再与世界同住,乃是与上帝同住。

以何种方式同住呢?这种方式就是,房屋主人可以敞开所有门,打发走守望者,解开所有锁链!但是,你看,如果耶和华上帝这样做了,即便承认这一点会很可怕,那么所有上帝的儿女,那些还没有进入死亡之门的人,就会从上帝的圣所里跑出来,倒在废墟中。他们知道他们会如此!

只是因为他们知道并发现,自己若放松了与他们上帝的联系,后果就会很可怕,他们不会说:"我主啊,我如此爱祢,所以对我的情况感到自信,我知道祢有能力俯瞰一切,使我仍然住在祢的面前!"他们说的恰恰相反:"哦,我的上帝和我的天父啊,求祢继续托住我。"请让祢的守望者保持警醒,免得我溜走了。不要松开祢永恒之爱的捆绑,因为只有在祢面前,事情才为美好。只有和祢在一起,事情才精彩,才光荣!但我的心引诱我,我肉体之欲要杀死我。我像一只羊,经常四处流浪,而没有作为祢的孩子和祢在一起。请祢帮助我,让我在祢的恩典中。请祢住在我的心里。

救主听到了这祷告!祂见我们是悖逆的,想要逃避上帝,却又愿意与上帝相交,就用这不动摇的应许来安慰我们:

我已定意安慰百姓
就是我受苦的儿女

> 也将永远靠近上帝而居。[58]

那时，祂就成就了此事，行了所应许的。这样，你悖逆的心就得以存活，且活在你上帝面前。

---

[58] 原文中，凯波尔从一首有韵律的赞美诗引用了这段内容：
Ik heb gaven tot der menschen troost,
Opdat zelfs het wederhoorig kroost
Altijd bij God zou wonen.

第89篇
如亡羊

> 我如亡羊走迷了路，求祢寻找仆人，因我不忘记祢的命令。
>
> 《诗篇》一百一十九176

《诗篇》一百一十九篇中的迷羊并非鲁莽且与上帝疏远的人。他们不是属这个世界的人，因这世上的人的祈祷是轻浮的。这迷羊并非未归信的人，乃是上帝的儿女，是耶和华的仆人。他们遵守上帝的律法，悔改且归信了。但他们是那种在信了上帝之后，再一次偏离救恩之路的人。在日常生活的现实中，这种情况纯粹会由于疏忽和不注意，而发生在这样一只"羊"身上。

羊天生不会这样做！任何羊群中的羊似乎都紧紧地黏在一起，没有彼此，它们就无法生存。这就是它们聚在一起的原因，就好像它们在模仿上帝的基路伯生活在一起。你可以从字面上这样描述羊和羊群："一只羊去，一群羊都去；一只羊停下来站着不动，一群羊也都停下来站着不动。"

羊是最无防御力、最无助、最依赖别人的动物。它有这样的特点：不会行动，反而会做出和其他羊一样的反应；不引导，乃是跟随；不主动，不武断，也不好奇。这些都不是它的本性。总得有人去找牧场，必须由别人带它们到草地上，带它们去吃东西。然后，羊就会吃，便活下去，之后就是奇妙的无忧无虑的样子。

可是你想想，一只失散的羊会怎样。《诗篇》的作者用一个词就这样生动地表达了。一只失散的羊是"迷失的"。这只任性的动物不仅感到极度不安，还会寻找羊群中的其他羊。其他羊不在身边，于是它咩咩叫寻找牧羊人，而无应答。它渴望那片草地，但周围全是沙子和岩石。更糟糕的是，一只失散的羊完全无助。它习惯了跟随，不知道如何找到回去的路。它看不到出路。如果它看到了一条路，也不知道是哪条。如果它随便走，就会走错误的路。它只会在荒野中兜圈子，不知道该去哪里。最后，它会倒下、行走疲惫、完全疲倦、躺在岩石上，之后开始咩咩叫、哭喊、尖叫。在这种情况下，如果没有牧羊犬的轻咬，它还能做什么？牧羊人，牧羊人！只有他能把它带回来。否则，它只会死，在衰弱中死去。我的大牧者啊，求祢祝福我的生命。寻找祢失散的、迷失的羊！

你可以清楚地看到，诗人所说的迷失的羊，指的是上帝的儿女，而非未归信者。让你印象深刻的是，他谈论的是他自己，而非别人。他实际上是在说："我，我自己就是那只迷失的羊。""是我热爱上帝的律法，是我以遵守上帝的诫命为满足。是我一直在唱：'祢的关爱从未令我失望。'我却藐视了祢的羊群，看不见牧者。现在我躺在这里，迷失了方向、疲惫不堪、卑微且迷茫。我只剩下一种防御方法来对抗彻底的毁灭。我仍然可以单单地呼喊：'把生命注入我灵魂里吧！'我仍然可以承认：'我如亡羊走迷，就像一只不知不觉看不见牧者的羊。'但是，尽管我与魔鬼、地狱和自己内心的责备相争，我仍要用信心的话语夸口：'我坚定地愿意再听祢的呼唤！'"

诗人并未达到自行承认自己全部羞耻的地步。这乃是圣灵逼他说出来的。首先，这很自然，因为他是被搜寻、被找到和被拯救的人。他回到了上帝隐秘的欢乐牧场，回到了上帝所爱的羊群中，回到了好牧人的守望之下。这一切都是为了一个更高的目标。使徒说，从前所写的圣经都是为你们的益处，叫你们因圣经所生的忍耐和安慰，可以得着盼望。这就是为什么圣灵会迫使诗人把自己的灵魂描述成一只迷失的羊。这就是为什么祂感动他把它放进歌里，并且唱出来。这不仅是为了诗人的益处，也是为了所有疏远的上帝儿女的益处，是为了显明那击垮你心的失散和迷失的情形。这样你就会在《诗篇》作者的歌词结尾发现自己。这是为了在这些诗句的空洞、想象的诠释被抹去之后，让你能掌握关于你自己的清晰、有益、纯粹的真理。这样，你就可以惊呼："是的，这真的如实显明了我在上帝面前的处境。我的灵魂就是这样！哦，上帝啊，求祢怜悯我这个可怜的罪人！"

这就产生了忍耐。你就从圣经中得到了安慰。透过忍耐和安慰，就会有盼望。然而，这个盼望绝对不是盼望我们靠自己能偶然发现一些小溪流，或找到一小片绿地。这根本不是盼望，而是虚假的盼望。因为如果我们的灵魂如此反应，那就好像沙子更干了，岩石更热了，我们周围的一切都在嘲笑我们分离的灵魂那种能自给自足的感觉。那也不是通过再次尝试，我们最终会找到正确道路的盼望。这是因为如果我们把诗人发自内心的话语放在心上，就会看不到这条路。我们再也看不到它了。即使能看到，我们也无法辨认，也不知道它是往东还是往南。

盼望只在于我们能再次相信，能相信我们有这样一个仁慈的大牧者，祂会把祂另外九十九只羊留在旷野中，而去寻找那只迷失的羊。我们可以相信的大牧者，祂不会认为"好吧，羊已经走丢了，那是它自己的错，就让它继续迷失吧！"祂心里反而会说："这羊也是我从天父所领受的。"所以，出于对天父旨意的尊重，祂会出发寻找那只羊，直到找到为止。祂不会放弃。

这种盼望的到来是因为我们再次相信，是因为我们相信自己有一位全能的大牧者，祂有能力找到我们躺下的确切位置。祂如此强大，无论我们之间的距离有多远，都能听到我们灵魂向祂发出的呻吟。无论是在悬崖峭壁上，还是在危险的地形上，找到"迷失的孩子"，让他们回到他们和我们的上帝那里，没有什么是过于痛苦或困难的。

让我问一下，有谁会迷失到一个地步，以至于无法被找寻呢？并非有人说："主啊，我要来找祢！"而是有人用其剩余的全部力量呼喊："主啊，求祢寻找我，祢的仆人！"也不是有人呼求："求祢救我、叫我仍可活着。"乃是有人说："求祢赐我生命，叫我可以赞美祢！"就是一个即使卧在死亡边缘也敢见证的人说："我坚定地倾听祢的声音！"诚然，上帝很快就会为这些人而来。祂又找到了他们。他们还要赞美祂！

我的弟兄姊妹，如果你是这样的情况，那么要举目望向那群山，从那里你能得到唯一的帮助。那个地方就是祂召唤之处。祂远远地招手。你那善良、信实、神圣的大牧者在向你招手！再见到祂就是再活过来！这岂不是真的吗？再次见到祂的人会再次赞美祂。所以，祂的众民哪，你们都要赞美祂。因为祂的子民都走迷了路，但他们都经历过这样的经历。我们都曾是迷失的羊，以我们各自的时间和方式迷失了。

第90篇
赦免和敬畏主

在祢有赦免之恩，所以叫人敬畏祢。《诗篇》一百三十4

《使徒信经》十二条款中不仅包括"我信上帝，全能的父"，"我信耶稣基督，祂的独生子"和"我信圣灵"。它们还包括更令人费解的"我信罪得赦免"。这样的肯定宣告确实会真诚地对你的心说话，以至于你能由衷地说一句"阿们"吗？相信有一个实在、永活的、被称为上帝的存有；相信这位上帝已经在肉身中启示了自己；相信这位上帝真的活在人们心里。这一切已经有如此难以形容的广泛的内涵，因而如此难以言说的荣耀，以至于没有一个人的心能真正自行产生这些观念。

如果你因为上帝给了你信心的恩赐而承认这些事，你能再进一步吗？你能再加上一句认信说，这位看不见的上帝，这位三个位格的圣洁存有，原谅了你所有恶行吗？说祂不追究你的罪？说祂遮掩你一切过犯？承认吧，我的弟兄姊妹们！这难道不需要一种特别的恩典才行吗？它岂不是远超任何可能发自人内心深处的东西吗？

"我信罪得赦免！"说出这句话，并真心实意、真正坚持它为完全真实，那就是另一回事了。当你已经被罪的深渊搅得粉碎的时候，你还能这样做，那么你就会明白一件很奇妙的事！或者当你感到撒但的陷阱在你灵魂之上，啪的一声关上时，你也可以这样！或者当你发现你的敌人魔鬼、世界和你自己的肉体，能同时从三面攻击你的时候！或者当你经历了三位一体对你的不可言喻的忿怒，作为你得救的某个阶段的时候！或者当你灵魂受到可怕的沉重，你意识到，归根结底，你的罪才是最可怕的罪的时候！或者当"上帝啊，开恩可怜我这个可怜的罪人吧！"的祷告从祈求归信，变成已经归信之人一声绝望呼喊的时候！现在你告诉我，有鉴于这一切，当你的灵魂一直在深处动摇，你已经深深震惊于自己可耻的罪恶，甚至那时你是否还可以平静、完全确定、带着安静感恩之心，在灵里承认："我也信我的罪得赦免。"这样做不是比承认相信三位一体的三个位格更奥秘吗？

我知道人们在玩弄罪得赦免。他们戏耍那种温柔的现实，就像我们戏耍上帝的其他神圣事物。我们不假思索地唱歌。当我们心不在焉时，我们祈祷。我们也都毫无感情地谈论罪得赦免。（主啊，这一切怎么可能呢？）人们承认他们都不知道上帝的神圣羔羊怎能作为我们的替代者，这事都被看作不重要，甚至微不足道。更糟糕的是，我们不仅玩弄赦罪，而且每个人都以自己的方式犯了罪。"上帝如此善良和慈爱，甚至请求原谅都没有必要。上帝会自动赦免。这位慈爱的天父，祂怎能一直生气呢？"这不只是现代主义者的说法，也是生活在我们心中的现代罪人说话的方式；或者更确切地说，我们心中的老罪人的说话方式。想想看，撒但知道如何操纵一切。祂甚至在罪得赦免中看到了机会，使新的罪在我们邪恶的心中滋生。听好了，其实这很简单。祂只是把对罪本身的关注推到一边，取而代之的是把注意力放在罪得赦免之上。当祂在我们快要犯罪的时候这样做时，我们的心就会集中在上帝的恩典上。当我们要陷入罪中的时候，我们对自己说，我们会立刻得到赦免！这时我们与上帝恩典之约的最后联系被切断了。我们会跌倒而深陷。我们会做上帝认为是罪的事。啊，这深不可测的邪恶之谜！然后，我们不洁的嘴唇会祷告，祈求上帝饶恕我们的罪。

天国之子啊，你们必须认识到这一点。拿单对大卫所说的话适用于此。这句话适用于你的灵魂，而非别人的灵魂："你就是那人！"但你还没有意识到这一点。你自己内心还没有懂得！从另一个角度看，同样正确的是，有一种相信罪得赦免的信心不是来自上帝，而是来自那恶者。这种信心竟然敢说："上帝啊，在祢有赦免，因此我不再敬畏祢的圣洁了。"这不是耶稣基督教会的认罪方式。决定她生活基调的事物恰恰相反。它在古老的上行之诗中表达出来："但在祢有赦免之恩，要叫人敬畏祢！"

"敬畏"并非指一种惧怕，让我们逃离上帝。敬畏乃是一种圣洁的情感，是一种深深的赞叹；当我们走近上帝崇高威严的时候，就会肃然起敬而停下脚步。它会净化我们邪恶的思想，会使我们不得不垂下头来、侧耳而听，并恭敬地听从主的话。祂是这样说的："我的孩子，不要再犯罪。"当上帝的儿女听到他们的天父这样说时，会发现自己不能犯罪，即使在他们作恶的时候，仍想要停止犯罪。因为上帝的声音，好像拦阻他们的灵魂的约束力，在阻止他们退回。这就是赦免我一切罪孽的上帝，就是使祂爱子宝血流出来的上帝，就是这位上帝在不断向我的心呼吁："我的孩子，不要犯罪！"那时，那不忠、受折磨的灵魂会表现出恐惧，它既不想也不敢违背上帝的声音。因为那用震撼灵魂之声呼唤他们的那一位，就是那赦免他们一切罪的上帝。

这就是解除邪恶的方法。这就是将罪扼杀在萌芽之中的方法。这时，讥笑的撒但会退却。在这事上，上帝是可称颂的。这就是透过赦免而敬畏主的方式。在这一点上，各个时代的教会都惊呼："是的！阿们！在祢有赦免之恩。所以上帝是可畏的。"

所以，请告诉我，你在哪个唱诗班唱诗？你的灵魂在何时何处敢于承认"我信罪得赦免"？它是否肤浅地唱着这首歌，没注意到轻率的曲调？"已被赦免……所以，我就不那么担心罪了。"或者对你来说，它已经成为上帝在你心中压倒性的大能了？"我不能再犯罪了，因为上帝赦免了我！"

读者们，回答这个问题要有辨别力。因为一方面，你不要相信你自己的观念、你的个人感情，或者你自己对认罪的理解，反要检查一下你自己灵魂实际的运作方式。你相信上帝会赦免罪恶，这会使你的良知变得更敏感还是更冷漠？如果你不得不承认是"更冷漠"了，那该多糟糕啊。但是，你现在受到惊吓，总比你心里带着被魔鬼误导的信心进入永恒要好。那时，你只能在上帝面前摇撼颤抖了。那特别的罪，你被误导的、不现实的和错误的相信，都尤为可憎。这在我们圣洁的上帝面前是可憎的。

然而，你仍有希望。这是因为有一种方法，可以让那被特别的罪所窒息的灵魂回到三一圣洁的上帝面前。用诗人的话说，就是："主啊，在祢有赦免之恩，甚至会赦免这罪，因此要叫人敬畏祢！"

第91篇
因信得生

义人必因信得生。《加拉太书》三11

上帝使祂百姓得丰富的应许，就是他们必因信而活。这不是只指上帝应许要帮助我们渡过难关，也不只是说祂会在我们有危险的时候上前帮助我们，也不仅是意味着祂将会听我们的祷告，也不仅表示祂将会给我们戴上荣耀的冠冕，也不仅是说祂会遮盖我们的赤身露体。耶和华上帝当然知道；祂的应许若非超越这些，一个人即便可能会带着这一切宝贵的东西离开，却会与来时一样贫穷。那是因为他们将不得不持续呼喊："哦，上帝，我的上帝，荣耀是无价的。这些衣服显示了祢有多关心我。祢倾听的耳朵使我安心。但要是我有生命就好了！只要我那疲惫、四面楚歌的心仍然向往生命，这些事情又有什么益处呢？我一直都在纠结于我的存在、我能否呼吸、永恒、我内在存有相关的问题。尊荣对一个死去的人意味着什么呢？漂亮的衣服对一个渴望生命、却还没有生命的人来说，意味着什么呢？"

主都知道！祂知道在旷野的以色列人也是这样。这就是为什么祂不仅命令以色列人征服迦南，而且从那时开始赐给她生命。首先，祂使法老的手瘫痪，那真是掐住了法老的喉咙！以此，祂给了以色列生命。接下来，在通常只作为人类墓地的海底，祂赋予了以色列生命。祂把海底变成了一条生命之路，这就是为什么祂的百姓会如此认识海底。祂又在旷野赐下生命，使那贫瘠之地满了吗哪，使磐石裂开，有水从其中流出来，给祂的百姓饮用。

耶和华上帝也知道，祂的百姓今日和从前一样，最为关心生命。这是因为世上所发生的一切都敞开在祂面前，都暴露在祂神圣的视野之中。那些从世人中呼召出来的人，在祂看来确实是一群迷失的羊。他们不能取得任何进展，已经跌倒了，内在已经没有任何气息了。他们无法自助，除非他们的救主首先教导这些喘不过气来的人，如何才能重新开始生活，否则他们仍对自己的处境无能为力！

永恒的慈爱上帝向这里描述的人显明了祂自己。这些需要救赎的可怜被造物的迷失程度，就是使他们得救之仁慈的深厚程度。在祂应许他们任何别的东西之前，这正是主进入他们破碎之心的方式。祂带来了最全面、最深刻、最有恩典的应许："我赐给你生命。只要你因信活着，你就一定会活着。"

但是，"因信得生"是什么意思呢？这是否意味着，正如许多人所想的那样，"如果你一开始就坚定地相信一些枯燥、抽象的真理，那么当你死的时候，我将赐给你生命作为你安静顺从的回报"呢？或者，如果不是这意思，那么是不是可能指，"你只要信我所说的，那么在天堂的某个地方，我将给你安排一种远高于你现在所能想象的生活"呢？

好吧，我的弟兄姊妹，如果这句话表明的意思，并未比上述内容更珍贵、更温馨、更美妙，你真的认为有人会因此而得复苏吗？真的会有人高唱一首赞歌来回应吗？人们真的会听到关于他们发出神圣狂喜的话语吗？一点也不会！仔细听我说！从"因信而生"的应许中流出的恩典，比一切都更丰富，它会充斥你的生命。"得生"意味着很多事情。它的意思是从完全失去力量中得恢复，被噎住、窒息的人再次能呼吸了。它的意思是，像坟墓里尸体一样倒下一动不动的人，会站起来，再次开始行走。

你要从以西结的角度来看那些开始蠕动的干枯骨头。枯骨生出了活的皮肤和组织。分解的骨头又重新接上了。最后，灵终于开始搅动，从大地的四风中回来，直到那些曾经一动不动的站立起来。它不仅表现出存在的样子，而且知道自己是活着的。这就是主在祂赐福中所应许你们的荣耀。你会活着，但前提是你要因信活着！这样的生活不是你自己奋斗而得，不是靠你自己的努力，不是靠你做了什么。完全相反！事实上，你怎么在尝试中疲惫，你就怎么偏离信心，也会怎么限制真正的生活。这里所涉及的那种生命并非来自于他人的贡献，也不是借着他们为你所准备的，也不是通过你想象中的东西而获得。这些不过是沙漠中无水的海市蜃楼而已。它只会让你更口渴，没有人能靠它生活！

这样的生命是凭信心得来的，不是凭眼见。你看不到它，也不能展示给你看。它不能托付给你来保护。它必须与上帝所托付它的人同在，也就是耶稣基督。你必须从上帝那里，一滴一滴地、一口气一口气地、一点一滴地，饮于那圣洁的、赐力量的、使人复苏的能力。生命之泉的前面挂着面纱。这个深奥神秘的生命之源会退去，如果你伸手去掀开那层面纱，你就有祸了。就在那一刻，它会完全消失，你再也找不到它了。信心必须保持为信心！不要只凭你的头脑或内心去相信，要用你的头脑和你的心去相信，用你的意志和情感去相信，用你的全人和你内心的一切去相信。因为关于你的一切都是同样悲惨、赤裸、不安、脆弱和无力。

事实上，相信就是感觉自己被蛇咬了！相信就是识别出来，并且说："蛇毒正在我的血液中扩散。结束了！我要死了！"随着死亡在你身体里步步逼近，这种绝望情况下，相信就是抬头看着这条厚颜无耻的大蛇，满怀信心地深深叹一口气，宣称："在那！那就是我的生命！"别问如何，别问是什么方式，只要仰望，把目光从自己身上移开。我不再去想被咬的伤口或毒液。我只想到祂，透过信心去思想。我的上帝啊，这是多么有福！生命开始翻腾，然后沸腾，最后流动了！我的上帝啊，这怎么可能呢？借着相信，我又活过来了！这就是永恒的生命，耶稣的生命。就像我可以通过用力按压血管来麻痹我的手指一样，我也可以通过让撒但给我的血管施加巨大的压力，暂时麻痹我的灵魂。其实，生命正是从耶稣那里，透过血管流到我里面。

但我为什么要害怕呢？血管还在那儿，耶稣仍在那里。在祂里面，给我生命的压力也在持续。我也不能完全失去我的信心，因为我不是它的来源。祂为了我的益处，在我里面创造了它。但是，信心也可以暂时不活跃。如果它有赖于我，那么曾经不活跃的信心将永远不活跃。说实话，我们已经沉沦到要验证这一点的地步。我们这样做，要么是出于固执的决心，要么是出于内心的傲慢，要么是我不知道还有什么别的邪恶欲望。但我们会这样做的，我不知道如果没有基督，我们还能坚持多久。

我们虽曾让祂的爱为此悲伤和难过，但是上帝不允许这种事情发生。祂密切注视着我们。当祂注意到撒但的手在我们灵魂血管上的力量持续太久，变得太致命时，祂就用自己无尽的仁慈掰开撒但的手。然后，生命会又一次流过血管。这样，我们就回到因信得生里了。这样，我们会再一次用我们一切所有的来赞美祂。祂是我们的安慰者，满了无尽的怜悯。祂以神圣的爱，作我们灵魂的救主。

第92篇
像黑暗中的滑地

因此,他们的道路必像黑暗中的滑地,他们必被追赶,在这路中仆倒。

《耶利米书》二十三12

我们每个人都需要进步和前进。但要向前走,就必须有一条明确的路可走。一切都与那条路有关!能说"我找到了那条路"的人是三倍蒙福的!这条路不仅是在我们最初与世界分离时找得到。这条路不只是在一个人第一次转向耶稣的时候才会找到!这条路是灵魂找到真实生活的地方。这是一条人流量很大的路!这条路是上帝的圣徒们走的路!在这条路上,我们的灵魂绝不会注意不到,耶和华上帝也在走这条路,祂所有拣选的儿女和祂的天使也在走这条路!

没有路真的很糟糕,但这还不是最糟糕的。最可怕的是,我们故意切断自己的人生之路,心想:"我宁愿呆在这里!"这很吓人,因为耶和华上帝来到,吓了我们一跳,祂说:"我绝不允许这样!如果你不想走我的路,那你就会滑向地狱,那里没有平安。要么向我走来,要么离开我。要么选择圣徒的道路,指引你走向天上,要么以牺牲你的灵魂为代价,艰难地走向地下。但如果你只是想站着不动,我会亲自确保你要移到某个地方。你必须不停地移动,直到跌倒消失为止。"

你听主借先见耶利米对我们今日的百姓所说的话："你们当悔改！如果你不悔改，我会让你在黑暗中走的路很滑。如果这让你颤抖，以至于你不敢向前，我会强迫你移动。我必追赶你，驱使你，直到你绊跌，脚下打滑而跌倒。"

上帝在这一章对祂百姓所发的控诉实在是太可怕了！那圣者说："看哪，我生你如同生自己的孩子。我以力量束你的腰。我把我的爱挥霍在你身上，这却成为你对我圣灵的侮辱！我就差遣一位祭司到你那里，为我的名作见证，为我的百姓祷告，使你遵守我的律法。但是那祭司自己却离开了这条路，变成了假冒为善的人。所以，我差遣一个先知到你们那里，唤醒我的百姓和那不信的祭司。但连那先知也选择反对我。所有人都异口同声地诅咒我的神圣！"

这不是耶和华上帝像对待圣经时代伯特利的利未人那样，首要对待那些偏离正道的祭司和先知的方式。这也不是祂首要对待这些祭司和先知在当代的相似者，就是那些受自己偶像或所喜好之想法激发，却还呼求耶和华之名的人的方式！主说，这实在是荒谬（第13节）。更糟糕、更强烈地让我们圣洁上帝生气的，是犹太极端正统的先知们所做的事。他们表现得非常虔诚，长时间祈祷，满怀热情地歌颂上帝。他们行事就像他们严格遵守了上帝的圣言，但在他们虔诚的外表背后有着腐烂的不义。"我在撒玛利亚的先知中曾见愚妄，我在耶路撒冷的先知中曾见可憎恶的事！"

当你想到这些先知时，不要只想到或主要想到那些假冒为善的正统传道者。因为他们当然会受到最严厉的定罪。牧人哪，有祸了，有祸了！因为在新约的日子，凡上帝的子民都是作祭司的。在那里，那先知的祈祷得到了回应，他曾说："哦，愿上帝的子民都作先知！"主晓谕我们的话，是针对每个人的。令人憎恶的是我们，就在我们家里，就在我们心中，就在我们表现自我的方式以及我们的行为方式中。这就是可怕的地方！

敬虔是最高的理型，但也是操练中最危险的。因为你要么真的是蒙福的，要么实际上不是，虚假的伪装却在你内心产生属灵的谎言说你是。谎言会毒害你，撒但也会来激起你的思想和欲望。这就是令人憎恶的、非常令人憎恶的事，这发生在那些表现出虔诚、想要成为虔诚的人身上，他们的灵魂里却只有干瘪的骨头。

哦，不要只在受过教育、故意装模作样的人中间寻找装假的人。圣经几乎从不反对这些魔鬼的属灵之子，反正他们也会不听。属灵之人有上帝的圣言在他们身上做工。那些装假的人都是天真的、灵里妥协的上帝儿女。他们只是坚持着虔诚的外表而已。他们这样做主要不是为了取悦别人，而是因为他们知道，"只有虔诚地生活，生命才会到来"。然而，他们虽知道并承认这一点，却不让上帝进入他们的内心深处。尽管他们总是忙于耶路撒冷的活动，各各他却仍然很遥远。

这些都是可怕的情形。它们常常是痛苦和斗争的源头，有时甚至是痛苦哭泣的源头。然而，人们根本无法摆脱它们，就像苍蝇无法挣脱蜘蛛网一样。在这种情况下，仁慈的天父就让黑暗降临在我们身上，让我们的脚踩在光滑的地面上。其实，这乃是上帝的恩典。

恩典，是的，诚然！在这种情况下，上帝让我们无法迈步，这乃是上帝的恩典。上帝不听我们的呼唤和尖叫，而是让我们周围的一切变得如此滑溜、黑暗且可怕，以至于我们再也无法忍受。其实，这乃是一种恩典。我们就那么滑倒、绊倒、摔倒了。当我们躺在那里的时候，一切都结束了！这样，人就不会再从心里恳求："上帝啊，求祢给我光明，使我前进吧！"他们只能唉声叹气，说："哦，我亲爱的上帝和天父啊，我再也受不了了。看在基督的份上，请祢背着我！"

当一个人到这一点时，他们就开始重新活了。他们实际上会祈祷再祈祷，灵魂就复苏了。哪达香膏从他们心中飘散。假冒为善的人会对所发生的事感到惊奇。他们现在可以真正地祷告，再次赞美，并有意义地谈论他们的主了。他们又有了一些真实的东西，一些可信的东西深埋在他们内心，他们的良知也不再谴责他们了。如果是这样，人们肯定有所发觉！关于那君王的真实谈论从来不是不确定的。

看，以色列中那些在属灵上圆滑之人在谈论他们自己从未经历的属灵感觉。他们所述说的上帝的内在工作，不过是他们想象中骄傲的幻想而已。这样的事情让圣灵非常生气。"我必兴起攻击那预言虚假指望、散布谣言、以谎言迷惑我百姓的人。"这是主说的。不！当涉及上帝的时候，我们很容易就能辨别全能的上帝是否正在灵魂中工作。如果火爬到你身上，开始烤焦你，你岂不会注意到吗？同样，主又说："我的话岂不像火吗？" 更直白地说，"如果我的话能刺透一个人的心，不就像我用能劈开石头的大锤击打他一样吗？" 一个安静的旅行者突然听到一只狮子在他背后咆哮，他还会怀疑发生了什么事吗？主说："所以，我的话就像狮子吼叫，先要使你们心里惊恐！只有在那之后，被赦免的奇妙感觉才会淹没你。"

  我亲爱的弟兄姊妹们，主也是这样进入你们心里的吗？不止一次，而是很多次吗？你还能听到那犹大支派狮子的吼声吗？如果没有，那就不要再往前走了！如果是，你要小心，不要自己留下祂应得的任何尊荣不归给祂。如果你渴望给予祂这些，那么就更加强烈地渴望这样做！你要从上帝那里得活水！

第93篇
圣灵的果子

> 圣灵所结的果子，就是仁爱、喜乐、和平、忍耐、恩慈、良善、信实、温柔、节制。这样的事，没有律法禁止。
>
> 《加拉太书》五22-23

主我们伟大的上帝和救主得荣耀很重要。事实上，这比任何事情都重要。荣耀上帝是所有被造物，尤其是人类的终极目标。基督徒尤是如此。上帝在地上的荣耀，不只包括外表或外在的敬拜，也包含发生在基督徒灵魂中的日常之事。正如每个人都经历和承认的事情，这并不是由他们自己内在所产生的。它的源头更超越，因为它里面有上帝的能力。所以，我们需要有果子。美丽的果子，可爱的果子，别人觉得有吸引力的果子！这种果子明显地、不可磨灭地带有上帝的标志！

单单是在你生命中减少罪的果实是不够的。这诚然也会发生。相信自己是上帝的儿女、日常生活仍带着罪恶印记的人，就生活在危险之中。他们必须评估自己作为上帝孩子的特征是什么。一个已经得救的人暂时陷在罪里，这当然可以想象。但继续生活在那些旧的、从前的罪恶中，当然就不是如此了。即使一个人惊呼："赞美上帝！在我的生命中，各种罪都在减少。" 他们也完全明白那些罪并非完全消失。它们仍然可以在你的生活中工作。但是，只有当所有"肉体的工作"同时都变得软弱时，上帝在你里面真实的工作才会使你脱离特定罪的控制。一个接一个地摆脱罪恶，这乃是试探者的忠告。放弃在你心中沸腾的一切罪恶源头，这才是上帝的神圣之工。

　　弟兄姊妹们，你一定要明白这种区别。你的力量就有赖于此，你的幸福感也是这样，你内心的平安亦然。然而，假设你到了这个地步。在你自己身上，透过你自己，为着你自己，你仍然是那个老的、可耻的、不虔诚的、被卖给肉体之欲的罪人。但在基督里，你是纯洁、圣洁、蒙福的！只有相信，这才能发生。只有通过信心，这才会发生。你在生活中发现越来越多的罪，但与此同时，你发现所有罪在你身上的力量都在减弱。如果你的灵魂在那个层面上运作并且有那些结果，这非常棒！

　　即便如此，耶和华上帝会因此得祂的荣耀吗？上帝圣洁的眼中看为可憎的事，若在你们心里坚固了，祂岂会得荣耀吗？再假设，在你和所有其他人生命中一切罪恶的果实都完全停止，那在这上帝的圣院，在上帝面前，有什么意义呢？没什么，真的！连一个花蕾都没有！一朵花也没有！一个果子也没有！只有当果实呈现时，荣耀才会闪耀。它散发荣耀，归向上帝。

　　请注意，我在此处所说的不是圣灵的诸多果子，而是圣灵的那一个果子。因为，正如罪的力量在减弱一样，神圣葡萄树的萌芽也是如此。圣灵一工作，所有罪就一同减少；祂的工作会同时激发所有美德。本没有属灵的诸多果子。更确切地说，只有一种属灵的果子。要注意，《加拉太书》五 22 和《以弗所书》五 9 都是用单数来表示果子。然而，一切都包含在这一个果子之中：一种爱、一种喜乐、一种和平、一种忍耐、一种恩慈、一种良善、一种信实、一种温柔、一种节制。这不是人类的计算方式，因为这样，美德就会被一个一个地计算。但当圣灵在背后工作时，当上帝在工作时，就会有一种果子。

　　你看到很多关于那果子的证据了吗？遗憾地说，我们似乎生活在属灵的逆境中，作为上帝的子民却很少结出果子。啊，我还想说，但愿再有一次痛苦的迫害吧！让上帝再一次用匕首和剑来切断我们与这个世界的联系吧！让祂在殉道者柴堆上，把我们灵魂上的法老羊毛都烧焦吧。因为就上帝而言，罪的毁灭性影响已经如此之深，以致福音的拯救能力，还不及落在十字架之下教会所经历的十分之一。[59] 即使是当今最顺从、最虔诚的信徒也是如此。

"除了我以外，你不可有别的上帝。" "不可偷盗。" "不可奸淫。" 人们理解这些命令，但愿他们有能力，在他们的背后和潜在地，能感觉到上帝自己存有的力量！但愿你只对上帝有激情。但愿你有施舍和怜悯的热情。但愿你有一种对委身、服侍、舍己、谦卑生活的激情。不是被迫表现出激情，而是热情地表达你的爱，就像一个孩子走出家门，跑出去摘花朵，把花编成花环，编入辫子中一样。可不只是一个人缺少那种激情！

上帝知道这种激情已经从我们身边经过，祂已经在祂圣言中雕刻出尖锐锋利的指令，好让我们必须表达出圣灵的果子。在这几行话中，你又重复了一遍这圣言。如果今天或明天的结果是你展示了更多的属灵果子，那这不是短暂的默想所完成的。当然不是你！而是上帝的圣言成了祂手中的工具，促进了圣灵在你里面穿透和催逼的工作。所以，你要非常清楚地明白，在本质上，你所展示的都是，而且将永远都是圣灵的果子。祂是它的源头。这是圣灵的工作，因此与你或其他人的工作无关。

把圣灵带在我们里面，这是何等地惊人！知道我们的身体是祂的殿，也是如此。当我们独自一人，或徘徊，或感到孤独，或忙于工作的时候，让我们思考一下："现在，圣灵正在我这可怜的罪人里面工作；祂是与天父与圣子同在的真实上帝，是永远的上帝！"这是多么伟大的观念啊！

戏耍这样壮丽宏伟之事，是多么严重的不虔诚啊！这就是为什么圣灵的膏抹能穿透你灵魂的薄膜，就像香气能穿透你的衣服一样。任何获得新鲜供应的人都加倍精力充沛！这样，圣灵的果子将会、也必会在你们里面显明出来。你会发现你结出这种果子是得了丰富的祝福。你会拥有内心的平安，也会在外面展示出这果子。因此，祂必被尊崇。惟有祂可被尊崇；与祂相比，一切被造物都算不了什么。祂就是我们鼻孔里的气息！

---

[59] Kruisgemeenten，也就是十架下教会，指那些在 16 世纪 70 年代荷兰北部获得独立之前，一直受西班牙宗教裁判所迫害的低地国家的基督新教教会。

第94篇
两筐无花果

耶和华指给我看，有两筐无花果。一筐是极好的无花果，好像是初熟的；一筐是极坏的无花果，坏得不可吃。

《耶利米书》二十四1-2[60]

世上有两种人还是三种人？耶和华上帝只给耶利米看了两个筐子：一筐是"极好"，另一筐却"极坏"。好与坏是指他们在主面前的样子。但是如果按照我们人仔细观察所得的而言，难道不应该包括第三个筐子吗？可不是嘛！两个筐子之间不应该有第三个筐子吗？它不应该是一个装着一些不完全好也不完全坏的果子的筐子吗？这个筐子居于这两个的中间！它折中而居，还没有完全死透，但也不是完全活着，就这样悬挂在天地之间。然而，圣经不是这样看的。它根本不承认有介于两者之间的第三个筐子。不是"极好"就是"极坏"，没有其他选择！但请密切关注这样一个事实：好与坏取决于人们已经归信的程度。这完全是由他们按上帝应许得标记的方式来决定。

---

[60] 在《先锋报》初版和重新以书的形式出版时，都错误地将此处经文出处印为《耶利米书》二十四24。而所引的经文是第1节的一部分和整个第2节。

注意接下来的第7节。那些躺在右边筐子里的人，第2节说他们是"极好"的，可是仍然没有生命的种子在他们里面。他们还没有归信，仍不认识上帝。第7节明确地说："我要赐他们认识我的心，知道我是耶和华。他们要一心归向我。"如果是这样写，并声明上帝会赐给他们一颗新心，那么他们显然还留着旧心。如果说他们会转向祂，那么他们显然还没有归信！尽管如此，他们还是躺在装满了好无花果的筐里。圣灵证明他们是"极好"的。雅各和以扫也是一样。在他们行任何善恶之先，事情就按照对他们的拣选被决定了。那拣选将是稳固的。我们岂不是应以我们灵魂所能严肃唤醒的所有注意力，来密切关注此事吗？

　　在区分这两种类型时，我们寻找的是什么？我们看到了什么？我们认为哪个是正确的呢？每天的新生活都带来了什么证据呢？当我们注意到这一点，或者至少认为自己注意到了，我们就会给人们贴上"归信"的标签。如果我们看到他们身上有一点点焦虑，虽然不多，但我们还是会给他们贴上"焦虑"或"担心"的标签。当我们在枝子上看不到任何生命的迹象时，我们认为它们仍然是"属世的"。

　　当你这样做的时候，难道你不认为自己已经把上帝永恒预定中那些躺在"好筐子"里的人，包括在"属世的"人群中吗？他们就是那些祂认为"极好"的，可是你看不出来的人。你难道不觉得很多躺在好筐子里的人，根本就不属于那个筐子吗？这只是一种暂时的信心！难道你不认为你所认可的行为可能是错误的吗？最糟糕的是，你根本不知道那些最敏感的灵魂，那些你所谓"焦虑"的灵魂，如何在深深的忧虑中死去。你不知道他们是怎么被扔来抛去。他们自己看来就像躺在地上，在两个筐子的外面，完全失去信心的欢乐和祝福。

　　这就是当人们依赖于眼见而非相信时会发生的事！然后，婴儿洗礼就被抛弃了。救赎的确定性就会离开教会。人的努力就取代了上帝的工作。最终，你会失去对因信称义的一切感知。噢，我的上帝！这第三个筐！扔掉它！从你心中，把它扔出你的家，扔出你的会众。你不是那个把无花果分在筐里的人。上帝已经这么做了。祂的分法总是真实的，直到永远。

　　只要相信上帝正在做的事。为你而做，与你同做，向你而做！要站立而惊奇，看到永恒的秩序正以如此荣耀的方式成就。任何反对此点的人，都不能建立教会，而只会拆毁它。那时，那些可怜的、焦虑的灵魂会在恐惧中崩溃，永远无法进入属灵的广阔空间。那时，教会会以其宗教的骄傲来对抗世界，而不是以爱来服事世界。那时，那些在虔诚生活中扮演上帝的人，会在他们的自我关注和内省中丧失丰富的恩典。

不要误会。这里没有摇摆不定，没有不确定性！坏无花果是"不可吃的"。其他的都很好，甚至"极好"，就像刚刚成熟的青翠茂盛的无花果。他们之所以好，不是因为他们本身如此，而是因为上帝在祂爱子里并透过祂爱子如此看待他们。

这时，圣灵来了，要帮助我们认识自己，使我们不再像自己以为的那样可怜，而是成为像上帝所说的，在耶稣里所是之人。这就是相信，是一种祝福我们的信心，之后就会结果。这不是发生在你到达那里之前，而是在你到达那里之后。

第95篇
忧伤的心

上帝啊，忧伤痛悔的心，祢必不轻看。《诗篇》五十一17[61]

如果你仔细想想，"忧伤"（心里破碎）诚然是有罪之人所能接受的最难要求。对我们大大的自我来说，稍加克制并不令人反感。你几乎不会遇到不承认自己在某些时候、某些事上没有过失的人。每个人都承认自己有时可以做得更好。只要你谈论的内容并未抑制一个人的张狂无度，他们大多就不会有真正的反对意见。这样的被稍加抑制的人，成千上万地走在圣经的宽阔大道上，趾高气扬地炫耀自己的克制和谦逊。他们被自义所包围，生活、工作在自己的地狱里。

这对上帝来说并不重要。只要祂凭着神秘的审判之光，穿透并揭露所发生的事，这就不重要了。然而，对鉴察每一个心灵的那一位来说，即便你通过惩罚、抑制、压制，甚至在必要的时候破碎你的身体，都不会取得任何进展。上帝的儿女都知道自己有失败的记录。事情不能一直这样发展下去。罪恶生活的风帆必须调整，必须予以控制，身体也必须被强力压制。人们不想再这样了。那会毁了他们，会杀死他们。具体而言，必须使罪恶变得没有功效才行。以前

---

[61] 荷文圣经译本《诗篇》五十一19。

对人们有吸引力的东西，现在要变得不再有吸引力。变化显著，事情正在进展。这不只是遏制而已，还包括了对老旧、狂野之本性的割礼。

然而，这并没有把你带到你应该去的地方。它不能。因为无论你如何破坏自己的生活方式，这都不是强烈抵挡它。于是，你只是简单地用一条木腿替换了自己截掉的腿，如果有必要的话，还可以用拐杖，这样你就可以在人工的支撑下继续蹒跚前行。哦，即使是残缺不全的属灵斗士，也伏在地狱的约束下。

我们的肢体就像不受控制般成长。在日常生活中，它们是未经修剪的腋芽。当面对上帝的时候，你必须面对生命本身。神圣的医生不只是检查你的脚或手而已。祂会检查一切，甚至是你衣服下面的部分，直到你的心脏。祂会毫不犹豫，毫不怀疑，说话直截了当！祂很坦率！"这颗心必须改变！"

仔细听好！对于上帝的诊断，人们会立刻提出异议："我的心受不了！如果我去尝试，我会死的。我就活在我的心里。考验我吧！其他的都拿去吧！哦，神圣的医生，但别让祢圣言的手术刀刺入我的心。拿去这只手；来，我把它交给你！拿去这条腿；我没有它也行！就让我继续匍匐前进，蹒跚前行吧！为了得救，我愿意做任何事。我准备好了做任何事。不管疼痛有多剧烈，都吓不倒我。但谁听说过人必须放弃自己的心呢？他们不得不把它切除吗？他们不得不把它压成浆吗？怎么会有人能经历这种手术，还能活着呢？"如此说着，那颗一心要保护自己的任性、自以为是的心又重新出现了！主，我的上帝啊，不，我将会把我的心交给祢。甚至我的心也需要改变！它太傲慢了。它需要谦卑。我的心和我的意志真的要向祢屈膝！但是，上帝因祂的圣洁仍然坚定。

不，绝对不！一颗屈服的心还不够！救赎的应许只对一个破碎的心敞开。一颗屈服的心并不重要。因为，首先，它走得还不够远，还是太顽固了。即使今天它可能会弯腰，明天它就会重新站起来。而这只是在和全能的上帝玩游戏而已。那只是在处理表象，而不是内在的真相。这就是为什么上帝的圣言一点一划都不能改变！破碎！真的破碎！完全意义上的粉碎！这就是发生在你傲慢和抗拒之心里面的事。

"但是……那么，我就完了。那么，我就不存在了。那么，这就等于死亡！"事实确实如此，我优秀的读者们。这就是全部内容。这就是为什么必须如我们所说的那样。你的心必须破碎，必须死亡。你必须停止为你的旧心而活。因为如果你真的到那一步，你就不会死，反而重新开始活着！

地狱里仍有地方搁置一切事物，但就是没有放置一颗破碎之心的余地！当为自己而活在破碎中消失时，那正是活在耶稣里开始的时刻。当你刺穿血管，吸出为自己而活的坏血时，耶稣赐生命的血就会流进你的灵魂。这就是为什么文中会使用"破碎"（broken）。一颗彻底破碎的心！这是一种持续到心被支离破碎的过程！

这并非一触而就。对有些人来说，祂圣言的大锤会在他们心中的岩石上敲打很多年。祂先修理一下，然后切得更深。接着，祂会对你施加更大的压力，会施行审判，令你惊骇，又逼你从祂狂怒之杯中吞下一口又一口。祂的意图是压迫你的灵魂。你的快乐就落荒而逃了。你最喜欢的玩具不见了。你的朋友圈消失了。每天晚上，你都渴望早晨到来。每一个愿望都破灭了。在那时，每个被压垮的人都会哭泣、哀叹，抱怨道："这个世界不再给我任何东西了。"他们想补充说："这最后一击简直打碎了我的心！"那时，上帝回答说："不，不，不！打碎你的只是你内心想象中的爱和希望！你的心本身是完整的！"现在，真正属灵的工作开始了。一锤接一锤，这就是一只更高的手在你内心的牵引。一锤接一锤就是对你灵魂的鞭策。上帝圣言的大锤，一锤接一锤地敲打你的心。

这就是偶像大衮的遭遇。一只胳膊掉了，一只脚也掉了。最后，整个偶像被砍成两半，它骄傲的态度被摧毁了。上帝不断地捶打它，直到它的意志、情感、尊荣、自我价值、美德、虔诚，甚至它的祈祷和慈善的施舍，都在上帝脚下化为尘土，变得粉碎。当这一切发生时，神迹就出现了。当大衮被推翻时，不敬虔的自我就变得无能为力了。曾经作为我们骄傲和力量的一切，现在都化为尘土。但是你看，在大衮被摔碎的同一颗心里，有另一位，更好的那一位，闯了进来！你不认识祂吗？祂是你的救主。"安慰者"是祂的名！

第96篇
如今常存的有三样

> 如今常存的有信，有望，有爱；这三样，其中最大的是爱。
>
> 《哥林多前书》十三13

"如今常存的有信，有望，有爱；这三样，其中最大的是爱。"它们常存？如今？但能维持多久呢？使徒的意思是说，它们会一直存在直到我们死的时候吗？或者他的意思是，在我们死后，它们将与我们同在，并陪伴我们进入永恒吗？

第二种说法正在我们当今教会中越来越多地被宣讲，就像它在以前由那些旅行布道的传道者所宣讲的一样。但是上帝的教会，作为真理的支柱石和根基（或更好的说法是教会中的圣灵），一直坚信"如今常存的三样"并不意味着它们就永恒存在。那不可能！那种解释既不可思议，也不可能。

信心就是把可见的放在一边，要抓住所不见的。信心是用属灵的力量抓住你现在所不见的。信心的本质就有关于未看见、未尝到。"没有看见就信的人有福了！"我问你，人们怎能想象，像多马这样的信心是作为天堂里过崇高生活的标准呢？

一个孩子都能告诉你什么是盼望。盼望是一种错觉，以为自己已经拥有了尚未得到的东西，是去享受即将到来的一切，是陶醉于那虽延迟但最终肯定会给我们的事物。因此，在圣经中，盼望或基督徒的盼望是确定、不可动摇的。上帝的儿女预期，当基督驾着天上的云再来时，就会有荣耀向他们显现。

诚然，有些人说："但即使是在天堂里的生活也有它的等次。人们最初会始于一种层次的恩宠，同时盼望一段时间后能上升到更高的层次。"可是，这说不通。这是用一个世俗的尺度来衡量天堂里的事物。我们不能那样做。在上的事物是永恒的，而永恒并不存在于今日的某个层面中，也不存在于明日的另一个层面里。从一开始，我们就充足地拥有了。天堂里并没有时间的连续。

当耶稣的使徒说"常存的有信，有望，有爱这三样"时，他的意思只是针对今生。与此同时，你不应该理解为它们只存在到你死的时候。相反，你要明白，那本属祂子民、祂团契和祂教会的这三种生命力量会常存，直到我们的主耶稣基督再来的日子。

在这方面，这些恩赐明显有别于保罗在《哥林多前书》十二至十四章中提到的其他属灵恩赐。那是因为说方言的恩赐会消失，行神迹的恩赐将会停止，说预言的恩赐将会止住。这些非凡且不寻常的恩赐只给了少数人，而且只存在很短的一段时间！但在这里，他巧妙地让另外三个恩赐与它们相对。他这样做是为了安慰上帝的子民。这些都是上帝赐予每个孩子的恩赐。它们属于上帝儿女的日常生活，并不依赖于他们是否有地位或特殊才能。因此，只要耶稣基督的教会还在世上，它们就必常存。

请记住，圣灵在使徒的写作中感动了他。圣灵那时就已经知道，上帝的教会还要经过许多个世纪。记住，只有在那个时期的一小段时间里，教会才会被这些特殊奇妙的恩赐所装点。记住，在那以后，这些特殊的恩赐将完全停止。也要记住，到了那时，教会唯一充足的安慰，就是依靠对我们主耶稣基督的信心、盼望和爱心。

使徒劝告人们在这些问题上永远不要搞错了。在这些非凡的恩赐中，还有一种被耶稣和祂的使徒称之为"信心"的恩赐。看一看前一章的第9节，上文说一个人得了医治人的恩赐，另一个人得了"信心的恩赐"。当然，这不可能指拯救的信心。因为那不是只给予少数基督徒的，而是给上帝的每一个孩子。

因此，《哥林多前书》十二 9 提到的信心是一种特殊的、独特的信心，正如作者所说，是"行神迹的信心"。这是耶稣所谈论的同样非凡之信心的恩赐。祂说："你们若有信心像一粒芥菜种，就是对这座山说，'你从这边挪到海里……'"要注意《哥林多前书》十三章的开头，在保罗论到这非凡信心的恩赐时，他说这并非得救的信心。他写道："我若有全备的信，叫我能够移山，却没有爱，我就算不得什么。"

同样，正如使徒讲到一种单独的、非拯救的信心，他也谈到一种单独的、非拯救的恩赐，就是极其强大的盼望。他说："我若舍己身叫人焚烧（他带着荣耀的盼望，你不觉得吗？），却没有爱，仍然与我无益。"在论述了行神迹的非凡却非拯救性的信心恩赐，以及非凡且非拯救性的殉道盼望恩赐之后，他又补充了一句关于那种卓越之爱的特殊恩赐的内容；其实，这爱在拯救的事上也是软弱无用的。因为他说："我若将所有的周济穷人，有这恩赐显明我不平凡的爱，却不是深厚且救赎的爱，这与我有什么永恒的益处呢？"

他在这一章开头对比信心、盼望和爱这些非凡恩赐，在这一章的结尾转向了别的内容。在书中，他明确论述了圣灵带来拯救的、平凡且普遍共享的内在之工。这种工作产生了真正的信心、不可动摇的盼望和神圣的爱。靠着主的名，他解释道，这些恩赐的非凡表现会随着时间消失。他说，几个世纪前，殉道者的鲜血洒下，但在这些人身后的几个世纪里，在他们的国家里，这种事已不复存在。然而，为着与耶稣相交之人共同的利益，信心、盼望、爱心这三样，世代存留在万民之中。他说它们将一直存留到基督回来之时；那时，我们将与祂面对面相见。

因此，第 12 节并没有描述天上的生活。它只是表达了，我们看见耶稣驾云回来时的反应。现在我们就像在镜子里看一样，但以后就会面对面了。现在，我们只是从远处看。那时，我们就会以完全默观（contemplation）的能力得以知道祂。接着："但如今，这就是说，在等候主降临的时候，教会有三个得救的保证：信、望、爱！"在这三者中，爱最大。正如按你所估定（就带来纯粹快乐而言），一串葡萄比其所出的枝干和使葡萄树开花的根更伟大。

第97篇
绊倒人的事是免不了的

> 这世界有祸了！因为将人绊倒；
> 绊倒人的事是免不了的，但那绊倒人的有祸了！
>
> 《马太福音》十八7

上帝儿女们的艰难战斗，就像在两个暗礁之间航行，一边是蔑视世界之礁，另一边是完全与世界纠缠在一起的礁石。主还不允许祂的子民离开这个世界。他们必须住在其间。他们的使命是成为防腐的盐，黑暗中的光，建在山上的一座城！但是，这就是困难所在，为了防止腐烂，盐必须和腐烂的东西紧密接触，而这正是我们信心被压抑的原因！

我们说的是信心，就是要满怀勇气地走下去，心里想着："我不会动摇！"但是走了两步，人们就遇到了意想不到的绊脚石，有人就被绊倒了。再往前走一点，别人挖了一条沟；这人没有预料到，就落入其中。在更远的地方，一个属灵的强盗悄悄潜入并袭击了他们。他们被重重的一击打倒在地。所以，灵魂就变得疲惫不堪，结果几乎要放弃了。它对信靠自己的信心产生了疑虑，陷入绝望，最后问自己："我的信心到底对我有什么好处？它不能把我带到我该去的地方！"要是信徒在灵魂中充满信心地进行这场战斗该多好！他们最终就会到达我们需要到达的地方。但是，一个人向前移动时，实际上似乎在不知不觉中后移。那时，上帝就会介入，把我们带到那里。愿荣耀都归给祂！

与此同时，灵魂会生活在恐惧之中，因为除了这一切危险和障碍，人还会遇到绊脚石。绊脚石就是上帝的儿女会遇到的所有言语、环境以及其他引诱他们犯罪的事情。那是因为他们让邪恶有了一个美丽且虔诚的外表，或者是因为有人在思想上轻率对待一些内在的罪恶。我们的生活中充满了这样的绊脚石。

不可能不如此。这个世界在其存有的深处都恨恶基督，觉得上帝的基督就是它的死亡。它已经成功地把基督钉死在了十字架上。但是，这没有用。祂复活了，升入高天，现在又一次从天上威慑这个世界。祂徘徊着，等待时机；祂在等待。然而，这个世界明明晓得祂迟迟不来、耽延、等候，都是为了将祂的选民聚集起来。当他们最终聚集到祂的国度里时，就没有什么能阻止祂了。这个世界知道它的时辰已到，它一切的荣耀都将结束。那时，它就会从上帝儿子的手中尝到死亡的滋味。这就是为什么这个世界带着深深的恶意和苦毒，被激动来反对上帝的儿子。这也是为什么它会害怕祂，并想要把祂赶走，以免祂伸出臂膀来毁灭它。这个世界就像一条被狮子践踏的蛇。所以，它会发出嘶嘶声、吐出毒液、盘起来攻击祂。它只能这么做。但不会成功。这就描述了这个世界与基督之间的可怕斗争。而且，无论它如何试图结束与基督的战争，都不会有成功，也不会推进世界的事业。基督不会给它安宁。从它邪恶的深处，源源不断地涌出怨恨和旧恨的新溪流。上帝的儿女们被困在了蛇与狮子之间。这时蛇向他们承诺，只要他们不承认狮子，它就不会咬他们。这就是深深的冒犯，乃是所有绊脚石的起因。

基督说这个世界是不敬虔的。即使那些绊脚石看起来邪恶，也不能使你偏离你的道路。但要注意，它们看起来不邪恶，至少在你面前是这样。在你的家，当它们在你心门口寻求你认可的时候。它们那时甚至看起来很敬虔、敏感，像有充满了活力的虔诚。在另一方面，基督却发出警告："我所赎的人是洁净的！"然而，世界随后就靠近了。它潜入了你的心，在嘲笑你，在你内心深处以魔鬼般的声音低声说："多么美丽、纯洁的心啊！"话虽如此，它还是会一个接一个地把你内心生活中所有痛苦的内容拖上来，并使那肮脏的不义之池从深处涌现。

这真是令人沮丧，因为我们可怜的灵魂会得出结论，说："世界比我们想象的好得多，而我们自己却比自己想象的糟糕得多。"那时，我们就被触怒了。在非常真实的意义上而言，我们被触怒了，被自己触怒了，被上帝的子民触怒了；但最重要的是，被基督的话触怒了，因为这些话的结果总是不同于祂给我们的应许。在这样的时刻，我们的心会愣一下，之后才会领悟，会变得沮丧。撒但看到了这一点，就在我们最软弱的时候，以各种方式发出一些不虔诚的信息，要使我们绊倒。

对于那些生活在更深层次、经历过更可怕斗争的人来说，那些时刻简直就是人间地狱。有时候，你不得不说："我告诉你们，天上的天使常见我天父的面。"这就是为什么这段文字会在这种时刻出现在你的脑海里。它们预言跌倒的时候会来到，预言那时刻一定会来。最后，它们预言"你有祸了"，却不是指着上帝的儿女所说。那是关于世界将会经历的事！使人跌倒的人会经历得最深。

那真是令人得安慰啊！让人安慰，是因为我知道事情必须这样。令人安慰的是，耶稣知道这将会发生。所以，我的经历并不奇怪。没有什么是耶稣没有预备的！因此，在可怕的时候，我就会毫无畏惧地倚靠那犹大支派的狮子；祂有能力，必保护我可怜的灵魂不受毒蛇的攻击。对上帝的儿女来说，最大的危险不是他们会受冒犯之苦。最大的危险是你会让撒但利用你成为你弟兄的绊脚石。愿主保护你，使你出、你入都蒙福。

所以，主郑重警告："使他们跌倒的人有祸了。" 现在看看你周围的世界。看看那些在宗教界宣称自己信心的人，问问你自己，他们是不是经常会让"这些小子"绊倒。不，我告诉你，要看看你自己的内心，而不是你周围圈子里的人。探究自己内心的想法。你觉得怎么样？难道真有某个基督徒一次都没有，或者没有很多次，使他们的弟兄姊妹跌倒吗？

第98篇
他们以为必要多得

及至那先雇的来了,他们以为必要多得;谁知也是各得一钱。

《马太福音》二十10

在生活中,人们的属灵生活存在着差异,实际上有很大的差异。上帝的每个孩子都会走自己的路。每个被救赎的人都有一个独特处境。一个名字被刻在一块试金石上,它只适用于它所属的人,而非别人。每个朝圣者都背着自己的十字架,并以自己独特的方式在十字架上死去。

这种认识应该让你非常谨慎地判断一个人的恩典状态或灵性旅程。无可否认,你更愿意看到别人也会有你自己一样的经历。愿意你自己的归信经历成为所有上帝孩子的标准!但事实并非如此。"万主之主"的永恒力量太伟大了;它以一种方式向一个人表现,用另一种方式向另一个人表现。它最终会以任何讨上帝喜悦的方式展现出来!但不止这些。其中还有个观念,是让任性的灵魂立即回到正轨。

请注意,在那些承认耶稣为主的人当中,有些人在生活中轻易就有这些经历。这甚至包括那些一直享受这世界到老的人,那些过着罪恶的生活的人。他们经过最多几年的属灵斗争，就进入了一种恩典的状态，在主里平静地死去。另一方面，还有一些人在年轻时就归信了。在半个多世纪的时间里，他们忍受白日的炎热，经历属灵的激烈斗争，肩上扛着整个世界的重担。

请注意，有些人生活在非常有爱的家庭圈子里。他们所看见的，不过是周围美好的救恩团契关系。他们自己也有了宁静的灵。在经历了一段不间断的平静生活后，他们就进入了睡眠，然后在永恒的早晨醒来。相比之下，其他人在嘲笑者和亵渎者中过着非常孤独的生活。他们性情多变，每天忍受着痛苦和冲突。他们一直位于放弃信心的边缘。但是，他们因为害怕死亡，就抬头看着上帝，用颤抖的声音问道："耶和华上帝啊！祢那里还有我的地方吗？"

请再次注意，有些人可以诚实地说，他们从来没有经历过今生的麻烦。他们从未感到生活中命运对自己的沉重打击。事实上，他们所做的一切都很成功。他们度过了一段平稳的旅程，在玫瑰花丛中漫步，已经习惯了爱的欢笑声，几乎没有注意到人类眼中静静流出的泪水。另一些人则不同，或恰恰相反。他们喝着苦酒，被一次次的悲哀所伤，在上帝忿怒手中的每个祸患，轮流地临到他们身上——或更糟的是，降临在他们所爱的人身上。

为什么那些在"平静水面"上行走的人会如此镇静、带着责备的目光，俯视那些眼睛因哭泣而发红、灵魂因斗争而流血的人呢？他们由上往下看的目光是那么无礼、冷漠和无情。这岂非刺痛人的犯罪行为吗？这确实就是！就上帝而言，当罪恶以傲慢的形式降临时，就会带来刺痛，而傲慢会散发出平安的气息。这是因为那是一种没有爱和怜悯的平安。

但让我们扭转局面吧！在上帝国度里奋斗的人，不是常常轻视那些安静地走在路上的朝圣者吗？一个人受苦。他们战斗，等待，内心纠结。夜复一夜，他们倾泻失落的灵魂。他们看着其他人，那些轻而易举就能获得成功的人！那他们的信心呢，如果那真的是信心的话？他们不是在欺骗自己吗？他们岂不是想象自己在相信吗？"不要跟我谈信心，你们在灵里如此肤浅。如果你能稍微站在我的立场，那么你就可以跟我谈信心。"谁会真的认为，这灰蒙蒙的、粉饰过的、死气沉沉的生活，是主从撒但手中夺走之人灵魂的例子呢？

这就是这个人表现出自己缺乏爱的方式，也是他们变得论断人，而没有把审判交在上帝手中的方式。就是这样，他们变得如此骄傲，如此荣耀自己的十字架和个人的困难，以至于他们偏离了恩典的道路。

我们主的预言是正确的！那些早雇来的工人，忍受白日炎热，很容易被得罪，因为后来雇的工人也得了一个银币。他们勃然大怒是因为耶稣很慷慨。他们几乎自然而然地想到，他们所经历的心灵苦难和大量斗争，使他们有资格得到更多一点特殊照顾！毫无疑问，在永恒中，那些忍受更多的人会得到更大的冠冕。至少可以肯定的是，只要忍受更多，就会得着更大的恩典，也会得着荣耀，而灵魂本身不会自我高举。否则灵魂将失去它的奖赏！而这正是如此可悲之处：如此多受惊吓的受苦者，让自己被撒但的微声所误导，就荣耀了他们的苦难。那么，所有的果子就都失去了。

但愿人们能从上帝的角度来看待我们属灵生活中的每一件事！把一块普通水晶和一颗非常珍贵的钻石相比，人们会在哪样上花费时间更长、更持久呢？当耶和华上帝用祂的利器打磨你的灵魂，再一次在你心里动锉，就像祂在别人心里所做的一样，这真的有那么糟糕吗？如果上帝在你身上有加倍的努力，用祂三倍的强度来打磨你，这有什么不好吗？如果钻石比红宝石要有更久、更费力的加工，那它有理由抱怨吗？或者，因为是红宝石，比打磨水晶要用更牢固的力量，研磨得更细致呢？如果耶和华上帝愿意把你的灵魂抓得更紧，愿意工作得更久，愿意为你付出耗费祂神圣威严的代价，这就是你抱怨的事吗？如果祂为了给你更多光泽而给你更多压力，你告诉我，为什么你要如此沮丧地哀叹呢？如果你承受并忍受了这一切工作，那还能成为你索求荣耀的理由吗？难道钻石会因为被用最锋利的工具凿、切、磨而索取荣耀吗？

现在，把这一切都应用到一个在生活中与命运搏斗之人的灵魂上。就拿那颗经过高度打磨的硬钻石来说。谁会考虑在抛光过程中发生了什么呢？谁不只是羡慕结果呢？谁不欣赏打磨产生的纯光呢？若工作要得称赞，除了那打磨的人，谁还会赞美其他人呢？你会有什么不同吗？如果你的灵魂是那种坚硬、珍贵的石头，如果耶和华上帝只能用强力的凿、切、磨来工作，好让它发光，那荣耀和尊荣还能归给谁呢？难道不应归给满怀爱意在你身上辛勤工作，直到你散发出纯净光芒的那位吗？

这极大的劳苦都不是你所耗费的，仿佛上帝现在欠你的债。相反，它反映了祂对你灵魂强烈的爱。为了这个事实，向着信实而又仁慈的上帝，你更应该呈上感谢、安静的奉献和强烈的爱。由此得出的结论是，你应计算的不是上帝欠人多少，而是人欠上帝多少。这是圣经所要求的，也是我们的先辈所强调的。如果你计算上帝对你的亏欠，你所受的苦难就会成为真正的考验。这是一种需要克服的斗争。那你就扭曲自己的苦难，自大高抬了它。然而，这会影响你接受恩典的方式。可是，如果你从上帝开始，以上帝眼中的你来看待自己，你所有的苦难和责罚都是为更大恩典所付出的代价。那结果就是，你应该安静地、恭顺地活在上帝精心打造的救赎之爱以下。你要感谢祂，不要将荣耀归自己。这样的感恩会因恩上加恩而更丰富。

第99篇
祷告的殿

> 我的殿必称为祷告的殿,你们倒使它成为杀人犯的坑了。
>
> 《马太福音》十三 13[62]

矗立在锡安山上的圣殿代表了以色列的心脏。它并非某个虔诚以色列人的心,而是整个国家的心脏。它象征着人们的心,上帝选择住在其中作为祂安息之所的地方。这不是木头和石头造的房屋,乃是木头和石头所代表的,就是上帝子民的心。

耶稣显现的时候,这石头的殿被毁灭的时候到了。作为弥赛亚,如果不是为了国家的核心,反复提及上帝的殿,就是我们上帝和君王的安息之所,祂还能为了什么呢?那座石殿仅仅是为了指向弥赛亚。现在弥赛亚已经显现,祂就可以恰当地指着自己身体的殿,说:"你们拆毁这殿,我三日內要再建立起來!"耶稣死在各各他山的时候,石殿的幔子就裂成了两半。当基督复活后,升到祂荣耀的宝座上,上帝的殿就以祂教会的形式存留在地上。这殿是祂作为上帝的

---

[62] 虽然英文翻译和希腊文说的是"窝"或"强盗的洞穴",但凯波尔和他使用的荷文版圣经写的是"杀人犯的坑"。这个比喻在后来的默想中继续使用,所以我们就按照凯波尔写的那样保留下来。

羔羊，用自己血的重价买来的，有圣灵降临在里面。根据上帝的计划和目的，人的心才是上帝真正的殿。那是祂进入的圣殿，是祂所居之处。那是人们向祂献祭的居所，是一个祷告的殿。这就是人类心灵的光荣、不可言喻之庄严，以及极其神圣的本质。

上帝的殿的性质并不在于它有许多情感的琴弦，可以延伸到生活的每一部分，当它轻轻地弹奏时，就构成了音乐；也不在于它对生活有一种几乎无法熄灭的热情，和一种几乎不受抑制的自我保存的激情；更不是说它是一个被赋予了爱之能力的器官。这一切都只是服务于更大目标的手段和工具而已。人心存在的真正目的和理由，就是为了提供一个地方，让圣灵可以降临，并活在其中；祂可以在其中说话。那才是人心的尊贵目的！当圣灵以说不出的叹息说话和祷告时，祂就是在人的心里说话和祷告。这就是祂的殿。这就是上帝选择的居所，是祂的安息之处。只有当不受阻碍的圣灵进入每个人心里，并进入所有人心里时，上帝的荣耀才会在祂殿里充分地闪耀。

要在锡安建造石殿，只是因为上帝的殿已经不适宜在人心里了。上帝在弥赛亚的人性之心中，创造了这样的尊贵居所，只是因为人类的心已经扭曲了自己尊贵的存在。耶稣进入锡安山上的石殿，把绳子编作鞭子，赶走作恶的人，推翻他们的桌子。那时，祂愤怒地说，经上写着说："我的殿必称为祷告的殿，但你们倒使它成了杀人犯的坑。" 就在这个时候，耶稣把那强烈的圣洁怒气指向了我们！祂把那尖锐的指责对准了我们的心，用愤怒的鞭子抽打我们的心，想要驱走我们心中的邪恶交易。请注意这一点：锡安的圣殿不过是一面大镜子，要反映出你的内心和胸怀。它是你内心的一面镜子。耶稣在这里画了一幅图画，旨在推进我们自我省察。这是为了塑造一个受教的时刻。在你的生命中，必须有一个祷告的殿。在你祷告的殿中，要留心自己的犯罪行为。

"祷告的殿"是设计用于说明：在你的心中，你的自我经常驱使你，让你带着致命的罪疚感和彻底的无价值感屈膝跪下。在那里，你要安静地向上帝祈祷，祂才是一切神圣之源，是一切良善的源泉，是一切荣耀的源泉。从祂那里，一个接一个的祝福会流向真正祈祷的人。它们会像波浪一样翻滚而来。

那么，还有什么可说的呢？还有什么有待发现的呢？我告诉你，只要你全力以赴，什么也没有！但是，一旦你检查自己的行事方式，对于别人虽看不见，但你会自己发现那里有什么！因此，请仔细检查你的胸怀。你辩解道："但我不是杀人犯。""我的心并没有变成杀人犯的坑！"为此，要赞美上帝！这里不是这个词通常所表达的血腥的意思；至少，你还没有。但是，不要太肯定！还站着的人要小心，以免跌倒！

但我认为你是，甚至在犯罪的意义上也是！耶稣自己的使徒如何理解这些话呢？这位奉耶稣之名来传悔改之道的圣洁传道者说："凡恨他弟兄的，即便是恨他，也是杀人的！"谁没恨过？难道你的花园里不也长着怨恨的植株吗？不是有嫉妒陌生人的草吗？你只是盼望它们远离，远远地离开，这会遏制它们生根吗？所以，在上帝面前不要过于自信。这些事情祂全知道。在祂圣洁的目光中，最内在和隐藏的秘密都是敞开、袒露的。

如果你把心放在上帝灼热律法的镜子前，你真的有许多理由自夸或祝贺你自己吗？告诉我，我的弟兄姊妹，你们有吗？当你让光，让明亮的光，让上帝的光，照耀你内心的秘密时，你有没有叫别人也过来看看？你岂不是宁愿只让上帝和你自己知道吗？把它限定在上帝和你自己的灵魂之间，这又说明了什么呢？它岂不是告诉你，这事如此难以形容地可耻，你都感到羞耻，甚至不能抬起你的眼吗？

哦，在那个杀人犯的坑里，发生的事情远不止是谋杀！你会发现那里有偷窃，还有谎言、残忍、纵欲、厚颜无耻的骄傲！在那个强盗出没的洞穴里，甚至有一个虔诚的乖张影子，这都不是什么秘密了，因为你甚至可以在墙上找到一个十字架！当上帝为了捍卫自己的荣耀，在森林中发出雷鸣，你会发现盗贼们纷纷跪倒在地。尤其令人寒心的是，你让自己与这些都保持距离，并说："至少我没有参与其中！"但是等一下！想想在耶稣驱逐做买卖的人时锡安的圣殿吧！那些商人在做什么呢？他们带来了自己的祭物，把钱捐给钱库。他们来敬拜，做了古时犹太人所做的事，那时耶利米曾用耶稣此处所引的话来反对他们。他们发出虚假的叹息，说："这些是耶和华的殿，是耶和华的殿，是耶和华的殿。"（耶七4）先知就斥责他们："你们偷盗、杀害、奸淫、起假誓、向巴力烧香。且来到这称为我名下的殿，在我面前敬拜。又说：'我们可以自由了！'"你们

这样的举动是要行那些可憎的事吗？"（耶七 9-10）

对他们来说，从家里带一只小鸽子，或在市场上买一只，都太麻烦了。不，他们那样就玷污了自己。看，他们可以在圣殿里，在靠近祭坛的篮子里买一只鸽子，然后懒洋洋地把它交给祭司。这就是耶路撒冷虔诚的表象，也是耶稣愤怒的原因。所以，祂正中了他们的眉心，就是那些虚伪、自我满足、可鄙的人。

我们呢？我们的虔诚呢？我们内心的虔诚呢？那些要作祷告之殿的心呢？在我们困惑的心中，真正虔诚的影子却经常与在杀人犯坑中盛行的灵结合在一起，这岂不可怕吗？"可怜我们！主啊，求祢可怜我们。"这是耶稣刚才所医治的那瞎子所说的话。那些认识到自己也是心中盲目的人，岂不应该附和吗？他们岂不应该再加上一句："更多如此行，更多如此行吧，我的救主！来吧，用祢的鞭子，把我里面剩下的恶，全都赶出去！"

第100篇
要警醒

我对你们所说的话,也是对众人说:要警醒!《马可福音》十三37

在上帝的圣言中,犯罪被比作睡觉。"你这睡着的人当醒过来,从死里复活,基督就要光照你了。"使徒保罗在《以弗所书》五14如此说。这位使徒在《哥林多前书》十五34说:"要醒悟为善,不要犯罪。"他在《罗马书》十三12中,把罪的状态比作"属灵的黑夜"。他说:"黑夜已深,白昼将近。我们就当脱去暗昧的行为,带上光明的兵器。行事为人要端正,好像行在白昼。"他在《帖撒罗尼迦前书》五6-7中,用更有力的措辞警告耶稣的教会,说:"所以,我们不要睡觉,像别人一样,总要警醒谨守。因为睡了的人是在夜间睡。但你们不是属黑夜的,都是光明之子,都是白昼之子。"

如果我对某人说:"要警醒!"这句话的意思并不是:"要留意照看房子;要注意那艘船!"这句话是要让一个人保持警醒,对周围发生的事情保持警觉。这也不是说:"半夜要和病人一起保持清醒,以防她需要什么,而周围没有人帮助她。""要警醒!"这里的意思是,"注意不要再被睡眠所胜",或者"不要重复你睡觉的行为,而没有保持警醒"!

灵魂和肉体不一样。身体需要在固定的时间睡觉，之后再次醒来。然后，它会开始工作，之后又会睡着。它依次做事，先睡觉，后保持清醒；一生都在这样做。但是灵魂永远不能入睡！一个健康的夜晚睡眠对疲惫的头或困乏的身体，是一种备受欢迎的祝福。相反，灵魂的睡眠是不好的，是罪恶的、有害的。灵魂的睡眠作用于灵魂，这危害同样适用于肉体的生命。它不属于那里！灵魂的睡眠对灵魂是致命的，会破坏灵魂。

我们的灵魂必须是清醒、清晰、警觉、有效率。当灵魂是这样时，就可以保持那种状态，不受干扰，不需要太多的休息。工作使身体疲惫不堪，但灵藉着属灵的工作，渐渐力上加力、恩上加恩。保持灵魂的警醒，意味着要将头探出世界中难以抗拒的烟雾，看到事物的本来面目。它的意思是辨认魔鬼的真面目，看见耶稣坐在祂的宝座上，注意上帝恩典的露珠是怎样为耶稣的缘故降在祂儿女身上，如同一场沁人心脾的雨。

保持警醒可以解释，为什么人们在做梦时会做一些疯狂的事情。他们何其犯罪啊！他们是多么频繁地被金钱、名誉、休闲或肉欲所诱惑啊！还有，当他们从那种可耻的梦中醒来时，会发现这一切是多么丑陋、恶心和无礼。它看到真正的红宝石只有在天上的耶路撒冷才会炫目，而在地上盛行的标准都只是拙劣的模仿而已。因此，我们都需要表明立场，每个人都要站在自己的立场上。如果我们都警醒、眼睛睁开、为主而燃烧，那生命将是多么荣耀，并使主得荣耀啊！

然而，之后来了一位，牠让我们麻木，让灯光暗淡，给我们下药，轻轻地摇晃我们，让我们真的再次入睡。我们和我们全家入睡，我们亲爱的孩子们已经带着沉睡的灵魂出生了！其结果是，当他们长大后，他们需要的安眠药剂量就会更少。有时，我们发现这些男孩和女孩在灵性的睡眠中如此任性和固执，即使我们叫唤或摇晃他们，他们也不会醒来！哦，我们不得不承认，当我们在罪中沉睡的时候，我们曾经也是如此！

这并不是说罪的沉睡一定会导致这些罪的爆发。不，这不仅仅是爆发而已；睡眠本身就是罪恶的。如果没有可怕的梦来折磨你，你不就是躺在那里失去意识了吗？为什么在上帝的眼中，带着沉睡灵魂在屋子里踱步的安静女孩，并非与怀着梦想冲入世界的男孩同样有罪呢?

哦,那些生动的梦确实会让犯罪变得更糟糕,但在原则上都是一样的。在上帝看来,这样的睡眠本身也是致命、可怕、有罪的。这很可怕,因为没有人能独自从那种睡眠中解脱出来。无论你多么渴望,撒但总是拿着牠的氯仿瓶子,站在那里。一旦牠发现有任何动静,就会伸出手,施用更多使人麻木的毒药。

只有抓住撒但手臂的那位才能救你。祂是唯一能把你从沉睡中唤醒,并让你保持警醒的那一位。祂会在那一刻介入,并确保氯仿永远不会进入你体内。祂呼唤着你的名字,把你从床上扶起来,把眼药水涂在你的眼睛上。然后,祂会带你到上帝荣耀恩典的清新空气中。那时,你就被唤醒了。你醒来了!你醒了!你的意志已得恢复。你已经达到了最清醒的程度。你现在意识到了上帝和你自己。现在,你真的醒了。然而,一个更糟糕的危险紧随而来。你怎么能保持警醒呢?你怎样才能防止耶稣看不见你时,你不至又回到床上,又回到罪中沉睡呢?你如何避免脱去你的基督军装呢?你怎样才能防止自己再次陷入忘我的怀抱、摄入过量麻痹灵魂的药呢?耶稣预料到了这危险!祂和祂的门徒都预见了。在我们每个人身上,祂都预见了。所以,耶稣还没有死时,就切切地对门徒说:"我对你们说的,要对众人说:要警醒!"

这就好像上帝想告诉你:你刚刚醒来,但你的眼睛仍然无精打采。你想继续睡觉。你的眼皮还是很沉。给你下药、麻痹你灵魂的那一位,一直在密切注视着你。牠会抓住每一个机会。有很多人都愿意帮助牠。他们已经准备好给你调制的安眠药,然后给你唱安眠曲。如果他们注意到你又坐了下来,然后伸懒腰、把头放在罪的枕头上,就会变得更安静。他们会轻柔地为你哼出致命的曲调。当你完全安静下来时,他们会蹑手蹑脚地走出房间。然后,他们嘴上带着魔鬼般的笑容,互相低语说:"我们赢了!他睡觉了!他不再思想上帝了!"

所以,"要警醒"!要警醒,不是因为这样做会有意义,也不是因为你认为这样做对你有利。不是因为这是别人告诉你的,而是因为这是上帝的圣言。这里写的是"要警醒"。而"经上写着"这句话,是防止再次入睡的唯一完全可靠的方法。这是安眠药的唯一解药。这是唯一能让你听不到催眠曲的东西,是唯一能让你不再躺下,反而能让你站起来的东西。

耶稣呼吁："要警醒！"凡留心听了耶稣口中这些话的人，就会发现祂的应许已经应验了："若喝了什么毒物，也必不受害。"在他们听来，撒但的催眠曲就是嘶哑的尖叫，那只会让他们更睡不着，而不会让他们睡去。对他们来说，在他们睡觉的床上只有尖锐的物品，因此他们无法再躺下。

"要警醒！"这个命令有奇妙的能力。灵魂就再也不睡了。它必须保持警醒，因为耶稣不断对它重复这句话。只要耶稣继续和你说话，你的灵魂就不可能回到罪的怀抱。不是吗？不会，因为灵魂爱着祂！

卷二

第1篇
他们在夜间看守羊群

在伯利恒之野地里有牧羊的人，夜间按着更次看守羊群。

《路加福音》二8

　　若要羡慕，我们不应羡慕伯利恒野地里的牧羊人吗？那些人因其异乎寻常的荣耀经历脱颖而出！在那个神圣的夜晚，天国的荣耀如洪流般深深地震撼了他们，这是史无前例的！他们看见了上帝的天军在野地上空突然出现，显出荣光！这些人的耳中响起天使的颂歌："在至高之处荣耀归于上帝！"这些牧羊人就去了伯利恒，亲眼见到"一个小婴孩，包着布，卧在马槽里"，享受着母亲马利亚慈爱的凝视！我们不应羡慕他们吗？

　　我们对那些牧羊人的想象就是如此！我们从小对这几个牧羊人的印象就是：他们挤在一起躺在地上，或者半躺在山坡上；白色的绵羊和雪白的小羊羔还在吃草，或已睡卧在他们身边。当我们想到，在整个夜空被主的荣耀充满之前，银色的月光笼罩着整个夜空，牧羊人在伯利恒城门外看守那些托付给他们的羊群。没有什么比此想象的情景更美，更令人激动了！

　　但事情的发展只是如此吗？就是牧羊人激励了我们，以至于我们羡慕他们吗？仅此而已？难道这些事不对我们的灵魂说话吗？一句严肃的话？一句警告的话？想一想：还有很多其他牧羊人，即使他们没有在真正的野地里照顾真正的羊。照看真正的羊的人并不是最伟大的牧羊人。牧人中的牧人就是主，我们灵魂的大牧人。此全面、丰富的预言在牧羊人身上应验了；这才是要说明的首要之事。祂就是我们的主耶稣，唯独祂是最伟大的牧人。

因为祂是大牧人，所以牧羊人的比喻在今世很有效。原因有二。其一，现实中的牧人会把牛群或羊群引到青草地上。这个比喻在更高的意义上也成立，因为耶和华上帝管理万事，祂指定一个特定的人为一"群"人的牧者。谁有资格做一群人的牧者？国王和执政当局不是人民的牧者吗？传道人不也是教会的牧者吗？父母亲不是孩子们以及整个家庭的牧者吗？请注意，这一切被赋予了管辖他人之权力的人不都是牧者吗？这包括管理几百人的领导者，各种机构的管理者，供应贫困者的人，所有学校的老师，甚至那些用自身影响力、榜样或指示带领整个人类社会之人。对这些人，我们可以说："你是那些被托付给你之人的牧者；他们是你的群羊！"在伯利恒的夜里，全知的上帝来到我们所有人面前，也是否可以如此形容我们："他们在夜间看守羊群！"

牧羊人在夜间保持警惕，为的是自己的利益；因为夜间可能会有狼抢夺他的羊羔，所以他需要保持警惕。他需要保证羊群有食物的供应。他的羊以草为食，但他靠他的羊为生。这是基本的。伯利恒野地里的这小群人，构成了生动优美、激励人心的图景，但这幅图景本身并没有传达伟大的道德真理。

牧者的牧养只有在全然关乎人们的灵魂时才是伟大的、成功的、并值得称赞的。当他们牧养羊群不是为了从中得利，而是为之完全付出、完全献身其中时，才有这样的牧养。当牧者为自己的工作献出生命时，才有这样的牧养。不必想那些国王，他们将来要向上帝交账。不必想传讲上帝圣言的人，他们要向差他们的那一位负责。只用想想你自己，想想自身的牧养，想想那托付给你的羊群，想想你自己在夜间看守羊群的责任。你的良知告诉你什么？今年快要结束了，光阴飞逝。审视你自己，正视你自己的灵。弟兄姊妹，我问你们，你对你羊群的工作如何？主说："我把这些托付于你！"对此，你做得如何？

所以请告诉我，你在这事上处理得怎样？你在夜间守望吗？如你们所熟知的，"在夜间守望"并不意味着在所亲爱的孩子生病时守在他们的小床边。你可以夜夜如此守候，但狼依然能把你的小羊拖走。真正的夜晚是没有光的生命。那些住在上帝恩典之光中的人，和被祂的脸光照之人，生活在白昼。相较之下，夜晚就是罪的黑暗，就是一个荒凉的世界，没有圣洁。这正是你的孩子们不得不居住的世界。他们在这个世界上面对双重危险，赤身裸体，没有遮蔽。正是这世界的黑暗对他们稚嫩的灵魂构成了双重威胁。白昼看守你的孩子们意味着有光在你的家中，照在你的周围，孩子们在这家中很安全。但是夜晚看守你的孩子们意味着，在危险来袭、黑暗笼罩，在他们可能突然被掳的情况下，你心头那份沉重的责任。这就是我为什么说母亲们有时候可以在所爱的孩子生病时，整个星期夜夜坐在孩子床边，却从未"在夜间看守"。当罪的黑暗临到孩子们身上，抢夺灵魂的狼在周围游荡、伺机将他们掳走时，这些母亲瞬间就会失掉她的宝贝孩子。

真正的"在夜间看守群羊"需要舍己献身。耶稣告诉我们，一位好牧人要为他的羊舍命。大多数人以为这句话是说，牧羊人只在狼来袭击羊的时刻挺身而出，将狼击退。他们却忘记了，这句话其实要求我们在袭击发生的时刻，务必与羊待在一起。时时刻刻！你必须围绕你的群羊来安排自己的生活。你必须为羊群摆上生命。

陪伴孩子两三个夜晚已实属不易。但孩子康复后，这种夜间看守也就结束了。但我们此处言及的"夜间看守你的孩子"是持续不断的，因为你的孩子总在罪的黑夜里生活。这就是为什么他们总是身处危险之中，这也正是"在罪的夜间看守"如此令人疲惫的原因。

当父母因忽略这方面关怀而有罪时，这是多么可怕啊！这是真正地可怕！一个人会再三遇到被遗弃在罪的黑夜里的羊群，他们没有牧人，不得不各寻己路。他们的牧人正在日光中松懈休息，并想着："上帝当然会看顾我的孩子们！"因着母亲对"罪的黑夜"视而不见、父亲对此漠不关心而被抢夺。被掳走的羊羔的数目，谁能数清呢？这种罪的黑夜就存在于这个世界中，但同时也横行于学校内，渗透于男女儿童的群体里、父母的家中、甚至孩子们床上的毯子里。

然而，有一些父母甚至"在夜间看守"自己家门外的其他羊群。这些人极其忙碌！这也是他们有时把自己的羊群交托另一个人照顾的原因。这实在颠倒了上帝的法则！他们确实在夜间看守，但看守的不是自己的羊群！在这样的安排下能有平安吗？天堂还会向我们敞开吗？

请思想这种情况。如果以法他野地里的牧羊人没有忠信地看守他们的羊群，就不会见到那晚任何光辉，不会见证主的荣耀四面照着他们，不会听到天使的歌唱，也不会朝拜上帝的圣婴。对你而言难道不同吗？天堂有时仍旧敞开。神圣之光有时仍照耀于地。上帝的使者有时仍带来祝福的平安。上帝的圣婴仍接受我们的朝拜。

弟兄姊妹们，为了你们的儿女和自己的灵魂之故，奉主的名，愿这些事对你们而言是真实的。除非圣灵为你做证："这些牧人也在夜间看守他们的羊群！"否则，你永远不会经历这些蒙福的事件，天堂也不会向你敞开！

第2篇
你完全转变了他的疾病

> 他病重在榻，耶和华必扶持他；他在病中，祢必完全转变他的床。
>
> 《诗篇》四十一3[1]

我们当中的病人和受苦之人！在"我们当中的病人和受苦之人"这话之后，藏着何其多默默承受的痛苦和隐藏的苦难！其他人不怎么留意，但在这窗帷之后常有许多恐惧。有多少幻象在病房里被打破了，有多少闪烁的希望被熄灭了，有多少小花从根茎上被摘下来，在与之相随的痛苦上又增一重！剧烈的痛苦，持续的痛苦，永不止住的痛苦，痛苦之深甚至穿透我们的骨头，但表面掩盖得很好。绝大多数人对此鲜有关注。但对我们的病人来说，那确实是另一回事。他们身处另一个世界，而你可以放心地说这个世界真可怕，至少是人在没有上帝的情况下承受他们时苦难时是可怕的。

你有没有关注那些病人？你是否时常为他们祷告？在周日，难道大家不是只在正式公祷中带着怜悯和同情提及他们吗？他们就是"我们当中的病人"；你应该能理解其中所含的内容。他们是我们当中的一员，是我们圈子里的一部分，

---

[1] 在荷文圣经中是《诗篇》四十一 4。

是我们会众的一部分。他们离开了我们的家，回到了他们的病房。他们是我们的骨肉。我们的病人躺在那里是为了给我们传达一个信息。实际上，他们在那里为了我们随意的肤浅行为而呼吁我们，告诉我们："不久你就会像我一样。"我们当中的病人生病了，我们可以向他们显出爱来。这样，我们的信仰可以向他们显明！这样，我们可以借对他们所说的话来安慰他们！我们当中躺在我们面前的病人身着白袍，像祭司和女祭司一样低语："这都是因为你们的罪性，这也与你有关！" 诚然，为什么我们只写下"我们当中的病人"呢？在我们的败坏和使人败坏的生活中，他们是我们的盐。如果疾病没有走进他们的生活，有多少人永远也不会找到上帝？多少奉献和舍己永远不会成为现实？那些自由追求世俗乐趣的人会何等越发放纵？在我们生活中，疾病是一种约束性的恩典。这就是与我们当中那些病人相连的荣耀。他们以为自己什么都没有做，但实际上他们正在祝福我们！他们以为自己所有的苦难都毫无用处，而事实上他们的疾病却成了强化主内家人关系的纽带。

何等奇妙，不是吗？为了防止主的家因物质追求和肤浅的分裂而坍塌，耶和华上帝派出了一位攻击性的天使。从他愤怒的碗中，撒了些水滴在一个十分可爱、面色红润的孩子身上，这孩子就变得苍白消瘦。他又撒了几滴落在一个敬虔的上帝儿女身上，这孩子为万军之耶和华发热心，却突然在生命全盛之时被阻挡。

你对自己说：如果一定要有疾病，为什么上帝不折磨不敬虔之人，或者终将去世的老人呢？当然，只要你认为生病是无意义地浪费时间，你就不会明白它的意义。但如果你把疾病看作一个彰显天国能力的时刻，那它又成了另一种事物。因为通过疾病，上帝可以捆绑魔鬼在社会秩序中的工作，让人可以有机会领略最大的柔情。然后，你就明白为何生病的人有时比完全健康的人更有益处，也能成就更多；随后你也可以明白，为什么上帝经常允许这么多他最爱的孩子生病。这是因为上帝正是透过他们做最美的工作。上帝所亲爱的孩子，总是深爱着其他上帝的儿女，所以情况会变得非常美好。上帝所亲爱的孩子也是撒但最喜欢攻击的目标。为此原因，比起他人，他们有更重的责任来保守自己的心。同样真实的是，当他们卧病在床，事情的结局对他们来说往往比属世之人的结局更好。瑞夫特（Rivet）和魏修思（Witsius）都是博学多才的教授。在卧病在床的时日里，他们在建立内在的上帝国度上所做的贡献，可能比他们通过所有学术写作所做的更多！虽然我们无法计算，但让上帝得荣耀的病床所发出的属灵力量传得尤为深远！那是燎原之火，不断激励着一代又一代人。那是一颗埋在地里的种子，当成熟之时，它总会在枝茎的顶端生出更多的谷粒。

所以，现在再问上帝是否行事不公，再问祂让祂最亲爱的孩子受苦是否不公时，要记住各各他！"耶和华使我们众人的罪孽都归在祂身上！因祂受的鞭伤，我们得医治。" 现在你会放下你的疑问，不是吗？但先不要那么快！要有一点约伯的勇气，像他一样告诉将要安慰你的那一位："上帝的道路并非轻省。我要指责全能者，并在祂面前将我的案件陈明！" 总会有一个明确的答案。在这些反思的伊始，这个答案就出现在诗人的文字中。

不！耶和华上帝在对祂最亲爱的孩子施加苦难时，并未行事不公。因为，圣灵借大卫的话说："他在病中，祢必完全转变他的床。" 拥有这种神秘力量的上帝，可以自由对待祂最亲爱的孩子。在这个"完全转变"之中有什么奥秘呢？这不就是玛拉的奥秘吗？在以色列民前往应许之地之初，他们来到了沙漠中一口井面前，但井水不能喝，因为太苦了。以色列的牧者就向耶和华呼求，耶和华向他显明一物。他就把它投进水里，后来发生了什么事呢？苦涩的水变甜了。以色列人在旷野继续行路，直走到十二股水泉和七十棵棕树之处。他们就在水边安营。

当上帝最亲爱的孩子经过生活中疾病的旷野时，发生在他们身上的正是这神圣的奥秘。祂完全改变了他们的一切。然而，并非总是如此！有时祂会离开，舍下人们。这可能是因为他们不爱祂，或者因为祂想测试他们的爱。这正是在事情变得非常糟糕，他们的心灵深处如水翻腾的时候。这正值乌云滚滚之时，有时信心短暂的闪光仍然会刺穿幽暗。

然而，事情不会一成不变。经过一段或长或短的时间，耶和华会回转，然后奇迹就会发生。即使状况仍旧未变，或疾病可能更严重，且重担更加可怕，但它跟从前不再一样。"上帝完全转变了他们所躺的病床！" 痛苦仍存，但它变甜了。那是因为上帝临到了。祂拥抱他们的灵魂，给它注入力量。祂带来了祂最温柔的宽慰。

　　然后，信仰之旅就开始了。一切都呈现出新的景象。当他们站在清新的泉水间，棕榈树枝条在远处轻轻摇曳。这就是上帝儿女安营之地。旁观者会想："多么可怕呀！多么痛苦呀！"上帝儿女并不在意。"他们发现自己嘴所尝的东西是甜的，而不是苦的！"能让这件事产生截然不同结果的就是，他们在病床上是否与上帝一同忍耐！

第3篇
访问古道

你们当站在路上察看，访问古道，哪是善道，便行在其间；
这样，你们心里必得安息。

《耶利米书》六16

古道！那些跟我们一样的人在远古时代所走的路。他们内心跟我们有同样的需求，也同样犯了我们所犯的罪。他们在自己的生活中也背负着同样的十字架，为自己的灵魂找到了安息之所，也是我们的安息之所。

今天，在基督的教会里，一切事物在属灵上都处于混乱之中，因而我们时代的精神亦然。人心的渴望也处在混乱之中。人们紧握的救赎绳索也都纠缠在一起。这也解释了为什么上帝的儿女在我们这个时代缺乏勇气，如此忧心、胆怯又软弱。所有人自身都绊绊跌跌。他们看不到前面有任何一条可涉足、视野畅通无阻的明确道路，亦无明确标记的道路。他们寻找安歇之所，却徒然而返。他们在各处游荡，四处徘徊，最终陷入崩溃，无法继续前行。

上帝以祂的怜悯看到了所发生的事。祂还留意到，除了我们漫无目的徘徊之处，世上还有一条奇妙宽阔的大路在延伸，祂的子民曾行在其间。他们曾平静又坚毅地行在其上。他们自信地前行，且有平安在他们心里。因此，我们信实的天父以祂的同情、怜悯和温柔的仁慈从天上呼唤我们："你们当站在路上察看，访问古道，哪是善道，便行在其间；这样，你们心里必得安息。"

是谁在倾听这个呼吁？是谁在回应它？赞美上帝，还有一些人如此行！他们厌倦了徘徊游荡，再次寻找能在这条路上找到的平安！上帝的圣言劝勉你要"寻访古道"。这并不是寻访人在古时想走的每一条路，而是寻访那些我们祖先走过之后寻得奇妙结局的路。那些路带来力量、勇气、神圣的喜乐和平安。它们通向十字架和我们众人的母亲——在上的耶路撒冷。上帝的力量会临到那些行在其上的人。从上而来的内在工作！将临时代的能力会注入到脆弱的被造物里面！这能力就能充满他们！

我们内在一无所有。作为被造物，我们只是虚空而已。在我们里面、靠我们自身，我们无力行善，趋向一切邪恶。这就是让我们如此不安的事物。这就是那使我们心灵疲乏的事物。它耗尽我们，一直到我们坍塌。但那古道，就是我们祖先所走的路，正是他们曾取得进步的路。他们在其上体会到上帝的慈爱。他们在其上发现祂愿在自己的创造物中做工，安慰他们的灵魂，在祂圣徒的生命中得荣耀。

这是上帝所呼召我们面向的同一件事！祂并未呼召我们到地图集或尚未绘出这些道路的地图面前。不，祂呼召我们到这些道路本身。祂呼召我们，当你经历到我们祖先所经历的，你就知道你正在走的道路。我们同样体会作为被造物的彻底不幸！同等神圣力量的彰显也在我们里面做工。

哦，撒但正是站在这些道路的路旁，想要吞吃那些行在其上的灵魂。但是，纵然牠可以怒视他们，却永不能抢夺他们。他们可以继续在耶和华之手的保护下安稳行走！若要这样成就，我们首先必须实际地走在这些道路上！"你们当站在路上察看，访问古道，便行在其间"，这是上帝给耶利米的命令。单单渴望看看这些古道是不够的。只对实际踏上这些道路会有何感受的好奇也是无用！心里迟缓、懒惰，以至冷淡，需要被人哄着下到路上也是无用的。这些毫无作用！对耶和华我们的上帝来说，我们所做的一切都要充满活力而行。当祂的力量临到祂的一个被造物身上时，这种活力就要予以表现。

一条路，注定有人要走。一条路被设计出来就是为了让人行在其上。当你几乎要偏离正路时，就会听到上帝的命令："快！往前行！" 如果人们只因发现了古道就吹嘘并庆祝，却没有行在其上，这样的路不会带来祝福，反而只会带来毁灭。那些古旧、沉睡之物不能为心灵带来安息。反而只会让它发霉！有多少人只是含糊地回应，并且只是对其形状和声音目瞪口呆。是的，他们仍然认真地对待上帝的圣言，以便他们可以把"这样，你们心里必得安息"视若儿戏。非也！古道带来的心灵安息不是静坐或躺下休息。心灵的安息意味着，你若想走在正确的道路上，原本必须创造出自己的道路，而现在你已摆脱了这种可怕的不确定性。这就是导致真正恐惧和紧张的原因！

看哪！你从前在一切事上都需要那么疲惫地去努力。但现在像以赛亚所说，你的灵魂好像一匹马，显着荣耀沿山跑下，奔向河流。不过，让我只补充一点。按照上帝的指示"访问古道"，耶利米也严厉批评了他同时代的人。他补充道："但是他们拒绝行在其间。" 他们明明看见周围的异教徒并无道路。他们从过往历史也很清楚地知道，他们的先祖曾走在这古道上。他们当然也听到了呼吁的声音："重新转向古道！" 但他们不想。他们拒绝是因他们存骄傲的心。他们抗拒是因他们完全明白，要回到古道，他们必须承认已选择的道路是错的。而他们不能让自己这样做，因为那将否定他们的自我和洞见。不！不如他们就继续忍受自己心烦意乱的心吧！他们曾说过，那些古道已经过时、走不通了。而他们相信这一点！我优秀的读者，你会相信他们的结论吗？他们不会有救赎！

第4篇
自核至皮

> 拿细耳人在一切离俗的日子，凡葡萄树上结的，自核至皮所作的物，都不可吃。
>
> 《民数记》六4

耶和华我们的上帝是位奇妙的君王，祂的威严没有疆界！祂永远都是上帝。祂作为上帝而行事。祂想要被人承认为上帝。作为上帝，祂行使神圣的统治万有的能力，一直到每一件事的核心。就祂而言，祂没有折中的举措。因为它们根本不存在！对祂来说，折中就意味着否认祂神圣存在的属性。

把事物折中就是分为两半！把某个东西在上帝和他者之间划分，就是在给予他者以上帝的权利，并与上帝同等。这正是上帝在祂的存有中所竭力反对的。这绝不可能，亦不可想象。一边说"那永恒之名是超乎万名之上的名"，却同时敷衍地称呼此名，这是毫无意义的。这就是为什么上帝的圣言总是要求"全有或全无"，即完全归给上帝，否则你在祂里面完全无份！圣灵在圣经中以各种形式和方式，确实且一贯地拒绝我们对全能上帝的任何半心半意圣灵不能容忍这种态度。祂以越发强烈的措辞及有说服力的语言来表达此点。

请留意，这不仅仅是关于爱上帝，也关乎尽心、尽性、尽意、尽力地爱上帝。这首要表现了上帝不可测度的怜悯在祂儿女内心的荣耀同在。这种怜悯会在他们内心继续，纵然他们对此怜悯的感受在持续减弱。因此，就圣经而言，单单说上帝看人心是不够的。必须要补充的是，祂作为我们全能且荣耀的上帝，也看到了我们心底下和心后面所藏的。祂看到了我们内心的隐秘处。祂用自己圣洁的光探查我们。上帝在我们心灵和内在发现的罪，祂不仅切断其枝杈，也将其连根拔起。

圣经呼召我们去做什么呢？查验人心灵和内在、除掉罪之根和枝杈的上帝，对我们的要求是什么呢？祂向承认祂名的我们所要求的是什么呢？要求我们的就是让我们整个不义的人远离所有的罪。不仅是远离罪的甜蜜汁液而已！正如这扣人心弦、一针见血、令人深省的话所说的："自核至皮！"

"自核至皮！"适用于拿细耳人自愿起的誓。这个例子是圣经促进以色列敬虔的诸多手段和方式之一。上帝赐下拿细耳人，在百姓与魔鬼、罪恶和世界的战斗中服侍祂的子民。一个拿细耳人起誓在一段时间内不喝任何酒，但他的心可能会很狡猾，就像我们有时候一样。他可能跟耶和华和自己的灵魂耍心眼。针对这个规则，他会像耶稣会修士一样寻找一些特例。他可以想出规避条款，从而看起来剥夺了自己享受葡萄酒的机会，而背后却以情有可原的方式愉快地啜饮几口！不过，他仍会坚持认为，他的确遵守了自己向上帝所起的誓。

圣灵在这段经文中坚决禁止的，就是那些情有可原的情况。在向上帝发誓的事上必须不可动摇、坚定不移。为了用言语向拿细耳人清楚显然、绝不含糊、绝不模棱两可地说明这一点，圣灵说明了他要做的事情。祂的解释强调拿细耳人必须让自己完全远离葡萄酒，以至于他要与葡萄，可称为葡萄的东西，或者葡萄所产的东西都撇开关系。他不能像飞虫徘徊在蜡烛周围一样，徘徊在葡萄酒周围。不管采取什么形式或以谁的名义，他必须弃绝它！他必须在所有起誓的日子都如此行！他不仅绝不能碰到一点葡萄，而且他也必须回避、逃离挂在他面前那么诱人的葡萄！绝对地、完全地，从内到外，或说从里面的种子或核一直到外面的皮和果皮都不可！这些话彰显了神圣的热情（divine passion），不是吗？它们也带着上帝的定意（determination）。它们一直渗透到骨头和骨髓；

或者用另一处同样有力的经文说，"连那被情欲沾染的衣服也当厌恶"！

谁能达到这些标准？谁敢声称自己可以？谁愿举手说："主啊，核和果皮我都从未尝过？"哦，我们中间从最好的到最差的，每个人都因这些话语所反映的神圣彻底性而感到羞愧。它们显露出我们三心二意的虚荣以及我们自命不凡、讨价还价和计算代价的不配性。我们每个人都要自问为什么我们在此事上未被唤醒，为什么我们对主的圣物视如儿戏却未被显露。更糟糕的是，人们却捍卫这种三心二意的生活。当这变成他们生活中的一种习惯时，竟被认为是不偏不倚！这是以拒绝极端主义的名义！为了克制偏颇、夸大和狂热！哦，不论在我们教会里还是在基督公教教会外，除了这种假装，还有什么会更像基督公教信徒一样行事呢？这样永远不会抓住问题的本质，而是半途而废，总是寻找借口！

弟兄姊妹们，上帝的儿女除了拼命抵抗那无休止的假装，还有什么其他争战呢？从根本上讲，如果这不是争战，这一代上帝的子民还有什么是为上帝和祂真理而有的争战呢？这项争战反对把救恩的尊荣划分为属上帝的和属我们的。这项争战反对把我们的心分为属上面的和属这个世界的。这项争战反对把我们的意识分为我们所信的和我们所思的。总之，这项争战反对把所有本质上为一的划为两部分。否则，我们就失去了改革宗生活的活力，并且滑回到不服侍上帝，只是视之如儿戏一样地松懈、骄傲、不敬虔的假信仰中。

所以，如果你真想为此战斗做准备，万军之耶和华欢迎你。即使这场战斗可能会让你精疲力尽，上帝也会赐你属灵力量。祂要在其中高举你，祂必使你的灵魂充满君王般的力量。只是永远不要忘记一件事：凡是在盾牌上刻"反对一切三心二意！"，但在心里只是视上帝圣言如儿戏之人，都没有战斗的资格！上帝也没有呼召他们来承接君尊能力的荣誉。

第5篇
我们日用的饮食

赐我们日用的饮食。《马太福音》六11

　　有谁还在为每日的饮食祷告？人们仍然为之感谢、赞美上帝，这可以理解。事实上，他们仍然祷告求主祝福他们日用的饮食。但每天早晨，人们仍然会呼求主赐给他们日用的饮食，他们每日的食物，让我重复这个问题——在哪里还要这样做呢？

　　哦，我们信实的天父有太丰富的怜悯，超过我们所想！祂几乎已经完全把生活在基督教国家的人民从饥荒中拯救出来。生活在受洗礼国家的人若死于饥饿，这是非常可悲的特例。面对严重的缺乏，人因维持生活而焦虑；这种现象几乎只出现在超大型城市。到目前为止，大多数人在他们出生、生活和死亡的生命过程中，从未经历实际的饥饿。上帝如此良善！祂如此安静、慷慨且丰富地供应我们生活的饮食，而我们的态度好像是，我们每日的饮食每天早上就会自动从天而降。

　　我当然不会忘记成千上万的人，他们不得不日复一日地汗流满面地工作，只是为了让他们的妻儿吃上"几块面包碎"。但是，如果我们以为在这些圈子里，人们每天早上会为他们日用的饮食恳求上帝,那我们就完全错了。在没有钱的地方,人们更会为工作祷告。没有工作,他们就不能养活自己。但他们认为如果就业了,就会有钱,然后用钱买他们日用的饮食。这些圈子里大多数人都认为,就业实际上由一些"善良的人"提供,这就是父亲能把食物带回家的原因,他只是求上帝祝福他的食物。

显而易见的是,这是一个非常不信的(unbelieving)进路!这就好像你用你所有的钱,让自己有能力产生尽可能多的谷物,生产面粉,做出一块面包。这就好像你有所需的智慧和知识,来弄明白如何把面包变成适合滋养人类的食物一样。这就好像你能控制它不会让人生病,又能促进食欲,如圣经所言,这是我们人生存和繁荣所依赖的食物。这就好像你真可以凭你所有的苦工和劳力来实现这一切。这尤其好像你完全不需要上帝的恩惠和祂定意护理,就能提供所需新鲜出炉的面包。在每个城市和村庄里,每天早上,从烤箱到厨房,在每个房子里,然后从餐具室到这些房子里的每一个人,为他们提供每天早上所需,每天中午所需,每天晚上所需,为了喂养生活在一个基督教国家的千万人!

因此,这并不是简单地工作和赚钱,绝对不是!即使你能轻松赚取大量金钱,即使你从来没有缺少享用丰盛饮食之乐,即使你满有财富和丰富,那时——尤其是那时——你和你家人要为上帝量给你的份祈求。每天早晨,作为渺小而微不足道的被造物,你应该如此行,因为祂是奇妙的上帝,祂不仅设计并创造了我们的食物,也提供和分发这些食物给我们。即便如此,我们还有更多的话要说。

你看,祷告说"赐我们日用的饮食",实际上是只有人们相信、且凭信心活着才有的祷告。人们如此漫不经心地说:"任何人都可以那样祷告。"他们以为只是在祷告中才需要信心这个属灵的恩赐。但可悲的是,人们这么说是错误的。不是的,只要信心还没有更新我们的心,那么为一片面包能进到我们嘴里的祷告,就永远不会从我们的心发出。因为没有信心,为已经在你面前桌上的食物祷告是毫无意义的。这样的话,祷告求你明天会有食物倒可以理解,但为今天的食物祷告肯定令人费解!

如果你真问它们有什么区别,那么答案就是人们是否相信他们所祷告的内容。如果没有信仰,有钱人会认为:"我的钱就是我的钱,只要我有钱,我就有足够的食物！"这就是他们不明白为什么要先求上帝赐给他们所吃食物的原因。同样，白天做工的人认为："我必须工作才能赚到我的食物，但只要有人雇我，我就无需担心！"但论到信心，人有信心时，情况就完全不同了。那么，有钱人会说："我的钱就是上帝的钱，我必须献身服侍祂；然后，因为我服侍祂，上帝借着养活我、照顾我来看顾我。"那么，白天做工的人会说："我所做的工作，我是靠上帝的旨意而做。我做不是为了谋生，而是为了忠于我的呼召。如果我专心服事上帝，就不会缺乏，因为上帝会保证我有自己的饮食。"没有信心，就是为了报酬而工作；但在信心里，工作与作天父家里的孩子有关。孩子不是为吃饭而行父亲所吩咐的，而是他们顺服父亲，父亲赐给孩子所量出的份，难道不是这样吗？

第6篇
你的儿女离弃我

我怎能赦免你呢？你的儿女离弃我。《耶利米书》五7

没有人能理解耶和华上帝的长久忍耐（lankmoedig）。因为如果你能理解，你必须像上帝一样！你必须能像上帝一样准确且清晰地看待一切。你必须能像上帝那样倾听人们的悲伤。更重要的是，你必须能在自己心中同等感受到上帝对罪和所有被称为罪之事的憎恨。只有这样，你才能真正明白上帝为我们所忍受的。然后，你就会知道在上帝寻找我们、耐心又有恩典地待我们时，祂的长久忍耐到底有多长久。

哦，你果真明白这位长久忍受的上帝向耶路撒冷宣布的信息吗？耶路撒冷必要被摧毁！敌人正拆毁她的城墙。很快，不久之后，圣殿就会倒塌。就在那时，耶和华上帝借祂的先知耶利米极其恩慈地邀请道："你们当在耶路撒冷的街上跑来跑去，在宽阔处寻找，看看有一人行公义、求诚实没有？若有，我就赦免这城。"（耶 五1）于是耶利米开始寻找。就在那时，他开始寻找耶路撒冷可以得救之人。他在市场上四处寻找。他搜寻了普通民众日常活动的小巷和树篱。他寻找了白天工人的工作之处，乞丐乞讨之处。但可悲的是，他一无所获；人们都偏离了上帝。他在深深的痛苦中只能向上帝抱怨，说："耶和华啊，祢的眼目，不是看顾诚实吗？祢击打他们，他们却不伤恸；祢毁灭他们，他们仍不受惩治。他们使脸刚硬过于磐石，不肯回头。"（3节）但耶利米并没有放弃。刚才这些人只是不明白律法的贫穷、简单、目不识丁之辈。所以，他现在要到上层阶级，去到住在运河边宫殿里显赫又有能力的人中间（5节）。

然而，他在那里经历到同样的失望，只能又向上帝发出同样的抱怨："我要去见尊大的人，对他们说话，因为他们晓得耶和华的作为和他们上帝的法则。哪知，这些人齐心将轭折断，挣开绳索。"（5节）即便如此，耶利米并未放弃他满有同情的寻索。他想到："如果这一代人死了、离开世间，如果耶和华用祂的儿女们又建立了新的会众，那会怎样呢？"那么他们的根基就稳固了。然后，他们将免于未来的审判。然后，这些人的后裔会在耶路撒冷用新的语言，将上帝所应得的荣耀归给祂！最终，他们将得救赎！即便这样，也只是一种可能性！

有时候，主会让祂的恩典跳过一两代，父母曾拒绝将上帝的荣耀归给祂，祂会让孩子们再次将荣耀归给祂。然而，这只是特殊情况，而大多数情况并非如此。通常，孩子们甚至会偏离得比他们的父母更远。当时的耶路撒冷也是如此。为此，耶利米恳求："主啊，为他们儿女的缘故赦免他们！"但那可怕且令人痛心的答案是："我怎能为此赦免他们呢？因为他们的儿女同样离弃我，在追求别的事上，更加偏离上帝的道路。"这样，耶路撒冷的一切都结束了！

你怎么看待我们现在的自身处境？我们哪点比他们更好呢？我们就应该庆祝吗？我们中一定有一大群人在寻求真理吗？我们后代中也有吗？看看你的周围！你看到人们坐下来，有兴趣地读一些正统书籍，或找一些灵修材料，或高兴地聆听纯正无误的改革宗讲道。此时他们是否算是在寻求真理呢？如果寻求真理是这个意思，那么"的确，还有成千上万的人仍在寻求真理"。还是说寻求真理等于反对撒谎，或不欺骗成性就行？或者当高谈阔论"诚实"的时候，成为自己所说的那样？我再说，如果这就是寻求真理的意思，那么答案是"绝对的"！你会发现人群中有大批人虽寻求真理，却不遵守上帝的圣言。但是，如果寻求真理并非以上选项之一，如果它主要是找到对我们讲真理的人，那么难道不是几乎每个人都落在这范围之外了？因为说实话意味着说出与我们有关的上帝圣言！难道寻求真理不就是明白上帝对我们的看法吗？难道不就是当人告诉我们关于我们自己的真相时，不变得太愤怒和性急吗？难道不就是并非单纯地不理会这样的人吗？难道不是压下我们的借口，有时单单愿意听从这类人的建议吗？当我们终于没有任何借口，有些不情愿地信服了，难道不是要承认他们是正确的吗？即便你只是偶尔这样做，那你在这样做的时候也是在寻求真理。

但谁会渴望倾听告诉我们真相的人？能开诚布公地听？或在个人层面上聆听？谁能让我们在上帝眼中谦卑，直到我们一无所有？谁愿意自己渴望去寻找祂，更不用说伸手触摸祂的衣角，或者祷告让祂对我们无所隐瞒？当祂打伤我们，谁愿意伸手去握那打伤我们的手，祝福那把我们推下骄傲尖塔的那一位？告诉我，谁能做到这样？谁能做到？谁愿意？

或者说，难道你没有注意或遇到那些花言巧语诱惑人的人吗？难道你没有注意到人们多么喜欢那些迎合者吗？难道你没有看到所有歪曲上帝真理、让人们自由地各行其道的行为吗？难道你没有看到人们昧着良知玩的所有游戏，说的那些半真半假的话吗？重要的事情不都相对化、有了借口吗？如果不是这样，你们必须知道，对世界来说，这一切上帝圣言的仇敌只不过是企图逃避其应得的道德审判而已。让我简单补充一下：你有没有意识到，与上帝圣言对话的人不会跌倒？

但也许我们的孩子有更多希望！为了下一代。为了我们的后人。在耶路撒冷，父母仍然有正统的教义，或者你可以说他们仍然相信三位一体（2节）。但事实上，因为他们没有真理在里面，孩子们更进一步迷失，甚至最终否认上帝是上帝。因此，他们走入了更邪恶的道路。

现在怎么办？年纪较大的人仍然持守"父辈的遗产"，而孩子们却失去了它。他们承认自己必须正直，但要正直，他们也必须进步开明。其结果是他们什么也不信！情况很可怕。这种癌症会在我们后代中肆虐，我们的罪在我们后代身上更糟糕。现在你想只用几个警告来面对那可怕的邪恶，想通过唱一些简单的歌曲，或想通过为新一代提供一些主日学课程就让他们变得敬畏主。多么可怕的妄想啊！

诚然，你要加倍警告。优美地为你的孩子们唱一首耶稣的歌。将你的主日学传到地球的每一个角落。这是必须的，是极好的！只要你们按照上帝圣言的要求做这一切，这些都是敬虔的努力！但是，这些努力本身不会改变这种情况，不会拯救你的孩子。在这种败坏面前，只有真理才有力量。你必须愿意倾听人们对你说的真理。这需要让你和你的孩子进入真理。只有这样，谎言的迷人力量才会被削弱。我优秀的读者，只有那时，一个坚不可摧的根基才能在你们孩子的心中奠定。

第7篇
生活与主敌对

你们因这一切的事若不听从我，却行事与我敌对，

我就要发烈怒，行事与你们反对。

《利未记》二十六27-28

敌对与逆境完全不同。我们知道"逆境"是事情以违背我们意愿的方式进行。它们没有达到我们的期望，或者没有成功。但当圣经谈到"敌对"时，它要传达更深层次的内容。它要讲的是上帝与我们敌对，所传达的意思是全能者正与我们争论，并表明在我们生活中耶和华以忿怒和怒气质问我们。因此，"敌对"并非仅仅指在我们生活中的"灾难性事件"，乃是指全能的上帝攻击我们心、我们本身、我们生活方式，为了打破我们的骄傲和傲慢。但上帝对我们的敌对总在其他敌对行动之前，比如那些我们反对上帝的行动。

请细听我尽力向你详解在精彩的《利未记》二十六章中，耶和华借祂仆人摩西对以色列人所说的话。这些话语以逐渐严肃且相当有力的方式，在第21节中攻入我们的心："你们行事若与我敌对，不肯听从我，我就要按你们的罪加七倍降灾与你们。" 他在第23-24节中更尖锐地说："你们因这些事若仍不改

正归我，行事与我敌对；我就要行事与你们敌对，因你们的罪击打你们七次。"他在第 27-28 节中最后极其强有力地说："你们因这一切的事若不听从我，却行事与我敌对，我就要发烈怒，行事与你们敌对。又因你们的罪惩罚你们七次。"

我的兄弟姊妹们，你要留意上帝与自己创造物间的这场斗争。这跟全能者与骄傲的法老斗争不可相提并论。不，在这里，它不是与上帝的仇敌、不敬虔者或灭亡之子斗争。这场斗争乃是针对祂自己的子民，国度之子，与祂立约的人。以色列的圣者说，这是"我对背约者的报复"。

这就是为什么我们在此面对的上帝的忿怒，并非法老可以在祂身上激起，也非伯沙撒可以在祂里面挑起。相反，那是当我们令人同情的上帝之爱被拒绝、祂的慈爱被嘲笑、祂的怜悯被践踏时，祂忿怒的爆发。这种怒气甚至比临到法老的忿怒更可怕，但同时它也完全与那毁灭性的忿怒不同。我们总要在祂盟约的背景下看待上帝为什么这样敌对祂的子民。它的目的始终是让祂受责罚之子民的心柔软，并让他们再次庆祝经历到上帝的爱。

任何基督徒，若以为上帝的所有责罚都只是为了试验我们的信心，那是完全错误的。或者说那相当于与基督同受苦，使我们在祂里面得洁净；或者说上帝与我们的所有冲突，可以完全通过我们狭隘的思想或非基督徒的思维方式得到解释，都完全是错的。不！当我们试图抵挡祂神圣的福祉流向我们的意图变得明显时，上帝与祂子民之间的冲突就会出现。那么这种与祂的教会、仆人和祂所爱儿女之间的冲突不仅可以想象，而且是真实状况。当我们反对祂的律法和法令时；当我们固执于自己的愿望，抗拒祂的意志时；当我们以心思和意志反对耶和华我们的上帝时，就会有这样的结果，因为耶和华绝不会容忍这种事情。

祂不容忍，因为这会导致我们完全背离信仰。祂不容忍这一点，因为我们生活中这错误的方向，将完全破坏祂盟约的正常运作。但祂不能容忍也是因为祂名的尊荣会受到威胁。这就是为什么在你对祂不信、不贞、不忠和不温柔之时，在你显出敌对上帝的迹象之时，祂一定会迎头跟你对抗！即使你对祂的反对只有十分之一的敌意，祂也会这样做。祂这样做是因为那反映出你对祂的坚决反对。然后，正如祂"是的且阿们的"圣言确定无疑，祂也必定敌对你、管教你、责罚你，直到你向你的上帝臣服，跪下承认你的罪，并谦卑地流泪悔改，承认说："主啊，祢是公义的！"

然而，现在你仍然会为一件事感到困惑。从表面上看，耶和华上帝反对某人，祂以温柔的怜悯来责罚那个人、以此试验他的信心，这二者几乎没有什么区别。人用肉眼几乎永远无法识别其中的差异。他们通常认为在敌意中可怕的管教与爱中的责罚几乎像两滴水一样无法辨别。

请想一想约伯。他那些高尚的朋友们坚持认为，他的苦难是"耶和华对祂仆人的敌意"，但情况并非如此。约伯的苦难很可怕，但这绝对不是"耶和华显出祂敌意的方式"。正如以利法、比勒达和琐法都错了，当你目睹你一个弟兄遭受苦难时如果这样想，你也可能错了："这是因为他的罪。他根本没有按照我告诉他的或建议的去做！"要非常小心，我的弟兄姊妹们！我们不能鉴察人心，因此永远不当这样。但是，关于作为整体的上帝子民，你可以肯定断言。

当你自己经历极深的痛苦，你绝对应该省察自己，问自己说："我是否在抗拒上帝的神圣福祉流到我生命中？"但是，如果并非是你卷入痛苦中，而是发生在别人身上，而他们那些隐藏的动机和上帝规定的结果还未向你敞开，那么不要太快发表意见，要封住你的嘴唇。别人灵魂难以承受的痛苦，实际上是上帝忿怒的敌对，还是祂炼净之爱，只有那人在自己内心深处才知道。别忘了，上帝也知道，祂真正知道他们的心，但你不知道！

第8篇
你们若常常遵守我的道

你们若常常遵守我的道，就真是我的门徒。《约翰福音》八31

我们要遵守的耶稣的圣言是什么？肯定不应把这视为祂的要求、规定或命令，因为若是这样，"新约的血"将不再是恩典之约中和好之法。那么，我们马上就要回到西奈山下！"人若遵行，就必因此活着！"那么，我们这些可怜的基督徒就会比古代的犹太人更糟糕，我们因天然的无能为力，就会成为所有人中最悲惨的人。

那么，祂的圣言是什么呢？为了向你阐明此点，让我带你进入你们家小孩的卧室。你当然知道夜晚有时给小家伙带来麻烦。有时他们非常害怕，是因为他们受了太多刺激或过于激动而心里不安，或者可能是因为良知不安，也可能是因为不友好的保姆或兄弟欺负了他们。但不管让他们害怕的是什么，这种恐惧对于小孩子来说都是可怕的。然后，他们就真的在房间里每一个角落都能看到怪诞的人物，在每一张床和梳妆台后面都藏着可怕的生物。他们惊骇地盯着每一个角落和门口。孩子们看到的东西如此生动又确定，以至于把世上所有的钱都给他们也不能予以劝阻。因此他们在极度恐惧中抓着你。他们用颤抖的声音恳求你留在他们身边，不要离开他们，最重要的是开着灯，因为如果他们在黑暗中，"它们"会跑出来！无论做什么都无用！威胁不管用，惩罚不管用；对吓坏的孩子来说，这些徒劳无功。

唉！不对——有一件事管用！还有一件事可以让吓坏的孩子平静下来。那就是他们母亲的话！当他们所抱紧的母亲是个温柔又有爱的女人，那么如果她悄悄地、平静又耐心地坐在床脚整个傍晚，甚至一整夜，那有时会有用。当她向孩子躬下身，并把他们紧紧抱在自己胸前，这样会有用。当他们不安的眼睛安稳躲避在她心的深处，这样会有用。当他们母亲非常安静地向她的小宝贝保证道，角落里没有妖怪，门后也没有狼恶狠狠地看着他们时，孩子们最终会平静下来，重拾信心。真正有帮助的是，当她单纯地走过去，在那里点亮灯光，然后安静地向已经稍微平静的孩子提议说，很有可能有天使充满了这个房间。然后，这些恐惧都会消失，然后母亲的话常会让孩子得到自由，他们的焦虑也会减少。于是，小孩子就躺下，慢慢地睡着了。

只要孩子相信母亲的话，他们就会仍然平静，恐惧也不再抓住他们的心。只要相信他们自认为在角落和门后所看到的东西并不存在，他们就没事。但是，如果他们忘记了母亲的话，又回到他们毫无根据的想象和怀疑中，那么他们的眼睛又会因恐惧而开始转来转去。然而，如果孩子"专注于他们母亲的话"，请留意后面会发生的事情。他们会保持平静，而平静让他们可以休息；他们在休息中就会浅睡，接着他们的浅睡很快会带来沉睡。睡醒后，孩子就高兴了！

对活在这世界的我们而言，难道这小孩子的例子不是告诉了我们该如何"遵守耶稣的圣言"吗？难道我们自己不正和那孩子的处境几乎一样吗？难道我们不也是几乎只看到真相之外的一切吗？是不是我们自己的心？是不是我们自己的个性？我们的能力？是不是我们的幸福？我们周围的环境？是不是我们的同胞？是不是我们个人的罪？是不是我们的死亡和死后所面临的？是不是天堂？还是我们的上帝？我们对这一切的感觉都是完全错误且不符合现实的，难道不是吗？

有没有一个人能完全正确地看待事物背后的真相？我们中间有没有一个人能透过人类现实的裂缝和缝隙，辨别出真实发生的事情？事实上，我们中间有没有一个盯着角落和心灵的纱帷之后的人，能冷静、真实、以顺从的态度认识到那里真正发生的事情？他们是否认识到实际上事情究竟如何？我们难道不像在阴霾中徘徊一样吗？我们难道不是一直生活在自欺欺人中吗？难道这种极大的自欺欺人不正是我们所有软弱和麻烦的根源吗？若想要从幻觉、蜃景和自我欺骗中最终且完全地转变过来，不正是需要我们在那清晰且诚实地反映我们本相的镜子里，大胆地面对、注视我们自己吗？我们如何做到这一点？那镜子是什么呢？如果那不正是"耶稣的圣言"，请你告诉我那是什么！耶稣的圣言是完全不同于祂对你说"你这一切都错了！事情不是你想象的那样！"，而是祂说"你看，这是事情的真相！"

  这就是事情的真相。所以，当耶稣开口说话时，你要听。现在，祂的圣言临到了。现在，这圣言描述了现实的本相。现在它描述了你自己的内心、你所思考、你所考虑、你的直觉里发生的事情。它也描述了别人心中、世界上、世界底下撒但的领域里所发生的事情！但另一方面，祂的圣言也描述了死亡和死后的事情，描述了与上帝同在的生活、与祂神圣的交往，以及住在祂怜悯里的生活。这就是祂的圣言，是一个有各种思想的世界。或者更准确地说，祂的圣言是一个有关今世和来世之真实思考的世界。

  此时你会有个问题："那现在怎么办？"你以自己扭曲的视觉，设想和想象在你里面、周围和之上的事物的方式就是如此这般。但根据耶稣的圣言和祂呈现圣言的方式，你里面、周围和之上的事情全都彻底颠覆了！那么，你现在坚持什么是真实？你是否会说，"我看到的事情就是他们的本相，是耶稣弄错了"？或者你承认说，"我的视觉扭曲了，耶稣的圣言是确定且肯定的"？如果是后者，从这一刻起，你就不再承认你曾对事物的认知，而是遵守耶稣的圣言。然而，对你的救主来说，这还不够。

  有时，当一个母亲溜出卧室时，刚睡着的小家伙就醒了，因为他们忘记了母亲的安慰，现在又看到狼了。耶稣知道，同样的事情经常发生在我们身上。祂不希望这种事情发生。这种事的发生是对祂的嘲笑。于是，祂在我们的心灵里悄悄低语："你只讨论我的圣言还不够。不，如果你真是我的门徒，你必须遵守我的圣言！"

第9篇
无情！

> 愚昧无情的百姓啊，你们有眼不看，有耳不听，
> 现在当听这话。耶和华说：你们怎么不惧怕我呢？
>
> 《耶利米书》五21-22[2]

离开上帝的世界会说，为了获得知识、达到科学性理解、变得有智慧，你必须发展、使用和改善你的思维。在我们这时代，一个人的价值基于他头脑中所拥有的知识。我们这代人对人第一且最重要的称赞是，他们很聪明。人们把评估人发展的所有关注点都放在人的大脑上。如果一个人愚蠢，特别是一无所知又毫无悟性，那么他会被看为傻瓜和疯子。这似乎是可能临到任何一个人最恐怖、最可怕、最糟糕的情况了。

哦，我们这个世纪靠人脑中的思想而活。这时代转向人的思想，从中寻求力量。这个理性的时代由此陷入了一个想象的世界。它想象自己在渴望真实的东西，而所追求的只不过是自己思想过程的转瞬即逝的影子而已。这与耶和华上帝所教导我们的何其不同。在祂圣言中，上帝说："通往知识的门户不在你

---

[2] 凯波尔只引用了这两节经文中部分内容。

脑海里，而在你心里。"你并非只通过头脑积累知识，并非只通过心来表达你的感受。不，完全不是！相反，为了提升悟性、积累知识甚至有份于智慧，你内心的动力不是你的大脑，而是在你心的隐秘处。

稍微思考一下，一个非常普通的女人经常比她受过良好教育的丈夫，在理解实际生活上更显老成。她对事物有更深入的洞见，对周围发生的事情有更充分的认识，对人有更好的了解，在处理问题上也比他更有智慧。或者我们曾注意到，来自乡下的简朴人民如此敏感且清晰地觉察，某位传道人偏离了真理，尽管他表现得并非如此。与此同时，镇长、医生、公证员以及社区中所有受过一些教育的人都非常自满，甚至没有注意到这些教导有任何错谬。我们甚至观察到，有时一个单纯的孩子可以马上内心辨别出初遇之人性格非常狡猾。你惊讶于他抗拒此人之坚决，以及在很短的关键时刻内，他就知道如何回应。

这一切都很自然，不是吗？只要想想为什么轮船能安全地在海浪中穿行，就能理解。只有机房内的人非常警惕，舰桥上的人有敏锐的眼睛，立即服从命令操作桅杆和索具，并完全理解外部条件，如海流、潮汐、风向、天上的云层和下面的水域，以及船周围、上方、后方的其他任何状况，船才能顺利前行。但试想一下：如果掌舵的人睡着了会怎样？如果那些负责桅杆的人怠慢了会怎样？如果没有人考虑到海流、潮汐或风向会怎样？如果所有人只寄希望于机房里人能稳定、快速、良好地工作会怎样？你会看到一船傻瓜！

但这不正是我们这时代的场景吗？内心的操舵室不就是如此吗？感情生活的索具不就是如此吗？时代的属灵潮汐和潮流方面不就是如此吗？在面对耶和华我们的上帝时，我们四周的事物不就是如此吗？人们不在乎这些事，不关心这些事。他们只关注作为引擎室的大脑，一切都可以为它而被舍弃。在这里，一切都必须要有响应，好好维护，闪闪发光。因此，船破浪前进，冒着蒸汽在海浪中前行，可是没有一个人问这个问题："我们的时代走向何方？我们带着所有的知识，正走往什么方向？"

上帝的圣言把"愚拙"的人等同为无情的人，或者心里愚钝的人，或者既不会用心眼内省、也不举目的人！它称那些耳朵听不到那告诉他们要举目或内省之低语的人为"愚拙"。你只要读一读《耶利米书》就知道了。我们上文引用了其中的章节。当你发现那些宣称相信耶稣的人，把对上帝的认识贬低到只是一件关于记忆的事，或只是大脑的运动而已时，你不觉得这更愚蠢吗？当你发现基督教圈子里，内心和头脑互相对立，且断言"知识不那么重要，心关乎一切"，这不是比愚蠢还更糟糕吗？这就仿佛是说，上帝的圣言主张，心不是获得有关上帝和神圣事物之知识的器具。但我们要明白：心不仅是情感的源头，还是上帝在你里面做工之处。从那里，祂也可以对你的头脑做工。

  当你看到受洗儿童的父母，以强调敏锐的思维反而让这些孩子的心变得沉闷，想让孩子们拼命专注于他们所认为的真正科学而变聪明时，难道不是愚蠢至极吗？当你看到作为上帝儿女的重生基督徒，闭上心眼，从未学会用自己内心的耳朵倾听的时候，这不是荒谬透顶吗？他们在对上帝匮乏的认识上得过且过，直到离世！当你们发现宣讲上帝圣言的牧师根本无情，也就是他们对事物的本质没有任何了解，你不觉得这显得愚蠢透顶吗？他们只是站在一群同样"无情"的会众面前，就是一个在真理上营养不良的教会，并试图只诉诸情感来打动人心，只传递头脑知识，从而想改善情况。我们这时代的以色列人哪，这一切的愚蠢在你们中间难道不是显而易见的吗？

第10篇
起初是杀人的

> 你们是出于你们的父魔鬼，你们父的私欲，
> 你们偏要行。他从起初是杀人的。
>
> 《约翰福音》八44

人们最近以嘲弄的方式拒绝了德国的基督教，说它的显著特点并不是那里的人相信上帝，而是他们相信了魔鬼。其实，这一明显悖论中也有些许道理。断言"我相信有一位上帝"只是肤浅和随意的。如果一个人不超越此宣称而更加进深，那么他确实连那些沮丧地承认"我定然相信存在位格性的魔鬼"的人也不如。相信有一位上帝是如此平常，甚至这样说的人既不会遭受蔑视，也不会受到嘲笑，因为大多数人如此相信。人们在嘴唇上有这样模糊的证词，就可以那样继续生活，好像真的没有上帝一样。他们可以塑造一个自己想象的、与圣经中永活的上帝甚少相似的上帝；事实上，这样的上帝根本不存在。

但是，如果你相信存在一个位格性的魔鬼，这又完全不同。这立即会让你与所尊敬、有教养的人发生冲突，然后你会遇到嘲笑和讽刺。人们会嘲笑你是一个狭隘的宗教狂热分子。诚然，这是一个需要道德勇气持守而不放弃的认信。

十分之九的人仍然看重上帝的存在，而最多只有十分之一的人仍然相信魔鬼的存在。这一事实表明，后者比前者更紧要。

然而，这恰恰是显而易见的。相信上帝的存在意味着你只是重复从别人那里学到的内容。它在你心里并没有真正生根或产生改变。然而，当你真正困惑、怀疑或否认，然后终于得胜的时候，你开始发现并懂得魔鬼确实存在。你承认了，而在这宣告的背后，有一个上帝的天使所见证的道德冲突的广袤战场。你必须面对罪恶的全部力量。你已经发现了其深渊的深度。罪最终如此惊人可怕，甚至你惊呼："这绝不应该在一个人的生命中扎根。它有更深的源头，生于废墟的坑中；它来自魔鬼自己！"正因为你明白这种恐怖不可能根植于人类，一定是源于魔鬼，你也能相信拯救、赎罪和恢复偏离道路之事的可能性。你们看到，人类仍然是可以挽救的，而魔鬼永远不能得救或与上帝和好。牠要永远被捆锁在无底坑之中。

相信有一个位格性的魔鬼就等于相信世上有极深的痛苦，并且相信人可能得到救赎。更深远的是，这就是相信除了通过位格性救主的方式，拯救不会以别的方式来到。只要我认为罪只是一个坏习惯，那继续试图用良好的习惯来取代它，这就完全可以理解。但是，一旦我认识到罪不只是一个坏习惯，而最重要的是像个强大的人在奴役我，我的心就开始感觉需要另一个更强大、能够摧毁魔鬼工作的人成为我的拯救者。

我们真的不需要为此事实争论不休。因此，相信魔鬼是位格性的存在之信念，比起肤浅地承认有一位上帝，更能为道德勇气、真正的属灵经验和正统的教导提供强大的保证。再者，更值得强调的是，若不同时相信有一位上帝并信靠这位上帝，就不可能相信魔鬼的存在。若非如此，即便只是暂时，魔鬼也会成为两者之中更强的那位。这实际上会使魔鬼成为他们的上帝。那将是何等荒谬！

我们不能忽视这种存在于亵慢人思想中的明显悖论。相反，我们要以紧迫的态度强调它，以敦促基督教会发展比过去更深入的有关魔鬼的思想。耶稣自己在这方面为我们树立了榜样。祂总是留意魔鬼的存在。祂全部战斗和所有的斗争，事实上祂终其一生的目的，就是摧毁魔鬼所建立的事物。祂的目的是重建撒但所毁灭的事物。祂所忍受的一切苦难都源于这个世界的统治者撒但。

所有祷告都应乞求上帝把我们从那恶者手中拯救出来。就耶稣而言，一切罪都源于行撒但所愿的事。为了描述此事本身到底有多么可怕，耶稣并不回避这不留情面的判断，即所有罪在本质上都是谋杀意志和良知。祂从一开始就称之为谋杀。然而，罪在起初并非是谋杀！罪在伊甸园里不是谋杀，却一直都是谋杀。这不仅对亚当来说是谋杀，而且对每个新生儿而言，对每个曾经活过的人来说，对每个你为之祈祷的亲人来说，罪都是谋杀！作为杀人犯就意味着花大力气攻击人类。这意味着他们正忙于挖掘自己的坟墓，交给他们毒药，并吸走他们的鲜血。这意味着所做的这一切努力使他们无法抵御、毫无意义，如此虚弱以至于他们永远疏离上帝——他们的生命之源。这就是谋杀的意思。

　　所以我现在非常认真地问你：在我们的日常生活中，你在哪里、跟谁一起发现了不论何等微弱的紧迫感，藉此对撒但的这种信念会抓住我们的心，约束我们？谁接受了它？谁以祷告抵挡它？谁努力为使自己和自己的孩子们能从它所带来的危险中得救，而喊叫说"魔鬼是杀人的"？不，这种信念几乎没有约束任何人！

　　我的弟兄姊妹们，如果你回到日常生活的圈子里，有耶稣的骇人话语直截了当地在你面前，我觉得你和我几乎不再需要传道人了！我们不需要他们来加强我们对抗魔鬼的信心。我们需要的是那些更多警告我们的人，在我们意识中，让我们更深刻地认识此事，并给我们更清晰定义的人。

第11篇
当主日被圣灵感动

当主日,我被圣灵感动,听见在我后面有大声音如吹号。

《启示录》一10

《启示录》的第一章显然是关于安息日的一章。首先,使徒以耶稣君尊的祝福问候会众平安:"但愿从那昔在、今在、以后永在的上帝和祂宝座前的七灵,并那诚实作见证的,从死里首先复活,为世上君王元首的耶稣基督,有恩惠、平安归与你们。"这是个如此荣耀的平安问候,因为它立即将会众从当下——有限的当下——转到永恒中。在那里,所有"昔在、今在、以后永在"都汇聚一处。这就是这世界所有掌权者都将向所有生命的主宰举目之时,祂统管地上所有的统治者。

会众对那唯一统治者的崇敬犹如叠句一般,立即随之而来:"祂爱我们,用自己的血使我们洗去罪恶,又使我们成为国民,作祂父神的祭司。但愿荣耀、权能归给祂,直到永永远远!"这是反映出同样的永恒感,表达对耶稣崇高王权承认的会众敬拜。但是可以想象的是,事情并未结束。

基督徒的安息日不是在一个人代表耶稣与另一个人说话的时刻,也非他们随后对另一个人回应，向中保表达崇敬的时刻。对上帝的儿子耶稣而言，安息日本质上就在于，当祂向他们揭示自己之时，当祂自己以穿透灵魂的能力向他们作见证的时刻；那是在耶稣自己对他们说话的时刻，就是他们在灵魂深处听到祂声音的时刻。

这就是为什么这一章立即将我们指向天上，指向那将驾云降临者。它的重点是永活的基督，而非某个已死之人。它引我们到基督那里，祂在荣耀中坐在宝座上宣告："我是阿拉法，我是俄梅戛，我是始，我是终。"主补充说："我是昔在、今在、以后永在的全能者！"但实际上，是谁听到了那声音？所有人吗？哦，不！只有约翰！为什么是约翰呢？你看！答案就是：这是因为拔摩岛的其他居民或游客，都正在专注于他们自己的灵，或者被这世界的灵迷住；另一方面，约翰"被灵抓住"，就是被圣灵——上帝的灵——抓住。

这里要说的已非常清楚。只要反映这时代精神的任何思想、观念、建议或事件的反思，进入、充满和控制你，你就站在自己之外，并超越了自己。然后，在你自己里面，你就不再为你的思维和生活定下基调。反而，即便不是把自己的灵交给魔鬼，你会把它交给这世界的灵。同样，当人"在圣灵里"，也就是在上帝的灵里时，圣灵就进入、充满和控制他们。然后，他们不再在自己隐藏的深处定下基调。然后，他们的想法、所想象的和意图都是上帝的灵工作的结果，并且它们都会专注于祂的目的。

然后，在另种意义上，他们有时会被睡梦中出现的事物所征服。在梦中，我们的意识、思维和规划，都从我们日常生活的领域中撤离，我们会向一个完全不同的世界敞开。在此，当我们在梦中，"我们内心的灵"以某种模糊的方式，从某个隐藏且控制我们的力量领受指引和方向。这就是"被圣灵抓住"，以及从我们日常生活和平常工作的世界中被吸引出来的意思。然后，我们的情绪会以安静平和的方式被安息日的神圣领域所笼罩。那里，一切都不会不同；我们需要遵守其他规则，会在乎其他利益。当我们发现自己处在这个他者的、更好的、神圣的领域中，圣灵就能做工，发出命令，并且自由地随己意行事。

这就解释了约翰在主日如何"被圣灵抓住"。当然，这件事的发生方式，与他的处境以及他作为使徒的呼召相关。他受感动是为了揭示那些需要显明给整个教会，并借着上帝的圣言带到教会的事情。这就是为什么这些内容完全独特又清晰、以直接沟通的方式、透过特意的显现，向作为使徒的约翰显明。这与一个"普通的"复活之子所经历的完全不同，即使他们也处于苦难、国度和逼迫中。但是，尽管我们表明我们和使徒约翰之间的反差，并强调这种差异，但主要观点是相同的。我们像他一样，也要在主日被圣灵抓住。

过度的努力并不会带来改变。我们需要认识到，上帝的儿女在地上不可能完全被"圣灵抓住"。这会让他们难以继续生活。借着发挥他们所有的力量来回应神圣的呼召，但"在圣灵里"的同时，又要在这世界上的呼召中勤勉，这是两件彼此排斥的事情。我们通常可以完成的最大目标是，在我们日常工作和我们所有的烦恼中，上帝的灵支持并保护我们，托住并警告我们，激励并启发我们，并且保护我们免遭毁灭。但是，为了达到更伟大、更高的状态，以此为我们全天的基本境况，而不仅是在我们祈祷之时；为了让一切都共同达到这个目的，我们就需要安息日，即主日。这意味着我们需要在某天，让主以特殊的方式做工，并且让我们能安静。为此目的，有两件事是同时必要的。第一，安息日为要使我们进入圣灵中。第二，只有在圣灵里面才能使安息日成为基督徒的现实。

当这两方面汇聚并相互成全的时候，安息日使我们被安静的自由所环绕，我们就知道自己在圣灵里了。那时，我们就会听见后面有如吹号般的大声音。它清晰又穿透人心。然后，当祂把右手放在我们身上，温柔地说"不要惧怕！我曾死过，现在又活了。是的，我们一直活到永永远远，并且拿着死亡和阴间的钥匙"。这个时候，我们的灵魂会经历一种蒙福的团契。就在那时，安息日就会在我们和我们周围！这就是领受已在今生拥有的永恒安息日。从上帝儿女心中升起的祷告就是，愿那种安息日在他们生命中增长。

第*12*篇
好像塞耳的聋虺

> 他们好像塞耳的聋虺。《诗篇》五十八4[3]

圣经各处提到上帝的圣洁时，都展现出极大的勇气。上帝自己勇于高声反对骄傲和显赫之人，竭力使他们谦卑或破碎，好使他们俯伏敬拜。祂既不放过他们，也不会惧于他们生活中的立场。因此，上帝在《诗篇》五十八篇对罪人说："其实，看看你的本相，你只不过是一只聋虺。"一只毒蛇！它是一只肮脏、令人厌恶、会自然引人反感的动物。人们都躲避它，并警告自己的孩子，说："不要碰它！"耶稣用"毒蛇的种类"这种严厉、尖锐、尖刻的表述来打击法利赛人，并揭开他们的面具。先知惊叹道："人心比万物都诡诈，坏到极处，谁能识透呢？"

诗人在此种语境下说不敬虔的人是喷出毒液的"毒蛇"。当攻击时，它们的牙齿后面有一种毒液，能伤害和杀死猎物。请注意，这种毒蛇不仅限于某种蓄意欺骗者，某种彻底邪恶的人，或某些乖戾的灵魂腐化者。完全不是！这乃是说，每个人，每个罪人，无论他们自愿与否，除了败坏他人的心灵，一无是处。他们会煽动周围的人，是这些人道德和精神死亡的根源。要做到这一点，你不

---

[3] 荷文圣经《诗篇》五十八 5。

是只能谈论或行出邪恶之事。你的存在、个性、无意的生活方式都会带来污染。他们有种邪恶的影响力，也会催生他人心里的邪恶。

无论毒蛇是为了保护自己而故意所为，还是本能如此而行，结果都是一样，它能毒害你。它不会考虑喷出的毒液是落在草地、地面上，还是喷到你的手或手臂上。从罪人身上发出的东西，无论是他们的呼吸、语言、眼中的火、他们的榜样，还是他们的影响力，皆是如此。那些来自他们心中毒腺的毒液绝不会有清洁的效果，反而有破坏性的效果。当它生效，就会带来死亡。

现在，针对你喷到别人身上的毒液，上帝有一种解药。这与医生医治病人时使用药物的措施相仿。他们采集毒物，包括蛇毒，并知道如何将这些毒物用于治疗某些疾病上，并在特定情况下抵御疾病，达到治疗而非破坏性的作用。当然，这一点也不会改变毒液本身的致命性，也不会减损你们在灵里产生的邪恶本质。对你们来说，要关心的不是上帝如何处置你们产生的毒药，而是关心你对别人有何影响。这是一种健康的影响还是种破坏性的影响？在此，圣灵借大卫的口来处理这个问题，指向那些不敬虔的未重生之人。但是，当重生之人经常脱离与救主的团契关系，然后从灵魂的细胞和腺体中只产生不洁净、情欲、有毒的物质时，大卫也把这里的描述应用于这些人身上。

很明显，邪恶更糟糕，当人们选择表达邪恶时，他们更要对它负责，如同毒蛇在故意袭击时一样，无论它是自卫还是攻击。然后人们就表现出对邪恶的欲望。他们的行为如此有预谋，以至于邪恶从他们灵魂的腺体中爆发出来，飞溅到他人身上，感染他人的命脉。现在，我们正面对全面邪恶的问题！现在，一股邪恶的力量在支配我们的灵魂！现在，我们并非只是不知情，而是完全意识到自己乃是不义的仆人。这就更糟糕了！

即便如此，这还没有达到败坏满盈的程度。最糟糕的是我们罪人独有的东西，这远超愤怒毒蛇身上的东西。以赛亚强调，人不仅像毒蛇，而且"你们的作为也属乎虚空"（赛四十一24）。[4] 关于此处最糟糕之事，最令人厌恶之处，就是诗人在我所引经文中所说的内容，即人们不只是毒蛇，他们往往更像"聋的毒蛇"！

4　虽然英文翻译没有引用"毒蛇"，但凯波尔使用的荷文是：ulieder werk is erger dan eene adder。

我们所认为是毒蛇的动物可以被魅惑。人类声音中有一种为此目的而全面发展的力量，能支配野生有毒的动物。特别在从前的东方，人类声音很发达，掌握了催眠的艺术，所谓的魅惑、控制蛇和其他有毒生物的手段。当将这方面应用于人时，一个人可以说上帝的声音也存在一定能力，可以制服我们灵魂里的毒蛇，可以使其变得虚弱，以致无法喷出毒药。灵魂里的毒蛇就被解除武装，无法造成损害。上帝的圣言可以被看作是一种在人类灵魂的内在威胁上施加咒诅的魅力。

　　毒蛇或蛇从来没有聋的，也不可能堵塞耳朵。当它听到耍蛇人舒缓的声音时，总是软弱无力。虽然蛇如此，人却不是这样。罪人，你和我，以及其他生在罪恶中的人，我们常知道如何当一个聋的毒蛇。我们知道如何针对上帝的圣言，塞住我们的耳朵！在此论及我们的灵魂时，这正是圣灵以耳聋毒蛇的非凡比喻所要讲述和责备的。祂不只是针对一只能够喷出毒液的毒蛇，尤其是针对一只对神圣耍蛇者耳聋的毒蛇！祂希望通过奇妙神奇的圣言解除我们内心毒蛇的武装。

　　这就是为什么我们除了了解如何从我们败坏的心中除掉有毒液体，并无更好办法。在这方面，没有什么能比充分、完全热情地承认相信基督能更好地做到这一点。直到我们心甘情愿地从那位活水的泉源汲取每一滴赐予生命、滋养我们和我们周围之人的水滴，我们的一切才会回到应有的样子。

第13篇
叫恩典显多

> 这样，怎么说呢？我们可以仍在罪中，叫恩典显多吗？
>
> 《罗马书》六1

保罗频繁地，事实上非常频繁地，提出同样的老问题，而这问题也重新出现在敬虔人的圈子中。"难道罪真的不是叫恩典显多的方法吗？"多么可怕、恐怖、令人惊骇的问题！然而，它有时会很近，且非常贴近上帝儿女的心，而肤浅的基督徒甚至从未试图去思考这个问题。但对上帝的儿女来说，在信仰生活中的某些时候，他们绝对会被引诱提出这种问题。所以，最近我们首都的某个敬虔者的圈子里，有人受试探提出了这个问题。当我知道此事时，一点也不感到奇怪。

考虑一下这个问题！如果罪从未进入世界，难道上帝永恒的恩慈和丰富的怜悯总是部分向人隐藏吗？如果我们没有被孕育且生在罪中，那么我们的灵魂将永远不会经历到被破碎的甜蜜滋味，或经历到得见恩典荣耀之福。如果耶稣没有寻找到罪人，那么我们的保惠师基督就会永远停留在阴影里。当祂将在祂的君尊荣耀中发光时，任何人的悲伤泪水都不会落在救主的脚上，再被他们自己的头发擦干。

更重要的是，我们比较上帝的儿女和那些自以为义的人。正是在完全跌倒前堕入罪恶道路的经历，往往能痛苦地刺激我们，使我们回到父那里，并且说："父啊，请把我当做你的一个雇工吧。" 谁能否认此事呢？谁不经常注意到，甚至在上帝的儿女中，那些曾经深深堕落的人现在却是最热心、积极和热情的人，而其他人总是看起来有些冷淡，并在他们信仰上更加迟缓呢？最糟糕的是，即使在你归信之后，你的内疚之深并不与你对恩典的温和回应相匹配。我们的内疚感从来都在我们再次陷入心中私藏的罪中之时，更深地震惊我们的灵魂，更深刻地激动我们的心灵，或者更迫使我们向上帝祈求。难道不是如此吗？

严格来说，一个意欲保持诚信、通过经验懂得凭正直而活之含义的严谨之人，真的可能会否认我上述所说的内容吗？清楚了解这一切的撒但，不断试图试探上帝的儿女，让他们只是继续不停地犯罪，"好使恩典显多"。这难道不是如此惊人、奇怪、或不可想象吗？我知道自以为义的基督徒根本不明白！但我要问的是："是否真有任何一个靠恩典生活的基督徒，其可怜的灵魂未被这种试探之火烧伤？" 由此，当粗心的讲员对此不了解，也没有耐心，又傲慢地将这些人视为在灵魂里挣扎的"令人愤慨的反律法者"时，他们的错误昭然若揭。

不，基督的爱采取一种完全不同的方法。它理解那些灵里生病的人，指示他们回到救赎的正道上。它鼓励他们，使他们摆脱令他们心灵受苦的伤口。它首先采取不同的方法来研究这种情况，然后尝试揭露灵魂如何深陷其中。它认为，人心，即使是重生之心，也在这种试探之下赤裸裸地无法防备。只有通过不能被毁坏的上帝圣言，我们才能战胜。从来没有经历过旷野的人不能理解这种试探。对于一个经历过的人来说，没有任何武器比确定和坚决地宣告"但经上说"更能抵挡试探。

你的思想不得不确认说，诚然，在犯罪时，恩典就会显多。所以，如果你的灵魂渴望更大的恩典，难道犯罪不是领受恩典的方法吗？对上帝来说，绝对不是！"撒但，退到我后面，因为经上写着说：'断乎不可！我们在罪上死了的人岂可仍在罪中活着呢？'" 在试探中面对撒但的方法并不是与牠理论，而是以上帝圣言双刃剑的能力攻击并抵制牠。

罪总是承受诅咒。罪和一切有罪之名的，都永远在毁灭的定罪之下。上帝的圣言不愿与它有任何关联，也永远不会容忍它，不会朝它抛媚眼，也不会偷瞄一眼！反而，它会无情地拒绝它，总是用副歌唱道："圣哉，圣哉，耶和华上帝。祂神圣荣面前，无罪能存在！"

如果你一直是上帝的儿女，你自己的良知、先前挣扎的记忆，特别是你内在圣灵的见证，都会无条件且坚决地以最明确的方式告诉你，撒但在你耳边低语的事情绝非真实。牠所说的完全没有上帝的恩典，是对上帝圣洁的可憎攻击。当你听到它，立刻就会不寒而栗。你用你整个灵魂来抵挡它。然而，我的弟兄姊妹们，这一切都无济于事，全然不可靠；这都是主观的，在你灵魂里都不稳定。它会在你眼前变来变去。撒但就是知道如何操纵和纠缠你，使你觉得你终于被压倒了，以致你自己的良知，甚至在你里面做工的圣灵都不再反对它。

这就是为什么你不能依靠推理，不能只遵循自己的良知，甚至不能只依靠圣灵在你内心对你所说的话。这一切都摇摆不定！不，只有一种盾牌可以弹开撒但那有毒、炙热、恶毒的箭。它是并永远都是肯定的宣告——"但经上记着说！"这是永远不能毁坏的话语。当《罗马书》六章说"断乎不可！"时，它就是宣布了这种可怕试探的永恒判决。"上帝坚固的根基立住了。上面有这印记说：主认识谁是祂的人。又说：凡称呼主名的人总要离开不义。"

第14篇
经上的话是不能废的

> 经上的话是不能废的。若那些承受上帝圣言的人,尚且称为神。
>
> 《约翰福音》十35

耶稣在此所用的措辞非常强烈。这并非因圣经不可动摇,并非因圣经采取了坚定的立场,亦非因圣经不能被忽视、搁置或操纵。这乃是因为耶稣在此所说的内容,引用且应用了一个在圣经里非常奇怪又含义丰富的词。在此,一个深思之人所想到的是所有新生、现代的嘲弄,就是围绕于拒绝圣经的全部权威。但对于那些仍然认信"当耶稣说了,这就是事情的定局"的人来说,事情被一劳永逸地解决了。

请让我们思考今日正统神学家理解圣经的权威的普遍方式。他们承认并宣信,难道圣经不是包含了上帝的圣言吗?在研究上帝圣言的含义后,人们发现他们从根本上区分圣经的属灵内容和嵌入内容的框架。然后,当要厘清实际的属灵内容时,他们视之非常广泛,认为属灵内容不应是过于从字面意义上、精确地,或在细枝末节上加以应用。他们称那些如此行之人为"拘泥于字义者"。他们认为他们的主观感受、印象和良知已经被圣灵光照,足够可靠地提供指导,以区分哪些是普遍、重要、奇妙和属灵的，哪些是微不足道、次要和视情况而定的。

这种方法在属灵上很诱人！人们本性上想要不再顺服于绝对权威。所以，如果你能使他们看起来顺服上帝的权柄，同时允许他们真正地自行决定圣经中哪些是有权威的，哪些没有，那么你要做两件事。你要满足他们相信的需要，你要拥抱他们对自我决定的热爱。

吃分别善恶树果子的事情还在继续！这样的人的确想向耶稣臣服。然而，要他们顺服耶稣以至于他们的理解、批判性反思、思考过程，以及整个思想领域，都要被圣经所写的经文所俘获，那么就真的触怒他们了。因为我们知道教会中许多人开始屈服于自由的诱惑，并且因他们发现这等立场更属灵、更崇高、更有吸引力，所以我们在此情况下要把他们引向所有人都必须屈服的论据：耶稣的话。耶稣看待圣经的方式，你也应该如此看待。耶稣所认信的圣经，你应该认信。耶稣接受为真理的神圣约章，你也应该接受。如果你不同意，我们就无法再进一步交谈。

如果有人敢断言"耶稣对圣经的看法就是错误的，祂让圣经加添了它本没有的价值"，那么我们根本无需跟这样的人相交。他们拒绝了耶稣内在真实性这一关键事实。如果祂作为成了肉身的上帝圣言，能在文字的上帝圣言上犯错，那么祂的神性和真实人性都会被削减。这类人不知不觉中采纳了一种基督教会强烈反对、抵抗和抛弃的对主的看法。我们更不能以东方思想模式，或对耶稣人性逐渐发展的某种概念，将此合理化，使我们屈服于这样的借口——"这的确是耶稣所说的，这是祂的想法和意图，但这并不意味着事情当时就是如此！"有人确实陈述或思考了这个观念。

我们会说今天这个或那个半真半假的陈述，只在许多当代正统圣经学者间传播，让我们不要粉饰自己的说辞。如果你认为耶稣并不确切、准确、完全地知道我们需要从圣经中持守、相信和宣信的内容，那么就请直接说出来！但是，之后要诚实地认识到，你不会支持祂所说的，即便你用尽所有惊人的智性能力，也是如此。然后，你就干脆在有关圣经权威的冲突中放弃，所有相关细节都只像尘埃在你周围旋转，被风吹散。它们永远不会为一个人、一个家庭、一个学校、一个国家或政府，能真正建立提供所需的稳定或确定性。你所有的限定和特例都永远不会在属灵上激励你。

你愿意承认吗，我的弟兄姊妹？难道你感觉不到吗？难道你不觉得这无可争议吗？我们在这个问题上承认或拒绝耶稣的绝对权柄，圣经和圣经的权柄也会高升或衰落。所以，我恳求你们，要清楚、冷静地思考耶稣在《约翰福音》十 35 中对犹太领袖所说的话。这时候，祂以自己的意志和强有力的声音说出完全自发的话："经上的话是不能废的。"

说不能"废"或持守圣经的全部内容，祂并未指向许多事情。祂不是指把它作为启示的真理而予以维护，或者接受其中的救恩奥秘，或者干预其中的任何诫命，诸如此类。祂并非在谈论接受神迹或所包含大能事件中的真理。最后，祂也不是指不承认圣经中的预言、诗篇或圣经中上帝圣言是默示的。不，说圣经是不能废的，上帝儿子的意思是持守和接受摩西编写入以色列日常民事法的著作中每个字中的真理。耶稣的意思是，尽管摩西也可以用另一个词替换，我们仍要接受它，而不以任何方式改变它的意义。

祂的意思是让"神"（gods）这个词保留它第一次出现在《出埃及记》二十一 6 的时候，在《诗篇》八十二 6 中所重复的意义："你要把这样仍为奴的人带到审判官那里，或者把他带到'神'（gods）那里。"这里的含义是完全一样的。此处更加明显，因为这里没有暗示任何关于权力机构执法，而完全是关于官方承认一个自由决定之事。我们可以说，这个奴隶想留下继续当奴隶，现在必须在民事层面上登记。显然，在《出埃及记》二十一 6 中使用"神"这个词完全是偶然的。尽管这里从伦理或其他角度教导我们，但"神"这个词只是摩西选择的一种演讲修辞，他本来也可选择另一个术语。

但是在比较之下，耶稣说了什么，要教导什么呢？耶稣说的这个词肯定不是由摩西所选，而是来源于上帝。《诗篇》八十二 6 所教导的就是《出埃及记》二十一 6 中所说的，就是在这种情况下，上帝将"神"（gods）的荣誉称号赐给民中的掌权者。耶稣说的不是一种演讲修辞，而是平静且严肃的真理。诚然，默示《出埃及记》二十一 6 的同一位圣灵可以在《诗篇》八十二 6 中说，"是我说'你们是神'，不是摩西！"这个字、这个用语、这种"神"的称号，是上帝所选择的，因此出现在圣经中。很明显，正因如此，"神"的称号表达了一个真实、恒久、神圣的真理，是永远不能废的。

　　所以，弟兄姊妹，现在考查一下，大部分福音的宣讲信息，在多大程度上不同于我们主耶稣在圣经中表现的这种信念；探查一下耶稣教导的圣经中的信仰，有多少仍然在教会里存留。最重要的是，省察你自己的心，看看耶稣对上帝圣言的尊敬有多深地渗透你自己的灵魂。如果你在这些事上找到一个可怕的亏欠，不要太苛刻，但要温柔地警告那些已经在这方面偏离的人，并呼唤他们回来。与此同时，永远不要放过那些在这个问题上走偏的人。你必须存坚定的信念说："耶稣所说的完全真实！"

第15篇
又甚忧愁

耶稣看见她哭,并看见与她同来的犹太人也哭,

就心里悲叹,又甚忧愁。

《约翰福音》十一33

敬虔的真正果实完全远离极端的情感主义。这并非是说我们应钝化自己的感情。我们的灵魂和感官也不应永远冷漠,也不应永远不动心肠而追求骄傲、坚忍的荣耀。相反,在这个充满罪恶和失望的世界里,我们若在感情上不受强烈的影响是不可想象的。情感只是我们心中温柔虔诚的表达。但是,虔诚的生活方式所对抗和寻求克服的,乃是当汹涌的感情决堤时所呈现的激情的情感主义。

当然,我们会对任何以不寻常、显著的方式激起我们感受的事物而变得情绪化。我们周围所发生的苦难令我们的神经紧绷,会在我们里面激起同情。这给人一种印象,就是我们内心的感情像一条湍急的小溪,先向这边,然后向那边翻滚。对于这种反应,我们其实无能为力,这是正常的。为了不承认这样的印象和情绪,不被苦难所动摇,你在一定程度上不得不对自己自然的感情强硬

一些。你必须更无感且无情一些。但这里的问题是，当你有这种情感时，是否要屈服于它？你会继续放任它吗？你是否满足于让它将你席卷，就好像你的意志没有任何作用呢？或者你做一些抵抗？作为上帝的儿女，你是否试图控制它？

耶稣就试图控制它。祂极其敏感，有非常慈悲怜悯的情感生命。因此，今生的痛苦之事也给祂留下了深刻的印象。我们主耶稣经常因祂周围发生的事而震惊。以此，在拉撒路的坟墓旁，祂"看见她哭，并看见与她同来的犹太人也哭"，这立刻影响了祂。这影响了祂的神经系统，祂的神经就产生了情绪反应："就心里悲叹，又甚忧愁。"但在这种情况下，耶稣的意志也开始发挥作用。祂要决定是否容许祂的情绪胜过自己，或者是否要约束并抵挡它们，是否要压制它们。在拉撒路坟墓前，虽然祂最初想要屈服于自己的情绪，但"困扰"祂的并不是自己的情绪。但是，正是它们继续搅动他的内心，以至于他们无法困扰祂。

你看，这就是此处的真实情况。就是在此情况下，我们最高且最伟大的指导方针到底应是什么。如果你被激情所胜，那么你就让自己的情绪成为了你的主宰。然后，你的情绪反应就会变得很激烈，也很强烈。然后，你会屈服于它们，它们也会压迫你。当你的感情完全控制你时，最终你对它束手无策！有时人们会看到因极小的事而烦躁的小孩子就是这样。如果发生了什么事，他们会很快流出眼泪、尖叫着，甚至你觉得他们要窒息了。同样，在以后的生活中，他们的情绪时常表达出一种对女性的非理性控制。

有时候你会发现人们睡醒或参加葬礼时，无法控制地哭泣和抽泣；这对于超越尘世之人尤然。当他们想说些什么时，就因自己的话而哽咽。他们伏在他人的肩膀上，尖叫着，情绪崩溃。当过于激动时，他们哭泣的情感有时只能以咸味和冷水了结，绝不能任由事情继续发展。这显出了软弱，破坏了一个人的内在和谐，也违背了上帝的旨意。一个人需要学习如何以一种有节制的反应回应生活中的痛苦。他们需要学会约束自我和克制。即使对最激烈的情绪，他们也应该永远记住："先知的灵原是顺服先知的。"

关于耶稣，我们不仅读到祂个人的忧愁，而且正如我们的作者如此美丽又敏感地在叙述中所说的，祂也"哭了"。马利亚"哭了"，犹太人也"哭了"。关于这两方，希腊文使用的是 klaiein，意思是痛哭。但在此关于耶稣的描述是，

"祂允许一滴泪水滑下,流出泪"。这是与用来描述蜂蜜从蜂房滴落或从树皮上渗出的树胶的相同词汇。甚至耶稣的眼泪也受到祂的意志控制。在此意义上,耶稣的哭泣是非常个人性的行为。

那么我们要问,耶稣的教会里的人怎敢升起一种容易被动摇、公众所特有的情感反应呢?我说的是弱者缺乏自我控制,并被哭泣和抽泣的感情所胜的情况。我说的是一个讲员,当他宣讲完毕,在成功地深深感动了听众的甜蜜感觉中,从讲坛上下来时的情况。我们的属灵前辈强烈反对我们在崇拜过程中出现这种错误倾向。

当然,当上帝在我们心中做工时,我们的情绪肯定有特定的角色。它们需要敏感、温柔、深深的感动。这既是允许的,也是必需的;不能抵制感动,而是要拥抱。这是人的一部分。这就是为什么上帝赐给我们心!但所不允许的是我们享受痛苦的情绪反应。我们可能不会有意引起我们想象的反应,也不会庆祝基于它们的虔诚。当它们在无意中出现时,我们不要放任它们,让它们掌控我们。基督徒要向耶稣学习如何在痛苦中保持平静,如何在上帝的审判下保持安静,并且如何在一切事上顺服主,包括在他们灵里忧愁之时的顺服。

所以弟兄姊妹,要坚强。绝不要漠然或关闭你的心。反要以一种胜于世界的方式,拥抱你的每一种情感回应,成为基督的子民。在你救主里面,你比世界更刚强。你要在心中控制每种将要胜过你的情绪,使它们能荣耀耶稣。

第16篇
祂长远活着，替他们祈求

> 凡靠着祂进到上帝面前的人，祂都能拯救到底，
> 因为祂是长远活着，替他们祈求。
>
> 《希伯来书》七25

一般而言，基督徒就自己的祷告会讲说一些美妙的事。但是，谁曾说起耶稣的祷告呢？人们有时会把一个有罪被造物的祷告当做偶像。告诉别人你一直为他们祷告，可能近乎感觉迟钝、不够谦虚，仿佛如此行尤为特异。可是，我们中间有谁被耶稣为我们祷告的荣耀思想所淹没呢？我并不是说我们中可能有人否认、贬低或忽略耶稣的祷告。哦，我完全相信，任何坚持基督教信仰的人肯定承认耶稣以大祭司的身份，在至圣所中上帝宝座前的那些事奉，包括基督的代祷。然而，我所主张的是，如果耶稣为教会的祷告对于祂的教会并非活的现实；如果祂活着的目的总是为教会恳求，这对教会而言亦非活的事实，那么教会就失去了来自基督代祷的安慰。

可悲的是，人们把人自己的祷告看得太高，把公开和私人祷告看得太重。我们指出这一点不是为了打击祷告的热情。相反，我们向上帝祷告，愿恩典和

祷告的灵激烈且有力地浇灌在我们身上，以至于我们的祷告加倍。然而，我们所反对的是过分重视我们自己祷告的价值。这可能带来破坏，好像我们十个麻木的祷告比我们一个活泼的祷告更有价值，好像我们祷告的长度比它的深度和强度都重要，亦或像我们的祷告真的可以没有圣灵的感动和唤醒，或没有祂注入我们祷告里面崇拜的灵而进行祷告一样。总之，这就好像我们在祷告中不再继续在情绪上与无思想、缺乏灵性、肤浅、形式主义和纯粹习惯的邪灵角力一样。这似乎已经没有理由去感恩、欢乐，或将荣耀归于上帝。与此相反，真正的祷告是在圣灵里祷告，奉耶稣的名祷告，与各年龄段的圣徒一起祷告，带着必蒙垂听的确信祷告。有时在特例的情况下，这种祷告能从我们的心中流出来，飘过我们的嘴唇！

不，答案并不在于我们自己的祷告。按照使徒的话，就我们真正的祝福而言，这取决于耶稣为我们的祷告，而不是我们自己的祷告；被祝福并不取决于我们所做的任何事情。这并不是说首先有一个谕旨，然后我们的担保者（Surety）按照该旨意而来。这时，自动的、非属灵的和机械的救恩，由中保赐给上帝的儿女。

不，整个过程是动态的。每一刻，这一谕旨都是由慈悲大能的上帝生出、维持和发动。担保者每一刻都有祂荣耀的神性所充满和巩固的保证，这体现在各各他山上的拯救大能之中。同样，如果中保（Mediator）没有每一刻为他们祷告，那位担保者所提供的救恩也不会在被救赎者灵魂中产生持久的共鸣。

基督公教说在弥撒中能得到耶稣牺牲的持久功效。我们反对这一点。为何如此？只不过为了存留一种冰冷、暗淡的空洞和空虚吗？不，要说千万次，不！这是因为只有基督的代祷才能让那献祭有果效！它还日夜不停地提供维持被赎者灵魂的不止息的努力和全然激活的力量。它祝福他们！

所以，不要以为耶稣所做的祷告是因你的祈求、要求或恳求祂祷告而偶尔发生。并非是你的救主需要被请求，祂才会在施恩座前为你祷告。你看，耶稣不只是某段时间或仅一次为你祷告！祂如此行不停息。为你祷告是祂的首要任务，祂长远活着也为此目的！祂为此而活。祂以你为祷告的中心。

你问为什么会这样吗？我实然不知。但我知道，使徒本人要求我们"不停地祷告"。所以毫无疑问，他不认为他向我们提出的要求，对我们的代求者来说是难以想象的。这其实正是耶稣所做的事：祂不断地祈祷，并不停息。在父的宝座前，祂活着为我们献上祈求。这样的祷告正是祂的呼吸。这等于祂代表祂的子民倾倒出祂的灵魂。这样的祷告反映了我们的救赎大英雄，代表那些仍在世挣扎的人所做的神圣努力。

这就是耶稣的祷告作为绑在你灵魂上、防止它沉没的生命线的原因。即使你在睡觉的时候，耶稣也在为你祷告。即使在忙碌的日常生活中，你没有想祂，祂也在为你祷告。祂作为你的救主，即使你带给祂悲伤和痛苦，祂也在为你祷告。基督代你向上帝恳求，这是你生命不断流动的溪水。当你筋疲力尽地躺在小船上，放弃了奋力，它像风充满了你的风帆，让你继续向前。是的，即使你接近死地，并在天堂和地狱之间盘旋，耶稣的祷告也会举起你，支持你，并最终拯救你。

如果这些思想本身已经能带来如此令人难以形容的安慰，如此有效地扭转罪恶，抑制你的不义，那么它们对你自己的祷告生活也必是无价的。你只要为此试试这个证据。在你开始祷告之前，只需先让你的心灵注目那已经忙着为你祷告的救主。试着努力，勉强自己，并试着用你心灵的耳朵听一听耶稣代你在施恩座前的恳求。是的，如果你严肃地看待耶稣的祷告，就会非常清楚你自己的祷告；与耶稣的祷告相比，你的祷告真的乏善可陈。很明显，你自己的祷告只是重复耶稣已经为你所祈求的。不要考虑你祷告的所有价值，你的灵魂将会完全安息在耶稣里。然后，上帝的平安就会涌入你内心，因为上帝的儿子吸引你的灵魂归向祂的心，祂自己的嘴唇提起你的名字。最后，总要与耶稣同住，你会发现最终没有任何罪能影响你，甚至死亡或魔鬼也不能影响你。

第17篇
吸引万人来归我

我若从地上被举起来，就要吸引万人来归我。《约翰福音》十二32

上帝的方式总会涉及最不寻常的对比、矛盾和差异。主绝对希望我们密切留意这些差异。这点在祂被举起中显明出来。罪人会把祂吊在十字架上。父要在荣耀里让祂坐在自己的宝座上，以此高举祂。祂自己要吸引那些信祂之人并将他们升高，超越这个世界。

耶稣和这个在诅咒之下的世界并非真正属于一处。故此，非此即彼。要么耶稣配不上这个世界，要么这个世界配不上耶稣。罪人选择前者，因此他们呼喊："从世界上除掉这个耶稣！"另一个选择是上帝决心让祂的儿子不久在荣耀中被举起。但是，罪人和圣洁的上帝都认识到，耶稣不可能留在世上。耶稣用那个同样被举起的形象，确立了这对比鲜明的审判结果。

"把祂吊起来！"这个世界再也受不了祂了！祂不配把脚掌放在地上。把祂吊在木头上，像被弃之人、罪犯、诅咒之人一样。摩西的律法已经说过："凡挂在木头上都是被咒诅的！"整个邪恶的世界都发出同样的呼喊。然而，"将祂高举超过全地！"也是上帝给祂众天使的命令。让祂超越压迫、不堪之境，以及这个堕落世界的衰残；尊容祂、敬拜祂、让祂登上祂的宝座！

如果耶稣是这样，那么对于那些祂所拯救之人，即祂的仆人和圣门徒，会有任何不同吗？"耶稣和这个世界不属于一处！"这岂非意味着那些属耶稣之人可能不会卷入这个世界吗？或者他们可能不会与世界和平共处？亦或他们必须被高举超越这世界？上帝的儿女岂不是一个"谴责世界及其所有野心"的化身吗？上帝的儿女岂不是这个世界过去不能、现在也不能自行创造的吗？他们的灵岂不是未浇灌在人的儿女身上，而是被印在他们的本性上，并唤醒他们内里的冲动，以回拒这个世界之所思、所言、及所行吗？成为"上帝的儿女"岂不是意味着被栽种更崇高、与众不同、更圣洁生命的种子吗？这生命就像一滴油漂浮在这世俗生活之水域，并未与其成为一体，融入其中，或无法区分。说"我属于耶稣"岂不是固然认为世界太次要、太低下、太卑贱或太平凡，不足挂念吗？这岂不是在属灵上认为它太不圣洁、太罪恶、太堕落，人的灵魂不应再被它所困吗？

当然，这绝对不是说一个人必须对世上的人采取居高临下的态度。那是因为，首先，我真不知道谁是上帝的儿女。现在看起来最恶名昭著的罪人，很可能实则是那些优秀的选民。但更重要的是，世界和我不是两个完全分离的实体。因为世界也可以在我里面，在我自己的血肉中，在我自己心里。对世界的每一次谴责，都必须从最强烈地谴责我心中的世界开始。否则，我将丧失一切道德力量，植根于虚伪之中，永远不会站在上帝面前得称为义。不，在我们里面做工的圣灵需要成为谴责世界的灵，以便我们与世界决裂，将它抛之身后，并超越它。这就是圣经所想要的，也是最真诚的清教徒对虔诚生活的追求。

我们在这里谈论的是在我们如此肤浅的时代中，基督徒所体现的严肃和虔诚生活。请你思考一下。今天人们觉得很难对事情说不。他们根本不能否认自己。在这件事、那件事，或者下一件事上，他们找到成千上万种与世界和睦共处的方式。可能有其他方式吗？你看，上帝的儿女显然并非真正属于这个世界，而是需要超越它。然而，人们可以通过两种方式被举起超越这个世界。要么我可以支起自己的梯子，站在它的面前，尝试一级一级地自己爬上去；或者我可以被耶稣举起。

弟兄姊妹们，你们要仔细留意耶稣高举我们的工作，并不仅仅依赖我们自己的努力或你的蒙福之召。"举起"是耶稣所做之工。这是已经升入高天的耶稣所行之事。这是祂的工作、祂的全心及全意。"我若从地上被举起来，就要吸引万人来归我"，意思是"一旦我被高举超乎全地之上"。它并非指每个人的死亡时刻，而是指我们整个生命。这意味着被高举始于你我新生命之始。这意味着被举起会伴随并促进新生命的一切成长。而且更荣耀的是，它甚至意味着"被举起"到将临的天国里。这也意味着主正在把蒙救赎之人更紧密、更迅速、更亲近地吸引到自己里面。

因此，脱离世界的秘密并不在于你我在自己与世界之间系统地建立一道屏障。它意味着拆毁存于我们和内住我们里面的耶稣之间的拦阻。更多地去寻求祂，更有意与祂同行，让自己更亲近祂！这样，把我们与世界绑在一起的纽带就会消失！如此，避免肉身之事就不再是坚持"命上加命、令上加令、律上加律、例上加例"。它就不会包括不能摸、不能吃和不生气。它将只包括单单地、完全地且绝对地活出你的信仰。因为如果你真的相信，你的相信将意味着真正且本质上"被吸引归向基督"，将意味着相信以致让信心成为你生命的驱动力；这力量会使你苏醒，温暖你心，并把你引到你所需之境。这关系到被祂的爱所吸引，被祂的力量所吸引，并且意味着被吸引到祂身边，直到你完全与祂同在。

第18篇
任凭死人埋葬他们的死人

"主啊，容我先回去埋葬我的父亲。"

耶稣说："任凭死人埋葬他们的死人。"

《马太福音》八21-22

耶稣可能会言辞锋利。就像此处！或是那天晚上亦或第二天早上，这个年轻人首先想回家并向父亲致以最后的敬意，没有什么比这更自然的事了，难道不是吗？只要他父亲的遗体还未入土，他就想这样做！设想一下，我们这个时代的一些基督徒，因为太忙于传福音或不得不在某个地方传道，错过自己父亲的葬礼。媒体难道不会大声抗议这样一个败坏之子的行径吗？但耶稣要求的正是如此！

那个年轻人也许不会回家。他不得不压制他内心涌起的温情，不得不让他人抬着父亲的遗体送葬。虽然他所有家人和家乡全体人民，都会因为他胆敢避而远之感到愤慨，但这个悲伤的年轻人不得不抑制心中的悲伤，周流各个村庄，同时宣告："以色列啊，你的弥赛亚，你的弥赛亚已经来了。"

不，不要以浓妆粉饰此事，也不要淡化或修饰它！要认识到它是令人难以置信的苛刻要求。它与我们人类的自然本能冲突。如果耶稣是像我们一样的人，祂永远无法提出这样的要求，也不敢这样做！

这一要求的缘由何在？我们在这里再一次说明，圣经能最好地解释圣经。我们在《利未记》中读到了哪些关于如何处理以色列人丧事的内容。只有这一条：关于埋葬亲人的遗体，有三类要求。第一，一些关于普通公民必须参与其所有家属及亲人的送葬及哀悼过程的规定。第二，一些适用于祭司的规定，他们只参加骨肉之亲的葬礼。第三，一些只适用于大祭司的规定，他们永远不允许参与葬礼，甚至不能为他的父亲或母亲送葬。

在《利未记》二十一1及其后经文，有关祭司的要求明确规定："祭司不可为民中的死人沾染自己。除非为他骨肉之亲的父母、儿女、弟兄和未曾出嫁作处女的姐妹，才可以沾染自己。"那些涉及大祭司的经文更加明确规定："在弟兄中作大祭司，头上倒了膏油，又承接圣职，穿了圣衣的，不可挨近死尸。这甚至适用于他的父母亲，他不得因碰触他们而沾染自己。出于对他神圣地位的尊重，他不得参与父亲或母亲的葬礼游行，免得他沾染耶和华的圣物。因为上帝膏油的冠冕在他头上。我是耶和华！"因此，耶稣说的无疑正如以色列律法所规定的那样："让死人埋葬他们的死人吧！"这适用于所有祭司。而在最高层面，它适用于大祭司；上帝严厉禁止他处理父亲或母亲的遗体。他必须让别人处理这件事。

不难理解，耶稣所说之事显然引自《利未记》二十一章。在解释这一令人费解和严厉的要求时，如果人们更加留意以色列律法中的内容，便可减少许多惊讶。在《利未记》背景下，耶稣严厉尖刻的话，意在如此："我要膏你们众人作祭司，在以色列人中只适用于大祭司的条例，现在适用于你们每个人身上了。"那些为我们的圣经编写旁注的人说得很对。他们就《利未记》二十一12明确指出："他不能玷污圣物"意思是大祭司不能离开帐幕去"抬着遗体"，即使那是他自己的父亲也不行。

那么，《利未记》中的命令和耶稣所明确的意思是什么？我们要明白，有两种家庭之系、两种血缘之亲和两种代际之纽。对于归信和未归信者来说，首先是属肉身之家及与其关系。这包括基于血缘和婚姻的关系。但是，对于一个归信者来说，在此之上增添了一个完全不同的联结。这是与天家之间的神圣联结，就是与天上众圣徒的联结。这就是将他们与上帝以及祂所有选民联系起来的活泼纽带。因此，上帝的孩子有两个家：他们在地上的血缘之家，及他们属灵或属天之家。相应地，他们有两种亲属关系：基于肉身的亲属关系和基于属灵重生的亲属关系。其结果就是，他们在生活中有双重联结。他们与地上的亲属之间有一个暂时的联结。但与那些在耶稣国里同享一个生命之人有着长久、永恒的联结。第二种家庭关系、亲属联结和永活联结的重要性远远高于前者。

因为一个人在天国的呼召要崇高得多，他们必须运用意志力，永远不要看重第一个家庭的联系过于第二个。他们绝不能允许前者阻碍或破坏后者。这项要求某种程度上已经加于《利未记》祭司身上。今天这也完全是对上帝众祭司的要求。

你在耶稣的生命中也看到这一点："妇人，我与你有什么相干？我的时候还没有到。难道你不知道我必须以我父的事为念吗？"这些表达都说明了耶稣遵循同样的原则。耶稣更加坚定地说过："看哪，凡遵行我天父旨意的人，就是我的弟兄、姐妹和母亲了。"要记住这一句话："爱父母过于爱我的，不配作我的门徒。"我亲爱的读者们，你们是否已生在那个神圣之家？若然，你的属灵之家和属肉身之家的关系为何？

第19篇
劳苦治服他们的心

> 所以祂用劳苦治服他们的心。《诗篇》一百零七12

让看自己过于所当看的人降卑，并让他们保持低微，是不是过于人性之所及？难道基督徒不总是在他们心中看自己过于所当看的事上挣扎吗？他们知道自己应该谦虚、谦卑、谦逊，因为他们靠恩典而活，恩典只临到那些承认自己低微的人。而且，他们通过经验认识到，当他们骄傲时，容易经历各种坏事。是的，他们已经知道，骄傲会给他们的生活带来属灵上的痛苦，并夺去上帝赐给他们的神圣平安。但现在，那种知识或那种信念，或者那种经验到底有什么用？他们傲慢的心不会顺服他们。无论他们怎样乞求和诱骗它，让它更谦逊起来，它仍然傲慢不羁。他们无法控制己心，却为它所控！

这是一个极其痛苦的现状。因为一颗骄傲的心并不总表现为渴望伟大、名声或世上的荣誉。你要明白这一点！它经常也可以是个不圣洁的愿望，不希望被任何东西所困扰，不为了其他人花费心思，并始终朝着自私的方向走。它最终可以表现为骄傲之首恶，也就是说，让自己的意志违背上帝的旨意！

不要急于说："这根本不适用于我！我从来没有这样的想法！"因为，你若正确看待和衡量这事，每一次违反上帝的诫命，不正是高举我们的心过于永生上帝吗？祂说："事情就是这样。"但我们抗议，回答说："不，这是我们做事的方式！"做出这个决定时，我们将自己的心高举在上帝之上。最终，上帝所命令的，我们却反对。它让我们作为不圣洁的凡人去行祂所禁止的事。

这就是为什么违背上帝的命令总是表现为一颗邪恶的心要高举自己过于上帝。对不敬畏上帝的人以及那些已重生之人都是如此。唯一的区别是，不敬畏上帝的人不假思索就做了，但重生之人内心因而有冲突。

上帝的儿女为此失眠。他们并不能对此坦然。他们既不能、也永远不会对此感到满意。这不是因为他们比不敬畏上帝的人更好。相反，自我掂量，若离了基督，他们就活在不断的死亡中。然而，圣灵在重生的上帝儿女心中作工，新人正在显现。而这个新人"通过基督经历了在上帝里面由衷的喜乐，他们有按照上帝诫命生活的渴望和爱"。所以，当他们觉得自己被罪吸引并陷入罪中时，他们会感觉到一种难以言喻的压迫感。这是由圣灵在他们灵魂隐秘处的工作，它激发他们想要为心受割礼。他们宁愿死，也不愿意以自己骄傲的心让上帝失望或冒犯上帝。他们自己的眼睛看到自己是多么卑劣。

这是上帝的儿女在地上所经历痛苦的一部分。这是他们感觉到最痛苦和折磨人的伤口。然后，他们仔细审查万事、试验万事并评估万事，想要驾驭自己骄傲的心。他们拉回那些缰绳，操纵它们，并坚定地抓住它们，以至于他们认为自己已赢得了战斗，现在可以安睡了。他们认为："现在事情不会失控了！"但可悲的是，所有这些努力只会带来失望。缰绳从他们的手中断开，骄傲的心一旦得到机会，就突然再次膨胀，起来反抗上帝的命令。即使他们知道并感觉到在那一刻，这必是藐视上帝、让中保伤心，并使圣灵忧伤，事情却依然如此。可是，他们永远不能使圣灵苦恼到一定程度，以至于祂不回来，去安慰这些"挣扎的儿女"。他们永远不会让这中保如此伤心，以至于祂停止祈祷他们从迷途中归回。他们永远不会藐视上帝到一个程度，以至于祂不再伸出祂的手帮助他们。祂这样做，就是让他们"劳苦"，因为一颗傲慢的心除非背负重担，否则永远不会谦卑。除非感受到上帝忿怒的重压！然后，它最终会因祂的力量和能力而俯伏谦卑。

起初，上帝的孩子并未意识到这一点。他们的第一本能反应，就是在这些苦难来临时从心里拒绝、否定、并抵抗它们。可是，这只是暂时的反应。因为随后，上帝让这些负担临到，其施恩目的就很清楚。外在来说，这是上帝圣言的工作；内在来说，这是圣灵的工作。上帝的手重重地加在他们身上，这并非要击碎他们，而是要帮助他们不断战胜心中的骄傲。他们意识到激动上帝的不是忿怒，而是怜悯，因为祂认识到他们在使己降卑的可怕斗争中屡屡失败。

正因如此，祂，你们在天上的父，那永远信实者和完全怜悯者，令这些重压临于你心。祂希望骄傲的心俯伏降卑，以致在这谦卑的姿态中，那完全神圣、荣耀、拯救的恩典会出现，并重新流入你的生命。然后，上帝的儿女会欢欣！他们如此行并非因他们意识到上帝不记仇。他们如此行不仅是因他们能说："这对我来说也有拯救的目的！" 他们如此行更是因为他们更深刻且更荣耀地经历了："我骄傲的心已得真正的谦卑。赞美上帝，恩典临到了！"

这时，他们发现自己身处圣灵为他们唱的救赎之歌《诗篇》一百零七篇中。因着不信，他们违背上帝的圣言，藐视至高者的旨意。所以，祂用劳苦治服他们的心，直到他们仆倒，并意识到自己别无帮助。于是，他们在苦难中哀求耶和华，祂救他们脱离恐惧。他从黑暗和死荫里领他们出来，折断他们的捆锁。愿人因耶和华的慈爱和祂向人所行的奇事都称赞祂！

第20篇
敬畏祢本是合宜的!

万国的王啊,谁不敬畏祢?敬畏祢本是合宜的。《耶利米书》十7

人们通常在知识、科学和智慧方面投入大量精力。如果人们平静地生活在自己的社区里,虔诚地遵循自己的良知,并且行事正直,那么他们不会令他人心生敬畏,也不会使他人心生尊重。人们也不会刻意评论这件事。但是,如果有人观察到很多事情,阅读广泛,并且涉猎甚广,这就是另一回事了。如果他们被同辈看作是聪明人,或者如果他们的社区认为他们受过高等教育,那么他们身边的人会心甘情愿地膜拜他们的知识和能力。如果别人认为他们在知识和科学上、审慎的判断力和良好的辨识力上超越他人,别人(甚至)会崇拜他们。

"知识就是力量"是这个世界的金字招牌。在我们的年代,所有努力的目标都是要变得更聪明、获得知识和更具有分辨力。这是我们荷兰花园的知识树上所结出最受赞誉和最受追捧的果实。事实上,人们在专注聪明和获得许多知识和智慧方面,已经走得太远了;甚至绝大多数有"成就"的人,都有意并带着极大的喜悦出卖了他们的救恩、上帝和天堂,以此获得知识和智慧。他们带着骄傲的心,希望能够充分且不受拦阻地探索知识树的全部内容。这就是知识如何强烈地挑战虔诚,科学如何挑战敬畏耶和华,以及一个有能力、聪明且受过高等教育的人如何挑战他的上帝。

在我们这时代,牧师甚至站在我们一个基督教会里,用自己的嘴,提出以下激进、引致偶像崇拜的观点:"从现在起,我们应该强调的是我们的努力,而非信心;应该强调的是我们科学的努力,而非神圣的神学;应该强调的是人类而非上帝!"许多人听到这个说法,都认为这是新道理,可是事实并非如此。这罪其实就如同伊甸园一样古老!

知识一直想反对上帝。在过往历史中,科学已建立起了自己的王国,与上帝的王国分庭抗礼。在每一个民族和每一个世代中,智慧都在城门和街道上,与永生的上帝激烈抗争。如果这智慧真被上帝的特殊恩典所显为圣,那事情就不同了。然而,若不作任何干涉地任由知识独立地繁荣发展,那么知识除了让人类自我高举和崇拜,再无他用。这个道理也同样适用于人类悟性的发展和人类思想的力量。它们一起妄图洞察在总被我们高举的上帝之上的事物,但终归失败。

你应该明白,不仅是受过高等教育的人有此罪责(即过度地追求知识),而且每一颗心都执着于此,甚至是你的心!每当你像个断过奶的孩子,不受耶和华你上帝保护的那一刻,你那微不足道的知识会让你的祷告空虚无用。你以为自己比上帝更了解事情应该怎样发展;其实,只要你有这种想法的时候,你的心灵就已经与祂疏远了。

然而,当你被天上甘露浸润,被圣灵的雨水浸透,渴望被祂的恩膏所膏抹的时候,你所得的回复就是"是的!" 然后,智慧和知识的光就可以满有荣光地照耀。但是,只要一个人不是以受洗、和好、奉献的方式追求智慧和知识时,这人的悟性、思考和运用敏锐判断的能力就会被阻隔。然后,智慧和知识就会让人远离那圣者。接着,人的灵在造物主的威严面前,本应对上帝难以抵挡的大能发出应有的惊叹、尊崇和敬虔的敬畏,但这被阻断并拒绝了。

这正是耶利米那时代已经发生的事情。先知对此做了什么呢?他是如何抗争的?他是否对研究发出警告?是否拒绝知识?他是否贬低科学?不,根本没有!但是,他用放肆之人的话,把这个深入人心、非常响亮的问题抛给了他们:"你真的想要向知识和智慧跪拜,超过其他一切事物吗?那么,与永生上帝相比,你还能向谁更深地臣服，你要在谁面前更好地屈膝呢？"在发出这些劝告的问题之后，他见证那圣者，说："万国的王啊，谁不敬畏祢？敬畏祢本是合宜的；因为在列国的智慧人中，虽有政权的尊荣，也不能比祢。"

这世界一本正经、自诩博学，而耶利米正诉诸与世界手中同样的准绳！他这样做不是为了好胆怯地躲在一个角落里。相反，他这样做是为了数落所有以智慧、知识和洞察而自豪的放肆之徒，如此他们就可以重新思考，他们实际上并非比上帝更聪明。或者，如果他们不能做到这点，他这样做是为了使他们可以单纯地屈膝敬拜那位他们实际上一直反对的上帝。

所以你想尊崇智慧在圣洁之上，你说是吗？那就听着！让我告诉你上帝智慧的事情。当我这样做，如果你真想对自己诚实，那么你就要承认："上帝啊，如果用这个标准来衡量，没有一个人能得到祢的冠冕，敬畏祢本是合宜的，唯独是祢！"

耶和华的仆人今日怎么样呢？那些仍然尊崇祂名的卑微人怎样了？那些没有完全离开祂的良善灵魂呢？他们继续高声反对以知识标准衡量事物。他们想与之保持距离，保护自己的孩子免受它的影响。可以肯定的是，他们宣扬上帝的慈爱，谈论祂的威严，赞美祂的恩典。但是，上帝的智慧呢？这方面又如何呢？

人们仍然能从要理问答中听到关乎上帝智慧的内容，在《比利时信条》中读到这些。他们最能记住的是，新旧约圣经中的上帝圣言经常谈到上帝的智慧。这一切都迫使你不得不承认永生上帝的荣耀属性，即祂是无所不知的。但这个属性的价值，它的能力，以及上帝的这一奇妙特质，已经不在信徒视野之内了。人们不再思想它，也不再赞扬它，甚至不在祈祷室里谈论它。撒但的诡计多么狡猾啊！特别是在这个世纪，就是智慧的吸引力比以往任何时候都更强大、知识引诱灵魂的时代，撒但蒙蔽了基督教会的眼睛。她不再能看到耶和华我们上帝的智慧超越一切且唯一真正值得赞扬。

耶利米在他的时代呼喊："收起地上所有的琐碎杂物，都扔出去。"今天，当我们看到前人不知不觉炫耀为智慧的事物时，我们基督教会不也应该把这些话宣扬出来吗？哦，所有的智慧，特别是你自己的智慧，都会摔落于地。唯有全知者的智慧才能在我们中间矗立，并得到赞扬和尊荣。因为敬畏祂"本是合宜的"！

第21篇
当纪念安息日

> 当纪念安息日，守为圣日。六日要劳碌作你一切的工，但第七日是向耶和华你上帝当守的安息日。这一日，无论何工都不可作。
>
> 《出埃及记》二十8-10

在那些没有任何历史意识的人面前，很久以前古老和陈旧的问题总能以另一种方式再次出现。所以，我们现在所听到的是关于遵守星期六安息日的事情。如果人们不认为圣经经文是产出矿石的金矿，必须先粉碎矿石，然后精炼，反而认为它是一家在玻璃柜下逐一展示已经完全完成且令人惊叹的巧妙产品的珠宝店，那么他们就会提出一个错误的问题。他们会问："你能给我看一下要求我们守周日的某节经文吗？" 当然，提问者非常清楚，这样的经文并不存在，所以他们立即进入显而易见的下一步，宣布结论，说："如果不是这样，那么我们要么回到《出埃及记》二十8明确指出的守星期六，要么我们根本就不必遵守某天作为安息日！" 有些人在提出这种问题时，良知非常敏感。其实有更多良知更加敏感的人，当他们提出此类问题时会心里不快！我们对此需要作简短的回应。

我们需要马上回应道，那些想要将上帝的旨意与日历上的某个日期挂钩的人，永远不可能做成此事。首先，这是因为随着公历的引进，不均衡的天数纯粹被忽略了。第二，因为摩西时代的犹太年日与我们这个时代的年日不同。第三，这也因为在西奈山下确定的一天的开始和结束，与我们现在不同。因此，即便是这等人，他们也只能对一周的最后一天作大概的估计，因为这一天不同于任何给定的时间和地点中的一天和一周。此外，他们需要记住，居住在迦南地以外的人，不能字面上接受十诫所记的律法，因为第五诫所附的应许显然不适用于他们。此外，以色列当时使用的役畜或负重动物只有牛和驴；使用马来负载的我们国家，任何人都不会认为马不应该包含其中。

这就是为什么我们的祖先，一再明确地区分道德律和礼仪或暂时适用的律法。前者具有固定且持久的适用性，而后者的应用可以随着不同时间、地点和情况发生变化。就第四诫而言，它的道德意义就是守七日的一天作为圣日。另外，在旧约时代范围内，第四诫的礼仪性在于，当时的人只能在日常工作中精疲力尽之后才可休息。因此，守星期日或守安息日并非只看哪天方便，也并非说这不再是上帝律法中一个强制性的义务。我们不能随意根据它是否适合我们或我们是否想要，而决定是否每周守一日为圣。

不，如果要遵守安息圣日，那么我们的良知就要非常确定地受上帝旨意的约束。这表明，这种遵守是基于上帝的行动，即创造的行动。因此，整个世界的存在证明它应该如此。在所有非基督教群体中发现的乐园传统（Paradise tradition），证明了这一点。人类体质若无一天的休息，就无法蓬勃发展。这个事实也可以证明这一点。

西奈山发出的第四条诫命能重整以色列，并在以色列身上适用，因此，它已经作为一般律例约束所有生物。这个律例的目的公开地告诉我们，创造并不是一个无休止的过程。这就是生出令人憎恶的泛神论和唯物主义的概念。相反，这个律例认为，创造乃是上帝的工作，有一个开始，有一个特定的持续时间，最后有一个明确的结束。此外，它这种工作标志着每种生物都有限制，并且需要在它力量用尽时再加以恢复。

这项律例是为了尊重所有事物均有限定的真理，即上帝随己意决心从无到有的创造，并且这项工作在特定时间点结束。这已经完成了。其目的不仅是为了口头上遵守这个律例，而是通过我们的行动来遵守。所有人必须在一生中都遵守。实际上，遵守它就是承认，上帝是唯一的永恒者，而我们是有限且脆弱的。

随着时间的推移，这神圣的律例已经被遗忘了。这就是上帝以这个特定的形式，在祂恩典中为自己选民以色列恢复此律例的原因。这是一种适合他们时间和地点的形式。在以色列的处境下，这项规定的是为了让他们在工作劳累后应用它。因此，它的目的是在一周结束时，以蒙福的休息使他们恢复精力。祂从万国呼召并聚集了自己的子民，但为了保证这将成为新约之下祂特别拣选之民的祝福，上帝要以适合他们情况的方式赐予安息的祝福。现在，这也适用于基督出现之后、祂走出死荫之后、祂带来了永恒安息的首次呈现之后。现在，祂子民工作的力量，来自于他们在一周的第一天所庆祝的盼望中的永恒安息。这一变化在耶稣使徒的监督下发生，是他们为教会开创了一个新的时代。

如果在以前的时代，救恩是有关从埃及得拯救，以及有关创造的秩序，那么现在它是有关从罪中拯救，以及有关在基督里的属灵新造。现在，庆祝日的形式反映出这一重大变化。在基督耶稣里庆祝这一天，不仅是关于地上的安息；从现在起，它也关于在选民聚会的生活中更多地高举祂。与此同时，这是为了纪念祂复活的神迹对创造和再造的影响。

圣灵为所有时代的基督教会作印证，并以双重印记为标志。第一印记是在反对改变的情况下保持和平的良知，因为这种反对不能持续下去，且很快就消失了。第二个印记是这种改变所带来的祝福。你要记住我们自己国家近期以及英国和美国的情况。[5] 在承认我们不能忽视从应许到应验之变化的同时，耶稣基督的教会正在顺服圣经的精意。然后，她延续创造和再造的盛宴，享受着历史上通过庆祝安息日所得的安息，但现在这已与耶稣基督从死里复活有关了。

今天，道德层面的安息日律法仍然有效。所以，庆祝这一天也会关系到打断我们俗世的工作。我们这样做不是出于义务或强迫，而是出于对上帝行事方式的尊重。然后，我们打破了日常工作的节奏，悄悄地离开它，专注于自己的内在。

---

[5] 虽然我们不完全清楚凯波尔在此处的想法，但这里所指的可能是这三个国家先前普遍守安息日的情况。

这里的要点不是什么都不做，而是不做会阻碍有条不紊之变化的事情。可是，我们不能就让它这样。仅仅打断我们的日常工作是不够的。从那时起，我们已开始了另一类劳动。我们所说的是上帝国度的工作，只有在普遍安息一天的情况下，我们才可以想象这事。在其他日子，这项工作也与我们日常工作一起持续进行，但我们在那一天更努力地做上帝国度的工作。这里还有更多的意义。我们谈论安息并不意味着我们不再生活了。这不是关于萎缩在懒惰或无所事事里。完全相反，我们必须安息在上帝里面，进入祂的帐幕，遮盖在祂翅膀荫下，高举祂超过任何短暂和辖制人的事物，一如安息在祂君尊的威严中。

　　安息在祂威严里，能使魔鬼无力倒地，因为基督的全能之翼完全遮盖了这人！因此，在最深层意义上说，这是歇了人的邪恶之工，继而去接受此生中已存在的上帝的"永恒安息"。这将是一种天上无与伦比的安息，至少是我们在地上舍己，并强调基督为我们的工作和在我们里面所做之工的时候，我们已经预尝了。

第22篇
保护你的是耶和华

> 保护以色列的，也不打盹也不睡觉。保护你的是耶和华，耶和华在你右边荫庇你。《诗篇》一百二十一4-5

我们一方面说"上帝只赐恩给心里谦卑的人"，而另一方面又说"蒙赐恩典的人知道他们是从世界创立之先就被拣选了"。这难道不矛盾吗？或者被拣选的感觉不会让人自大吗？如果是这样，这不是与谦卑直接相反吗？这不就会使人不适合接受恩典吗？反言之，如果我心活在一种真正谦卑的状态里，难道不会发现自己在肮脏中离上帝如此之远，以至于我不可能相信，自己这样一个悲惨的人能成为上帝的选民之一吗？

以下就是证据！你总是遇见那些无情又骄傲的人没有一丝谦卑，当你想到上帝在你之前拣选他们时，你就会被冒犯，而且让你厌恶。难道不是吗？你也经常遇到真正属灵、心里柔和、散发着圣灵馨香的人；他们自视很低，几乎不敢奢望自己就是蒙拣选之人。难道不是吗？他们不知道，在那嫁接到真葡萄树的活树枝上，是否有一条刻有他们名字的幼枝和嫩芽！

那些说他们蒙拣选的人往往根本不是蒙拣选的，而那些不敢自视的人却真正是蒙拣选的，请告诉我，你是否有这样的印象？你认为自己属于哪种？或说，难道这种矛盾的张力不会深入你的灵魂吗？一方面，你有时会相信你是蒙拣选的，这是真的，但后来你立刻感到被自己的骄傲困住。但另一方面，你随后变得沮丧，以恐惧和颤抖站在上帝面前，以至于你敢于盼望分享上帝儿女的喜乐。难道你没有经历到这种挣扎吗？这正常吗？在骄傲和害怕的两极之间来回反弹是否必须持续到最后？或者按照上帝的圣言来说，圣灵难道不会同时在你身上带来这两种工作的果效吗？难道祂不能让你在上帝面前谦卑的同时，也完全让你确信地因你是祂心爱的孩子之一而喜乐吗？

如果你问哪里可以找到调和这一明显矛盾的关键，请阅读圣灵在《诗篇》一百二十一篇中所说的关于保守你心的内容。我们在那里看到什么？单单这样一句话——"保护你的是耶和华"——就已经绝对如此！但它也说，祂是保护你的，因为祂是"保护以色列、祂教会以及祂儿子身体的那一位"，这是该奥秘的关键。

例如，想一想你无论你走到哪里都随身携带的怀表。它包含不同数量的旋转小轮子和轴、微型螺丝和弹簧、微型螺母和轴杆。你可以尽可能小心地保护包裹在金或银外壳里的整个设备，即使一点灰尘也不让它进入。你保护整个东西，并且保护整体中作为组成部分的每一个细小、微不足道、不重要的柄轴和螺丝。你这样做并非因为那个小钢轴本身很有价值，而是因为它是整体的一部分。这样一根小针如果从手表上拆下来当做钢铁变卖，它都不值一分钱的十分之一。因此，它的经济价值微乎其微，你却把这个无限小的针包裹在银色或金色外壳里，并极其小心地对待它。你这样做不仅仅是为了这个柄轴本身，而是因为构成这个表的整个复杂装置根本就少不了它。就它本身而言，甚至几乎连扔掉都觉得麻烦。但它作为整体的一部分，与旋转的小轮子一样重要。事实上，整个设备极大程度上取决于制造商极其细心甄选的那个小轴。他这样做并不是因为它本身具有的价值；可是，当他选定它并将其插入整个设备中时，他就使它就变得有价值了。

这就是你和以色列上帝之间的关联。请允许我可以采用如下表述，上帝的以色列、基督的教会、圣子的身体，像是个复杂和精心制作的手表。上帝的怜悯是借此手表带节奏的功能运转，和日常滴滴答答的行进而传递。在这个手表中，同样有无数的小零件。我们称他们为信徒。上帝把他们聚集在整个身体里。他们都有自己的位置，就像手表里旋转的小轮子和弹簧、轴和微小的轴杆。

当孤立地在那个被称为上帝教会的奇妙装置中考虑你时，你只是一个完全毫无价值的小轴，也许是最微小和微不足道的一个。因此，你都想不到自己到底有多渺小且微不足道。的确，几乎扔掉都嫌麻烦，就像手表里一个微小的轴或螺丝！但是，当上帝将你嵌入那个装置，当祂在那个手表里为你设置一个地方，让你有了一个目的，那这个画面就完全改变了。

耶和华上帝以无止息的技艺和关怀，已经建立、塑造并拣选了你，为了把你安置在其中的一个地方。祂选择你时可比日内瓦的钟表匠甄选自己的小螺母和轴更有技巧。以色列的圣洁上帝赐予、赋予和分派给你一种你自己的渺小本性所没有的、一刻也不会有的价值！但是，只有当你履行分配给你的任务时，在这个匠心独运的整体中扮演一个轻微的角色时，这种价值才归属你。

于是，上帝保护你，祂这样做并不是因为你是如此微不足道；祂这样做是因为你是整体的一部分，是完整的匠心独运的计时器的一个精细部分。这就是教会，祂渴望以色列成为的样式。现在，祂用银子和金子包围你，保护你免受伤害，甚至会确保没有一点灰尘掉落到你身上。这是耶和华保护你的时刻，只因为祂是保护以色列的那一位。所以，现在请你发自内心地告诉我，是否真的有所谓的"谦卑的心"和"被上帝拣选"之间的矛盾？

第23篇
担代不坚固人的软弱！

我们坚固的人应该担代不坚固人的软弱，不求自己的喜悦。

《罗马书》十五1

在这个问题上，圣灵是否引导所有上帝的儿女同样进深？对此，圣经和我们的经验都迫使我们予以否定的回答。并非只是有一些新生的上帝儿女仍然只能喝奶，一些成熟之人已经可以吃干粮。也非如使徒所论到的一些人："我们中的许多人已经完全，让我们按照这个标准生活吧。" 即使在那些已经完全或已经成熟的人中，恩赐和圣灵的引领也有很大的差异。被呼召之人当中，有些刚强，而另一些则在他们去世之前都很软弱。

说到那些已经完全或成熟之人，圣经并非指他们已经成为完全圣洁的人。而是指我们普通人类语言中"成熟"的意思。对于每个人来说，成熟的意思是一个人已经长到了他全部的身量，在此意义上就不会长更高了。但我们要补充的是，即便这个人现在身体上已经成熟，他们在属灵上却刚刚开始发展或成熟。

同样，耶和华已经为每一位基督徒在属灵上量定了确切的尺寸、高度、腰围，他们都能长成，却永远无法超越。他们就是这样被限制，圣灵最初在他们里面的工作，就是为了让他们属灵的肢体和器官发展到所定的水平。在达到这个水平后，他们就已经达到了属灵上的尺寸、高度或比例。在这个意义上，他们就成熟了，已经完全或长成了。然而，这并非让我们误以为他们已经达到了那样的水平。不是的，它意在表明，圣灵促成这种发展、属灵滋养和培育，以及在基督里成熟的伟大工作才刚刚开始。

我们暂且撇开孩童和青年不谈，我们只考虑那些被看作成年人的基督徒。圣经告诉我们，在他们当中有各种恩赐、优势和能力。没有两个人完全相同。每个人各就其位，各司其职。这对他们每个人来说都不同。因为圣灵按己意分配各人。可能是十他连得，五他连得，三他连得，或者有时只有一他连得！最终结果就是，在任何一个特定的会众中，成年人中刚强者和软弱者之间必须有持续的区分。此外，不能只在未归信者或初信者中寻找软弱的人。他们也可能是那些已经归信很久且已经长成属灵全部身量的人。他们的优点和能力也不平衡，就像我们自己身体的各个部分；小手指并非腰部，肩膀可以承受小腿无法承受的打击。

因着上帝的设计、旨意和决心，会众中会有一些属灵巨人。其他一些人必然会像个矮人。上帝已经赋予了一些人精神、洞察力和信心，让他们足以承受最糟的事情，并接受最大的挑战。其他人则在最糟的处境面前退缩溃败，屈服于一个十倍轻的负担。

这就是事实！你不应无视它。事实上，你不能无视它。但是，你必须问问自己，如果你是更刚强者之一，耶和华要你怎样背负软弱者的软弱。当你这样做时，恐怕你会发现有太多罪违背了上帝的神圣命令。上帝的命令就是刚强者要承担软弱者的软弱，而且他们这样做不是为了取悦自己。但在实际生活中，我们发现恰恰相反。我们看到，那些更刚强之人表明他们对自己比软弱者强大而感到心满意足。他们压制软弱者和绝大多数人，而非支持和高举他们。他们常常傲慢地责备那些较软弱的人，因为他们不如自己刚强。当然，这并非耶和华所要！这并非祂给你更多祝福的初衷。这种态度让祂感到忿怒。在邪恶的道路上，你以此态度荒废了祂所赐给你的神圣力量。更糟糕的是，这让软弱者在他们的软弱中消亡。

举一个刚强的丈夫和软弱的妻子一起生活的例子。软弱的妻子促使丈夫更温柔，刚强的丈夫坚固他的妻子。这就是基督教会应有的样子。凡更深地活在这个现实中的人，都能更充分地体验到它，并从中得到更多。他们需要在这里找到他们的渴望和爱心，去谦卑服侍不太蒙福之人。同样，在属灵上缺乏经验和成熟之人，需要打开自己的心和情感来汲取他人的丰富。

但人们并不这么做。他们所做的完全不同。即使通过上帝的特别怜悯，有人可能会有基于上帝永恒谕旨的深刻而坚定的信心，以及表现出改革宗崇高理想的生活，但相异的做法并不罕见。我们可以看到人们如何自负，并认为自己比那些不及他们水平且不解其意的人高一等。然后，他们常常热衷于将他人淹没在他们永远无法企及的难解话语的高度中。他们乐于看到他人空手而归，因为我们留给他们这样一种印象：我们远高于他们。

弟兄姊妹们，这绝不能成为我们的行事方式！那些如此行事之人并非在建立改革宗教会。他们正在摧毁它。因为当上帝告诉他们行事不要为了"讨自己的喜悦"时，这些人无疑在行祂强烈弃绝之事。他们没有表现出维护他们弟兄姊妹的爱。这些人疏远他们的弟兄姊妹，而不是吸引他们。这扭曲了上帝为祂教会所定下的属灵平衡。

这并非基督和祂十字架的标准，而是邪恶世界用在神圣产业上的邪恶行径。如果我们能摆脱这一点，教会将会何等兴旺、真理会何等得胜啊！但愿人们乐意彼此高举、支持和引导，而非彼此鄙视、谴责和践踏。如此行根本不是软弱者的表现，也丝毫不是放弃上帝的真理。耶和华为此会保守我们！得到了更大光明的人，怎么能把它藏在斗底下呢？上帝对我们的要求乃是：让那更大的光照亮那些在黑暗中行走之人的路，而你总要考虑他们软弱的视力。

第24篇
金子也是我的！

万军之耶和华说：银子是我的，金子也是我的。《哈该书》二8[6]

只有上帝才能创造金子。人类所能做的只是烧砖而已！不是金子，也不是银子，甚至不是铜或铁或一块木头。人不能把它们中任何一个变出来。他们所能做的就是用黏土制成砖块，然后只能用上帝先创造的黏土，并运用上帝所造出的热量来烧制砖块。

世界上有许多原始、粗糙、毫无价值之物。世界上也有精致、高贵又极具价值之物。黄金这种贵金属就是圣经常常赞美的典型高贵之物。圣经时常提醒我们，这精炼的纯金是上帝创造之物中一个美丽的典型。祂很高兴地让它具有一些优秀特质。人们辛劳如奴地去淘黄金，肯定不只是因为它如此稀缺、苦苦难寻且不同寻常。这也是因为黄金本身带着如此辉煌的美丽和精致。

关于金子，主耶和华在此说："这是我的。我所造的。你们人类啊，绝不可能造出类似的东西。我所允许你做的就是加工我给你的金子。你可以给它一些艺术表现，或者巧妙地提炼它，使它的美丽更加绽放。你可以把它放在我殿

---

[6] 凯波尔所写的经文出处和荷文圣经都是《哈该书》二9。

里的宝藏中,可以用它实现更高目的,用艺术手法表达爱,创造柔软人心的奇迹。"

上帝所创造的生物真的甘愿如此吗?去问中世纪吧!那时,最聪明的人才都把自己的精力投入炼金术以及人工炼制金子的工艺中。他们努力让人去做唯独上帝祂自己才能做的事。当时基督教会所有谈资都围绕如何努力复制祂赎罪的黄金,这也是对基督公教中世纪时期的贴切写照。

这就是为什么上帝要让所有以炼金术手段制造黄金的企图蒙羞。他们不能成功,是因为《哈该书》二8所记:"万军之耶和华说:'银是我的,金子也是我的'。"只要这小小的被造物再次想要试试自己能做点什么,上帝就提醒他们回到祂圣言中巴别塔的故事。那时,人们用粘土烧成砖,用砖作石块来建一座通天的塔;然而,上帝一下子就推倒并摧毁了这塔。或者,你能想起关于埃及砖窑的故事,在那里,上帝的子民必须竭尽全力用粘土烧制砖块。

如果你想强烈且从根本上想要感受一下人烧砖过程何等徒劳,只要想一想:它们很快就会变成瓦砾堆。现在把它与上帝所造年代久远的石头山脉中的花岗岩比一比吧!上帝呼喊:"人们哪,这都是我的石头。"祂撒出祂的绿宝石、蓝宝石、红宝石和钻石,它们在你眼前闪闪发光。你问一问你自己,这些石头所承载的是什么。

难道这一切都没有什么可学的功课吗?难道这功课不适用于生活的每一个方面吗?在人的才艺、创造力、思维过程、意志力、品格以及追求美德和敬虔的过程中,难道不像炼金匠的坩埚中一样同时存在金子和渣滓吗?难道上帝不是一次又一次地教导你们,在所有这些事情上,万军之耶和华把制造金子的事情唯独归给自己吗?最好的军事组织是否曾在某位将军身上创造一丁点才能?最精湛的法律体系是否让某个国家诞生一位贤明之君?一个社会本身能创造出一位天才诗人吗?你能给你孩子一副好的头脑吗?如果不是与生俱来的,你能让他们成为天才吗?

哦,塑造某些东西,推动某些过程,这样或那样修改某些东西,这一切你都可以做到。因为你很聪明,已学会了关于它的内容;或者因为你经历过,所以可以修改东西的外观。但是你能改变它的特性吗?最重要的是,在别人心中创造与上帝同住的金子(the gold of living with God),这是你能力之所及吗?

或者，关于人的才能、美德或属灵生活的金子，难道你不应单单安静谦卑地承认，"祢，大能的造物主啊，唯独祢能创造出这些！这金子是祢的，并且唯独是祢的！"？

如果你心里说"阿们"，我们时代的罪、假教师的罪以及我们成长环境的所有罪，难道不都等同于属灵的炼金术吗？我们想独自打造自己品格黄金的所有尝试，难道不就等同于此吗？我们打造自己天才的金子，自己心中的金子，甚至是自己称义和成圣的金子，难道不等同于此吗？它们都是荒谬和毫无意义的徒劳之工！相反，我们应该向上帝祷告，求祂赐给我们！

这种愚蠢的精神是如何渗透到我们这一代的呢？当然不仅仅是自行而来！难道不是从所有金子的所有者而来，为要审判我们的罪吗？难道不是因为人肆意地用上帝的金子，来反对祂而非荣耀祂，上帝才用此来审判我们吗？耶和华说："银子是我的，金子也是我的。"此时，祂首先说的是："我是唯一能创造它的人！"与此同时，随之而来直接且合适的结论是："因此，它必须要被用来荣耀我。"

但你先想想一下，人们用从上帝那里得到的金子都做了些什么。首先，你想一想他们用金矿厂所采集到金矿石做了什么。它本应用来怜悯人，但它被滥用在奢侈品上。如果没有用在实际的罪恶中，它就会留在守财奴的宝库里生锈；当然，如果它真会生锈的话。然后你再问问自己，人们用上帝以恩典赐予他们的一切天赋、才干和知识等形式的金子都做了什么。你想一想，这些人非但没有在服侍上帝中被圣化，反而这些金子成了他们骄傲的源头。他们首先轻蔑，然后嘲笑，最后完全否认上帝。或者你想一想上帝赐予我们自己国家谦卑之人的意志、良知、品格、本性和性情的金子。最重要的是，问询一下属灵重生之金！哦，你们这全能者的众儿女啊，对这些最宝贵的黄金，如果我们只是藏着不用这些金矿石，或者更糟的情况，如果我们自私地用它来抢夺上帝的尊荣，难道我们不会被审判吗？

第25篇
祢医治的旨意要速速发生

这样，祢的光就必发现如早晨的光，祢医治的旨意要速速发生。

《以赛亚书》五十八8

现在，整个会众都知道自己生病了。所有人都在他们的内室悲叹，在聚会和祈祷室中哀怨。上帝的真儿女无论如何都不再考虑治愈这破口了。这就是为什么天国的儿女把所有的注意力都集中在未来。他们想逃离现在，经历更好的境况。如果更深刻地来看，其实他们渴望主再来时的永恒状态。因为凡是有病之人，都希望得以恢复。他们试图治愈自己的伤口，日夜寻找治愈之方，并且治愈之日定会来临。最终改观的迹象虽看得见，可是我们灵里的治愈和上帝子民的医治来得如此缓慢。

我们试了各种疗法。首先从东方寻找，然后认为它们在西方。一个又一个的英雄出现，他们用石头正中歌利亚的额头。但是，似乎无能、徒劳和不足的洪流在暂时被遏制之后，又恢复原状。人们无疑知道他们必要走的路。上帝的圣言清楚而明确。人们真心想走在唯一正确的道路上。他们的生命见证他们"天天寻求我，乐意明白我的道，好像行义的国民"。但是，说了所有话，做了所有的事，却没有任何进展。他们聚集石头，墙却没有建成。

然而，事情并不一定总要这样。更好言之，不能让这种情况继续下去了！就上帝而言，我们的疾病总会羞辱祂的名。我们的失败是圣灵悲伤的来源。我们的软弱令拥有一切能力的圣子极度失望。最重要的是，耶和华的应许显然证明，说："祢医治的旨意要速速发生。" 信实的至仁至慈者说："你的光就必发现如早晨的光！"

所以如果事情不速速发生，这显然证明，虽然我们可能走在正确的道路上，但我们并未按它的要求而行。我们比我们想象的更败坏、更糟糕。如果你真想按本份而行，如果你全心地呼喊，"上帝啊，让祢的圣言指示我更好的道路，并坚定地引导我"，那么你就会有力地如此行。但是，你必须以谦卑、灵里卑微、真正的悲伤之情向上帝呼吁。

当耶和华借以赛亚说，你所得的医治要速速发生时，祂要表达的是什么呢？是在你每天寻求祂的时刻吗？不，让我来告诉你吧。因为耶和华自己向以色列作见证说，祂的殿里每天都人满为患！是在你更严肃且顺服生活的时刻？更非如此，因为以色列让自己心里受苦，日复一日地禁食。是在你寻求对耶和华更深入认识的时候吗？即使这样也不能决定最后的结果，因为耶和华告诉以色列："你确实渴望认识耶和华！" 不，这句话所劝告内容的基本思想是：你必须让自己全人沉浸在虔诚中，就像衣服浸泡在油中。

上帝看见祂的儿女充满了谎言。他们像流动的溪水那样跑到祂那里，自认为很严肃，却非此意。他们装装样子，说他们应该如何。然而，他们的话并非源自他们生命深处，不像亚伦的油流在他的衣襟。他们的宣告、祷告和赞美诗歌与他们相去甚远。他们并非真正向往那样，而是言不由衷。其结果就是，他们实际上过着两面生活。这面非常虔诚、有激情、充满了神圣的火热，但在底下和背面是另一面。它可怜、软弱无力又卑鄙。可是，耶和华我们的上帝不能、也不会容忍这种两面人的思维模式。祂想要我们像钻石那样，唯独像钻石一样，从心到至深之处都闪耀发光！

然而，现实是这样的。我们的心，那深深败坏又悲惨的心，或者能与最黑的煤炭相比，亦或像是最耀眼的钻石。但是，正如煤炭和钻石在自然秩序中，按着形成它们热量程度而有所不同，在基督的国度里，祂也有能力将煤黑般的心转化为上帝雕琢的宝石。每当圣灵在我们心里闪耀，当我们的心与基督合一时，就会如此。

为了拯救你脱离这种羞辱和身患顽疾的状态，圣灵借先知以赛亚向你们展示了一个更卓越的道路。这条道路就是："你要松开不义之结，放弃奴役的枷锁，释放被压迫之人，打碎他们一切的轭；与饥饿的人同分你的食物，欢迎无依无靠的进入我们的家；给所遇到赤身露体的衣服穿，不要拒绝自己骨肉之亲的请求。"这是否表明了一种现实的生活方式呢？

我的弟兄啊，认真看待你的问题！摆在你面前的，都是耶和华上帝自己的话！你在《以赛亚书》五十八章中就可以读到。是的，上帝肯定会激动你，毫不拖延地完成一项伟大的壮举。它可能是其中最困难的一个，那就是你要敢于放弃你的财富！贪财是万恶之根，这就是为什么养育你灵魂的那一位，一开始就用斧头砍向那个根。同情、共鸣、怜悯和仁慈需要在你心中培养，并在你儿女心中滋长。这必要在耶和华面前发生。这就是你所当行，并教导那些所托付你的要如此行。若非如此，你就没有平安。因为那样你就只是个守财奴；你永远都会是，永远都不会承受天国。但是，一旦你超越了这一点，就会直面你心中名为"群"的一切魔鬼。我们知道它们会不断攻击，直到我们死的那日。不公正之结，枷锁的束缚啊！你千万次想打破它们，但它们继续捆绑着你。现在你单单活在平安之中吗？

我指着耶和华主的名说，你有多想在嘴唇上、心里和生活中被真实归正却无平安，那打破一切捆绑者就会在多大程度上回应你。祂听到了你灵魂痛苦的呼声，要打破你的捆锁。

> 为了回应他们的一切祷告，
> 从他们一切可怕的网罗中，
> 祂释放了祂的以色列得自由，
> 祂也会如此待我！ [7]

---

[7] 这节诗歌有韵律的荷文诗如下：
Hij maakt op hun gebeden Gansch Israël vrij
Van ongerechtigheden, Zoo doe Hij ook aan mij!

第26篇
不要为这百姓祈求好处！

> 耶和华又对我说："不要为这百姓祈祷求好处。"……
> 所以，我们仍要等候祢。
>
> 《耶利米书》十四11、22

当上帝的儿女落在属灵挣扎中时，他们多么焦虑啊！因为他们觉得不仅被主击垮，而且祂一直压制他们。我们以委身的耶利米为例，他是属上帝的英雄之一。耶路撒冷人在街上嘲弄他，孩子们给他喝倒彩，社会的上流人笑他"愚蠢地胡扯"，不敬虔之人对这位传末日之道却无人尊敬的布道者咬牙切齿。而且，耶利米什么都做不了，只有默默忍受。

然而，艰难时刻临到了莽撞的耶路撒冷。一场可怕的瘟疫开始折磨人们。水井干涸了，储水池空了，没有水了。人们口渴难耐。耶利米现在要说什么呢？难道要说"主啊，我感谢祢，因祢已经为我伸冤了"吗？完全不是！那个坚定、怜悯心肠的人跪下，开始为耶路撒冷祷告，恳求上帝怜悯那座一直嘲笑他的城市。

你可能会说，这要求对任何人来说都太过分了！但这种恳求和乞求并不是从他自己心中生发，乃是由在他灵魂中作工的圣灵生发。你可能会想他的祷告会蒙垂听，天会打开，雨会再次降下来，但事实并非如此。这不是上帝的计划。

相反，上帝被侮辱的爱和被冒犯的圣洁，愈发严重地反对这罪恶的城市。耶利米从上帝得到的这个回应，几乎令人难以忍受："不要为这百姓祷告求好处，把他们从我面前赶逐出去！"

难道耶利米的祷告太放肆了吗？我们是否有时忽视了在我们祷告之前，我们需要承认自己的罪，并在众人面前撕裂心肠？并非如此，你听！这是他惯有的祷告方式："主啊，虽然我们的罪孽指责我们，求祢为自己名的缘故回应我们。我们经常偏离祢的道路。我们犯罪得罪了祢！"

这样心地柔和，真是难以想象！他没有祷告说"那些耶路撒冷人"犯了罪，而是说"我们"犯了罪。他把自己视为罪恶之城的一部分，看自己与罪人同等。然后，他仍被拒绝了，祷告仍不被接受，几乎好像他因如此祷告而受到了惩罚。我的好读者们，如果耶利米在得到上帝那样的答复之后祷告说，"那就让耶路撒冷灭亡吧！主已经为我伸冤"，那么你也会理解的。难道不是吗？这就像他终于恢复了精神，可以再次呼吸。如果耶利米做自己话语的主人，他就会这样祷告！但现在你能明白为什么我们宣信三一上帝。不只是圣父和圣子，还有圣灵！哦，我知道教外人士会称这是徒劳的教理！可是，我的主啊，这一直都是关于祢自己最蒙福的真理、一个完全美妙的启示，也是我灵魂安慰的源泉。

我们在此再次看到，以色列违背了与她立约的上帝。上帝对此唯一的回应就是彰显祂的忿怒。但在耶和华的怒气中，圣灵进入耶利米的心。祂激起了一个耶利米永远不会自发产生的祷告。这个祷告唯一的来源只能是那位圣灵，祂就是上帝自己。他在信心中挣扎，但圣灵释放了他，得以抵制不想祷告的冲动。祂感动了耶利米，要继续祷告，说："耶和华啊，我们仍要等候祢，因为这一切都是祢所造的。"所以，你知道何为宣信圣灵也是上帝，是上帝所差遣的吗？耶和华亲口说："这样，你们所剩下的人却不会得顺利。"难道这结论不是显出荣耀吗？

上帝不单这样对待耶利米，也经常这样对待祂其他的儿女。他们相信祂，甚至有充足的信心。在这样的丰富中，他们以溢美之词呼求上帝，或者看起来如此。然而，他们实际上是得罪了主。于是，就像人在游泳池里教初学者一样，主也会如此待他们。祂把他们的头按到水下，让他们不能呼吸。他们所能想到的只是自己要窒息死亡了。这样一直持续，直到与初学者在一起的那一位终于抓住他们的头发，把头拉出水面。然后，他们的肺部像要爆裂一样，终于可以再次奇妙又自由地呼吸了！

信心是灵魂的呼吸。主将祂过于自信的儿女按在水下，使全能者的一切大小波浪淹没他们。这时，祂那被淹没的儿女就疯狂地向祂呼求，但无济于事。上帝看起来很残忍，祂没有回应，而是把祂的儿女推到更深之处。真是残酷！上帝多么可怕！在死亡的惊骇中，信心认为自己要窒息了。但是，当他们在水下时间已经够长，主用祂另一只手将祂的儿女举起来。在水面上，他们的灵魂感到可以再次呼吸了。他们再次看到他们的上帝令人安慰的面容。然后，他们会自己低声自语："我真是完全误解我所爱的上帝和圣父！"

第27篇
灵往哪里去，活物就往那里去

灵往哪里去，活物就往那里去。《以西结书》一20

以色列先知所享有的优待非同寻常。他们要为耶和华的名百般忍耐，但也尽情饮于上帝之名的美味佳肴，而我们无此口福。例如，你想想以西结所看到上帝基路伯那令人陶醉的异象。我们从这些先知的预言中知道，这些天使的奇妙景象总是与他同在。这经常会恢复他的精神，有关这方面的回忆会使他充满活力。

天使的世界让我们心驰神往！这是圣洁而蒙福之灵的云集，一群独特又火热的生命，围绕着无与伦比的荣耀宝座。上帝的圣言对这方面的一切描述都很壮观。这是一个光辉、荣耀的闪亮景象，值得我们注目观看！天使在永生上帝面前不断庆祝、欢呼和赞美。在他们的脸上，我们看到温柔、可爱和荣美。在上帝面前，他们用翅膀遮住自己的脸，显出深深的崇敬之情。

如果我们更留心这一神圣的真理，即这些友好的生命时刻围绕着上帝的儿女，那么我们岂不会有更热切的属灵生活吗！如果我们总能意识到这些服侍、庆贺的天使，以及当他们擦亮我们沮丧、未润饰之心时，耶和华上帝透过他们所要成就的事，那么这该多好啊！关注这些天使和他们的工作根本不是异端思想！错谬的基督公教滥用了天使的侍奉，但这并不代表我们应该忽视天使的生命。上帝在祂的圣言中告诉我们，祂把天使作为赐给我们的属灵宝藏和丰富资源。

难道我们的救主自己在沙漠里不也接受天使的服侍吗？他们不是在客西马尼园里加祂力量吗？此外，当天上万军之主教导我们祷告时，难道不是让我们祈求"愿祢的旨意行在地上，如同行在天上"吗？难道这不是非常有针对性地指天使为服侍主而奉献自己吗？那么，作为天国的孩子，除非你承认天使有生命，否则你怎么能祷告，"愿我可以像祢的天使们一样服侍祢"呢？如果你认为他们并不存在，那么这些话就永远不会从你嘴中自然流出。除非你渴望知道他们是如何日夜照顾你的个人需要，他们是如何围绕上帝，他们如何永远在上帝面前圣洁灿烂，否则你做不出这样的祷告。当以西结如此贴切地说"灵往哪里去，活物就往那里去"时，后半部分内容最让以西结对那些蒙福的基路伯感到激动万分。这就是我所说的真正跟随！

当你真正跟随某个人，你会一味地跟着他。当他们转身的时候，你也转身。当他调头时，你也调头。当他呆呆地站立时，你也呆呆地站着。他的步伐加快，你也步伐加快。可以肯定，当以西结说"灵往哪里去，活物就往那里去！"时，这正是他所指上帝天使的情形。在跟随基督上，他们比我们理解得更好、更深入。比起总是催促我们"效法耶稣"和"行耶稣之所行"的督工，他们在效法基督和行耶稣之所行方面更为敏锐！我们的灵魂却不断回答："但是，谁能胜任此事呢？"如果不能，那么我们真应该遵守这赐予基路伯的法令和赐给天上万军的命令："灵去哪里，我们就要去哪里！"

荣耀的生活首先正是如此：就是你永远不要犹豫，永远不要动摇，总要知道你所做的是好的，务必注目在圣灵身上！是的，蒙福的生活就是绝不在灵里抵挡圣灵的气息，乃是圣灵总是在我们面前显明，我们总是被祂引领，不管是狂风还是巨浪。当我们永远不需要摇橹甚苦，艰难前行时；当我们永远不用把蒸汽机的压力置于己身时；当我们总是被圣灵牵引，"灵去哪里，我们就去哪里"时。这真是个君尊的祝福！

有何关于生活的属灵法则能解释这一点呢？当你犹豫不决地问："我应该这样做，还是算了？我应该走那个方向，还是干脆随大流？我应该按兵不动，还是奋勇前行？"在这种情况下，你作出决定时，必须从心里确认这条道路是否有来自圣灵的新鲜气息，或者圣灵根本没有启示任何方向。这无疑是上帝儿女的特征。属灵的人能参透万事，这个世界却不能。因为这个世界既不能看到祂，也不认识祂。但是那些由父所生的人肯定可以，因为"你们认识祂，并且祂要在你们里面"。

你要知道，如果你让自己做主，那么你有时就会犹豫。有时，当圣灵绝对临在时，你却仍不敢有一个明确立场。那么，你要单单有耐心，等待时机，坚持住。可是，一个人绝不可能在说了"看！这就是圣灵引导我们的去向"，在接受了神圣清晰的指引后，依然走上一条罪恶的道路。在你的想象中，你看到上帝的灵就像一名旗手，平静缓慢地前行，一长列上帝的儿女跟随在后。这是一个荣耀且振奋人心的想法。是的，有的人跟随在后，但有一些人短暂逗留，因为他们认为自己比圣灵懂得更多；然而，他们很快也会顺步其后。你也会看见那些跑到前面的人，退了回来，一直等到圣灵再次走到他们前面。见证这个行进的队伍靠近永恒，最终所有被羔羊之血所赎之人都发现自己在这神圣的军旅中，各得其位，这是多么荣耀啊！

我的弟兄姊妹，你也跟在队伍中吗？你看见圣灵在引领你吗？若然，那就用你的全人来赞美你永远圣洁的上帝！若不然，你要撕裂心肠，顺着圣灵的步调，赶快在上帝的力量中行走！

第28篇
何以轻看你的弟兄

我愿意众人像我一样。

只是各人领受上帝的恩赐，一个是这样，一个是那样。

《哥林多前书》七7

轻看弟兄，尤其在我们这个时代，是一种频发和全面的恶！当圣灵通过使徒保罗呼吁罗马人时，祂强烈警告他们不要如此行："为什么论断弟兄呢？又为什么轻看弟兄呢？因我们都要站在上帝的台前。"（罗十四10）这骇人的邪恶却无视这一警告，继续一点点向四周蔓延。可悲的是，对弟兄的轻看普遍存在，尤其是蔑视那些比较普通、不太杰出、恩赐较少之人。这种情况非但未有改善，反而越来越糟。

凡学识渊博并拥有敏锐判断力的人，通常都会傲慢俯视那些知识有限而又常常犯错之人。那些在教会或社会中取得尊贵地位的人，习惯于以居高临下的态度对待那些不那么敏锐的人。灵活、聪明之人有时会以丑陋的方式对待他人的缓慢、迟钝。我们自己也经常遇到卓有成就之人，他们从上帝那里领受了对神圣之事的极大洞察力，却贬低那些属灵上迟钝和头脑简单的人。与这些简单之人的对谈根本缺少任何有意义的内容，他们永远算不上什么人物，最多只是上帝国中最小的那些人。

这种罪会造成很大的伤害。这是一把同时切入两个灵魂的刀。一刀下去，两颗心都受伤。它总是会伤害那个傲慢又过度自信发起攻击的人，也会让被攻击之人气馁，受贬。人们在与这罪斗争的过程中，只需要面对上帝圣言的真理，正如那曾照在我们属灵前辈的心中，让他们有力遏制这罪的纯粹真理。

如果伯拉纠主义者、阿米念主义者和那些主张自由意志之人真是正确的，那么轻看你的弟兄当然完全情有可原。因为你看，是你的非凡卓越让你获此高位。相比之下，其他人的迟钝和惨败让他们不及你的水平，他们如此不起眼，几乎无关紧要。如果伯拉纠主义者说得对，那么你就必须把一个聪明的孩子夸到天上去。因为他们那么优秀，你也必须强烈责备行为愚蠢的人，甚至应该轻看他们！在这种情况下，当极有天赋之人认为，"你看我比那个人优越多了，他们多么微不足道，无足轻重"，这也无可反对。这种态度认为，此等人只需要表现出一些野心和自信就好。否则，对他们唯一能做的，就是把他们推到角落里。人们认为，那些殷殷屯屯之人是自食其力，而那些捉襟见肘之人却是咎由自取。甚至在我们这时代，整个基督公教教会、几乎所有现代主义者和大部分新颖形式正统主义（newer orthodoxy）的拥护者，都或公开或暗暗地支持自由意志，难怪轻看弟兄之事正在增多！我们本性都倾向于此。当我们宣扬人的能力而非如何约束这罪恶的时候，也不难理解"轻看弟兄"会像雨后的杂草一样疯长起来！但是，如果我们将之与简单、清晰、明确无误的神圣洁真理对比，那么我们就会发现圣经教导众人："你所拥有的，没有一样不是领受的！"这个真理会完全改变你看待自己和你弟兄的方式。

想象一下，你自己是一个非常有恩赐，也深度属灵的人。你已经一次次领受了许多恩赐，而且你在许多方面都超越了你的弟兄姊妹们。如果是这样，请记住，你只不过是一个空的玻璃杯而已，你主人倒了一杯精致、芬芳的葡萄酒进来，供他稍后饮用。或者请记住，你自己不过是一个空的瓷器柜，你主人花了一小笔钱买了瓷器摆设其中，他如此行是为使看到的人会羡慕、赞美它们的所有者，而非赞美所展示的柜子。再或者，请记住，你只是一艘空船，你主人在船上装载了一件价值连城的货物，打算在某个港口卸货。

在这些例子中，没有任何一个是你赚得的。这一切都只是委托给了你，给你增添了沉重的义务。它使你面临巨大的危险，也要求你比你的弟兄更委身服侍。你被指定为不幸之军队的旗手。你必须明白，这意味着人们会特别瞄准你，会以最猛烈的方式攻击你。如果队列中其他人被指派搬桌子或椅子，你却被指派运送钱袋子，那这就意味着任何强盗都会首先对你下手。你会觉得心里的试探是最大的压力。这对你的力量有更高的要求。你需要在你生活中更严于律己。主垂青你，让你有尊荣为主承受和忍受一些事，没有比这个更大、更纯粹的喜乐了。

这正是白白恩典的教义如何遏制自夸、傲慢、自我为中心和骄傲。雅各布·卡特（Jacob Cats）[8] 用"瓷器"来形容你，你的唯一用途就是承受火窑的炙烤，并盛上精美的餐点。与此同时，这教义的必然结果，就是你会拒饮轻看弟兄之鸩。因为，实际上你就没有什么可轻看的！难道上帝不能随己意，创造六十或一百个实属普通之人，三十个高一等之人，仅十个以祂特殊方式着以华彩之人吗？当那个不太有成就且无多大恩赐的人只得到了一他连得，这一他连得不也是上帝所赐予的吗？那贬低和嫌弃一他连得之人不就是真正得罪上帝吗？

请告诉我，你对属灵上迟钝和头脑简单之人要说什么！使徒如此说："每个人都从上帝领受恩赐。"一个体重 170 磅的人看不起一个体重只有 150 磅的人是非常愚蠢的，正如轻视一个人拄拐杖，自己却是瘸腿之人。轻看属灵上简单又普通、灵里没有完全发展、上帝没有给予其充分把握事物的能力并且无法跟上你快节奏的人，是毫无道理、愚蠢至极、大错特错！这样，人们才会意识到，如果我们要摆脱自己这方面的罪，我们需要将上帝当得的尊荣归给祂。

承认吧！认罪吧！为此要敬拜主耶和华！唯独祂完全随己意将智力、体力和属灵恩赐分给我们。因为它们唯独从祂而出，你要完全彻底地抛弃一切骄傲和自我中心。同样，要深深厌恶轻看你弟兄的行为。相反，当你觉察到他里面最小的恩赐时，要珍惜他。同时，这种尊敬的态度也会让那少有恩赐的弟兄不再羡慕别人，他也不会抱怨所给他的远少于你所得的。

总之，接下来，因着人们对上帝的敬畏，他们彼此之间也会相互尊敬。剩

---

[8] 卡特是 17 世纪荷兰"黄金时代"的一位诗人。

下唯一要抵挡的罪，就是那有三他连得之人，所思所行好像有五他连得！同样要抵挡的罪是上帝只给了他一他连得，但他所思所行就像一无所有的人，并且心怀不满！这两种罪总要抵制。因为两者都是谎言，都是歪曲了上帝所行之事的谎言。

第29篇
我也作事

我父作事直到如今，我也作事。《约翰福音》五17

按照我们通常的思维方式和语言来说，劳力和工作是等同的。两者都表示"汗流满面"、"卖力苦干"或"拼命干活"等意思。当我们使用"劳力"一词时，会自然想到用自己的手和肌肉进行体力劳动。如果有人很忙碌，但从来不需要使用双手，许多人会说这个人没有尽力。

虽然这种误解看似无恶意，但事实并非如此。实际上，它是对我们属灵生活带来极大损害的根源。你只要想想！如果我们错误地以为所有工作都必须是可见的、外显的，并且体力消耗就会让事物增加吸引力，那么地上的安息日、上面永恒的安息、甚至永生上帝自己的安息，就显然都在向我们传达完全错误的观念！安息日的安息就等于什么都不做！天堂中呈现的景象则是，一个又一个世纪，我们坐在一起，歌颂赞美上帝。我们所创造的有关主耶和华的概念，实则完全是一个睡着了的上帝，一个几乎死了的上帝。人们想到我们的中保时，就想到坐在天父右边、无所事事、侧身躺着、稍有祷告的那一位，祂只是等着踏云彩降临的那一天。

这一切都无异于抨击和谴责主那令人着迷的感叹："我父作事直到如今，我也作事。"这句话也清楚表明，只有当我们意识到并理解这一圣安息，实则就是如何将更高形式的工作加给我们人类时，才能明白上帝的圣安息，进而理解蒙救赎者的安息和安息日的安息。它描绘了上帝因着我们神圣的起源和真实的本性，呼召按上帝形像被造的我们所做的真正之工。有效把握这一奇妙确信，就完全颠覆了我们的惯常理解！或者说，难道人们不是已经从我们的属地生活中把握了这一点吗？难道他们不是已经明白，一个人的位置越高，他们就要付出越艰苦的努力吗？难道他们不知道，一个人的外在努力虽然可能较小，其原因是他们工作更具综合性、更艰辛吗？

　　请想想在一个大型工厂所发生的事。人们正在完成各种通过电报传来的订单。你看看，有多少人汗流浃背、埋头苦干、劳碌奔波，去完成那个坐在行政办公室的人发出的命令。他不停下令，让他的助手分配任务。或试想一个将军驻足山顶，远离战场的动荡和喧嚣。他通过他的副官们，冷静地发出指令。或请留意一个船长悠闲地在舰桥上来回踱步，而下面发动机房里发出嘶嘶声和哐啷声，人们正在使劲拽着甲板上的渔网。现在，如果你问谁工作更努力，是工厂经理还是他的工人们，是将军还是他的士兵们，是船长还是他的船员们，那么每个人都立刻认为是前三者。即使他们只是坐着、站着或随意踱步，他们也正在努力工作。或有人说，他们做的只是观察所发生之事，说几句话而已。但我告诉你们，这三者才是真正的工人，是他们精神饱满的工作推动了其他所有人，并且其他人的工作都直接来自于他们。尽管工人、士兵或水手也都忙得不可开交，但那三者是更高形式的工作。所以，当工厂生产出一件美丽的工艺品，当军队赢得了一场战争，或者船安全返航了，没有人会说："这是工人、士兵、船员所成就的！"人人都会证实："这是经理的功劳"、"将军赢得了这场战斗"、"那位工程师创造出了如此精美的产品"！

　　因此，人们在地上都已经可以非常安静地坐下，不必抬起四肢，完全放松，就能尽心竭力，不可置否地投入工作中。哲学家、思想家、诗人、政治家，以及其他从事更精细、更高贵的生命表现活动之人，都可以在身体几乎纹丝不动的情况下工作。他们只是动动嘴唇，用几个手指运运笔，或者有时只是翻一页书，这就是正在工作了。试想，把同样的解释做进一步运用。假设嘴唇、手指和感官没有任何外部消耗，并保持完全静止状态，让里面的灵工作。那么，请你告诉我，你难道没有捕捉到一个完全静止，却又同时涉及最高形式工作的画面吗？如果你从那里转向上帝儿女的属灵活动，深入灵魂的工作中，再由此上升到遵守安息日，那么你是否依然会困惑为什么在天上有安息日的安息？你是否依然不解耶稣所说的"我父作事直到如今，我也作事"？你是否惊讶于祂在工作，蒙救赎者也与祂同工呢？

当然，普通意义上的劳动不会让一个人高尚，虽然它确实会让一个罪人自显高尚。对堕落的罪人来说，工作是一个极好的工具，防止撒但对他们的肉体、感官和心灵产生影响。罪人被逐出乐园后，就不得不汗流满面才得糊口，以此为惩罚。这是一种惩罚，但同时也是一种祝福。可是，这种劳动对我们来说并非"高尚"。相反，对上帝的儿女来说，高尚是在工作之后，他们能回归他们在安息日的安息中所寻得的真正荣耀。然后，他们已经在地上得到了带着希望和憧憬的永恒安息日。

这时，他们找到了安息。在那安息中，他们的力量得到增长。当他们在耶和华殿里安静加添力量时，发现了香柏树和棕榈树长大的秘密。局外人苦恼地看着，说："香柏木什么事都没有做！"但是，上帝说："毫无疑问，香柏木在做事。它正在做大事！它实现了所能想象的最伟大的事。它成长，发旺，花开，成熟！"弟兄姊妹们，在主里成长、在基督里发旺、在圣灵里开花，你们觉得如何？这于眼下以及蒙福的天堂来说，难道不是足够的工作吗？

第30篇
因为我必不向你们施恩

你们在那里必昼夜侍奉别神，因为我必不向你们施恩。

《耶利米书》十六13

落在永生上帝的手中实属可怕，诚然可怕！可怕之处并非在于祂如此严苛地惩罚我们，如此严厉地责骂我们，如此尖锐地非难我们，如此强烈地考验我们。只要上帝在其中，即使是暴风雨和恶劣的天气也显可爱。虽然耶和华重重地击打你，但这是上帝恩慈的迹象，而非想要压迫你，使你痛苦不堪。不，在摩利亚山上的亚伯拉罕，或坐在一堆灰烬上的约伯并非悖逆之徒。对悖逆之徒来说，落入永生上帝的手中才是可怕的。对于祂的敌人，比如那些法老、尼布甲尼撒、亚希多弗和犹大来说，那才可怕。

你会问：为什么？因为事实上只有一件事是真正可怕的，那就是被付之地狱！甚至地狱也绝非因为身体会痛苦才如此可怕。首先且主要是因为，在地狱里每个人都被定罪，放任跟随自己不敬虔的心。他们完全转向自己的邪恶本性，没有什么可以约束它，根本没有任何东西可以阻止他们饮尽自己满杯污秽和不义的渣滓。

可怜的灵魂哪！当你想起那驱使你且让你无法摆脱的罪恶时，你当下迫切需要一切可能分心的事物。可是在地狱里，一个人灾难性的存在使其永远无法逃罪。你只能永远忍受你那恶贯满盈、放任无度的罪。情况为何如此？因为在地狱里再无任何神圣恩典。恩典的缺失就是对地狱的定义！在地上，每当上帝乐意从你那里收回祂的恩典时，地狱就已经存在于你四周了。因为当上帝从你身上收回祂的恩典时，从那一刻起，就无任何东西可以阻止你犯罪了。你会完全不顾一切地追求行恶。

请仔细留意，我们并非在此谈论能带来拯救、重生的恩典。我们更多是在讨论上帝放在人类生命中，用来抑制、约束和限制罪恶的恩典。如果没有它，那么人们就会像老虎和其他野生动物，互相攻击。但由于人们被阻碍和限制，人类社会仍然得以存续。正因如此，他们的生活有时伴有一些社会美德。这是在未归信状态下所给你的恩典。因此，这是一种抵御你自身罪恶的神圣能力，若没有它，你会被裹挟，拽入完全的毁灭中。无论世界、魔鬼还是你自己的心，如何想要让你屈服于罪恶和不义而抛弃一切美善，它仍然会确保你依然是一个好公民。虽然在心里面，你在上帝面前乃为有罪，但是你并未被你身上罪的那股破坏性和它地狱般的力量摧毁。

有时候，主耶和华最终会从某群人或某个人那里收回这种抑制、约束和限制罪的恩典。这时候真是可怕！在某种程度上说，耶和华是凭着祂对异教徒公义的审判而如此行，"上帝就任凭他们存邪僻的心，行那些不合理的事"。祂允许他们"各行其是"，好让他们"逞着心里的情欲行污秽的事"，过"不诚实的生活"，按照"自己心中所喜好的去行"。

基于同样可怕的原因，祂在荣耀里，命令并打发祂的先知，说："要使这百姓心蒙脂油，耳朵发沉，眼睛昏迷；恐怕眼睛看见。"《约伯记》也如是说："你的儿女得罪了祂，祂使他们受报应。"圣灵通过《诗篇》也传达了完全相同的信息："我便任凭他们心里刚硬。"祂在给帖撒罗尼迦人的信中更加强烈地说："故此，上帝就给他们一个生发错误的心，叫他们信从虚谎。"当耶和华让耶利米说："如果你们要这样那样行……那么，你最终会跪拜其他的神明，我将会收回我的恩典。"这就是耶和华威胁要向祂的百姓所行的。

难道这些可怕的话没有让我们赶紧郑重其事吗？弟兄姊妹们，我的弟兄姊妹们！请仔细思考这个问题。上帝仍然在帮助你不去犯罪。当你从后门溜走，为要再次犯罪，上帝仍然会立刻以祂的恩典来阻止你，不让你犯罪。但主耶和华不会无限期地容忍你。若你执意想要犯罪；若你被罪吸引；若你认为祂对你仁慈，阻止你犯罪反而成了你的负担，那么祂就不会继续忍受了。

当上帝对你的长久忍耐结束时，事情就会改变。祂说："这个灵魂就是不愿放弃犯罪。他将用自己全部力量去追求罪。他觉得我约束罪的恩典反而是压迫。那么，好吧，就让他犯罪吧！我只要把我的恩典从他身上收回就好。然后他会滑入罪恶的深渊，完全无力控制。他将加速深陷其中。到时就没有什么能阻止他了！"当祂这么说的时候，其实就是在说你。

请你问问自己："这难道不可怕吗？"如果你什么都不能做，难道不可怕吗？如果你不得不犯罪，难道不可怕吗？如果你成为那杀戮灵魂者的猎物，完全无力的猎物，那会多么可怕啊！你觉得如何？难道这不正是地狱在人间吗？所以，"今日当听祂的话"！请记住是什么给你带来了平安。我们的上帝有百般的忍耐，但不会忍受人嘲笑祂的怜悯和恩典！

第*31*篇
用铁笔!

> 犹大的罪,是用铁笔、用金刚钻记录的,
> 铭刻在他们的心版上和坛角上。
>
> 《耶利米书》十七1

犹大的罪并非不信的列国所犯的罪。这罪是上帝特选百姓的罪。这些百姓是祂按着自己的名被选召的。他们是承受盟约印记的百姓,并以祂圣洁的知识为装饰。所以,我们在这里所谈论的是信徒,是那些已经被祂圣言所教导的人。

此处,圣灵通过耶利米所谈论的是主耶和华刻写罪孽的方式,那并非是刻写在石板上可以抹去,亦非是写在一张纸上可以撕裂,乃是上帝自己用"铁笔和金刚钻"所刻。这表明耶和华把这些罪刻在一个非常坚硬的东西上,你永远无法在上面抹擦,就是一本封印的、永远不会被删除的记录簿。事实上,在上帝面前,它仿佛是用花岗岩凿成的。这就是第 10 节所说的:"我耶和华是鉴察人心、试验人肺腑的,要照各人所行的和他做事的结果报应他。"

然而,这还不是全部内容。主耶和华非常具体地把祂百姓的罪孽刻在了"他们的心版上"。这指的乃是他们的良知。祂刻在他们内心的意识深处,印在他

们的心墙上，刻写在他们心底。你每一次用某种方式滥用上帝的慈爱和救主的怜悯，你每一次让圣灵担忧，你的账就记在这里。这一切藉着直白的语言、上帝自己手所刻的清晰字迹而刻写在心版上。如果你惊骇于回想起你的罪而让你没有平安，你应该知道，这只是因为你的上帝如此细致精确，清楚明晰地将其刻在你的良知上。

为了清楚表明耶和华把祂百姓的罪看作扼杀祂的爱，祂就用血记录这些事！你可能想把你的罪隐藏在那些隐密处和密室，试图掩盖它，上帝就在那里用火焰的文字向罪人说话。这是为什么要在此补充，耶和华也把犹大的罪"记在他们坛角上"。那些祭坛矗立在高处和每一棵青翠树下。这些是远离他们上帝之面的地方，犹大在那里犯了可憎与偶像行淫之罪。

耶和华为什么要这样对待祂的百姓呢？除了施慈爱的内在冲动，还能有任何其他动机吗？如果并非因爱祂的百姓，还有什么其他原因呢？这是你应该理解和感受的：知道你的罪依然刻在你的良知上，就像洗不掉的血迹，并且它不停地责备你——正如何西阿所说，（罪都显在）"梁木和墙垣上"——对上帝的儿女而言，这就是海上最可靠的灯塔。它可以指引我们安全地渡过生命中的风暴，防止我们碰上暗礁而沉船。

在这方面，我们还可以想到更多的内容。思考一下如下事实：上帝透过铁笔详细记录你的罪恶，借此发出了一个令人非常不安的信息——祂为自己百姓的罪恶何等悲伤。这种悲伤渗透一切。罪恶让祂非常不安，以至于无法置之不理。罪一直盯着祂的圣面，祂无法释怀。实际上，当你违背上帝的爱，你就亲手在上帝的意识里刻下了自己的罪！你是用铁笔所写！你把你的罪刻在上帝的意识里，成为祂悲伤的源头，之后上帝来到你面前。祂反过来在你自己的良知上刻上同样的罪。这样，你在自己心里就会知道上帝如何鉴察你！祂用爱来呼唤你的良知，而非以反对、拒绝或谴责的灵来回应你。祂以爱成就这事，这样你就会在你的情感深处，因着上帝对你罪的神圣哀恸而哀恸。祂如此行是为了表明祂的怒气，并非以何烈山所展示的可怕景象，而是以耶稣在彼得三次否认主之后看他的眼神。那响亮、尖锐、强烈的记忆喧闹声在你耳边回响，说起你干犯上帝怜悯的罪，让你作为上帝的儿女而良知不安。这是一个祝福。这让人蒙羞的恩典向你表明，你的天父没有抛弃你。

请注意，第 9 节说："人心比万物都诡诈，坏到极处，谁能识透呢？"在上帝的百姓中间，也有假医治者试图用安眠药来安抚不安的良知。他们提供的东西强烈地吸引你。当这些东西开始作用于你心时，上帝就必须用祂的铁笔写得更深。至少从你已经得重生进入真理来看，情况确实如此。所以请记住这一点：没有什么比良知麻木更能阻碍上帝子民生活中的天恩眷顾了。

归根结底，当你的良知指责你得罪了上帝，你应该立即认识到你面对的乃是永生上帝自己。出于心伤，祂把这罪记录在你的良知里。一颗并未被永生上帝看管的良知，只不过是你罪恶的账本，你把它扔到角落里就忘了。不，有良知就需要你听到所有涌上心头的针对罪的想法，视之为永生上帝对你说话的声音。良知只有在它与上帝的威严相交时，才能有效工作。那它就不会折磨你，反而会帮助你前行。

弟兄姊妹们，请记住，因为上帝用铁笔将祂百姓的罪刻在他们心上，所以当你良知不安时，是上帝的圣灵来到了你身边。祂并非带着祂的忿怒而来，也并非来将你永远剪除。祂是轻轻地来，为要拯救你。祂会恰逢其时地来劝诫你，并赐你真正所需。这是由祂所赐，祂的血具有无限的能力，甚至用铁笔和金刚钻所刻写的也要永远褪去。这记录被祂爱的力量涂抹，因着祂神圣赎罪之血，就永远消失了。

第32篇
背起他的十字架

> 若有人要跟从我，就当舍己，背起他的十字架，来跟从我。
>
> 《马太福音》十六24

作为惩罚，如果有人几天、几周、几个月，甚至几年，必须肩上背着十字架游走，这种情况在过去和现在都不可想象。如果其目的只是让一个有罪的人一生都在沉重的负担下挣扎，以此压迫他们，那么根本没有必要用十字架。用一块沉重的木头、一根铁管或一袋石头也可以。任何把耶稣关于"背起自己的十字架"的话，应用于我们挣扎着背负已久的某种具体负担，都必须以不合逻辑之由予以拒绝。背起自己的十字架只适用于被判死刑的人。他们必须把自己的十字架独立拖到他们将被钉死的地方。

这是我们救主所说的一句绝妙的话："若有人要跟从我，就当舍己，背起他的十字架，来跟从我。"可是这句话几乎总是被人误解。那些曲解此意之人将其运用于各种苦难。这些人深陷秘密的苦痛和持续的悲伤，或早上醒来或夜间入睡都与这些苦难相伴，因此，上帝的子民认为自己是一大群朝圣者，肩上背着他们的十字架，在漫漫长路上挣扎着走向天门。

耶稣这句话的含义却比这更深远。耶稣不仅要求每个基督徒心甘情愿地承受属世之人所遭受的同样痛苦，而且最重要的是，祂认为作为跟随上帝儿子的人，必须背负一个独特的十字架，一个世界之子所不知道的十字架。我的弟兄姊妹们，这就是耶稣要求你们接受死的判决。祂希望你会心甘情愿地走到羞辱之地，走到判决将被完全执行之地！祂也希望你背起那十字架，把它带到耻辱之地；在那里，他们将你身体挂上，任由你死去。这是对耶稣那透彻话语的唯一解释：若有人跟随祂，那人就要（1）舍己，（2）背起他的十字架，（3）跟随祂。

　　舍己绝非你为某个弟兄牺牲什么，亦非把自己献给某物，也非竭力帮助另一个人。不！舍己的反面就是否认你的救主。若不惜一切代价保护自己，那么这就等于否认耶稣。断言你总是对的、有理的，这也是否认耶稣。不断自我关注，还是否认耶稣。如果你这样活着，那么你就是让耶稣继续走祂的十架路！然后，否认基督就完全主宰了你的灵魂。相反，如果你让耶稣作耶稣，也就是说，如果你接受祂为你的救主，真正接受祂为你的君王，并完全无条件地承认祂的尊荣和威严，那么你必须在这些事上献上自己。不再把自己放在首位。在祂面前完全谦卑自己，不再专注于你自己的得失；无论什么事临到你身上都无所谓，不再计算你能从中得到什么。这就是"舍己"一词本来的全部意义。所以第一步是舍己。但是，请告诉我，还有比不抱怨你所受的痛苦和悲伤更大的要求吗？这只不过是对那些甚至还没有重生之人的要求！

　　第二个更高的要求则全然不同，就是愿意忍受死亡。舍己必然导致接受死的刑罚，以证明舍己是真的。即便如此，接受死的刑罚并不完全等同于舍己。因为无论如何，耶稣想要延迟完成这个死的刑罚。或者祂至少想用另一种死法来替代，一种更适合祂的死法。于一个真正舍己之人，耶稣想要说的是，对这判决的抵制已然消失。只要耶稣掌管这人，祂就满意了。祂按照以下规则管理：从现在起，这个人的生活必须处在一个持续不断、每天死亡的过程中。这是一种伴着痛苦和羞辱的死——死在十字架上。现在的问题是，人们是否必须要用武力把这人拖到十字架上。亦或在他们身上会有一种光荣的英雄主义觉醒，使他们坚定地握住自己的十字架、背起它并把它带到自己的各各他山上？

　　那个他们必须死在其上的十字架真正关系到他们的全部生命。它关系到必须被治死和埋葬的肉体的邪情私欲。它关系到对这个世界的尊贵和荣耀以及幸福与平安的渴望，而这些渴望必须被钉死。它还关系到把他们周围的世界钉在十字架上。这十字架包括逐渐打破、压伤并治死其中一切带来痛苦和耻辱的东西。它包括放弃自己家人和朋友圈子里、他们心中所期望的一切，甚至包括结束与他们自己救赎有关的一切事物。他们必须超越与自身有关、作为痛苦和折磨源头的一切事物。他们必须彻底放弃拒绝贬低自己的反复努力！

如果这一切都是上帝儿女真正想要的；如果他们承认他们的主并舍己；如果过程当中他们并未抵抗或厌恶那粗糙的木头，反而渴望它，把它放在他们的颈项上，那么耶稣说要接着遵行第三件事，就是与基督同死。这立即考验每个人，因其结论只会是"跟着我死在各各他。"

我们背起并且现在心甘情愿地背起十字架，绝不能只是为留下好印象！我们这样做并非要证明什么或炫耀什么，绝不能为表明我们有多强大而做，绝不能为取悦自己而行。不，我们需要毫不犹豫地背着这十字架，去我们自己的各各他，这样它就可以从我们的肩上拿走，成为耻辱的标志被立起来，我们的自我就可以被钉在上面。然后，十字架痛苦和磨难的全部力量将落在我们的身上。

在殉道者的时代，可以说我们必须把头放在木块上。在逼迫不太强烈的时代，这可能意味着人们会把你的面包从你身边夺走，或者意味着人们宣布你在道德上已死或他们在社交层面上扼杀你。即使没有这种风暴和动荡，本质上其结果也是一样。上帝的孩子需要死。他们的生命必须是个不断死亡的过程。他们的一部分自我必须不断地死去。活的枝子需要被剪下来，任其死去。你知道，"因为凡要救自己生命的，必丧掉生命"。但是，弟兄姊妹们，一旦你经历了这死味，就欢欢喜喜地来听保罗的欢庆吧——"现在活着的不再是我，乃是基督在我里面活着。"

第33篇
筛你们像筛麦子一样

西门，西门！撒但想要得着你们，好筛你们像筛麦子一样。

但我已经为你祈求，叫你不至于失了信心。

《路加福音》二十二31-32

近来，那些承认我们主耶稣基督之名的人，会发现自己置身极其危险的境地。他们很乐意且无疑把自己当成"信徒"。他们被称为"忠实者"，值得高度赞扬，有别于"那些堕落者"。在他们的圈子里，他们往往是领导者和标兵。他们遵守正统要求，未被他人极大贬低或迫害。他们往往不假思索，按照这种方式生活。

今天，极少有人怀着怜恤或弟兄般的勇气去告诫并在属灵上挑战我们关心的人。尤其是因为人类的自我已经变得如此过度敏感，人们几乎不敢说任何批评他人的话。教会曾保持警醒并试图通过教会训诫保持其纯洁，但如今这已不复存在。信徒所处的整体情况是如此无原则、受各教派影响如此深、如此被自我利益扭曲，以致人们根本不再为义愤慨，或殷勤直面弟兄姊妹的罪了。与此同时，各教派的领袖都准备张开双臂欢迎他们，并悄悄地说："亲爱的弟兄，如果有人声称是你的朋友却让你为难，我们很乐意请你加入我们。我们绝不会那么吹毛求疵。我们这里接纳每一个人！"

如果撒但并未涉足其中，这一切都没什么。但可悲的是，牠并非如此！此外，主耶和华已经认定有必要让我们灵魂的敌人，继续在属世方面和我们内心的罪上进行无情的攻击。所以，撒但一直用牠的箭直接瞄准我们的心。当然，你也知道牠狡猾如狐狸，是撒谎者、人类心灵的刽子手。

魔鬼是个专职的老筛子。牠清楚地知道，基督耶稣预定有一天要试验和审判每一个人的心。牠也知道这就是基督手里拿着簸箕的原因。基督将用这簸箕或筛子筛选灵魂，来清理祂的麦场，并要除去糠，把麦子收到祂永恒的粮仓里。但我们也知道，撒但总是想模仿基督。故此，牠想挑出人来、试探他们。牠也有自己的簸箕。正如耶稣在祂被卖的夜里，向祂心爱的门徒所说，所有跟随耶稣的罪人，撒但都想像筛麦子一样筛他们。牠心里是如此邪恶！更严重地说，撒但甚至要求上帝允许牠挑出信徒，特别是那些谨慎自守者[9]，以及基督徒群体中的属灵先辈们。牠想试验他们，看看他们是否真如纯金。牠如此做是为曝光假冒为善者，揭露他们的虚伪。

我的弟兄姊妹们，上帝对此同意了。永远不要忘记，上帝不会、也不能否认撒但这一请求！如果祂真这样做了，撒但会说什么呢？"看哪！祂不敢进行如此试验！我们面前的这一位显然并非纯金！"上帝的尊荣绝不能容忍魔鬼这种反应。主耶和华宣告说："这是我的孩子。"此时，情况就是如此，确凿无误。事实上，即使我们会有十次之余被拽到地狱的深渊，最终都将得到炼净和拯救，并将进入上帝同在的永恒光辉。

被魔鬼所筛着实可怕。如果我们真的爱慕正直并对此诚实，那么我们就要承认，我们里面仍然很败坏。我们自己毫无完全之处，最好的意念也不堪一击。当撒但的做法足够狡猾时，我们就会有种冰冷的、应受深深诅咒的经历，就是我们会真正渴求撒但的提议。我们偏离的心是我们最终抓住主的最大障碍。

我当然知道，我们在基督耶稣里的人不会跌倒。我知道，无论撒但如何筛

---

[9] 凯波尔在此使用这个术语是 fijnen. 这里所代指的是一群被外人辨认的荷兰改革宗基督徒，这些基督徒生活谨慎，故意与外面的文化样式分离，在服装、言语和习俗上都不同，他们因此被称为"精确主义者"、"律法主义者"和"超属灵主义者"。

真正的上帝儿女，他们的信心不可能、也绝不会跌倒。无论他如何操纵、试探、折磨、摇晃或任意摆弄他们，他们都不会跌倒。但是，难道他们的拣选不也应该是千真万确的吗？难道我们不是一再指望我们的善工会给我们带来蒙拣选的确据吗？"我也是假冒为善的人吗？我只是表面的基督徒吗？我是一个超正统却厌恶耶稣，而非被祂所吸引的人吗？" 在属灵干枯之时，这些可怕的问题难道不会经常浮现在我们的脑海里吗？

然后，正如被严格筛选的约伯所言，我们也必须借着恩典，自由且平静地承认："我知道我的救赎主活着！" 然后，我要坚持不懈地问："难道在基督里成熟不那么重要吗？当我们的生活更多被撒但而非耶和华我们的上帝支配时，难道我们不是冷漠无情吗？我们能否容忍撒但一如往常在灵魂深处庆祝、吹嘘，说"我们让这个和那个信上帝的女人再次陷入了罪中"？在此情况下，我们能否接受圣灵在天上为我们的污秽和缺乏圣洁而悲伤？

耶和华希望我们把注意力放在救主的十字架上，祂急切警告我们要小心撒但的筛选。祂以无瑕疵羔羊之血的名警告我们。这血有洗去我们一切罪污的能力。祂也借我们至高大祭司嘴里的祷告来警告我们；是祂的苦难使我们的信心免于因试探而跌倒。哦，请你指着上帝所造儿女心中所有圣洁之物的名说，这个紧迫的问题到底有多么重地压在你心头："你在魔鬼的筛选下还好吗？"

听着，在筛你之前撒但不会警告你。在你觉察之先，牠就开始筛了。在你知道你身处何处之前，你就发现你置身在牠的簸箕中。当牠走近的时候，你看到的是撒但还是光明的天使？那表面上的天使其实是撒但。但是，你怎能让你的心就此屈服？你不断认罪！这是很自然的，因为撒但留着这个作为牠的最后一击。起初，牠完全不会碰你的正统信仰，不会挑战它。否则，牠就永远不会把你变成一个假冒为善的人。这个策略正是牠唯一的机会。

牠的下一步是勾起你本性的阴暗面，利用偷偷摸摸、逐渐升级的罪。牠秘密行事，最好无人注意。如果有什么事情发生了，牠会非常狡猾地创造一种错觉，让你以为好事会发生在你身上，你所得到东西会不同于其他人。这些事会为你带来成功，会对你有好处。事实上，这些事完全为你量身定制。

如果有时你的良知真的被唤起，那么撒但就会低语道："那是因为你比其他所有人敏感得多。他们只是不承认。如果你知道他们的一切，那么你会同意你的情况绝非那么糟糕。"如果你仍不安，那么牠会误导你，让你对自己承诺，下周就收手。如果这都失败了，牠会低声说，无论发生什么事，都会让你更容易进天堂。这时候，你不得不回到靠行为称义的思维，远离了你唯一的担保者。

透过这一切诡计，谎言溜进你的灵魂。你变得不信实。你抓住罪、世界、魔鬼，而非你的救主。其结果就是，你在基督里的成长就消失了。你与自己的心疏远。你的祷告被挖空，成为空壳，属灵的温暖冷却了，直到最后你献上唯一使上帝喜悦的祭：你厌恶自己。带着一颗被击垮的心和一个破碎的灵魂，你俯伏在我们的上帝面前。然后，牠怜悯你，帮助你。尽管你令牠极其失望，牠仍如此行。

哦，人心的道路如此神秘！简言之，这一切的道都是赤露敞开的。你们中有些人就是要偏离正路。今天，你就应在自己的路上停下来，现在就转身！罪的道路永远不能成为你作为上帝儿女的生活方式。"你们要圣洁，因为我是圣洁的。"万军之耶和华如此说！

第34篇
审判厅内

众人将耶稣从该亚法那里往审判厅内解去。《约翰福音》十八28

我们的救主让自己被押解到审判厅里。这是怎么回事？审判厅不是祂父的家吗？所有公义不都是从上帝而来吗？上帝不是维护公义者吗？当一个国家发展到有一个审判厅的程度，这不是也是他们的福分吗？

你知道，在动乱和无政府状态的日子里，当暴力掌权，盲目的激情不受约束，审判厅大门紧闭，法官并未坐在席上。那时，地狱的火焰升到地面。要记得1870年的巴黎[10]，魔鬼横行四方！但是，一旦暴动平息，叛乱的力量被击垮，暴力被削弱，法院的大门就再次打开。法官恢复了在法庭上的荣誉地位，公义的天平再次握在他手中。当法庭恢复光明和生命后，守法的市民如释重负，而犯罪分子一想到惩罚就不寒而栗。

人类社会的审判厅当然是神圣的所在，是一个神圣机构，反映出上帝的临在和荣耀。圣经说"众神"坐在公义的庭院中，上帝也在他们中间。对上帝来说，

---

[10] 这里指的是1870年9月第三法兰西共和国垮台后发生的激烈动乱，以及随后几个月的社会主义革命动乱。

这一切都是围绕着公义。这不仅仅是为了让我们变得纯粹、圣洁和蒙福，也不只是为了使我们得康复和医治，甚至不是为了我们的道德层面，或在我们里面建造一个新的、更圣洁的生命。不，远不止这一切。公义的问题是永活的上帝与祂受造物关系的核心。

  这关乎立定公义。因为主耶和华知晓一切，知道自己想要的。因此，祂确立了自己的旨意，并让自己的生命在各样定例、诫命和指示中显明。祂立定万有之疆界，定规万事之准绳。对于每一个受造物，祂已决定了他们服侍祂的方式，以及在祂面前存在的方式。如果主耶和华完全不知晓万事，也没有针对他们发出旨意或命令，那么我们只要从祂那里得到新生命，或蒙祂医治我们的伤口就够了。然而，上帝对万事都有自己的旨意。这将统管祂的法令，因此有律法和条规确定上帝对祂受造物的期待。正如一颗星星将遵循上帝为它所定的轨道，上帝的律法同样将确定无疑地实现。就上帝而言，这些律法不能废去。祂的管辖借这些律法延伸，甚至控制撒但，那堕落的天使，以及那些最终将失丧的人。虽然祂完全能通过行使能力取得胜利，因为祂是上帝，但祂选择不这样做。祂选择只通过祂的律法来赢得胜利。在此处境下，我们有唯一解释耶稣苦难的答案。

  耶稣所进入的世界受到律法的管辖，尽管这些律法可能被歪曲和伪造。然而，这些律法总有一席之地，总有它们的拥护者。高举这些律法始终与深深堕落的世界利害攸关。世界的荣耀参与其中。现在，耶稣想要夺回这世界作为祂的奖赏，并赢回天父所托付给祂的人。但是，根据管辖这世界的定例，这必须按律法而行。上帝已确定了一个适用于所有人的标准。然而，祂还确定，有一个国家，法律发展得更伟大、更纯粹。那个国家不是犹太人的国家，而是罗马人的国家。因此，犹太律法没有判处死刑的权利。

  以色列拥有上帝赐予的律法，以及以此为基础的人所发展的司法制度。这乃因着上帝的律法是神圣的，根据它的内容，忧患之子（Man of Sorrows）就是以色列的主和王。可是，根据人类发展的审判制度，耶稣却可以被逮捕，但绝不能被判死刑。这就是为什么上帝安排律法方面的大师，也就是罗马人，在那个时候控制耶路撒冷。这就是为什么祂也决定只有他们有权力和能力判处死刑。因此，在耶路撒冷，不仅有一个审判厅，还有当时世界上最好的法院。这是一个由罗马人担任主审法官的法庭。这就是为什么我们在《使徒信经》中宣称"在本丢彼拉多手下受难"。彼拉多就是审判厅里的那个罗马人。"在本丢彼拉多手下受难"表示我们相信上帝的神圣带领和引导。

于是，承担我们罪的那一位进了审判厅，祂完全意识到死刑的判决在那里等着祂。无论是死是活，耶稣想要的是公义。这是那审判厅里的公义，拥有上帝所赐权利的法官坐在那里！耶稣永远爱着天父。因为上帝是公义的，因为祂靠公义而生，因为祂行事公义，并且因为祂施行公义，所以即使公义会带来死亡，耶稣也不会逃脱公义。

祂如此行是为了引导你进入永恒的审判厅，就是进入祂天父的家。祂如此行是为了在你自己心里，在你所住之处，建立一个审判厅，又使审判一切意念的法官回到那尊荣的座位，祂的审判席上。是的，祂这样做是为了在地上祂的教会里创造一个公义的避难所。所以我的好读者，请告诉我，你的心是那样的审判厅吗？你的家呢？你所属的会众呢？你喜欢公义吗？即使不遂你心愿，你也会带着深深的、一如既往的动力去遵行上帝的旨意吗？

第35篇
像上帝殿中的青橄榄树

至于我，就像上帝殿中的青橄榄树。我永永远远倚靠上帝的慈爱。

《诗篇》五十二8[11]

基督仍然活着！我们主耶稣基督的生命是不断流出、倾倒出生命能力的源泉。这种能力渗透一切。它不受距离的限制，源自耶稣心中。在这一瞬间，它就在世上。它在你的日常活动中、你的家庭里、你自己卧室的隐秘处，在你心门边。这种力量在搜寻你，并不放弃，直到寻到你。最终，要么你压制它、丢弃它，要么它进到你的生命里。后一种情况绝对奇妙非凡！因为它会渗透你全人，激励你、高举你、支撑你，并让你根植于上帝自己的生命中。

祂教会的一切荣耀，祂子民所能拥有的一切卓越，祂选民的一切力量，都植根于永活的基督。如果基督死了，或者祂现在坐在高天之上不做工，祂离我们如此远，我们必须向祂呼喊，却几乎连微弱低语般的回答都没有得到，那么祂的教会从祂那里根本得不到任何东西。这时，教会就会像盏无油的灯，无水的河床，无骨髓或神经的枯骨。如果耶稣没有持续倾倒和注入生命的能力，那

---

[11] 凯波尔引用的荷文圣经中是《诗篇》五十二 10。

祂的教会、祂的每一个选民，甚至你自己的心，都不过是已死的、枯萎的尸体而已。它们没有生命的光芒和内在吸引力，毫无价值、毫无益处，像一片漆黑中的钻石一样。

然而，赞美上帝，事实并非如此！上帝的儿子、我们荣耀的元首，永远不会在祂的威严和祂的恩典与圣灵中远离我们。钻石永远不会缺少明光照耀。根会满了汁浆，河床总会流水盈溢。即便在教会自认为没有能量和活力时，情况依然如此。当蒙拣选的上帝儿女觉得自己毫无价值、要放弃时，亦是如此。那时，永活的基督会来到他们面前，激励他们、高举他们。这时，祂对他们说出神圣、美妙的话："我就常与你们同在，直到世界的末了！"

可是，这并非灵魂所感。它很少有这样的体验。它只能寥寥几次经验到这些话。如果我们必须依靠宗教经验，就不得不抱怨："耶和华在一年中离开了我三百天！如果我说，余剩的日子我只远远地觉察到祂，那都是夸张了！"如果福音必须按照上帝儿女的宗教经验来塑造，那么它就会是这样："那些肤浅之人，自诩耶稣永远与他们同在。但是，那些有更深刻反省之人，知道祂只是偶尔来访，然后只是留宿而已！"

这正是圣灵没有让我们执笔，而是祂亲自执笔福音书的原因。多亏了这神圣的决定，我们在祂圣言里所看到的，不是我们所认为的耶稣，而是耶稣真正之所是。这就是所呈现给上帝儿女的耶稣。祂就是那得到了天上地下一切权柄的耶稣。祂是神圣的以马内利。但是，祂也是我们的弟兄。祂是永活的耶稣，不停作工的耶稣，不断让能力从祂身上流出的耶稣。祂是永远贴近祂教会的耶稣，也是总会复苏祂选民灵魂的耶稣，即使他们没有意识到。

在此基础上，上帝的孩子甚至在他们感到被遗弃时，也敢于赞扬祂。他们如大卫一样，当似乎一切尽失，盼望尽殆，万物皆隔，圣灵禁其发怨时，他们也依旧赞扬，说："我不会那样行，反之我会赞扬并欢喜。'我要像上帝殿中的青橄榄树，直到永远。'"在这时候讲这种英勇之词，不仅是基于宗教经验，更是基于深深的信心。这种信心依靠与我们同在的上帝，即使祂看起来似乎并不同在。这种信心是对上帝发出呼求，仿佛祂就在身边。

一棵橄榄树！我是一棵橄榄树！也就是说，我是一棵如此珍贵的植物，绝不枯萎，反而常青。我是一棵远观不见其果实的树，但是当人们摇动我，小橄榄就四面如雨落在他们身上。我是一棵仪态万方的树，甚至我的形状也美丽娇饶。我是一棵即便被劈开，外观也柔软、可爱的树，即便劈开听起来令人非常不愉快。大卫说，这就是我要在耶和华殿中所成为的橄榄树。它不会像独眼国王一样独自站在赤裸裸的岩石上。它也不会立于沙漠，那里只有一些枝桠充作树木。不！它会站在上帝殿中最辉煌、最美丽的庭院里，在雪松和棕榈树间展露枝叶，那是一个殉道者的鲜血滋养他们后裔的花园。它是在宏伟的属灵庭院里，所有样本的遴选已经协调好了。大卫乃是说，在那里，我要做永远常青、常绿的橄榄树。当大卫似乎失去一切时，当人们追捕他如追羚羊一般时，当撒但用拿八和拔示巴之事攻击他罪恶的心时，这恰是他勇于赞美之事。

所以，请告诉我。你现在知道圣经所默示的是什么吗？它归结为一点：大卫自己并不真正、确实知道祂是谁，可是圣灵知道。圣灵在此替大卫说话。大卫重复了祂所说的内容。大卫相信祂说的话。大卫借着这信心，知道自己是上帝的孩子。他就是如此超越自己的罪和他灵魂的凋零。他就是如此知道自己是一棵橄榄树，内里发绿。他就是如此明了，这样的绿色繁茂并非出于他自己，而是来自永活的以马内利，是祂把干枯的大卫塑造成了一棵青橄榄树。而你呢？事情对你来说有什么不同吗？你认为在你宗教经验的基础上，真的可以建立任何东西吗？你明白自己的情况吗？你知道自己的处境吗？

亲爱的弟兄姊妹们，请你考虑下那些生病的人。有那么多生病的人实际上觉得自己很健康。他们的医生会意地摇摇头。感觉真的可以欺骗你！另一方面，有很多病人认为自己不会熬过今夜，极其害怕。但是，他们的医生告诉他们："别担心。你会没事的！" 威胁他们的只是他们的想象力。这就是在这个巨大的灵魂医院里发生的事。只有圣灵，那伟大的医生，真的知道我们的状况。我们自己的感觉在误导我们。为此，感觉良好的人不应该大肆庆祝。感觉不好的人，也不应该满腹牢骚。即使你灵里暗淡无光，当圣灵临到，对你说"战斗结束了"时，你就应当相信祂。你只需回答："圣灵啊，我真的相信祢。" 然后，你会像大卫一样目瞪口呆，承认你"就像上帝殿中的青橄榄树，一直常青，从现在直到永远"！

第36篇
心里正直的人

你们义人应当靠耶和华欢喜快乐。你们心里正直的人都当欢呼。

《诗篇》三十二11

　　天国的儿女能经历的最激烈的斗争就是与不义的斗争。我并非在谈论日常外在的邪恶，诸如向邻舍撒谎或欺骗邻舍之类。因为这些试探以及其他一切罪的倾向，都宿在他们邪恶的心里。但是，如果人在圣言和圣灵的教导下，明白撒谎和欺骗乃是魔鬼的工作，他就能借着主的力量，断绝对魔鬼荒唐的服侍。上帝的圣言命令说："每个人都要对邻舍说诚实话。"借着上帝圣言的力量，他们就这样做了。

　　不，这种伪善更加深入，直到上帝儿女死亡的那一天都需与之抗争。在我们全知的上帝面前，它宿在人里面，触及他们的属灵立场。这就是为什么全能的上帝，信徒的天父，总是说："你要在我面前行事诚实。"《诗篇》二十五篇说："愿纯全正直保守我。" 基督惊讶于拿但业是一个真诚的人："他心里诚然没有诡诈"。在新约中那伟大、荣耀的应许就是："那真正拜父的，要用心灵和诚实拜祂"。见地深刻的《诗篇》三十二篇告诉我们，主耶和华提到儿女时指的是谁。在这诗篇里，那些靠着圣灵的带领倾心吐意的心灵困顿之人，就是上帝的儿女。然而，他们是偏离正道、苦苦挣扎、陷入罪恶的上帝儿女。现在，陷入罪恶之后，他们发现自己在上帝面前的虚伪。陷入罪恶之后，他们的天父就寻找他们。上帝用圣洁、敬虔、穿透人心的目光仔细审查他们。祂计划用那样的眼光打伤他们，也联结他们。

上帝堕落的孩子却并不希望看到祂脸上令人不安的样子。他们不敢回望。他们没有在上帝俯看他们时，也向上仰望祂。当他们非常清楚地感受到和明白上帝希望他们说些什么的时候，他们未置一词，保持沉默。这就是大卫所说："我闭口不认罪的时候……黑夜白日，你的手在我身上沉重。我的精力耗尽，如同夏天的干旱。"但这种沉默是大卫的错，因为在前面的经文中，他承认："我心里是诡诈的。"可是，他后来坦白、直率地说自己是愚蠢的。当上帝与他对质时，他应该立刻说话，应该认自己的罪，应该承认自己曾经"像那无知的骡马"。他在上帝面前如此虚伪，对他有什么好处呢？这对他有帮助吗？这会除掉他的罪吗？这会让上帝不知道他的罪孽吗？他的灵魂因他的沉默，就是他骄傲和傲慢的沉默，得到些许振奋了吗？完全没有！事实上，他心里憔悴，灵魂被撕裂，感到内心压抑。避开他圣洁之上帝的眼睛都让他非常紧张！事实上，这让他痛苦。

请听，他的灵魂终于打破了沉默，发出欢呼声："哦，得赦免其过、遮盖其罪的，这人是有福的。耶和华不计算我的罪，我心里没有诡诈，这是多么难以言表的福乐。"此时，他从死亡转向生命，从绝望转向喜乐。可是，他最初并不想与这种福分或奇异恩典有任何关系。他从早到晚，每天都在大发唉哼之声，他就让上帝站在那里，他试探上帝，向祂隐瞒。在一切喧嚣之后，他的灵魂完全安静下来。他现在承认，说："我闭口不认罪的时候，就骨头枯干。"那是因为反对上帝，向祂隐瞒会给我们带来痛苦，会侵蚀我们的骨髓。最后，他坚持不住了。他自己骄傲的大坝决堤了。上帝恩典的洪水再次淹没心田。"我向祢陈明我的罪，不隐瞒我的恶。我说，'我要向耶和华承认我的过犯！'多么蒙福的经历！一旦我认罪的声音从我口中发出，我的信心就得以恢复，'祢就赦免我的罪恶'。"现在他得释放了，欢喜地宣告："为此，凡虔诚人都当趁祢可寻找的时候祷告祢。大水泛溢的时候，必不能到他那里！"然后，他补充说："你们义人应当靠耶和华欢喜快乐,你们心里正直的人都当欢呼。"

圣经本身教导我们,上帝儿女"心里正直"意味着什么。它的意思是说,他们不应只是认为"上帝当然知道我做错了什么",他们还要记住,自己有义务和责任向上帝说出他们的罪是什么。他们必须在祂面前讲出来。他们有义务承认这些罪,而非闭口不言。上帝期望他们不断如此行。并且,他们要承认,作为上帝的儿女,就上帝永恒的慈爱而言,所能忍受的最深羞辱就是因不认罪而受苦。

不要说这一切并不重要,或者说它会自动发生。不要以为几乎每个人都会这样回应。灵魂的经验告诉我们的,却恰恰相反!罪恶产生了完全不同的事物。罪恶会削弱和降低人的祷告能力。虽然人们确实想屈膝祷告,但罪恶一定会让他们极少真正面对它。当人们祷告时,它会让他们只祷告一般性的内容。它让他们的祷告缺乏道德力量,无法迫使他们超越外院,进入至圣所。罪恶造成的破坏相当可怕。这就好比你认为枝茎上的花苞要开花、绽放,但是罪的出现像蠕虫啃食那枝茎。没等你意识到,那应该开花的花苞就枯萎了。

哎呀!但在根上仍然有一股持久的生命力!罪绝不能让上帝培育的植物死去,尽管有时候人们害怕会有这种可能情况。恩典,唯独恩典,才会最终把心转向新的方向。激情在心中褪去,平静恢复,这是至高者的手轻抚的感觉。刚才仍然愤怒且不真实的灵魂向不义关闭了,心不再渴望它所不该渴望的东西。之后,它会敞开、舒展,散发出一种美妙的香味。它现在从深处能宣告说:"父亲,我得罪了天,又得罪了你。从今以后,我不配称为你的儿子。"这时,灵魂再次意识到,它曾认为已经消失的东西却一直存在,那就是"永久施恩的膀臂"!

弟兄姊妹们,当你的灵魂真正承认你的罪时,你就能够向主倾心吐意,但绝对不要高举自己。你能够做到这一点,现在你觉得自己完全诚实,并且这对你来说很容易,都完全归功于上帝怜悯的恩典!但是,我们仍然有话说。上帝的孩子不只会在特殊的属灵境况下才经历这场斗争。这场斗争也并非只发生在他们明目张胆犯罪的时刻:他们虽明知不可犯此罪,但是此罪反复出现,且冷酷无情。与邪恶的激烈斗争需要持之以恒。认为在这世上,罪不会搅扰上帝儿女的灵魂,哪怕只有生命中的一瞬间,这都是一种可憎的自我妄想。罪会压迫他们，限制他们的属灵成熟，使他们背离在他们里面被更新的上帝儿子的形像。

　　随便看待这个问题的人会另有想法。但是，有更严格标准的人洞见更深。你看，罪会带来内在的不和谐。当我们非常仔细地省察自己时，会觉得自己一无所夸。有关我们的一切都会消失殆尽，我们没有什么可以给的。然后那试探人的就会低声说："这真是在高处掌权的上帝的儿女吗？" 当世人把我们看得比实际情况更圣洁，或者当基督徒弟兄姊妹在圣洁上高估我们时，我们的心就会一分为二。然后，在我们的心和我们的言语之间就有一个鸿沟！中间的距离就是我们里面所有的虚假、虚伪、欺骗，甚至是自我欺骗。这距离本不应该存在，而是必须弥合。"耶和华啊！愿我口中的言语，心里的意念，在祢面前蒙悦纳。"

　　要实现这一点，你需要有信心！你需要有信心明白你是多么可怜，耶稣是多么荣耀，上帝是多么富有怜悯。有了这样的信心，你就能够看到、理解和体会到这个真理："满有怜悯的上帝以基督耶稣里的丰富，解决了我的悲惨处境。"这样的信心就是那挥舞在邪恶之根上的斧头。

第37篇
我的丰富

我的百姓也要因我的恩惠知足。这是耶和华说的。

又流归耶和华施恩之地。

《耶利米书》三十一14、12

所有的丰富都归于谁?这里所说的丰富涵盖你灵魂珍视的每一种丰富。每一种你所认为好的事物;每一份让你富有的财产;每一件——无论你怎样称呼——能改善你作为一个人的生活的事物,让你的生活更美丽、更增添光泽的事物。这是一个关于丰富的问题,因此不仅在于属灵的丰富,而且也在于属世的富足。它涉及你所爱的家庭、你的朋友、你的影响力、你工作中的同事并你所有的才能。

所以,不要把这个问题过于属灵化。主耶和华透过祂的先知宣告:"我的百姓也要因我的恩惠知足。"这时,你不要把它解释为我们对这个世界的事物真的毫无兴趣,不要以为这意味着信徒将会因"丰富的属天吗哪"而富足。因为那样的话,熟悉圣经的人会以非常严肃的态度,要求你仔细查看第12节的前半节内容。在那里,耶和华说:"他们要流归耶和华施恩之地。"他们会指出,这节经文后面提到五谷、新酒和油，并羊羔、牛犊。这里说到，人们的生活将会像"浇灌的园子"。更尖刻的是，属灵成熟的人会愤怒，并质问你是不是还没有从上帝的圣言中，学会不再错误地分裂你生活的内在和外在实际。他们想知道经验是否还没让你认识到自己是一个伪君子和叛徒，因为你如此喜欢金钱的味道，以及今生的琐碎事物。他们会注意到，在嘟哝了这一区别后，你就会合上圣经，完全又沉迷在"这世上"所有虚荣的事物中。

不，主耶和华绝对不会命令你在日常生活中像苦行僧一样行事。祂甚至不会指望你超越待在小房间里的修道士。祂并不要求你要鄙视所有物质的东西，就像你根本不关心它们一样。甚至，祂不想要你那样！祂不允许！祂拒绝！这会有什么不同呢？你怎么能想象上帝希望我们对一切可见之物冷淡、漠然，甚至向着它们而死呢？祂让我们一生中的日常都为此忙碌，甚至祂给绝大多数人的呼召都是让他们在厨房、商店、田野和牲畜棚这些更粗糙、明显的活动中度过一生。特别是在这些时候，你怎能有此想象呢？这位上帝创造了我们的身体，而我们的身体都会因为工作，特别是那些更不体面的活动，在白天黑夜感到疲惫不堪。

那些设想有如此可能的人会困惑。他们活在一种内在矛盾中。他们培育了一种脆弱的植株，那就是学术的、虚假的虔诚，最适合无更好事情可做的宗教从业者或教师。这种虔诚对家庭主妇、劳动者或普通公民来说却完全不切实际。

当你彻底摆脱了从修道院生活引入的过于属灵化的信仰时，美好的事情就会发生。一切可见之物都属于上帝所赐予我们的生命，当这观念完全、有力且深刻地渗透我们的灵魂时，美好的事情的确会发生。当它进入我们的意识，直到我们明白，原来它同样适用于生活中更粗糙和更高雅的方面时，美好的事情就会发生。这好比在黑黑的矿井深处刨出大块的煤。是的，事实上，上帝把一切都设计成一个帮助我们向上帝尽义务、带给祂荣耀和尊荣的管道、漏斗、工具或导线。当你这样做时，你已经清除了你系统中虚假的属灵面酵，你实际的世界观和生活观已经变得被归正了（has become Reformed）！

在履行你对上帝的义务和满足日常生活的紧迫需要之间，常会有一个无解难题，而此时正是这个难题消失之际。你曾希望不必去面对这世上的生活，这样你就可以把自己献给福音事业，而此时正是你的困惑消散之际。这也是你开始拥抱人间的生活，而不是把它当成可鄙之物而踢开的时刻。这时，你会把它放在心上、按着生活之所是来爱它。你会默默祷告："我的上帝啊，愿这一切美好的生活能荣耀祢！"

因此，主的百姓不应在拒绝日常的丰富中升高，而应在以非凡的方式拥抱这丰富中升高！"我的百姓啊，"耶和华说，"要因我的丰富知足！""因我的丰富"，这应该是你的全部重点，你要真正把它应用到你的生活中。请带着这种信念绕着你家走一圈，因为这里实在是耶和华的殿。祂创造了每一根梁和木板、每一块砖和模子。它矗立在祂的土地上。祂行使它的所有权，它属于祂。祂接受你作为祂的客人和居住者。或者同理，看一眼你的钱。主啊，"这是祢的丰富"，是祢贵重的金属！它是如此好、如此美妙、如此令人赞叹。由于贵重金属的内在价值，你可以自行斟酌用它来换各种物件。这由你决定。各种生活必需品，所有充满你橱柜和箱子的东西，你所有的外衣和里衣，它们都是来自上帝的丰富。那块土地也是如此，这是祂的田，里面的奶牛是祂的。还有那匹华丽的马，还有院子里的那些鸡。是的，甚至还有那些珍贵的藏书，尤其是你那本大大的、特别美丽的古旧家庭版圣经，它就躺在那里。这些都是祂的丰富。这是祂丰富的一部分，祂允许我以此为生，并依靠它，我要承认这一点。难道我们的生活不更丰富一千倍吗？有时，不敬虔之人谈论丰富，但他们对于上帝儿女所知道的、所感受到的事物和生活一无所知。上帝儿女的身份会让你比他们获得更难以置信的富有。这难道不是千真万确的吗？即便你的家具陈旧，难道你不是更加丰富吗？这是因为主耶和华在每一件家具、衣服或珠宝上，刻上了简单的话——"这是我的丰富！"

继续发展这样的思维，并将它应用于离你亲近的人中：你的孩子、你的丈夫、你的妻子、你亲爱的父母、你的女佣和你的亲密朋友。他们都属于上帝，是祂所创造的人。祂让他们和你结识来往，在他们里面注入对你的爱和对你的委身。所以弟兄姊妹们，请告诉我，当你停下来考虑这个神圣的提议时，难道不像上帝给你的整个家庭刚刚洗礼了吗？岂不像膏抹了其中每一个灵魂吗？岂不像允许你们所有人住在祂整个宫殿里吗？

如果圣灵引导你听到这话，你不仅要回答"是的，阿们"，你还要真正拥有它。然后呢？你整个灵魂都会被光照，你会在这个异象的光中来看你四周的一切。之后，你会把一切的一切都看作属上帝的：你的时间、脑力、想象力、情绪、意志、才能、影响力和你对其他人的管治。你会看到，这么多年来，你诚然一直从上帝那里偷取这一切东西。一旦你察觉到自己真的是个贼，你会发现这些并未全部从你身上夺走，你反而会看到上帝已经把这一切都作为祂的礼物交给你了。前往属天之城路上的朝圣者啊，你的福杯满溢了！上帝实在使你富足得难以言表！但你总是关心更多的祈求！我本以为你会表示感谢，可是你认为自己拥有的田地，除了荆棘和蒺藜，一无所有。然而，你既然已开始挖掘，那么就看看那里到底埋着什么宝藏吧！现在你会看到，这一切都是上帝的丰富，并且你是如此令人难以置信地富足！

　　就此而言，上帝的儿女终会意识到他们拥有更加不可估量的属灵财富。在耶利米的这段预言中，他们发现了关于灵魂内在财富的荣耀应许。地上的财宝只是一个微小而次要的开始。它们是接下来那美妙歌曲的序曲，是上帝儿女进入真正的主的殿时，必须跨越的门槛。然后，那在主圣殿发光如宝石，以及所展示的一切，是灵魂的眼未曾见过，耳朵未曾听过，心未能完全享尽的。然后，我们就好像离开了某个鄙陋的小屋，进入了所罗门的宫殿，同着示巴女王一起惊呼："所告诉我的还不到一半！"

　　在这之后，我们在基督里所有的宝藏都会流归我们身上，加到我们身上，淹没我们。恩上加恩，荣上加荣！主耶和华不散的宴席，其中充满了丰富和最甜蜜的葡萄酒！丰富的宽恕之福，最深情的温柔之爱，无限的永恒之光！这一切都并非在我们身外，圣灵使它们在我们里面成真。这就是美妙的享受。这就是耶和华的百姓完全因"耶和华的丰富"而满足的时刻。

第38篇
直到我眷顾他的时候！

耶和华说："他必住在那里，直到我眷顾他的时候。"

《耶利米书》三十二5

"直到我眷顾他的时候！"对那些垂死的人来说，这真是一个奇妙的安慰。这说的是被掳的西底家王。他戴着锁链被押到巴比伦，关在那里的监狱中，可是他仍然在巴比伦受人尊敬。他在那里死去，庄严地躺着，被带到王室的坟墓里，百姓和巴比伦王向他致以敬意。在圣灵的启示下，耶利米预言说，西底家是大卫子孙，王室之人，是旧约中基督预表者之一。耶和华说，他会留在巴比伦，"直到我眷顾他的时候"，这意味着"直到他死时"。

不过，这里的问题在于西底家是否是一个已经领受恩典的人，还是他在审判中灭亡，并未得到恩典。这并非是我们需要决定的问题。我们无法决定这些问题！在我们尚未注意时，耶和华上帝在某个人灵魂中所做的事，以及所带来的影响，谁能知道和言表呢？这一切都归结为上帝在他们心中的工作，绝非他自己所揭示或谈论的自身之事，所以我们并不明了。然而，我们确实知道，在那日子，就是在耶和华喜悦的日子，会发生很多令人大跌眼镜的事。许多罗阿米（"不是我的民"）将被称为"我的民"。谁知道有多少现在被称为"我的民"的人，最终实际上会成为罗阿米呢？故此，我们对西底家的恩典状态并不下判断。我们只能总结：万军之耶和华说，当到了西底家结局的时刻，主耶和华会鉴察他，并且上帝的鉴察将会在他实际死亡之时宣判。

从这个角度来看，我们可以问，最后的鉴察是否会带来上帝与祂受造物团契的荣光？亦或相反，上帝的介入并不会从根本上解释最深刻意义上的死亡？不要急于分开实际上本属一体的事物！你的生命是一个单一实体。它的所有部分都属一体，彼此分离的时候只是虚构的。它们实际上是不存在的瞬间。万物站立在上帝面前，它们消失在万物永恒的深度里。在祂看来，千年如已过的昨日。你一生的年日即使满九十岁，也不过是一日而已。这意味着，它一瞬即逝。你的生命是相对于你的死亡而言的，你的死亡只不过是你生命的尽头。生命和死亡属于一体。这些年岁和日子的差别当然在你个人的意识中。但对上帝来说，它们并不存在。在祂眼中，这一切都聚向一点，这种融合才是现实。在现实中，事情并不如你看到的方式而存在，而是如上帝所看到的方式存在。

这位信实的上帝和天父，在祂受造物的一生中，持续不断地鉴察他们。祂如此对你，也继续如此行。所以，再说一次，我并非问你是否总是意识到这一点，或者你从来没有意识到这一点，这都没有什么区别。以色列的大牧者是一位寻找人的上帝，祂每天站在门外敲门。祂在你生命中每一个严肃的时刻奔向你。当你觉得被压迫的时候，祂和你在一起。当你苦苦挣扎时，祂站在你的右边。当披着羊皮的狼威胁要夺走你时，祂伸出祝福之手保护你。

这位一直在寻找人的上帝，鉴察我们的次数超过我们的想象。祂从未厌倦来到我们身边。祂从未放弃。假设你已经意识到自己领受了不可抗拒的恩典，并且这恩典将信心放在你里面，那么你就是属于那为数极少的人，已经注意到自己被这圣洁和崇高的上帝所鉴察。你是了解这一点的少数人之一，是为之欢喜的人，是有时为之感到无比荣耀且欣喜若狂的人，以此见证自己因这经历而多么蒙福！有时，他们甚至与在上的、满有同情的那一位有如此亲密的团契，以至于他们经历崇拜之爱和爱中的崇拜。他们已被那至圣者鉴察，于是在他们灵魂中留下的余晖能支撑他们数日之久！

请你考虑一下。耶利米的话为所有这些奇妙结果增添了某些新颖而丰富的内容。因为，如果你愿意听从，圣灵就会教导你，除了借着短暂的恩典带你回家，上帝的鉴察还有另一个目的，即陪伴你，并带你回家与祂同在。借着上帝在我们灵魂中的每一次鉴察，如果是按照其应有的方式进行，祂会带着我们心的一部分与祂一起到天上。祂一次又一次释放我们人格里的某些东西，让其直接安居在天堂。

主来了，祂发现我们灵魂的小船被十个锚紧紧地泊住，并用铁链和缆绳紧紧地拉着。每次那在上的耶路撒冷的王来探访我们时，就解开其中一个捆绑。祂如此行是为了越发释放我们，并给这小船指出更明确的方向。祂就这样，直到祂进行了最后一次真切的鉴察，这次鉴察完成了祂最终的目的。在解开最后一个锚后，小船开始移动，要么顺风而行，要么逆风而行。当它朝永恒的海岸前进时，风向决定了灵魂的航线。

鉴于此，请你想想已故之人和你亲人的离开。这是你主的"鉴察"。想想耶和华的降临，祂经常来临，最终的到来会带他们与祂同在。祂，就是耶和华，并不真正属于这里。祂的家、祂的宫殿、祂天上的居所在上面，在那另一个更完美的世界，在那围绕着宝座的永恒、无尽、安宁的天恩中。这就是为什么祂的灵在每次鉴察之后会回归那崇高、永恒和神圣的存有。当你终于陪祂到上面那个家时，上帝的鉴察将会结束，并实现它们的最终目的。在那里，你的上帝所有的鉴察都结束了，你与祂同住，永远居住在那里。祂来找你不再只是为了留宿，反之，祂会邀请你一直和祂同住。此事发生在祂宏伟的宫殿里；否者，你就会发现自己身处不幸的地狱中。这乃因上帝也有一个地狱。祂如此行是因着祂是上帝，祂是圣洁的，祂认真看待一切，而且言出必行。祂履行祂提出的任何威胁。这地狱就是那个永远慈爱的耶稣所提的"外边黑暗里，在那里必要哀哭切齿"。

我的好读者，有鉴于此，我恳求让每一个临终之榻都告诉你："耶和华上帝已来过这里！"让每一次对死的挣扎都发出这样的呼吁："愿上帝那圣洁的活动在此能被人看见！"让每一个挖掘而成的坟墓再次宣告："我们不属于这里，而属于耶和华上帝所住之地。我们真实的存在是在永恒里——在那里，并且只在那里。这就是我们活着的目的。这就是为什么全能的上帝在隐秘处把我们造成之后，我们从母腹中被拯救出来。"

"直到我鉴察他的时候！" 这就是要临到你的一切。你的时候快到了。每次上帝的鉴察都是一种预尝。当它终于临到你时，愿它是上帝的显现，带给你神圣的平安。愿它不是带你进入"外面黑暗中"，而是进入永恒的光明！

第39篇
以背向我，不以面向我

> 他们以背向我，不以面向我，我虽从早起来教训他们，
> 他们却不听从，不受教训。
>
> 《耶利米书》三十二33[12]

动物的本性就是会转过背来。动物当然有眼睛、嘴和鼻子，却没有脸。拥有一张脸是人类的神圣特权。人走到外面时需要带着脸，这反映出人的灵魂，告诉邻居们自己的身份。耶和华上帝按照祂的形像创造了人类，但动物并非如此，人类与它们不同。祂创造人类，是为了让他们赞美和尊荣祂，这是动物不可能做到的。人所独有的，更崇高、更丰富、更纯洁、更圣洁、更尊荣的，以及耶和华上帝想从一个人身上得到的，并不在于他们手中，也不在他们用以行走的脚上，更不在身体的其他部位，唯独在他们的脸上。它在他们存有的这面镜子里，在这个反映他们全部人格个性的雕塑中，在人们到公共场合呈现的难以形容、无以言表的事物上。它存在于他们的眼眸深处，显于他们的面部特征、隆起的嘴唇，甚至存在于使他们脸红的皮下血液中。

---

[12] 英译本圣经统一使用"背"（back），而凯波尔的荷文版圣经使用"颈"（neck）一词。

耶和华上帝希望看着你的脸，以此能够看透你的全人，并明白你的脸所表达的内容。祂希望你把脸转向祂，这样祂就可以在你眼睛里看到你灵魂隐秘处的情况。祂要你向祂仰起脸。如果它有罪，那么祂可以看到你因尴尬而面带羞愧的红晕。如果它破碎，那么祂可以看到你悲伤和悔恨的泪水。祂总是想看到你的脸，好知道你没有在不敬虔中偏离祂。祂不想让你竭力向祂掩面。

虽然上帝想要如此，但人们想要什么？人们在愤怒、叛逆的心中惊呼："上帝抓住了我的颈项。"即使赞美的歌声从他们的嘴唇涌出，他们也会低声对自己这样说。我们并非首先借由经验得知这一点，尽管经验对此也确实有所印证。不，并非如一些人所乐意的，借由经验、自我反省或审视良知而知晓！因为，如果你必须要依靠自我反省，那么你自鸣得意的心总会淡化真理。你的心会对你说："上帝所关切的，其他人可能会对此硬着颈项，但我不会！我爱祂。我愿意顺从祂的教导。"这就是你的想法，就像那些在圣言之外的人一样；这就是你想象的情况！

但是，实际上并非如此！教导你的并不应该是你自己心中虚假、不可靠的话，而应该是那唯一真实的、从上帝而来的圣言。祂通过自己的先知说："他们以背向我，不以面向我。他们的君王、首领、祭司、先知，并犹大的众人，以及耶路撒冷的居民都如此行。"一旦你从祂的圣言中学到了这一点，即使你曾犹豫不决、不情不愿，但最后你必肯定地承认："这是真的，就是这样。耶和华以祂的圣言确认了我自己心中所经历的。"

"上帝抓住了我的颈项"。也就是说，我拒绝俯首、弯腰或谦卑自己。在某种程度上，我会如此，如有必要，在许多事上亦会如此。可是，上帝要我们在一切事上谦卑，而我不会把一切都交给祂。我会为自己留一些东西，即使只是一个小偶像而已。我必须为自己留一些东西，无论多小，能让我感知到："你看，我不会在此屈服。我不会在这件事上向上帝屈服。它仍然是我的！"对于大多数人来说，情况变得更糟。他们中的绝大多数，整个人的心都对耶和华万王之王叛逆且桀骜不驯。然而，为了避免把自己跟其他人比较，你必定在一切事上，一切最终之物上都顺服。否则，单单一件事就会确认，你是硬着颈项和叛逆者之最。正如一只负重的牲口不肯屈服，每个人的心都有意抵抗耶和华的主权。

硬着颈项远离上帝就代表着不让上帝看你的脸，代表向祂隐瞒你的生活和动态，不以目光接触祂那鉴察全地的眼睛。这表示你好像不需要被祂打扰，好像你没有注意到祂一样。这代表让上帝为上帝，而你偏行己路。

那么需要做些什么来改变这一现状呢？会不会是你最终意识到并对自己说"不能继续这样了，我的上帝啊，请看看我的脸"呢？先知耶利米所教导的并非如此。不，以色列仍然硬着颈项，所以上帝就把她赶走了。祂让以色列经历死亡，把她埋在巴比伦的坟墓里。以色列，被囚禁在外邦统治者的牢房里，被锁链捆绑，变得无计可施。那时，耶和华来到她那里，说："我的百姓，你们要意识到，我使你有敬畏我的心不离开我。"（40 节）事就这样发生了。因为主耶和华使其成就了。祂的圣言坚固且可靠。然而，事情的发生并不因为主耶和华给我们植入一颗新心，使我们能够以新心的力量敬畏上帝，仿佛是我们藉此可以调转我们的颈项，仅凭自己让祂看到我们的脸。

我的弟兄姊妹们，这很像吃面包。你的身体饿了，上帝说"这里有面包"。现在你有面包了，你就可以用它喂饱自己了吗？《申命记》八章说，不，绝对不。这仍然是主耶和华通过面包给你力量，才能让你有改变。你作为一个人，非常了解这一点。你首先要祷告："主啊，请祢祝福我，让这本来是死的面包，只按祢的命令能滋养我。"

属灵上也如此。诚然，上帝把新心放进人里面，人就拥有一切，但他们其实依然什么也没有。这是因为只有耶和华现在成就了那新心所相信的，新心里的一切才能带来救恩。它相信什么？它相信上帝能够并且将会带来救恩，所以并非只有它在做工，而且也不是只有它配得一切荣耀。

这就是为什么当一个罪人得以归信时，他的颈椎就被松开了，他的头可以转动。然后，上帝将他的脸，而非颈项，转向祂。这在以前是不可能的，那时脊椎是僵硬且顽固的。可是，现在那人归信主了，这就有可能。这仅仅是可能，并不意味着他就能做到。他的自我仍然倾向于向上帝掩面躲藏。现在，圣灵开始在人的心里作工。圣灵使人的自我放弃所有抵抗，使他现在既愿意回转，又能真正地回转。人的自我会带着无法形容的羞愧且蒙福之情去做。如此，这人就真正被上帝看见了。

所以要意识到这一点。人们不敢仰起脸，但在圣灵的鼓励下，他们实际上就会这样做。当至圣者带着无法测度的审判，凝视我们整个罪恶且可憎之存在的核心时，我们会退缩，以这种方式回应。祂却高举我们，透过祂那慈容中不可思议的爱，让我们得到了有福的确据。"可怜之人如我，祂甚至都会拯救！"哦，上帝啊，还有什么比如此的爱更美妙呢？哈利路亚！

第*40*篇
我必不至缺乏

耶和华是我的牧者，我必不至缺乏。《诗篇》二十三1

"我必不至缺乏！"凡如此相信之人都已经得着了！他们不仅有平安，还有满足。他们在身体和灵魂、配偶和孩子、生和死上，都转向了耶和华。他们相信那位全能、全备的供应者、唯一完全的满足者，相信祂是我们的至高者，是一切美善的绝对圣洁之源。他们不仅知道，且心里确信："我之所以存在，是因为崇高的上帝创造了我。当祂造我时，已为我在祂的世界中预备了地方。祂决定我在祂的世界中所要实现的呼召。我相信祂有足够的能力和决心，供应我完成呼召所需的一切。祂的作为适逢其时。"

无论这种呼召是特殊的还是普通的，都无差别。也许，当别人已经爬上高梯，去修复或画出一座峰顶时，我只能是那个在梯子下小心翼翼行走的男孩。也许，我只能站在一条繁忙的街道旁，拿着广告牌，当一个普普通通的推销员。也许，一个年轻女子在商店橱窗里做着摆放展示品的工作似乎不那么重要，但她必不可少。永远不要和人攀比，只需留意自己的工作，不要看别人。绝对不要这样想："上帝本应可以给我一些更重要的事去做！"如果你这样想，你就是在用那个想法攻击上帝的绝对主权。上帝不会容忍这种言论。祂知道事情应该怎样安排，无需任何人的建议。当你不知道上帝的心意就向祂抱怨时，你就是攻击祂，并对祂安排的事情发怨言。这就是"我必不至缺乏"所要阐述的主要内容。

为了让员工更好地完成工作，企业经理会为他们提供尽可能多的指导、资料和其他资源。例如，在建筑行业，承包商给结构木工最基本的指导，给装饰木工更先进的设备，给雕刻木工最精准的培训。但是，他几乎不给打下手的伙计任何指示。即使这样，这伙计也一无所缺。如果他接受自己的角色，就会很高兴，边工作边吹着口哨，开心地只需做好自己的事情。我们一定要确信这一点：奉派遣的耶和华的仆人，你会一无所缺。但是，当你离开这个角色，想要做一些上帝没有呼召你的事情时，这个应许无疑就不适用于你了。然后，你会"缺乏"，或大大的缺乏。在这种情况下，主耶和华并未为你提供任何东西，而且你也无法买到，更不能自行生产。但是，如果你接受上帝给你的位置，那么你在生活中就不会经历诸般恐惧或担忧。在这种情况下，恐惧和担忧无疑表明你缺乏信心；这相当于你实际呼召中缺乏信心。它们反映出你不相信上帝管理万事，不相信上帝的全知，不相信上帝真的知道你所需要的，不相信上帝有一个旨意，祂事无巨细都已考虑周全。一言以蔽之，你就是不相信上帝真的是上帝！在你身上的那种怀疑，只不过是你心中感到被上帝抛弃而产生的绝望。这就是伊甸园里的罪，是夏娃那可怕的邪恶如今在你心中复燃，在你生活中复苏。

"我必不至缺乏"，这绝不是说你会得到应许将沐浴在奢侈中。我亲爱的弟兄姊妹，你或许不得不像沙得拉那样站在炎热的火炉里。这个应许却是，即使在那种烤炉里，你也"不至缺乏"。甚至，在你的生活中，失望可能会接踵而至，你会遭遇贫穷、心中苦痛；也可能上帝命定你要向撒但证明，你作为祂的孩子，无论忍受多少贫穷、痛苦或羞辱，祂都知道如何培养你的信心，并维持你的喜乐。主耶和华的道路是奥秘的。祂使一些人失明，一些人耳聋，一些人有情绪问题。但是，这一切都会服务于祂高深莫测的旨意。人们唯一可以肯定的是，无论是在痛苦还是喜悦中，他们在面对自己的处境时都将一无所缺。

一个人如何会成为殉道者？一个活生生的人怎能在火与剑之下，仍然唱着诗篇？我不知道！你也不知道，因为上帝没有赐予我们祂赐予殉道者的东西。

上帝照着他们的处境给予他们，这并非照着我们的处境。永远不能把"我必不至缺乏"解释为我们可以逃避痛苦的避难所。我们只能把这种肯定视为我们能够忍受苦难的确凿应许。我绝不会说我们可以忍受就能保证我们将安享晚年。不，我们能忍受，以至于在永恒的黎明破晓之后，我们能进入永恒的白昼。

"我必不至缺乏"最终意味着：上帝永远不会让我们失望。在上帝里面，我们有一切美善的至高至圣的泉源。那我们还有什么可抱怨的呢？这既适用于身体，也适用于灵魂。这就是为什么对你的身体而言，你不会缺少任何灵魂必需的东西。同样，对你的灵魂而言，你也不会缺少任何身体必需的事物。经文没有说："我身体所需要的一切，我将一无所缺。"它乃是说："我必不至缺乏！"这里关注的焦点是整个人，你和我的全人。

如果我们的灯需要油，那么上帝就会提供油。如果花园干枯，那么上帝就降雨。如果你渴想永活的上帝，那么上帝就自己临到。祂的使者会爬上最高的山峰，喊着说："看，你的上帝就在这里！"如果你站得太高，上帝会让你降低。如果你沉得太深，永恒的手臂会以慈爱将你举起。你所有的努力、灵魂所有的挣扎，都必须归结为你所信的这一件事。你相信什么？简单而言，你完全可以获取上帝宝库里已有的东西，它们都已经准备好了，在等待着你！那宝库就是基督自己。信心乃是灵魂的运动，圣灵借此从基督的宝库中将你所需的一切分赐给你。

你需要善行吗？看哪，上帝"为你预备了，好叫你行在善行中"，接受它们并献上感谢。你需要更顺服吗？圣灵上帝将控制你，像用马嚼和马辔驯服一匹桀骜的马，你将顺从并为此而感恩。祂会以祂圣言中的信心，让你悖逆的心变谦卑。你需要信心本身，使你能跪在地上，却仍然不能祷告吗？你觉得你和上帝之间如隔厚云吗？那么，你唯一的拯救并非是通过拷问、折磨或强迫自己，因为这样的反应只会带来更强烈的罪，使你更远离上帝。你的拯救来自读上帝的圣言——"耶和华是我的牧者，我必不至缺乏。"它所携带的应许，仿佛在你耳边并声轻态恭、结结巴巴地说："主啊，请教我祷告！"即使能祷告，也是我们主耶和华在祂完全充足的恩典中，仁慈地转向我们时所赐给我们的礼物。

从现在起，愿你的睡前祷告总蒙应允。但我意识到，在真正的祷告从你心中自由流出之前，或许要经过一段日子。但这表明什么呢？它表明无论你在那一刻会遇到什么，最重要的事不是那个祷告，而是你需要在你的处境中学到什么。你需要学习更少依赖自己的喃喃自语，这样过一段时间后，你就知道什么是真正虔诚的祷告。然后，你会意识到，即使一种深刻祷告生活的消失，也是从好牧人而来的礼物，它就像日用饮食一样必要。然后，你就会明白，这份礼物是在你毫无觉察的情况下给你的。哦，信实的大牧者，祂更喜欢倾听你在信心中受苦的声音，祂首先在你身上划出了一道河床，而你的祷告最终会顺着它流出来。祂这样做是为了让你真正所需要的，都一无所缺。

第41篇
都来，买了吃！

> 你们一切干渴的都当就近水来，没有银钱的也可以来。你们都来，买了吃。不用银钱，不用价值，也来买酒和奶。
>
> 《以赛亚书》五十五1

在神圣、荣耀的上帝国度里，事情多么美好啊！但在其他一切国度中，人们会说："没有钱的购买，根本就不是购买！"当然，我们也可以理解，那种先买后付的冲动型消费，这个世界的人当然会明白，但是这绝不是这里所要谈论的内容。"不用银钱，不用价值，也来买酒和奶"，这意味着你不需要付钱就可以拿走东西，让它们属于自己。这意味着你没有付出任何东西，且永远也不必付出。

这样，人们会说："如此这般，那就不是买了，而只是交给你、捐给你，送给你作为礼物。"当然，在所有上帝的儿女中，谁会反对这一点呢？恩典在我们身后围绕着我们，并且在我们面前的唯有永远的恩典！我们不知别的，只认准这一点。

当你这样想，并且更深地活在这完全白白得着的恩典中时，你难道不明白你这一生都不可能报答这份永远的恩情吗？弟兄姊妹们，你们看，三一上帝就以这样难以言喻、深不可测、无与伦比的救恩，作为礼物赐给你！当祂给你的时候，这难道不是让你承担起这份永远的道德义务去感谢祂吗？难道你的良知不是如此告诉你的吗？在你履行这义务之前，你真的会寻得平安吗？即使你辛苦劳力地想还清上帝恩典的债，你也永远不会做到，绝不会，绝不会，哪怕一半也不能。你的灵魂将常常被这难以摆脱的责备所压迫；这个责备就是，"你还未做到"。

我们常常会被好朋友的善行所压垮。有时我们会对他们说："亲爱的朋友，你让我觉得好气馁啊！"同样，上帝那深厚的大爱也可能使我们心情沉重，而非振奋，并且我们很难置身事外。因为上帝意识到了这一点，所以就通过圣灵向我们呼吁："不用银钱，你可以来买！"这意味着你永远都不必付一分一毫，永远不用！你将完全白白拥有，就像你买了一样。完全慈爱的上帝绝不会走过去问你："你打算怎么报答我所给你的一切美善？"

不，上帝的孩子，你已买下了它。救恩是你的了，合法地属于你。就所有权而言，它都已经成为你的了。你完全荣耀的上帝所赐予你的，不是单一、而是双重的救恩：其一，这救恩是上帝彰显的恩典；其二，这救恩是你白白获取。无疑，在你得着这救恩之后，你就会发出更深的感激。这是一种属天而非属地的感恩。它不是要你必须还清债务。相反，这种感恩会涌出安静之爱。这种爱表现为一种团契关系，就是在思想、言语和行动上与圣灵的团契。因此，所有关于对恩典而感恩的计算、测量和权衡都要被抛弃。

以色列的圣者呼喊："来买！"这种不可售之物会使人有更大、更深、更丰富的感谢，绝非使之更少。这是植根于另一项原则的感谢。这种感谢会使人得释放，而非受压迫；这种感谢不应被抛弃，反而应深化于心。我们总是有责任去增加且重复这种感谢。这种感谢总是住在一切美善的泉源里，一切蒙福的源泉中，也住在我们救恩的活泉里。

接下来，我们要谈谈为什么要吃。饥渴的人像一条大溪流奔流向祂，走进祂恩惠的府库，不凭银钱买了葡萄酒和牛奶，然后举起生命的粮呼喊："弟兄姊妹们，看我买到了什么！与我一起欢乐吧！"然而，他们买来却不吃。对上帝来说，没有什么比看到这一幕更糟糕的了。

买了生命的粮却不吃，这到底是怎么回事？人们只是假装饿了而已吗？又或者是他们就不相信这生命的粮？难道他们害怕这粮不滋养人，反而会伤害他们吗？难道害怕这粮不会带来生命，反而会带来死亡吗？这就是藐视上帝了，就是藐视祂那无法形容的恩典。这就是藐视圣子，祂是上帝所赐那无以言表的礼物！这就是藐视自称"我就是生命的粮"的那一位。主耶和华会放任这样而不惩罚吗？难道祂不会报应那些藐视圣子温柔之爱的人吗？难道祂不会任凭你的灵魂饥饿来报应你吗？

我的弟兄姊妹啊，你们已经买了这食物。这就是为什么即便你不愿放弃感激，也必须要先吃这食物。你要吃这生命的粮。吃了，你灵魂就会大大喜乐；吃了，你就会结实生长，满有荣光的样子。"他要像一棵树栽在溪水旁，按时候结果子，叶子也不枯干。"经历这事的人有福了。

第42篇
我们若说！

我们若说是与上帝相交，却仍在黑暗里行，

就是说谎话，不行真理了。

《约翰壹书》一6

"我们若说……"哦，多么虚假的舌头，总是讲论、吹牛、讨论属灵大事！"说"我们属于主；"说"我们是上帝的儿女；"说"我们藏身在祂里面；"说"你的心和永活的上帝之间有团契，并且在上帝的荣耀和圣洁里有交通！

"说"，好让别人听到！另外我们透过"说"来获得地位和更高的价值，好在别人眼中显得更重要！运用舌头，让自己被高估，且有更好的自我形象，让人们认为你很虔诚！哦，误用舌头以及你灵里的恩典，这是多么令人震惊，你还总以为你说的是实话。你的舌头是个珍贵的器官，是个极其神圣、有着奇妙创造力的工具。上帝赐给你是用来表达你的内心，那种涌动着迫切需要向他人倾诉的内心。当你向他们表明你心所想时，他们内心也会受到影响。你的舌头影响了他们的耳朵！借着这奇妙的器官，你内心深处的东西可以传达到另一个人的心底。若没有舌头和耳朵，人类就像森林中的树木一样站在一起，虽然它们外面会互相碰触，却从来没有内在联系，也绝无彼此交通。

所以你说话的能力、表达自己的能力是上帝所赐的完全奇妙的礼物。耶和华上帝所赐的美好礼物，显然不是给你当作玩具，更不是让你去传播罪恶。上帝把它托付给你，是为了一个崇高且神圣的目的。上帝将此赐给你，是为了使你能与其他人一起荣耀祂，并使你成为他们的祝福。

现在我们可以理解为什么说话、措辞、自我表达都会被滥用。一次内心的分享可能会演变成一场拉拢他人的表演。我们实际上说的是："到这里来，让我跟你说说我内心深处美好的事。让我跟你讲讲我里面住着一个多么重要且蒙福的人。这些都说明全能的上帝对住在我里面的这个人，有多么特别地看重。"

当舌头堕落到这般程度时，切掉它会太残酷吗？它难道不理应如此吗？你必须降卑，必须舍己，任何自我都不应留下。你必须尊你的上帝为大。然而，你现在已经出格，且滥用了那份珍贵的话语礼物。你这样做是为了把自己放在首位，并在别人面前荣耀自己。你这样做是为了把所有注意力吸引到你身上，是为了让他们看到你多么伟大！

可是，你也许会为自己开脱："我亲爱的朋友，这是我以前的样子，因自己的美德而膨胀。但现在并非如此！你知道的，我唯一的荣耀，就是尊荣上帝在我心里的作为！"这时候，主的圣言会像以前一样，尖锐且强烈地刺痛你那傲慢、膨胀的心；它会使你深刻意识到，这种对神圣之事的妨碍，实际上只会让你的处境变得更加糟糕，而非更好。确实如此，那强大的试探者让你的心中生出了此等狡诈。你可以在外面看起来有极大的谦卑，却同时又在这些事上心里享受巨大的满足。没有什么比不断谈论神圣之事更能公然亵视它们了。

说你直率，人们恭维你，甚至你都自夸起来。说你自认为风度翩翩，但人们认为你自负。不，你不能为此获得丝毫荣耀。然而，如果你说你是上帝的圣徒之一，那么他们就不会在这最大的自命不凡之事上反驳你。然后，他们会尊重你，自我思忖："如果他敢这样谈论自己，他一定是个不寻常的人。"

这事如此轻松就实现了！好吧，一开始并不是这样，第一步很困难。这些话你几乎说不出来。羞耻感乃是耶和华上帝所设立的忠实守护者，警告我们要慎于开口。可是，一旦我们越过了最初的犹豫阶段，就开始说出我们的想法了，我们就会无拘束地说起来。哦，要特别留意油嘴滑舌、习于说话的人。话会涌出他们的嘴唇，在这不洁净的嘴唇上，几乎所有神圣的约束都消失了。

请注意，当先知被召来代表圣洁的上帝说话时，他从灵魂深处哀叹，说："主啊，我不能用这不洁的嘴唇谈论你圣洁的事。" 然后，一个撒拉弗从祭坛上飞来，用燃烧的炭洁净了他的舌头和嘴唇。这告诉我们什么呢？这是否意味着，除非以赛亚的嘴唇在这痛苦的磨难中被烧得洁净，否则他就不能用言语清楚解释神圣之事？当然不是！就这些话本身来说，它们只是日常生活之语。经文所说的乃是，以赛亚担心他的嘴唇不洁净，会污染神圣之事。他感觉到谈论这些事只是在喋喋不休、胡言乱语罢了。他担心，谈论这些事只会高举他自己，这于我们是常有之事。如果像以赛亚这样，上帝的捍卫者都会担心自己可能为了自私的目的而导致滥用言语或主的神圣之事，而深感必需去约束自己的嘴唇。更何况在这些方面有着更大危险的我们呢？

所以要留心你周围发生的事情，然后问问自己，你今天是否仍然能找到以赛亚身上的谦卑。难道不是每个人都错谬地以为，他们的嘴唇又好又洁净，足以让神圣的话语，像河流一样在他们身上流淌吗？

"我们若说……" 哦，耶稣的使徒很清楚地知道这句话中所藏的诱惑、危险和错觉！这就是为什么他如此强烈地警告我们要停止这一切的"说"。这就是为什么他劝告我们要约束自己，严肃地说话，说真话。在他看来，即使有十次机会你本可以说，却只字不说，也好过只说一句冒犯上帝圣洁的言语。

基督的教导如此严肃，令人不可抗拒！你听听万民中每一张嘴都在吹嘘、嗡嗡作响、无休止狂欢，直到全地的尽头。听到这一切真让人疲惫不堪！所有的笑声、嚎叫和疯狂的谈话，都让人疲惫！那小舌头总是摇来摆去，嘴唇总是张开闭合！然而，针对这一切言语上的嬉戏，我们的主耶稣却教导我们："凡人所说的闲话，当审判的日子，必要句句供出来！"

在这方面，约翰的教导更加深入。这位众人中最安静的、头倚在耶稣胸前、言语稀少的使徒，对我们和整个基督教会说："我们若说……"此处，他想到的绝非一切的闲扯、寒暄和无尽的唠叨。他所关注的是我们在语言上的滥用，即我们将神圣的内容贬损为毫无意义的废话。当我们谈论上帝那无可媲美的真理，或者我们个人的处境时，可能就会发生这种情况。

这首要的危险尤其针对那些宣讲圣言的人。传道者被赋予了令人向往的职分。教会允许他们成为上帝的使者，并允许他们祷告，说："要与上帝和好！"这就像上帝自己透过他们祷告一样。这是一个伟大的、迷人的美丽呼召！但是，永远不要忘记，它也有阴暗面。传道人面临着滥用神圣之事的千万种危险。他们冒着让自己职分成为自己宝座的危险。他们可能会以为人们是为了倾听他们而存在，而非他们是为了鼓励上帝的子民而存在。他们可能认为教会是聚集在他们周围，而不是围绕永生上帝的圣言。最重要的是，他们可以一遍又一遍地说着许多神圣之事，即便他们心不在焉，即使真理不在他们嘴唇上。真是令人难以想象的危险！骆驼穿过针眼真的比人进入天国还容易呢！我们在此补充，对于那些承担宣讲圣言职分的人来说，难道不也是如此吗？

会众们，要为你们的传道人祷告！他们每天都面临危险，特别是在主日。要为他们祷告，也要为你自己祷告，因为你一样面临这样的危险。"我们若说……我们就是与祂相交了！"你面临着这个表述中的其他一切危险。

每个被救赎的人都相信这一点。但是如何说并何时说出来，这是问题的关键！这一点是肯定的。如果诚然如此，难道没有沉默之时吗？另一方面，难道我们不也有绝对的义务，打开舌头、见证上帝在我们心中所做的一切吗？这两者之间区别甚大！有时，圣灵上帝会让舌头得释放！若狮子吼叫，那么谁能忍住不听呢？这就是你必须要说话的时候！但是，你的舌头也应该有被绑住之时，就是当你只为自己的利益而非上帝的利益继续谈论神圣之事的时候。当约翰说"我们若说"时，他反对的正是此事。因为这时，你的"说"就是一个诅咒。

第43篇
与上帝相交

> 我们若说是与上帝相交，却仍在黑暗里行，就是说谎话，不行真理了。
>
> 《约翰壹书》一6

"与祂相交？"与谁呢？与崇高、圣洁、荣耀的上帝相交！我的灵啊，你有没有体会到，与这完全荣耀的赐福者相交的想法，会带来多么丰富的祝福？你能测透、你能理解吗？与祂相交，不只是说你有时会想到你的上帝；也不是说，你时不时想象你已经被提到天上；这亦非是说，你在祂面前努力地不去得罪祂或不再去做得罪祂的事。这一切都如此肤浅，稍纵即逝，矫揉造作！这一切都是一种人为的、无稳固根基的相交，在它里面毫无真理。

那么，如果耶和华我们的上帝是绝对完全者，与祂相交不就是完全与祂合一吗？这种相交不是靠着我们自己祈祷、唱诗或赞扬，而是祂为满足自己的心意所发的，除此以外，别无其它。但是，你的灵魂会忧心忡忡地问道："这种相交要有多完全才不会误导或欺骗我们呢？如果是这样，那么我所有的希望都是徒劳，我信靠的根基也都崩塌了。"

好吧，弟兄姊妹，我甚至不会绕开那个令人沮丧的问题。我只是想让你们扪心自问：如果你认为是你的祈祷、反思、努力和爱心，建立了与我们与那位永恒、圣洁、完全之上帝的相交，那么你就完全被误导了。事实就是你并未贡献任何事物，用来建立上帝和你灵魂之间的相交；只有上帝才能做到这一点。你们所有的祷告、爱心和赞美都不能创造出这种相交，也不能构成这种相交！它们最多只是这种相交所开的花、所结的果和影响而已。事实上，我们甚至敢说："请注意，要确保你的祷告、爱心和虔诚不会阻碍你与上帝的相交！"

这问题归结为，在你心中所栽种的信心和你灵魂中公义的状况如何。那信心是已经深深扎根，还是可悲地已经枯萎？那公义的冠冕是已被高举，还是不幸地，如同众人那样，已经倾倒于地？殊不知，那冠冕就是你的祈祷、爱心、奋斗和牺牲；那根就是上帝向你并为你所做的事。也就是说，上帝的行动作为是你生活、处境和你信仰表达所仰赖的根。很多人在此完全颠倒了次序！他们让自己的祈祷和奉献成为生命的根，认为这才是他们与永恒上帝相交的基础。这些被误导的可怜人啊！他们似乎无法让祂成为根，因为他们不愿屈服于"上帝诚然是上帝"这令人畏惧的想法！

是的，祂就是你团契相交的源泉！但怎么会如此？那相交是什么？它包括了什么？你要这样想：一个人软弱，三人彼此分开亦是如此，可是三人在一起就刚强了。他们刚强是因为他们相互连结、彼此相交。这就是为什么罪恶、死亡、魔鬼和世界是相交的。上帝如此强大，如果上帝的敌人想要有任何希望，他们就不能单独做事，必须联合起来、团结起来、彼此相交。这就是为什么他们要竭力行恶就必须合作。他们如同在一个大而可怕、令人毛骨悚然的机器中的齿轮，必须相互支持、彼此鼓励和帮助。想想在这世界中，一个罪如何引起了另一个罪。此罪连着彼罪，且彼此加持。一切不义和不敬虔之事都相互关联，形成了一个完整、聚合的整体。而这一切，都处在一种相交中！

撒但是怎样产生如此想法的呢？罪的魔掌从何处获得了惊人的能力，以至于他们在一切努力中能如此和谐行事？是撒但自己想出来的吗？好像除了模仿上帝，牠真可以成就什么事情一样！牠只是用牠邪恶的方式，错误地模仿上帝罢了！所以我们得此结论，这种团契相交的理念并非出于撒但的构想，而是出于上帝。祂所创造并再造的一切，都一同效力的图景令祂喜悦。祂是如此喜悦，以至于祂设想了一个荣耀的相交。结果，万物都属于同一个身体、同一个国度、同一个有机体、同一个雄伟的整体。这并非人们为了在一起而培养的相交，而是一个反映出上帝永恒存在的团契相交。这种相交，从祂身上流出，从祂里面活出。这种相交，由祂亲自赐予活力。它是为启示上帝的永恒荣耀而设计，停留在每一次与万主之主的个人相交中。

所有创造界的东西无疑也属于这种相交，凡不属于此的是由上帝永恒的喜悦所决定。这适用于祂创造的体系中每一个物件、每一个组成，甚至是一个小小的轮轴或弹簧。一旦确定了该实体是它的一部分，就永远是它的一部分。它永远不可能处于那相交之外，当然也无法逃脱。相反，任何相距甚远之物总会更靠近、更亲密地贴近那永恒之光的深处。

与完全荣耀的主相交并不意味着你总可以体会这种相交；也不意味着，你不会感觉到有时它会消失好几个小时；更不意味着，你每一分钟都会享受它极温柔之爱的祝福。不，这只是意味着你将知道你已经脱离了与撒但的相交，并且已经进入了与圣者的相交。这意味着你将知道自己已从黑暗的国度，被迁到祂爱子的国度里。与永恒的上帝相交意味着，在祂所造的巨大机器中成为一个小轮子或弹簧；或换一个比喻，你成为祂儿子耶稣基督教会中的一个小器皿或细胞。因此，这相交是完全的。曾经你在外面，如今你进来了；曾经你与它无关，如今你与它紧密相连；曾经它不属于你，而现在你已被纳入其中，成为它的一小部分。这都是因为你的上帝那奇妙的工作。

那么，为什么这被称为"与上帝相交"呢？你要明白，可以侵入到那相交的并，不都真正属于其中，就像有时你的手指里进了个小刺一样，你必须把它挖出来。所以，单知道你在那相交中是不够的。重要的是要知道你实际上正在与上帝相交，因为这才是处于那相交中，且你属于那相交的真正标志。凡在它里面并抓住上帝的人都属于此相交。每一个被纳入这团契中但不抓住上帝的人，要么现在、要么永远拒绝这种相交。

是谁站起来说"我和这位上帝有真正的相交"，但后来并未表明自己知道这到底意味着什么？是谁甚至必须施压被迫进入这相交中，随后他们不堪重负的心突然欢欣鼓舞，说"是的，上帝配得赞美，我在那个蒙福的相交里"呢？

是谁？他就是上帝在其心里做成这工的那人！上帝通过圣灵使他得自由。他能坦白承认自己得到这相交是恩典的第二重礼物。除了这等人，别无他人！

说自己与上帝相交，实则未有的人，就像在吹肥皂泡，终将自我毁灭。拥有这相交，却不甚藉着圣灵的完全自由谈论这事的人，在属灵上是僵死的。他们的生活缺乏属灵的活力。然而，对那在圣灵里有完全自由的人，有两件事是真的：他处在真实的相交中，并且圣灵向他见证，说："开口说话！"那人将在上帝和别人面前见证，说："是的，由于上帝的恩典，我还活着，我站在那相交中，并且我正与上帝有这种相交。"当这样的人如此说，他们的话就像闪电，会突然照亮他人心中的黑暗，并显明自己内心的实情。他们说话的语气震撼人心，能唤醒其他人。话语一发出，就像许多寂静夜晚的隆隆雷声，影响到许多在自己坟墓中饱受煎熬的人。这是何其荣耀！然而，如果这只是如池中杂草一般的空洞谈话，如果它只是毫无荣耀或灵感的伪造证词，那么人们就会厌恶它。它只会让那些焦虑不安、暗自哭泣的人滞留在自己的困境中。

上帝，我们的主啊，求祢保护我们，防备这种属灵狂热的扭曲。与祢的相交是语言所能表达的最神圣、最崇高、最荣耀的事。请把它赐予我们所爱的人，请把它赐给众人。因着祢的怜悯，求祢把它赐给我们。最重要的是，请把它注入那做作的、想象的、佯装的相交中，因为祢察验我们的灵魂，也知道我们的心。

第44篇
却仍在黑暗里行

> 我们若说是与上帝相交，却仍在黑暗里行，就是说谎话，不行真理了。
>
> 《约翰壹书》一6

对于基督徒来说，有两件事必须像坚固的墙壁一样矗立。首先，论到自己，他们必须能明确且清晰地说："我们不是在黑暗中行，乃是在光明中行。"但他们也必须意识到，并同样确定且断然地承认："我们犯了罪。因为有些事情我们不知道，我们也需要呼求主赦免我们未知的罪。上帝比我们更知道我们的心。我们所不知道的，祂都知道。上帝在祂的圣洁中，以鉴察全地的眼睛看着我们。"

如果抛弃这两种信念，你马上就会处于基督信仰之外了。你成了一个骗子。听听使徒所言："我们若说是与上帝相交，却仍在黑暗里行，就是说谎话。"正如第8节断言："我们若说自己无罪，便是自欺，真理不在我们心里了。"圣使徒就让这明显的矛盾如圣经所记载般显明。借此，他从根源上切断了反律法主义（anti-nomianism）的松散生活，以及完美主义的自鸣得意。你身上需要有这两种事实："在光明中行"和"持续认罪"。这是一个谜，是一个道德奥秘。情况就是如此！至少，如果你按照这圣言生活，不偏左右，就是如此！

那么它是如何运作的呢？我们的古人、令人敬重的属灵前辈之一尚基斯（Zanchius）说："亲爱的弟兄姊妹们，当然，我若沿着灯火通明的街道走，也仍然可能会摔倒在地。但是，若我行在一条漆黑的街道上，即便刚开始一切顺利，但我最终还是会遇到致命的事故。"

"在黑暗中行"不可能与基督教信仰调和。如此行却仍然坚持认为自己是基督徒，那他不过是个彻头彻尾的法利赛人。他们是伪善者，是假冒者。他们毁灭自己的灵魂，也对他人构成威胁。这种属灵的吸血鬼一直存在于基督教会的历史中。尽管他们可能是坚定的认信者，在属灵上却是很可怕的人。他们显扬自己的基督徒品格，却在许多方面妥协信仰，即便可能不是所有方面。如此一来，他们使周遭基督徒的良知软弱。这给年轻的基督徒带来这样的印象：他们不必像曾经所认为的那样，要达到基督徒群体的高标准。这就是为何揭露这些粉饰的坟墓很重要。对他们的尊重不该被容忍，需要有人揭示他们的"干骨头"，他们里面的真相需要被显明出来！

在主的属灵法庭中，当圣言发出来抵挡荆棘和蒺藜时，它的重要目的就在此，如往常所为一般。它还要求所有宣讲圣言的传道人和所有基督的见证人，不可回避责任，而是要揭露这些邪恶的怪物。他们有义务说："不要再用你污秽的嘴唇作这样神圣的见证。不要再用你污秽、肮脏的手拿着基督的十字架四处游行！"

我的好读者，你要明白这一点。"在黑暗中行"真正的意思是渴望黑暗。这与那真正爱惜走在阳光下的人形成鲜明对比，因为阳光下的温暖对他们大有益处，让他们感到如此惬意，并且激励着他们。而行在黑暗中、藏在暗处的人，常常有意如此，因为这会减轻他们伤口的刺痛，隐藏他们内心的动荡，使我们更同情其黑暗的本性。

在黑暗中行就是躲避上帝，并尽一切努力逃离祂的视线。这是我们灵魂的可悲状态，它就像夜间的鸟一样。它们有眼睛，在黑暗中也能看见，但受不了光。这就是说，因着他们未归信和未悔改的心，人们沉浸在隐秘处，享受着黑暗之地。他们当然还可以谈论属灵的事情，甚至参与祷告和宗教活动。但是，这些要么只是出于宗教习惯的反应，要么就是在心里玩情绪游戏而已。更糟糕的是，他们可能是出于纯粹的虚伪，旨在影响他人，并为其邪恶目的获得别人信任。

或者某个人可能会单纯地认为："因为我看起来虔诚，也许上帝会在我奄奄一息时还会对我施恩。"

上帝的儿女从来没有以这些方式在黑暗中行走。他们绝不能被误导的冲动所诱惑，从圣经中得出结论说，有人可以同时走两条路：早晨行在光明里，夜间行在黑暗中。这样说好像人真的可以一只脚在灯火通明的路上，另一只脚踏在黑暗中！这办不到，绝不可能。你要么死，要么活！你要么向右，要么向左，但不能同时走两边。人们会说："但那些属灵焦虑的人会如何呢？"亲爱的读者，请思想一下！一种是你心里不安，但圣经让你确信你属于主。另一种是你偏偏跟那些"在锡安中享平安"的人同来同往，最后你的大法官却以祂永恒的判决令你感到惊吓，几乎要死。前者岂不是比后者要好上一千倍吗？

永远不要只依靠宗教经验，但只要靠上帝的圣言。如此一来，毫无疑问，每一位上帝儿女在他们新生命的每一天都会行在光明中，绝不会重蹈覆辙。即使他们可能会时不时短暂地走在黑暗的路上，也是如此。

这一定会发生。即使你的灵魂被黑暗笼罩，也知道自己正在光明中行。然后事情就发生了。你不得不思考，说："这到底是怎么回事？我是否虽在经历暂时的黑暗，却行在永恒光辉之路上？还是我仍然走在永恒黑暗的道路上呢？"

感谢赞美上帝，这其中的差异很容易确定！如何确定呢？这很简单地发生在实际操作中，只要省察你所认为的真实就可发现。你在心里会认为："嘿，这黑暗真的很美吗？"你要退回到黑暗里去吗？当人们直截了当地反对你，你是否借口说你的黑暗诚然是光明呢？或者，在另一方面，你会为你灵魂的救恩和你的心而惧怕吗？你会诅咒你所看到的事情吗？你会立刻呼求怜悯和赦免之恩吗？

如果你是前一种反应，你就是个可怜的假冒为善之人。如果是后者，那么你就是一个浪子，一只误入歧途的羊，天父那个非常不安的孩子，仍然真实属于基督，让基督作你的中保。这是那仁慈圣洁者对假冒为善之人所说的话："要转离你的恶道。你若悔改，就有赦免之恩为你存留！你若不如此行，要知道当你落入永生上帝手中之时，那将会多么可怕！" 虽然他们可能没完全听清楚，但是那安慰者却对祂自己失迷的孩子说："你的罪已经被投于深海了，我的孩子，要归向我，不要再犯罪了！"

如此，怎样在光明中行呢？以十分自然的方式而行！"我们原是祂的工作，在基督耶稣里造成的，为要叫我们行善，就是上帝所预备叫我们行的。" 难道不是吗？你只需要相信就好，也要相信圣灵在你身上作工。然后，你自己就会经历这些，且在自我中心的可怜光景中认识到：你里面不可能存有善工。然而，你不断挣扎、用谦卑的心说："不可能，这不可能真的发生了！但是，是的，它的确发生了！那是唯在主耶和华我们上帝之名的帮助下才成就的！" 这时，圣灵就会在你身上成就善功。

第45篇
就是说谎话，不行真理了

> 我们若说是与上帝相交，却仍在黑暗里行，就是说谎话，不行真理了。
>
> 《约翰壹书》一6

听一听人们说话的方式，今日的一切都是关于"真实"（being true）。你几乎听不到他们谈论"说假话"或"做虚假的事"。他们现在所对抗的主要邪恶就是"虚假"。"虚假"的表述似乎具有如此强烈的魅力，以至于从哲学家的著述进入了神学家的著作，并由神学家的著作转变为许多讲章和诗歌。现在它就被挂在布道者、宗教演讲家和有素养的教会成员的嘴边。

这是一件好事吗？按上帝的圣言来说，不是的！上帝的圣言强调，我们无法判断别人的内在。这是上帝的工作，不是我们人的工作。我们可以在别人所言、所行和生活方式中辨别真相，我们必须满足于这样更谦卑的定位。所以，问题归结为某人说了什么和做了什么，而非他们是什么人。我们只能理解这些事的好坏，唯有上帝能判断他们是什么人。这一切关于别人"虚假"的讨论，从根本上讲很自负，因为这是侵入了上帝的领域。

警告我们不要总是谈论别人"虚假"的一个更有力的理由就是：它会在人

们几乎毫无留意的情况下，导致人们更少关注"言说真理"，而且对"行真理"的关注也会逐步消退。这两者休戚相关。假设我能看透表面、直达别人内心隐密深处，并能判断他们是否真实，这又如何呢？那么，在这个重大问题之后就会伴随着一个相对次要的问题：那人是言说真理还是按事实而说话。这是一个次要问题，我对它就不那么感兴趣了。此外，由于更深洞见本身就是不太重视表相，那么文字的力量就会被削弱，人们就习惯去了解一切的一切！

如果要更深入地探讨这个问题，那么归为某个人品质的"合乎真理"（being truthful），实则是这人不配得的，因为每个人都"易于说谎"。对于那些没有重生的人来说就是这样，他们甚至没有意识到或不承认这一事实。可是，那些已重生之人的眼睛已经看见了这一现实。正是当上帝的孩子与自己的内心搏斗时，他们才能正确地认识到自身存有不真实、虚假和说谎的本性。在地上任何想制止这种状况的努力都是徒劳的。他们的所是和所信之间依然有矛盾。除非他们深饮于完美主义那令人麻木的杯，并在臆想的幸福中酩酊大醉，否则他们的所是和所信之间的鸿沟会一直存续至他们离世的那一天。

作"真实"的人并非简单地等于作个荷兰人！对于忙碌工作的人，不应该就说他们"真实"。相反，在圣经译者看来，他们可称为"是合乎真理的"。在原文使用"真实"这个表达时，译者们总是把它翻译成"合乎真理"。[13] 因此，"合乎真理"这件事只适用于上帝，而不适用于我们。若想把它应用到我们自己身上，那么这就是傲慢自大。这不能归咎于我们。我们以不诚实的性情所能做的，就是向那真理者伸出我们的双臂，向祂恳求。向那唯一"完全合乎真理"者，向那能帮助扶持我们的主恳求！耶和华是"自有永有"（is who he will be），祂行事合乎真理。因此，凭着祂自己的所是，祂就是万物中唯一绝对的"一切真理的保证"！

圣灵借着以赛亚为那些"以暗为光、以光为暗"的人哀叹（赛五20）。这意味着蝙蝠会向猫头鹰提问，白天是不是真的很黑，夜间是否真的很光明。因为对它来说夜里才是它能看清楚的时候。这正是我们面对耶和华上帝时的样子。

---

[13] 此处凯波尔添加了以下脚注："在《哥林多后书》六8中，使徒使用了'是真实的'（are true），但这表达乃从默示的角度而言。"

因为我们让自己的眼睛避开光，非常专注地盯着罪恶之物，所以我们把事情完全颠倒了。然后，我们骄傲地说："现在我真的可以看清了，光照极好啊！"这时，耶和华会以祂的威严临到，让你被这个世界之物绊倒，祂在你心里怒喝："不，你的光实际上乃是黑暗。我，你的上帝，唯独我决定什么是光，什么是真理，什么是事物的本质，以及人需要如何识别它们！"然后，因为我们不再能确定事情的定理和原委，我们就沿着墙摸索，恳求得到试金石或标准，好让我们辨别事物。然后耶稣临到我们，说："我就是真理。"承认祂就是那真理，我就改变方向，并从我里面认识到，"我虚假、说谎、欺诈、不真实、纠结、矛盾"。我也认识到，"真理在祂里面，且唯独在祂里面。祂是那唯一完全诚实者，在祂里面存在纯全的合一"。

弟兄姊妹们，这就是为什么务必不要让自己因谈论"真实"而被误导。凡认为自己有能力判断别人的，认为他们"不真实"，这等人无疑就在下结论，他们自己是真实的！舌头就是这样误导人的灵魂！这是纯粹的傲慢，所有关于"真实"的胡言乱语都只会让人更加远离独一真理的那一位！不，对我们这些可怜的被造物来说，合宜之事就是表现出安静的谦卑，并深深地相信：独一真理的那一位至高无上！唯一真正合乎真理的那一位高居天上。万民都是欺诈的，我们在其中居首。

如果我们诚然被恩典转变，也就是说，我们明白了这一切，且有圣灵住在我们里面，那么我们就会渴望那在上的真理。然后，我们也会宣告自己相信这真理，并渴望这真理会管理我们和我们周围的每一个人。我的弟兄姊妹们，我们会负祂的轭，我们也不会再想要测量自己永远无法测度的深渊。相反，我们会倾听圣经，听什么是行之有效，以及我们属灵先辈的教导。我们会在自己嘴边设岗，好让你我对自己所说的话负责。我们会警惕自己的日常行动，以确保我们诚然行在祂为我们选定的路上。但是，如果这一切描述都不适用于你，那么你就在判决、论断并谴责你自己。你就是在告诉自己："我在撒谎，我也并未行真理。"当圣言的判决生效时，你的骄傲就被粉碎了。而后，你又会向独一真理者伸出手。然后，出自上帝审判你的话语就会使你脱离谎言，并使你进入独一真理（the Truth）。

第46篇
使我消灭在烈风中

> 把我提在风中，使我驾风而行，又使我消灭在烈风中。[14]
>
> 《约伯记》三十22

即使你的竖琴只演奏挽歌，你的管风琴发出哭泣的声音，你也不要太苦毒地抱怨！为了不被你的苦毒抱怨所淹没，你要从约伯那里学到，耶和华在地上打碎祂圣洁子民的崇高目的。

请看一看，这就是约伯。他是主极其圣洁的一个孩子。不过从超越罪恶的意义上来说，他也不圣洁，完全没有！约伯就是我们中间的一员，就像你和我一样。为使他能够过正直的生活，圣灵指引和扶持他，在他里面工作。约伯圣洁，是因为上帝一直在鉴察他的生命。其结果就是，即使约伯的心枯干了，上帝也会使其里面再发芽和成长。他圣洁，是因为不管他跌倒或站立，上帝已分别他

---

[14] 虽然一些现代英文圣经译本使用动态对等的译法来解读这节经文的最后一句话，以延续其中"风"的意象；新国际本NIV和修订标准本RSV是"翻来覆去"，伯克利（Berkley）译作"吹走"。但是，钦定本KJV、美标本ASV和修订美标本RASV都使用了词源上更精确的词——"溶解"。凯波尔使用的荷文圣经Statenvertaling与这一概念接近，采用了"消熔或熔化"（versmelten）的概念。

作为上帝的器皿；他成为祂的器具。上帝指定他作为神圣恩道之荣耀机制中的一个轴杆或齿轮。

那么，在此背景下，是什么让约伯不堪重负呢？这正是撒但在给上帝下套。撒但总是以上帝虔诚的子女来纠缠祂。撒但一直在低声，说："尽管圣灵在工作，但在蒙拣选的儿女身上并非真正有善工。" 因此，为了消除这种嘲讽，一个上帝所爱的儿女必须要进入炼炉中。为了让撒但蒙羞，上帝必须在祂的某个选民身上如此行。祂必须更深地打伤他，更严厉地熬炼他，并且从未有人如此被打伤或被熬炼。主耶和华上帝将从这个完全被践踏的人身上收回祂的一切安慰。倒在他伤口上的，只有诸多痛苦之醋。圣灵不但不会安慰和复兴他，反而会隐藏起来；他心里会完全感觉不到圣灵的存在。然后，当撒但发现自己不能让这个可怜之人落入陷阱时，就会厌倦尝试，于是倾泻祂所有的愤怒。这个可怜的人最终会被拖出泥淖。然后，上帝会要求撒但替自己察验约伯的心，要求祂判断，在这一切苦难中并透过这些苦难，恩典的礼物是否借着保守约伯如从前那样荣耀、坚定且纯正，从而保全他。

这时，撒但会含羞而退，上帝就得了荣耀。在此，无尽的恩典就发出荣耀的光，如同它在真实被恩典充满的生命中所发的光一样。约伯被派定去展示和维护上帝的荣耀，这是他莫大的荣幸。他是服侍上帝的器皿。可是不要忘记，约伯是后来才意识到这一点。当他被送到炼炉中时，他还不知道这一点。如果他知道，那他就会成为殉道者了。但此处，他只是旧盟约下另一个受苦之人。如果他早知道要发生什么，那么这种认识将会是他伤口上的膏油。当他坐在废墟上时，会唱出诗篇。现在，他却一点也不明白。他就想："我快死了，无缘无故！"他无依无靠。正是这个原因，使他的痛苦更难以忍受，无比沉重。

撒但已经找不出任何借口了！祂不能说："是的，可是约伯本是希望得到殉道者的冠冕！"甚至约伯的信心也必须被压垮，好让所有尊贵和荣耀都归于在他身上作工的上帝，而不是约伯自己。即使约伯诅咒自己的生日，撒但也不能把他从上帝的手中夺走。这就是撒但会失败的根源，也是耶和华我们上帝的得胜。这同样是约伯遭受无以言表之痛苦的原因。这解释了他的灵魂因无法忍受而发出的咆哮。当心被撕成碎片时，灵魂里发出的惊呼、悲叹和尖叫。

受苦者在悲鸣中向耶和华呼求。这时，上帝听见了他们发自枯干嘴唇上的尖锐音调："主啊，祢使我生命的核心消化！"[15] 每个人里面都有一个核心、中心，或者他们说："看，这就是我内在的存有。"其他一切都是装饰之物，各样的东西都在那里，是它们存在的一部分，但它们并不构成一个人的内在存有。

他们相信自己的身体属于自己，他们的孩子属于自己，他们的朋友、财产、身份和荣誉亦然。他们也如此看待自己的福分、爱情、成功、安慰、希望和理想。他们生活中的任何一部分，他们都如此看待。他们认为这些属于他们人的联系，并为他们的存在增光添彩。但是，这一切仍然没有摧毁他们内在的存有。他们绝对清楚这一切，好像他们以之为衣，以之为华彩，因之而丰富。这一切可以从他们身边夺走，而根本不影响他们的内在存有。

约伯灵魂中那难以名状的痛苦、死亡般的恐惧和地狱般的压迫，都存在于这个更深之处。他就像一只被拔掉羽毛的鸡，像一条刮掉鳞片的鱼，像一只剥了皮的鳗鲡，在捕捞者的脚下赤身躺着、蠕动着。一点一点地，一个接一个地，撒但从他身上夺走了一切，去除一切，扯下一切！从他心里撕掉，把血从中吸出来！约伯完全赤身裸体了，全然暴露！在他身上，撒但再也找不到任何东西可剥了。约伯一无所剩，连他的信心都没有了。所剩下的乃是深深栽种，是此时完全隐藏的信靠之力。这嵌入他唯一所剩之物，即他内在的存有。可是，现在最可怕的事似乎已经来了，仿佛他的内在存有受到了威胁。在他看来，他似乎失丧了，他的存在都受到了威胁，好像他的内在存有正处在熔化之中。

哦，所有敬畏永生上帝的人啊，要注意了。即使是他内在的存有也需要试验，好让约伯不会再说"我的内在存有具备坚定相信的能力"！然而，上帝必须让魔鬼和天使都彻底清楚地知道，甚至约伯的内在存有也在消化。约伯完全无力使他的内在存有安然无恙，除非是上帝的恩典和全能的内在工作。

---

[15] 凯波尔在脚注中补充道："我们在这一点上故意与荷文圣经 Statenvertaling 保持一致，尽管我们清楚地确定译者错译了 hushyāh。值得注意的是，解经者一开始傲慢地嘲笑使用"内在的存有"（inner being）这个表达之后，又选择使用"智慧"、"安慰"或其他予以代替。最终，他们又宁愿回到这种"站不住脚的"翻译，认识到"内在的存有"的基本思想是恰当的。借着被圣化的正确判断，我们的译者得了智慧，便意识到，即使未证实的词源学判断在前，但还是只有'熔炼我内在存有'能捕捉到此处所提及可怕苦难的深度。"

这正是耶和华凭祂的自由意志对约伯所做的工作。当你为了自救，从岩石峭壁艰难往下攀爬，难道不会感觉到流血之手和膝盖的刺痛吗？若你愿意冒险，上帝为了祂的尊荣，岂不也会让你，祂最微小的被造物之一，置于险境吗？所以，你这爱抱怨之人哪，要止住你的舌头。难道祂不会按照祂喜悦的旨意，对待祂的天军和地上所住之人吗？毕竟，对约伯受苦这个话题，上帝岂不是几百年来都被人称为义吗？难道主耶和华上帝似乎没有能力为双重痛苦赐下双重尊荣吗？约伯回想自己被视为配作上帝荣耀的器皿，他难道不为此高兴吗？这难道不是果效非凡吗？这是为了约伯自己吗？为了他现在完全复苏的灵魂吗？还是为了他的弟兄姊妹们吗？为了以前的众圣徒？为了拿撒勒的殉道者们吗？为了所有在雅博渡口角力的人吗？为了所有渴望拥有战胜死亡和坟墓的唯一真正、诚实的信仰之人吗？

　　我的弟兄姊妹们，也是为了你吗？为了你，好教你完全舍掉自己吗？赤裸敞开、全然暴露、被剥夺直至你的内在存有，甚至以那圣者的名义否认它！这也是为了教导你，当一切尽失，万物皆暗，一无所有时，你也要相信祂。这为要教导你，当爱远离、信心消失、希望沉没时，并非一切都失去了。因为祂，耶和华，仍有大能，把你的性命聚到祂那里，说："撒但，你永远不能把这人从我手中夺走！"诚然，这是为了在大小波浪般的痛苦袭上心头时安慰你！因为那时，你就像河边的芦苇一样，向祂低头。那么，上帝的儿女是否会无缘无故地受苦呢？

　　回首过往，你难道不明白为什么自己需要忍受苦难吗？我不认为这是为了使你得救。不，这是为了祂的尊荣、为了高举祂、为了祂的名！你这被生命之风暴摇动的人，你要告诉自己，你难道不应该像约伯一样在悲叹中喜乐吗？你理应说："主啊，不要抛弃我。耗尽我，愿我成为祢神圣荣耀的器皿！"

第47篇
训诲必出于锡安

> 必有许多国的民前往，说："来吧！我们登耶和华的山，奔雅各上帝的殿；主必将祂的道教训我们，我们也要行祂的路。因为训诲必出于锡安；耶和华的圣言必出于耶路撒冷。"
>
> 《以赛亚书》二3

在我们这个时代，上帝子民的罪主要在于重新划定上帝所设立的界限。简单地说，全能的上帝以祂的威严决定，祂的律法曾从锡安而出，今日仍要如此，并且直到万物的结局前，都将如此。这不仅是祂给古代犹太人的律法，也是祂给完全生活在现代时代的与时俱进之人的律法；在现代，一切似乎都被更新。人们说："不，锡安的律法已经过时了！"他们的反对也不起任何作用。这律法仍然有效。因为上帝不会让自己被废黜，所以律法会继续从锡安而出。它是衡量所有人的标准和见证。从摇篮到坟墓，它皆适用，并且将永远用来审判所有人。

即使背道变得比现在更普遍，律法也适用。即使地球上再也没有一个国王向上帝跪拜，它依然行之有效。即使再也没有一个法官审判时仍寻求上帝的指引；

即使再也没有一个祭司向上帝祈祷；即使再也没有一个民族或国家彰显神圣的荣耀；即使全世界再也没有一个教会因听到上帝的圣言而战惊、活在上帝面前；即使事情变得非常糟糕，以至于从没有人真正思念锡安，人人都各行其是；即使锡安的上帝被人视为过时的、已死的崇拜对象，这一切的本质也不会有丝毫变化！律法仍然有效，如在地上信仰最辉煌的时期一样。每一个鲜活的灵魂仍然立于锡安律法之下。众人依然在良知上受锡安律法的约束。在那一定要来的审判大日，他们将完全且唯独按照从锡安而出的律法受审判。

很久以前，在以赛亚的日子，没有人意识到这一点。整个东方世界认为："耶和华根本不重要！重要的乃是比勒、巴力、基抹和摩洛……现在，这些才是强大的神！"整个西方世界一唱百和："凭什么犹太人的上帝就重要？希腊的宙斯和罗马的朱庇特才更强大！"来自北方的帕提亚人也加入了这曲调，来自南方埃及敬拜阿匹斯（Apis）的人，也同样大胆地发出惹动上帝忿怒的信条。

然而，上帝只是笑了！祂只是说："我已经立我的君在锡安，我的圣山上了！"对此，无人相信。然后，锡安静静等着被掠夺，异教徒起来放火焚烧耶路撒冷，看着烟雾从耶路撒冷上腾，上帝就来到以赛亚那里。祂告诉祂的仆人："以赛亚，你去耶路撒冷，预言说时候要到，这些百姓都要喊着说：'来吧，我们登耶和华的山，因为训诲必出于锡安！'"外国人嘲笑这个消息，耶路撒冷的人也如此。但是，这些嘲弄一点也不会让上帝担心。祂持守自己的观点，随着自己的旨意而行，就是随着祂的定旨、祂喜悦的谕旨而行。看哪，九个世纪后，一切都被逆转了，正按照那一笑置之者（He Who Laughs）所说的而发生。于是，在整个东方世界没有人再去想比勒、巴力、基抹和摩洛了。他们都向耶和华跪拜，并要听十条诫的宣告。埃及所有崇拜阿匹斯的事都被抛弃了。在希腊，宙斯被遗忘了。在罗马，朱庇特也是如此。在这些国家的众教会里，赞美和荣耀全都献给了得胜的羔羊。

这一切确确实实就应验了。巴珊所有的山脉都被夷为平地，只有锡安得以高举。在四面八方所有国家中，他们只有一个追求，那就是追求我们上帝的律法！但是，在我们自己的时代，一切正在重蹈覆辙。纽带已被切断，绳子被丢到一边。"离开锡安，摆脱从锡安而来的律法"再次成为口号，奠定基调。锡安代表了已被超越的陈旧立场。在那时代，它很好，但在今天它并无用处。人们变得更聪明，知道得更多了。要特别注意的是，相较于继续遵守锡安那如此野蛮的律法，人们太文明了，太有教养了，已经变得更有爱心了。他们如此温柔，都不用遵守它。他们现在心知肚明，已经超越它，在它之上了。巴珊想象它已经超越了锡安山顶，大大地高过锡安。

人们再次不屑地低头看着锡安。听听他们的谈论。今天，人们的立法更适合这个国家。他们的法律能更神圣地引导人民。在涉及惩罚之时，他们也更仁慈。哲学家深谙此道，便说："请听，我的好百姓。我要教导你们比锡安上帝所赐的更体贴人的律法。"而人们的罪恶之心认为这简直太美了！"想一想，若将锡安的律法挪开那会是何等好啊！"生活岂不自由自在，美哉妙哉？这一切都安抚着自欺的良知，说："绝对如此！你们这些考虑周全的人应该引导我，你们的思维比锡安的律法更好！"

一切就是这样陷入混乱，约束全无。心胸狭窄的立法者有多少，受自己判断力和自以为是之心牵引的百姓就有多少。最终，家庭会受影响，每个父亲都会想："律法出于我口，而非出于锡安。"国家、教会、家庭以及我们自己和我们孩子的灵魂，都顺着这种思维方式！多么可怕的情况！这并非因着上帝永恒的原则。这些原则立得稳固，无人能将其撕扯。律法继续会从锡安而出，这是唯一真正重要的事情。所有其他颁布法律的高位，最终都会受到锡安山的审判。

可是对于教会、上帝的子民并祂名的荣耀来说，这种情况很可怕。糟糕的是，主的子民并不抵抗这种重新划定边界的行为。教会跟其他人一起偏离锡安。事实上，教会里一些颇有名气的人，他们为教会生活中新造的、人为决定的标准而打圆场，甚至自诩为基督徒。人们就说，上帝如今正在把律法刻在他们的心版上！

这种兜售片面真理的行为，会在人毫无觉察时，首先把人的良知，继而把人性放在为基督存留的宝座上。然后，对锡安来说，就没什么确信可言了！这是一个更可怕的情况，因为我们的心就迫切希望它这样。噢，这一切都如此舒畅！巴珊又重回山巅，锡安却在山底。这意味着上帝作为衡量万物的尺度，只是站在一旁等待，因为人们在决定是非。更可怕的是，这事却挠得罪恶之心如此欢快！

因为人们也许无法决定一切，但他们仍然决定了很大的一部分。简言之，良知蒙上了薄雾。这种阴霾掩盖了被重置的边界，也必然会模糊人对正在发生之事的评估能力！

第48篇
暗中掩盖！

以色列人暗中行不正的事，违背耶和华他们的上帝。

《列王纪下》十七9

暗中掩盖有好的一面，但也有危险。其危险性如此致命，让其好处完全尽失。以耶罗波安和亚哈为例。耶罗波安是身穿斗篷的人，亚哈是不穿斗篷的国王。从根本上讲，耶罗波安是一个叛教者、爱偶像、恨耶和华的人，根本不比亚哈更好。事实上，可能亚哈比耶罗波安与我们更接近，因为亚哈是被耶洗别误导了。尤其不应忘记的是，当遭遇抵挡时，亚哈在耶和华面前谦卑自己；为此，耶和华暂时收回了祂对亚哈之家的审判。

但请你注意，虽然亚哈被耶洗别煽动，无耻地宣传要崇拜巴力，为此在撒马利亚建了一个锡安圣殿的仿制品，公开宣告他恨恶耶和华，人尽皆知，可是他到死之前都想要作个虔诚人。请留心，耶罗波安仍忠于他祖先的上帝，反对所有偶像崇拜，不想与雕刻图像的崇拜有任何瓜葛。耶罗波安想要维持对独一真神的崇拜，作为他王国的官方宗教。他捐钱建造会堂，并给耶和华祭司优厚的俸禄。他亲自带着祭物来敬拜耶和华。哦，那个耶罗波安真是个虔诚人！

当然，耶罗波安和他的百姓都不能上耶路撒冷，情况就是如此。犹大是他们的敌人。因此，他不得不在伯特利和吉甲另立一个崇拜中心。他建造它们不是为了邪恶的目的，而是为了方便敬拜，它们顶多只是一种必要的恶。

耶罗波安的国家没有利未人，所以不得不自己任命祭司。他这样做只是迫不得已。他在替代祭坛旁边放置几个金闪闪的象征物肯定也没有邪恶的意图。你想想吧！如此行只是因为约柜和其上的基路伯仍远在耶路撒冷，耶和华的荣耀只在锡安闪耀，而非在他所在的地方。事实上，耶罗波安真的只是因为形势需要而做了一些不涉及根本的调整。本质上而言，现实情况让他也没有任何办法！无论如何，耶罗波安不遗余力、不吝其财地努力维持对上帝唯一真正的纯洁敬拜。他行了形势所迫之事。

故此，你会赞赏用以编织耶罗波安所穿这一斗篷的布。他愤怒的心隐藏在斗篷里，里头所藏的内心对上帝的仇恨单纯是由环境所致。这些是无法改变的环境。这些环境超越了人的能力，使他也没有办法再寻他路。这些情况迫使他做了实际上他可能不会做的事。本不会为之，现在却不得不为之，因为他别无他法。

今天耶罗波安的斗篷是不是有人还在穿着？在你周围吗？因为你吗？在你自己的心里吗？我的好百姓，要留心听这些问题。或者难道你没有意识到在听别人的解释时，他们总是如此迅速地给出自己的解释和表达吗？这些解释从耳朵进到心里，陈明人们自然想要坚定持守的真正基督信仰，在任何情况下都不想放弃他们所服侍的独一真神，不过："时代把自己的特殊要求强加给了我们"，"人们不能总是继续逆流行舟"，"上帝根本没有要求我们继续炫耀我们的独特性"，"人们发现自己不可能再继续严格约束自己的孩子"，"他们肯定要妥协一点点"，"这些情况出于上帝，在我们这样的时代，如果依然要准确地按我们先辈的方式生活，这肯定不合适"。

人们继续唱着这些摇篮曲，哄着自己的良知睡着了。当然，人们不能再单纯按字面理解圣经了，头脑必须发挥应有的作用。环境迫使人们一点点屈服于他们觉得不完全纯正，但因为科学进步而不能避免的东西。所以这小曲继续！人们显然不能让古旧的真理屹立不变。一切都必须塑造成新的形式，即使是最神圣的信念也要因形式所需而做出修改。诱惑者就这样继续唱着同样的曲子。

事情的本质就是，人们必须要打破旧的习俗。曾经，他们有自己的圣经依据，但现在不能再按字面意义解读圣经了。我们的时代无疑要迫使我们跟早先的狭隘思想决裂。我们必须更开放，更温和，最重要的是要接受更新鲜的事物。而在这"新鲜"的音符上，试探者施展了他最强大的魔法。你考虑一下，以"新鲜"之名，一切是如何落入了该魔法。人们都说"与世界分离"或"为己设限"已经过时了。他们说："那些拒绝基督和祂圣言的人，不能简单地被推到一边。"他们又补充说："实际上，效法世界一点也不糟糕。"事实上，这才是实际情况：他们认为，最好、最体面、最有助益的做法，就是活得仿佛你和世界都没有真正的不同。但在斗篷的后面，自己悄悄地、秘密地、不引起注意地作一个虔诚的基督徒就好！

正如我们所说，这种掩盖也有好的一面。在耶罗波安的日子如此，在今天亦然。然而，这斗篷是主耶和华上帝用兽皮，为那些在乐园受试探的人所制造衣服的复制品。在伊甸园里，他们感到羞耻，因此用无花果树叶遮盖自己。然而，主耶和华告诉他们，掩盖他们的羞耻要比这更严肃且重要。祂就把兽皮给他们作衣服，代替无花果树的叶子。他们穿着如此沉重的斗篷，表明他们会继续感到羞耻。他们还没有摆脱它。这衣服表明，他们必须摆正情况，并且他们必须真正变得不一样。耶罗波安补充道："我正在面对永活的上帝！"重要的是，他在他的子民面前表达了他的羞耻感。现今的人也同样感到："我在面对上帝的基督！"他们在基督徒朋友面前也表达出自己的羞耻感。

这是一座人们仍然可以返回的坚固桥梁。有时候，那误入世界的这人或那人，也可以通过同一座桥回到我们身边。不容置否，在这种情况下诽谤上帝的圣名也变得不那么可怕了。但是，与致命的危险相比，这一微小的好处究竟算什么呢？这危险乃是我们心中对上帝和祂圣言的仇恨。它在斗篷后面自由统治，越来越猖獗。它以最狡猾的形式，把自己伪装成对上帝的爱。其后果是，它会杀死人心，或在我们周围散播毒药，或者破坏我们自己后代和其他人的整个未来。

耶罗波安的斗篷总是掩盖了一些可耻的东西。现在，你可能有两个截然不同的原因想要这种掩盖。一来可能是如此人们不会看到你的羞耻，二来可能是你的羞耻就会继续在斗篷背后发酵并生长！后者总是伴随着前者，掩盖隐藏了邪恶，也保护邪恶；它的保护才如此可怕。

　　看看耶罗波安的情况。在所罗门死后不久，亚哈已经不那么危险了。然而，耶罗波安和他的斗篷是以色列的催眠曲、一种安眠药、一首诱惑者的魔法之歌。于是，耶罗波安的百姓就入睡了，陷入了一个极深的睡眠。按照上帝的圣言，不是亚哈，乃是耶罗波安招致了上帝的审判；这审判临到了以色列人。尼八的儿子耶罗波安犯罪，并使以色列人陷在罪里。故此，当《列王纪下》十七章描述上帝在祂的圣怒中审判背道的以色列时，祂宣告了他们的末日，因为"以色列人暗中行不正的事，违背耶和华他们的上帝"。那穿着斗篷的男人促成了这事！

　　弟兄姊妹们，这个男人仍在行事吗？在我们国家行事吗？在我们这世代行事吗？在你家行事吗？也在你心里行事吗？如果是这样，要拒绝他！我以上帝的名为你祷告，要除掉他。他阻止你在上帝面前承认你的罪孽。那斗篷，那可怕的掩盖，就是上帝子民的诅咒。

第49篇
你的平安就如河水！

> 甚愿你素来听从我的命令，你的平安就如河水，你的公义就如海浪。
>
> 《以赛亚书》四十八18

平安如水滴下，它只是缓解了一点点我们的不适。有时，只有极少数平安很丰富的时刻，我们可以在持续又惬意的暖流中，饮尽一满杯的平安。但是，不要以为平安只是一滴滴，或者甚至只是一杯杯。你要把它想象成一条河，就像从上帝的山上奔流而下的溪流。你要把平安想象成在你身后、脚下、面前，想象平安如海洋般浮起你灵魂的小船。想一想，你每个早晨，每个晚上可以饮于这平安，却不会发现你的供应有所减少。平安如江河，你可以沐浴其中，让水花四溅，让你全人在里面被更新。承认吧，我的弟兄姊妹们！你的灵魂能梦到比这更美妙的事情吗？

耶和华临到，对你说："唉，你本应听我的诫命。你的平安就如河水，你的公义就如海浪。"此时，难道你没感觉到失望的刺痛吗？你自我思忖："我本可以拥有这一切！我本可以经历我内心深处被奇妙改变而带来的无以言表的荣耀！我的灵魂本可以因这荣耀的反射而着迷！"这是上帝自己说的。江河般的平安本可以是我的份，我的救恩，我神圣的喜乐！我本可以享受像海浪一样的公义，假如，是啊，假如我不那么傻，假如我那时愿意遵守我的上帝宝贵诫命该多好啊！假如我那时与父同在一起该多好啊！假如我那时只想继续作祂的孩子该多好啊！假如我那叛逆、反抗的心没有说"我想离开"该多好啊！假如在我的灵里，我没有说"我真的毫无意愿去服从那永无止境的诫命"，那该多好啊！哦，假如我那时渴望耶和华该多好啊！在耶和华祂荣耀、圣洁的旨意，和祂美妙、有福的诫命中渴望耶和华，那该多好啊！

然而，我在那时一概不想要，认为祂的诫命令人心烦，后来就向主踢了这些刺。我在其他地方另寻享受、喜乐和平安。我那时多么傻！我曾想："假如我摆脱这些讨人厌的东西，那么我就会有一点平安！"当然，平安从来没有来到。我只经历了更深的不安，更多的恐惧，更大的焦虑。然后，主耶和华上帝看着所发生的事，透过诗人向我的心唱了一首歌，触动了我的心弦："甚愿我的民肯听从我，以色列肯行我的道。我也必拿上好的麦子给他们吃，又拿从磐石出的蜂蜜叫他们饱足！"[16]

这位信实、仁慈的上帝就是永远长存、不可测透的平安之源。祂希望祂所有的被造物和所有的孩子都饮于祂神圣的平安。祂借先知的话呼唤："唉，你本应听我的诫命。你的平安就如河水，你的公义就如海浪。" 最后，受压而绝望的心呼喊："我要起来，去见我的天父。我会告诉祂说，'父啊，我犯罪得罪了天，也得罪了你。' 我的灵啊，我天父的殿里资财丰富，能让每个人都享用。而我这个可怜的灵魂，却正在饥饿中灭亡，在渴望平安中死去。" 所以，你会再次遵守你上帝荣耀的诫命。祂在你身上如此成就，是因祂爱你。祂让你遵守诫命。这看起来是你自己在做，但祂才是真正在你身上作工的那一位。当事情如此开始时，其实它才刚刚开始。水哗哗而下，在你四围和面前溅起水花。这平安就像江河一样涌流，按照上帝所说的成就了。但不久之后，那位四处鼓舞上帝圣徒的安慰天使，又发现你那可怜的灵魂再一次像鱼一样躺在旱地上，软弱无力。曾经在你生命中一直流淌着的奇妙恩典之水，已经流走，不见了。太可怕了！但现实就是如此。

---

[16] 凯波尔引用了《诗篇》八十一13、16。后一节经文为这个默想集提供了标题。

所以，兄弟姊妹们，要注意到你心中翻腾的不虔不义之源到底有多么可憎。它导致了这种情况发生。你太过轻看平安了，把它看作一条涓涓细流，实则它是一条江河。你自以为已经进了你天父的殿，却一直坐在门口。你认为自己已经遵守了上帝的诫命，却只是蜻蜓点水。因此，你必须再次打破冰层，跌落、沉入河底的泥浆。

有一个人，祂知道所发生的事。祂的心，因你在痛苦中的压迫而悲伤。于是祂又一次临到你，呼唤着："唉，你本应听我的诫命。你的平安就如河水，你的公义就如海浪。" 然后，你的愤怒会像约伯一样激起，你宣告："但是我的主，我的上帝啊！我不是遵守了祢的诫命吗？难道我的平安不真像江河吗？"你自以为义的心止不住地无耻言道："难道我没有一直遵守祢的诫命吗？" 耶和华却有话要说。上帝在祂崇高永恒的爱中，想教导你一些东西；祂希望你要思考、要听、要留心。祂说："你甚至都没有触及我诫命的表面。我的平安，你最多只是抿了一小口而已！"

然后，本来对我们关闭的门一下子就打开了。我们立刻看到，上帝的命令包含迷宫一样的走廊和充满荣耀之光的房间，而我们却认为这些命令很朴素简单。我们的灵魂只能惊呼："上帝啊，祢的命令何等广大！"耶和华在地上就是这样帮助祂那跛脚、绊跌、抱怨的圣徒。"圣徒"，不要对这个描述感到战惊！听听撒但是如何嘲弄的："你是一个合格的圣徒吗？真的吗？" 听听人们的低语："如果这就是你所谓的圣徒的话……"听听你心底的话："我是一个肮脏、可怜的人！我里面有何圣洁之处？我全身上下都被污染了！"

耶和华在天上却坚持说："你是个圣徒！"不是逐渐成为圣徒，也不是处在成为圣徒的过程中。不，你是一位圣徒，没有任何条件能削弱这一地位。"上帝啊，我的上帝，我觉得我活在诅咒之下。"上帝却说："你是个圣徒！"谁明白了这一点呢？且听，你这自认为被生命风暴所追逐的人，祂是你的上帝，祂一直称不敬虔者为义。

第50篇
不可不管教孩童

不可不管教孩童，你用杖打他，他必不至于死。《箴言》二十三13

"不要管教，反要轻轻抚摸！最重要的是，永远不要打孩子，而要用你的爱去赢得他们！"这世界的专家如是宣称。对此，我们并不吃惊。但令我们惊讶的是，如此多的基督徒如同群狼般随声附和。我们国家的基督徒爱他们的孩子。所以，如果他们是真正的基督徒，那么他们爱孩子的首要心愿，就是希望他们得到永恒的福乐。他们就问："我怎样才能救我的孩子免入地狱呢？"如果父亲以沉重的心发出此问，主耶和华上帝在祂的圣言中已经给出一个答案。你去读读《箴言》二十三13就行："你用杖打他，使他灵魂必不至于落入地狱！"然而，很可能有父亲不同意这一点。

上帝在祂圣言中所说的就是祂所为的，但教育理论另有看法。因此，基督徒父亲就把上帝的圣言放在一边，让教养孩子的专家来指导他。在此情况下，父亲自己也需要被管教，因为他可耻地悖逆上帝。接下来，上帝在祂的圣言中所说的事就会发生：无管教的地方，孩子也会迷失。这是使父亲有些许安宁，使孩子得到尊重的方法。真是可怕的事态！

然而，这种局面没有任何前景，可是人们却能勉强接受，毫无良知不安。我刚才说什么？"毫无良知不安"吗？不，让我这样说吧——"自鸣得意"！当一个父亲在上帝圣言的约束下再次拿起杖时，且听听人们的反对声。尤其要听听，近四分之三的传道人如何赞扬这种违背上帝圣言的方法！把杖挂在起来等于叛变、悖逆和公开反对上帝。

当然，任何人都可以给出慈爱的话、温柔的警告和友好的建议，并且几乎每个人都会欣然接受。你不必是一个父亲才能做这些。然而，父亲带有上帝威严的身份，因而被赋予管辖我们的权力；他有义务向我们发出指示，并在我们越界时立即管教我们。如有必要，他会借着杖所加的疼痛来管教。然而，许多人断然拒绝。他们如此行是因为管教威胁到自由意志，并会强迫人顺服，而被迫的顺服正是人们所不想要的。

这是向全世界所有权威表达的理想。父亲必须对待孩子，像对待同辈一样。教育者必须这样对待自己的学生，展示宽仁的服从。公职人员关押罪犯要尽可能体恤，在爱中劝告，并期待他们有所改善。即使在军舰上，对士兵的管教也必须要予以限制。全世界任何被赋予神圣权柄的人都应该如此行。这种做法最应由他们来实行。当他们不付诸实践时，他们就只是搁置这种做法。然后，自作聪明的傻瓜就执掌大权。灵魂因此失丧，社会也因此崩溃。

教会还能扭转局面吗？我亲爱的弟兄姊妹们，如果你这么认为，不久你就会听见反对任何形式管教的声音，它们已经渗透到基督教会的核心了。管教不属于教会的范围，教会应该永远都宣扬永恒之爱。管教属于旧约的范畴！纪律的施行高于教义的说法，就是胡说八道！管教传道人，毫无可能，简直不能忍受，何其有悖于上帝圣言之仆人的崇高位置！

当论及执行个人生活管教时，这只会产生怨恨和心硬！如果有人不愿意来到主的桌前，就向他们发出一个简单的邀请，说："来吧！"但是，如果有人想要来，却得到消息说"不要过来"，这将是多么无情、多么冷酷、多么不符合基督的道理啊！

你认为教会一直都是一所巨大的医院。那么，教会就要接纳那些正在恢复的人，以及那些长期生病的人。于是，如果一个不再相信所宣讲之圣言的人要进来，那么就让他进来吧！你要见证他们的不信，告诫他们，并为他们祈祷。但最重要的是，不要对他们处以教会训诫。除了道德影响，不要用其他任何方法，只要采取道德措施。因此，即使在耶稣基督的教会里，人们也抛弃了上帝圣言的确定规则，用人的眼光来代替它。这就是所谓的忍耐！

然而，可悲的是，那些违反圣经、彻底革新的"智慧"，使我们丢失了一切祝福，招致上帝的弃绝。上帝的圣怒之杯倾倒其上。人们本着这种精神，建立了学校。他们给予指导，予以教化，塑造文化。他们就是这样培养受过高等教育和部分教育的人。这却不是他们传授智慧之法！

智慧不同于聪明。智慧并不是以清晰的概念迅速理解问题的能力。相反，它关系到你的全人能否以一种尊重上帝旨意的方式行事。智慧并非一堂深刻的讲座，它乃是通过人意志的管道，进入他们的情绪深处和对生活的印象中。借此，它在他们整个人格中都留下印记。这就是为什么有时一个单纯的农民会非常有智慧，而一个受过良好教育的自然科学家却相当愚蠢！

想想德兰士瓦人民（Transvaal）[17]，他们是多么落后，但仍然执行纪律，仍使用杖。他们真的没受多少教育。但是，你觉得他们有智慧吗？有生命的智慧吗？有处事的智慧吗？在这方面，他们不是比我们更有智慧吗？你就不要说："我惩罚身体，不会触及灵魂！"你心知肚明，难道不是么，当罪恶的灵魂想要享乐时，它完全理解身体也要参与其中。身体和灵魂合一，相互影响。然而，当涉及到惩罚时，人们突然相信身体和灵魂是两个独立的实体，何其讽刺！

不，它并不像格林克斯（Geulincx）所认为的，人就是一个灵魂住在一具肉身里而已。[18] 你乃是构成一个存有。我们在面对彼此时是面对整个人。当你生气时面红耳赤，就很好地证明了这一事实。触摸身体，你就直接触摸到了灵魂！

但是，我们这一代人不断呼吁要废除纪律，扔掉管教的杖！主耶和华上帝

---

[17] 这篇默想文章首版于《先锋报》第169号（1881年3月20日）。那时，英国和南非人之间正发生第一次布尔战争（1880-1881年）。战事在荷兰得到密切跟进。荷兰那时与这群人有着非常密切联系。

[18] 格林克斯（Arnold Geulincx）（1624-1669）是一位佛兰德的哲学家，笛卡尔的弟子，后来是改宗成加尔文主义。他在自己生命的最后时间任教于莱顿大学。他支持身体和灵魂分离的观点。凯波尔引用他的话很有趣，且令人好奇。

若继续祂惩罚和管教的工作，你认为祂会收回祂的杖吗？弟兄姊妹们，问题出于落在上帝管教之下的国家，不再认识到它为什么会有如此遭遇。他们只看到所经历的自然变化和可怕灾难，却没有看到上帝忿怒的击打。人们无疑想要避免这些击打，但他们并不祈求得拯救。

这一切都一贯如此！他们热衷于自由意志，不想再服从权威。杖已经从父亲的手中掉落。家庭无纪律，我们就是在培养一个无纪律的社会。人们已不再抗议教会缺乏纪律来训诫众人了。最后，即使是主的管教本身也被随便打发了！这时候的呼声就变为："让我们以医学角度处理这种情况。让我们用道德的方法来解决受伤灵魂愈合的问题吧！" 主全能的上帝却从高处呼喊："停下来、断了念想吧，你们这些人！你鼻孔里是谁赐的气息？我训诲的责备乃是生命的道。"（箴六23）所以，"不要收回对孩子的管教。如果你用杖责打他，你将救他的灵魂免入地狱"！有耳可听的，就应当听！

第51篇
是虫，不是人

但我是虫，不是人，被众人羞辱，被百姓藐视。《诗篇》二十二6[19]

人必须成为虫，虫必须成为人！这深刻的思想岂不是捕捉到了我们珍贵、神圣的福音奥秘吗？受难周正再次来到，教会需要如实叙述耶稣十字架的故事，好像事情正发生在眼前一样。但是，要宣讲基督的受苦，除了一步步描绘忧患之子如何变成一只虫，最终在死地之尘中瘫倒，还有什么呢？第一个奥秘，即伯利恒的婴儿床，描绘了上帝是如何变成人的。第二个奥秘，各各他的十字架是其核心特征，它想告诉你那个人如何降卑、蒙羞，成为一只虫。

施洗约翰喊道："那在我以后来的，我给他解鞋带也不配。"他这样说，暗指了《创世记》三十二 24 提到的在毗努伊勒出现的那一位："有一个人来和雅各摔跤。"这也暗指了约书亚异象中遇到的那位："约书亚靠近耶利哥的时候，举目观看，不料，有一个人手里有拔出来的刀，对面站立。"（约五 13）这亦暗指以西结和但以理所看见的"穿细麻衣的"的那一位，以及在撒迦利亚面前"那站在番石榴树中间的人"（亚一 10）！这又暗指如预言所说，"必有一人像避

---

[19] 荷文版圣经为《诗篇》二十二 7。

风所和避暴雨的隐密处"（赛三十二2）的那人，以及"那名称为大卫苗裔的"（亚六12）那一位！这还暗指那个可怕审判来临的时刻，有人说起的那位："刀剑哪，应当兴起，攻击我的牧人和我的同伴。"（亚十三7）！他暗指由于此原因而令人动容，名为"忧患之子"（赛五十三3）的那一位！能力、力量和威严都在那人身上。我们都一起逃向袖，寻求安慰和保护，就是那些软弱者、无助者和心里苦闷的人。而袖，有大力的人，用袖强大的膀臂保护我们，驱散我们的敌人。

一个人！是的，当袖在旷野让魔鬼在袖面前退缩时，这就是袖的身份。当袖吸引了数以千计的人跟随袖，这就是袖的身份。当袖治好病人、驱散疾病之时；当袖赶出魔鬼，他们就逃跑之时；当袖使法利赛人因袖眼光而颤抖时；当袖责备风浪、平静海面时；更强烈的是，当袖胜过死亡，让拉撒路从坟墓中复活时，这就是袖的身份！是的，即使在客西马尼园，当每个人都离开袖、抓袖的人仆倒在地时，这是袖的身份。

但是，袖可以继续作那个人吗？作为那个人，袖能实现我们所需吗？袖能继续以人的身份帮助你我吗？袖会以能力得胜、以袖的力量得胜吗？袖大能的膀臂能赢得胜利吗？上帝的圣言再次回应说："不，不行。"除非那人变成虫，否则那个叫雅各的小虫就无法得着帮助。除非一粒麦子从空中落在地里，沉入土中，死了，否则失丧的人就一无所获。如果它仍处于休眠状态，就不会结出永恒救赎的果子。

试想，我们真的不再是人了。我们的力量枯竭，如同瓦片。孕育在罪中且生在罪中的人类，实际上只属地的泥土而已。我们已经变得像虫一样。罪恶已经剥光了我们。我们无一处是完整的。正如凯梅（Comré）确切所言，即使是我们最好的行为也会让上帝失望！我们起先归给上帝的荣耀多一些，下一次就少了一点！它们看起来很好，实则不然。我们就是在压力下吱吱作响，即将要破裂的横梁。我们是空心的柳树，随风摇动，夜间猫头鹰在那里建造它们的巢穴。约伯完全懂得这一点。他呼喊："星宿也不清洁。何况如虫的人，如蛆的世人呢！"（伯二十五6）[20]

---

[20] 这是比勒达说的，不是约伯。引文来自《约伯记》二十五5下半节-6。

哦，即使我们希望这不是真的，也知道它就是真的。在上帝的眼中，我们就像那些在泥土里爬行的小可怜虫！这却不是一个腐烂的搁栅想听的话，完全不是！它假装成一个坚固的梁木，希望被视作能在压力下将房子撑起的栋梁。小虫就是这样痴人说梦。它梦想自己乃是一个真正的人。多么可怕的自我认知！然后，这一粒极小的尘埃张开口，想与上帝抗衡。在不虔不义中，这只虫向创造天地者发出怨言。

这就是为什么耶稣必须低微地躺在死亡的尘埃中。正是为此，你骄傲内心不愿为上帝所做的事，祂凭着自己的怜悯会为你去做。在此，祂就是大能的英雄，有大能大力的荣耀之子，犹大支派的狮子！现在这个狮子让祂的鬃毛掉落于地，这个英雄把祂的箭袋扔到一边。这个人低下祂的头。祂瘫倒在尘土中，让上帝忿怒的重压临于祂身。祂弯下腰，屈服于死亡的尘埃。祂被鄙视、被弃绝，成为尘土中爬行的虫。祂被鄙视，我们也不尊重祂！我们不尊重，是因为在听到这个人哀叹说"我只是一个虫"后，谁的心会带着圣怒而颤抖呢？

所以不要跟我说十字架多么美妙，也不要到我这里歌唱耶稣的爱。所有关于坠入永死的肤浅讨论，都只是一个更重的荆棘冠冕，更深扎进忧患之子流血的眉头。如此说的人并不明白。他们流于表面，谬以千里！不，凡未从父那里学会去理解这些难以忍受的痛苦之人，他们至少都在一定程度上又一次打了受苦仆人的脸。他们把那只虫推到地里更深处，践踏祂的血。不只是其中几个人而已，是所有人！你做了，我也做了！

然而，只有一个人不再这样做，就是这小虫雅各。这小虫雅各可能是谁呢？他就是每一个男人和女人，每一个年轻人，每一个年长者，每一个被释放并且可服侍之人。他们先前打算为自己辩护，心想："太棒了！耶稣是一只虫，我是个真正的男人，我是个真正的女人！"可是随后，圣灵来了。祂痛斥了他们的邪恶、傲慢之心，并攻击、破碎他们，直到他们终于学会了视自己为可怜的小虫。然后，他们就谦卑地躺在地上的尘土中，顺服于他们亲爱的救主。然后，他们大声喊着说："因着上帝的恩典，我只是一只虫，但祂，唯独祂，才是真正的人。"

第52篇
我如水被倒出来

我如水被倒出来，我的骨头都脱了节。我心在我里面如蜡熔化。

《诗篇》二十二14[21]

我们可从旧约圣经中知道新约圣经所没有透露的内容，也就是耶稣与死亡斗争加剧时的内心感受。诚然，福音书作者告诉我们耶稣在十字架上的呐喊，可他们没有说出这些话背后的隐情，没有解释是什么引发了那些痛苦的呼喊。他们无法描述，因为它并不明显。你无法听到这些内容，因为他们尊重主的痛苦，所以不会凭空杜撰。他们真的不用多说什么，因为已被记载。

弥赛亚已透过圣灵强有力地倾倒出祂灵魂的深处。祂说的话发自肺腑，并以紧扣人心的语言来表述，而这样的语言令人极度不安。祂不像我们一样，并非不明白所受为何就承担了这些痛苦。祂并非对将临之事一知半解就上了十字架。当祂被钉十字架时，完全没有因这痛苦有多可怕而惊愕。不，这都配不上祂神圣的威严。作为上帝的儿子，祂没有承受事先未精确衡量过的事物。祂计算了它的程度，并且实际上提前经历并承受了它的每一个方面。

---

[21] 荷文版圣经《诗篇》二十二 5。

圣灵借大卫之口在痛苦哀叹中表达了相关内容，如我们在《诗篇》二十二篇中所见。祂在犹大的山顶发声，说："我的上帝，我的上帝，为什么离弃我？为什么远离不救我，不听我唉哼的言语？"所以，如果你真的想知道耶稣在内心经历了什么，以及祂最终在十字架上的挣扎，不要在福音书中寻找，要回到《以赛亚书》五十三章和《诗篇》二十二篇。然后你向我解释一下，为什么我们在宣讲基督的受难时，不重视这些意义深远的哀歌。现在，我们从关于十字架的诗篇中所捕捉到的特征之一，就是耶稣的内心消化和祂情绪衰微且崩溃的过程。圣灵在第15和16节中非常生动地描述了这一点。祂借着许多意象和大量思绪予以表述，这让你意识到我们的语言是多么苍白无力，不足以描述弥赛亚这种内在的疲软。

在活着的时候，主觉得自己已经死了、埋葬了，因为祂哀叹，说："祢将我安置在死地的尘土中。"祂无法倾心吐意，因为"我的舌头贴在我牙床上"。祂甚至不能发出自己的抱怨。祂的眼泪不再流下，因为觉得自己"精力枯干，如同瓦片"。祂的心再也无力反抗，已经精力耗尽，甚至没有了活下去的意志，因为"我心在我里面如蜡熔化"。祂的身体完全无力，感觉自己濒临崩溃，因为"我的骨头都脱了节"。简而言之，救主觉得祂整个人都在塌陷、衰退，因为祂哀怨，说："我如水被倒出来！"

现在，那些说耶稣是作为殉道者而死的人在哪里呢？殉道者是怎么死的？他们总是被恩典所托着。凭着他们软弱之心所注入的能力，带给他们英勇之气。尽管外面的一切都被摧毁，却借着鲜活的信心，让他们里面依然刚强，不至动摇，直到他们最后一口气。

你在耶稣这里看到什么？恰恰相反！没有恩典，因为祂被祂的上帝弃绝了！没有力量注入，因为祂所有的力量一滴滴被抽干。祂就这样耗尽精力，没有任何英雄主义，因为于外在显明之前，祂里面已完全虚弱。在祂里面，你的耶稣已被打碎，而非被坚固。但是，"破碎"不足以强烈表现那种被情感枯竭所抓住的速度或其可怕程度。圣灵因此用一个更强有力的意象来表达。祂不是说"破碎"，而是说"倾倒出来"。这里说的"倾倒出来"并非像油一样慢慢流出罐子，而是像水一样从山间迅速奔流而下。"如水被倾倒出来"是一种强烈的表达，是为了让你了解耶稣情感软弱的真实状况。

"如水被倾倒出来"是要传达一滴接一滴之意。那一滴转而带出下一滴，随后的每一滴都如此。所有水一起聚成一股不可抗拒的力量，成为一股强大的洪流倾泻而下。这正是耶稣的经历。开始时祂力量消退，然后迅速升级，不断扩大，愈发强烈。霎时间，祂似乎完全为之所控。突然，祂被倒出来，如大河之水，耗尽了一切生命的力量、所有属灵的勇气并祂意志的全部能量。

这一意象中所传达的软弱无以言表。这种软弱无法做成任何事。无法张开嘴唇，无法睁开眼睛，无法打起精神，唤醒意志！它表达了脉搏的衰退。这种软弱抽走了你所有灵里祷告的愿望。这无以言表的软弱和恐惧，与焦虑相关。它描述的虚弱程度之深，对于完全沮丧的心来说，甚至想到虚弱都需要太多的力气。

这正是圣灵希望你完全清楚看到的关于你所宣信的耶稣。被钉十字架并不是迄今为止所有死亡方式中最痛苦的。这不是那段经文的全意。有无数人遭受过钉十字架之苦。但是，只有挂在十字架上的耶稣自己，降到阴间的深处。从来没有人承受过上帝对全人类罪恶的忿怒之杯的重担。此外，也从来没有人死在十字架上时，灵魂也被同钉，经历一瞬间千万次死亡般不可见的痛苦和虚弱。

哦，作为耶稣，作为上帝的儿子，拥有像犹大支派狮子那样的能力，祂死的吼叫仍然令人惊恐。然后，祂因着全然的顺服和温柔的怜悯，完全愿意屈尊在极度约束和压迫的处境中，无能为力、内心衰微。你的救主耶稣在祂的灵魂中，感受到何等难以形容的折磨，难道你自己在如此软弱和无力中感受不到吗？祂付出了多么大的代价啊！然而，如果祂没有这样做呢？如果祂拒绝让祂的心在里面如蜡一样熔化呢？你觉得会如何？祂会成为你的救主吗？或者说，你自己的软弱与祂的相比，真的没有那么绝对和可怕吗？或者说，你不适合有这样的一位大祭司，祂如此降卑，深入你所在之处，以膀臂举起你，带你到高处吗？

哦，这神圣恩典的美妙奥秘！你以为自己太无力了！但是，不，你必须承认自己还不够无力，必须变得完全无力！然后，耶稣将与你同在。或者，要扭转这种情况，无论你多么无力，无论你觉得自己有多么接近于完全绝望，我的弟兄姊妹们，永远不要抛弃这希望之杖。祂曾经是无力之人中最无力的，现在却坐在上帝权能宝座的右边。

第53篇
以利，以利，拉马撒巴各大尼！

> 我的上帝，我的上帝！为什么离弃我？
> 为什么远离不救我，不听我唉哼的言语？
>
> 《诗篇》二十二1[22]

若说我们的主和救主带着骇人的恐惧和痛苦死在十字架上时，祂正思想《诗篇》二十二篇，那么这说法基本上可谓在贬低圣经。当祂喊着说"以利，以利，拉马撒巴各大尼"时，若说祂有意引用诗篇开头的话，那就是在贬损我们的中保。或者倒过来表述，若说上帝以祂的全知，早知道耶稣会在十字架上说什么，就让大卫写下祂说的话，那就是把外来的、人的标准强加给上帝！这将把圣灵的工作降低为一种优雅的机械式组装而已。不，为了表明圣经乃是圣灵的神圣之工，基督乃是永恒且忠实的见证人，上帝乃是真实的上帝，所有人为且肤浅的猜测必须不予理睬。我们必须理解这些话完全崇高、敬虔的特性。

基督从一开始就明白祂所受苦难的本质，并非因为有人给祂解释了这一点，而是因为苦难自身的本质就向祂显明了！死亡并非无常，但是它与生命的本质

---

[22] 荷文版中是《诗篇》二十二 2。

所形成的鲜明对比，精确地决定了它的可恶，也决定了不同程度的死亡痛苦；可以说有不太深的、更深的、非常深的、甚至沉入死亡最深处的痛苦经历。我们可以非常准确且明确地肯定，人们如何经历死亡乃取决于个人情绪的敏感度、各自生命意识的力量和他们自己的圣洁程度。这一切并非由一些明确的外部因素决定，由生命的特质、毁坏的特点、死亡之恶的凶恶程度，以及耶稣全然无罪人性的完全敏感性和圣洁性来决定。

基督不需要猜测将要发生的事，祂都知道。祂以最准确和最独特的方式知道，其中没有任何不确定性。这一位就是从乐园起就启示祂教会的基督，就是在祂子民所经历的一切苦闷中同受苦闷的基督，就是从古时就以"天使的面貌"安慰祂信徒的基督，就是使徒彼得所说应验预言的基督。祂借着预言和圣灵，启示了自己，宣告了自己的人生，并预测了自己的未来。祂甚至在死荫中揭示祂自己，从而旧约的教会能被中保的永恒之美所激发，且因信称义。

旧约圣经不仅宣布了祂的事情，祂本人就是旧约圣经的实质和内容。祂活化并带出了这些内容。祂把它们送给祂的教会，作为祂恩典的礼物。祂赐给教会的圣经，不是作为外在的珠宝而已，而是作为祂临到她面前的大道。在祂亲自临到她之前，祂已借这些圣经向她彰显了自己；甚至我们可以说，把自己的样式传递给她。亚伯拉罕、摩西、大卫、所罗门、约伯、以赛亚，以及你所能说出名字的人，都是祂创造、用以传达祂样式特征的器皿。他们预备道路，使人在祂来时认识祂。现在回想起来，这些人向我们描述了祂作为我们中保全部工作的一切细节和温柔特性。

当"以利，以利，拉马撒巴各大尼"这句话穿过大卫的嘴唇时，它等同于在各各他山上，基督灵魂中预期要经历到的可怕痛苦。这是由人性的确定特质所致，也是人面对死亡痛苦时不可避免会呈现的必然反应。当耶稣最后将要断气时，"以利，拉马撒巴各大尼"的可怕悲叹，从耶稣紧缩的喉咙中吐出，这是一件多么可怕的事！正如今天在各各他之后，我们有时被赋予承受主痛苦伤痕的特权。同样，在旧约时代，也有少数选民在各各他之前被赋予承受主痛苦伤痕的特权。在耶和华受苦的仆人身上就预先描绘了忧患之子。上帝已在那时就要求全体信徒，在某种程度上承受十字架伤痕的微弱反射，但是，只有一个属上帝的人被赋予了单独完全承受这些伤痕的尊荣，那个人就是大卫。

在大卫身上，有两件事值得我们注意。其一，他肯定被扔进了"最深的没有水的坑里"。其二，当他倾倒出对自己苦难的惊恐哀叹时，圣灵选择了他作为揭示弥赛亚苦难的器皿。当圣灵感动他的嘴唇表达出完全被弃绝的感觉时，他哭诉之情以无法估量的程度被加深。被弃绝的全部现实必须借由耶稣的嘴唇才能直接传达出来，而非那时借着圣灵的感动。

这就是各各他的经历如何提前在《诗篇》二十二篇的哀歌中生动呈现。基督在各各他所发出的可怕痛苦呼声，既非只是对它的呼应，亦没有增加它任何内容。在那一刻，这是虚弱灵魂的撕裂，并且必须穿过祂的嘴唇。它传达了祂的死亡是多么可怕，以及祂不可测度的情感之深切。

作为永恒的道和上帝的儿子，祂也是人。祂有血有肉，在各方面都像我们，只是祂没有罪。祂以最亲密和温柔的方式，将我们的人性与祂的神性相连。祂神性的一切都没有减损。怎么可能是这样呢？然而，祂以温柔的怜悯，保持人性的彻底完整；这对我们来说是完全无法解释的。这使我们可以见证："是的，祂确实披上了我们的肉体。祂成了我们当中的一员！"

祂一旦这样做了，就进入了我们里面，进入我们深深的悲伤，进入我们罪恶和邪恶的生命，进入我们混乱的世界，进入我们所谓人类生活的灾难中。祂走在令人胆寒、破坏性和动荡的地形之下，地狱的火山隐藏在下面。在那个地狱里，浓厚的死亡气息充满了上帝的忿怒，如铅一样沉重，出现在所有人被诅咒并注定要毁灭的生命中。虽然其他人都避免这种情况，并试图躲避它，但祂必须进入其中。虽然靠着上帝的奇妙恩典，他们仍然得到保护，并暂时避免其可怕、致命的毁灭；但对祂来说，情况并非如此。祂必须心甘情愿地出去寻找它，必须完全专注于它，直到祂尝了死亡最深和最痛苦的方面，方能停息。

我们在这里谈论的并非是我们所见的死亡，而是更深的死亡，就是最终令人陷入那地狱般沉重的永恒深渊中的死亡。这就是上帝的忿怒将所有不圣洁之物送入死亡的地方。我们谈论的是完全与生命相反的死亡。上帝就是生命，故此死亡就是上帝的敌人，上帝对抗它。罪就是死亡，所有罪都是死亡。因为上帝就是生命，祂只能把永远的忿怒倾倒在罪恶和死亡上。

即使你永远无法解决或解释这个问题，这都是肯定的。要么你的救主尝死味，要么祂不尝。如果祂没有，那么天国之子啊，你的盼望在哪里呢？如果祂的确死了，那么请告诉我，你这自称为被赎的人，你的救主为你遭受了哪一种死亡？只是进坟墓那样的死亡吗？还是带着地狱的痛苦、走过上帝怒气完全倾倒之处的最深死亡？如果你不是上帝救赎之民中的一个，你就有祸了，因为你必须自己承担这祸。但这不可能，难道不是吗？因为那样祂就不是你的救主了！祂为你承担了一切！祂经历了这根本的死亡：带着所有地狱里的痛苦，落在了上帝忿怒的手中，并有着永恒深渊的死亡！

有可能未曾感觉到与生命完全断绝，即使只是须臾之间，就能真正体验（而不仅仅是看起来如此）这种死亡吗？所以不要如此争论，亵渎神圣！只要相信它，为此而敬拜上帝。要为这空前绝后、无与伦比的怜悯而感谢祂！这事是坚定不变的：地狱般痛苦的死亡深渊和被上帝抛弃的事，要么是你，要么是祂来承受。

这时祂说："我所救赎的跟随者啊！我为你做了这事！"这就是祂被弃绝之时，上帝的使者从祂嘴中所听见的话："拉马，撒巴各大尼！"为了什么呢？好让你永远不会被上帝弃绝，反而有一天会与祂同住到永远。这是因着祂完全的怜悯！

第54篇
自己劳苦的功效

祂必看见自己劳苦的功效，便心满意足。

有许多人因认识我的义仆得称为义，并且祂要担当他们的罪孽。

《以赛亚书》五十三11

那时，耶稣在渴求什么？祂在渴望什么？当祂发出"以利，拉马"的呼喊时，祂的灵魂强烈渴望的是什么？是不是让自己从十字架上下来？如果罗马指挥官命令一名士兵在十字架旁架上梯子，那么祂垂死的眼睛里会闪现出快乐的火花吗？如果是去掉祂手和脚上的钉子呢？如果是把祂衣服还给他，从头上拿走荆棘的冠冕呢？如果是让祂重得自由、回到门徒身边呢？

不可能！如果耶稣这样回到门徒那里，那么祂就不能给他们带来任何益处。无论是他们还是我们的心，都不能体会我们主耶稣的丰富。然而，这显然是未到三天就发生的事。耶稣确实回到了门徒那里，荆棘的冠冕也不再戴在祂头上，由朋友之手所提供的衣服遮盖了祂赤露之躯。梯子曾架在十字架旁，祂曾被取下来了。

几乎是一样的事，但其中有很大的区别。死亡已经介入。耶稣已经死过了！

祂回来是从死里回来。这是一场胜过死亡的凯旋，是尊贵、神圣、不可遏制的生命所发出的至高威严的光辉。耶稣从死中回来的场景，就像在祂后面用带子牵着一只驯服了的狗。死亡，那个怪物般的死亡，此前一直在猛烈地向祂咆哮着，使祂里面满了骇人的恐惧，现在它却像只羔羊一样在耶稣身后小跑。即使是祂的口渴也不能再压倒和控制祂。祂曾像一个被削弱、虐待、破碎过的软弱、蒙羞之人，但现在得了永远的胜利。难怪每次复活节期再次来临时，耶稣那可怜的教会总会感到如此难以言表、无法形容的喜乐。

归根到底，我们都非常害怕死亡。其实，除了死亡，没有别的，信徒和非信徒都一样！我们总是思考死亡是否临近。如果不是，我们就继续生活；如果是，那么即使是不敬虔的人，也对这前景感到畏缩。哦，死亡，各种形式的死亡，带着完全令人胆寒的确定结局，带着所有与之相伴、随之而来的事！它让灵魂充满了何等的恐惧！

然而在复活节，当耶稣驯服了死亡，束上皮带牵着它再次靠近我们时，一切都再次变得美好。至少，对于那些可以看到的人是美好的！因为这就是奥秘所在之处。对不属上帝的人，甚至当死亡抓住他们的喉咙呛住他们时，他们仍都茫然不解。对不属上帝的人来说，直到耶稣作为他们的审判者，将他们投入外面的黑暗中，他们才明白祂的身份。这就是为什么不属上帝的人不会理解复活节的神迹。他们不知道死亡已被驯服；即使耶稣释放了死亡，使之向他们变得脆弱而不会把他们撕成碎片，他们还是不知道。

只有信徒才能明白这一点。他们明白，并非因他们比不信的人更好。唉，我们往往比不敬虔的人更不敬虔！不，他们能明白，是因着耶稣为他们做的、在他们里面做的以及与他们一起做的事情。祂会继续如此行。这就是为什么他们会不同，并且正在变得不同的过程中，尽管他们直到死都依然很糟糕。哦，不敬虔的深渊啊！

但耶稣为他们所做的、与他们一起做的，以及在他们里面的工作仍在继续。耶稣不会让他们内心持续的不敬虔来阻碍祂自己。祂悄悄地继续工作。然后，鳞片从他们的眼睛上脱落，光线照进来了。无论他们是否喜欢，都会看见耶稣在作工。当上帝的圣言应许祂永不会让死在他们身上不受约束时，他们就明白了这圣言所说的内容。

有时，耶稣甚至会呼召一两个跟随祂的人，并把束缚死亡的锁链交给他们牵着。祂如此行，是为了使他们可以在祂面前行，制服死亡，并让它走在他们身后。这些人被称为殉道者。当祂可怜的教会见证这事发生时，他们绝对且真诚地相信祂！然后，一种荣耀的喜乐就会涌现在耶稣的教会里。祂的子民就互相呼喊着说："我们的耶稣是多么荣耀的君王！"他们一起唱歌，奚落嘲笑现在被驯服的死亡，说："死啊，你的毒钩在哪里？你得胜的权势在哪里？你想扔我们进去的坑在哪里？"

这正是耶稣在祂灵魂深处热切渴望的。祂只有一种爱，就是祂对天父的爱。由于祂的父有别的儿女，这种爱也延伸到祂父的选民中。祂看见这些儿女，这些天父的选民，生活在持久的恐惧中，从来没有自由，总是非常害怕。不能再这样继续下去了；只有如此，才会有永远的平安临到。

看哪，现在不再如此！死亡被征服了，生命已经取得胜利。基督是王，是上帝自己的儿子，是荣耀之国的王子。藉着祂自己的工作，祂确定了死亡被征服、生命已凯旋的永远事实。现在，祂父的儿女中有欢歌笑语。现在，选民献上感谢。现在，爱仍长存。哦，多么完全的爱啊！这完全的爱就驱散了恐惧。

这就是耶稣希望看到的事情！只有这样，祂才会心满意足！这就是为什么古老的预言说："祂必看见自己劳苦的功效，便心满意足。有许多人因认识我的义仆得称为义，并且祂要担当他们的罪孽。"这就是耶稣现在所成就的！但在祂死之前，祂必须忍受被上帝弃绝的诅咒。在忍受这个诅咒之前，祂必须淌过我们不虔不义之河。在能够战胜我们的罪之前，祂必须披上我们的身体。

祂所做的一切就是为了扼住死亡的咽喉。但是，祂不能随意地去抓。祂不能，那是因为地狱与死亡捆在一起。罪和一切不义，并最可怕的诅咒，都绑在其上。所以，忧患之子忍受了这一切。这花了祂很多精力。这是灵魂的工作，即使是上帝的天使也无法测量其深度，甚至全部被救赎之人在一起，也永远不能领略其永恒之美。

这种灵魂的工作使祂成为肉身，且住在肉身里面。这种灵魂的工作不是拒绝身在肉身中的其他人，而是吸引他们归向祂自己。这种灵魂的工作是要承受罪恶、诅咒和上帝的忿怒。最后，这种灵魂的工作是要进入死亡，从内部面对死亡，最终作为上帝的征服者，从死亡的国度显现，驯服并捆锁了死亡，让它走在身后。这就是耶稣如何向门徒、教会和其中所有人显现的。这就是祂如何向所有蒙圣约之印记的人显现的。

祂这样向你显现了吗？向我显现了吗？这就是祂如何看待祂灵魂工作的！祂通过完成这工，使许多人称义，并心满意足。弟兄姊妹，这就是为什么我们要庆祝复活节。以马内利！上帝与我们同在！

第55篇
万军之耶和华

万军之耶和华如此说：你们要转向我，我就转向你们。

这是万军之耶和华说的。

《撒迦利亚书》一3

圣经告诉我们要用庄严且令人赞叹的名字，来称呼我们的上帝为"万军之耶和华"。这个名字并不是为了表达上帝是元首、指挥官、主宰，或如你更喜欢称呼的，万军的国王。尽管如此，希伯来文这样表述：万军之耶和华。因此，在这个语境下，"耶和华"是上帝神圣盟约的名字。"万军之耶和华"的名字也旨在传达，除了祂强大的万军之外，我们不能以任何其他方式来思考我们的耶和华，即那位完全荣耀和伟大的崇高者。因此，所启示的"万军之耶和华"这个名字之美，在那些自己感觉被抛弃了的人心中闪着明亮的光芒。

当我们觉得自己微不足道，不再高看自己的时候，这个名字给我们安慰。当我们找不到生命的意义，反而在人生风暴的驱赶中变得孤寂、孤独，以至于悄然退到自己里面的时候，它就会安慰我们。当我们不再享受与其他人那种激励灵魂的团契，反而一切似乎都削弱了这种团契关系的时候，它就会安慰我们。

当罪的势力、魔鬼和这个世界变本加厉地抓住机会压迫我们焦虑的灵魂时，它就会安慰我们。当他们推着我们退后，在大量问题中将我们推倒时，它就会安慰我们。而后，我的弟兄姊妹们，在这样的时刻，我们完全圣洁的上帝以万军之耶和华的身份临到你这里。

然后，这大能的盟约之名成为你灵魂的力量和安慰之泉。在这样时刻，对灵魂来说，可怕的乃是向一个无法穿越的、没有回应的天堂呼求，或者向一个无法触及、无意与我们同在的上帝呼求。那么对我们来说，天堂就像我们空虚且失落的心一样空荡荡。我们所恳求的那完全仁慈者，就像我们发出恳求的内心灵魂一样孤立。存在于我们灵魂里的天堂，反映了我们实际想象中天堂的样子。同样，我们灵魂的状态决定了我们如何愚蠢地想象那圣者的实际样子。

这正是为什么一个罪人不可能自己在上帝里面找到安慰。不，只有当永活的上帝自己临到我们身边、向我们显明自己，并允许我们看到祂真正的样子时，安慰才会来到。那时，祂就让我们正好看到我们需要看到的祂的样子。

因此，祂作为完全充足者临到，且对于你而言必需是充足的。祂不只是同情你的弱点，乃是临到时也会带着祂的万军。当你活在孤寂中时，祂出现在你面前，打开天上的窗帘。祂让你立即看到那里的生命有全然丰富、丰满和荣耀。祂让你看到，虽然这生命远在你之上，却与你亲密相近，并与诸天和在荣耀中的天军围绕着你，照耀着你。

祂允许你看到祂所有的基路伯和撒拉弗，所有的天使长和万万千千的人群。而祂会带着这种难以形容、取之不尽、无法测度、让你忘记呼吸的丰富生命，向你呼喊，声音回荡在这一切领域里。全能、至慈、伟大的安慰者直接对你说："看哪！我就是荣耀的上帝，万军之耶和华是我的名。"如今你的灵魂就饮于这尊名。相比于我们里面软弱、孤独的灵魂，最初我们感觉到的如此庞大又强大的世界，现在似乎什么都不是。相比于围绕着我们上帝宝座的无穷无尽、无法形容、看不见的荣耀，这似乎都只是一个皱缩的斑点罢了。

让我们诚实地承认吧！在我们不信的心中，这位上帝的地位如此之低、重要性如此之弱，以至于祂在我们的灵魂里，似乎只是一个脚注罢了，只有一个名字和幻影而已。但现在作为万军之耶和华，这位上帝在我们毫不留意的情况下，带着无与伦比的能力和难以理解的威严重现在我们面前。祂作为能成就万事的独一者，已经再次显现。祂是手握无始无终之力量和能力的独一者。祂是万军之耶和华，我们全能的上帝！

痛苦、疾病和不幸，甚至更糟糕的情况，即因耶稣之名所受的苦待和背起加在我们肩上的十字架，都一点一点地让我们丧失信心。弟兄姊妹们，承认吧！这些都成为了与上帝并存的力量，成为了攻击我们的力量。我们愚蠢地认为，诸多难处的力量太强大，实则超过我们的上帝。所以我们会怀疑，说："祂能救我们脱离吗？"然后，所有的细小力量就开始出现：痛苦和逼迫、焦虑和疾病、苦难和考验、十字架和虐待。它们都是从属于一个更低秩序的辅助者，并且远低于我们上帝君王的万军。

罪恶、魔鬼和死亡都会使你的灵魂迟钝。当情绪失落时，你以罪人的想象力，以为它们像不可抗拒又不能战胜的力量，这让你不寒而栗。然而，你现在看到，无论它们多么不情愿、如何抵抗，都是会被制服、受限制的力量，是为了成就万军之耶和华的旨意。它们被祂的万军所约束。

因此，我们的嘴可以说话，我们的心可以再次持守美好事物了。我们又有了空间。我们可以再次呼吸了。曾经若隐若现、那么大、极其吓坏我们的事物，现在似乎如此之小。真的不算什么！我们曾只容许祂的能力显得暗淡、无力，但祂诚然是唯一大能且全能的上帝。祂在我们面前显耀着祂一切的能力和威严。这个世界已经沉下，如同无有。但有着万千天军的天堂在吸引着我们。天堂会提升我们的灵魂，其光线令我们炫目。我们渴望逃到它里面，迎向如此神圣的威严。

如果你让那独一权能且完全权能的上帝以祂的圣言向你说话，那么万军之耶和华对你说："万军之耶和华如此说：你们要转向我，我就转向你们。这是万军之耶和华说的。" 最后强调的这点得胜了！最开始一切都反对上帝，上帝孤身一人，简直被生命的风暴所驱赶，这一切似乎是真的，现在一切都已完全改变了。现在反对我们的根本算不得什么！这些事物最终是向着我们、属于我们、被设计来帮助我们的！祂命定了万事，是万有之中唯一能帮助你的。祂赐给你永远的救赎。万军之耶和华是祂的名！

第56篇
使我里面重新有正直的灵！

上帝啊，求祢为我造清洁的心，使我里面重新有正直的灵。

《诗篇》五十一10[23]

不是每个人都懂得所谓灵里的冲突。那些在灵里已经经历了多年挣扎的人，都知道这一切关于"灵里沉重"的说法，实际上只不过是虔诚的狂热罢了。这种情况可以通过一个事实来解释，即在事物的自然秩序中，撒但和我们的心之间其实并无固有的冲突。如果我们一开始就是撒但的朋友，那我们怎么可能是牠的敌人呢？不，这种冲突之所以会发生，是因为上帝兑现了祂在《创世记》三15中的应许："我又要叫……彼此为仇。" 如果我们和撒但之间的冲突自然就存在，那么上帝就不必应许把敌意放在我们之间。所以，我们此时在本质上是与世界为友，与上帝为敌。因此，若要完全扭转这种局势，显然必须有真正的神迹才行！

这神迹必须在我们生活中开创一种我们与撒但为敌、与上帝和人为友的局

---

[23] 荷文版圣经以及凯波尔所默想的经文是《诗篇》五十一12。

面。当这情形一旦成就在我们的生活中，那么战斗、属灵冲突、灵魂的角力就自动开始了。然而，它并非立即开足马力，每个人也并非有同等力量。在很大程度上，这是个人性的，取决于你个人的情况和你的过去。但是，一旦它开始了，每个人都会经历这种挣扎。一旦战斗开始了，在我们进入永恒安息之前，它都不会停止。这场战斗并非首先针对那些思想与我们自己不同之人，或针对世俗社会。它们实际上都与这种属灵挣扎无关。这场战斗乃存在于我们里面最深处，在我们心中隐藏的隐秘处；在我们灵魂深处，在无人可以探寻内心之事的地方。这场战斗乃存在于我们最深处情感生活的遥远视野里，在我们发现自己内心邪恶和腐败的地方。在那里，我们隐秘的罪恶显露出来，主同在之光在其上闪耀。这场战斗乃存在于那些隐藏的妥协之处，甚至世上我们最亲近、最亲爱的朋友，可能都不知道。

　　圣灵和撒但之间的战斗在我们上方蔓延。因此，这场战斗的一方是圣灵在我们里面培育的信心，另一方是我们自身邪恶的内心，有撒但盘踞其后。那已经被放在我们心中的信心是一种新的、神圣的力量。它紧紧地抓住弥赛亚，向上帝奋力前进，并且不放弃圣灵。因此，它定期、直接地反对在我们里面出现的所有邪恶、罪恶和不敬虔的欲望。相信和渴望是进行这场战役的尖锐武器。最初，一切都归结在唯一的欲望里。然后，律法说："你不可贪心！"但这并没有阻止你贪心。恰恰相反，欲望更加强烈地激动你，在你燃起的欲望上浇油。事情继续如此发展，直到上帝在你里面造出信心。如你所知，这种信心很不同，它与之前的状态相反，反作用于你的欲望。这就是属灵挣扎的开始。

　　这场战斗并不是让欲望停下来，让你开始相信。如果那样，那么根本就不会有任何属灵的挣扎。不，欲望仍在继续。它甚至变得比以前更强烈。正是它让你内心有斗争，让你对自己的灵魂状况感到惊讶，并让你心情沉重。

　　并非撒但在渴望，而是你在觊觎。并非圣灵在你里面为你而相信，而是你在相信。诚然，觊觎并非源自于你，而是撒但在你身上工作。然而，这结出的果子就是，对你自身而言，你以自我为中心，成了一个贪婪的人，这是事实。与此同时，信心也并非源自于你，而是圣灵在你身上工作。可是，这工作的果子就是，对你自身而言，在你内在的核心，你成了一个相信的人，这也是事实。

不要在这方面犹豫不决，而是坚决持守这一点。你是一个有渴望的人和一个相信的人。正是因为这两个，你内心才会出现属灵挣扎。这场冲突，并非在你工作的场所，也非在你生活和互动的圈子里，甚至不在你的情绪里。不，这场冲突发生在你最深的隐秘处，在你深处，就是在《诗篇》五十一篇中大卫所说的"里面"。他说："使我里面重新有正直的灵。"它发生在我们常称为我们"自我"（ego）的里面。这就是奥秘所藏之处。那个自我已经死了，因为保罗说："现在活着的不再是我。"然而，"自我"进入了能想象的最荣耀的生命。因为同一位使徒也说："我如今在肉身活着，是因信上帝的儿子而活！"

我们自我最深处核心所出的，乃是其对我们灵魂存在的每一方面的动态影响：我们的想象力、情绪和意志。这种对自我的动态影响，在我们想象力、情绪和意志中产生了我们的灵。这就是我们人性里面的灵。这灵参与了我们内心的冲突。在渴望和相信的神秘摇摆之间，这两种经常对立的动态关系在我们灵里发挥效力。如果信心在我们生命的核心里忙碌地工作，那么信心的力量就在我们的想象力、情绪和意志上施加一种神圣的力量，使它们成为义的工具。同样，如果渴望的力量在我们身上发挥作用，那么罪的力量就对我们的灵、想象力、情绪和意志施加一种罪的力量，使它们成为不义的工具。如果这种来回往复的动态关系正在施加压力，先使信心更加有力地工作，然后它几乎完全消失了，反而一种强大的、可怕的渴望盛行起来，那么我们内心的属灵战斗就非常激烈。

然而，上帝的长久宽容以及祂对我们的怜悯很广大。藉着祂的圣灵，祂转移这些强大的自然欲望的影响力，并使其无力影响我们。祂使我们的信心在一段时间内坚定不移地工作。但随后一段时间，当动态关系再次被逆转时，渴望的力量意外压倒了我们。它得以释放，并占了上风。然后，它使我们存有的那些部分都为不义来效力。于是，我们的灵魂就发出深深悲哀的哀叹。属于自我的那些方面会思忖："现在我已经做到了！这么多天和这么多星期，事情一直很顺利。最终，在这一切之后，上帝以祂的怜悯听见了我的声音，打破了罪的能力。"但要小心，这就是你会再次失去一切的时刻。

这怎么会发生呢？因为当事情最终进展如此顺利之时，你就不再谨慎了。实际上，当你开始想象你的信心乃是必然之物时，它就发生了！你不再时时刻刻、一点一点地持守信心。你不再认为这是你天父慈爱双手所赐的礼物。这必须受到惩罚，这就是耶和华上帝放开你的唯一原因。祂没有让你失望，这也不是放弃你的原因。反而，这是因为你在相信的事上犯罪，所以祂，这位圣洁的上帝，就惩罚了你。

祂作为惩罚者也很小心，会注意所加的伤口不会让你流血致死！因此，虽然惩罚还没有结束，但是把你带回祂面前的动态关系已开始再次工作了。信心再次开始运作，之后便生出一种深深的、揪心的悲伤。它让你重新抓住了完全够用的羔羊宝血，让你重新意识到你的可怜、赤裸、只能空手依赖祂和自己的渺小。你再次变得温柔谦卑，上帝就更新祂所给你的恩典。现在灵魂又活了，你再次开始祈祷。然而，灵魂现在仍然没有当初祷告那么有力量、那么迫切、那么坚强。那时，它祷告说："主啊，使我里面重新有正直的灵。"

这种摇摆现在已成为深深忧伤的根源，而上帝正关切此忧伤。最初，人对这种来回摇摆没有太大的兴趣。可是现在，它已成为加诸灵魂之上的诅咒。最初，他的态度是："哦，如果上帝能使我的灵成圣，那该多好，我保证它会持续坚定！"可是，这种情况发生了变化。他因意识到自己的无力而煎熬，现在开始祷告说："上帝啊，我凭自己不能做到！凭着祢的怜悯，求祢使我里面重新有正直的灵。"

第57篇
就是摸祂眼中的瞳人！

摸你们的，就是摸祂眼中的瞳人。《撒迦利亚书》二8

耶和华爱祂子民的力量巨大，且势不可挡，人和天使都无法测透其源头。祂的爱就像海一样宽，从无底的深渊涌出。这是一种永远、神圣、全能、不可抗拒的爱，其高远超过我们所能想到的。即便是我们冷淡刚硬的心在最好地状态下，也永远无法理解它。因此，我们很难理解，任何一个曾经历过如此宏伟之爱的人，为何仍会生活在恐惧、担忧或气馁中。他们应该能在安静中单纯地见证，说："祂以全备的恩典，带我出黑暗入光明。祂以温柔的怜悯，让我出死入生。祂以奇妙的怜悯，在我已像一块引火之物被点燃时，把我从火中拉了出来。"那么，他们怎么还会害怕呢？

哦，我完全理解上帝的孩子如何像小麦一样经历筛选。我知道信心的源泉会如何被堵塞，并停止流动。我认识到一个人的灵魂可以如何无所适从，以至于他们的生活中就经历不到基督同在的温暖，他们会想："我真的还是上帝的孩子吗？我曾经是过吗？或者我是否只是在欺骗自己而已？"我一点也不嫉妒知足且沉着的人们所有的宁静平安。可是，我确实知道上帝所亲爱的子民中，大多数人显然都像钟摆一样来回摇摆。前一刻，他们在天堂的门口，后一刻他们就到了地狱的门槛。作为上帝的孩子是一件大事。故此，人们甚至一刻也不敢相信他们真的是上帝的孩子。可是就是在这个时刻，圣灵向他们显明他们的身份。祂让他们信服，这与他们自己无关，并且祂使他们能相信此事。

凡自认为当然是上帝珍贵儿女的人，他们有没有反省过自己在上帝眼中是多么应受责备和咒诅呢？他们有否想过自己并无任何佳形美容，他们灵魂里也无任何让上帝渴望的荣耀呢？他们有否衡量过上帝如何以无与伦比的怜悯，去爱一个灵魂里发出让祂厌恶的恶臭之人，或者爱一个拒绝祂的人？

你必须深深地谦卑，俯伏在地，才能经历所显明之恩典的内涵。为此，你灵魂里需要感到完全被遗弃，使得它几乎不能相信你真是上帝的儿女才行。这就是为什么除非圣灵使不可能变为可能，否则信心就不能工作。我非常清楚，你的信心可能根本没有起作用，那时你会失去盼望或勇气。每个知道事情脉络的人都会体验到这一点。但是，在认识上帝之人的灵魂中，这种挣扎的唯一目的，就是使人接受再次发挥效用的信心。每一位基督徒仍然需要祷告，说："主啊，加增我们的信心！"

然而，我们不能接受人们经常认为是真实的事情。一方面，人们会说："哦，当然！我的确相信，我也知道我就是上帝的儿女。"但另一方面，他们又补充道："我的灵魂却如此疲惫且沉闷。我心里很害怕。你认为上帝真的垂听我的声音吗？"不可如此！如果你发现自己处于这种状况，你必须放弃你的焦虑，并专注于主要的事情。你必须被震撼，穿透至你存有的核心，直到你问："主啊，我是活着还是死了？"你要问这个问题，好让圣灵可以再次进入你里面，并且你再次开始相信。这是关于信心，且只关于信心！

主耶和华怎会不爱祂的孩子呢？圣灵在圣经中说他们是"祂眼中的瞳人"。"耶和华爱属祂的人，如同祂眼中的瞳人！"他们为什么要害怕？"耶和华的份，本是祂的百姓。祂的产业，本是雅各。耶和华遇见他在旷野，就环绕他、看顾他、保护他。如同保护眼中的瞳人！"祂的百姓按照《诗篇》十七篇所说的应许向祂呼求。他们受圣灵的鼓励，自由地祈祷说："主啊，求祢保护我们如同你眼中的瞳人。"在撒迦利亚的预言中，基督再次以盟约使者的形式显现，鼓励他们不要惧怕逼迫他们的人。为他们报仇的是万军之耶和华。"摸你们的，就是摸我眼中的瞳人。"

你的眼球是你身体中最敏感的部分，是最敏感的神经汇集之处。任何灰尘、微小的纤维，风吹起或空气中的东西，无论多么微小、不起眼，都不能触及你的眼球，因为你会立即有所感觉。你会有强烈的感觉，以至于你的眼睑会立即闭合，来遮挡、保护你的眼球免受任何威胁。这是一个很传神的图像，尤其是在这属上帝之人所生活的这片土地上。这个国家的空气充满了极小颗粒的灰尘和小昆虫。脆弱眼睛的唯一保护就是一双超级敏感的眼睑。

主耶和华很喜悦通过这个图像来传达祂对你的温柔怜悯。没有任何一粒灰尘可以触摸到你——祂眼中瞳人——的外膜，而不会马上引发祂保护之爱的即刻响应。这会立即、马上、自动、不经思索地发生，不会经过意志层面的酌量。耶和华说，你这因羔羊之血所买来的人啊，对于你、关于你、并为了你，我的心灵是这么敏感啊！无人能在我瞬间未感觉到的时候触碰或伤害到你。在你的思想转向我之前，我的爱已经像那高度敏感的眼睑，温柔地延及你身了。我想永远避免所有邪恶碰触到你。

耶和华你的上帝说，我所拣选的子民哪，这就是我为你所行的。如果有人真的碰了你，无论是邪恶的人，还是撒但的恶魔，我会立刻举起我的大能膀臂抵挡他们。如果他们想要消灭你，我会用我的力量击退那破坏者，并让凶手的灵魂远离你们。"摸你们的，就是摸我眼中的瞳人。" 凡攻击上帝的孩子，就是攻击上帝自己。

多么难以形容的绝妙保证！我们不应该误解为："我是上帝的孩子。因此，凡误解我或对我做任何事的，都有上帝的忿怒临到他们。"这将会滥用旨在振奋心灵的安慰之语，也反映出人最可怕的骄傲。这样的话不但不会托住他们，反而会毁灭他们。

我的弟兄姊妹们，为了让你灵魂得救，如果这种傲慢的思想有时悄悄进入你的脑海，你要赶走它，摆脱它。这样的想法会杀死你的！我们上帝的安慰话语是为了那些心里自卑的人。这些人会说："让它们来折磨虐待我吧！我当得的，比这更厉害一千倍呢！"这安慰的话语是给那些被压迫、却不想办法报复的人。

他们感到悲伤,因为上帝没有得到尊荣,因为他们也干犯了这尊荣。他们心里想:"这一切都结束了。我快死了,没有任何指望了。"然而,正是灵魂经历激烈的压迫之时,他们才得以饮于上帝那激动人心的安慰之泉。完全慈爱的耶和华说:"无论你在抵挡什么,我都爱你如我眼中的瞳人。凡敢摸你们的,就是摸我眼中的瞳人!"

第58篇
将洁净的冠冕戴在他头上

> 我说:"要将洁净的冠冕戴在他头上。"他们就把洁净的冠冕戴在他头上,给他穿上华美的衣服,耶和华的使者在旁边站立。
>
> 《撒迦利亚书》三5

当全能上帝的百姓在巴比伦时,祂曾重重地压伤他们。为他们的顽固和他们那令人羞愧的不忠,祂曾因自己的公义惩罚他们。但是,即使在这种压迫的情况下,救赎的时刻终于还是到了,耶和华使大祭司约书亚和领袖所罗巴伯一起前往耶路撒冷,重建国家的首都。但请注意,这时撒但介入了。"你要让这个约书亚重建你的圣殿吗?这个不洁、罪恶的以色列人,这个不信实的祭司?"是的,约书亚是个失败者,甚至耶和华自己称他是"从火中抽出来的一根柴"。

尽管如此,或者更好的说法是,正因如此,盟约的使者作为他的支持者和护卫者就上前了:"愿耶和华诅咒你,撒但你比他坏上一千倍!此外,不就是你诱惑了我仆人约书亚,并鼓动他犯罪的吗?"而弥赛亚马上就做了上帝喜悦的事,按照上帝的拣选之工发出祂的恳求。"约书亚蒙指定去履行这个神圣使命,并非因他个人的卓越行为,而是因为耶和华选择了耶路撒冷!"

可是你看，悲惨、深深堕落的约书亚穿着他那完全肮脏、被玷污、罪恶的衣服站在那里！然而，祂也站在那里，在永远掌权的美好喜悦中发出光芒。祂有能力使那不敬虔的人称义，并使那不洁净的人从自己一切的不义中得洁净。这就是上帝的天使们所受命令的源泉。他们是祂的仆人，被派来保护那些得救之人的产业。他们奉命脱去约书亚污秽的衣服，给他穿上用十字架上编织的代赎之义的衣服。这个穿戴动作被精细地描绘为更衣动作。故此，被拯救出来的约书亚现在像穿着一套撒但不能用箭刺透的盔甲。

这个画面描绘了我们每个人自己灵魂中不断经历的斗争，它是多么荣耀且令人深得安慰！首先是撒但煽动我们去犯罪。当我们倒下的时候，撒但就在上帝的宝座前控告我们。然后，我们所宣信的大祭司带着荣耀为我们迫切代求，撒但被迫退去。我们像一根从火中抽出来的燃烧的柴。而后，我们站在耶稣面前深感羞愧。一道神圣的命令从天上发出，使我们再次得到拯救的恩典。我们犯罪的衣服被脱去了，而后穿上了永恒公义的新袍。对上帝的众儿女来说，这种经历难道不会振奋心灵、使人灵里得安慰吗？

此时却要注意其他事，请看看下面的内容。现在，弥赛亚让人将一个完全干净的冠冕，戴在这个已经成为义的不敬虔之人的头上。这对我们自己的灵魂有着非同寻常的意义。那冠冕是祭司的帽子或头巾，是他着装的最后部分，标志着他已经穿戴上了恩典。它为授职仪式增添了尊荣，并标志着祭司奉献礼的高潮。只有当上帝的使者把祭司的冠冕戴在约书亚有罪的头上时，他才再次成为祭司。约书亚已经被撒但大大地伤害，但他现在被弥赛亚搭救出来。他已经与上帝和好，并穿着祭司的合适服饰；只有现在，他才能向他人传达救赎与和好的信息。难道那令人喜悦的救赎与和好之工，不总是以此方式显出圆满吗？

哦，愿人们意识到这一点，明白他们总会影响到别人。你和其他与你一起的所有信徒，一定要认识到你们作为上帝儿子的祭司和女祭司的内涵。一旦你没有认识到，或者没那么认识到，你实际上就是为撒但服务的祭司和女祭司，即便你都没有意识到自己就是。你所做的一切都会对他人产生影响。你的话语，一个眼神、个性、性格、行动、行为、情绪倾向和任何你热衷去做的事，都会影响他人。总之，其他人在你身上看到的任何东西都会影响他们。如果他们看到你身上闪耀着永恒之光，就像捕捉到晨光的沉沉朝露，那这很棒。那么，来自天上的光会在你的灵魂中点点闪烁，使你弟兄姊妹受益。

但是，如果他们没有看到，那么你就在摧毁、败坏、破坏你周围的一切。那么，你就在拓展撒但的国度。你可能并非有意识或刻意如此行。但这仍然会发生，因为一切都有影响力。凡事都会留下后果。一句欠考虑的话落在某个罪人的耳朵里，就足以导致他永远灭亡。主啊，保守我的嘴唇！这就是教会的祷告。你可曾真诚地如此祈祷？

然而，只认识到这里所涉及的危险是不够的。你不能在天国里保持中立或置身事外。如果你不想继续作撒但的祭司，你就必须成为耶稣的祭司。你需要在头上戴一个洁净的冠冕！我悄悄地、认真地问你，你是否已经戴上。这是一个神圣又亲密的问题。我问这个问题不是为了把你赶到街上。我不是说："快点，走到你房子外面，进入小巷和树篱后面，寻找那些失丧的人。"无疑，耶和华我们的上帝会把这神圣的尊荣赐予一些人。但是，如果我们渴望这项非凡的工作，却忽视了自己在家中的日常责任，那就有祸了。我们就不是在尊荣耶稣，而是在羞辱祂。这等同假冒为善，是被动性和自私自利的，却不是侍奉耶和华！

不，你要完全诚实！如果你想专心于非凡之事，那么你首先必须以激情和爱来拥抱普通之事，为了服侍主而如此行。这样，且只有这样，你才能做那非凡之事。要事优先！这就是为什么如果你愿意和所有其他信徒一起成为祭司和女祭司，那么上帝首先要让天使在你头上给你戴上洁净的冠冕。而后，耶和华需要每早晨膏抹你的灵魂，把祂灵的话放在你嘴唇上，引导你走祂神圣的道路。然后，你的影响力将祝福你的丈夫或妻子、年老的父亲和亲爱的母亲、兄弟姐妹、年长和年幼的孩子，甚至是你的仆人、客人、访客、雇员；总之，这会祝福你所到之处圈子里的每个人。

这就是你的神圣呼召。它并非只是关乎总在自己家里讲道而已。通常，你的讲道必需带着安静的敬畏，并让那纯净和美妙的圣言自己说话！不，这乃是关乎作和好的榜样，关乎彰显出美妙的平安。这是为了让每个人看到你，都看到此处所写的关于约书亚的内容，即"耶和华的使者在旁边站立！"

有一个健康灵魂，秘密就在于此，且唯独在于此！只要耶稣站在你旁边，在你右边显现，那么即使你不说一句话，你也是一个祝福！反之，当耶稣离开你，你的信心没有着落时，你就不能再行祭司或女祭司之责。然后，你会再次卑微，成为在上帝面前的控告者的奴隶。

第59篇
舌头如火焰显现

又有舌头如火焰显现出来，分开落在他们各人头上。

《使徒行传》二3

君王们戴着王冠，公主们戴着冠冕。人们以花环和桂冠来表达对天才们的认可。即使不属于皇室后代或并非天才，人们也努力争取地上那些被认为有荣誉、有魅力、被人称赞的事物。每个人都想获得自己处境中的冠冕。当他们被赋予荣誉时，会觉得自己的心跳都加快了。这种欲望有罪吗？这是当禁止的吗？上帝的儿女是否需要拒绝这种渴望获得认可的心？

耶稣的圣使徒回答了这个问题，他强调说："不！根本不需要！"他坦言，即使是他自己在开始事奉耶稣之后，也同样期待得到冠冕。他挣扎着，渴望得到冠冕。一想到有一天会得到冠冕，他就精力充沛。可是，这里也有区别。他并未期望在今世就得到冠冕，而是盼着在时候满足时获得。他并非盼望借某个朋友之手将冠冕戴在头上，而是盼望由那公义的审判者给他加冕。他也知道那冠冕不是只让他成为表面的国王而已，而是会让他成为真正的国王。圣经说，祂"又使我们成为国民，作祂父神的祭司"！

你要明白，有两种光芒、两种光泽、两种光辉。第一种光辉来自地上。它由心里的激情之火激起，借着想象得尊荣的样子，就燃烧起来。闪闪发光的金属和珍贵的宝石代表了这种光辉。这种光辉借由艺术家的创造力得以表达，但其吸引力很快就会暗淡、消失。它像个一闪一闪的显示灯，先是闪烁，随后就熄灭。然而，还有另一种光辉。它并非来自下面，而是来自上面，来自众光之父。它从永远荣耀的殿堂发出，从那不可见者之存有的深处流淌到我们身上。祂的荣耀让太阳暗淡无光，即使在永远的永恒里也不会衰减。

　　那定睛在下面光芒上的人，看不到那更高的光芒。对于他们来说，那上面的光根本就不存在。他们并不会为它感到欣喜，因为他们就没有注意到它的存在。相反，对那些不敬虔但如今已经得称为义的人来说，他们现在所渴望的，乃是那更高贵的光辉。对他们来说，尘世荣耀的粗糙之光会褪去且衰减。他们会远离它。对他们来说，地上之光的光泽再也无任何吸引力。曾经带着诱人吸引力的，现在只是褪色和暗淡之物罢了。

　　你要密切留意！这并非纯粹想象，乃是真的。你不可把显着完全荣耀的基督想象成带着一张沉闷、面无表情的脸。当你想象祂时，你应想到祂满了柔和圣光的花冠，其光辉比钻石更明亮。这不是单纯的幻想而已，完全不是！这是祂内在存有的流露。这是祂神圣品性（personality）的外在表达。祂膏油的香气环绕着祂。圣经告诉我们，旧约的中保摩西从山上下来的时候，脸上甚至也发出光来。百姓不敢注视他的脸，当他想要跟他们面对面交谈时，就不得不遮住脸说话。故此，从古时起，每当耶稣基督的教会想要描绘众先祖、殉道者、先知和众使徒时，都会在他们的脸庞周围画上圣洁的光环。教会希望我们以此认识到，他们是清心的人。他们已经登上了上帝的圣山，在脸上折射出永恒上帝的荣耀。

　　在会众生活中，那些敏感、虔诚、敬虔的男女也闪耀着光，他们常常给人以下印象：在他们眼中闪耀着更加崇高的光芒，在他们的脸上有着更加神圣的表情。他们似乎像天使，像从天上来的使者，他们每次显现，都有极大的荣耀从他们衣服上发出，像闪电般发着光。当耶和华上帝愿意从我们中间取一人归祂，使这些人在地上打了美好的仗，要进入永恒安息时，我们往往可以在他们脸上看到这一点。在他们临终时被更大的光芒所包围。人们从他们外表就可以看出，这让每一个旁观者都很羡慕，为之感到喜悦。

五旬节发生的事情也相仿。那时，圣灵降临，如火的舌头分别落在他们各人头上。那时发生的事情，就如同每个信徒都站在自己的他泊山上所经历的一样。在他泊山上，主得了祂的冠冕，以天上的荣光照耀四方。在五旬节时，一起组成教会的信徒也受了同样荣耀的洗礼。他们像王子和君主一样，头上戴着属天的光辉，因为他们渴望的不是耶稣给他们戴上人间的花环或冠冕。如果分给基督教会的桂冠仅仅来自人类之手，那么她就会逐渐软弱了。然而，当属地的光芒消失不见，如火的舌头显现在信徒身上成为属灵之光的华冠时，那么她的属灵能力就越发大了。

俯伏在十字架前的人们，若仍以与他们同为罪人者所给予的一切装饰、花环和冠冕为装扮和尊荣，那么耶稣的十字架就对他们全无影响，祂的赎罪之血也无功效了。相反，唯有当他们在俯伏之前就除掉那些桂冠和冠冕时，这十字架才会成为祝福之泉。只有当他们在属天之血面前扔掉这些之后，这宝血才能发挥普遍的效力。

那么，我的弟兄姊妹，是什么让你闪闪发光？是什么让你光芒四射？是什么为了你、并在你四围照耀着你？仍旧是尘世的光芒吗？若然，那么你在心里颤抖吧！因为你仍然在接受人的尊荣和荣耀，于是你就不能真正相信，而且你会灭亡。于是，你会被刺眼、疯狂的闪烁之光包围。那么，永恒明日的滴露就还未闪耀在你脸上。

你今天想要一个五旬节的祝福吗？若是，愿你头上有像火一样的舌头显现。愿天上的荣耀在你脸上焕发。这不是严厉之光，而是温柔之光；不只是在闪烁，而是大有能力地照耀。这些落在各人身上如火的舌头，应该成为上帝温柔慈爱的最荣耀的宣告。它们乃是你死后会沉浸其中的荣耀蒙福之光的幸福预尝。它们是你临终之榻的他泊山，是在你穿过死亡黑暗之门，去往天上耶路撒冷之前要经历的。

第60篇
因祂知道人心里所存的

也用不着谁见证人怎样，因祂知道人心里所存的。

《约翰福音》二25

对于自己、他人和一般的人性，每个人随时都可以说上几句。这很自然，因为我们接触的所有生物和主题中，人类是最重要的。这就是此事的本质。我们依赖于其他人，与其他人生活在一起。我们与他们合作，也与他们争斗。我们自己也是人类。

难怪在过去和我们这个时代里，人们一直专注于理解人类，继续赞扬并倾听那些富有洞察力，且在我们对人性的理解上作出最大贡献的专家。然而，这些专家们就在这个世界上传递对人性的理解方面贡献甚微。

人们所言的对人性的理解，通常情况下或几乎都是指解释别人品格特征的能力。这包括理解人们的外表、行为和不寻常的习惯。这意味着学会辨别他们的弱点，要理解其他人会如何面对自己的弱点，以便让他们做出你所期望的回应。换言之，这意味着探测他们性格的独特性，彻底予以研究，从而可以预测这人在任何既定情况下将如何反应。因此，认识人性是专门为了用于诡计、操纵，也是为了审慎且小心行事。它考虑的目标只是人，动机就是发展技能，牵着别人的鼻子走。

然而，这并非上帝圣言中所着眼的有关人性的知识，也非被称许为有助于认识救恩之道。不！上帝给了我们完全不同的有关人性的知识。除了上帝和祂的圣言，没有人能教导我们人性的知识。无论在本质上还是意图上，上帝对人性的理解完全不同于世人对人性的认识。这种对人性的神圣知识，首先并不考虑这个或那个人有何独特之处。它考虑的乃是所有人共通之处。它对他们脸上某些特征、所拥有的自然品质或性格特征都不感兴趣。它聚焦在他们的内在存有、他们的存在和这种存在的基础。它考虑他们作为人的性质和特征。它考虑他们的举止，以及他们与永恒上帝的属灵关系。所以，这种对人性的神圣知识会看得更深，直入问题的核心。它不是为了培养良好的自我形象或激发自我价值感。相反，它还会削弱这些。

你的独特之处使你变得有趣。这也是人们所谈论的。即使有些事可能不值得赞扬，人们还是会说它值得注意，有时候说它很好。而这种对他人的兴趣也会在你身上滋生。你当然不会认为那种自我理解毫无意义。然而，关于人性的敬虔知识可以深入事物的本质，而其他人所找寻的引人眼目和有趣的一切事物，的确不是关于人性的敬虔知识的兴趣点。所以，当上帝的圣言暴露你这个人的本相时，它并未发现任何有趣之物，完全没有。它只看到你内在的破裂、失望和失败。

上帝的圣言自始至终都教导我们关于人性的知识，要拒绝所有的我们可能已对人性形成的蜃景、如梦的幻想、错觉、美好的幻觉，或者自命不凡的理想。这一切都会像一长串肥皂泡，一个个爆裂。所留给我们的只是那种对人性伟大之感觉的破碎；混乱、荒凉的废墟；炉边冰冷情感的余烬；一股流淌着邪恶、发酵、搅动着肉体之工的泉水。

之于"肉体"，你需要明白，这并非在讲"血与肉"的那种意义。你要把"肉体"理解为你整个人格的表达。它本应该是属灵的，却成了属肉体的。它是身体、灵魂和属灵上的退化，已被粉碎和败坏了。它已经恶化，罪已入了核心，不仅在身体方面，而且在你理性、意志和情绪的属灵能力方面皆然。它影响如此广泛，尽管你可能把你的属灵活动视为美德和虔诚的表达，但是它们也染上了罪。你自己虽这样看，但实则从你而出的最好之物都被严重夸大了。它反映出你的骄傲之心，你看自己过于所当看的。这等同虚伪。

注意！这世上只有两种人。第一种人非常清楚地听到了这一切。他们对此并无异议，但就是不愿接受。他们设计了一套系统来寻找证据，证明人性根本并非那样，而是截然相反。这些人被称为当今时代的智者。

然而，感谢上帝，还有另一种人。他们觉得人性很可怕，就不得不承认，说："这就是我的样子，我的境况。这说的就是我，丝毫不差！"他们因上帝圣言和圣灵光照而相信这一点，并依旧如此活着。其结果是，他们完全同意人性就是如此，他们也是一样。因此，在任何地方，那种以为人类与众不同，且正在变得更好的过程中的虚假信心，他们正在尽一切努力来反对并抵制。

按照世人的说法，他们是傻瓜。但是，后面这种人不就是真正明白人性之真谛的人吗？他们是行在光中、活在上帝的面光中的人。而那光也显出他们自己已经变成的样子。这等人是正直的，承认自己的本相，避开了总是不得不美化或隐藏自己的可怕处境。他们已经弃绝了一切失望，因为他们已经了解人性所包含的内容，并对人性无所期望。他们对人类这个被造物不抱任何希望。他们一直知道并认为，人类能造成比现在更糟糕的后果。他们拒绝虚荣的诱惑，因为在他们眼中，一切都像要抛弃的衣服，只有圣灵在他们内在的工作能存留到上帝面前。他们有洞察力且警觉，在世上活着时非常清醒。他们能看到所有屏幕、窗帘和覆盖物背后的东西，能清楚地辨别是什么在别人心中挑动和运作，并潜在地发挥效用。他们就这样避免大量的纷争和困难，定睛在上面的事，定睛在新耶路撒冷，那城的创造者和建造者就是上帝。最后，每天早晨、中午和晚上，如果圣灵不与他们同在，他们都会感到空虚。当祂没有同在与做工时，他们感觉自己像一盏没有油的灯、一棵没有汁液的树、一台缺乏蒸汽驱动的机器。他们只认识那种内在唯一的力量和驱动力，就是去相信，并参与圣灵在他们灵魂中的工作；圣灵是作工且带来活力的力量。

我们只稍加补充。当他们的王呼召他们离开这个罪人的世界，去到围绕上帝宝座而居住的蒙福圣徒的国度时，他们根本没有经历太多挣扎。这是因为他们知道，自己在那里会看见不同的、更美的、更荣耀的人。他们也知道，自己在那里会与其他成圣之人一起围绕恩典宝座。他们会像那以纯粹、圣洁的人性坐在宝座上的那一位。在万人之中，祂是唯一明了世上人性本质的人。祂如此知道，并且自己并未犯罪。

第61篇
天天向恶人发怒的上帝

上帝是公义的审判者，又是天天向恶人发怒的上帝。《诗篇》七11[24]

你相信上帝的爱，不是吗？至少你承认，上帝"有恩惠，有怜悯，不轻易发怒，大有慈爱"。要想象有比你天父的温柔慈怜更深沉、更难测的怜悯，这是不可能的。你这只能结结巴巴地赞美之人，惊讶于如此之爱，并为祂的慈悲怜悯而献上敬拜，这是很好的。但是，亲爱的朋友，当耶稣基督的教会对你低声说（是的，甚至她也会用鼓声传入你的良知），这位敏感的上帝会发怒，甚至每天显出祂的怒气，你为什么会心里不安呢？当你听到的时候，为什么要转身离开、塞上耳朵，甚至求我们不要出声呢？你这样做，错了吗？

如果你认为上帝的怒气减弱了祂的永恒之爱，或在一定程度上局限了祂的神圣怜悯，你就是在自欺！你说，是的，上帝的怒气甚至在某种程度上与祂的怜悯冲突，但是你真看清楚了吗？诚然如此吗？你说得对吗？假设耶和华我们的上帝从来不生气，或者不是天天发怒，这会不会让祂对你的温柔之爱显得温柔呢？

你把上帝的怒气想象成一件坏事，一个在祂神圣怜悯之袍上的污点。但是，

---

[24] 荷文圣经中为《诗篇》七 12。

难道你不是在这方面误入歧途了吗？事实不是恰恰相反吗？难道上帝的怒气不是祂慈爱最温柔的表现之一吗？对你和祂其余百姓而言，难道这不是许多宝贵事实的泉源吗？假如没有上帝的怒气，你周围的世界到底会变得怎样？现在，在这世代之人坚硬、冷酷的良知里，上帝的怒气每天都像一种几乎不可抗拒的力量在燃烧，就像一块烧红的烙铁在他们心里，在一段时间里灼烧、皱缩所有的疗疮、脓肿和脓包。这些脓包随时可能都要爆裂，并且不知道要把这不健康的污秽散播到多远。此时，在他们心里，上帝的怒气就像一块烧红的烙铁要灼烧这些脓包，并让其萎缩。上帝的怒气在属世之人的良知中作工，就像套住邪恶之口的马嚼。它抑制邪恶，使邪恶不会摧毁你，不会尾随而席卷你，不会太多地毒害和败坏你周围的空气。

上帝每日所发之怒是运行在你家中的大能力量。它可以约束你家中未归信的成员。它用神圣的脚踩住他们心灵的盖子，以此限制他们作恶。这样就抑制了不虔诚，否则它就会浮现出来。当你让你的亲人自己留在家里，或者让他们进入世界时，上帝的怒气是他们的守护者。当你无法再密切地监视他们、为他们划定界限或管教他们时，它可以保护他们。这就是上帝的怒气为你成就这事的时刻。它接管了你离开的地方。这是你孩子们生命中的祝福，否则他们将会失丧。

此外，甚至当你和你的孩子、你的家庭其他成员或你的朋友在一起，当你热心地劝告他们停止一些邪恶或不道德的行为时，上帝的忿怒也在工作。除非上帝的忿怒也同时影响他们的心，在灵里搅扰他们，否则你自己无能为力，你的言语也无效果。更深入而言，假设在某些场合，你为你最亲爱孩子的恶行感到愤怒。你用温柔、圣洁、认真且有激情的方式宣泄你的愤怒，对此你有自己满意的经验。那么祂让你有份于祂的忿怒，并用你作为祂的管道，难道你不该感谢上帝吗？祂的怒气在你的怒气中表达出来，并赋予它激昂且带穿透的力量。可是，我请你自己思考一分钟。你自己难道不感激上帝的怒气吗？你难道要因着上帝的怒气就忽略你一生都受益，且一直都拥有的东西吗？请让我为你进一步解释这件事。

当你回想并记起所拥有的东西时，你诚然以之为一个很美的祝福。难道不是吗？你在归信之前的那部分生活，其实并不是极度暗淡。你并未因你的罪恶而那么蒙羞或被玷污。你非常清楚，比起另一个深深堕落的人，你连一根头发那么细小的善都没有。你认识到，你理应永远失丧。可是回想起来，你意识到，那部分生活对你而言却是不那么痛苦或悲伤。那是因为上帝以仁爱待你。这本身就是一个礼物！那你现在怎么解释这种仁爱呢？这是因为你极其小心不让自己被败坏或羞辱，因而你当得这礼物吗？承认吧，我的弟兄姊妹们！这难道不是因为上帝为了让你的灵魂和照顾你之人的灵魂深深记得祂的忿怒吗？它持续不断地反对不虔诚，以至于即使你想在不义之河里畅游，也不敢跳进去。事实上，你真的不能！

这是我要你考虑的第一点，接下来是第二点。在你归信的过程中，上帝的忿怒岂不是有策略地在你身上作工，就如同祂神圣的怜悯一样吗？这两者都是祂使用的工具。事实上，如果主在这方面没有使用祂的忿怒，你会得以归信吗？我非常清楚，有许多人认为，只是这位王邀约的诱人声音吸引了他们；这声音就像炎热一天后那柔和又清爽的晚风。这岂不是妄想和自欺吗？难道在柔和凉爽的微风之前，不是先后有震前的烈风和风后的地震吗？如果在你灵魂中未先有不安、某种困扰或震撼，那么这诱人的邀请会吸引你吗？如果上帝没有先攻击你自己心里的世界，你会与世界断绝吗？你当时难道没有觉察到上帝的律法吗？那律法不是与忿怒一起发挥效力吗？简括而言，如果你那可怕的轻率不先被上帝的忿怒所追逐，你会知道什么是上帝的怜悯吗？

以下是第三点。现在你的生活中已经发生了大事！为此，要将永恒的赞美和荣耀归给上帝！圣灵与你的心灵同证，现在你有一位"阿爸父"，你可以向祂呼求。在你余生中，你能以响亮的歌声唱道："前我失丧，前我失丧，前我失丧，如今我已被我主赎回！"但现在可能要问一问你的灵魂，你将如何在这个新的状态下行事。你离开了这个世界，还是仍在其中？你已经摆脱了你的罪，还是你仍在与它斗争？你是得胜了，还是每天仍在进攻？你明白了这一点，还是你仍在努力中？

在这方面，上帝最宝贵儿女的经验给了你什么指教？它教导说，他们从归信的第一天起，就一直忙于揭露撒但的诡计。它教导说，从一开始，撒但的追随者就一直故意以毒箭瞄准他们的心。它教导说，这个世界就像一个淫乱的女人，从起初就努力诱惑他们的灵魂。你可以肯定地补充道，上帝的儿女已经知道，从基督第一次按手在他们身上开始，他们就知道自己胸中仍然揣着一颗不敬虔的心。他们也知道，自己的灵魂仍然是充满枯骨的坟墓。你千万要记住，未归信之人一旦受到撒但的诱惑，就会立即陷入坑中；他们堕落的影响巨大。对上帝的儿女来说却不一样，他们会凯旋。

因此，如果情况如此，那么请让我就此来询问。在这一切可怕的冲突中，谁是你的帮助者？有何种能力能帮助上帝的儿女凯旋？你就承认吧！难道不是上帝的忿怒吗？上帝的忿怒让你不能安息。这种忿怒会以责备和自我批评之鞭临到三心二意的人。这种神圣的义怒深深刺痛你腰，甚至你会痛苦地瘫倒在地。当撒但把你麻醉到半睡眠状态时，正是这种愤怒强烈地刺穿你心，以至于你大惊而醒。你的头缩回来，瞪大眼睛，立刻看到你已经犯了可怕的恶行，冒犯了你的上帝。你真的希望上帝没有那种忿怒吗？你真的更喜欢没有此种忿怒的爱吗？

弟兄姊妹们，要把这种邪恶的话语从你嘴上去掉。最好你与所有上帝的子民一起祷告，说："主啊，我的主，我的上帝，求祢让祢的忿怒继续祝福我。每天都向我显出祢的怒气，因我每天仍然被罪困扰。"

第62篇
纯一不杂！

> 若有人拜兽和兽像……
>
> 这人也必喝上帝大怒的酒，此酒斟在上帝忿怒的杯中纯一不杂。
>
> 《启示录》十四9-10

在那未来的可怕日子，最后的审判将临，恩典的日子将逝，上帝纯一不杂的忿怒之酒将被倒出。无论是男人、女人或是天使，凡欲反对主耶稣并选择撒但的被造物，都要喝那纯一不杂之杯！我强调，这是纯一不杂之杯！

你要注意那杯中之物，因为在最后审判之前的当下，就是我们现在的时代里，上帝盛给任何被造物的忿怒之酒中，总是掺杂了一定程度的怜悯和上帝长期宽容人的恩典。加入了它，就软化了所饮之味。迄今为止，上帝忿怒的纯一不杂之酒从未在苦难或刑罚的杯里沸腾出来。我们手中从未接过这样的杯，这杯也从未碰触过我们的嘴唇。

不管有时我们的灵魂如何害怕，也不管我们的灵魂怎样被折磨或被无情地追逐，怎样颤抖又受惊吓地隐藏在岩石的裂缝里，除了上帝的神圣忿怒的精心混合物，我们的灵魂也从未尝过其他东西。它们所尝的只是几滴祂炙热的忿怒而已，这就是那时杯中的所有东西。同时，他们却因狂饮祂神圣怜悯的纯汁而心情愉悦。

故此，上帝纯一不杂之酒将临到，这个观念会让我们感激祂现今温柔、慈爱的怜悯，也让我们在抱怨今日之讽刺时深感愧疚。我们自己扭曲的思想，令我们很难相信上帝对我们的怜悯。上帝也让列国经受苦难、我们的朋友们经历不幸，我们自己心中遭受创伤；这些都尽显祂的怒火在激烈地燃烧，也让我们难以相信上帝的怜悯。

事实上，上帝圣洁的不悦之云，对我们而言常是如此阴暗，以至于祂神圣本体的任何外表似乎都暗淡了。然后，我们不得不强迫自己的灵魂仍然喊着"阿爸父"。耶和华上帝仿佛凭着祂的力量临到我们，就如狮子临到猎物身上、把它撕成碎片。这就产生了一个问题："难道上帝完全绝了怜悯吗？"更糟糕的是，有时我们在经历从四面八方而来的痛苦和障碍时，也经历致命的情绪衰竭、属灵上被遗弃的可怕感觉，以及明显且令人瘫痪的内心恐惧。然后，我们想象上帝一切的波浪洪涛都扑向我们。那时我们的灵魂尖叫，说："我再也受不了了！"这时，上帝的孩子终于意识到自己已经处于异常罪恶之处境的深渊。这时，他们就向别人抱怨寻求上帝的事，甚至不满地问天使，说："上帝忘记施恩了吗？祂再也不会发出祂的怜悯了吗？祂在怒气中断绝了一切怜悯吗？"

但是，在我们的灵魂犯罪、以为被上帝遗弃并公开悖逆完全慈悲的天父时，在我们沉迷于不同苦难，并抱怨全能者之时，我们的上帝在做什么？那时我们的上帝在做什么？祂正在往我们一切的苦难中加入一些东西，好确保我们不会被它们完全耗尽生命；如果祂让我们饮纯一不杂之杯，我们的结果就会那样。祂正在把祂的怜悯之水掺在那忿怒之杯里。与此同时，我们却为自己的软弱、懦弱而自怨自艾。

这并非是祂挑起忿怒，乃是你我以自己的罪孽而挑起的。所以，请你思量一下。当这种情况发生时，我们所谈论的忿怒以应有的方式正向我们靠近时，我们在天上的父正忙着其他事情。那完全的忿怒会使我们心更硬，火烧得更高，并使我们受的痛苦甚至比如今更剧烈。上帝却满了神圣的怜悯和温柔的耐心，借着把自己的怜悯掺入其中，来缓和每一滴忿怒。这就是祂以爱之安慰软化它的方法。

你假设上帝显出忿怒是为了让你感到更深的痛苦。可是，上帝的想法恰恰相反。当你看到祂的愤怒被你的罪行激起，如一团尘埃让你感到窒息时，上帝就借祂温柔的怜悯使其可以忍受，如此你就不会因它而窒息。我们的罪疚乃在于我们拒绝承认自己的罪，好像我们被隔绝，并躺在一个无水的深坑里。当圣洁的上帝使我们面对这些罪时，我们把它们推到一边。我们拒绝深入反省，也拒绝面对全然缺乏圣洁之事。这就解释了我们为什么没有经历内在的谴责感。这也是为什么我们没有把上帝的忿怒视为一种防腐剂，用来抵御灵魂里的需要而阻止并切除的腐烂坏疽。

因着不圣洁和肤浅，我们将自己的内疚转移到我们信实的天父身上。我们声称，祂过于苛刻、缺乏同情心。我们声称，祂的怒火太严厉了。所以，这都归结为一点。我们不再感激上帝的温柔怜悯了。因此，即正因如此，我们丧失了从我们上帝那里得到的一切安慰。记住我的话，在你心里试验一下是否如此！

现在还是掺杂的！这个想法给这个世界的苦难和上帝儿女的苦难，都蒙上了柔和且静谧的光芒。现在，我们仍在对付撒迦利亚异象中的白马，随后就是黑马。在此处，我们也会遇到忿怒，只是滴下来而已，而非像大溪流一样倾泻而出。可是在这些小滴中，有神圣的怜悯掺入，并且作为祂温柔怜悯的解药。

然而，即使是这种缓和了的混合物，最终也会止息。时候将到，怜悯将不再缓和审判。那时，在那可怕的时刻，所有人的永恒命运将开启，而我们所说的掺杂将终结。那时，不再有任何怜悯倒到忿怒之杯里。那时，上帝烈怒的酒将纯一不杂！

人们如今经常谈论可怕的永恒状态，而我们称此状态为"地狱"。他们说："人们不应该谈论那种可怕的事情。恐惧不会让人们转向上帝！"这诚然如此。隐而不谈死亡和地狱，对已枯之木绝对没有任何作用，而发青的树木简直太柔软，对它也不会有任何效果。然而，尽管我们隐而不谈死亡和地狱，难道大多数宣教士和传道者今日对可怕的地狱现实所采取的做法，就是最明智的吗？在这话题上只是保持沉默是否真的明智呢？

我们应该讨论自己在这个问题上的看法，并应认真考虑，应及时予以谈论。让我们诚实地承认吧！在灵里，这种态度更接近那位经常论及永远不死之虫和永远不灭之火者的态度。这就是为什么《启示录》中的这些经文，会如此严肃地说到人在地狱中会经历可怕、难以形容的残酷情况。除了客西马尼园，世界上曾经经历过的最吓人、可怕的痛苦也都掺入了怜悯。但是，当地狱真正临到时，纯一不杂的忿怒时代将来临。我亲爱的弟兄姊妹们，愿上帝施恩与我们的灵魂和我们儿女的灵魂！

第63篇
不要离弃你手所造的

耶和华必成全关乎我的事。耶和华啊，祢的慈爱永远长存。

求祢不要离弃祢手所造的。

《诗篇》一百三十八8

  没有什么比我们对自己手中工作的无能为力，更能压在我们心上或萦绕我们的心头了。农民会经历这一点。当犁地、耙地、播种、除草之后，他们对植物生长完全无能为力。为了获得丰收，他们全然依靠田间的降雨和日照。栽种一株橡树，也需要信心和勇气。这是因为，当你把橡子种在土中时，你就明白了。它们发芽非常缓慢，甚至长得更慢。你甚至不认为自己会享受到所种植之树的丰收。

  像科隆或斯特拉斯堡教堂这样的建造工程，持续几个世纪，它们都不是由以自我为中心的一代人建造的。以自我为中心的人只考虑完全自己眼前的任务，然后就以为整个工程已经完成。献身于建造主无形圣殿的道德之工的人，更强烈地感知同样的延长时间的意义。

  你只用想想养育孩子的事情。你难道不是经常对此觉得无能为力又尴尬吗？别人比你投入的精力少得多，几乎没有抱怨过，近乎让孩子散养长大。令人吃惊的是，孩子们长得很好。反观你的儿女，你虽每天早晨和晚上为他们祷告，他们却似乎不那么可爱，也几乎并不惧怕耶和华。他们重重地压在你心上。你珍视他们如眼中的瞳人，并付上极大的关怀，又带着对耶和华的敬畏来养育他们。尽管如此，他们还是让你越来越担心。但是你坚持着，当然从来没有想过放弃他们。你不知道自己为什么有如此反应，但你也不去问。你无计可施，也不想做什么。事实上，你绝不要这样。那种对你后代的默然养育是自然而然且不受约束的。

或者你看看我们的基督教学校。有时，你看到在世俗学校培育的一代人开始再次呼求上帝，而我们自己学校培育的结果可能完全相反。这难道不令人沮丧吗？然而，即使如此，你也不会停止为学校的建设做出牺牲。难道不是吗？你继续见证道，尽管学校里出现负面的结果，但是唯有植根于圣经的学校才能保护我们的人民。诚然，在上帝的国度里，所有的属灵努力都是如此。不信和现代主义的（modernistic）布道已经入侵了一个又一个教会，扫除了陈腐之态。然而，它也带来了属灵的发酵，信仰明显回归到活泼的状态。与此同时，不幸的是，其他地方蒙上帝圣言稳定宣讲得福的会众，却从头睡到尾，对圣言置若罔闻。然而，你会毫不犹豫地继续传道或与不信作斗争。

任何你愿意投入努力的领域都一样，或是投入主日学、青年团契，或是投入向其他信仰群体宣教，或是投入向犹太人、向只是挂名的基督徒宣教的事工。也可能是你想恢复国家对教会事务的参与，或者争取让国家政府屈服于主的能力。但是，如果你只依靠自己，那么你总是会因沮丧而放弃。如果你只考虑到自己的软弱、经历持续的失望并只得到微薄的结果，那么你也会一样。可是，你不要如此行，而是继续努力。你不怨自己迟缓，反而总以被更新后的勇气、更大的力量和更神圣的热情去工作。甚至当你在灵魂深处不安地挣扎着，要寻求更大的平安、与主内在的团契并更多显明圣灵能力的证据时，这就会发生。难道不是吗？甚至当你所寻求的这些逐渐消失不见，你在悲伤中发出抱怨，说你灵性缺乏，灵里唯有抑郁和空虚时，这些也都会发生。在这种时候，你绝对不愿让你的灵魂放弃内心的挣扎，或在与撒但的战斗中退却。相反，你会在心中以某种无法解释的神秘方式，经历到更高、更圣洁、更尊崇的状态。这绝非你一直有的那种自我控告的状态，而是你与上帝同在的状态。

那么，在人类努力工作的背景下，你如何解释这一不寻常的经历呢？你怎么解释自己总是像这样逆流而游，却仍然得胜呢？面对这么多的沮丧，你如何始终保持勇敢呢？虽然你永远看不到树梢的绿色，面对所有困难，你如何永远不放弃并继续种下橡子呢？

我优秀的读者，你只能在信仰方面予以解释。这正是一切都看似完全相反的信心！这正是看到真正做工的并非人，真正参与其中的做工者乃是主耶和华。这正是以下信心：在上帝的全能手中，这些比雕塑家手中的凿子要小得多，也没那么重要。这正是这样的信心，即我们一切的工作和努力，除非由那在上者感动引导，否则就全无用处。它反映出神圣的直觉。就像蒙眼行事，自己未觉察时，却被我们的上帝以祂永恒的智慧、温柔的爱，借无形的纽带来引导。

你要意识到这一点！只有拥有这种灵魂性情的人才会静静地继续工作，而不问结果。这等人意识到，"真正的做工者乃是主，我的上帝。养育孩子的不是我，乃是上帝。在学校教导的不是我，上帝才是那教导者。讲道的不是我，乃是主自己使祂的圣言发出来。向我百姓怀着温柔情感的不是我，乃是主守望着他们。"然后，如果人们意识到这一点，那工作就是真的。因为上帝存到永远，就算我们沉下去，消失了，祂的工作也将继续进行。如果我死后主看顾他们，那么我能否看到我孩子们身上的结果并不重要。只要上帝喜悦让我所播下的种子在下一代成熟，那么我抚养儿女的工作就并非徒劳。

有了这信心，任何努力都非徒劳。然后，每一项努力都会悄悄地、平静地获得成果。在此情况下，人们会更看重几年而非几天的结果，更看重几个世纪而非几年的结果。那时，他们会在本质上思考人、各种条件和暂时的机会。或者，如果用你们更喜欢的表述，他们会从那万物源头、有能力使万事成就者的角度来看待诸事。

缺乏这种信心和这种永恒观念的一代人，很快就会消失在后人的视野中。他们的工作由狂热所驱动。在短短的几年里，他们会让半个城市奇迹般地矗立在曾经裸露的空地上。然而，你甚至可以徒手推倒这些房子。相反，有上帝之工在其中持续运作的一代人，乃从事建造历久长存的纪念碑。它们反映出那住在天上的首席建筑师的荣耀和名声，而非地上工人的荣耀。

一个没有这种荣耀信心的罪人，会趾高气扬地走在屋顶上，在骄傲中高声说："这大巴比伦不是我建造的吗？"有些罪人得上帝允许立于蒙福信心中，不问结果，反而一直安静做工服侍上帝。对他们而言，情况却不同。他们为自己的家庭、家乡而劳力，并为自己的学校和基督的教会而辛劳。他们在大卫的祷告中总会得到力量和安慰："主啊，愿您的工作，而非我的工作得以成就。愿您成就您手的工作。"

第64篇
这百姓说"时候尚未来到"

这百姓说:"建造耶和华殿的时候尚未来到。"

这殿仍然荒凉,你们自己还住天花板的房屋吗?

《哈该书》一2、4

请务必要留意,确保你灵魂不会误导人,你自己也不要被别人看似虔诚的语言所误导。耶路撒冷活在痛苦之中,耶和华的殿仍然荒凉。人们在诋毁祂。上帝以温柔怜悯赐给祂任性儿女的圣书,他们却鄙视、玷污。事实上,当上帝以自己的圣洁察看他们时,情况竟如此可鄙,因为祂的儿女中几乎无一人环顾四周,像曾经的以利亚一样怒火中烧,想知道是否还有人会和他一同谴责上帝殿中的荒凉。

然而,那怒火已经被熄灭了,被有知识之人的权宜之计所消灭;这些人敦促他人让这种不圣洁的怒火远离上帝的祭坛。他们劝人不要依靠自己的力量,单要让主的工作成就这些事。如果他身上那燃烧的火焰仍然冒出火花,那最后一丝温暖也由于人如此引用耶和华的圣言而冷却了。圣经说:"不是倚靠势力,不是倚靠才能,乃是倚靠我的灵方能成事。"

情况就是这样。其实那些浇灭年轻狂热者心中热情之火、审慎又聪明的人，在年轻的时候也曾感受过同样催促之火在他们自己的胸中燃烧。但是，他们缺乏为之献上生命的勇气。他们没有寻得行动的能量，于是他们就没有顺从内心神圣的催促之声。如今他们也无法忍受那同样的火焰在其他人身上燃烧。他们的良知正在责备他们！

对他们来说不起作用的，也不许在其他人身上成功。因为他们现在已经太老了，不能做任何事情了。他们认为以此方式荣耀上帝的时间已经逝去。这就是他们为自己缺乏属灵活力开脱的方式。这就是他们通常解释自己在与他人打交道时缺乏活力的方式。最后，纵然他们说着一切虔诚的废话，却还是会决心在别人道路上放置绊脚石，并心存邪恶的喜悦之情。

这是多么令人不安的情形啊！全能的上帝当然会爱祂的殿。祂精心守护祂眼中为圣的荣耀。只要上帝的子民没有被重建圣殿的神圣热情所激励，祂的所有祝福就不会倾倒在他们身上。在那之前，祂的诅咒将临到他们所有的努力上。我们可以贴切地说，在未蒙救赎的背景下，所有的更新都需要始于深深的谦卑、彻底的罪恶感并以破碎的灵向我们的上帝俯伏。我们所知道的救恩方式，除了完全在我们圣洁的上帝面前谦卑自己，别无他法。

我们在灵性上不能接受或认同的是，我们自以为是真正深深地谦卑自己，实则没有直截了当地承认，因我们缺乏对永恒上帝的爱和对祂名的热情而有的罪责。这就是为什么每一次诚实且正直的认罪，一定会让我们认真努力改善事情。这不仅对我们自己的灵魂和自己家里的属灵福分是如此，而且对上帝的荣耀和改善主殿的状况方面尤甚。除非如此，否则我们必会只得到物质的东西而已。正如圣灵借哈该的话所说的那样，我们得到的都"装在破漏的囊中"。我们已得到并积攒的东西，不会持久，因为上帝没有祝福。

你在寻找许多东西，但主责备我们，说："看哪，你得到的却很少。所以当你把所得的带回家时，我会发出审判。"为什么会如此？万军之耶和华说，因为我自己的殿仍然荒凉，你们各人却只为自己的家劳力！这成了我们深深的罪孽。

当谈论聚焦于我们的个人事务、改善我们的自身境况、建造我们的家园时，同样一群贤明、虔诚、聪明的领袖们，却未有任何表现出虔诚的决策，也没有被动的接受。但是，当你劝告他们要在物质上更有耐心时，他们就变得脾气暴躁，并容易激动。当你说"先求上帝的国和上帝的义，这一切都必赐给你们了"时，他们就抱怨。他们对主深深的警告不满且不安，就用激烈的语气告诉你，说："我们仍然需要做我们双手要我们做的事！" 他们说："我们永远不会因为带着虚假的被动之心信靠主而犯罪。"他们又补充道："所有成就之法也是我们完全信靠的主所命定的。"

如此乏味的推理究竟是何等亵渎上帝，你感觉到了吗？当涉及人们自己的房子时，他们就知道如何迅速有效、雄辩又有说服力地捍卫自己。但是，当它涉及上帝的殿时，他们就显出罪恶的态度，把完全同样的乏味推理强加给别人，作为他们立场无可辩驳的证据。就其本身而言，这已经够令人震惊并且可怕了。但更糟糕的是，当人们更清楚知道上帝的圣言时，却通过歪曲上帝的圣言而造成属灵上的冒犯。他们继续抵挡，又试图把他们的被动粉饰为虔诚。

常引用的经文《撒迦利亚书》四6说："不是倚靠势力，不是倚靠才能，乃是倚靠我的灵方能成事。" 但是，这当然并不意味着人们应该就那么坐着，事情就会不借人手的努力，只借着某种神迹而发生。恰恰相反！这意味着约书亚和所罗巴伯两个人将作为主手中的两个工具。这意味着他们的勇气、领导力并对神圣事务的精力和激情，将胜过亵渎之事。"不是借着才能，乃是倚靠我的灵方能成事"这话，是从耶和华先知的口中而出，是针对犹大人从被掳之地归来的景况。归回百姓的属灵状况怎样？他们是过于热心了吗？他们表现出过多的属灵决心吗？他们中的狂热分子需要平静下来吗？

恰恰相反！他们表现出沉闷、倦怠和罪恶般的冷漠，应该受到惩罚。在那些日子，他们躲在这一套罪恶的借口之后，说："我们手扶着犁的时候肯定会到来的。我们必须努力重建的时候必会来到。但现在还不是时候，现在是等待的时候！"就在那时，圣灵激动了先知哈该。他借主的名，以刺透人心的愤恨说："耶和华的子民啊，你们说：'建造耶和华殿的时候尚未来到。'但我奉耶和华的名对你们说：'耶和华问这殿仍然荒凉，你们自己还住天花板的房屋吗？'"故此，祂将你们置于咒诅之下，并且收回对你们的祝福，因为你们让上帝的殿仍然荒凉，却每天出入自己的房子。

这也是我们自己的处境：人们会按照他们的愿望而转变说法！"你必须仔细看待这事！""我们自己的努力是无用的，耶和华必须借着祂的灵来成就这事！""时候将到，但现在还不是时候！" 同时，人们求助于医生和药品，这样他们就不用仔细考虑自己是否生病了。同时，人们白天工作，甚至晚上劳心费力借主赐的力量建造自己的房屋。同时，人们出于自我的利益，于是宁愿扶犁工作到很晚，也不愿太早结束。

　　你们这些虔诚又聪明的人，你们扼杀了以利亚的热情，你们正是如此犯罪！你们不会像自己说的那样对待自己的房子。与此同时，你们一点都未做耶和华殿里的工。哈该是上帝的见证，既在我们的时代，也在他自己的时代。他也在见证你的不是！

第65篇
愿慈爱多多地加给你们

愿怜恤、平安、慈爱多多地加给你们！《犹大书》2

　　还有什么能比那种蒙上帝赐福又满有荣光的蒙爱感觉，能给人的灵魂带来更大的喜悦呢？这不是那种被强迫的、想象出来的、在不得不表现热情时才有的爱的感觉，也非那种表演之爱；那种爱总会不停息地寻找祭奠自己的新祭坛。不，我们所说的是那种亲密的、深深的、温柔的、真正的爱，连言语都无法表达、完全淹没灵魂的爱。那种爱让我们跪下祷告称谢，在我们里面带来一种无以言说又难以形容的欢乐，带来荣耀的幸福和安静的惊愕。这在一句深含情意的感叹语中得到总结——"我爱上帝"。

　　我们说"我爱上帝"，并非为了让人们知晓我们如此虔诚又善良，亦非想要以爱讨好我们荣耀又圣洁的上帝。我们并非想说："我曾经在心里恨恶上帝，但如今我已经改变，仇恨已经被爱取代。"我们甚至更非表达冷冷的判语，说："上帝如此伟大、如此光荣、完全是爱本身的本质。因此，向上帝表明我对祂的爱乃是唯一合乎理性的做法。"如果像上面说的任何一种说法，"我爱上帝"这话都只是我们嘴上的一句谎言而已。在这样表达的背后，只是隐藏着我自己罪恶的骄傲之心和傲慢罢了。

不！当这永受称颂之存有的爱，大有能力地、完全地征服了我们（尽管是我们）的时候，"我爱上帝"这话就表达了我们此时心中的信念。只有那时，这句话才是真实的。它压在我们里面如此紧迫，无法控制。我们便会思念完全仁慈的上帝。而后，上帝的爱突然、意外且不可阻挡地进入我们那冰冷、算计的心，我们再如何猜测或者搪塞都毫无用处。

这是我们在这地上能体验到的幸福巅峰了！然后，我们就不再有其他所求。那么我们就不再抱怨了。我们会专注、关注且委身于这位仁慈的上帝，以至于没有任何罪恶或问题能再次使我们与祂分离。没有任何事能让那种温柔又令人着迷的蒙福之爱，再次从我们的灵魂中溜走。既然灵魂里已经被这爱温暖了，就无任何事能使我们灵魂的热忱再次冷却。现在，我们的灵魂已经活过来，就没有人能使它们再变回石头。哦，愿我们热心起来，以至于没有任何罪恶或问题能阻止我们与祂的团契生活，或妨碍我们经常亲近上帝。愿我们对天父那不顾颜面、令人狂喜的爱继续不断。愿它越来越多地满足我们！

主却几乎很少给予祂儿女这种强烈的渴望。当你问为什么时，也得不到答案。无论是从圣经还是从主子民的属灵经验中，你们知道就是如此；祂并非总是以同样持续且完全的方式，赐给你这种难以形容的蒙福之爱。

不可否认，一些虔诚之人，有时甚至在少数情况下，某个牧师会蒙上帝恩典的青睐，心里被浇灌下如此温柔的爱。尤其是在往昔平静的时代，这会以非常不寻常又奇妙的方式发生。但是，这些"大大成圣"的信徒是罕见的特例，我们教理问答中准确地称这些基督身体的肢体是获得了特殊的恩典。他们不是常例。地上没有任何一个人曾与我们当颂赞的上帝有过完全不间断的爱的团契。我们的心，我们在上帝面前的情况，以及整个耶稣的教会的情况，甚至都没有与上帝这样近！一切事都可能会妨碍那种温柔体恤的爱。

但是，假设你曾经有几天或几个星期蒙恩而有这样一个美妙经历。那时，撒但立刻就会让古时发生在约伯身上的事，也发生在你身上。你心中真正的罪恶状况，与圣灵向你倾注的温暖的爱之间的差距，将显出凄凉惨状，以至于你会立刻失去部分蒙福之爱。你是否曾思考"祂要向那些信祂的人所显的能力是何等浩大"，从而将这种蒙福之爱浇灌到我们这等冰冷的心中？哪怕一瞬间？不管是否有撒但的影响？这将花多大的代价已经很明显了！然而，谁能知道要运用这种能力，需要多少上帝的怜悯呢？教会已经偏离使徒的信仰很远了！

在我们看来，十分显然的是，所有归信之人都经历了祂的平安和怜悯。当然，我们从来没有想过去争论主已成就之工是否足够。但是，要理解它已经成就，并亲自体验到它所提供的恩典、平安、怜悯和慈爱是另一回事。耶稣的圣使徒肯定意识到了这一点。这就是为什么他们会在教会发展的初期，在基督里如此辛苦做工；若不首先祈求上帝的恩典、平安和怜悯的经历多多加给他们，他们就不会对上帝的子民说话。他们把这些人看作是面前一块干枯的田地，祈求平安与救恩的温柔雨水能滴落在他们身上。当一些蛇溜进教会怀里，并四处喷出毒液时，犹大知道那些被翻来覆去折磨、心中困扰的人需要更深的恩典与平安。这就是为什么他在信中写了祷告，说"愿怜恤、平安、慈爱多多地加给你们"。

现在，对主的子民来说，在让人心痛的日子，除了恳请祈求尝到上帝更丰满且丰富的爱，还会有哪种祷告呢？这就好像清爽的微风已经不再吹了，在主的院中，一切都变得如此寒冷和阴郁。你几乎不再听到救恩的祝福了，甚至看到更少的属灵果实在悄悄成熟。一种积极祝福我们的爱仍然存在，一种宣称要鼓舞我们的爱仍然存在。然而，那种温柔、神秘、深深隐秘的爱，是只有圣灵才能浇灌到我们灵魂中的爱。在哪里还能找到这爱呢？教会为上帝做了很多事情，谈论了很多关于上帝的事情。但是，祂自己什么时候会临到我们呢？唯有祂自己能在我们心里浇灌下对祂完全的蒙福之爱。

然而，亲爱的弟兄姊妹，任何人都不要自欺！如果一个人曾经从未经历过这种爱，那他就不是祂的孩子。你要清楚明白，我们不是说："凡是没有那种爱，也从未尝过那种爱的人。" 如果那样，只会使许多人陷入绝望。不，我们所说的是，凡是现在未尝过这种爱却真是上帝儿女的人，现在必须学会如何经历到此爱。我们如此断言，从而无人会说："这是为少数几个领受过恩典的人所预留，不是为上帝普遍儿女所预备！"你要明白，成为上帝的儿女并非平凡之事。相反，它乃是难以名状般奇妙又荣耀，因此上帝不允许你带着冰冷、没有爱的心而活。如果你没有这种爱，就不能体会到平安。相反，为能亲身与你自己相处，你首先必须借着这个更大的恩典，体验到这隐秘的、深深的、私下的爱之甜蜜味道。

第66篇
愿赐平安的上帝亲自使你们全然成圣

各样的恶事要禁戒不作。愿赐平安的上帝亲自使你们全然成圣。又愿你们的灵与魂与身子得蒙保守，在我们主耶稣基督降临的时候，完全无可指摘。那召你们的本是信实的，祂必成就这事。

《帖撒罗尼迦前书》五22-24

在我们按照《诗篇》改编的诗歌本中，是否有哪个祷告让人从心底升出像《诗篇》一百三十篇结尾的求告那样浓烈的感情呢？

> 每听他们热切恳求，
> 祂都必使以色列全民得自由，
> 脱离他们悲惨之苦境。
> 祂也将如此待我！[25]

你要特别注意这两个相关的恳求。这个祷告说，上帝不会让"我"因与撒

---

[25] 这是1774年荷兰改革宗诗歌本《诗篇》一百三十篇韵律诗第四段的下半部分。这部分根据《诗篇》一百三十8改编，荷文的内容如下：Hij maakt op hun gebeden Gansch Israël eens vrij Van ongerechtigheden; Zoo doe Hij ook aan mij!

但争战而被打败。但也有一个关联的求告，说上帝会施恩怜悯所有陷于自己可怕挣扎中的人。

请你相应地试验自己的灵魂。上帝不允许祂的儿女以自我为中心，即使在与自己的不义角力时也是如此。这是因为上帝的儿女都有可爱的生命。他们必须在爱中温柔地关注那些正在为自己的罪而挣扎的弟兄姊妹。他们不断与围绕着自己、频繁试探自己的罪斗争，这并非孤立的处境。撒但正在对上帝的众儿女发起攻击。这就是人必须以温柔的方式，带着同情和深切的理解之心，向其他许多正在挣扎的人伸出援手的原因。人必须如此行，因为知道自己灵魂遭受何等痛苦，并了解自己在挣扎中感到何等羞耻、无能为力和极其压抑。他们发现，其他人也背负同样的痛苦。

尽管我们自己有罪，但我们仍然会体验到这种温柔的爱。《诗篇》中的恳求说出了其中难以置信的内容。祂必使以色列人脱离他们的不义，"祂也将如此待我"！祂如此行，必须如此行。唯独祂能如此行。唯有祂，全能的上帝！到底用什么才能抵挡这种令人厌恶、狡猾、硕大强力且几乎不可抗拒的罪恶力量呢？我们自己的心可以做什么来抵抗它呢？甚至我们自己的心在罪中一直都是撒但的搭档。当我们的心被试验之后，你就发现它如此软弱、全无力量、算为无有、几乎无任何良善。

不，祂必须如此行。这就是为什么我们在祷告中如此倾心吐意。这是一个激烈、亲密、几乎令人痛心的祷告。这不只是一个听起来更像是喃喃自语的祷告，而是一个能在我们可怕的恐惧中，撞开天上大门，排除万阻，直达恩典宝座的祷告。如果你想象一下，它仿佛将我们的痛苦和悲伤的眼泪，都加在了仁慈和怜悯的上帝身上。它向祂永恒的爱呼求。在那祷告之后，会有祝福的回应来到。我故意不说"通过"或"因为"那祷告，而说是"之后"和"之上"。那是如何来呢？以何种形式来呢？

这个方式乃是这样：上帝就将敌意深深放在我们心中。当上帝的神圣敌意被置于我们内心时，那么我们的时候就到了。我们苦难的根源是什么？是什么原因导致了我们的软弱和羞辱？原因乃是：我们在心中对罪恶没有仇恨和深刻的愤怒。当然，我们也会与罪斗争。但是，我们就像一个年轻女子一样，虽反抗年轻男子的爱抚，实则允许他继续正在做的事情。所以我们确实斗争了，却无意义。我们是半心半意，而非激烈反抗，没有任何能力。

只有上帝才能改变这一点。然后，我们注意到敌意已经到来。这是对罪恶的敌意。这敌意总是相伴，并生发于我们对上帝和耶稣基督以及祂所有子民和律法的爱。那我们该怎么办？于是，我们就开始挑战我们所谓心中的那些罪。我们绝不否认有心中之罪这些事！罪可以有成千上万的形状和样式。因为每个人都是独一无二，所以显然的事情是，罪在这个人里面以这种形式表现得更加强烈，而在那个人里面则以那种形式表现得更加强烈。同样自然而然的是，在长期犯罪的生命中，罪的某种形式在某个人身上发展得会比其他形式更强烈。正如我们右手通常更强壮，因为我们更频繁地使用它，所以我们主导性的罪在生活中有更强大的作恶力量，只因我们更经常陷入其中。但是，如果你发现上帝已经把我们谈及的那种敌意放在你心中，现在要小心了。不要以为："哦，我只要挑战我心中这一个主要的罪，压制它，并胜过它，那么我就做到了！"不要这样想。

请记住，我们属灵前辈们通常认为上帝儿女的主要特征是：他们能意识到自己只表现出一小部分完美的顺从而已。他们总是感觉到在自己里面，强烈渴望和热爱按照上帝的所有诫命而活，而不只是按着某些诫命而活。这就是为什么圣使徒会以如此强调的语气为信徒祷告，说："愿赐平安的上帝亲自使你们全然成圣。"也就是说，在你们存在的每一个部分成圣。不只是在你属灵生活的这个维度，而是同时在每一个维度都成圣。在这个意义上，你将同时挑战并克服灵、魂和身体内的所有罪恶。愿这些都完全从你里面被除掉！

事实上，他祈求上帝让每一个挣扎的灵魂都注意到这一点。你看，撒但根本不反对让你借热泪来短暂地哀叹一下你心中的罪，或者为此事热切地抵制它们。撒但懂得短期撤退一段时间这种策略。牠只是利用你对这一个罪的抵抗，在你的心中创造出一种虚假的自我满足感。这种错误的感觉就成为弥漫在你里面的罪的酵，慢慢在你里面发动。它滋生罪恶，直到堆起了一座不忠、自私、自义、不虔诚的大山。然后，那曾躲避在心中的罪就瞅准机会，并以更大的力量重新显现，攻击你、支配你，并以绝望压倒你。这时看起来好像上帝并无信实，你的灵魂也不得拯救了。

不，人永远无法借着只攻击一种孤立的罪而将罪消灭；这并非有效的方法。你可能会拦阻最诱惑你的罪。然而在上帝的圣洁中，你所有其他罪也都同样令祂厌恶。所以，你绝不可因任意某个罪是你的障碍而与之作斗争，反要因为它在你圣洁的上帝面前是一个障碍而与之斗争。

一旦那个令你悔改的罪，以其压倒性的力量再次爆发时，摆脱它的唯一途径，就是你要立即且毫不拖延地在上帝面前谴责你自己的整体状况。你要毫不犹豫或毫不动摇地打开你灵魂中的所有伤口。你要把你所有罪都放在祂的圣洁面前，直到它们在你心里的根基显露。你甚至要显明这根基所依赖的基石。你要直接揭露你的罪是如何根植于你的不信，根植于你缺乏爱、只满足自我，根植于你只深陷于可见的事物，根植于你对天上荣耀的视而不见并对上帝圣言的充耳不闻。

那么深植于你心里那罪的毒株会如何？它乃是这样：它不再得到喂养；赋予生命的汁液不会再流给它，也不会滋养它。按照上帝所建立的模式，此毒株会萎缩，并最终灭亡。如果你想使自己成圣，那绝对不会成就。因为一种无能为力的力量，如何能在无能为力的情况下实现这一目标呢？这是绝对不合理的！

然而，凡理解这一点，承认并相信它的人就会体验到，上帝正在如此行！上帝在使我成圣！对这人来说，令人瘫痪的恐惧是不存在的。他们行事唯独被圣灵引导。圣灵在圣言中启发他们，在他们面前举起那荣耀、激动他们灵魂的应许，说："那召你们的本是信实的，祂必成就这事。"

第67篇
撒但，退我后边去吧！

撒但，退我后边去吧！因为你不体贴上帝的意思，只体贴人的意思。

《马可福音》八33

关于撒但会在我们生活中扮演多么有能力的角色，我们究竟了解多少？关于牠对我们的影响呢？关于牠每晚在我们路上所罗织的网，或是牠每早晨所掘用以陷害我们的坑呢？当我们陷入牠的网或落入坑中时，牠和牠的使者就会发笑。我们神圣、荣耀的救主，在地上时就与撒但有很多交锋。祂到处遇见撒但，经常指出牠所设置的障碍。祂与撒但争战，抵挡牠。更重要的是，祂教导上帝的儿女，每早晨和晚上都用祷告抵挡牠的影响："主啊，求祢不叫我们遇见试探，救我们脱离凶恶！"

这证明我们细心又敏锐的主耶稣，非常清晰地懂得撒但每天会如何接近上帝的每一个孩子，并对他们施加压力、攻击他们。这就是为什么祂敦促他们，每天要举起祷告的盾牌抵挡撒但。承认这一点令人感到很可怕。但是，我们必须要说，撒但拥有迷惑人的力量。这是当每个被罪奴役的男女，首次陷入罪中时，都会发现的一种力量。其结果是灵魂向犯罪屈服。灵魂落入犯罪的咒语之下，最终发现自己做了起初不想做的事情。

这个迷惑人的力量没有名字，却是真实的，其运作方式是致命的。耶稣知道这一点，赐下另一个神秘力量来反对它。祂说："你们应该祷告，说：'救我脱离凶恶。'"祂并未吩咐我们在胸前比划十字，就像中世纪的宗教领袖所教导的那样；如魔法般一遍又一遍地重复念着耶稣的名字，这也无济于事。不，对抗撒但那迷惑人力量的解药，就是这个简单、大有能力、真诚的祷告！这种从灵魂生出的祈祷，就像一个孩子看到狼来了时，向母亲发出寻求保护的绝望呼喊！因为上帝儿女惊恐的哭泣，是他们天父的心肠所不会忽视的祷告。这个祈祷，祂一定会听。祂总是这样行！这也是一种祷告；撒但通过经验已经学会辨识此祷告的能力。当听到后，牠就自动放弃，在一段时间内不再烦扰我们了。牠哼哼地诅咒，说："那该死的祈祷，没有任何地狱的力量可以抵挡！"

但是谁在这样祷告呢？你从哪里听到有人这样祷告抵挡撒但呢？在上帝的殿里吗？在祷告会上吗？在家庭圈子里吗？在朋友之间吗？当你时不时听到一个好似抵挡的祷告时，它是否传达灵魂的颤抖呢？还是真正在害怕撒但？如果是这样，是否是因为惧怕撒但才呼求上帝起来攻击牠？

但是，感谢上帝，在基督教会里仍然可以看到有人对罪极端厌恶。如果人们不继续恳求脱离罪恶，那么他们就不可能成为上帝的儿女，也不可能与主的子民有关联。可是，罪与撒但不是一回事！罪是令人醉倒的酒杯，只是被动地立在你面前的桌子上。除非你拿起来喝，否则它不会给你带来任何伤害。然而，撒但像一个具有压倒性力量的人，用一只手撬开你的嘴，用另一只手把杯子放到你嘴边，尽管你抵抗，牠仍会迫使你饮这令人醉倒的酒。

这就是为什么当你只知道罪的概念时，仍会祷告。但是，你的祈祷不会是痛苦的哭泣，而只是在表达自我觉知和安静的信念，即你必须让自己的嘴唇远离令人醉倒的杯而已。然而，当鳞片从你眼里脱落，你终于看到撒但总是在这罪恶背后时，你就不会继续使用这平静的方法了。祷告就变成了"向上帝大声呼求"，好像你在祷告中张开的嘴唇已经尝到了撒但的毒液。

现在你已经到了转折点。上帝的儿女如果仍然只是处理罪而已，那就仍旧在走向战场的路上。已经到达战场的人会立刻看到真正的敌人站在他们面前。

他们被这种生死攸关的局面吓得不知所措。对他们来说，撒但在那一刻变成了一个可怕的活物，像一个强大的歌利亚向他们行进，意图"把他们的肉给天上的鸟吃"。

这时，人们第一次意识到耶稣究竟是谁，以及耶稣必须有多么令人难以置信的力量，甚至是全能，才能战胜这个可怕的撒但。但是，他们这时也因知道耶稣是我们的耶稣而有真正的喜悦。每个上帝的孩子都意识到，他们奉耶稣的名可以抵挡和战胜撒但。这不是借着他们垂下无力的双臂，或弯曲着膝盖，或是颤抖着他们里面的灵魂，像风中的芦苇。战胜牠乃是借着上帝儿女大能的祷告。他们能够而且一定要向他们全能的父祷告。

要小心保守你的灵魂，这样你就不会把撒但当作某种可怕的怪物，因为牠并非那样靠近上帝儿女。牠只会直接靠近耶稣。至于我们，牠只会以隐藏在某样东西或某个人身上的方式来接近我们。撒但只有被丢进火湖里的时候，牠一切可怕的事情才会显现。但是，牠现在几乎总是以某种完全不冒犯人的方式，而是往往以某种完全可爱的形式出现。

这就是牠曾经悄悄借着耶稣那亲爱、忠心又热诚的门徒彼得，来到耶稣面前的方式。牠使这门徒以充满忠心、温柔、同情心之爱的话语跑向耶稣，说："不，耶稣！你绝不能被鞭打、钉在十字架上！"耶稣一定不是在预想祂的死亡。他的主宰和主人不应该坚定地如此说话。彼得的心，他对耶稣的爱，以及他属人的情感，都完全否认这一点。

彼得说这些话的时候，看起来根本不像魔鬼，反而是带着温柔，又有爱心。你会因此偏爱他，而非其他那些沉默的门徒。你还可以再补充说，对耶稣而言，彼得似乎最不像魔鬼。但在彼得看得如此清楚明白的事上，祂开始感觉到灵魂里的矛盾。在感知这一矛盾后，祂意识到自己正在面对撒但。为了立即与彼得颇有吸引力的建议决裂，祂都不想再看他了，所以祂说："撒但，退后吧！"因此，你要明白撒但在你自己的生活中是如何接近你的：通过谁，以什么方式，以何种形式。牠有时会以一些非常可爱和温柔的方式，或常常借着在地上你最亲爱的朋友和家人接近你。

弟兄姊妹们，永远不要忘记撒但深入地干涉你。牠会借着所有事物和每个人，诉诸你所知道你里面不圣洁的部分。牠会出现在让你良知不安的一切事和每个人中，让你生出对自己更好、更高而非健康的评估。很多时候，你遇见牠时，牠会以甜言蜜语之声诉诸你的人性，反对虔诚之事。你只要意识到，耶稣已经给了你能站立得稳的话："撒但，退后吧！你不关心上帝眼中重要的事，而是关心人眼中重要的事。" 如果到了一定地步，撒但以友好的方式对你说话，用牠的话亲近你，并与你热情地交谈，你应该怎么做？让自己被拥抱吗？沉浸在牠温暖如蜜的话语中吗？还是你会有勇气塞上你的耳朵，说："滚出去，你这个奉承人的！撒但，退后吧！你在煽动我的感情抵挡上帝！"

　　愿每个人在这事上都省察自己的灵魂！这不只是当撒但说"没事，拿着吧"，或 "这是蒙允许之事"的时刻；不只是当牠在你耳边低语"你不必那么小肚量"的时刻；不只是当你的成长受到损害，或者你在骄傲中自高，或者你在不诚实中挣扎的时刻。不是的！其实你更要省察自己灵魂更柔软的部分，那涉及你自私的倾向、轻微的性格问题、自我享乐，或者是未达应有的爱和属灵。我们上帝的国乃在乎和平、圣洁和舍己。这就是那试探你灵魂者总是在你自己心中反对你的地方。

第68篇
凡事包容

爱是恒久忍耐。不轻易发怒，不计算人的恶。凡事包容。

《哥林多前书》十三4、5、7

  谈论爱并非那么困难。我们很容易热心于爱，并将其光芒传到四周。但是在你心里，当你想越过激烈的冲突或胜过世界，要在心里信实地持守上帝的爱时，却无疑很困难。那时很难不亏欠耶和华你上帝的温柔圣洁。

  要尽心尽力爱主你的上帝超过一切，并爱人如己。这话听起来如此美好，如此虔诚。这两方面就像两个荣耀的天使配合成对，永远不应分离。不幸的是，在我们日常生活中，它们的结合似乎是一种幻想。在这个世界上，我们的挣扎不允许有这种结合。我们一次次地面临痛苦的诱惑，要么是因为我们对上帝的热心，导致我们不能温柔地爱我们的弟兄，要么是因为我们害怕邻舍，而达不到真正爱上帝的目标。

  这种情况每天都在每个家庭和每个人的个人生活中上演。这种情况发生于当一个孩子做了主所不能容忍之事时，母亲却以宽容相待；发生于当丈夫知道他在上帝面前有义务质疑他所爱妻子的做法，却仍然在内心挣扎是否去做时；

也发生于某个善意的年轻人，因为他不敢向朋友指出他所看到朋友身上的恶而妥协。这并非因他缺乏勇气，乃是因他不想伤害朋友的感情。这就是爱的挣扎的方式，次次如此，千千万万次如此。为了看起来不太苛刻而是有爱，我们放下了我们对主之爱所必然要求之事。

合理化自己的做法无济于事。因为你可以继续告诉自己，没有勇气的爱是盲目的，也不算真爱。或者你可以补充一点，对你孩子、妻子或朋友来说，从长远来看，持续保守敬虔会最有益处；显然，只有真正的爱才会带来祝福和救赎。但是，这些都经受不住考验。我们人类的心并非完全受推理的影响。在残酷的现实生活中，我们对弟兄的爱不断因向上帝的热心而淡去，而我们向上帝一腔热血的爱，也经常因对邻舍的爱而消灭。我们如此有限，我们的灵魂如此心胸狭窄！我们心胸如此狭窄，以至于无法适应两个令人难以置信的美好现实能和平共处。这两个现实就是爱上帝与爱我们的邻舍。

同样明显的是，心怀这种形式的爱而排斥另一种形式的爱，也并非应有的答案。你必须清楚理解这一点：这是因为对上帝的儿女而言，若以让人无法承受的方式热衷于上帝的事，却对邻舍的爱明显冷淡，那么他们最终会发现自己对上帝的爱也会淡去。同样，一个有爱心、觉得怎么爱邻舍都不够的人，他对上帝的爱终会受到伤害。他最终会发现，他对邻舍温柔的爱显然隐藏在利己之心内。在我们痛苦和悲伤的生活中，在这个病态又悲惨的世界里，这两者不可能妥善地共存。然而，它们需要如此；它们本属一体！

现在你可能会说："可是，这是互相矛盾的！"如果你这么说，那么你会是完全正确的，至少在你与圣灵分离的时候是如此。但是，我们还是说，如果没有圣灵浇灌，永远不会有真正的爱从人心里发出光和照耀。请注意，这不是圣灵一次性、在某个特定时刻倾倒爱，好让你可以靠它一直活下去。相反，它乃是时时刻刻倾倒出来，否则它很快就会熄灭，就像撒在田野上的阳光，在太阳落山时很快就会被黑暗取代。

这位奇妙的圣灵懂得你心。祂知道你的挣扎，知道你的境况。因此，祂清楚地知道，你对上帝的爱可能会因你对邻舍的爱而减少；或者相反，你对弟兄的爱可能与你对主的热心彼此冲突。祂懂得这一点，于是向你保证，这种倾倒在你身上爱的供应，并不会依赖你自己，而是由祂掌控，并取决于祂在你身上的工作。

这正是圣灵奥秘的工作。凡在你身上表现出来的，都是你自己做的。同时，这也是在你里面工作，并借你表达出来。你表现出爱，并极其喜欢这一点。这让你很快乐，实则你自己乃是恨人的。确切而言，圣灵在你心中激起爱的歌曲，如此强烈的美，从而它席卷了你，让你充满了爱。然后，你就有了那种不可抗拒的蒙福经历。这经历会挑战你的所有算计，嘲笑你的托词借口，并使不可想象的事变得确定且不言自明。尽管你里面有一切纷争和冲突，它仍会使你以上帝的名去爱上帝和你的邻舍。

这世界不懂这一点。但在上帝的国里，上帝所亲爱的儿女懂得；他们对此表示感激。他们不会为此找任何借口，或试图把事情持平。因为在爱的神圣之工中，抹平差异或妥协都是令人厌恶的。他们所能做的只有把事情交托给圣灵。然后，神圣的反应就开始自动流动起来，于是心就融化了。灵魂就会沐浴在上帝永恒之爱的美妙阳光下。而后，在这个苛刻又经常是非常痛苦的生活中，这美丽、神圣之爱的某些东西会反映在你所做的一切事上。因为那时，这祝福的爱就包容了万事。你可以说，是它让一切都看起来不同了。刺目的颜色消失了，一切都着上了更柔和、平静的色调。曾经的阻碍之物也不再拦阻了。以前如此黑暗且令人压抑的云彩，现在却透出令人震惊之美。阳光透过它们，并让它们不再那么压抑。

在人灵魂里的爱是上帝怜悯的惊人之工；借此，上帝的儿女经历到，人生中所有的痛苦和压迫都减弱了，而且呈现出圣洁的光芒。凡得许享受上帝之爱的人，都知道这爱涵盖了他们生命中的一切；于是，他们就跟随了上帝。他们自己也以同样的爱看待一切。他们并非机械般认为"我必须这样做"，而是自然而然地如此认为。对上帝的爱，以及圣灵在我们灵魂中激起的对他人之爱，乃是同一种爱。其结果就是，它的主动工作也为一。矛盾之事似乎在这蒙福的合一中得以化解。如果你真遇到了冲突，那么你在这方面要意识到，这是由于你实际上经历到仿冒的爱，而非真实的爱。那你合并两种不相容之事的一切努力都注定要失败。你若尝试这样做，只会使它们之间的裂痕更宽，冲突更激烈，你的心也会更冷。

在这种情况下，你唯一可行的就是再次逃到圣灵那里寻求保护，并恳求祂在祂庇护所中给予你温暖。你要一直如此行，直到祂再次把爱倾倒在你心里，解决这种张力的谜团。听着，你不禁会注意到你所爱之人，以及那些不太吸引你之人生命中的许多事情。这不可避免。现在你面对三种可能。其一，你在他人的生活中看到错的事情，但你只是保持沉默而已。其二，你没有安静不言，你确实谈论那些事。然而，当你如此行时，你就伤害、冒犯他们，并给他们带来痛苦。还有第三种策略，就是你确实回应他们的问题。若有需要，你甚至会以愤怒回应，但你跟他们的说话方式达到了预期的效果，并祝福了他们。

难道最后一种不是最好的吗？可是，除非圣灵在你心中工作，否则最后一种做法真的可行吗？凡通过圣灵领受上帝之爱的人，都会以极大的温柔之心行事。如果有人有任何反对你、让你觉得很难听进去的事，那么这事永远不会借他们口中随意的评论而说出，更不会是为了高举自己超越你。如果上帝的爱强有力地运行在他们自己身上，那么他们会觉得"我不能沉默不语"；那时，也只有在那时，他们才会说话。如果他们对你个人的爱在内心如此之深，以至于想用那爱绳来拥抱你，那么他们也会这样做。

那么被指出问题的人也会感觉到你说的内容。但是该怎么行呢？不是软弱地去行。在理想的情况下，他要具备令人信服的严肃。然而，他们肯定会感受到你对他们那不受约束的爱。他们会回应，说："这不是出于苦毒的言语。这亦非信口开河。他们是做不了其他任何事情了！"在有这种友善说辞的地方，它可以包含任何你能说出的内容，因为上帝的祝福之爱包容万事。而且正是这种言说，祝福了它所触及的一切。

第69篇
上流人也是虚假

下流人真是虚空，上流人也是虚假。

放在天平里就必浮起，他们一共比空气还轻。

《诗篇》六十二9[26]

诚然，地上无疑有上流人。若认为地上所有人都是一样，那只不过是玩笑而已。人类父母所生的孩子就不同。他们彼此非常不平等。同时，每个人也要同意，他们之间的区别也在无休止地变化，以至于任何对它们分类的尝试都会失败。显然，世上我们周围的人，大多数都属于人数难以估计的普通人群，少数才属于上流人。

他们算为普通人或上流人，是根据世上一直采用并仍在使用的衡量标准来裁定。普通百姓财富很少，但上流人财富很多。普通人权力寡少，而上流人权力甚大。普通平民智力有限，但上流人有不凡的思维能力。小人物在社会上无足轻重，而大人物却控制社会。老百姓缺乏能量和意志力，但上流人所拥有的甚是宏大。对前者，依赖是种常态；对后者，支配才是日常。于是，无数软弱

---

[26] 荷文圣经中为《诗篇》六十二 10。

者和脆弱者带着敬畏和惊讶看着少数上流人。这些上流人反过来却几乎不愿注意那些少有所得的人。上流人和普通人的区分，代表了人世间一种不可否认、持久的差异；它贯穿且分化了人类生活的各个方面。

只有少数人能成就一些重要之事。他们拥有财富和权力、才能和动力、影响力和控制影响力的机会。他们借此为自己赢得了名声，在自己的社区、城市、国家和教会的生活中都留下了足迹。这些人被洋海般的普通人所包围，诗人称普通人为"下流人"，他们像海浪一样无休止地涌向这些上流人。这些都是更弱更穷的普通人。他们无权力，也没有其他人的天赋和金钱。他们没有得到同等才艺、决心和毅力。他们所能做的就是作为群众聚在一起，以他们人数众多为安慰，并以自己的力量承担他们现实中敢于去做的事情。

这些上流人正走在极其危险的路上。我们的救主说："骆驼穿过针的眼，比财主进上帝的国还容易呢。" 但是，我们不应认为这只适用于那些在金钱上富足的人。可悲的是，非也！对于那些富有天赋、知识、决心或社会影响力的人而言，同样如此，甚至情况会更令人担忧。你要密切注意有何等少的上流人通过窄门进入了天国。还要注意有那么多人看起来进入了天国，实则落在后面。这甚至也适用于传道人。在每一个世纪，他们都算是耶稣基督教会里的上流人。他们大有能力和权柄。然而，屈梭多模的激烈批评时常回响。他说："大多数牧羊人却站在基督的羊圈之外！"

这没有任何差别。甚至对于普通、软弱又无助的人，要无视自己几乎是不可能的。那么，对于少数受人敬仰、显要、富有又有权势和影响力的人，那必会何其艰难啊！他们不仅需要处理自己的自我主义，还要拒绝众人对他们的崇拜，否认他们有的一切影响力和公众形象。对上帝来说，万事都能；但这些杰出的人，若不无视自己，就永远不能进入上帝荣耀的国度。这如同一个女人的美貌。一个年轻美丽的女士，若不被她的美貌所牵绊而远离上帝，也不被她的虚荣所诱惑，那将是从上帝而来何等奇妙的恩典啊！谁不承认这一点呢？

地上少有上流人会在天国中也为大。他们内心如此狭小。诗人说："他们都是虚谎。" 你甚至可以说："他们作为上流人都是个谎言。"他们无疑看起来是如此，实则不然。那些真正重要的人有内在的深度。他们在上帝眼中很重要，并永远如此。你会发现他们更经常在穷人之中。他们在金钱、物资、天赋和权力方面都寡少。"贫穷的人有福了,因为天国是他们的。""地上的上流人哪,除非你变成小孩子的样式,否则你就会失去在耶稣里的份!"

上流人不仅自己走在危险的道路上,也把普通人一起带入危险中。他们的影响力和权力如此巨大,以至于人们无法抗拒。当金钱、个性或理性的力量如此不敬虔,只带来自我主义,那么对普通人来说,这种悲惨的影响就带来压迫和专横跋扈。于是,恐惧就出现了。然后,沉重的恐惧就带来懦弱的逃避或奉承的痛苦。你可以在一个村庄中看到有影响力之人的权力如何损害普通百姓的生活。如果在村一级都有这种表现,那么在城市将会何等糟糕啊!我们这世界并我们的心如此罪恶,甚至每一个有权势的人都很危险。其实他们不过是罪人中的罪人罢了!

当一个有权势的人不是反对你而是支持你的时候,他们就特别危险。如果他们帮助、扶持、支持你,那这话就是真的。你只用看看你周围的环境。注意你们当中构成双重危险的有权势之人,他们会让你太依赖他们。他们太过于依靠你对他们那热情洋溢的惊奇。这世界的偶像就是这样出现。献给他们的小祭坛就是这样竖立起来的。人们就是这样给他们焚香。这就是主的尊荣消失的方式,也是有权势的人败坏的方式。时代的精神非常强烈地培育着这种可怕的恶,甚至在基督徒中也是如此。它的意图就是根据一种错误前提,即重要且有权势的人是透过他们自己得到个人认可,并为自己扬名。

这就是为什么我们非常需要上帝的圣言。正是上帝的圣言设定了上流人的前提。这圣言断言了完全相反之事。这圣言的断言乃是弱者得安慰的源泉,是那些有权势之人救赎的泉源,也是尊荣上帝的来源。它持续了一个又一个世纪。这是基督教会持续确定地说:"上流人并非是你想象的那样,他们乃是虚假!"

因为如果我是个软弱的普通人,而且如果我相信上流人乃是虚假,那么我心里的恐惧自然就会消退。然后,我开始重新生活了。我敢在我灵魂里呼吸并庆祝。上帝说了一次、两次,我都听见,即能力都属乎上帝,而不在那些有权势的人身上。

这同样也是那些上流人得拯救的原因。因为上流人会知道、相信且理解,他们"是虚假";也就是说,他们根本不是特别的人。然后,这诱惑就失去了吸引力。它的力量就被打破了。他们就接受了一个事实,就是他们与所有人中最小者也无差别,他们只是服侍耶和华上帝的工具而已!他们就可以谦卑地跪在上帝面前,爬向祂,挤过窄门。

　　这就是上帝在有权势者生命中得回祂荣耀的方式。这些上流人乃是祂手的工作。祂塑造了他们,他们乃是祂的工具。就像铁匠挥舞着巨大的锤子打弯、塑造铁砧上的金属一样,全能的上帝除了祂更精巧的工具,也有几个强大的锤子。它们可供祂使用。然而,它们躺在角落里,没有力量,直到祂伸出强壮的膀臂抓住它们,并用它们来击打祂正在塑造的炽热金属。

　　如果锤子说"我是铁匠",那么它就在撒谎。但是,如果这个巨大的锤子仍然作一个被动的工具,并认识到上帝乃是做工作的铁匠,那么它就是诚实的。这就是上帝要借以塑造祂教会的真理。这便解释了为什么有时贵族出身的人,虽在人民眼中是"重要的个体",但在上帝面前是"非常普通的男女"。也就是说,你能发现有些上帝的儿女在地上他们那一代中属大能者,同时在天国中也为大。这些人包括圣使徒、殉道者和教会的巨人们。他们这些上流人都以自认为是"虚谎"而开始,却因在"为我们缘故变成了虫,并非人"的那一位里面成了真理(became the truth)。

第70篇
岂是丝毫向我禁食吗？

> 要宣告国内的众民和祭司，说："你们这七十年在五月、七月禁食悲哀，岂是丝毫向我禁食吗？"
>
> 《撒迦利亚书》七5

对耶和华我们的上帝来说，与我们灵性有关的错谬极其可憎。虔诚是美好的。没有什么比真诚、安静的奉献，和充满活力、亲密的虔诚更有福。与上帝有团契关系、得许住在祂帐棚里的人，比世上任何一个君王都富裕。

但是，罪甚至能出现在一个人的奉献中，这罪恶具有极大的破坏性！有鉴于此，我们很难相信，除了基督，世上从未有人的虔诚未受到罪的影响。我并非指总是存在于虔诚人的生活中，并会继续与他们的虔诚并存的普遍意义上的罪。不，我说的具有更可怕的意义，就是罪恰恰在他们的灵性中抬头。他们的灵性本身会一次又一次显出罪来。他们寻得满足的灵性往往似乎是被玷污的、不洁净的灵魂表现，需要借上帝羔羊的宝血寻求赦免。

这问题很深！如果我们确实是罪人，而我们的虔诚却没有污点，那么在我们看来，这虔诚自然会有美好的价值。我们可以带着它去朝见上帝，以其作为供物讨祂喜悦。相反，与之矛盾的是，如果我们的虔诚总是被玷污，本身就是罪恶的，那么它就不能成为我们欢喜庆祝的基础。仍然在我们生活中表现出来的灵性，只不过是上帝恩典在我们身上的表达。它能使我们可怜的灵魂得以欢庆，并使我们在祂里面找到我们的安慰和确信。

以色列想象并宣传她自己的虔诚，你听听上帝是如何将其打断的。以色列一直对上帝不忠。上帝就借巴比伦惩罚她。以色列在这种惩罚之下遭受苦难。她想："求祢让我再次虔诚起来，深深谦卑自己，否则我永远不会得以逃脱！"这就是她禁食的原因。这并非只是不同地方的某个犹太人如此！不，所有人都是如此。在所有这些漫长的岁月中都是如此，在规定的节期都如此。既然上帝以祂的恩惠使以色列人回到自己的土地，于是他们以为自己在巴比伦一直非常虔诚。他们还想象，可能也如此理解，他们从囚禁之地归回是因自己的虔诚，特别是因为他们在禁食。

耶和华上帝对这一切有什么要说的呢？祂深深剖开他们的心，显露出他们内在假的灵性。"你灵里是什么样的虔诚呢？你认为是你的奉献让你成为合适的拯救对象吗？你竟敢以你的禁食为荣耀，仿佛如此虔诚最终会助你脱离你的压迫者吗？相反，这种虔诚只是把一种罪叠在另一种罪上。" 耶和华如此说："是的，你禁食了。但你是怎么禁食的呢？你说是为了我，你的上帝！以色列啊，只要让你自己的良知作证即可！你是在为我禁食吗？有丝毫为我禁食吗？"

现在，你仔细看看。把这个应用到你自己身上，告诉我它是否吓到了你。如果上帝果真如此来到我们这里，说："是的，你祷告了，但是当你向我祷告时，你有丝毫在向我祷告吗？你唱了诗篇和赞美诗，但是当你唱歌的时候，你是在对我唱歌吗？有丝毫在对我唱的吗？你研究了圣经。但是当你忙于研究上帝圣言时，你哪一丁点是为我吗？"

你们要仔细省察你们给穷人的捐赠、你们的屈膝跪拜和你们那些庄严的集会。一直要省察，直至你脸上的虔诚表情，然后告诉我在这一切虔诚的外表之下还剩什么。难道我，就是你的上帝，不会把在我之外的所有事物，全都扫到地狱里去吗？这些包括一切非从我而出之物，以及凡非为我荣耀之物。"

你们这些虔诚的男女，如果上帝这样靠近你们，你们灵里会留下些什么呢？

你们一切灵性岂不会立即消溶吗？更糟糕的是，你岂不是立刻认识到，你所有的祈祷、屈膝跪拜，以及你记忆会深情拥抱的事物，现在都在责备你吗？它们现在都指责你不属灵。他们使你在你上帝面前因罪疚而跪下，迫使你在默然的痛苦中承认，说："主啊，自我中心悄悄地潜入了我的祷告。它乃因我的冷漠而偷偷溜进来。上帝啊，我的上帝，在我的祷告中，我何时是诚然专注于祢，且唯独专注于祢呢？"

在这一点上，任何人都不要说："那么，不敬虔的人会更好，因为至少他们没有在祷告中犯罪，因为他们根本就不祷告！"这就像是愚蠢地去合理化一个人的自杀行为。这人虽消除了在小事上犯罪的可能，却犯下一项巨大罪行。不！你的决策必须是继续祷告，继续屈膝，继续在敬虔中行，却要以不同的方式进行。既然你已经意识到一个虔诚者生活中的可怕危险，你必须保持警醒。你要警惕在祷告或唱诗篇时的一切危险。你要保持警惕和清醒，少一些轻率，更少一些关注自己。

你如此行是否为了让你的灵性逐渐变得毫无瑕疵呢？你如此行是否为了在祷告和唱诗中无罪呢？根本不是，我的弟兄姊妹们！你在这地上永远不会达到那种境地。所有的完美主义和乌托邦主义都是误导人，在你灵性方面尤其如此。

不，你应该如此行，为要借着跌跌撞撞而抛开愚蠢的妄想。这个妄想就是以为你是真正祷告或歌颂赞美上帝的人，或者你可能变成一个真正虔诚的人。从现在开始，你要以明确、清醒、荣耀的真理来代替你愚昧的幻想。这真理乃是：圣灵才是唯一真正的祷告者；并且在上帝面前，你中保的敬虔能成为你的敬虔。你要如此行，好让你清楚地明白这些事情。你要把它们系在你的心上。

这就会带来平安，避免因虚假的完美感而疲惫。这使上帝的儿女敢于再次真诚地祷告，因知道有另一位与他们一起祷告，如同唱歌时的伴唱！有时候，你告诉某一个胆小的人，他需要在一个特殊的场合独唱。他根本做不到。他的声音会卡在喉咙里。他的世界都崩塌了。但是，如果让某个大师领着唱歌，也鼓励其他人跟他一起唱。接着，你建议你那胆小的朋友一起唱。那么，他会自然地张开嘴唇，唱得比他想象的要好。

当祷告大师圣灵亲自为我们且与我们一起祷告时，祷告就这样简单且自然地发生了。我们听到祂祷告，上帝的全体会众也和祂一起祷告。当有一个友好的声音邀请我们与这个合唱团一起祷告时，我们就会照做。我们自己小小的祷告，只是上帝宝座前流动和膨胀之众水中的沧海一粟。如果我们祷告之后，起身时还在想："那还是如此可悲地冷淡啊！"此时，圣灵对我们有话说。祂告诉我们，赎罪之血总是发挥效力。它为那些属灵正直的人效力。它在处理我们祷告中所涉及的罪。

耶和华上帝只要求一件小事。"你是否在祷告中真正寻求我？"祂带着如此仁慈的温柔问道。祂以这样一种人性化的方式跟我们说话。但是，上帝不得不这样与祂的子民说话，这岂不是令人非常不安吗？人们甚至不需要非常属灵就能借祷告寻求永活的上帝。我自己和别人的灵魂也不需要；他们不需要那样就能寻求永活的上帝。我们仍然要说明，耶和华不只是借撒迦利亚的这些严辞向百姓说话。耶和华特别向祭司说了这些话。祂之后说："要宣告国内的众民和祭司。"

愿凡服侍主的人都留意。无论是在教会、学校，还是在家里，所有为他人祷告的人，都处于双重危险之中。在上帝面前，当你在床边双膝跪下时，也有可能并非在靠近上帝。那么，当你在教会、福音大会、各种聚会、学校或主日学祷告时，那会是什么样子呢？你难道不明白吗？我们圣洁、温柔的上帝，有时会对祂听到的那些虔诚、漫长、美丽的祷告，因厌恶而避开吗？你们这些传道者，上帝在询问："当你站在讲台那里，在众人面前祷告，你有丝毫是向我祷告吗？"你们是否听见上帝呼唤你心的声音？同样，这些布道者和教师们，以及其他带领祷告的人，你们听到祂的询问了吗？

祂并非在严厉地质问，而是出于深切关怀和衷心同情的询问。人得允许在公共场合祷告，甚至上帝迫使你祷告，都是一种极尊贵的属灵荣耀，是罪恶之辈几乎从来不配得的。他们几乎每次祷告都与侵入的谎言、虚荣、注重外表或妥协的心纠缠。

哦，有这么多带领众多会众的领袖在他们的祷告中犯罪，因为他们的祷告如此冷淡，在属灵上干枯又贫穷且冗长，而且会众很少注意到。他们没有为牧者祷告。他们有时仍然会以吞吞吐吐的话，赞美牧者那鼓舞人心的祷告；这乃是惯着这些牧者了。"你又祷告得如此美！"他们如此油嘴滑舌，诚然是对真正祷告的诅咒。这就是传道者干枯的原因，是属灵的汁液不再在会众中流动的原因。这被视为虔诚，而上帝恨恶它。

第71篇
谁敬畏耶和华？

> 谁敬畏耶和华？耶和华必指示他当选择的道路。《诗篇》二十五12

我们这时代文雅者的圈子里，人们很喜欢说"认真"、"认真生活"、"态度认真"、"认真思考"等。正统派和现代派的圈子都是如此。在正统派圈子里，这话意味着有人已经开始反思他们的处境。在现代派的处境中，这意味着这人并非一个饮酒无度的人，并非过着放荡的生活，也没有被享乐所奴役，而是定睛于更高的事物。

在我们这世纪的词典中，"认真"一词以其多方面的含义而应用广泛。人们很常用这个词，觉得很顺手。它能唤醒我们心中对更好事物的向往。每个人都觉得它使用起来没问题。即使在相当肤浅的圈子里，人们也不时用它来指生活中的严肃一面，其实这也并非完全误用。它就像我们贵族家庭中的年轻孩子，每个人都很亲切地想到他们，把他们看作受宠爱的孩子。因此，我们这时代受"认真起来"这种语气的影响，以至于几乎所有讲话的人都在用它。他们认为，借由谈论认真，就能唤起一种温暖的感觉，在听众中燃起一股火热。诚然，认真起来的想法能激励你做得更好，令人振奋。

"是认真还是开玩笑"，这足够讲明何为认真了。当人们对一切都不再开玩笑时，他们就认真了。当不再有一切虚空的空谈时，认真就开始了。认真的人不愿意与这时代随意和轻浮的人为伍，那些人嘲笑一切可爱或痛苦的事。"认真"与"爱玩"相反，与从清晨到深夜把一切当成游戏的态度形成鲜明反差。认真的人言出必行。他们拥抱生活的现实，会约束没头脑的行为。对他们来说，生活很有意义。

　　这一切都相当美妙，但也是对我们这个时代可悲又放荡之精神的严厉谴责。认为诸事都有意义的人乃是特例，那些视生活远胜一场游戏的人亦然。让我们明说：当你对我们这个时代人们口中那一切无意义的胡言乱语，和不受约束的喋喋不休厌恶至极时，你就是个例外。他们只是笑着嬉戏打发掉自己的生命而已！他们的精神是地道的法国精神，其革命气氛已经笼罩在可怜的基督教之上。已受洗的基督徒已经被法国大革命及其醉人的精神熏得如此头昏眼花，以致他们都耻于指善为好。当他们有某些需要时，如果有人撞见他们做简短祷告时，他们就会面红耳赤。

　　现在是糟糕的时代。在许多家庭，父母和孩童都一样，他们都既有趣又让人厌恶，就像动物园笼子里俏皮、嚎叫、做鬼脸的黑猩猩。你难道不是经常遇到这种邪恶的欺诈态度吗？难道不是经常遇到这种以嘲笑为乐的邪恶，以恶事、野蛮、堕落为悦的邪恶吗？

　　在这等圈子里，你一定会找到认真的人，甚至是虔诚的人。他们会说出"认真的话"。这种话会像露水一样，滴落在某些疲惫的灵魂里。他们呼吁认真起来。这是勇气、爱和更高目标的表现。我们衷心欢喜他们有这样的认真态度。在不信者的圈子里，有人与空虚、令人窒息且徒劳之物决裂，我们很乐意看到这些。当一切圣洁之事不那么受压迫时，我们也很激动。作为基督徒，我们是否应该采用不信的世界所认为认真的方式，以及其中所强调的内容呢？仅仅因为认真的态度在这些低标准的圈子里有某种较高的地位，这是否能够达到耶稣基督的十字架为我们设定的那更高、更荣耀的理想呢？

　　你要明白，上帝的圣言几乎没提过这种"认真"和"认真生活"。"要有认真的态度"、"认真地"和"认真的"的表达，确实在圣经中出现了几次。

然而，它们的含义完全不同于人们现在谈论的"认真"。《出埃及记》十五 26 说"要认真注意"，以及其他经文所说的，只是"仔细聆听"的意思。《耶利米书》二十二 4 中提到的"认真"，只是"热情地处理某事"的意思。但是，你从来没有在上帝的圣言中读过某种独立存在的"认真"，就像一种独特且可作其他一切美德之母的美德。

在这个意义上，"认真"首先出现在柯克由（Johannes Cocceius）[27] 追随者的口中。他们大部分人都自称为"认真的柯克由派"，让自己有别于他们圈子中其他随便且不敬虔的人。自那时以来，这个词的使用在增加，但对生命的严肃性反倒不那么强调了。一切越是被看作游戏，人们就越发显然不得不经常明言他们并非"只是闹着玩而已"。若要表明这态度，方便使用的词就是"认真"。

正是为此，基督教环境中热衷于避开"认真"的做法，就变得不太适用了。这就是事情的本质。本来应该迷人地展示更理想图像的画布，已经开始被这种"认真"的观念给着色了。如果圣经想吸引我们的注意力，让我们摆脱自满的情绪，而且希望我们反思永恒，那么它不会用那么弱的命令对我们说，"现在要认真一点"。它采用了一个完全不同且无以匹敌的更深刻之法。它说："要敬畏上帝！"我们这个时代所认为的"认真"，圣经中称为"敬畏上帝"。然而，你要仔细注意其传达的更崇高且更荣耀的意义。

一个"认真的人"是自满的人。他们会拒绝欺诈，嘲笑周围的空虚。他们反对它，追求更好、更有意义的生活。他们仔细考虑自己在做的事，计算后果。他们留意别人没有观察到的东西。但是，这一切都借自己的实力，通过自己的优秀品质而发生。在他们自己看来，这等人是道德贵族中的一份子。相比之下，"敬畏主"将这棵阿米念的（Arminian）蓟草连根剪除。它会让你和所有嘲笑者一起谦卑。在那至圣者面前，它会使你和所有嘲笑者一样有罪。它教导你说，你所做的一切都必须以有意义的方式去行，并且进行有意义的反思，因为上帝都秘密地参与了这一切。你永远不可能说："这只涉及我，而无关于上帝！"

"认真的人"设定了他们的生活标准，并反对一切对他们已制定规则施压

---

[27] 约翰内·柯克由（Johannes Cocceius, 1603-1669 年）是一位改革宗神学家，在乌得勒支大学任教，他在那里成为联邦或盟约神学的主要倡导者。

的人和事。敬畏上帝的人却在上帝律法面前屈膝跪拜，借赎罪之血的能力，与上帝的百姓同行。你可以很"认真"，但在本质上仍在崇拜自己。但是，"敬畏上帝"会一直让你不安，直到你生命中的每一个偶像都被推翻。即使在临终通向地狱的床上，一个人也可以很"认真"。但是，"敬畏上帝"让人可以承受那荣耀的应许，即他们很快就会看到的"上帝的隐秘事"！所以，你现在可以明白人们会努力地去"认真"，却避而不谈"敬畏上帝"的原因了。

唉，所有关于"认真起来"的喋喋不休之声都让人自我膨胀。它让自我的感觉如我们所想般鲜活。但是，当"敬畏上帝"介入时，整个被造界都被迫臣服。耶和华永远活着，唯独祂为大！

我们从这一切中要吸取的教训显而易见。我们认识到，"认真"是个次等概念。与我们这时代愚蠢的方式相比，它确实更高尚。我们还认识到，圣经对我们说的不是"认真"，而是更高、更圣洁、更荣耀之事。它称之为"敬畏上帝"。它要求我们基督徒认识到自己根本"不认真"。当我们允许自己受到时代精神的启发，而非受上帝圣言的激励时，我们就拒绝了基督徒的尊荣。实际上，我们那时就阻断了"敬畏上帝"的精神。我们所剩下的不过是"认真"罢了！

第72篇
即使基督也没有因成为大祭司而高举自己

> 这大祭司的尊荣没有人自取,惟要蒙上帝所召,像亚伦一样。
>
> 《希伯来书》五4

　　基督是我们的先知。这意味着祂会对我们讲话。祂坚定地对我们说着一句经久不衰的圣言,当然这圣言是否深入我们的内心则是另一个问题。即使它只在我们心中嗡嗡作响,仍然存在。它继续时刻提醒我们。这是来自尊荣宝座上君王的同一句圣言。这是带着能力的圣言,呼召我们远离一切不义,与上帝和好。

　　这就是为什么圣言如此让我们震惊。因为它压碎我们,击打岩石成末,并且击杀。这是因为它就像一把两刃的剑,甚至魂与灵、骨节与骨髓,都能刺入、剖开,连心中的思念和主意都能辨明。万物在它面前都无法站立。作为先知的基督,祂的圣言会使你降卑,降得如此低,以至于你都不能再站起来。恰是为此,作为先知的基督现在也是作为祭司的基督。先知击杀、打碎和打散。祭司就像好撒玛利亚人,看到躺在沟里的受伤者,就包扎他的伤口,给他抹油,使他精神复苏,扶他起来,把他放在自己驴子上,然后留他在旅馆里,供应钱财支付他的费用。

作为祭司的基督不会引发苦难，而是自己遭受苦难。祂受苦，首先是与你一起受苦，然后为你受苦，最后是代替你受苦。作为祭司的基督就是上帝的心，里面满了温柔的怜悯和慈爱。这种爱像上帝的圣言，刺透灵魂的骨髓骨节。在上帝的圣言带来死亡之处，它也带来医治和生命。一切都在它面前赤露敞开。祭司的眼睛寻找赤裸之处，并非为了撕开伤口。祂正在寻求把它包扎起来，去除坏疽，并用复兴之灵的温暖来取而代之。

作为祭司的基督遇到了一个麻风病人，但并没有把他推开。祂碰触了他，拥抱他，拥他入怀。祂完全拥抱了他，以致麻风病传到祂身上，而祂自己的力量和健康渗透到那麻风病人身上。[28] 对祂来说，作为一个祭司就是对受造物有这样的爱；这爱完全充满了祂的心。这爱一直奋斗，直到祂完全把它吸收到自己里面。直到祂怜悯的对象，就是那不敬虔之人，成为上帝荣耀成就的典范，否则祂就永远不会安息。这就是祂为何是真正的祭司，是唯一真正的祭司！此乃奇妙的圣者，难道不是吗？

所以，你现在可能会想说，耶稣愿意做的这一切，真是令人难以想象的温柔。耶稣自己却不是这么想的。祂借着使徒对你说："不，这不是我从父那里寻求的荣耀。恰恰相反！这乃是我从父那里领受的荣耀。"我得允许如此去爱，乃是我的荣耀。我得允许站出来作祭司，这是因天父喜悦子。不，我没有擅取指定自己为祭司的特权，这乃是赐给我，是我领受的。正如除非上帝赐予，否则人子就不能得这荣耀；作为祭司的耶稣也没有借着成为祭司而荣耀自己。这乃在乎说"祢是我的儿子，今天我尊荣祢！祢是按着麦基洗德的等次为祭司！"的那一位。作为祭司的基督，祂的卑微形状无与伦比地彰显了上帝的完全。这奥秘你现在是否能够测透呢？

你要认识到这种爱，这样的温柔和深厚的爱，不能容忍与任何非纯粹的奉献、舍己、牺牲和顺服混合。这种爱会耗尽心力；也就是说，这是一种完全的牺牲。这是完全真实的，因为它会完全将自己投入其中。因此，我们的心能否真能懂得呢？基督对我们的祭司之爱一点不会少。它不会有什么不同！得允许去爱，

---

[28] 中注：凯波尔此处并非指耶稣感染了麻风病，而是用耶稣医治麻风病的例子，指向耶稣的救赎。人的罪转移到祂身上，由祂担当，而祂的圣洁和恩典转移到人的身上。

得允许献出自己，得允许通过爱的牺牲去拯救别人，这些事都不可能凭自己的能力去做，乃是蒙天父所承认之人所领受的特别待遇。

现在转过来思考你自己的爱。这让你很惭愧，不是吗？不要急于去爱。不要急于渴望这种奉献、自我牺牲、真正舍己的爱。一旦你做到了一两次，就要留意你的自我满足感。这就好像你有了某种奇妙的经历。你心中坚信，正因上帝的帮助，你才走得这样远。现在，你的祭司耶稣来站在你面前。若与祂永恒的爱相比，你最深的奉献也只像沧海一粟而已。那时，耶稣会以这样神圣简明的话语对你说："我能作你的祭司，不是我自取的，乃是我的上帝赐给我的荣耀。"

这会让你如何看待自己的舍己和作为被造物所发的怜悯呢？难道这不是让你意识到，在我们最好的善工里，依然会有想不到的罪恶吗？难道这不会让你感到，你堕落的心就像一只虫在啃噬美丽的水果吗？由于它高举自己，岂不是完全败坏了那正在绽放的神圣祭司之爱的美丽吗？

这身份也赐给我们，使我们作祭司和女祭司。我们也需要承担痛苦。我们的心也需要闪耀着热情，从而缓和痛苦和苦难。我们还需体验承担别人负担的沉重。我们还需帮助别人承担对他们而言过于沉重的重担。我们需要为他们承担这一重担，尽管他们自己可能都不完全了解他们到底承担了什么。

每个人都愿意作先知或女先知。这就容易多了！对峙、劝告、激怒、惩罚全都需要去做。它刺痛灵魂。但你若不愿意作祭司或女祭司，就有祸了。如果你说了伤人的言语，随后却没有用爱去医治，那你就有祸了。如果你从来没有祷告，从来没有流泪，从来没有感觉到内在的同情心，那你就有祸了。如果献祭之事从来没有吸引你，如果对你而言，祭坛并非地上宝贵之地，你就有祸了。

然而，这些还不够。这归结于以正确的方式去爱。你只要认为"我绝对愿意这样做"，那你就走在错误的道路上。相反，你需要用全心来感谢你蒙准许去做这事。没有一个祭司或女祭司按自己的意愿进入上帝的殿。你必须被派定，是由耶和华你的上帝所派定的。你必须明白，祂，耶和华，呼召你进入这怜悯的事工。我的上帝，祂认为我配得。拣选我的那一位，为此拣选了我、膏抹了我。

那时，这爱的工作会变得温柔，然后也会是荣耀的。那时，人们不会跑向各种不寻常的方向，反而会满足于作为祭司在普通的地方服侍。这样的家庭是有福的：母亲作她后代的女祭司；父亲作所有托付给他之家人的祭司；家人的帮助是以祭司的方式，服侍丈夫、妻子和孩子。这种家庭蒙了三重福分。父母让孩子参与舍己之爱的工作，使他们一起建造这个家，使家成为一个平静的和平之殿，这乃是有福的。然后，家里就会满了一种更超越生活的香气。生活成为爱的事工。这是一个永远不会让人失望之爱的事工。而它涉及的这种爱，上帝的每一个儿女都可以予以见证，说："这并非我取得的，而是我领受的。荣耀归与上帝！"

第73篇
雄伟如骏马

因我万军之耶和华眷顾自己的羊群，
就是犹大家，必使他们如骏马在阵上。

《撒迦利亚书》十3

你且看全能的上帝如何荣耀祂的选民。撒迦利亚说，他们如羊流离（十2）。他们像落在敌人愤怒之下无力自保的羔羊，被欺压、骚扰。你听听这话！同一群赤身、被压迫的百姓，现在得到了奇妙的应许，说："我，耶和华你的上帝，必使他们如骏马在阵上！"当战斗开始，号角响起，那软弱又温和的羔羊会怎样呢？难道它不会非常害怕吗？难道它不会夹着尾巴逃跑吗？难道它不会退缩，在恐惧中逃奔吗？

想想你自己的灵魂。它就像一只"待宰之羊"，在恐惧和绝望中逃跑。但主耶和华说，它会"如骏马在阵上"。上帝将使你像一匹有伟大血统的骏马。耶和华自己向约伯唱起与此相关的歌："马的大力是你所赐的吗？它颈项上挓挲的鬃是你给它披上的吗？……它嗤笑可怕的事并不惊惶，也不因刀剑退回。箭袋和发亮的枪，并短枪，在它身上铮铮有声。角每发声，它说呵哈；它从远处闻着战气。又听见军长大发雷声！"哦，一只绵羊变成了一匹马！你的情绪发生了全面的变化，惊吓转为信心，胆怯的情绪逃离了，转化成了与敌人斗争的坚定意志。

当我们的灵魂像羊时，我们灵魂的敌人紧追不舍；在他们面前，我们被追赶好像被肆虐的风暴追赶一般。但是，当我们的灵魂"如骏马在阵上"时，我们属灵的敌人就在我们面前逃跑了。我们打倒了他们，从战场凯旋，更胜过征服者。这时你心会涌出极大的惊讶！这是因为虽然这种荣耀的转变正在我们灵魂中完全地进行，但我们诚然感觉不到到底发生了什么。然而，当其他人观察我们在战斗中的样子时，令他们印象深刻的是，我们带着战马的狂怒去战斗。与此同时，我们却觉得自己像一只颤抖的羔羊，在恐惧中咩咩叫，并确信自己要灭亡了。

这才是应有的样子。那些觉得自己是"如骏马在阵上"的人，会立即困惑，而后绊跌翻倒。能耀眼地显示勇气的秘诀，就隐藏在我们内在那如风中芦苇的颤抖中。羔羊以狮子的勇气征服了地狱和它所有的权势。今天，上帝的选民在自己看来就像羔羊，却像狮子在战斗中战无不胜。他们就像羔羊，赤身露体、手无寸铁。可是，当他们在属灵冲突中时，却有"如骏马在阵上"的样子。

说到这冲突，首先不要理解为这是你与邻舍之间，关于上帝的神圣圣言中你所宣信为真理的内容的争论和问题。不，我们并不是与属血气的争战；也就是说，我们并非与面前有血有肉的人类同胞争战。首先，我们是与那些并非属血肉的邪恶属灵力量争战。他们能随处找到我们，并渗透到我们内心深处。这争战并非针对你，而是针对上帝，只要你坚定地依靠上帝，它就针对你。因此，我们战斗的对象乃是撒但，是牠的追随者和使者们，是属灵领域的全部属灵力量，是你的周围世界以及你自己心中一切整装等待你的恶仆。这是与你的"自我"（ego）冲突，因为它是撒但特别挑选的仆人和牠高度信赖的秘密间谍。

这就是与所有对抗你灵魂之力量的争战。你必须意识到，这并非关乎与人类同胞之间的争端。这是关乎你跟这些可怕的力量之间的属灵斗争。这关乎你用抵抗之势对付它们，让它们成为逃离者，而你是那追捕者。在你灵魂里，你确定无疑地知道这角色是如何逆转的。你曾节节败退，曾经常失败，曾总在害怕。

当这些力量再次追逐你的时候，你的灵魂无力地感叹，说："上帝啊，我怎能从这里脱离呢？"最后，你会像一只羊常常做的和想的那样。你就躺下了，说："我所有的回击都没有什么用处，逃也逃不了，那就这样吧！撒但，你想怎样就怎样吧！"多么可怕的情况！

然而，在某些情况下，一个人有时会带着沮丧的心和由绝望而来的麻木，几乎宁愿去死。他们却又想："可能还有一条出路！"于是，一根光线会穿透灵魂，照到那如死之冰冷的心里。它说："但是上帝仍然存在！"这可能就发生在绝望之时，就是当我们把整件事交给"那永远同在者"上帝的时刻。

那一刻，某种奇妙的事情发生了。它就发生在我们身上，在我们身边，在我们内在。我们突然意识到，自己不再像那只躺下的羊羔，而是又站起来了。追捕者不再追逐我们，反而在逃离。他不再像踩在一只带血的羊羔上一样踩着我们、嘲笑我们。反而我们好像被安放在一匹鼻中喷气的战马上。那就是胜利的时刻。那时，我们的灵魂就已经得释放了。那时，我们已经取得了胜利，就在我们上帝的帐篷中过夜。这是怎么发生的？是什么原因作成的？

看这里！圣灵并没有通过先知撒迦利亚给我们应许，我们会像一匹骏马，而是说会将我们变成骏马的样子。有荣光，这是可以肯定的，却是上帝自己使然！你必须这样理解：正如战场上的指挥官骑上他高贵的坐骑，他双腿紧紧夹住它；正如他通过倾斜身体来引导它；正如他动用指间的缰绳来移动它；正如他用靴子上的马刺激励它；正如他以声音示意让它快跑、慢跑或完全停下；是的，正如他完全控制他的坐骑，以至于马不再属它自己，乃成为鞍上之人的延伸之物，万军之耶和华也如此控制依靠祂的人。

在激烈的战斗中，一流的坐骑并不遵循自己的意志或自己的道路。它乃是服从、注意聆听，并回应骑手每个细小的动作。它本能地转向骑手的眼睛触及之处，冲向他的军刀在战斗中挥舞之处。同样，在更深远的意义上，若我们不能成为我们上帝的完整延伸之物，你的灵魂和我的灵魂就不会取得任何胜利。[29]我们必须愿意让祂完全控制或"驾驭"我们。我们需要让祂嘴中的气息推动我们。

---

[29] 凯波尔在此使用了一个术语 aanhangsel（附录，附件）。在英文中，这个术语并未传达出他在"马与骑手"的隐喻中所表明的"与上帝完全立约身份"之意。

重要的是，我们深深地渴望知道在自己里面，除了能推动上帝用以约束撒但之能力的力量，没有其他生命力量在发挥效力。这个现实比地上最伟大的荣耀更加光荣。这就是"如骏马在阵上"！

你是上帝亲爱的儿女，是祂所拣选的工具。祂要借你们在撒但面前展示祂的威严，甚至超过祂借祂的圣天使来成就此事！这就如同王子。祂用已经准备好的冠冕为我们加冕。得允许参与上帝计划中小规模战斗的人，就会知道、欣赏，甚至现在已经品尝到了撒但坠落所带来的荣耀。

第74篇
虽是群中最困苦的羊!

> 于是，我牧养这将宰的群羊，就是群中最困苦的羊。我拿着两根杖，一根我称为荣美，一根我称为联索。这样，我牧养了群羊。
>
> 《撒迦利亚书》十一7

你们的上帝说："你们要安慰，安慰我的百姓。"在我们的时代，主的百姓极需安慰。百姓就像牧场上的羊，需要牧人。没有牧人，他们无法生存。只有牧羊人能把许多分散的羊汇聚成一群。正如草场上牧羊人不能没有羊，羊群也不能没有牧羊人。动物如此，人亦然!

没有牧人!这不仅指上帝圣言牧者的有限层面，仿佛他们是羊群唯一的牧羊人。这绝非圣经的态度。上帝的圣言从未那么狭窄、局限、片面。在考虑羊群时，这神圣的圣言总是考虑到羊群的整体存在、他们的全部需要和他们的完全依赖。这就是为什么上帝会把家庭、学校、教会和国家中的一切领导者、监护人和看护者都视作百姓的牧人。在武装部队里有牧人，也有其他牧人在社会中发挥领导作用，亦有其他牧人引领着艺术和科学上的步伐，还有灵魂的牧人。所有集体的牧人都蒙呼召去照顾上帝所亲爱的百姓。这是因为上帝已经亲自安排他们管理祂的百姓。然而，如同藏在果实中心的种子，对百姓来说，这并非显而易见。

基督是上帝的独生子，是一切的中心。因此，地上的一切都是为了基督的身体，就是为了祂所赎买、祂宝贵的新妇。故此，这些牧人的存在只为一个原因。无论他们是君王、教授还是传道人，其目的都是装点基督的新妇。或用另一种比喻，他们的目的就是牧放主的群羊，使其兴旺。可是，这些作国王、教授和传道人的牧人在干什么呢？他们并未以牺牲的精神使用所有才能达成这主要目的，反而在以牺牲上帝的百姓为代价，来换取他们个人的利益。他们牺牲羊群是为了换取物质利益。他们未认识到，羊群的存在并不是为了他们的益处，他们的存在才是为了羊群的益处。他们对上帝的劝告和自己的使命置若罔闻。他们带着嫉妒和苦毒，以自己的权力和影响力来对抗上帝的群羊。他们基本上是在整个人类社会的背景下，激怒和抵制羊群。有时候，他们甚至会一边感谢全能的上帝，一边用虔诚的言语如此行恶。

论到这样的事，你且听上帝借着撒迦利亚所说的话。"耶和华说：'这些牧人认为自己是主人。他们杀了羊，却未受责罚。当他们卖掉所宰的羊时，就跪下，说：'耶和华是应当称颂的，因为祂使我富足。'"这不是少数人所为，他们所有人都如此行了。"牧养它们的并不怜恤它们。"（见十一5）

这并非偶然发生一次而已，而是在持续发生，并不止息；一个世纪又一个世纪，都是如此！这情况如此严重，罪恶世界的样子如此糟糕，以至于主所创造最好的事物都已经被败坏了。这往往直接违背了祂预期的目的。

主所亲爱的百姓被压得无法喘息，却做不了任何事情改变它。它从各个方向临到他们：从贵族中的牧人、社会中的牧人、学术圈的牧人和属灵上的牧人。首先，他们齐心协力剪上帝家中羊的羊毛，然后宰杀他们，接着卖掉得了不菲的利润。但是，这时情况恶化了，而且更加令人痛苦。上帝的百姓被推到角落。人们认为他们疯了。他们被嘲笑，遭到攻击和侵犯，像门垫一样被肆意践踏。只有这样，这些牧人才第一次看到他们需要自己的服侍。

你们这些可怜的百姓啊！你还剩下什么呢？好吧，你变成了"祭物"。现在，这是个尊荣之名，由上帝亲自赐予你。你被交给人"像羊被牵到宰杀之地"，这多么可怕！这是一个被殉道者的泪水和鲜血所染的身份。然而，这也是一个荣耀的身份，因为这立即会让你与"背负世人罪孽的羊羔"产生共鸣。祂"像羊羔被牵到宰杀之地，又像羊在剪毛的人手下无声，祂也是这样不开口"。在各各他，那些牧人想要平息他们对羔羊的愤怒。牧人彼拉多、牧人该亚法和牧人希律都攻击了这羔羊。作为羔羊的耶稣却没有回答，并忍受了这一切。祂被自己的牧人们痛苦和残忍地杀害了！

上帝所爱的人需要思考这一点。当遇到压迫时，他们不该觉得希奇。反倒是压迫停止了，他们才应感到惊讶。当他们的牧人用亚麻作绳来勒死他们时，他们不应该在痛苦和绝望中抱怨。相反，如果他们在宝座上、演讲厅或教堂的高坛上见到忠实的牧人，他们应该感到惊讶。

祂说："在世上，你们有苦难。"此时，上帝所爱的百姓需要相信祂。他们不应该总像个灰心的孩子那样有如下想法："诚然如此，但对我来说，祂肯定会破例的。我非常渴望先在地上过舒适的生活，然后在天堂里也可享受。"这与上帝的圣言冲突，因为那样的话，你就显然不属于祭祀用的羊了。那时，你显然会讨厌忧患之子所赋予你的尊荣身份。那时，你宁愿成为一只被展览的羊，脖子上挂着花环，像以弗所的祭司们对待在街上游行的那些用于献祭的动物一样。如此结果将会是，你可以带着装饰的花环游行，但你很快就会死在一个不承认主名的祭坛上。

在这个时代的人群中，你会成为一个幸福、幸运、成功且有名的人。但正是为此，你的心将会远远地偏离对上帝的信靠。仔细听好了！上帝赋予祂深深所爱之人的身份是什么呢？祂不是称呼他们为"我困苦的百姓"吗？就在此处，在这关于被宰之羊美丽的预言中，耶和华为什么要怜悯祂的百姓呢？作为解释圣灵圣言的人，撒迦利亚说："我牧养这将宰的群羊，就是群中最困苦的羊！"

你那永怀怜悯之心的上帝对他们是仁慈的，正是因为他们遭受了这么多的痛苦，如此绝望和受到侵犯。因为没有其他人愿意牧养他们，所以祂决定自己牧养他们。你还在怀疑吗？你是否仍然认为"情况真的没那么糟糕"呢？好了，那么请你读一读第 11 节，睁开眼睛看看那些认识主的羊有多糟糕，甚至那些等候祂的受苦之羊都知道，这是主所使用的话。

他们感到困苦，要放弃，看不到解决方案，得不到劝慰，仿佛被肆虐的风暴驱赶，像山上的鹿一样被猎杀。他们有责任但却无法承担责任！你由于罪而被奉承，却因圣洁而被困扰，无助，无力自保，站不起来，只有瘫倒。那时，那些本应牧养你的牧羊人拿着剪羊毛的剪刀和绞杀的绳子，以及称量他们黄金的秤朝你走来。那时，一切尽是乌黑，你感觉到窒息。那时，你就退到自己里面。你发现在那里，在你的心里，极其愤怒的灵和各种犯罪欲望在搅动。你感觉自己被欺骗了，发现撒但在你心门口想要溜进去。

确实如此，我亲爱的朋友们，这也是最终让我们无法喘息的事情。我们等待主的那困苦的羊。借痛苦的经历，我知道我也是他们的一员。可是，一个新的世界随后开启了。然后，你会发现一些你从来没有想到的事情。你会发现那些你认为没有牧人的羊竟然真有一个牧人！祂是一个荣耀的牧人，是一个用最甘甜的草喂养他们、用最清凉的水来解他们的渴、以你能想象最温柔的爱来牧养他们的牧人。这牧人的杖被称为荣美。这是圣灵的秘密渠道，是永恒智慧的隐秘知识，是永恒的布道者在暗中的宣讲。凡知道这蒙福状态的奥秘且有亲密关系的人，必享福乐。

第75篇
可见栽种的算不得什么，浇灌的也算不得什么！

> 可见栽种的算不得什么，浇灌的也算不得什么，只在那叫他生长的上帝。
>
> 《哥林多前书》三7

　　上帝百姓的存在使一个国家得以保存。任何事情都不应让你轻视这个想法。耶稣论到烹饪时可以使用盐来防止腐烂。祂的百姓乃是国家黑暗中的一束光，是山上之城，因此国家仰赖其力得保存。即使当教会处于无端的低潮，不过是作为将救恩宝藏从这代传至下代的传递者时，那也仍然如此。

　　想想这是如何发生在以色列身上的！人人都在耶路撒冷的家里和宫殿里跪拜偶像的日子，弥赛亚的种子仍然隐匿在以色列土地中。这是国家的希望，是天父的旨意。在我们自己的时代亦然。国中忠信的见证人得以保存的地方，就有这种子的存在。这就是未来的希望和国家得以保存的盼望得庇护之所。能拯救和维系一个国家及其人民，并给他们带来未来的事物，并非你们所能提供。只有主的见证才能成就这一点。上帝的百姓即使只是为了那种见证而遭受侮辱，这也是维持了祂的尊荣。这就是要毫不犹豫地密切关注祂百姓的原因。当人轻视或恨恶为上帝作见证的百姓时，他们就都犯了罪。

对于一个国家的未来而言，爱、忠诚和属灵高贵的价值绝不应被贬损。但是，当这些品质对未来的意义，相比于上帝百姓的见证对未来的意义时，它们几乎不值一提。上帝施行拯救和保存，保护国家。无人能如此行。没有一个纯粹的受造物能如此行。因为上帝只通过自己的见证人向一个国家说话，所以一切都有赖于那个见证人！如果主的百姓不想作这见证人，他们就有祸了。这见证乃是生命的种子。上帝的百姓乃是栽种的人，负责栽种并浇灌。正如保罗栽种了，亚波罗浇灌了。但是，然后呢？然后，还是什么都没有发生，除非……！正如若没有上帝全能的工作，胚芽就不会从一粒小小的种子中冒出来。同样，若没有上帝圣灵结果子的工作，永恒生命的胚芽就不会从祂百姓之见证的种子中冒出来。

这需要专注地去爱上帝的百姓。你必须表现出对他们的爱。你对上帝百姓的爱，就能衡量出你对天父的爱。约翰询问，凡不爱上帝儿女的人怎可能会爱上帝，因为他们面对上帝儿女时感到尴尬。这悲惨的情况证明了一个事实，即每个灵魂，无论他们可能多么虔诚，多么有恩赐，都会出差错，除非他们有所改变。他们需要从心中拔除那根刺激和煽动他们反抗上帝百姓的刺。

因此，我们坚定地认为，每个上帝的孩子都必须一心一意地去爱那些上帝所亲爱的百姓。并且，我们要补充这一点。所有在上帝花园中长出的嫩芽会变枯萎，都是因为他们避开与上帝百姓的联结，且不去培育对他们的爱。当国中现有人群未成为耶稣新近的见证人时，这种情况就会发生。

但你对这些人的爱需要小心且温柔。不要轻视这一点。我的意思并不是要小心，别与他们牵扯太多。对我来说，这意味着我要全心全意且毫无保留地对待这百姓，就像他们是带着满身的疾病和溃烂的伤口存在于我们国家里。这意味着"与他们合一，与他们共同努力"。小心意味着你不会在你对他们的爱和温柔上淡漠；否则，他们就会消散，而不是被建立和巩固。

绝不能奉承这百姓，而是需要唤醒他们。他们需要被唤醒，但不是在他们的见证中吵来吵去，批评它所采取的形式，或谴责它太简单。因为你自己就是病人和麻风病人，你需要把自己献给上帝那些生病和患麻风的百姓。这意味着你要不停地警告他们："弟兄姊妹们，不要留下主当得的荣耀不归给祂。"

这就是你在心里鼓励上帝百姓的样子。如果他们感觉到上帝在对他们说"罗阿米啊，你们是我的百姓"时，你竟敢带着讽刺的语气加上一句话——"你们却诚然不是上帝的百姓"——那么他们就会像狮子一样攻击你。是的，我们有如下补充，如果你篡改他们的见证或攻击他们以殉道者之血所印的信仰宣告，那么他们会当面抗拒你，对你像对待粉饰的坟墓，并且愤怒地对你毫不客气。可是，如果你不这样做，上帝所爱的百姓肯定不会因你深刻反思的警告而生气。至少，这只要发自你心就好！那么，这百姓会觉得："这人把我们放在他心上。"然后，这百姓甚至会愿意认同自己犯了以色列的众罪恶。而后，他们会讨厌奉承的舌头。使真理会以急流般的审判使上帝的后裔翻来滚去，他们也会渴慕真理。

这就是上帝百姓需要有的自我发现。他们必须明白，为了祂的尊荣，上帝的百姓必须无休止、不停息地远离一些东西。他们必须明白，他们对福音隐藏奥秘的知识如夏日小溪中干涸的水，逐渐消失了。他们的祷告几乎不配得灵魂真正叹息之名！他们的偶像又在他们心中剩余之罪的根基上立了起来。他们的慷慨之心依然被绳索和链条所束缚，而他们的吝啬之心在街上公开漫步而行。最糟糕的是，由于覆盖他们全身并带来疼痛的这些脓疮溃烂，这个身体中的一个肢体无法忍受另一个肢体。因此，温柔、动人的弟兄之爱就像拂过晨空的云彩，越过他们而去，又像俄斐金一样稀缺。

上帝的百姓需要听到这些事。他们需要从那些爱他们的人口中，而不是从那些恨他们的人口中，听到这些事。他们主要需从那些传道者口中听到这些事，因为这些人与他们在一起，把他们放在心上。他们必须每天参与爱的服侍，也必须以热情和忠心在主面前行出来。他们需要以这样的忠心去行，以至于上帝的圣言不只是为了在上帝的国中可以生出儿女，像多年以来那样。他们必须如此行，乃是为了要使上帝的圣言显出这样的能力：使这些儿童在恩典中长大成人、在圣洁上增长并更深地认识上帝恩典之约的荣耀奥秘。

如果你问应该用什么标准来评估这圣言在他们生活中是否有效，那么答案如下：只需要衡量一件事，即他们是否无止息地渴望以上帝当得的荣耀来尊荣上帝。不要再试图有其他成就。这并非是说什么都不做，只是静静地坐着，直到霉菌像寄生虫一样遍布你的灵魂。恰恰相反！主告诉你，你需要去栽种。不只是这样，你还需要浇灌。你需要以极大的精力去做，投入你所有的努力！这秘密就藏在这里。主的百姓啊，当你栽种、浇灌！你也需要说："一切荣耀非归于我，乃归于上帝。"然后，你也要自我提醒，自己很重要。这一点需要承认。使徒明确且有力地说："可见栽种的算不得什么，浇灌的也算不得什么，只在……"

第76篇
心里时常伤痛！

> 我在基督里说真话，并不谎言……我是大有忧愁，心里时常伤痛。
>
> 《罗马书》九1-2

痛苦的奥秘在于，它的伤痛远超我们所愿承认的。我们确实感到痛苦，也很愿意承认这一点。苦难是强加给我们的。没有人能逃脱不饮这苦难之杯，视痛苦和苦难为他们天国基业一部分的天国儿女尤然。但是你知道有多少上帝亲爱的儿女常常会想到这点吗？他们想象生活会毫无痛苦地将继续下去，认为生活会在静然的好运中度过。他们认为，这些蒙恩宠的日子将持续，只是不时被痛苦的插曲打断罢了。阳光将是常态，天空会少有阴天；即使有，也很少会伴随着风暴和恶劣的天气。所以，有痛苦，是的！然而，痛苦只是片时，是短暂的中断罢了！痛苦会来，但随后它也会离开。它只是一片飘过的云而已。

耶稣的圣使徒却有不同的看法。他承认自己时常伤痛。这痛苦不会减弱。它并非飘过而已，而是固守，并持续存在。使徒此处所说的话体现出他感受到的痛苦之深。你听："我在基督里说真话，并不说谎，有我良知被圣灵感动给我作见证。我是大有忧愁，心里时常伤痛。"这岂不是一个更深入、更深刻的阐述方式吗？如果内心诚然温柔，你认为它能够快快地淡化掉痛苦吗？如果灵魂诚然敏感，你认为它能轻松忘掉它所忍受过的痛苦吗？

　　你一个亲爱的孩子会给你带来悲伤。他缺乏对你的爱会极大地烦扰你。你受苦正是为此。你受苦并非因你受伤，而是因为那是你的孩子。可是一个星期后，云已散去，你的痛苦已烟消云散了。你这可怜的父亲！这种回应就好像给你带来痛苦的缺乏爱的行为，并非是像癌症一样扩散全身的毒药。这只是将来更多之事的最初表现而已。当你因你孩子所做之事而受伤时，会感到疼痛；然而，这种回应就好像你是麻木不仁且缺乏爱。相反，烦扰你的理应就是那个伤口。

　　或者你圈子里有人去世，你被这惨痛的丧失所带来的痛苦而淹没、压垮。你哭得像你的心被撕裂一般。你永远不会忘记那个死去的人。然而，你为什么不公开表达呢？我们心中为如此丧失而感到的痛苦，往往会何其快且骤然地消失啊！不应该如此，难道不是吗？我因孩子的罪或我所爱之人的离去而有的痛苦应该是无止境的。它应该持续且不衰减。在我生活中，它不应该如此表面化，反而应渗透至我灵魂的深处。

　　人们都是如何谈论这种短暂的经历呢？嗯，这种经历绝对是上帝所发出、静静安慰人的信息。因为如果最初那种能抓住并淹没我们的痛苦真要持续不衰减，那生活本身就过不下去了。我们会受不了，而且它会要了我们的命。时间的流逝会带来什么影响呢？它会使我们的情绪变钝吗？它会蒙住我们的心吗？它会用忘却代替记忆吗？对属世界的人来说也许如此。但是，对上帝的子民来说，也是这样吗？绝非如此！时间流逝能够而且应该安抚紧张的神经，缓解由我们悲惨的拒绝所引发的痛苦，甚至会消除因我们不断意识到失去而产生让人紧缩的沉重感。然而，它不应该除掉我们灵魂中的痛苦。相反，它应该是一种借信心去净化和圣化这痛苦的经历。在内心深处，我们会在更深层次上体验这种经历。安静和平静的上帝儿女应该像天使一样经历苦难，用圣洁的欢笑和干涸的眼睛来承受他们灵魂深处灼烧的疼痛。这使他们能向上仰望仁慈的上帝。

　　一种完全不同的现实就这样临到我们此世的生活。疼痛如毯子覆盖我们整个存在。它并非为了以一种暗淡的人生观给我们稍微缓冲痛苦。不，它是为了以一种发自怜悯的长久安慰来吸引我们，而这安慰会借着信心显现在那遮盖之下。上帝的儿女生活在这里不会没有痛苦。主说："在世上，你们有苦难。"祂说："若有人要跟从我，就当舍己，背起他的十字架，来跟从我。"对于上帝的儿女来说，十字架是一个胜过全部生活的神圣象征。他们永远不可能比他们的主更伟大，永远也不会。在他们主耶稣的生活中，除了时常伤痛还有什么呢？除了感受痛苦，你能想到从上帝而来的基督的其他事情吗？你能想象你的耶稣曾远避过任何世上罪恶吗？或者说祂有哪个瞬间曾忘记罪的惊恐吗？单单看到这些想法被写下来就给你带来很大的冲击。难道不是吗？你很难想象耶稣会那样。假使主的灵魂里面或祂的经验之间有任何如此裂痕，那么祂生命的深刻合一就被摧毁了。抛弃一切这等肤浅，再次承认且要愈发欣赏《海德堡要理问答》的话："特别是在祂生命的最后时刻，当然也在祂以肉身存活于世的整个时期内，祂担当了上帝对全人类罪恶的忿怒！"[30]

　　如果你的主耶稣如此，那么对你来说为何会不同呢？"如果我们和祂一同受苦，也必和祂一同得荣耀。"我们应该"身上常带着耶稣的死"。或者正如我们洗礼形式所表达的："我们的生命只是一个不断死去的过程。"那么，你不觉得奇怪吗？在你自己灵魂里，情况是如此完全不同？我的弟兄姊妹，你"没有时常伤痛"这件事，不应令你认真思考一下吗？多年来，人们总是嘲笑"闷闷不乐"和"整天绷着脸的人"。我们当然并非把一张阴郁的脸等同于虔诚。耶稣说："要梳头洗脸。"忧郁并不能指示出更文雅的属灵情绪，反而只会抑制它。所以，如果它不是，那么总是面带喜悦的基督徒，是否就反映了真正灵性的标准呢？我不知道。但是，不止息的伤痛是否有可能总会伤透人心呢？请相信我所说的，天使们的笑声在他们的痛苦中闪烁；这笑声与从未尝过时常伤痛的肤浅笑声大不相同。

　　那时常伤痛究竟是什么呢？很多人在回答这个问题时，会感到无尽的沉重落在他们心上。在日常生活和外在事务中，人们偶尔确实会感到持续不休的痛苦。身体疾病会持续存在。家庭生活中有永远不会愈合的伤口。我们周围有苦难，有时我们身边的人会让我们贫瘠的欢乐之杯蒙上酸涩。如果你对每早晚浇下来的持久痛苦视而不见或无心在乎，那么你就非常缺乏爱心。

---

[30] 凯波尔此处引用了《海德堡要理问答》第 37 问答的上半部分答案。

然而，不是每个人都遇到过这种痛苦，也没有多少人经历过这种时常的伤痛。但是，这里需要补充的是，像保罗这样的人所经历的时常伤痛，乃更高、更高贵、更深入。作为上帝的儿女，保罗所诉说的时常伤痛关系到他的同胞，那些叛逆的以色列人。它触及其他人深深背道的行为。这就是为什么要问以下这个关键问题：你对他人的痛苦感触有多深？你是否因罪而经历过苦难？你是否因自己的罪而感受过痛苦？你是否因你周围的公义被抹除而痛苦？你灵魂会为不敬虔者的过犯哀伤吗？你知道那些挣扎之人的痛苦吗？你有没有感觉到自己必须圣洁，却一次次地因你的自私、骄傲和不洁的态度而激动？你是否经历到因知道别人在受苦而有的痛苦？那些生病的人和悲伤的人呢？那些需要忍受从人来的苦难而蒙羞的人呢？你有否为上帝的教会或耶路撒冷城墙后的痛苦而哭过？上帝子民的可悲状况会使你在心里哭泣吗？

　　你的回答是什么？你很羞愧，对不对？所有上帝的儿女都感到羞愧，因为我们一直这样硬心且无情，这般可悲麻木，似是铁石心肠。你还在奇怪我们很少向天上的上帝祷告和祈求吗？要不住地祷告！除非首先有时常伤痛的经历，否则就不会有这等祷告！

第77篇
我必从我口中把你吐出去

你既如温水，也不冷也不热，所以我必从我口中把你吐出去。

《启示录》三16

圣经论到了半心半意之人的可怕事情。上帝在怒气中向不敬虔的人发愤恨。祂向法利赛人宣告诅咒。但是，对上帝来说，半心半意、不冷不热、晃晃悠悠的基督徒令祂如此厌恶、无法忍受，以至于祂在《启示录》中说："你这个如温水又半心半意的人，我必从我口中把你吐出去！"

在圣经中，正是同一位上帝言及祂那深不可测的怜悯和无法测度的深深安慰。祂向我们启示，祂使不敬虔的人得称为义。祂是像父亲一样跑来迎接浪子、拥他进入祂怜悯怀抱的上帝。"你们的罪虽像朱红，但不要害怕，我必使你们变得雪白。即便你们的心如大理石般冰冷刚硬，也不要绝望，因我要把你们聚集起来，像母鸡聚集小鸡一样，隐庇你们在我翅膀底下。我只要求你们一件事：不要半心半意。不要既回答'是'，又说'不是'。不要在我面前显出如温水一般。"因为如果你这样，上帝就以自己的名起誓，祂要把你从嘴里吐出来。

这是可怕的，不是吗？上帝这样说真是可怕。可怕的是，祂既不能，也不会有其他态度。但更可怕的是，这个世界，尤其在永生上帝的教会中，充满了这些如温水又半心半意的人。最可怕的是，数以千计这样半心半意的人就是在读圣经的人，他们在其中读到谴责自己的话："你既如温水，所以我必从我口中把你吐出去！"他们仔细读过并思考，却以为："这对我没有影响！"

然而，这肯定会影响到你！温水般的状态所带来的诅咒极具腐蚀性，以至于温水般的人都太如温水了，太木然了，甚至无法感受到这样一个词在他们心中的影响。一切影响都只是从半心半意的人身上滑落而已。他们的灵魂就像一个没有犁头的犁，被拖着走在土块之间，却没有在田间留下犁沟。圣经的话语溅到他们灵魂上，却像一滴滴的水一样顺着光滑的表面滚下来。即使在临终之时，他们可能都会读到，或让别人读这些话给他们听："你既如温水，所以我必从我口中把你吐出去。" 可是，这话仍然不会留在他们残缺的心上，他们也没有意识到自己就是那如温水的人。这种情况会永远持续下去，至少一直到上帝成就祂圣言中所说的，真实地在祂自己神圣的不齿和厌恶中，把他们从口中吐出来。

这会有什么不同吗？他们是教会里半心半意的会友。他们希望被视为会友，被视为信教的人，却并非严格虔诚的那种。他们确实做出了一些贡献。他们非常反对彻底的现代主义者。然而，若是论到爱上帝，为主的工作充满热情，呼喊"主啊，开恩怜悯我这个罪人"，那么他们永远不会如此。他们可能会跟唱一些赞美诗，但这只是与流经他们生命的其他事物一样，一同随波逐流。他们这些半心半意的人很聪明，非常小心，避免行事片面，天生厌恶任何极端的事情。

那么，如果你在上帝的位置，会怎么做？你难道会认为"这些互相说好话又和气的人还是有某些非常可爱的方面，那种外表的爱我觉得也挺可爱"？不，我告诉你吧！你应该把他们推开，把他们推到一边，然后说道："对你的上帝，你必须要进行选择：要么全部，要么无有！"

如果一个母亲的孩子跟每个陌生人都很熟络，那么她绝不会在家里心态平和，冷眼旁观。如果一个儿子对他父亲徒有外在尊重，那么这父亲不会只是听之任之。"我儿，将你的心归我！" 每个父亲都应如此对待儿子。如果他并非满足于此，那他就不配有那颗为父之心。上帝也是如此。因为祂是真神，祂若没有遇见炙热的爱，像火闪闪发光的爱，有活力的爱，祂不会罢休。

人也可能会对上帝冷淡。冷淡是一种人用以抵挡主的力量。这相当于用脚踢刺。但是，曾经如石头般冷淡的心，现在可以因回应上帝而开始涌出强有力的暖意。看哪，妓女和税吏倒比你们先进入天国。然而，如温水一般就是根本没有任何举动。这就像沼泽，如同没有微风拂过的池塘。这乃是无限的沾沾自喜。"上帝当然是我的天父，我诚然爱祂！"这种说法，上帝都不屑诅咒。祂再也不会为此生气了，只是会把它从嘴里吐出来。

在我们美好的国家荷兰，那些承认耶稣之名的人需要清楚听见这些令人惊恐的话语。荷兰的特点与老底嘉教会有着可怕的相似性！同样的泰然自若，同样的谨慎，同样的小心狡诈；这看起来总是很动人，但不是太强烈，也总是在路中间悄悄蜕变。我们这群可怜之人的本性就赤裸裸地曝光在这一切之下。特别是在国家的中部地区，显出了与老底嘉教会同样的罪行。

人们总是要先仔细考虑一下。这些思考首先必须先经历冬夏，沉淀一段时间。然后，如果它看起来不错，也很少会有一个强力且响亮的响应说"是的"，那么通常都是带着冷笑，答案则介于"是"和"不是"之间。

这种泰然自若，又不断呼吁在属灵事务上不要"走得太过"的态度就是我们国家民族的罪。这种罪恶在花未绽放之前就将花蕾杀死了。这种罪使我们丧失了本来可能会成为祝福的东西，使许多村庄和小城市在一年又一年中多半在沉睡，仿佛生活在一个幻想的世界里。这表明人缺乏意志力。人的意志也不能再承担更多了。

人们确实想做决定，但他们的决定却无效果。他们一无所成。只要良知仍然与这状态交战，那么这就是冒犯人的、被抵制的行为。但是，连这良知的声音也要消失了。最后，良知不再刺痛，就变钝了。接着，最糟糕的事情就发生了。人们变得半心半意。这种温水般的状态会获得赞许，甚至被视为一种美德，被称为人类最伟大的智慧。人不再提说上帝圣言的明确见证，却提说另一个见证："哦，但愿你只是如温水而已！但是因为你很热心，我要把你从我社交圈子里吐出去！"

敢于持守明确态度的人，就被称为"法利赛人"。每一个如温水一般的人只是晃晃悠悠，现在在世上却已经位列智者行列了。尤其是在那些拥有许多物质财富的人中，你会发现有成群如温水的基督徒。可悲的是，为什么在那些承认主名的改革宗百姓中也有他们的身影？他们藏在哪里？他们就在那里，跟人们一起说话、唱歌、祷告。论到他们，你可能会说："他们的心一定在热情跳动！"但是，当涉及舍弃肉体、凭着上帝温柔的慈爱去爱上帝时，他们在灵魂深处却如温水一般——可怕地不冷不热。主啊，求祢特别向这些温水般的人施行你可怕的审判，直达其灵与魂最深的合一之处。他们应受如此严厉的谴责！

第78篇
基连哈朴

> 他也有三个女儿……三女叫基连哈朴。在那全地的妇女中，找不着像约伯的女儿那样美貌。
>
> 《约伯记》四十二13-15

无论是过去还是现在，约伯一直是个神秘人物。全能的上帝借他让撒但闭嘴，并让他那些在信仰上百事通的朋友们，都满面羞愧地打道回府了。上帝也用约伯来安慰自己所亲爱的儿女，祂的安慰并非用缠绵的情感，而是用充满活力且敬虔的慰藉。凡读过这本宏伟的《约伯记》的人，都能感觉到与上帝更近了。如果他们感到自己灵魂里满了苦恼和痛苦，那么尤其会有此感受。他们感觉与上帝更近了，就是因为《约伯记》如此人性化。它蔑视任何夸大灵性的行径，以在灵性上被压迫、挣扎之人的真实状态接纳他们。约伯的话如此安慰我们的秘诀在于，他完全说出了自己的想法。他的虔诚并非肤浅，而是简单又真实。他对上帝毫无保留。你看到的他，就是他真实的样子。他不来到上帝面前不会罢休，因为上帝是他一切满足的来源，他能向祂倾诉自己的一切需要和愿望。

要特别注意这一点。约伯曾有孩子，其中也有女儿。如果她们外貌美丽，毫无疑问，他岂不会特别欢喜吗？每一个父亲都如此，你也可以自然补充道，每一个母亲亦然。昔日东方世界的父母如此，今天西方世界的我们亦然。当我们从上帝手中得到一个美丽的孩子，特别是女孩的时候，我们会视之为特别的祝福。

请注意，令约伯伤心失望的，包括他失去了他所亲爱的孩子。他再也看不到他所有友善、活泼、美丽的孩子们了。唉，他必是经历过何等的痛苦！这些孩子是他眼中的喜悦，是他心里满溢的丰富。但是，当他幸福的家庭生活崩塌时，这一切都被彻底冲走了。人们却如此肤浅地对待这些祝福。你要想想，约伯坐在炉灰中苦恼和痛苦时，假使那些宝贵的孩子中有一个可以走向他，即便是在远处呼唤他"哦，亲爱又亲爱的父亲啊，你的痛苦何等难以忍受"，那么这对约伯来说会有多大的意义啊！单单是孩子眼里的一滴眼泪，都会是舒缓他受伤之心的药膏。这比他朋友们一切误导人的安慰更有效。

你看看这一切是如何结束的。看看这个谜题的谜底：当约伯回归时，一切都改变了。那我们看到了什么？耶和华能使约伯灵里再次兴盛起来吗？当然，而且不止如此。祂还赐他恩典和荣耀。约伯不仅在属灵方面得到恩典，而且也得到了尊荣和物质财富的荣耀。

哪方面的财富呢？在字面意义上，这是人心能渴望的所有财富。在这方面，约伯又得到拥有孩子的财富。他有了七个儿子和三个女儿。他们并非普通的女儿，而是异乎寻常美丽的女儿。她们是全地最美丽的女孩。这就是上帝所赐的财富！我们可以说："如果她们不敬虔，那么上帝赐给约伯的女儿是否美丽又有什么关系呢？"但耶和华上帝回应："不，虽然上述一切都是真话，但是她们的美丽也是荣耀的来源。拥有美丽的女儿是父母荣耀的源泉。我也要以荣耀披戴我的仆人约伯！"

事实上，如此强调她们的美丽，我们想当然以为这些女孩的美丽不单是典型的童年孩子的美。她们没有因长大成熟而不再美丽！不，她们的美丽只有在成为成熟女人的时候才会绽放。在全地，没有一个妇女像约伯的这几个女儿一样美丽。此外，她们的美丽还体现于她们整个生命的和谐。这从她们的名字得以透露。"耶米玛"传达的意思是美丽像鸽子。"基洗亚"表达出美丽像精致的香水。"基连哈朴"却表达了她们众人中至大之美。这美以其魅力和无尽的仁慈胜过他人。

在我们今天的基督教世界里，对基连哈朴的赞美似乎不得其所。我担心那些了解这美可能会造成伤害的父母，几乎永远不去祷告得到一个"美丽的孩子"。他们当然不敢祷告求样貌秀美的女儿了！他们的祷告更有可能会是："主啊，请不要让我的小女儿有外在的样貌秀美。这对她里面以祢奇妙恩典所装饰的灵魂而言，可能只会带来无法弥补的损害。"这样确有恰当的理由。每个属灵的观察者都会证明的事实，就是被忽视的利亚常常会先于拉结进入天国。被耶稣十字架的属灵之美所吸引的人，主要不是基连哈朴们，而是那些在外在美上觉得不足的人。

这当然会有例外。确实有一些披戴美丽和优雅的女孩们，为了避免忽略上帝，她们恨恶且抵制外貌的虚荣。然而，她们只是例外。此外，要解开并切断她们生活中虚荣之绳索则需要巨大的恩典。可是谁会心中感激这恩呢？一个永远不让自己被人爱慕的美丽女人，除了对主的爱慕，永远不被任何东西感动；这乃是神圣恩典的非凡榜样。处于被偶像化的位置上，却在你眼中并无别神，唯独上帝自己，这需要极大的努力。

大多数情况下，这些可怜的基连哈朴们都会无法承受这种势不可挡的诱惑。虚荣会胜过他们，自我中心会掌权。她们会忘记灵魂，专注于身体。公义之袍会被最新时尚的浮华所取代。烦扰她们的，并非罪恶对心的腐蚀，而是她们衰老且有瑕疵的皮肤。更糟糕的是生活在底层社会的基连哈朴们。只有上帝知道有多少美丽的女孩生活在贫穷父母的家里。当她们失去美貌时，她们会经历何等的残忍与耻辱。这真是可怕！你看看一个普通、没有吸引力的女孩，她的声音甚至可能都不那么动人。她却以自己的声音静静地唱诗篇赞美上帝。美貌诚然更像是个诅咒，反而非常普通、不引人注意的外表是上帝的更大祝福。你们这些父母们，不觉得如此吗？

古往今来皆是如此！拿玛被认为是人的儿子所生的第一位美女（创四22）。[31] 她是拉麦和洗拉所生的。她的兄弟是雅八和土八该隐。这是不敬虔的一代人。在我们自己的时代，事情越来越像那个年代了。对解放的强调尤其让美丽的女人着迷。上帝并没有阻止这趋势演变为灾难性的诅咒。在我们这个时代，

---

[31] 凯波尔的判断是基于这名字的含义："愉快、甜蜜、可喜"。

所有生活都翻转过来；美丽的女人在自然和艺术领域都被偶像化了。特别是在我们这个时代，一个年轻女性会日思夜想跟上各季节衣服潮流的变化。这简直是一场席卷一切的大风暴。凡是美丽和受欢迎的人，都很容易受到这种可怕危险的伤害。

然而，还存在另一种选择。即使是基连哈朴们也能寻得耶稣，只要她们不在让人害怕的事上卖弄风情就好。只要她们相信"我永远不能靠自己做到"，并且无依无靠地把自己投入耶稣的怀里以蒙拯救。尤其是只要她们蒙保守，并且与可能发生的最糟糕之事斗争；这糟糕之事就是把崇拜自己与崇拜主混在一起。

父母们首先要带着非常特别的爱去爱你的女儿们。愿上帝保守你不要把她们当成满足父母虚荣心的小玩偶，要确保你永远不会以衣服或化妆品来煽动她们的恶。你帮助她们逃离那恶者，要引导她们从外在进到内在，即从他们灵魂宝藏中散发出更崇高、更圣洁的美。

第79篇
天天侍奉

> 凡祭司天天站着侍奉上帝……但基督献了一次永远的赎罪祭,就在上帝的右边坐下了。
>
> 《希伯来书》十11-12

你还在救赎主外面吗?或者已在祂里面了?对我们这些属灵存有来说,这有巨大的差别。此处,"外面"并不是指不敬虔的人,就是那些因盲目而继续诅咒上帝的荣耀圣子的人。"外面"也并非指那些真实在寻找却尚未找到的人。不,我在此所说的只是真正归信的人。我想到的是上帝的儿女;他们不仅是永恒的选民,而且是借着归信及时成了选民。这些人已经真实地出死入生,从黑暗的国度被迁到上帝儿子的国度里。

我必须坦言,在归信的人中,还分为那些仍然在那担保者之外的人,和那些已经嫁接到那担保者里面的人。这并不表示存在误解。上帝创世之先,就借着祂拣选恩典的旨意,使祂的每一个儿女与中保(祂的儿子)联合;这是确定无疑的。同样肯定的是,在他们的实际转变过程中,也就是在他们体验到一种深深幸福感的时候,他们实际上就因着上帝的举动,作为枝子被嫁接到了葡萄树上。但是，这是一切的关键，正如他们不知道在永恒拣选中，自己何时与上帝的儿子联合；他们作为枝子被嫁接到葡萄树上的举动，也几乎总是在他们未意识到时就发生了。

这一切都使得第三次的体验成为必要，正如自然生活领域中所发生的一样。在自然生活中，首先发生的是上帝的行为，祂决定把我们赐给我们的父母。然后是第二个行为，我们出生的那一刻，就是我们父母得到上帝所指定给他们的孩子的时刻。但是，只有第三个事件发生才能完成这幅图画。上帝所指定并给予他们的孩子，在长大之后，必须最终认识到自己乃是父母的孩子。然后，借此认知，他们作为父母的孩子，就能跟他们的父母交心畅谈。

属灵层面也是如此。第一件事是上帝在永恒中的作为；藉此，上帝把某个选民赐予圣子。第二件事是上帝在时间中的行为，借此上帝使灵魂归信，并吸引他们，将很多个体带到救主面前。（"若不是差我来的父吸引人，就没有能到我这里来的。"）随后还有第三件事。它发生在灵魂内。在此，所赐给基督的人就知道他们乃属圣子。他们清楚地知道自己在基督里面。

在上帝归信的儿女中，这两种状况的差别，好像以色列中的圣徒和新约时期圣徒的差别。前者当中的属灵前辈们绝非未归信之人。他们不再寻找了，已经确定找到了！"亚伯拉罕欢欢喜喜地仰望我的日子，既看见了，就快乐。"我们绝非把以色列圣徒放在比我们更低的平面上，而是乐意承认，在对他们而言可能的范围内，他们中最杰出的信心英雄也是蒙上帝赐予了特殊的恩典。借此恩典，他们深饮了自己在弥赛亚里所得的救恩和荣耀的欢欣。

然而，以色列上帝的众儿女所共有的情况，就是他们缺少我们现在所有的。当然，他们有应许。可是，他们还没有得到所应许的，所以若没有我们，他们就永远不会成为完全。正是这一点解释了今日上帝的每一个儿女里面仍然有的矛盾状况。他们已被带到救主里面，但还没有清楚意识到自己已经被嫁接到他们的元首和主里面。他们尚未在个人、属灵层面上亲身经历到这点。在这方面，他们灵魂里最多注意到的，是他们是否"天天站着侍奉上帝"，而不是他们是否已经"与坐在上帝右边的耶稣同坐"。使徒说，在以色列中，天天都有一位祭司站着侍奉上帝。然而，基督献了一次而永远的赎罪祭，就永远安息，在上帝荣耀的右边坐下了。我们并非在此谈论因行为称义，因为那里天天站着侍奉上帝的乃是至高者的祭司。祂日复一日地按照上帝的典章行事。我们中间那些天天站着侍奉上帝的人，上帝已使其成为祭司和女祭司。我们作为百姓，是被指示并被接纳去侍奉主我们的上帝。

看，这与被吸引到耶稣面前的上帝儿女的情况完全一致。在上帝使他们与祂永远联合的那一刻，他们就向自己死了。可是，他们尚未感到与被嫁接到救主里面相关的蒙福之乐和神圣平安的曙光。这种意识尚未在他们灵魂中留下印记。

几乎所有上帝的儿女在归信后，都会立即发现自己处于这样的境况中。我承认这也有例外。有极少数人会立即体验到此事的全貌。耶和华上帝完全可以自由行使祂的权柄。然而，祂的某一种做事方式永远不应被视为祂所有做事方式的标准。不同寻常的属灵经验极其罕见；特别是在我们自己的时代里，一定要视它们为极其稀少。显然，绝大多数上帝的儿女都会发现，他们在归信后不久，就进入一个有不满且失望的阶段。只有当我们开始超越这阶段时，爱才会开始进入我们的心。更确切地说，人或许会说，虽然有一种完全的平安伴随着在归信时所感受到的爱，但它会冷却，随之而来的是一种沮丧感。有这种更精确的状态区别之后，我们不能就此止步。这里的重点是，人们第一次与耶稣联结时，其实并没有真正有意识地体验到，自己已经被嫁接到耶稣里面。人只有在此之后，才会在自己灵魂中有意识地觉察，被嫁接到主里面实则是何等温柔和有福。

然后，人们回想时就会感受到其中的差异。他们承认，在过去的第一阶段，他们那时诚然也是祭司，在祂的殿中侍奉，并且回应了祂的声音。他们也承认，当那样做时，他们尚未得到那蒙福、有荣光的平安。他们仍然在精疲力尽地站着侍奉。那是日复一日地站着侍奉，是天天站着侍奉，反复献着同样的祭物，而那些祭物将永远无法赎罪。也就是说，这与基督公教的做法相同，他们希望通过我们所做的事情，使基督的献祭每天都有效；无论是人痛悔的行为、奉献的行为或祈求的行为，皆是如此。他们需要认识到基督的牺牲已成就了。可是，人必须意识到基督的牺牲。这就是我需要参与之处。上帝需要我做些事情。在这里，我需要做很多事情。我每天都需要再次承认："上帝啊，我犯了罪！"我每天都需要再次重复："上帝啊，我想舍己！"我每天需要再次呼求："上帝啊，求祢不要将我的罪归到我身上。"因此，我心里苦恼，像山上的牝鹿，总在被追捕，此生还没有得到永恒的安息。只要主神喜悦带领我们走过深处，所有这一切都将持续，之后祂才会使我们的心意识到自己已经被嫁接到基督里面这个事实。然后，我们意识到自己已经被接入祂里面，也会拥有永恒的平安，并会在我们的上帝面前欢庆。我们会到达一种完全不同的境地。

因为现在老我已经消失，只剩下耶稣常存。我们整个灵魂都沉浸在耶稣里。我不再问我做了什么，而是祂做了什么。祂曾经献上一次祭物，赎罪的唯一祭性。这一次献上就完全足够。不需要再多做什么了。现在，祂带着神圣的威严坐在祂永恒的宝座上，在那里安静地等待，直到祂所有敌人都作祂的脚凳。

这里所说的关于耶稣的话，被圣灵应用到那些被接入祂里面之人的身上。这是因为借基督的一次行为，我们都成为圣洁。借这一次牺牲，祂永远使所有借着祂来到上帝面前的人得以完全。现在他们有了平安，就是在他们的主耶稣里有的美好平安。他们不再总是抗争，而是等待，直到他们一切致命的敌人都被摆在他们面前，作他们的脚凳。

这些就是那已进到帐幕之后的人。在上帝施恩座发出的荣耀光辉里，基路伯的翅膀遮蔽了他们的灵魂。可悲的是，目前只有那么少的人在他们灵魂中完全意识到这件事。这是有两种错误理解导致。其一，人们将意识到被嫁接到基督里面的条件，广泛地应用到所有归信者身上。借此，他们有意或无意地养成一种跛脚、半心半意、疲惫消极、迟钝状态，甚至反律法主义。其二，同样具有破坏性的是，人们忽视了这种有意识地认识被嫁接到基督里更深层的经历。这就解释了为什么几乎在各个领域，当前都缺乏"基督里的父亲"和"以色列的母亲"。林下灌丛尚且厚实，且在我们周围。但是，在主的百姓中，你在哪里还能找到一棵高耸、能提供美好树荫的宽阔树冠的树呢？

第80篇
但我是属乎肉体的，是已经卖给罪了[32]

我们原晓得律法是属乎灵的，但我是属乎肉体的，是已经卖给罪了。

《罗马书》七14

只要在羔羊之外依靠任何东西，你都不再拥有这除去你罪孽的羔羊。背负世人罪孽的羔羊是唯一的。祂就是一切；祂完整、慷慨、全备。凡加增更多东西的，就是拒绝了羔羊。要么选择羔羊，要么选择巴珊大力的公牛；选择项无外乎这二者。巴珊大力公牛的能力体现在它的角、厚厚的颈部肌肉以及它表现出的不可预测的力量。它吃草增加力量，变得更加强大，靠自己强大的角而活。羔羊则完全不同。它温柔、软弱、无能为力。当遇到巴珊大力的公牛时，它会颤抖。它在一个以斗殴为生的动物面前，哑口无言。面对死亡，它只能望着天。

我们在此看到两种方法，两种迥异、截然相反的方法。巴珊大力公牛的方法是要变得越来越强大，刻意在他的善良、虔诚、美德、友善和公义的方面更

---

[32] 不同寻常的是，凯波尔此处对他选择之经文的解释史增加了一个很长的脚注。他与几乎所有经典的改革宗人士争辩。他认为这段经文指的是重生之人，就像科尔布鲁格（Kohlbrugge）在反思自己个人经历及这段经文的背景时所指出的那样。科尔布鲁格是19世纪早期的一位宗教领袖，凯波尔很尊重他。我们省略了脚注的翻译。

强大，直到自己最终被他人几乎看作像天使一样。然后，他自认为自己死后，会自动身居天使所居之处。另一方面，羔羊的方法则是让自己变得越来越虚弱，越来越需要帮助，越来越无助。他断言："我的能力在软弱上显得完全！"他相信："我的恩典够你所用。"

这两种方法也产生两种不同结果。就彼此冲突而言，巴珊大力的公牛要灭亡，下地狱。可是，就个人而言，羔羊的追随者会逃脱，寻找到以诺和以利亚的道路。若想一部分以公牛的方式、一部分以羔羊的方式生活，这根本行不通。然而，这似乎是我们与生俱来的倾向，就是我们奸诈的心所要的。

因着渴望十字架的好处，以及从赎罪的牺牲得利，我们不把羔羊放在生命中的首位。反而事情就像曾经已经发生的一样。我曾经就是这样一个罪人，现在救赎主帮助我脱离了曾经的罪恶。从现在开始，我已经痊愈了，我的生活不需要医生了。我很健康，力量又回来了。你看看我的角就明白了，看看它们是怎样长回来的。我已经变得如此圣洁且虔诚，比其他人更好。我意识到自己几乎不再犯罪。还能使我受益的是，一个能启发我圣洁的人。我不再需要任何让我感到内疚的人。那些心中认识到自己何等不敬虔的人需要公义的榜样，而我不再需要它。人们就是这样彼此谈论。欺骗的心就是这样看自己。多么巨大的属灵背叛之泉啊！这就是为什么人们从不说十字架的坏话，却只把自己置于前台和中心。

然而，还有另一类型的人。他们并非更好、更体面，也并非更圣洁，而是与这些都无关。可是，他们内在发生了一些变化。他们在自己的关系中经历了痛苦。他们在德行的成长上无法取得进步。他们越来越沮丧，愈发对自己失望。他们觉得自己像没有钱的欠债者，面临越来越多的债务。他们完全沮丧，感到极其悲惨且不敬虔。这并非是他们受了很大的欺骗；不，不是如此！他们有此感觉反而是因为他们以前没有看到的，现在却被照得明亮、可以看见的事物。早前，他们不懂得。现在，他们知道了。这就是为什么他们会在自己灵魂中呼喊。他们经历到心碎，他们的灵也被压伤。

后来，他们慈悲的天父给他们看了一些事物。是什么呢？祂把羔羊指给他们看。上帝的圣洁羔羊，除去世人罪孽的羔羊。上帝问他们："你们虽然不敬虔，却想成为那正被完全称义、成圣、得赎的人吗？"他们从心的深处回答："主啊！求祢为祢名的缘故。"这个回应——"主啊！求祢为祢名的缘故"——是他们信心的呼喊。

那时，他们在羔羊里面得到了什么呢？一切！在羔羊里面，他们可以自由地亲近上帝。在羔羊里，他们站在上帝面前，好像从未犯过罪，仿佛他们自己已经行了基督为他们所行的一切。这在什么时候发生呢？他们是在什么时候获得了这上好的福分呢？不是前一刻，也并非后一时，乃是他们首次承认"我完全不敬虔，我是一个彻头彻尾的麻风病人"的确切瞬间。当他们哭喊："主啊，我觉得自己完全不敬虔。"上帝所赐的确信随即来到，说："因此，你得以称义了！"在羔羊里，现在如此，将来也如此！

你觉得自己完全不敬虔吗？与上帝隔绝吗？充满伤痕和破碎吗？那么，你已经完全地、荣耀地、全备地拥抱了羔羊。相反，你觉得自己在许多方面都很好，只不过不是所有方面吗？那么，你的救主不在身旁，羔羊不在你身边支持你，而且十字架并未给你深深的神圣安慰。

对于那些经历过前种现实、觉得被奴役、在主面前颤抖，却看见羔羊并相信之人来说，情况并非如此。他们一生一直都在与悲惨的心、妥协的灵魂和不敬虔的自我做斗争。他们之所以面对这些，是因为那在灵里按照圣子形像重生和更新他们的奇妙之工。尽管他们在自己身上找不到任何无瑕疵的美德或圣洁的来源，这工仍然发生了。即使是他们最好的善工，也一次次被证明都是"总被罪孽玷污的"。他们的罪恶只会增加。

随着其他人告诉他们："你有点不对劲。如果你真的是上帝的孩子，那么你现在会觉得自己毫无斑点或瑕疵！"然后，这种意见就像一场风暴一样肆虐他们的灵魂。那是因为他们心里渴望成为上帝的儿女。可是，根据其他人的意见，他们不是。所以，他们处在恐惧和不安中。他们问："我的上帝，我是否永远失丧了？"

这种情况会继续下去，直到他们再次遇到上帝的圣言为止。上帝虔诚的儿女或使徒会呼喊："但我是属乎肉体的，是已经卖给罪了。""我真是苦啊！谁能救我脱离呢？"于是，事情又变好了。风暴在他们灵魂里退去。他们的上帝再次亲切安慰他们。保罗甚至说:"我真是苦啊!我仍然被困在肉体里,卖给罪了!" 这就是他们在灵魂中所经历的,但这也是他们再次欢喜之时。结果就是,他们得与使徒一起庆祝,说:"我借着耶稣基督感谢上帝,我的主!"

第81篇
叫荣耀住在我们的地上

祂的救恩诚然与敬畏祂的人相近，叫荣耀住在我们的地上。

《诗篇》八十五9[33]

选民是唯一重要的人吗？难道其他人不重要吗？上帝圣言的事工只是针对某些将得永恒的灵魂吗？难道教会在地上除了唤醒那些被上帝圣言所呼召之人的信心，就没有别的呼召了吗？我们不应该关心接触大众吗？国家和社会岂不重要吗？只要身为小溪的教会保持纯洁并在它的两畔之间细流，那么我们周围的所多玛和蛾摩拉将会如何，就无关紧要了吗？

诗人对此呼喊："不，根本不是。事情根本不是这样，根本不是。当然，这也是图景的一部分，但它不是问题的核心。归根结底，上帝得祂的荣耀，人又敬畏祂，这是万代常存的真理。"你不能把选民推到前景。拣选的上帝在前景，且祂将永远在那里。祂是荣耀的、全能的、永活的上帝，是一切美善的泉源。无论是自然界还是恩典的范畴，祂是一切生命的源泉。

只有选民得好处，非选民得不到，你认为这就够了吗？若是如此，你就会

---

[33] 荷文圣经中为《诗篇》八十五 10。

拦阻上帝接受祂所当得的荣耀。接着，你会一点也不关心上帝子民圈子之外发生的事情。但是，如果你重获正确的眼光，看到选民的重要性乃为从属性的，那么你会更关注周围的一切。你也会再次认识到上帝超越一切，祂名之尊荣乃是衡量万物的唯一尺度。以自我为中心的想法也会自动消失。

主借玛拉基说："如果我是天父，我当得的尊荣在哪里？如果我是上帝，我在哪里被敬畏呢？有哪一个父亲不受他孩子丑行的影响呢？他的好名声不是被他们糟糕的行径抹黑吗？当这边的国家、那边的一群人举止像动物，带来巨大的破坏时，全能的上帝怎么会漠不关心地旁观呢？他们是祂所有被造物中最杰出的，但他们正在贬低自己的杰出之处！"

上帝永远活着、掌权。祂每时每刻都是全能的上帝。祂造了每一个部落、城市、村庄、家庭和个人。祂不仅创造，也维持它们，并允许它们继续靠着祂大能的圣言而活。唯独祂是慷慨、施恩、眷顾人的上帝。祂养活和维持每个城市和村庄。祂让玉米在田间生长，借法律来保护百姓，并借祂圣言的宣讲而将恩典临到他们。

那么，只要主的子民过得好，至于事情如何进展、发生了什么、盛行的是尊荣还是丑闻，这些事情对这样的上帝来说，真的重要吗？不，我告诉你，这是次序颠倒了。这相当于说上帝是为选民而存在；而事实上，祂的圣言明确且坚定地教导我们，选民和祂其他一切被造物都只是为祂而存在。

其他一切被造物，特别是所有民族和国家、一切城市与大小村庄，祂使它们存在并维持它们的存在，这都朝向一个目的。不仅是未来的目的，而且是现在的目的。这是今天的目的，是我们所生活的目的。除了借这一切城镇和村庄使耶和华上帝得荣耀，还会有什么其他目的呢？

如果你注意力只集中在选民身上，那么你必定会错过在整个世界中正在进行的生活，而且整个世界对圣言的宣讲来说就不是必需的。一旦被圣言的宣讲所影响，那些回应之人的灵魂与祂的关系就永远不会结束；祂乃是他们的救恩之泉。世上一切宝藏、丰富生命、自然美景和人类的一切发展，依然存在。这一切对主来说都很重要。这些并非不敬虔之人在吃最后一餐、去往地狱之前娱乐自己的简单玩偶。金银、艺术和科学生活的丰富，这一切都是上帝所赐的财富。上帝创造了这一切，而这一切也都属于祂。祂配得这一切。在上帝之外看待这一切丰富、丰满、光辉的现实，就是以贫瘠的角度看待祂的身份。

不，这是同一位上帝，祂曾特别关注尼尼微，那拥有众多人口和牲畜的巨大城市。同一位上帝仍然拥有世界，因为祂塑造了这一切。祂拥有它，因为祂托住它。祂管理它，因为祂决定了它的命运。对每个国家和地区、每个民族和国家、每个城市和村庄、每个村寨、每个邻里和定居之人来说，祂都是同一位上帝。即使在最偏远之地，无一佃户能孤立地生活于此，以至于这圣洁、荣耀的上帝并未从那片土地和生活在那里的人身上得到祂的荣耀。

事情都需要以恰当的方式去行。光要照在黑暗里。人们需要适当的秩序和条件来管理人类习俗。生命的钟表必须每天按照上帝的命令运行，并且每天晚上都必须借着祷告和认罪来正确地拨回。

大怒在每个家庭里喷涌。罪恶在每个村庄里翻腾。不义在每个城市里迸发，并达到顶峰。人们日常生活的血液里流淌着不敬虔。然而在这些情况下，上帝的荣耀会彰显出来。祂的名限制了这些怒气，遏制了这些罪恶，约束了不公，并且控制住了不敬虔。房子里的人们再次聚集起来，村子里的事情得以控制，公义在那城里得以执行，国家制定了良好的法律；这些都彰显了上帝的荣耀。这归功给祂，祂巩固了自己的权利，并表明上帝战胜了邪恶的撒但。最重要的是，在祂日夜赐福城市和乡村中，人们感谢祂的伟大怜悯，这尤其彰显了祂的荣耀。

这就是每个父亲所需要的，在自己家中看待事物的方式。他不应该只问他孩子如何才能归信上帝。最重要的是，他要问整个家庭应如何将荣耀归给上帝。作为家里的掌权者，他需要跟大卫一起说："我要存完全的心行在我家中。行诡诈的，必不得住在我家里。弯曲的心思，我必远离，一切的恶人，我不认识。"

这就是为何每个城市和城镇的市长与镇长，必须积极地与一切不公义为敌，根除一切不虔诚的行为。私人家庭却不是他的责任范围。在家里，父亲是负责人。但是，在街道上，对于所有公共事物，市长和镇长们必须争取上帝的荣耀。无论法律是否要求，他都必须这样做。全能的上帝必让他将本城本镇的荣耀归给祂。在公共生活中一切的醉酒、不诚实、淫荡、诽谤、苦毒、恶怒，必须由他来除掉，否则他要为此负责。君王同样站在上帝面前。父亲蒙召在家里做的，市长和镇长蒙召在城市或城镇里做的，上帝也要求君王们向整个国家和所有人民如此去行。他是上帝的使者,上帝所指定的仆人,来保证上帝在他的国家得尊荣,并且荣耀从他子民的心中归于永活的上帝。

  这就是圣经的话语所教导我们的,就是改教者所清晰了解的,也是所有改革宗民众仍然铭记在心的。这就是我们不能容忍我们祖国或其人民在此事上妥协的原因。如果这只是关乎我们自己而已,我们尚可妥协。但因为这关乎上帝的尊荣,我们绝不能妥协!

第82篇
如同羊羔进入狼群

你们去吧！我差你们出去，如同羊羔进入狼群。《路加福音》十3

羔羊何时喜欢四处游荡呢？它们何时会无视牧羊人反复的呼喊，甚至偏离至离牧羊人更远的地方呢？读者啊，在没有任何危险的迹象时，它们就会如此行。但是，只要让它们嗅到一丝危险，意识到麻烦，让它们透过岩石的裂缝看到狼的眼睛盯着它们，那么牧羊人就不必呼唤它们或吹响他的号角，羔羊那时就会从四面八方奔向他。它们会围着他，几乎把他推倒。我们面向我们的牧者时有何不同吗？当狼在我们面前出现时，我们就慌忙奔向耶稣。当狼在盯着猎物时，我们恐惧地围绕在祂周围。这不就是在我们主的教会里，重复上演的故事吗？

基督徒们在最初被逼迫的那些年中逃到耶稣那里。那是在尼禄作恶发狂的日子，那些乌合之众唱着："基督徒喝血！"他们又听到另一个老调说："基督的小羔羊正在被西班牙的狼宰杀！"那时，他们再次逃到祂那里。[34] 他们紧紧围绕着耶稣，藏在祂温柔之爱的羽翼之下。他们恳求："主啊，求祢保护我们，否则我们就要灭亡了！"祂保护了他们之后，狼就逃之夭夭了，但是他们没有

---

[34] 此处指16世纪西班牙针对低地新教徒所开设的宗教裁判所。

感谢祂，又继续四处游荡，很快就忘记了我们灵魂中奇妙又无价的宝贵牧者。

你的灵魂呢？难道它不明白我在说什么吗？耶书仑变胖，他的灵魂就枯萎了。然而，当有人向我们呲牙咧嘴，受惊的人就会逃到主那里。我们可能会提出稍有批判的问题，说："那么，为什么主要试探我们呢？"更恰当地说，因为上帝不试探任何人，那上帝为什么要打发那试探者到我们这里来呢？答案似乎并非总是显而易见。祂如此行是为了迫使你回到祂身边。祂如此行是为了让你靠近祂。祂如此行是为了让你再次真实地感受到：住在至高者隐密处的，必住在全能者的荫下！

通常牧羊人不都是借牧羊犬的帮助做他的工作吗？对羔羊来说，牧羊犬实际上不就是牧羊人完全控制下的一匹狼吗？一只羔羊面对狗的凶牙利齿时，就像面对狼的血盆大口一样，吓得要死。当狗向它跑来时，你看看那只可怜的小动物会如何极其震惊且恐惧地立即逃离。羊羔真的会跑开。如果牧羊人可以有一只狼，只是像狗一样轻轻地啃咬，却不撕咬，在他吹哨声时会退后，那这狼会比狗还要好。那么，牧羊人就不会挑狗了。在让他的羊靠近自己这事上，狼比狗做得更好。然而，这无法实施。在田野里，牧羊人无法控制狼。他的小羔羊会被拖走，他的羊群会被杀害。这就是为什么牧羊人不会等到狼接近才行动。他挑选一个介于两者之间的动物，一种取代狼的动物。他选择了一只狗。

耶和华上帝比田野里的牧羊人更强大。撒但是上帝所用的狼。牠从起初是杀人的。牠贪恋羊羔的血。这只狼掳掠那些在耶和华上帝完全控制之下的灵魂；对此，我们可以用所能想象的最完整的方式来描述。没有上帝的旨意，这只食肉动物既不能动手，也不能扰乱任何一件事。即使牠直接站在羊羔前面，牠凶恶之口大张，若上帝不允许，牠也不能碰羊一根毫毛，更不用说刮伤羊的皮了。

对我们奇妙又大能的上帝来说，这并非一场游戏，而是严肃的工作。崇高的主完全知道，事情可以发展到什么程度。祂命定撒但可以在哪里出现，或不可以在哪里出现。每当撒但受到上帝的命令约束时，牠就像一座雕像一样立定，如同脚被钉在地上。牠软弱无力。软弱无力的羊羔自然可以自由地在牠周围蹦跳。保护它的只有从上帝而来的一句话。但是，这话罩住了它，作它的大小盾牌。

你必须明白，对这些更深层次问题的洞见并非一蹴而就。在我们灵魂里，我们首先逐渐体验到的危险是所能承受的，在信心可以抵抗的范围内。不然，我们不会遇到。我们首先学习在房子后面的池塘里漂浮一条小船。然后，在乘坐更大的船去其他地方时，我们学习怎么划船。接下来，我们逐渐能应付湍流急浪。最终我们学会哭喊："波浪要淹没我的灵魂，上帝的波浪要把我冲去了！"

这就是信心的操练。这就是在操练信心，因为正是上帝在我们里面造作信心，这使我们能够操练它。这就是我们内心的小羊羔面对狼的方式。我们并非马上得胜。主首先使用狗向我们做工。大卫在《诗篇》二十二 16 中喊道："犬类围着我，恶党环绕我。"[35] 撒但不会直接地、与我们面对面地对抗。这尚未到与天空邪恶的属灵力量争战的时刻。不，那时仍然是面对属血肉的，也就是面对其他人类。这些人渴望咬伤我们、伤害我们，但不是专要吞噬我们。这些人像躺在羊旁边的牧羊犬。在他们伤害、抓伤、打伤我们之后，又会对我们表现得很亲切，且跟我们一起栖息。

这是对我们信心的首次考验。它仍然不深，几乎不算属灵上的考验。但是，它仍然是一种信心的操练。即使是其他人对我们的苦毒，也会教导我们回到牧者那里。然后，事情进一步发展，更向前了！直到我们终于面对灵魂的狼，直接看着牠嗜血的眼睛，如同看着撒但自己的深渊。那会让人发愣！于是，羊羔几乎无法逃脱。他就扑倒在地。他全都在呼喊："耶稣啊！我的牧者！"之后，你会抓住耶稣、抱住祂，这是与牧羊犬咬你时完全不同的场景。这个时候甚至不是经历痛苦的问题，而是一个生死的问题。

灵魂的狼在脑海里筹划谋杀。牠饮醉了灵魂的血，从起初是杀人的。然而，那将要打碎撒但头的那一位就在近旁。终于，主的儿女就这样得到了平安，躺在狼的巢穴里——明显在颤抖，却得到了安慰。如果有人不完全理解这一切，问他"为什么你得如此安慰"，那么耶稣的小羔羊会热情且充满感恩地回答："因为无论生死，我的耶稣是我唯一的安慰。祂救我脱离了魔鬼的一切的权势；因此，祂保守我，若非天父允许，我的头发一根也不会掉下。"[36] 随后事情会进一步发展。最后，魔鬼通过直接在人类内部挑起战斗来反对我们。耶稣的使徒说："因我

---

[35] 在凯波尔的默想集和他所使用的荷文版圣经中为《诗篇》二十二 17。

[36] 凯波尔在此把《海德堡要理问答》第一个问答的内容摘录出来拼在一起。

们并不是与属血气的争战，乃是与那些天空属灵气的恶魔争战。"这就是他所描述的情况。那时，人心会被震撼，彻底震撼。然后，他们被筛像筛麦子一样。

这时羊羔就被送到狼群里。但是，坐在宝座上的羔羊有一切的能力。因此，他们不能被击败。主的子民啊，你要在你们灵魂的牧人里面大大壮胆。是的，你会害怕，但你真需要害怕的只有一件。你需要害怕永远不会注意到你周围的狼。如果你世上的一切似乎都很好，对你友好，那么你需要害怕。如果所有人都说你好，那么你需要害怕。问问你自己："我是否属于耶稣差遣出来的人？我是否被差遣如羊羔进入狼中间？"如果你不是，那么你真的需要颤抖！

第83篇
上帝为爱祂的人所预备的

> 上帝为爱祂的人所预备的，是眼睛未曾看见，耳朵未曾听见，人心也未曾想到的。
>
> 《哥林多前书》二9

如果可以的话，我假设你已经因真信心被嫁接到基督里了。你最初认信："我信上帝，全能的父，创造天地的主。"你今天如何面对它呢？在你远离主的那些日子，你还能承认开头的这句话吗？你是否仍然承认全能的上帝就是万物的创造者？这就是为什么我现在要问你，在你学会认识主之后，你是否仍然相信你所信的这项内容。你不要告诉我，这应该是显而易见的。观察这么多亲爱的基督徒得出的悲惨结论让我们知道，事实并非如此。你只要想想就知道了。

如果全能的上帝是万物的创造者，那么就没有什么事物，也不可能有什么事物，并不是上帝所创造。那么，祂不仅是地球的创造者，也是地上所长树木的创造者。不仅是水，在里面游的鱼也是祂所造。不仅是人类，在他们心中灿烂闪耀着的一切能力和潜能也是祂所造。总之，祂创造了这一切。祂不仅创造了低微的、日常的、物质的东西，而且也创造了更高层次的有文化的、文雅的、高尚的事物。那么，关于你个人的一切美善事物，都需要包括在你认信所涉及的范畴之中。全能的上帝也是那些美善事物的创造者。

你相信这些！很好，阿们！但是这种相信的意识、相信的能力并实际运用这种能力来感知你所相信的事物，都来自某一个地方。这个地方就在那，确实存在，并非想象出来，而是板上钉钉的现实。这是一件好事。它反映出你里面最好的一面，是唯一能拯救你的东西。因此，就这种信心而言，你们必须承认，是全能的上帝在你里面创造了这种相信的感觉、相信的能力并在你身上运行的信心。或者说得更全面一点，祂为你创造了这些，并把它们给了你。

不论你有多难理解这点，你心里会感觉到上帝憎恨你，容易生你的气。与此完全相反的是，你设想了上帝发出爱、撒但猛烈地发出恨这样的观念。这是从哪里来的？爱或恨来自哪里呢？它们都很真实。你内在感觉到它们强大的力量。它们是触动你心的敏感事物。我再说，它们并非虚构，乃是真正的力量。因此，关于你的爱和恨，你会说："凭我自己的意志，现在未拥有它们，过去也未曾拥有。过去我不能创造它们，现在我也不能。我过去、现在都无力使它们存在于我心中。我从未让它们动起来，也不能阻止它们在我身上工作。而且在这方面，也没有其他被造物有能力做到我所做不到的"。你承认吗？你是否也承认，"唯一能使我产生这些惊人能力或使它们崩溃的力量是来自全能的上帝，是祂把它们倾注到我的生命中"？因此，你能说你对祂所有的爱都是由祂创造和给予的吗？你能说祂兴起了你对撒但的所有仇恨，并且是祂不断在你心中激起对牠的愤怒吗？

因此，你行了善工。它们是善的，并非因你省察了自己不纯的动机。它们是善的，亦非因你用神圣完美的标准来衡量。它们是善的，是因它们出于信心而非出于罪。诚然，你以罪性玷污了它们。但除此之外，它们是善的，因为当别人伤害你时，你原谅了别人，而非诅咒他们。当愉快的享受在召唤你前往，你却决定留在家里，照顾你所爱的病人时，它们是善的。当肉体想让你放松，你却约束肉体时，这就是善工。一次次有行善的力量在你里面工作。这让我问你，你对此有什么要说或要承认的。这是你的工作，还是上帝在你身上的工作？是谁在你里面作工，叫你立志，又作工呢？是造物主，还是你这个被造物呢？

谁是给予者，谁是接受者？谁是债主，谁是索要者？答案就是：全能的上帝是这一切的创造者、赐予者和索要者。你就是那受造物、接受者、负债之人。即便那些善行，也是全能的上帝要在你身上彰显出来的；祂正在你的善行中工作。在它们之中，祂是你的创造者，是你的主。

祂是怎么成就的呢？全能的上帝以信心、更好的动机和善行创造了你。祂最初是通过祂在你之外、在基督里的创造之工而做成的。祂便藉着基督在你心里创造出了这些实在。所赐给你的这些荣耀成果，是在你本性和罪恶的性情之外。这里的要点就是，不是你创造了它们，乃是祂创造了它们，而且你永远也不会想到祂已经造成了。你的耳从未听见，你的眼从未看见其中之美。不，你甚至没有为这种渴望所带来的事物而预备。那做准备、计划、创造、引入、注入、维护、赋予活力并供养的，都是全能的上帝自己！

上帝的孩子，当你承认"我信上帝，全能的父，创造天地万物的主"时，你现在明白自己到底在说什么了吗？要注意，我们自己的要理问答和其他众基督教会的教义问答都教导，创造涉及维护（maintaining）的真理。当我们承认信心乃是恩赐，无尽的爱临到我们身上，上帝是我们的拯救时，这一切并未结束。对于一个被造物来说，仅仅知道自己是被造的是不够的。它们想要知道自己将作为被造物，在每件事上、始终如一、直到永恒，都得倒供养。

亚当知道自己是一个被造物，但作为被造物他想摆脱这种对上帝的依赖。这就是他的罪。对他的诅咒由此而生。试探者轻声说："你会像上帝一样！"上帝的儿女呢？就这第二点而言，难道我们不是一直跌倒吗？上帝是我的拯救。一切自夸都是不可能的。但是，我现在已经达成了。我有信心，被爱，并以爱回应。我已经成为义。从此时开始，我要去爱，去相信。

多么苦涩的误判啊！这是严重误解了使一切存在的创造者、全能上帝的身份。当自然神论者说上帝创造了世界，但又让它自生自灭时，他们所宣扬的都是同样的虚言。就世界而言，被误导的上帝儿女内心所相信的完全是相同的事情。他们认为上帝在他们里面创造了一个更美好的世界，但现在祂要把其余的都留给他们自己任意处置。

这全然虚假！你永远要依靠，不只是直到你死为止，而是整个永恒里都如此。

全能的上帝未参与你相信中的信心，未参与你爱中的爱，未参与你工作中的能力，这种神人断开的瞬间，不管它有多快地闪过，永远都不会有。在这一切之中，祂是维护你、支持你、高举你、激励你的那一位。就像太阳从地平线上落下，地球上的光消失；如果耶和华上帝被排除在你生活之外，你灵魂中的每一束光都将消失。如果全能的上帝并未继续向你倾注，那么你心中能有一束光是完全不可能的。祂所做的乃是神迹中的神迹。

第84篇
从万古以来，祢名称为我们的救赎主

> 亚伯拉罕虽然不认识我们，以色列也不承认我们，祢却是我们的父。耶和华啊，祢是我们的父。从万古以来，祢名称为我们的救赎主。
>
> 《以赛亚书》六十三16

你要仰望耶和华你的上帝！祂能行事。祂可以让事发生，并供应你所需的一切。那些被罪恶奴役、可怜、失丧的百姓，已经在地上生活了几千年。他们呻吟、挣扎、祈祷。你并非第一个在恐惧和悲伤中挣扎或倒下的人。你也并非第一个因迫切需要而几乎不能动弹的人。如果你认为自己的苦难是日光之下的新事，那你就大错特错了。千百年来，深陷痛苦之中乃是很常见的事，今天依然如此。

你所要做的就是倾听历史的声音。然后，你肯定会听到人们因无食物而用尽全力尖叫抗议的声音。你还会听到来自平静水域微弱的低语声。在每个世纪，你听到的主要强音都会是深深的失望之声。你会听到人们因可怕的压迫而在心中发出的哭喊。他们从世界各地发出。你会听到他们寻求帮助和拯救的呼声。伊甸园里就曾如此。当挪亚、亚伯拉罕、大卫、希西家在世的时候，都是如此。

现在的情况也是如此。你自己的眼泪常常流到你的唇边。它们传达了令人震惊的事情，但也只是记录下令人沮丧的现实而已。它们证明了这地上的生命都只是一场挣扎，证明了我们的心是罪恶的，证明了那纯粹、纯净、神圣的喜悦已然消失。

作为孩子，你断奶了。作为青少年，你毫无牵挂地做着白日梦。然后，你面带微笑进入成年，但并非没有一丝忧郁。现在，你最大的希望也落空了，这是真的。你已经意识到，在你内心和周围的一切挣扎中，生活也有痛苦的一面。你已经注意到这一切太悲伤、痛苦了。诚然，对于我们人类的罪性现状，你只能如此悲伤、忧郁、深切的痛苦。当你第一次有这种感觉的时候，你说："我还没有从中逃脱！我涉入其中，真让我崩溃！"这是你一时的感觉，实则未被压垮。然后，你从前辈们所遭受的苦难史中得知，许多男女比你受到更严重的攻击，而他们挺了过来。你听到了他们的叹息，说他们几乎要死了。你听见他们抱怨说，上帝所造的一切大小波浪，都拍打着他们的头。然而，你也听见他们仍在赞美上帝，仍向祂唱着赞美的诗歌。

我们的心几乎总是这样过度兴奋。当我们的小船被风与潮吹离航道时，我们以为自己已逃过一切的危险，只是对地平线上隐现的乌黑雷雨云一笑置之，而忽略了它们外表之下的上古智慧。一切都是那么美好，那么快乐，我们就像这世上毫无牵挂的孩子，在舞动的波浪上玩耍。我们不去考虑隐藏在水下可怕的深渊。相反，当雷雨开始翻腾、雷声隆隆、浪花翻涌、浪高如山时，我们不停地拨动舵柄，小船却无反应；我们就失去了盼望。我们就这样闭上眼睛，任由船飘动，然后掉进深渊。

现在请你思想，不管是顺境或是逆境，我们欺诈的心都在欺骗我们。你不能相信你的心。它看到的一切都在虚假之下。它靠虚假陈述为生。如果一个人想要根据事情在顺境或逆境中的真实情况来生活，而不是根据事情的表面，那么他就不能依靠自己的内心！他们不会听自己所创造的不诚实的可能性，而只完全依靠上帝的圣言，依靠真理，依靠上帝的心所告诉他们的！如果你从那里开始，那么就你的需要、恐惧和窒息之感而言，你听到了什么？它们只是想象的吗？你必须自己去解决它们吗？忽视它们是最好的良药吗？

根本不是！上帝的圣言会让情况更糟，而非更好。它会更尖锐地，而非更苍白无力地描绘它们。那是因为它把你的苦难描绘成深深扎根于灵性实际之中。这让你感到更加痛苦，因为你现在知道你也在面对自己灵魂的痛苦。我了解到那些表面上敷衍了事、假装热情的基督徒，他们的实际情况却非如此。反而是那些受了上帝圣言的教训、蒙上帝教导之人的境况正是如此。他们中间正经受苦难的男女，都敢于把刀扎进自己的伤口中。他们敢于向你揭露他们身上渗出的毒液何等有害且不虔诚。因此，上帝的圣言教导他们，他们并非在面对肤浅的事物。它确认古往今来在属灵上敏感的人，都经历过这样的事情。它表明在这方面，那些被称义的人遭受了最深重、最可怕的痛苦。他们是上帝最宝贵的儿女，是敬拜祂圣名的人。

如果你认同他们被压垮的感觉，这圣言对你来说也会成为一个荣耀的安慰之源。因为那时，一切成为义的人，必引圣经证明上帝是永活的。见证从他们灵魂中升起，就像管风琴爆发出的声音，说："我们的救赎主，祢是我们的救赎主。从万古以来，这是祢名！"万代都认为祂是救赎主。从太初，在洪水以前，上帝的选民就受苦。在那时，他们就已经唱了："耶和华是我们的避难所！"挪亚和他的家人被嘲笑。他们很害怕。然而，方舟发出拯救的歌；它在水面上响起。自古以来，在亚伯拉罕和雅各的日子，就有危及生命的挣扎；那就在毗努伊勒。人们听见那看见约瑟外衣的人发出哀歌。但在先祖荣耀的日子，人们向耶和华歌唱欢欣拯救的歌："救赎主是祂的圣名！"

那被称义者的时代，无论你想回溯到多么久远，你总会发现同样的、不变的、无止境的现实。他们被欺压，困苦，甚至被困于死亡的边缘。然而，喜乐油又开始流淌。他们的悲伤减轻，脱离了死亡的魔爪。这种循环永远不会结束，从来不会变化，重复且不变。这条路通向恐惧的深渊和千万次死亡。可是，随后拯救就会来。上行之诗（Hammaäloth）的歌被人唱出来。"从万古以来，祂名称为我们的救赎主。"

救赎主啊！无论祂把我们从浪花中拯救出来，带到陆地上，还是教我们如何在浪花中航行，抑或像祂对待约拿那样，在大浪之下保全我们的生命，祂都是我们的救赎主。不论是外在急迫的事消失了，还是撒但通常爬进来的那个缺口被奇妙地堵住了，祂都是我们的救赎主。祂永远是我们的救赎主，永远是我们的救主，永远是我们慈悲的上帝！从古时就是！难道现在不再是了？我的弟兄姊妹，对你来说，不是了吗？你这小信的人啊！

第85篇
藐视我名的祭司啊

> 藐视我名的祭司啊，万军之耶和华对你们说："我既为父亲，尊敬我的在哪里呢？我既为主人，敬畏我的在哪里呢？"
>
> 《玛拉基书》一6

什么是祭司？我可以这样说，祭司是万军之耶和华的享受之物（luxury），是祂不需要的。这诚然是祂不需要的，而属于创造的一部分。祂创造他们只因祂喜欢如此行。祂这样做是出于神圣的慷慨，是因祂认为这可能是一件好事。自我充足是祂无法测度且完全神圣存有之丰富的一种表现。祂不需要祭司，因为"祂也不用人手服侍，好像缺少什么。自己倒将生命、气息、万物，赐给万人"。因此，如果祂创造了一个祭司，那是一种享受之物。这是一种享受之物，因为上帝所做的一切都可以被视为享受。这表现了祂那满溢的威严，而非表示上帝有不足；否则，祂就不像上帝了。它也不表示上帝有需要，因为那样会贬损祂的名。

你应当记住，祂是万军之主。更确切地说，祂是万军之耶和华。就其存有和祂自身而言，祂就是耶和华。祂既是存有的本质，又把存有借给其他一切拥有存有的事物。祂是唯一的，是自己存有的泉源与源头。祂是神圣源泉，万物从其而出。这位耶和华是万军之耶和华。所以，祂是创造万物和穹苍之主，是一切自然力量和一切属天力量的主。祂是天使天军、撒拉弗和基路伯的主。最重要的是，祂是地上人类用天赋和力量所支配的一切事物的主。这些都是祂的下属、臣民和服侍祂的工具，因为人类的天赋和力量都由祂赋予。

作为祭司，从来就不意味着人会对作为上帝自己有任何贡献。现在，这不是这样，将来也永远不会。绝非如此！这是不可能的。永远都是！被允许成为一名祭司是被授予一种荣誉。这是神圣恩宠所给予的提升。它是一顶戴在人头上的神圣王冠，仅是因为上帝喜欢如此行！

清晨，云雀在巢中孵出的小鸟向上帝歌唱，但它们不知道自己在向上帝歌唱。相比之下，作为祂的孩子，你非常清楚自己在向上帝歌唱。你决定唱，不是为了歌唱，而是为了赞美上帝。那些歌声纯净、音调完美年轻的云雀，却不是祭司。但是，你这唱歌跑调的人正是祭司，至少只要你有意识地因祂是上帝而向上帝歌唱。

生在高高岩石峭壁上的小鹿渴望母鹿的奶。但它既不知道自己想要什么，也不会祷告求。母鹿更不会为小鹿祈求了。然而，母鹿有奶可以产，小鹿有奶可以吃，虽然哪个也不认识那位在上的供应者。但是你们，祂的儿女，很清楚这一点。成为母亲的人可能会向上帝祈求得到丰富的乳汁。那些摆设桌子的人可能会求祂供应食物。你会祈祷："我们日用的饮食，今日赐给我们。"那一份恳求会让你与众不同，即使你得到的只是干面包和水，还不及小鹿所得到的。但你的祷告使你更富有，让你更上一层楼，使你得难以测度的尊荣。你祷告并被允许献上感恩，这是你成为上帝祭司的基础。

暴风完全听从上帝的命令。田地出产的谷粒，被上帝用来喂养祂的子民。它们都侍奉上帝，却没有意识到自己在回应上帝。但是你们，祂的儿女，很清楚这一点。因为你的服侍包括挣扎和战胜你犯罪的倾向。你灵魂的土壤所出产的是一种祭物。它是基于你的愿望而呈现给上帝的。这不只是服侍，而是祭司式的服侍，是为了赞美而献上。

当羊羔在狮子的嘴里被咬成肉块时，它会非常痛苦。但是这可怜的动物不知道，它是在通过受苦来服侍上帝的威严。它绝望地发出死亡的尖叫。但你作为祂的儿女，并非如此。有时，你是狮子口中的羔羊。有时，你的骨头会嘎嘎作响。但当你受苦的时候，你顺服地去行。你甚至借着自己身为祭司的冲动献上自己而行此事。这是为上帝受苦，甚至与你的上帝一同受苦！

让我再把它提高，提升到最高水平。正派、受人尊敬却远离上帝的人，抑制了他们的本能。他们为自己的激烈情绪而脸红，表现出一种美丽的爱，可是仍像暴风和多产的土地那样。他们并未意识到自己的体面和受人尊敬是来自上帝、是为上帝而存在，也是上帝的旨意。他们的美德反映了他们的利己主义。另一方面，已经成为上帝儿女的你们，被唤醒开始了美德的生活。你也被激活了，但对你来说，它代表着不同的事物。这是为了上帝的缘故，唯独为了祂。你所有的赞美和属地的美德是祭司性的，借着上帝的怜恤而来自上帝，并被归还给这位供应你的上帝。

至少看起来应如此予以解释，但事实并非如此。事实恰恰相反。我们感情丰富、音调完美地像云雀一样歌唱，却不是对上帝歌唱。我们经常像小鹿一样喝奶，却没有衷心感谢上帝。我们像暴风一样吹，从地里堆出果实，却机械地去做，也不把祂放在心上。我们仍然不断地受苦和尖叫，就像被狮子叼住的羔羊，而不是以祭牲的样式。我们也一直很体面，经常做一些可爱的事情，但是我们做这些事就像母鸡保护她的小鸡，或者像狗咆哮和撕咬来保护主人。我们做这一切都是靠自己的力量，与上帝无关。至少，我们无意为祂而做。作为反对祂名的祭司或女祭司，就是此意。

"你们这些藐视我名的祭司啊！"玛拉基所说的就是如此。"这等于想成为祭司并被称为祭司，却与我的名没有任何关系。不认同我的名，也不依附于它！没有成为需要成为的祭司！你们这样作祭司，好像我不是上帝，我的名不是耶和华，也不是万军之主。这样作祭司的，他们可以做许多善事，却非为我；我是完全被称颂的存有，上帝是我的名。你不是我的祭司，我是一切美善事物的源泉、一切力量的源泉，一切福分从我而出。这就是你藐视我名的方式。你就是如此藐视了你上帝我的名。这就是你如何用你祭司的伪装，想使我成为不同于你的上帝！"

"你想给我带点什么,却不能给我之所是加增分毫。你们想要在我坛上献物,但所带来的无不是我所创造并交托给你的。你甚至造不出一对斑鸠。我得先给你造出。只有当我把它们赐给你的时候,你才能把它们带回来,放在我的祭坛上。那我就不用感谢你带它们来了。然而,你带它们来是因为你需要这样做来表达你的谢意。你要把你的爱带给我,就像你带来那些斑鸠一样。这同样适用于你的谦卑、你的虔诚、你属灵的果实和你的善心!"

你在你灵魂中创造了虔诚吗?你在心中创造了爱或谦卑吗?你能在你里面创造出丰盛的敬虔或对美德的渴望吗?你这些两手空空的百姓啊!你能从围绕着你旋转的稀薄空气中生产什么呢?除了一些空虚的事物,什么都没有,是不是甚至比虚空还少?你想:"我又胜过了这个问题。因为我已胜过,我又虔诚起来。至此,我表现得很讨人爱。" 你如果这些想,可要当心了!你若因这事指望上帝施恩,就不配戴祭司的冠冕。上帝说:"你们这当尊重我名的,已成为藐视我名的人!"

"你想当祭司吗?那就让我作上帝。我的名若与你们的上帝无关,你们就有祸了。"那你真就不再是祭司了。那么,神圣的膏油只会在你额头上干掉。那么,因你敢藐视祂永远神圣的名,上帝也会藐视你。

第86篇
我们在何事上藐视你的名呢？

"藐视我名的祭司啊，万军之耶和华对你们说：儿子尊敬父亲，仆人敬畏主人；我既为父亲，尊敬我的在哪里呢？我既为主人，敬畏我的在哪里呢？你们却说：'我们在何事上藐视你的名呢？'"

《玛拉基书》一6

在上帝所赐的新约里，祂所有的儿女都是祭司和女祭司。要是以色列也是如此该多好啊！在西乃山耶和华未赐律法以先，祂就向自己的盟约之民如此说："你们要归我作祭司的国度，为圣洁的国民。" 以色列人却陷在罪中，丧失了那至高的尊荣。于是，祭司的职任就赐给了利未，其余百姓乃是用一对雏鸽，免去了他们头生儿子这份责任。当然，这只是一个象征，是一个鼓舞人心的象征，象征着以色列中应有的真实情况，也象征着属灵意义上的以色列会再次有的情况——"万国万民都要作主圣洁的祭司"。

我们就是那属灵的以色列民。只有一个教会。从前，她与亚伯拉罕和大卫有关，现在则与基督和祂的使徒有关。在新约的教会里，祭司身份再次确切地包括了所有上帝的儿女。"我绝对是上帝的选民，却不是祭司！我是祂心爱的儿女之一，却不是女祭司！"这种说法是不成立的。作为一个祭司，同时也是上帝的孩子。圣使徒说："你们来到主面前，也就像活石，被建造成为灵宫，作圣洁的祭司，藉着耶稣基督献上上帝所悦纳的灵祭。"作上帝的儿女，脱离一切因善行称义，同时"多作主工"，秘诀就在于此。你们"藉着耶稣基督献上上帝所悦纳的灵祭"。这并非因你是一个人，更不是因为你是一个罪人，而是因为你是一个祭司。

　　紧接着发生的就是：虽然教会有许多职分，但永生上帝的膏油非为他们预备，乃是为全教会预备。这就解释了为什么使徒约翰会说："你们从那圣者受了恩膏，并且知道这一切的事。"他还说："你们从主所受的恩膏常存在你们心里，并不用人教训你们。自有主的恩膏在凡事上教训你们。这恩膏是真的。"这正是使徒保罗写给哥林多人书信中的意思："那在基督里坚固我们和你们，并且膏我们的就是上帝。祂又用印印了我们，并赐圣灵在我们心里作凭据。"

　　特定的恩赐、侍奉和职责当然与职分有关。但是，在全备福音之爱的分赐下，用圣油膏抹祭司的职任不只与特定的执事有关。它乃是倾倒在主所喜悦的所有人身上。只有在担任圣职之人位列上帝所眷顾之人的情况下，他才享有祭司的特权。这并非因他是一名肩负职分者才在圣膏上有份，或有份于更荣耀的祭司职任。

　　有关上帝的这项真理在基督公教下昏蒙失色。然后，承担圣职者就起来，告诉百姓："我们都是祭司。你们只是平信徒！"当黑暗过去，光明又回到上帝的烛台时，那谎言便退去了。正如更古老和更神圣的那些时代，信徒皆祭司的身份再次得到强调。信徒皆祭司的观念是我们属灵先祖的避难所。在那里，我们全能而仁慈的上帝保护他们免遭诡计和欺骗。既然黑暗和朦胧再次降临在教会中，我们必须回到那塔上去。一种独立的祭司身份又出现了，这次是以"受过教育的祭司职分"的形式出现。它出现在没有分辨能力的教会，和不懂律法、被轻视的百姓中。所以，信徒皆祭司的观念又一次被败坏了。

　　这不可接受，也不该发生！得自由的确信已经在教会成员的心中留下了太深刻的印象，从而让此事不可能发生。圣灵在工作，而非人。可以理解的是，祂拒绝膏抹这种受过教育的祭司职分，并从中收回祂的恩宠与恩典。祂对此表示反对，就单单把祂的神圣印鉴印在整个教会里，如此有特殊地位的人就无从获益。上帝推翻了对一切特殊职分的刻板印象。祂如此行乃凭着呼召祂所有儿女在祭坛前侍奉，并重新兴起信徒皆作祭司。"他们必不再对邻舍说，你们当认识耶和华，因为他们都必认识我。" 这就是上帝借先知所发的话。它将如此成就，这话语也必不被人废弃。这话语要坚立。它必坚立，因为上帝之名的荣耀有赖于它。

如果信徒不皆为祭司或女祭司，那么就会发生以下两种情况之一。信徒们要么坐在旁边，把所有工作都看成是得称义的善工，因此视为有罪。信徒们要么作为罪人或假定的圣徒参与事工，结出不洁的果子，作为想象的祭物献在主的祭坛上。这两种情况都像扩散的癌症。第一种是把双手无力地垂在身体两侧。第二种是高举工作的手。上帝用下面的话将两者都剪除了："你们是至高者的祭司。"

祭司从不休息，但他们也从不作工。他们总是献上祭牲；以彼得所说的方式来献上祭物："藉着耶稣基督献上上帝所悦纳的灵祭。" 这是外在的话语告诉我们的，也是里面的圣灵告诉我们的。然而，现在有内在的话语临到我们，是来自同一位圣灵的话语。圣灵在其中责备我们是骗人的祭司和女祭司，并且玷污了上帝的名。那严厉斥责我们的声音，也是慈爱、怜悯、施恩的声音。在被罪恶的洪水淹没时，这声音举起了下沉的祭司和溺水的女祭司。在此，祂的一切努力都带着威严。祂保护他们的方式显出雄伟。

我们圣洁荣耀的上帝，因祂是大君王，万军之主是祂的名，祂看到我们在玷污自己祭司性的膏抹。祂看到我们在祂祭坛前举止不当。祂注意到，我们对这些神圣而敏感事务的态度是可鄙的。因此，祂进入我们的处境、刺穿我们自满的灵魂、摇醒我们，并毫不客气地灼伤我们的心。"你们这亵渎我名的祭司，远离我吧（第12节），你这行诡诈的（第14节），你这个藐视我名的（第6节），你这污秽我圣名的（第7节）。"

当我们听到祂如此说时，心里有何情绪？我们是因祂如此执着地待我们，从而感谢这位忠心、怜悯的上帝吗？是因为祂在拯救我们一事上切中要害吗？不，根本不是，我的弟兄姊妹们！我们心中的老茧太厚了。当我们首次听到关于我们个人罪恶之声时，或当发现它首次暗示我们时，我们就说："上帝一定是错了。我们没那么糟糕！"然后，我们就自义地从心里发问："我们在何事上藐视祢的名呢？我们在何事上污秽祢呢？"（第 6-7 节）

我们的不义就在此时满盈。我们就在此时深刻地回忆内心翻腾的败坏。此时，我们还想跟上帝装傻充愣。我们还胆敢考虑，我们已经失败的举动是否不值得与上帝谈论。于是，我们仍然假装不明白！即使当我们脆弱的良知在内心谴责我们、让我们不舒服时，我们仍表现得好像不知道问题出在哪里，认为事态并没有那么糟糕，相信我们慈悲的上帝太过敏感了，祂在审判上过于严厉了。这就是我们充满敌意、邪恶之心的可鄙之处，不是吗？然而，我们就是如此试图掩盖事情。我们就是这样，深陷其中。这就是我们处理事情的方式。我们和世界完全一样。

不，不是的，赞美上帝！其实我们也有一个区别。这并非罪恶爆发时的区别。每个人身上爆发出来的东西，在每个人身上都带着同样敌意。不义的人以他们的爆发为乐。他们反对上帝，并执意如此行。他们会找借口并坚持下去。但这完全不同于被上帝搭救的朝圣者们。

诚然，他们最初会开始爆发。他们的第一个冲动是为自己辩护。后来他们克服了这冲动。然后，圣灵开始在他们里面工作，他们信心的能力产生了不同的结果。他们因深感羞耻而流下了眼泪。他们的心定了他们的罪，因他们向耶和华上帝如此行可怕之事。上帝所爱的孩子就会厌恶他们为了隐藏自己的罪疚而爆发出来的事物。他们切断了包扎伤口的绷带。他们赤露敞开，走近上帝，与祂面对面。其结果就是，他们心存感恩。他们感谢慈悲的上帝惩罚了他们。当他们定自己的罪时，上帝宣布了赦免之言，让他们获得自由，他们为此感恩。

第 87 篇
劳苦愁烦

我们一生的年日是七十岁，若是强壮可到八十岁；但其中所矜夸的不过是劳苦愁烦。

《诗篇》九十10

在我们新式的现代化精神病院里，人们自娱自乐，以各样方式使有缺陷之人为此付出代价。[37] 他们特别以滑稽的方式如此描绘自己。如果可能，应该直截了当地说，有缺陷之人实际上忘记了他们心智受障。是的，在他们看来，到目前为止，自己所有的梦、想象和幻想都准确地描绘了现实！

且罢，这一情况我们暂不多做讨论！只要耶稣基督的教会无情地认为可以完全交给警方处理有缺陷之人的问题，我们就会对精神病院生活中的暴行保持可耻的沉默。何时，到底何时，我们的执事们才能醒悟过来，对这些事情采取更超越、更高尚的态度呢？

---

[37] 在整篇默想文章中，提及有缺陷之人的术语都被"净化"了，以符合 21 世纪的惯例和敏感性。虽然凯波尔在默想的语境中使用了"精神错乱"、"疯狂"和"酒鬼"等术语，但对他来说，这些术语并不像今天的读者所认为的那样冒犯人。这篇灵修文章的语气就清楚地表明了这一点。

然而，我们不能不讨论的是：我们在地上的全部生命都显出了同样的罪恶态度。它掩盖了我们的一切痛苦，把我们最强烈的压力、紧张、冷漠和麻木，描绘成一种空洞、虚假的表现。醉酒之人所行最糟糕的事，我们也都间接地以我们自己的方式一步步去做。麻痹感官的酒能把醉酒之人从现实的不幸中拉出来，把他们神奇地带入一个享受和放松的世界。大多数人除了对现实视而不见，还能做些什么呢？他们喋喋不休地谈论仅仅基于外表、谎言和一厢情愿的生活。

你甚至可以把它提升到一个更深的层次。自杀是醉汉最终的逃脱。饮酒者最终会醒酒。他们通过喝酒进入的想象世界很快就消失了，清醒后的现实以加倍的能力回归。但是，如果有什么办法可以重新抓住逃跑的机会并永远留在那里，他们会怎么做呢？人们就是这样犯下了那可耻、可怕的自杀的罪。当然，最大的区别就在于此。一杯酒至少提供了一个暂时的逃避和解脱，而一个自杀的人立即站在可怕的上帝面前，因圣经说："我们的上帝乃是烈火！"我们的灵魂对此感到畏惧。然而，这亵渎的事和可怕的事在增长，彼此直接以等比的方式增加！所以，我们会去往何处呢？这一切是怎么发生的？

简单而言，它来自这样一个现状：自杀和醉酒昏迷只不过以最明显的方式，表现了同一种被误导的逃避欲望，以及对任何大于实际承诺的渴望。这绝对是一种被误导的欲望，但也日益成为我们全部生活的特征，甚至在基督徒中也是如此。

上帝是崇高的。祂恒久忍耐，仁慈无穷尽。仁慈甚至是祂的名。上帝为我们供应了一切！永恒为祂所知。祂明白永恒里的永恒是多么无穷无尽。这就是为什么祂以自己神性存有的全备天恩来衡量万事。祂用这标准来衡量那难以形容且不可言说的荣耀，这荣耀是在祂完美的天堂为基督的新妇预备的。这就是为什么慈悲的上帝想尽办法要把我们引到祂的福份中。耶和华上帝看见一个人在世不过六、七十岁时，就把永生输掉，祂觉得这很糟糕。这些人如此行就失去了永恒的荣耀和难以形容的福气。这福气将持续千千万万又千万万万年。

作为至圣者，祂说："我亲爱的众人，不要把你的生命献给只是马马虎虎的空虚生活，反要把你的全部生命都献给我那完全蒙福且快乐的永恒。"要做到这一点，你就得摆脱一切谎言，除掉虚假的外表，照原样呈现事物，挑战自己，挑战他人，让他们面对真实的自己。你们是可怜的罪人，你周围的人也是如此。

这就是为什么你在世的一切日子，你的痛苦都始终缠绕着你。你的上帝是仁慈的。祂也是你生活中快乐的源泉，有时甚至给你纯粹的快乐；也就是说，只要你不忽视生活中痛苦和严肃的一面。你所需的智慧都包含在这一句话里了："行在我面前。要注意你自己，就像我坐在当颂赞的天堂里，看到你真实的样子一样。要认识到你生活中所有黑暗和不堪回首的方面。要以诚实行在我面前！"

人们却不留意。他们惊呼："你不可能这样生活！" 在生活中，他们就像挥舞着一根魔杖。它在最好和最美之事物上发出一种欺骗性的光芒。生活就像人间天堂一样神奇。享受就是一切。生活就是沉浸在快乐中，保持兴奋，而不去回忆痛苦。再也没有时间祈祷了。家里太安静了。要走上街头，到酒馆里，到公园去散步，买些剧院的门票。所有东西都必须身披符合审美、光明甚至是诱人的服装。即使是头发也必须有风格，这样才不会显得单调且普通。

那基督徒呢？哦，他们起初还反对这些趋势。他们与此趋势分开。他们是否与那个死一般且让人死的世界同行呢？遗憾的是，现在他们就是如此。我们知道自己必须背起十字架。然而，我们今天用鲜花装饰，它就变成了玫瑰所覆盖的十字架。对轻松的热爱已经抹去了根深蒂固的严肃态度。即使那些现在属灵上专注的人，也很快会屈服于同样的事情。虽然对他们来说，这将略有不同，但本质上它将达到同样的目的。你们要闭口不言，不要宣讲律法，别谈论地狱。我不想听到关于我赤身露体的事。不要警告我们关于永远的诅咒！人们就是不想再听到他们所嘲笑的"在泥坑里戏水"的事。不，所讲的一切都必须关于爱、欢笑和享受奢侈品。一个人把另一个人描述成一个"可爱的人"，而另一个人反过来又用同样的方式描述第一个人。你很快就有了一个"真正可爱之人"的圈子！自然，在地上这样一个天使的圈子里，即使是关于生活中的真正的痛苦和问题，你也能找到很多欢声笑语。现在我们要处理的是在灵魂中激荡的不同事物。

这将持续下去，直到主介入之时。祂在自己的圣言中说："我们一生的年日是七十岁，若是强壮可到八十岁。但其中所矜夸的不过是劳苦愁烦。"而我们这些读过这段文字却一笑置之的人，会成功地使它成为我们身上的现实。我们会如此行，直到我们感到自己心情沉重，大声喊着说："对此，上帝无疑是对的。苦恼、劳苦与愁烦，是我所能得到的最好事物了。"

当上帝让此事发生时，一切就非常特别。有时，祂让人们继续生活多年之后，再听说某个朋友去世或某个熟人不幸自杀。这人却总是单纯地认为："这些都是例外。" 那些消息还不足以使他们摆脱自己的幻想。别人告诉他们："事情就是这样！" 他们看到别人遭受一次又一次的打击，却只是单纯地想："这样的事就会偶尔发生！" 他们从来没有把这些情况应用到自己身上。终于有一天，耶和华上帝来敲他们的门了。然后，他们不得不捡起放在脚边的沉重十字架。那时，他们就伤心了。接着，上帝问了他们一个非常严肃的问题："我，就是你的上帝，是正确的呢，还是世界说的是正确的？"

然而，并非每个人都会这样；绝非如此。在战场上，成千上万的伤员躺在那里，没有人会为死者截下胳膊或腿。他们最多只会花一个小时，帮助那些仍然活着却受到严重惊吓的人。另一方面，也有人从生到死都生活在梦境中。他们麻木地进入生活，也以同样的方式死去；这很可怕。如果上帝从不拜访他们，那么这也很可怕。当祂经过我们的门口，却不给我们截下残肢时，那真是太可怕了。因为那样我们就是令人讨厌的人！

还有一件事是人们不太明白的：从未有某个人的灵魂，不是上帝先在某个时候打击他的外在，然后又在他里面彻底打伤他。然而，通常对我们来说，这是一个蒙福的迹象，表明上帝已经在我们身上开始了一项重要且将有永恒意义的工作。至少这是真的，如果祂带着祂的工具包，并开始作工去截一只手臂或一条腿。当祂那样做时，我们的心开始会多么恐惧地怦怦直跳啊！有时候人无法控制自己，只能尖叫！上帝却继续工作。祂以稳健的手法工作，直到截下残肢；祂不达目的决不罢休。祂不会反复试验，这就是祂从不犯错的原因。一旦着手工作，祂的工作就会做得很漂亮。祂还透过对死亡的恐惧来作工。我们的上帝是那伟大的医生，祂医治人。

如果圣灵参与这项工作，就会如此。耶和华上帝也会采取可怕的行动，只是为了显明祂的怒气。上帝所施行的击打只会使人软弱。他们对击打变得麻木不仁。谁不认识这样的人呢？看看法老和他的圈子，再想想洪水之时。但是，让我们搁置这种情况。

假设圣灵将苦难与信心混合在一起。这结出了果子。在这里吗？在地上？

但我认为这一切都是为那在上的存留！然后，在永恒中，当这果子被献给上帝时，会发生什么呢？你看，那时一切都变了。那就是我们回首往事，意识到一生都生活在幻觉中的时刻。那时，我们视无价值之物为有价值。那时，我们会意识到，自己认为最重要的东西，其实充满了劳苦和愁烦：我们的金子、地位、影响力、身体健康和力量，一直到我们肉身的孩子和我们心中渴望的"孩子"都是如此。我们将会认识到，我们寄予希望的一切，都给我们带来了外在劳苦和内在愁烦！

  使我们脱离劳苦，止息我们的愁烦的只有主，我们的上帝。我们常常忘记祂，未全心侍奉祂。那一位上帝将是最重要的！祂是最重要的！这正是祂一直希望我们在生活中要成为的样子。但是，问题的根源、那罪恶之根就在于，我们一直可悲地误入歧途，活在一个永远不真实的属灵幻想世界里。

第88篇
以自己的势力为上帝

他以自己的势力为上帝，像风猛然扫过，显为有罪。

《哈巴谷书》一11

大多数人并不会直接否认上帝的存在。但是，当一个卑微的人，一个靠着上帝恒久忍耐之恩才得以存活的人，竟敢张大嘴巴嘲笑这位上帝时，群众中仍然会兴起一种惊恐的感觉。当人们否认这样一位伟大的上帝确实存在时，他们会惊讶地发现，这类人虽如此愚蠢，却并未倒下死去。然而，我请你不要过早以为自己完全脱离了这种可怕的罪恶。这就是自然人（natural person）的思维方式。他们会假借信心的名义。上帝的孩子却不再如此想了。

先前，当我们的灵魂站在外面往里看的时候，我们就可以重复圣经上的话："愚顽人心里说：'没有上帝！'"然后，我们就可以欢欢喜喜、信心十足地读着关于那位法利赛人的记述，附和他的话："主啊，我感谢祢，我不像那些顺境中的信徒和无神论者般不敬虔！"那时，我们盲目地对自己说："那些心里说没有上帝的傻瓜是如此可悲。我厌恶他们！但我是有足够智慧向上帝祷告的人之一。"这是未归信者的论调。这些人关注的是他们心之外的事情；他们总是关注别人，从来都不关注自己的事。

当一种更伟大、更奇妙的属灵之光最终临到，照亮我们自以为有智慧的黑暗心灵时，我们会发现自己完全不同的一面。我们清楚地认识到，实际上我们是那属灵家族中的一员，属于那些我们曾厌恶的不幸之人一族。我们发现，他们的愤怒并未像我们曾经认为的那样远离我们的内心。它的外在可见表现可能不是那么明显，但我们确实意识了到这一点。所以，当圣经说"愚顽人心里说：'没有上帝！'"时，上帝的孩子就悄悄羞愧地承认，圣经在此实则指他们自己的心，在说他们一直都是这愚顽人。可悲的是，他们仍然是！

你可能会问这怎么可能？因为你是上帝的孩子，你每天都向祂祷告；你的嘴里满有赞美祂的话。答案很可能就是去问问你自己是否对信仰中的挣扎、撒但的耳语，或愤怒的冲动都很陌生。我现在不打算就此详细讨论。这些是常有的事。但是，也是罕见的例外，发生在可怕的属灵挣扎之际！然后，当主显现，这些挣扎就消化了。事实上，它们仍然非常靠近。

不，一颗有罪的心有愚蠢意图要与上帝决裂；这实际上很常见。这事每天都在发生。所以请告诉我，如果你在那一刻真的相信有一位永活的上帝，你是否会犯任何一种罪。真的有可能一个人心里同时藏着两件事吗？一方面，有一位能看见、听见他们的永活上帝。另一方面，他们还会继续犯罪吗？如果这不可能，每一个罪，无论大小，若不是在心里肯定愚顽人的话——"真的没有上帝！所以，我为什么要避免做这个或那个"——那还会是什么呢？这方面还有更多的论述。

哈巴谷给了我们你能想象得到的主最美妙的圣言。它满了安慰、对罪的警告，以及对任何相信永生上帝之人的保证。他的预言以鼓舞人心的话作结："无花果树虽然不发旺……棚内也没有牛，我却要因救我的上帝喜乐！"可是，先前的预言说，这个人就是"以自己的势力为上帝，像风猛然扫过，显为有罪的！"现在，先知直接问你这个问题。那种罪你听起来熟悉吗？我要直截了当地问你这个问题，像我一样自省。

想象一下，有这样一个人，他尝试了许多事情，并在他所做的每一件事上都很出色。他膨胀起来，对自己非常满意，喜欢和别人谈论自己的成就。于是，他说："我完成了这一切，没有我这永远不会成功。"他的骄傲显露出来了，而其他人希望他闭嘴。这个轻率的家伙在做什么呢？他看起来为人公义。他会说："想想上帝有多施恩于我，是祂让我做到了这一切！" 他说的话可能看起来很虔诚，但从根本上说，不过是对虔诚之言的可耻滥用，就是为了让他尽情地吹嘘罢了。这极其生动地揭示了我们自己否认上帝的心！自然之人总是以这种根本的特色活着。这描述了他生活的基调。他提到了上帝，但他的意图总是在强调自己的力量。他表面上赞扬上帝的关怀，实则赞扬自己的聪明和洞察力。言犹在耳，正如哈巴谷所说，他的灵已经变了。本质上，敬拜不过是用虔诚的语言赞美自己罢了。何其虚假！

上帝的儿女也知道这样的事。他们在其中看到了自己。但是，他们会对抗它。然而，这还远远不够！在他们心里，圣灵的大能在与罪作斗争。我们可以把未归信者比作一种用牙齿撕咬猎物、渴望血与泪的动物。归信者中也有嗜血者，但他们担心自己在这过程中会被撕裂。他们咬紧牙关，紧闭双唇，因为他们内心痛恨这种对血的渴望。这就是为什么真正的上帝儿女，认识到他们愚蠢地倾向于强调自己的能力，而非上帝的能力。即使是对于生活中的普通事务，也是如此。但是，他们与这种冲动作斗争。请思考这个例子。如果一个人多年来一直靠弹奏风琴为生，但后来变聋了，他就会开始愚蠢地想："现在我恐怕没有足够的东西吃！" 好像这么多年来，他的生命之源是自己的风琴演奏，而非上帝！他虽然痛斥自己的愚昧，却仍然坚持。他从来没有逃脱这想法。

人们有两个作坊。第一个是关于他们的日常生活。这是早先遗留下来的。但是，在上帝的儿女中，一种内在的作坊也发展起来了。这是灵魂的作坊。它早先被关闭且封锁，里面什么事也没有发生。可是，它现在开放了，里面的灯已打开。那里正在进行锉削、钻孔和磨砂。现在，上帝的孩子们所面临的巨大危险是，在灵魂的作坊里，他们"以自己的势力为上帝，像风猛然扫过，显为有罪"。内在作坊里的真正工人是圣灵。祂在我里面且透过我作工，也使我在祂里面作工。我们所有的能力都是圣灵的工具。有已经完成的项目吗？有制成的东西吗？有任何颂赞或美德吗？这些就是圣灵的成就，神圣之美的作品。

之于我们自负的心，这种说法有点太粗鲁了。我们的一切工具都需要用于同一个目的。我们心灵的作坊需要致力于同一个目标。最后，我们需要单纯地说：

"这不是我做的，是祂做的！"

这会令要求很苛刻！一个人会说："我要关掉作坊。这里已经没有我的工作了。" 这就是懒惰的罪。另一个人会说："圣灵真的帮助了我。祂对我很好。祂是个好仆人，但我才是这里真正的工人。" 这就是纯粹的自义。那些被保护免于这两种罪的人，以及那些在作坊里以上帝为上帝的人，都被赐予加倍的恩典。"主啊，求祢在我杯里赐我加倍的恩典。" 这应是每个人的祷告。这样，属灵的罪虽不会消失，但会得到控制。

第89篇
凡狂傲的和行恶的必如碎秸

> 那日临近,势如烧着的火炉。凡狂傲的和行恶的必如碎秸。
>
> 《玛拉基书》四1

能使我们与上帝分离的最可怕之事,就是我们珍惜自己骄傲的心。骄傲会毁灭灵魂。除非灵魂因自己的骄傲而窒息,否则就没有灵魂会在永死中窒息。诗人呼喊说:"耶和华啊,求祢拦阻仆人不犯任意妄为的罪(约束骄傲的心)。不容这罪辖制我,我便完全,免犯大罪。"不,这并非说我们当中这人是罪人,那人却不是;我们都是罪人。"没有义人,连一个也没有!"

然后,当一切尘埃落定,世界到了末了,所有人都会站在主耶稣基督审判台前。不会有些人作为罪人像山羊站在那里,另一些无罪的人像绵羊站在那里。我们所有人,每一个人,每一个灵魂,都将站在那里,按照我们良知作证的受审。我们要承认我们都是罪人,一直到我们生命最后一口气都如此。当一个人咽下最后一口气的时候,只有属于耶稣,他们才能逃脱罪。这是唯一的区别。我们虽都是罪人,但有些人是骄傲的罪人,有些人是谦卑的罪人。

在接下来的经文中,玛拉基比较了骄傲的人与敬畏主名的人。那些骄傲的人不敬畏祂的名，只敬畏自己的名，不肯向上帝的名下拜。除非全能的上帝愿意被那些骄傲的人崇拜和侍奉，否则他们就拒绝侍奉祂。除非他们被允许做他们自己；除非耶和华上帝向他们保证："你虽悖逆至深，但我仍会对你施以怜悯！"；除非他们的自我能自由地不服侍祂；除非他们不是被迫带着破碎或者是完全沮丧的心而来，否则他们就拒绝侍奉祂。不，他们实际上并没有被天堂拒绝。他们真的很想到那里，而天堂也真的很吸引他们。但是，他们只要能先拆除"窄门"，挺直胸脯，才会进去。

这是主耶和华所不愿准予的。祂继续要求，说："你那无比骄傲的自我必须首先被粉碎！"主在这一点上很坚决，因为祂是上帝。祂不会更改，一点一划也不能改变。必须像祂说的那样。若人的灵魂不像小树枝那样被折断，就不会得到拯救。你所欠的罪是什么并不重要。重要的是，你要带着完全的疏离感，承认心里充满了各种邪恶，那你就不会失丧了。那是因为耶稣的血洗净了你所有的罪。实际上，一切都取决于你能否让那傲慢、刚硬、冷漠的自我，得以谦卑地来到上帝面前。这需要在你里面发生。口惠而实不至是不够的。人们在这方面的想法并不重要，重要的是上帝知道发生了什么。相反，如果你像天使一样友善，忠诚地履行你的日常义务，谦虚地生活，但是你带着一颗骄傲的心去做所有的事，这些就变得无关紧要。即使你每天都和主谈话，你的正统信仰丝毫没有偏离，也是如此。即使你将身体献为祭，你也不会离天堂更近一寸，除非你的自我被钉在十字架上、死去，被上帝圣言的重量破碎、压伤。

我完全理解两者的区别。一种人天生顽固，需要付出巨大的努力，才能说出哪怕一个表示谦卑的词。另一种人会用你能想到的最甜美、最平静的语言来说话。这对上帝来说，没有什么区别。祂并不只是单单要求人作见证，而是要求那个见证是真实的。祂塑造每个人的心，清楚知道树枝要弯曲到什么程度才能折断。有柔软的树枝，可以弯向地面却不折断，释放后弹回来也完好无损。还有一些树枝，如果弯曲过度就会折断。讨上帝喜悦的，并非极度柔软的心，乃是一颗破碎的心。

充满恩典的云彩经常在教会上空盘旋，滴下温柔、奇妙的怜悯甘霖。雨水不会停留在高山上，而是会直接从山上流下来。它停在下面，流淌在简陋低微的河床中。只要你的心像座山，在上帝面前昂首挺胸，就不可能吸收到上帝那穿透人心的恩典。即使你被它淹没，它也会流走。然而，当你心中的那座山最终沉入大海深处时，就会被一个平缓的斜坡、一个挖空的河床所取代。除非恩典从你身上流淌下来，把你涨到两岸，流经你，否则你就不能生存，甚至不能存在。万有引力定律是如此美丽动人。它用自己的密语述说，除非我们的自我变得谦卑、降低，否则恩典将永远不会流入我们里面。

　　人们尝试了很多事情。他们敬拜、唱歌、庆祝。他们多么拼命劳力啊！至于上帝的国也是如此。但是，他们很少注意到一件真正重要的事情！我们如此无情，以至于去抚摸他人骄傲自大的心，即使是在信主的弟兄姊妹之间也会如此。当这种事情发生时，人们觉得彼此都很珍贵。他们彼此只有好话可说，认为这是极好的。与此同时，这一切只相当于本来就很高的堤坝上，长出更多的草皮而已。草皮阻挡了上帝的恩典之水从上面流过，去灌溉田地。哦，那些甜言蜜语是多么致命的交换行为！一个人表扬另一个人，另一个人反过来表扬他们。想想看，这样的人是如何没有骨气地互相奉承，就好像他们每个人并不需要很努力地去打碎和打破他们膨胀的自我。

　　弟兄姊妹们，让我们认真细致地关注自己和他人吧！在死之前，我们每个人都需要这样做，否则我们的死亡不能、也不会是向天堂之福的过渡。你可能是你能想象到的最随和的人。你可能在教义上绝对纯正，却盲目自大；这些都不重要。即使所有人都认为你是上帝的孩子，并且对你的虔诚有一份完整、可靠的报告，如果你的自我没有被粉碎，那也没有意义。骄傲要离去，谦卑要来！只要你敬畏你自己的名，不敬畏耶和华的名，这都没有意义。

　　现在，你就会领会玛拉基受圣灵的启示，预言所说的这两种选择的内容。在那个可怕的日子里，有一道光将照耀骄傲和谦卑的人。圣灵说，因为你们敬畏我的名，所以那自我已经被打碎的人，必有蒙福的公义日头照耀你们。你的灵魂会得到医治，藏躲在我翅膀荫下。至于你们中间因骄傲而死的、未被打碎的人，必有烧着的炉冒出青烟临到他们。你们必被抛在外面的黑暗里，只有那不灭之火的火焰才能照亮你们。骄傲必如碎秸。他们会无能为力！在上帝忿怒的旋风中，筛过的糠秕必被吸起、被卷走。这就是你一生与上帝抗争的结果！

第90篇
安静的心在上帝面前极宝贵

只要以里面存着长久温柔、安静的心为妆饰,这在上帝面前是极宝贵的。

《彼得前书》三4

耶稣的十字架给我们的,不是眼睛所看见的,而是我们心里所需要的一切。这不是外在的问题,而是本质的问题。从表面上看,没有什么比这更悲惨的了。但是,如果你以所不见来判断,那就没有比这更珍贵的东西了。人类认为这是可悲的,上帝却认为它很珍贵!

以赛亚的预言这样说:"我们看见祂的时候,也无美貌使我们羡慕祂。祂被藐视,被人厌弃,多受痛苦,常经忧患。祂被藐视,好像被人掩面不看的一样。我们也不尊重祂。" 这预言在客西马尼,在该亚法面前,在希律的厄巴大[38],在各各他并十字架上,都应验了。当浸过牛膝草的海绵被举到祂嘴边的时候,这就应验了。当这个忧患之子在极度难过中露出痛苦的表情时,这一切都应验了。

这事如此可怕,你甚至想要把头转过去,并诅咒它。这是一个来自地狱的景象,在整个过程中尤然。那些假祭司们发出尖锐、疯狂的尖叫。这真是令人

---
[38] 这是希律的庭院的名称。

厌恶的一幕。所以，上帝叫黑暗遮蔽，这原是好的。真正恐怖的在黑暗的掩护下溜走了。

但是，在这一切可憎之事中间，在诅咒的阴影之下，有一种难以言表、说不出的宝贵事物正在出现。这是古时的先知所称的"祂劳苦的功效"。从这个角度看，十字架是一个可怕的东西。从天堂和上帝的角度来看，十字架却是你能想象到的最庄严美丽的事物。这是上帝的天使见过的最美丽的事物。他们注视着永恒恩典之花的蓓蕾绽放。这就是耶稣灵魂劳苦的功效。祂灵魂劳苦的功效创造出了一个宝藏。这个宝藏如此珍贵，至今仍是，甚至从未有任何一个上帝的孩子，在他们肮脏的羞辱之上身着白袍，反而有一件特殊的珠宝挂在他们的脖子上。这一切都因耶稣的这一项工作而成为可能。它所有的果实都取自祂那痛苦而致命的恐惧。这是从祂在各各他十字架上榨出来的。

上帝的子民世世代代的一切生活，以及他们将来的一切生活，都是从这个神圣的酒榨中流出，并继续从它流出。这曾因耶稣在各各他灵魂的劳苦功效成为可能，现在也是如此。上帝的孩子曾是不信上帝的人，现在却完全被称为义了，而非部分称义。他们在耶稣里得到完全的成圣，而非其中一部分成圣。他们得到完全的救赎作为他们的产业，而非只是一半而已。他们完全的称义、成圣、救赎，都来自于耶稣灵魂的功效。祂是那些亲近祂之人的亲密源泉。

耶稣灵里的挣扎对那些认识祂的人来说极其宝贵。这对上帝来说也代价极高。它的丰富取之不尽，用之不竭。所有其他宝物都有可衡量的价值，唯独这一件无法衡量！各各他缺乏和谐，完全没有和谐。耶稣的十字架与有益的和谐形成鲜明的对比。当内在生命与外在生命完美融合时，和谐才会存在。当表象和本质合为一体，生命的吸入和呼出彼此统一，没有任何东西阻碍它时，和谐才存在。和谐存在于天堂。你甚至可以说，和谐存在于地狱。那是因为在地狱里，内在和外在是一体的。只有一种诅咒，一种厄运，一种可怕的毁灭。再想想，那也不是真的，因为这个词太正面了。只有天堂里的神圣和谐才会使我们为之着迷。只有在那里，众罪得洁净，且荣耀的光辉将成为上帝儿女所得神圣的份。

这就是为什么各各他并非最后的落脚点。在各各他，每个人都体验到十字架还未结束。还有更多事要发生，不能维持原样。在艰难的努力中，为了那无价的荣耀冠冕，灵魂在呼唤，甚至在哭泣。一切还在继续。因为在各各他以后，我们首先看见的，乃是上帝在耶稣复活得胜上显出的大能大力。接着，当耶稣升天时，天都裂开。现在我们知道，祂从至高处以荣耀统管一切属祂的。末了，审判的日子来到，万物都要完结，那时，我们要看见人子驾云降临。那时，祂的一切仇敌，就是在各各他反对祂的祭司们，都要俯伏在祂脚前。

这就是在各各他发生的事情。但在地上，事情仍未完成，尚在进行中。这个世界继续在恶者的控制之中。可见之物仍在大声反对上帝。在这样的世界里，它与耶稣灵魂的功效之间仍然没有和谐。耶稣的灵不得不与世界作斗争，也将自己的灵魂倾注于此。十字架证明了这个世界可见之物和耶稣灵魂中不可见之物的脱节。它们陷入了一场生死搏斗；或者世界胜利，或者祂凯旋！

上帝是应当称颂的，因为犹大支派的狮子已经得胜了。对于一切那些想要属于耶稣的人，这是决定性的！从前，即使相信上帝的儿女也会犹豫，但现在不是了；在各各他十字架变成了现实，洒下最神圣的鲜血之后，就不是了。

凡敬畏上帝、顺服祂圣言并因信得以委身于这位担保者（Surety）的人，十字架就为这等人成就了；这位担保者就是"耶和华我们的义"。现在，归根结底就是唯一且能决定一切的选择；它贯穿且渗透于我们生活中的一切事。那就是我们选择认同十字架还是反对它。第三个选项并不存在。

在今世探求我们已经讨论过的和谐，就等于否认基督的十字架。在地上，你不能同时内在和外在都被装饰。现在是这样，但总有一天就不会了。在死亡之前，和谐不会、也不可能发生。在天父来看，上帝的孩子光芒四射；但在地上，他们像朝圣者一样艰难跋涉。地上存在着冲突、对立和最终完全的排斥。你现在需要为两者之一而存在。你需要为两者之一去生活、工作并思考：可见的还是不可见的，只是外表还是本质的东西，外在还是内在，现在还是未来，转瞬即逝的还是实质、持久、永不消失的。

对于活在基督以外的人来说，一切可见的都是宝贵的。他们被所看到的东西迷住了，被衣服和珠宝所吸引；这些让他们更受关注，并改善他们的外表，其实他们应该直接把它们脱下来。他们也更专注于通过他们做作的语言和虔诚的外表给人留下好印象，而非关注他们虚荣、虚伪的个性会如何影响他人。他们总是关注自己是谁，自己是什么。这还永远不够。他们总是争取更多，无论是通过他们的服装、语言或宗教态度，都是如此。他们总是想给人留下更好的印象。事情就这样一直持续，直到他们所炫耀的衣服、语言和虔诚否认了他们，或他们死了。然后，死亡就把他们，连同他们一切的装饰和迷恋、有关他们是谁和是什么的问题，一起拖到了地下。

上帝却完全扭转了局势。因对耶和华上帝来说，炫耀穿戴的妆饰乃是咒诅，不是祝福。膨胀的私利和装腔作势的虔诚也是如此。它们会收割你的性命！对上帝来说，有价值的、宝贵的是你内在的穿着，你的灵魂怎样在内在装饰自己，生活基调是否纯正！甚愿你的灵魂在你内在自我中产生真正的虔诚！"只要以里面存着长久温柔、安静的心为妆饰，这在上帝面前是极宝贵的。"

大自然在秋收时向你展示了这一点。那时，我们全能的上帝就会以芬芳果实来挂满那些色彩缤纷、精心培育的枝子。就拿那些漂亮的桃子来说吧！你就想要采摘和享用这些美妙的水果。但你是否也一直渴望拥有那美丽的玫瑰色、鹅绒般的皮肤呢？我看到你很快就把它剥下来扔掉了。你这样做不是因为皮会呈现许多美丽的色调，而是因为你想要吃到里面多汁的果肉。这就是吸引你的地方！你都这样行，主为什么不会如此待你呢？祂丢弃了那外在如此丰富多彩的外观之皮。对祂来说，珍贵的只是隐藏在里面的多汁果实。

第91篇
永久的门户，你们要把头抬起

众城门哪，你们要抬起头来！永久的门户，你们要把头抬起！那荣耀的王将要进来。荣耀的王是谁呢？万军之耶和华，祂是荣耀的王！

《诗篇》二十四9-10

大卫一心切望能为耶和华的约柜建造圣殿。先知却到他那里，说："这不是耶和华所要的。祂要你的儿子所罗门建造圣殿，而不是你。"大卫确信了这一点，没有抱怨，亦无强行。他放下此事；从那一刻起，他就为所罗门而非他自己会完成此事而激动不已。

当上帝的约柜最终被抬进建成的圣殿时，那将是多么荣耀的一天啊！对他来说，那一天似乎已经到来。他想象着这一切，仿佛这一切已经在他眼前发生。金碧辉煌的装饰，高耸且庄严的殿墙！抬着上帝的约柜、祂的施恩座游行！大卫看约柜和殿，好像能看见更远的地方。他好像是在窥视另一个大卫的内心，就是以色列的祖先为之祈祷的那个大卫，约柜和圣殿只不过是他的影子和象征而已。

他又看见上帝的约柜被抬着在荣耀的圣山上游行，直走到坚固的锡安城墙前。城墙上有通道，城墙有许多门。当然，约柜可以通过它们，但它们太低了，也不惹人注意。对他来说,这些太受限了,约柜游行只是他荣耀进入的象征。于是,大卫被圣灵充满,唱了一首赞美诗。你听他呼喊的内容:"众城门啊,你们要举起。你的入口要更大、更宽、更广、更高。张开吧,你这永久的门户。威严起来,不要退缩!看哪,祂要到你这里来。荣耀的王,万军之王,我心中的灵感和我心中所愿的,都必进入。"

这诗篇直指锡安山堡垒城墙上的窄门。这里是耶路撒冷,在她上面矗立着一座圣殿。那里有坚固的城墙,有令人生畏的大门和永久的门户。这就是大卫唱圣诗的原因。耶和华的约柜,带着上帝的威严来到。

众城门啊,你们要举起。
永久的门户,你们要把头抬起!那荣耀的王将要进来。
荣耀的王是谁呢?
耶和华大有能力!
耶和华在战场上大有能力。

再说一次:

众城门啊,你们要举起。
永久的门户,你们抬起头来,那荣耀的王将要进来。
荣耀的王是谁呢?
万军之耶和华,祂是荣耀的王!

然而,这一切都不是真的,因为锡安本身就不是现实。耶路撒冷只是一个影子。圣殿只是一个影子,设立在里面约柜也是一个影子,甚至连分隔圣殿和耶路撒冷城的锡安城墙也是影子。这一切都是为了教导的目的而展示。它是现实的一种表现,是真实事物的一个象。这一切都指向了那持久、真实和永恒之物。世上的智者不明白这一点,而上帝的教会明白。在教会里,上帝深爱的所有选民都明白这一点。这就是为什么各个时代的教会都不需猜测,而是不疑惑、确信且坚定地知道大卫歌中所唱的是什么:约柜就是耶稣升天的象征!在耶路撒冷,人们渴望永生上帝。然而,耶和华住在锡安山,那些墙和永久的门户不能动摇。

它们带来持续的分离。众人看见了殿，就知道里面有约柜。他们意识到那正是耶和华的居所。那些厚重的城墙，那些窄门，那些永久的门户在那里！

我的心哪，愿你被举起！憔悴的耶路撒冷哪，愿你被高举！新的一天开始了。救恩流过来。荣耀的王将要来到。墙正在倒塌，巨大的门被高高升起。永久的门户被打开了，因为天军之王在行进。你们这些盼望上帝降临的人正在欢呼庆祝胜利！

那些永久的门户到底是什么？它指一切使耶路撒冷与约柜隔绝之物，因而就是存在于不幸福之人渴望的心和他们上帝那神圣之荣耀之间的障碍。门就是任何阻止你进入的东西。因为它是上栓上锁的，能把你挡在外面。无论你敲多少次门，猛烈撞击多少次，你都进不去一扇永久的门。它像墙一样紧闭，仍然紧紧地关着，向你表明它永远不会打开。这是一扇永久的门，会永远把你拒之门外。

现在弥赛亚到来了。上帝怜悯那些受苦的人，赐给他们一位救主。那么，那些永久的门户怎么可能把祂拒之门外呢？圣灵藉着大卫说预言，回答了这个问题："不，要再次说，不会。那些永久的门户上的门闩会落下的！"门会为祂打开。门缝甚至会为了祂而扩大且变宽。门必升起，好叫荣耀的王带着祂的一切荣耀进来。但要注意，门还在那里！这是永恒的肉身之门。你被卡在它后面。它不会让你通过。肉身压着你，但是基督以肉身来，就突破了它。祂从那永恒的肉身之门来到你这里。这让祂能接近你，与你为一。祂就像你的弟兄。然而，你还没到那一步。成为肉身的道绝对就是你的弥赛亚。祂若只是如此，即便你与祂、祂与你同在，你却仍在锡安之外，仍然渴望。你仍然被禁止享受荣耀。墙壁和永远的门依旧是你的阻碍。

这就是为什么你在肉体中仍要继续努力，在肉体中要取得进展。你必须爬上山，必须从这个平坦的世界爬到天堂的高度。荣耀不在此处，而在彼处。弥赛亚在此处虽然软弱，在彼处却有大能，大有威严。那就是祂能够拯救你并祝福你之处。这需要祂的高升，去到天堂，到软弱被尊荣的地方；一切的能力都在那里。大能和力量在那里可以作工。所以，这就是你肉体所去之处，你的弥赛亚带着你的躯体，就是那羞辱地挂在各各他木头上的血肉之躯。

现在，那些永久的门户终于完全被举起来了。在这里，荣耀的王终于进来了。

上帝的教会啊，这就是你的王。祂拥有能高升你、称你为义、使你成圣且完全救赎你的一切的宝藏。祂从永久的门户进入那不是人手所造的帐幕。从那里，你的王使救恩和祝福自由流淌出来。因为那从前不敬虔的人，如今已经成为义了，所以祂的力量彰显，撒但就从那里逃跑了。

事情还没有就此结束。一扇永远的门仍然存在。那是撒但在你心里上闩而关上的门。砰的一声关上的是你自己灵魂的门。你的头有多少次不是撞到那扇永久的门上呢？这事变得如此压抑，你那颗恐惧的心再也无法忍受了。你想逃跑，于是你捶着门，哭着说："开门，开开门！可怜我吧！别让我在绝望中窒息！"

然而，这没有用。你没有得到回应。你那罪恶的心门仿佛是一扇永远的门。情况一直如此，直到祂来了！难道不是吗？直到荣耀的王来到！就在那时，祂从荣耀的宝座上派出了祂的使者。他们拿着祂的圣言，像大锤一样来敲那扇门。你就知道王的圣言到哪里，那里就有大能。因为那时门锁被打破了，门栓也被打碎了，门被举起来，祂进来了。荣耀的王来了。耶和华大有能力！哈利路亚！

第92篇
圣灵将上帝的爱浇灌在我们心里

> 盼望不至于羞耻；因为所赐给我们的圣灵将上帝的爱浇灌在我们心里。
>
> 《罗马书》五5

圣灵是永远与圣父、圣子同在的真实和永远的上帝。祂是真正的上帝！祂不是神圣存有的三分之一，不只是属于神圣存有的一部分而已。不，这崇高的存有同时是圣父、圣子和圣灵。这三个位格中的每一位都完全拥有同样的存有，祂们共同拥有一个本质。因此，圣灵是永远同在的上帝。祂不是远处的上帝，而是与我们很近。祂离我们每个人都不远。永远不能也不应该说，圣灵在这里，却不在那里。

请注意，上帝的圣灵无处不在。祂完全无处不在。即使在地狱这样的地方，上帝的圣灵仍在那里，在那些陷入灾难的人心中，祂是那可怕的、吞噬一切的烈火。然而，虽然圣灵在同一时间无处不在，但祂绝不是在各处随时都彰显、启示或显明自己。祂可能在某个地方——而且祂就是在那里——我们却听不到祂沙沙的脚步声。当祂遮住脸，我们听不到祂的声音时，仿佛祂根本不在那里。

有时候，当你犯了罪，你会突然感到很惊讶，因为你的内心深处有一种令人窒息的感觉；你感到有人在责备你。祂不会给你一分钟的平安。但是这一位并没有在那时才出现。不，这圣善的同在（saintly Presence）一直都在那里，只不过祂向你隐藏。那同在就是圣灵。所以，圣灵根据祂要向所显现之人的本性，来决定要不要表明祂强烈的同在。这或好或坏，或予之安慰，或予之审判。

圣灵永远是同一个上帝，祂与圣父和圣子同在，是唯一、永远的真神。但有时祂藏在更厚的帕子之后，有时又藏在更薄的帕子后面。祂有时会表明自己的全然同在。那时，我们就会看到祂那奇妙、宽慰的脸。这就解释了为什么圣经告诉我们以及基督教会，通过经验就知道有些人从来没有注意过圣灵。这两个来源也表明圣灵也会向其他人显现。它们进一步指出，那些靠恩典而活的人有时会错过圣灵；但也有一些时刻，他们拥有祂时会满有振奋人心的福气。如果未归信的人体验了圣灵的同在，他们会发现圣灵是一团吞噬他们的烈火，他们会退缩，试图把祂推开。这相当于在没有中保恩益的情况下经历祂。

倘若藉着上帝的喜悦，有人藉着信得重生，这人也受了圣灵的同在，祂就要作他的安慰者。对他们来说，圣灵温柔、慈爱、滋养、抚慰人心。这就是通过中保来体验圣灵的浇灌，体验与上帝和好并令人难以置信且鼓舞人心的工作，体验圣灵带来恩益的工作。于是，借上帝的怜悯，浓雾就被驱散了。这样，灵魂就能看见从前所不能看见的圣灵；这就像天堂一般。曾经孤单，现在有上帝与他们为伴。在他们内心深处，上帝与他们同在。

有时，圣灵甚至可以以同样的方式，向未归信的人显明自己，即使他们没有重生也是如此。为什么会如此，我们现在就不讲了。但是《希伯来书》第六章告诉我们，这确实会发生。不少人记得，在他们真正归信之前，他们得到一些光，这等于虚假的归信。但这与那些真正重生之人的经历完全不同。即便如此，帕子只是稍微掀起了角，却又马上掉了下来。然而，真正的重生会让帕子完全脱落，圣灵在我们里面的证据也会很显著。祂就被倾倒出来。圣灵住在祂的圣殿里，进入我们，住在我们里面，为我们祷告，安慰我们，感动我们。

在重生的人身上，灵魂的眼睛甚至会是部分或完全闭着。那时，它看不清楚，或者根本就看不见。这就是圣灵安慰的同在仍然存留的原因。祂也不再离开了。是什么令这安慰的同在让人感到如此蒙福呢？弟兄姊妹们，我告诉你们，上帝的爱是在圣灵里，也与圣灵同在，又藉着圣灵浇到你们心里。

　　圣使徒保罗就为此作见证。耶稣基督的教会为这见证也加上衷心的阿们！你灵魂里不也回响着阿们之声吗？这不应该是一个不冷不热、软弱无力、打折扣的解释，好让人更好地理解圣灵。所以，无论谁更好地理解这点，也自动会显示出爱来，因为上帝就是爱。对此，保罗的见证没有给出任何暗示。不，在此，上帝的爱是至高存有面向我们的温柔、神圣、仁慈的爱。它像洪水漫过干燥的田地，向我们涌来。我们灵魂的干涸之地，因圣灵的浇灌而得着更新。

　　你自己没有爱，心里缺少爱。人们所认为的爱有三种。爱可能是一种本能的爱，就像母鸡对小鸡的爱。这在上帝眼中没有价值。或者，爱也可能是一种爱的表达；但当你被迫表达时，它就立即消失了。或者，这也可能是一种更高力量在你心中做成的爱。唯独这种爱才是真正意义上的爱。它能穿透你冰冷的心，因为心从外界得到滋养。它是永恒的温存火苗在你心中闪出的神圣火花。

　　就本性而言，你的心相信上帝里面没有爱。当你用你自己的标准来衡量祂时，你会认为在祂存有的深处，永恒上帝是冰冷且缺乏温暖。你确实说过："上帝就是爱。祂是众人的父，赦免一切的罪。"但那只是空谈，没有深度和实质内容的肤浅谈论而已。然后，当你贫穷，没有吃的，与你生命中所爱的分离，或者你的荣誉受到攻击时，请看看你所认为的上帝的爱还剩多少。

　　那种用噪音玩弄上帝的卑鄙游戏非常邪恶。以这种方式谈论赦免的人是否注意到，他们个人需要赦免的可怕罪行？这种话毫无意义。你就是个冷酷无情的人。你认为你的上帝跟你那颗呆滞、迟钝的心一样冷淡。你用自己的身份来衡量祂，这就是你找借口的方式。然而，忽然有烈火从你骨髓中发出，使你惊惶。上帝把你打倒了。你感到自己巨大的邪恶淹没了自身。那一刻，上帝曝光了你。你的错觉显而易见。真实的上帝在你面前是大能的烈火。

　　就在那时，圣灵终于穿透你的灵魂，住在你的心灵深处。祂对你的低语如此美妙，用一种难以言说的祝福之言对你说话。祂用无数温柔的方式照顾你。在这些事上，你体验到你的上帝使人得安慰的荣面！那就是你感受到祂爱的时候，就是感受到上帝的爱。这是你心中那心爱者，那永活上帝温暖灿烂的光辉。这就是滋养你们灵魂的饮食。上帝的这种爱无法予以表达，是一种说不出的荣光，就像一股巨大的水流涌入你里面；在你里面，每一滴水都流出了汪洋一般的福分和快乐。

哦，圣灵就是上帝自己。祂的存有永远不会和你的存有混合或混淆。然而，你在自己存有的深处，让自己认识和感受到对神圣幸福状态（divine blessedness）的共同认识和感受；这状态正是祂所享受和经验的。这种神圣的平安临到你那惧怕的心中，那永恒的存有以祂神圣的怜悯将你淹没。这就是主的圣使徒所经历的，"圣灵将上帝的爱浇灌在我们心里"。他又说："所赐给我们的圣灵。"虽然我们也许还没有接受，但是圣灵借着完全恩典已经赐下。这就要求每一个上帝的选民要永远献上感恩。

第93篇
因着品行，而非言语！

你们作妻子的要顺服自己的丈夫。这样，若有不信从道理的丈夫，他们虽然不听道，也可以因妻子的品行被感化过来。

《彼得前书》三1

旧习俗正日益被废弃。耶和华上帝已经命定祂的教会被召集，灵魂要被圣言改变。几个世纪以来，人们一直认为，真教会的第一个标志就是对圣言的真实宣讲。直到今日，我们的认信传统一直都强调圣言的力量，而非我们个人的影响力、榜样或魅力。圣言是一把大锤，能敲碎像石头一样的坚硬之心。那是因为这圣言是圣灵的工具，而不是我们灵魂的工具。祂才是那使其发挥属灵功效的。今天，世风发生了变化。这圣言已经失去了它的吸引力。它使人们不安。人们说你不能再依赖这圣言了。唯一可以作为灵魂避难所的，是基督徒属灵的影响力。这就是灵魂的救赎。

按照这种方法，基督将一个灵传给祂的使徒。这灵已从他们身上传到了他们的追随者身上。如此，有这灵的群体出现了。最终，这些团体联合起来，形成了一个大的圈子，也就是后来的教会。在基督的不断维持下，在世的基督徒圈子彰显了这种灵性的表达。他们被它感动，就像被风吹动一样。它影响了他们。他们也感受到了。最后，就有了这样的解释，它也被呼吸着同样空气的你我接受了。它使我们能接受改变我们的心和我们生活方式的新影响，使我们从罪恶中被拯救出来，进入荣耀和神圣的存在里面。

若是如此，那么很明显，人们就不那么依赖圣言了。若不是圣言改变了我的心，而是"弥漫在基督徒圈子里的灵性"，那么在某种程度上，人们如何对待圣言就与我无关。就让他们给我点空间，让我安静地吸收那种灵性吧！如果灵魂的归信并不有赖于圣言，而是有赖于基督徒的属灵影响，我就完全理解为什么人们会强烈反对"坚持真理"，也很警惕坚持教义的纯洁。因为，只要我那真实的、洁净的、模范的生活有个不同的源泉，且从"基督徒的灵"中流出，那么这一切有何意义呢？若诚然如此，若这圣言并非上帝所命定用来改变生命的工具，我完全理解那些在布道中不断警告"要避免对真理狂热"的话，因为"生命的纯洁"有更大的意义。上帝的国不是靠花言巧语得来的，乃是靠真实且真诚地行在激励我们生活的圣灵中而进入。

"不是道，而是你的模范人生！"这是新的副歌。我们中间谁敢去争论呢？圣经本身不也真是这么说的吗？这难道不是使徒彼得所重复的感人至深的基本劝告吗？在这一点上，我们可能会问，这些反对这圣言的人却诉诸他们刚刚贬损的圣言，这听起来是不是有点奇怪呢？我们要问，如果这圣言不再具有决定性的权威，为什么还要诉诸它来证明你的观点呢？此外，值得注意的是，无论谁诉诸这圣言，都至少应该真诚地去做，而不应该耍小聪明。彼得到底在说什么？你在这语境中是否有发现蛛丝马迹，他在为我们所指出的过度属灵且不健康之人的努力行为制造空间？他是想把这圣言放在第二位，腾出空间更强调我们的模范生活吗？

绝非如此，弟兄姊妹们！因为正是使徒彼得动人且有力地断言："我们蒙了重生，不是由于能坏的种子，乃是由于不能坏的种子，是藉着上帝活泼常存的圣言。" 如果有人反对，说"上帝的圣言"在此处不是指圣经，彼得在此指的是基督徒的灵性，那使徒自己立即会驳斥这种错误观念。他引用了"上帝活泼常存的圣言"后，立刻说"所传给你们的福音就是这圣言"。他还说："他们既不顺从，就在道理上绊跌。他们这样绊跌，也是预定的。"相反，他说："为此，就是死人也曾有福音传给他们，要叫他们的肉体按着人受审判，他们的灵性却靠上帝活着。"（四6）因此，不要怀疑彼得所持守的就是上帝众圣徒所持守的立场。他盼望众灵魂能归信就是基于这圣言。

可是是谁带来了这圣言呢？这是每个人的工作吗？是每个人的责任吗？圣经回答这些问题，认为这是耶和华上帝所定的。有一条与祂的其他法令一同宣告，丈夫对妻子不同于妻子对丈夫。丈夫是妻子的头，而妻子不是丈夫的头；丈夫对妻子的属灵生活负有责任。这一点不容忽视。这结果就是，妻子没有蒙召带着权柄向丈夫宣讲圣言，但丈夫的角色绝对是向她如此行。她可以为丈夫提供建议，可以温柔地吸引他，尽力让他对这圣言有所回应。她可以试图用这圣言来祝福他，却不应用权威的口气对她丈夫说话。因为许多妻子基于她们归信的经历而想要采取这种方法，因而认为自己高于丈夫；所以，圣使徒就采取了他所说的立场。他指示在这种情况下，妻子必须安静生活，必须顺服她的丈夫。然后，借着他所提倡的安静、顺服的方式，妻子将得到祝福。这样，她一句话也不用说，就可以为丈夫成就善事了。

有些女人所采取自命不凡的方法没有什么可取之处。人们不应该抛弃旧的标准，而应该坚定不移地持守它们。圣言是上帝所赐的工具，上帝使用它来召集祂的选民。为此，祂使用自己所呼召的仆人们。祂以不可抗拒的恩典聚集自己的子民，不是靠其他基督徒的灵性，而是靠圣灵的气息。这个时候，人们就尊重上帝自己决定对圣言的使用。

这圣言有威严。凡被召把它带来的，都不能轻忽它。不要低估其他东西。既然这圣言是上帝亲自在我们心中播撒，所以每个人都应该特别注意，在他们对这圣言有热心时，永远不要低估生活行为的重要性。一个人生活的行为永远不能取代这圣言。这一点应该毫无疑问。但是，如果有人行为超出界限，还假装这圣言仍然有效，你会怎么想？这岂不像宁愿在黑暗中摸索的人，去赞美太阳一样吗？太阳照耀的地方，就有光。同样，当圣言在丰满的荣耀中闪耀时，你就会发现走在主的道路上就被尊荣。这圣言在我们里面运行，不是靠我们自己的努力。

这就是为什么一方面,那些被"基督教灵性"催眠的新式基督徒,被警告不要轻视这圣言,也不要轻易忽视上帝所安排的。另一方面,那些热心于这圣言的人被告诫不要轻视基督徒生活的重要性,因为不能使基督徒生活有活力的圣言如同鸣的锣响的钹,永远不能成为上帝的永活圣言。

第94篇
满心知道上帝的旨意

> 因此，我们自从听见的日子，也就为你们不住地祷告祈求，愿你们在一切属灵的智慧悟性上，满心知道上帝的旨意。
>
> 《歌罗西书》一9

上帝的儿女通常不像他们应有的样子，为他们信实的天父想要的事物而烦恼。你会经常注意到，在体恤、充满爱心的家庭里，肉身孩子们的行为恰恰相反。在那种家庭里，不管发生什么事，孩子们都会问父亲，某件事他是赞成，还是与他的价值观相悖。有时，这种体恤的依恋会持续很长时间，甚至在他们父亲去世多年以后，人们还会听到他的孩子们问："父亲会赞成这种做法吗？"

地上父亲与我们天父相比，自然在任何方面都会不尽人意。即使他是最好的父亲，也是一样。天父是唯一真正配得上"父"这奇妙而神圣名字的人。每个人都会感觉到这一点。这甚至适用于上帝的儿女。相比于自然的儿女对地上的父，上帝的儿女对天上的父尊敬、忠心、却更少依恋。甚至当地上的父亲因为没有什么社会地位，缺乏良好的品格，或者因对万物的至尊至圣之存有不敬，从而对上帝或他人不负责任。

以前这种事很少发生在上帝虔诚的子民中。那时人们生活得更小心，不会随波逐流。如果别人知道他们偏离了方向，人们就会失去平安和耐心。说偏离方向，就是人们不明白做出简单的让步，正如今天一样。它指的是更深层次、更不寻常的事情。人们坚信上帝已经决定了我们每个人的份，按照祂的旨意规范了每个人的生活。我们一生的历程，从生到死，都由耶和华上帝所定。在此基础上，人们都希望在这条道路上走好每一步。他们希望得到保护，以免转向他们在傲慢中所选择的另一条道路。如果他们内心因激情燃烧，那么就确保自己要受约束。这样，他们的脚就能行走在天父所决定的道路上。

这并不是说这种做法已经完全不见了。恰恰相反，关于严肃的、确定一生的决定，我们仍然会听到有人借着祷告做出抉择。人们也仍然会听到发自肺腑的话，表明他们在灵魂里认真地挣扎。这样的想法表明了他们完全渴想和盼望知道主的旨意。然而，尽管这似乎反映了与之前相同的做法，但其实并不相同。

人们现在对这件事过于惯常的理解是：他们会突然以某种不寻常的方式，得到上帝在祂隐秘旨意中对这所定之事的特别信息。人们的确必须做出选择，但他们的灵魂不会受到震动。他们深思熟虑的事却没有明确的方向，他们的意志没有压倒性的力量。他们仍然要决定向左或向右。今天，他们急切地想要知道从内在来看，哪个是取悦上帝的事。他们希望祂会用手指示他们该朝哪个方向走——或向右或向左。这却不是主我们的上帝所做的事。然而，人们最终积极想要经历内心的平安，而这平安源自选择他们认为上帝已经选择的事物。故此，他们诉诸以下行动：他们公开地谈论深刻又难以形容的情感经验，继而促使他们做出某个决定。他们认为这是圣灵的工作。

这种做法非常危险。这是追随内心之光的热衷者和狂热者所采取的做法。我们的属灵前辈从未选择这种做法。相反，他们敦促我们要拒绝这种做法，总是让我们去寻求圣经。如果你问圣经是否曾经把任何不同的东西放在我们的心里，那么答案是确凿无疑的。圣灵在圣使徒的话语中告诫我们，绝对不要只在偶尔或某些关键时刻才询问上帝的旨意。他求主使我们"在一切属灵的智慧悟性上，满心知道上帝的旨意"（西一9）。他说的是要选择和行在应当完全遵行的道路上。这就像随后的经文所说，满心知道上帝的旨意，"好叫你们行事为人对得起主，凡事蒙祂喜悦，在一切善事上结果子，渐渐地多知道上帝"（第10节）。明显的差异在于：我们很容易在连续生活几天或几个星期的时间里，未更深地了解上帝的旨意。但是，当我们偶尔面临困境时，我们就开始祷告求天上的启示。与此同时，圣经迫使我们不断去问上帝的旨意是什么，使我们能走在祂的道路上。正是通过与主如此坚固的团契相交，我们才能在祂的道路上建立信心。然后，在生活中困难和危险的时刻，我们的意志会降服于祂；我们会有内在的确信说，我们的选择一直都是祂的选择。

这就是"满心知道上帝的旨意"的意思。它就像一块肥沃的土地被大量的雨水浸透了。这并不像在一块干涸的土地上，只是偶有一小滴雨水落下。"满心知道上帝的旨意"，就是要让内在浸透在上帝律法的原则和精神中，就是要在与祂恒常相交中生活，使我们在日常生活中可以跟随祂。

这就解释了为什么圣经不谈论情绪或精神状态，而是谈论"一切属灵的智慧悟性"。我们并非被迫采取这种做法来压制自己的思考和反思，好让我们能被一股模糊神秘的感觉和情绪的洪流所引导。恰恰相反，我们蒙引导要依靠智慧，就是"一切智慧"和属灵的洞察力与悟性，来决定所有未来事务的性质和特性。这样，我们前进的道路就会清楚、平静、对得起主。成熟的判断和真诚的灵会得胜。因此，我的弟兄姊妹们，你们可以看到，对圣经的这种理解与今天许多人陷入的病态神秘主义何等不同。

耶稣的圣使徒不停地为歌罗西人祷告。他不只是在一些特殊的情况下为他们祷告。他祈求他们要满心知道上帝的旨意，而只有一些暗示而已。对他来说，这不是情绪或精神状态的问题，而是显然有智慧和属灵的悟性。这些所描述的那些人效法我们的属灵先辈。他们查考了上帝的圣言，予以研究。他们通过不断接触上帝的圣言，就浸在主的心意中。从那以后，他们的一生都与主他们的上帝同行。在一切大小事上，他们都询问祂的旨意。这样不断地活在圣言和圣灵里，他们的生命就因着恩典发展出了属灵的智慧，成熟的判断力、更练达的洞察力以及更清晰的悟性。上帝的灵就在他们降服的心里令这些发生。祂使他们以坚定的手，而非以不受控制的激情，在所面临的各样情形下，选择他们所知道的、所见证的并所经历的主的旨意。

这两个你会选哪一个？情感的道路就是带来属灵上不确定、鲜有前进的道路。对于那些遵循这路的人来说，上帝的圣言里没有要开采的金矿。他们不会在生活的小细节中密切注意上帝，除非求上帝不鉴察他们日常的混乱和过失。因为当时机成熟，必须认真地做决定时，圣灵就会再次使他们注意到某节经文，或在他们心中激起某种感情。相比之下，圣经的道路需要努力和密切留意。你若要在生命关键转折点能做确定无疑的选择，并且确定知道上帝的旨意为何，就需要你每天投入到上帝的圣言中。然后，圣灵的心思会渗透你的思想。即使是最普通和最小的事情，都将引导你行在主的道路上。而且，当你活在上帝面前时，就不会经历受极大限制的生活。

如果选择了情感的道路，你会给那些不懂虔诚的人留下深刻的印象。在这方面，你甚至可以用你灵性上的巨大进步来给自己留下深刻的印象。你可以讲很多关于上帝如何向你显明种种事情，然后再显明其他事情的故事。然而，你也有可能如此行就是妄称主的名。事实上，你只看到自己内心的面貌，就像以色列的假先知认为他们从上帝那里得到了启示。相比之下，在遵循圣经的道路上，你需要更加用心地生活，需要更多的努力。它闻起来就不那么像假装虔诚的味道了，而是甜美、令人满意且愉快的味道，就是以正直行在上帝面前、把一切假装拒之门外。借着恩典，那将是活出"满心知道上帝的旨意"的生活。

第95篇
初熟的果子基督

在亚当里众人都死了，照样，在基督里众人也都要复活。但各人是按着自己的次序复活，初熟的果子是基督，以后在祂来的时候，是那些属基督的。

《哥林多前书》十五22-23

你们的心也呼应保罗所说的，就是主的受膏者"被交给人，是为我们的过犯；复活，是为叫我们称义"。这是个起点，是问题的根源。没有这个称义，你的灵魂将不会从耶稣的复活中得到任何恩益。但这是否等于说，耶稣复活只有在称义的时候才有意义呢？这和我的复活，与我那些虔诚朋友们的复活有关系吗？这些朋友英年早逝，在我之前就去了上帝的耶路撒冷。这怎么可能呢？这位圣使徒不也曾说过："但如今基督复活了，成了睡了之人初熟的果子？"初熟的果子常与随后的果子连在一起，正如圣使徒立即补充道："众人也都要复活。但各人是按着自己的次序复活，初熟的果子是基督，以后在祂来的时候，是那些属基督的。"

我们杰出的要理问答将此总结为基督复活的三个益处之一："第三，基督的复活是我们自己蒙福得复活的可靠保证。" 诚然，这绝对是真的，我的弟兄姊妹。你自己的复活取决于以马内利的复活。何以如此？难道是借着告诉你，"现在耶稣从死亡的国度回来了，我们有令人信服、无可辩驳的证据，证明死后确实有生命"吗？不可能！因为那些不承认永恒存在于坟墓之外的非属灵之人，放弃并否认耶稣真的已复活这件事。难道是告诉你有一天所有人都会复活吗？也不可能是这样的解释。因为耶稣的复活是那些得救之人复活的可靠保证。难道这就是全部的情况吗？圣使徒作见证："初熟的果子是基督，以后在祂来的时候，是那些属基督的。"可是所有死了的人都属基督吗？不，这里无需四处环顾墓碑的那种多愁善感。使徒在此处唱着胜利的凯歌，就是胜利之歌，是祝福之歌，是上帝的儿女通往永生上帝之城的旅途中所唱的上行之诗。

请仔细注意这一点。耶稣的使徒只字未提死后马上会发生的、或我们死后会发生的事。他专门谈到末后在主驾云降临的日子，将会发生在上帝儿女身上的事。他用"祂来之后"的话来表达这一点。他假定我们知道在死亡时，无论是死后还是透过死，会带来什么。上帝的儿女不仅会继续存在，而且他们从罪里第一次且永远地被释放。当他们从罪中得了释放，就会与救赎主有完全的属灵相交。当保罗说"我情愿离世与基督同在"时，这是他在其他地方所表达过的奇妙且确定的信念。

我们死后与耶稣的团契，也将是与"选民大会"（the assembly of the elect）的团契。凡住在元首里的，就不住在身体之外。基督的身体就是那"充满万有者所充满的"的伟大会众。已经离去的上帝可爱、虔诚的孩子，与仍在世上存留的蒙拣选者有属灵的团契。这美好的希望不是属地的或邪恶的。这意味着只要你归属那个聚会，他们也与你有团契，只要你身上的一切都与耶稣有关；你永远不要忽略这一点。这意味着你绝不能让自己陷入某种病态的尝试中，想去与你逝去的亲人进行属地的交流，因为这并非属基督的行为，也是对上帝的不敬。

随着死亡而来的是对罪的拒绝、与耶稣的亲密相交、与那不能数清的众人团契。即使你还没有复活也是如此。继续活着和从死里复活是两件完全不同的事。当耶稣在受难日的晚上死在十字架上时，祂并没有停止存在。那天晚上和星期六一整天，祂都继续活着。只是祂在星期天早上复活了。我们中间已逝去的上帝儿女也是如此。即使他们死了，他们也不会停止存在。从他们死的那天起，他们就一直活着，但他们还没有被上帝复活。

只有当世界末日来临，审判日来到，耶稣驾着天上的云回来的时候，上帝儿女才会从死里复活。"各人要按着次序复活。初熟的果子是基督，以后在祂来的时候，是那些属基督的。" 在这一天前的所有时刻，不管坟墓在哪里，他们都安息在坟墓里。那可能在地的深处，或在浩瀚大海的深处，或在为他们准备的火焰与烟雾之处。

亚当和夏娃、亚伯和塞特都没有从死里复活。大卫、以赛亚、彼得、约翰和所有已经死了的上帝儿女，都在等待复活的日子。复活的那一天将是无比荣耀的一天！我们会和上帝的众儿女一起经历那一天；也就是说，如果我们是上帝所生的，我们都要经历。

复活是明显可见的，就是带着我们的身体一同复活。它不只是有个未来的存在而已。最终，历世历代的教会都承认的肉体复活终于到来了。就像我们那一位种了很多郁金香的虔诚属灵前辈曾经说的："当我死的时候，我像一株爬回球茎上的郁金香。在复活的时候，我要从那个球茎里冒出来，但样子会比以前更华丽。"谁会忘记保罗更突出的描述呢？他说那颗赤裸的种子种在肉体中，然后会从那颗种子长出来成为更荣耀的属灵身体。这是一个极深的奥谜！我们怀着这希望死去，期待它在几个世纪后实现。圣洁的使徒曾这样信心十足、奇妙地向我们预言这些事，他已经在自己的坟墓里躺了一千八百多年了，但他那延迟的盼望还存着。在他灵魂里，这位使徒与此盼望如此贴近，以致他自己会活着直到耶稣再来的那一天！

世界可能会如此存留一段时间！我们呼喊，我们预言，我们不安地庆祝说："玛拉拿他（Maranatha）！主要来了！" 新妇从来没有停止恳求，说："主耶稣啊，我愿祢来。是的，祢要快来！" 只有冷酷无情的灵魂在想到那光荣的一天时，才会不去品尝它的荣耀。你应该认识到耶稣的复活为那美丽、宝贵的盼望提供了坚固的保证。

这是一个可靠的保证，并非说你死后，你的灵魂就会从罪中得到解脱，亦非因你与耶稣并祂所拣选之人的团契是甜美和有福的。不，相反，它是一个坚实的保证，是因为假使你这周死去，下周被埋葬，你也将从地的宫中出来，并再次出现。即使两年后你只剩下一具骸骨，这也会发生。即使再过十年，人们把你的棺材挖出来，把你可怜的骨头移到骨灰盒里，人们说"他真的没剩多少了"，这也依然发生。即使有野兽把你撕成碎片，或者你的尸体被烧成粉末，这也会发生。即使要一百年，甚至一千年后这一天才到来，这也会发生。然后，你这个曾经在地上生活过的同一个人将会复活。你要藉着上帝大能的神迹，并非带着别人的身体，乃是带着你自己的身体，再此显现。然而在那个时刻，它将是一个荣耀的身体。

那时，耶稣就会以祂荣耀的身体显现。新旧约众圣徒，所有先知和使徒，所有殉道者和见证人，所有在基督里的父母亲、我们知道的所有真诚的上帝儿女和我们自己属于耶稣的宝贵亲人，都将遇见祂。如果事情与此有任何不同，那仍然会有复活，但不会是一个蒙福的复活！那日却必为蒙主赐福之人的大日。这将是伟大而辉煌的一天。因为在那一天，上帝要在世上一切不信的、讥诮的、毁谤的人身上报仇。

古往今来，对死人复活的不信嘲笑之声一直在持续。即便如此，在那些时代里，上帝的子民仍然坚持他们坚定的信念，说："但事实是，将有死人复活！"现在来看，那亵慢者看起来是对的，因为主还在耽延。可是，最后就会显明上帝的孩子才是正确的。这就是耶稣复活所保证的宝贵荣耀。

第96篇
不独在乎言语，也在乎权能

> 被上帝所爱的弟兄啊，我知道你们是蒙拣选的。因为我们的福音传到你们那里，不独在乎言语，也在乎权能和圣灵。
>
> 《帖撒罗尼迦前书》一4-5

救恩不是来自行为，而是来自信心。这种宝贵的信心，反过来说，不是来自人的自由意志，而是借着顺服。而这种改变生命的顺服，并不包括炫耀知识，只在于回应讲道。最后，只有面向且实际达到了使人知晓、宣告并浇灌上帝话语的作用，那才是真正的讲道。

这个过程令人费解，是一个奥秘。这奥秘的意义在于，因为上帝乐意通过讲道赐予隐秘之福，赋予其不可思议的益处，并在那些坐着听道之人的灵魂中推动祂的工作。本来也可以有其他方法，但都不值得太多关注。上帝就是乐意像我们所描述的那样做工，而非透过其他方式去行。一切都发自人看为愚拙的讲道，且都在讲道里。讲道刺入骨头，激动灵魂，使属灵的汁液流动。

但何以为之？拥有一座建筑就足够了吗？在里面放个讲坛吗？让一个牧师站在讲坛上吗？牧师唇边发出上帝圣言的声音吗？你心知肚明！你需要我提醒

你吗？你曾多少次坐在这样一座大楼里，坐在这样的讲坛下面，听着这样的讲道？你还记得他是怎么说的吗？你是不是一只耳朵进另一只耳朵出？你还记得它为何从未触动你的灵魂吗？每个人岂不都认识社区里那种专门坐在教堂柱子后面的人（pillar hugger）吗？他们来听道时心是死的，结果他们的心在走的时候比来的时候死得更透。岂不是有些会众比其他会众更忠于教会，竭力忠于真理，对得起自己的名声，却干枯且死气沉沉，以至渐渐衰弱吗？当一个讲道者站在讲坛上，嘴里说着上帝的圣言时，千万不要说任务已经完成了，或工作完成了，或讨论终结了。无论谁那样说都是大错特错的。

　　听着！你听一听主耶稣的使徒所做的区分。他写信给马其顿的首府帖撒罗尼迦，那里的教会正蓬勃发展。他对他们说："我们的福音传到你们那里，不独在乎言语，也在乎权能！"这是一个激动人心的主张。如果不是时时处处都是如此，那就没有意义了。这也表明，保罗清楚知道有一些假的宣讲没有能力，都是虚话，是无用的。

　　一个电报员可以做一切他想做的令人兴奋的事情。然而，如果线路断了，又没有电，他的信息就发不出去。同样，牧师可以按他喜欢的方式动动他的舌头和嘴唇。除非会众与他们的元首有属灵的交通，否则根本不会有什么作用；他们必须互相联结！如此，上帝的能力就立即从元首基督流向会众。建筑物、传道者、圣经和会众并不构成教会，也不能定义上帝圣言的宣讲。只有当上帝临在、基督工作、能力从高处流下时，教会和讲道才存在。

　　这就像一个风琴师。除非风箱里有空气，否则他们就无法用手指、脚或轻划发出声音。如果空气被吸进去，通过管道被挤压出来，他们就会奏出音乐。对一个传道人来说就是如此。他不能仅靠动脑、遣词造句或打手势与会众交流。更崇高的气息需要从上面的宝座而来，触动那些听者的良知。除非努力和音乐都来自于主，讲坛里除了敲击琴键，一无所有。

　　如果上帝收回祂的努力，那么就一事无成。那时你听到了一些话，但它们听起来就像冰雹打在铺石板屋顶上的声音，只从你不可靠的灵魂上滑过，不会渗透而入，不会唤起什么。一切都是冰冷的、静止的、无望的、枯萎的、罪恶的。一切都完全依赖于天上的力量。这力量从上帝而来，且通过基督而来。没有它，即使是十个最优秀的传道者加起来也无法影响任何一个人。但是，如果主愿意借着最卑微的乡村牧羊人来施行这能力，那么千万人都无法予以抗拒。

弟兄姊妹们，请记住，只有一个教堂、一个传道者、一次正统的讲道是不够的。在这一切中，你不能没有上帝。没有这不可抗拒的恩典之泉，你一秒钟也过不下去。你的煤气管道可能完好无损，你的灯非常时尚，但是如果煤气罐的阀门关闭了，你仍然会坐在一片漆黑中。你的水管或许已经尽可能精确地铺设好了，你的水龙头或许擦洗得闪闪发光，但如果水龙头关着，你就会渴死。你的教堂建筑可能很可爱，你的牧师可能非常正统，但是如果他们被关在光与生命的管道之外，你对听见的最纯洁、最美丽的讲道就会无动于衷，如石一般。

说得更清楚点，这就是没有讲道，只是仿佛讲道。要使讲坛上的讲话变成讲道，所需要的是圣灵的能力。只要有实际的讲道，它总会发挥效力。如果没有打开，它就是关闭的。就像锋利的犁刃一样，真正的讲道是划破灵魂里的土壤。讲道落在好土里，就会带来祝福。但当它碰到石头时，就会撞出凹痕，翻起石头。当上帝的圣言按照应有的方式被宣讲，能力从上面流出，上帝的敌人就不能承受。它会震动他们，让他们颤抖。他们会畏惧退缩。没有什么比上帝的敌人从未被讲道者的宣讲激怒，更有效地反对讲道者了。在完整的意义而言，讲道完全取决于保罗所说的这种能力，取决于圣灵的渗透和浸润的工作，取决于祂把绝对的信念印刻在听众的心中。

这就是为什么上帝圣言的宣讲是如此敏感、神圣的工作。这就是为什么当传道者破坏了美好和谐的保证时，将是何等可怕，因为他糟蹋了风琴的演奏，风琴指的就是上帝的圣言。这就是为什么会众的祷告像每日的饮食一样重要。他们不应该只为传道人祷告，好像他很特别。看，田间的工人和工厂里的工人像讲道者一样，都需要上帝的帮助。他们也不应只为讲道本身祷告，好像这是一项多么异常困难的工作。恩赐有限或恩赐平平的人往往也能做到！不，会众应当祷告，求上帝的大能临到那圣言，好叫上帝在那些进来坐下听道的人里面做工。我们应该祈祷圣灵使我们浸润到讲道中。

在有教会的地方，仅仅有一个传道人在讲道是不够的。会众要与他一起祷告。牧师和会众必须并肩工作，坚信"除非全能的上帝以祂的能力降临在我们身上，否则我们无能为力且一无所有"！只有那时，生命之水才会流向他们。只有那时，才会有真正圣言的宣讲。

　　没有这种共同的努力，障碍就会产生。上帝的祝福、有效的工作并祂能力的运行都会受到阻碍。那时，讲道不仅是无效的，甚至会造成实际的伤害。没有能力的言语只会助长传道人的虚荣心和私利。他们会把会众置于危险之中，从徒有敬虔外表却无敬虔能力的滑坡上下坠！

第97篇
我受教以后

> 我回转以后，就真正懊悔，受教以后，就拍腿叹息。
>
> 《耶利米书》三十一19

惩罚不只是紧随罪恶之后，并不依附于罪恶。上帝没有在罪上加之惩罚。相反，惩罚存在于罪中，在它自己合适的时机中显现出来。这就像雷管燃烧殆尽，矿井被引爆。请注意罪是怎样说谎的！它承载着内在的谎言。说谎使我们受到极大的折磨。

当夏娃在乐园里伸手去摘树上的果子时，她就陷入了撒但的谎言。耶和华上帝曾经说过："不要伸手去拿，否则你会变成死亡之子。" 事情就是这样，而且事实就是如此。撒但以嘶声说："去吧，去拿它。它会让你觉得美妙！" 牠就是直接透过陈述谎言来反对真理。这根本就不正确，纯属捏造，是个谎言。那时夏娃做了什么？听着，如果我站在一个大蒸汽机旁，机械师对我说："小心，否则你会被齿轮夹住而死。" 那么我就会后退几步；你也会如此，因为你害怕死亡。如果夏娃相信真理，真的相信那棵树会让她死，她就会逃离。人们不会为了确定它是否真是毒药而稍加品尝，而是把它推开。夏娃把手伸向那棵树,表示比起相信上帝的真理,她更愿意相信撒但的谎言。她相信了那个谎言,认为吃了那棵树的果实会让她感觉很好。这罪的根源在于谎言。

上帝说:"事情就是这样!"可是,撒但后来竟说:"不,不是那样!"夏娃真的同时听了上帝和撒但的声音。她自己选择不相信上帝的圣言,而是相信撒但的话!这就是堕落,堕落到罪中。这导致了创造界的荣耀和乐园之美都丧失了,以至于伏在罪恶、死亡和审判之下。除了上帝在乐园中所预备的方法,你没有别的方法可以逃脱这个审判。那时,你不认为祂是对的,但现在你必须这样认为。你那时说:"我不接受上帝的圣言。我接受撒但的话语!"现在,你必须反其道而行之,并承认:"撒但撒了谎!只有上帝的圣言才是真实的!"

所以,一切都归结于上帝的圣言,而非某种个人感受。上帝在祂的圣言中显明祂的威严。祂的威严只有通过祂的圣言才能得到荣耀的恢复。我们的先祖在信心上明白了这一点。这就是为什么他们坚持只从圣经出发。放弃圣经就是高举夏娃之罪。然而,你还没有放弃圣经。你相信它,接受上帝的圣言。现在请问你还缺乏什么?

好吧,借着肯定你刚才所做的,你从罪恶的诅咒和谎言所居住的"天使"中走了出来。你承认上帝是对的,撒但是错的——好像没有什么比这更容易的了!自然是这样,只要你不把它看得太认真,只要你就是那么说说而已,只要你只是敷衍,你所说的并非发自内心!然而,你要更认真地对待,使它有意义,努力做到正直。然后,你就会看见、感受、体会拥有一颗说谎的心是何等可怕。

你可以简单地说:"就是这样!我又把荣耀归给上帝了。我相信祂,而非撒但。"我可爱的朋友啊,你真的认为撒但的谎言就像落在你衣服上的小斑点吗?难道你不知道撒但的谎言是腐蚀一切的铁锈吗?这种油会渗透到你衣服上最深的纤维里,像扩散到骨髓的癌症。你真的认为持续了六千年的谎言只是桶里的一滴水,可以用一根手指就抹去吗?难道它就像一粒灰尘,你把它吹走就行吗?你真的认为一点点虔诚的言谈就像砂纸一样,能把一直以来的谎言抹去吗?难道癌症就像一小块容易除掉的碎片吗?一点点善意的去污剂就能迅速除去罪的斑点吗?别自欺欺人了!

哦,如果你那样想,或者如果你甚至认为这是可能的,那么相同的罪恶的谎言正在侵蚀你。上帝说："你可以靠我所赐的恩典成就这事，并非靠你自己。"若是这样，这时撒但却低语："是的，你可以自己做到，只要你试一试就可以！"那么你现在所做的，正是夏娃六千年前所做的事。这就是蚕食你的谎言。甚至当你认为你相信的时候，谎言也在继续！若然，那这整个可悲的场景，都只是在强调你不相信主的圣言。

人与人之间或任何人当中都没有真理。这并不是说他们每天都故意用与事实相反的方式歪曲任何事。不，弟兄姊妹们，我们每个人在这方面都有更好的了解。我们会把那种粗鲁无礼的说谎者，尽可能地推得远远的。我们会禁止他们进入我们的圈子。说所有人都是说谎的，并非这个意思。然而，你痛苦的深渊就是你不再真正知道事情的本相。假象却看似事实。你接受这个或那个，都当作真的。你带着自己的想法走来走去，长时间思考，直到你最终被自己的绳索缠住。这就是严厉惩罚的开始。恰恰是你在自己那颗撒谎的心中所持守的以为是可靠、确定的东西，结果却是确信无疑的不真实和臆想。这就是纯粹的虚构和假象。

你的痛苦不是因为你相信谎言时，就知道了它是一个谎言。如果是这样，你明天就不信了。但是给你带来极度尴尬和失败的是，你以为你所信的是真理，而它却是谎言。你为之努力、为之奋斗，如此深陷其中，甚至会以上帝的名和许多虔诚的空谈去如此行。你们为谎言而努力奋斗，就像为真理一样。假象、骗人、自欺，这些是与罪有关的可怕惩罚，因为它们本身就是谎言。审判就关在罪里。它们在我们生活中的每一天表现出来，为了抵挡我们，给我们带来痛苦。我们想要那谎言。上帝既是公义公平的，祂命定谎言必像蜘蛛网抓住苍蝇一样网住我们。我们被困在幻觉、欺骗和自我欺骗中，我们生命的血液从我们身上被吸走。这就是谎言对我们一生的影响。最可怕且令人窒息的是它对我们个人的影响，以及它如何影响我们的自我。

如果每个可怜的个体都真知道他们的身份，撒但的王国就会一点点快速结束了。可悲的是，他们无法了解自己。撒但定意如此。从他们蹒跚学步的时候起，撒但就忙着给他们描绘一幅关于他们真正身份的虚假画面。它看起来并非像虚假的画面；相反，那是牠制造的一个非常可爱、友好、有吸引力的画像。

牠长时间鼓吹这一画像，以至于我们都爱上了它。然后，牠低声对我们说："你知道这是谁吗？那个可爱的人不是别人，正是你！" 奉承就像润肤油一样滑过我们的身子。我们膨胀的心充满了关于我们身份的想象，而且已经准备好听到这些话。自恋所带来的满足很容易就随之而来。上帝的圣言自然已经不能再供应我们。

那是因为上帝的圣言告诉不敬虔之人，他们需要归信。但我是如此珍贵、美善且卓越，就像我本来的样子！这就是我们对自己的印象。这种错误的印象已经内化了。我们不再能看到真正的自己，不会那样看待自己，反而会完全专注于自认为的错误身份画像。我们把真我埋葬在遗忘之中。我们消失得无影无踪，再也找不回自己了。谎言就是如此用谎言来惩罚你。你被缠进去，就无法逃离关于你自己的谎言了。你在撒但的网里晃来晃去。你可以随意叫、喊、哭诉，但这对你一点好处也没有。你就再也找不到自己了。任何其他人，不管是谁，无法向你透露你自己的身份。撒但也许能帮你，但牠不会。

人类都被完全困在这种可怕的情形中。每个人都忘记了自己是谁，无法找回关于自己的真相。在这个世界上，只对于一小部分人来说情况有所不同。在那个圈子里，每个人都与那个致命的谎言决裂了，逃脱了撒但的网。那个圈子是那一小群上帝的选民。在这个圈子里，你会发现一个无处可寻的巨大现实。人们在那个族群中唱歌！他们在唱："我回转以后，就真正懊悔，受教以后，就拍腿叹息。" 你想知道自己是否属于那里吗？那么问问自己，你是否真正认识自己。只有那时，你才能寻得胜利！

第98篇
上帝使已过的事重新再来！

> 现今的事早先就有了，将来的事早已也有了，并且上帝使已过的事重新再来。
>
> 《传道书》三15

传道者说："现今的事早先就有了，将来的事早已也有了，并且上帝使已过的事重新再来。"你明白这些话吗？这就是他们想说的。现在是夏天，冬天已被赶走。当我们忘记冬天的时候，上帝在寻找被赶走的冬天，祂要在年底把它带回。冬天会重新出现。当秋天的痕迹，就是芳香的花朵和五颜六色的叶子，都被驱散时，我们就把自己关在家里。上帝却寻找被风吹去的花和叶。祂渴望把它们带回到春天摇曳的枝干上。

现今的事早先就有了，而将来的事也早已有了；一切都会过去。它从我们面前被带走，就像被流动的小溪带走。但是，有某一位又在寻找被带走的东西。在祂自己对的时间，祂会把已更新和已恢复的东西，放回在我们的膝上。这一切都是从我们身边流过的潺潺流水的一部分。它是那长长的晨影，到了中午就缩短了。惟有耶和华上帝是永远的。祂在永恒的一瞬中就拥抱了过去、现在和将来。从上帝永恒的角度来看，一切都以非常相似的形式在过去、现在和未来展开。

我们在自然界中明显看到这种现象，甚至孩子都能告诉我们发生了什么事。但是你有没有想过它如何反映了我们的属灵生活呢？上帝也在寻找我们属灵生活中被赶走的东西。在这方面，还有什么是尚未被显然的遗忘之溪所带走的呢？不幸的是，当诸多各样事情被赶走、远离我们的视线时，我们的灵魂却得到了极大的解脱。我们自己就构成了生命的溪流。穿过我们嘴唇的每一次呼吸都凝成一滴水，然后落入那水流中，被它带走。在地上的二十、三十、四十年里，我们的罪孽、不洁、虚妄滴进这越来越宽阔的溪水中，有谁能替我们数清呢？你可以把这比作一个暗杀者把受害者的尸体拖到岸边，然后把它扔到水里。他看着湍急的水流把血迹斑斑的尸体冲得越来越远，感到一种巨大的解脱。尸体变得越来越小，以至于他几乎看不见了，最后完全从视野中消失了。我们对自己的罪就是如此！

从最深层意义上看，每一种罪都是一种谋杀行为。它是出于自身利益或卑鄙的动机，而毁坏更崇高、更美好的东西。我们的生命如此漫长，面临的机会如此无穷无尽。在面对每一个时机，我们都会做点事。我们所做的事或好或坏。你暂且搁置罪恶织锦中更精致的罪。在一件精细的针线工艺品中，如果不用放大镜，你几乎看不到每根线的排列方式。同样，如果没有上帝圣言的棱镜，你也很难发现你那些更细微的罪。所以，当你的罪恶更加肆无忌惮地爆发时，只要去辨别那些更加痛苦的时刻就好，因现在你需要花更大力气来平静你的良知。但是你犯了罪，在你犯罪的那一刻，上帝可怕的怒气像闪电一样击中你的灵魂。来自祂那可怕的阴云笼罩着你，夺去了任何一种你对自由的神圣感觉。

我有夸大其词吗？或者这很好地反映了你自己的属灵过往呢？有时，你是不是很高兴你的罪能被扔进遗忘的河流，并被冲走吗？当它在远处变得越来越小，最后完全从视线中消失时，你是不是很高兴呢？你有什么看法吗？有一位永生上帝在寻找那被赶出的罪吗？难道你没有注意到耶和华上帝正忙着做这事吗？或者你没经历过吗？也许你没有注意到很久以前的罪从你身边飘过，离你如此之近，就好像你刚把它们扔进了溪流中。你早就想把它们赶走了。也许你已经几个星期，甚至几个月，不再想到它们。可是它们又出现了，就在你面前。

除了上帝自己，谁能使它们回来呢？祂是圣洁的上帝，一直在寻找那些被赶出的罪。祂找到了它们，把它们带回来给你。祂如此行是为了让你对自己的过去感到震惊。祂如此行是为了叩问你的灵魂是否还未去到耶稣那里。

我们的良知是一种奇妙的力量。突然之间，我们过去的每一宗罪都会再次出现在我们面前。这就好比在我们的意识中植入了某种永恒的意识；借此，所有事物都永远呈现在上帝面前。遗忘只是拉上帘子遮住过去，不让你看到那背后有什么。但无论你多么小心地试图掩盖过去，它总是在那里；在外表之下，你一切罪恶排成一行待在那里。耶和华上帝只需把帘子掀开，就会再次把它们带到你面前来。祂可以在一个安静、孤独的时刻，或者在一个极度痛苦和悲伤的时刻做这事。当祂如此行时，你就能看到一切，看到你所有的罪，所有似乎都被赶走了的一切！

这里需要补充一点，那就是不止一个人在弥留之际看到过这帘子被掀开。事实证明那真令人震惊。它如此令人焦虑，以至于那会咬人却又不死的虫子，实则只需我们永远面对自己的邪恶。但不要因为这个念头而沮丧。主是有怜悯的。祂寻找你所赶出的罪是为了另一个目的。有些人在某个可怕的时刻会同时看到他们所有的罪。这不仅可能会发生在他们去世时，也可能发生在他们的中年之际。然后，他们的灵魂冒出冷汗。他们吓坏了，觉得自己可能会死，担心自己的生命。这都是因为上帝允许他们看到自己的罪乃是对永生上帝的邪恶阴谋。

这是主所促成的。祂如此行是因为祂知道这会行之有效。祂寻找被驱走的罪。在这些人面前，祂使祂的律法之光照耀在这些罪之上。祂如此行是要打碎他们的灵魂，使他们悲伤并悔改。祂如此行是要叫他们逃到十字架底下。这就是他们灵魂的救恩。在这些灵魂中，上帝做了祂可畏而光荣的工作，使他们死过千次。但是透过死亡，他们找到了永生。

这灵魂曾经高大挺拔，如今变得渺小卑微，像个孩子，如同一个真正的孩子，得以蒙福呼叫："阿爸，父！"对于这样的人，上帝总是通过"寻找被赶走的"来继续作工。这也包括被赶出的罪。祂如此行不再是为了惊吓他们，而是为了赐下恩典。因为上帝现在把那些被赶出的罪从河里捞出来、捆起来、扔到远离你之处。祂把它们扔得如此之远，没人能再找到它们，甚至撒但也找不到。祂把它们投入深海。这样看来，这些罪会无一存留了吗？

弟兄姊妹们，这怎么可能呢？这好比在上帝处理罪之奥秘的过程中，有什么事会毫无目的！它是这样的。如果你发现自己觉察到你在世上还有一些罪，这终将是对你的祝福。你认为它是恶的，但上帝的意思是好的。不止于此！然后，上帝的天使会向你表明，你的罪如何彰显耶稣赎罪之血的大能。这就是被赶走的事物再回到你身边的情形。但是它现在带着荣耀而来！为要剥去那罪人身上的衣服，为要叫他们因着上帝的义而被称义。

第99篇
锡安悲哀的人!

赐华冠与锡安悲哀的人,代替灰尘,喜乐油代替悲哀,赞美衣代替忧伤之灵。

《以赛亚书》六十一3

你是否常常犹豫要去同情那些锡安悲哀的人,或是有时觉得自己被他们吸引了?现在,在锡安哀哭这件事并不流行于基督徒之间。凡事都要高兴、喜庆、欢乐,越强烈越好!兴奋是最好的,甚至达到喧嚣的地步!这并不能说明这就是好事。你有时会听到有人在我们中间提出这样的问题:是否应该把这件事拓展到掩盖一个人内心空虚或信仰空洞的程度,就像今天人们用花圈盖住棺材,用鲜花盖住坟墓?他们就是这样在灵魂的属灵坟墓上,毫不吝惜地撒上鲜花。

这一切都是因着爱。凡不因此望而却步的人都会赞同。上帝的荣耀儿女如果看起来一点也不严肃,那似乎就无足轻重了。其他人则是被装饰、被追求、被积极培养。看来,上层社会的每个成员都将住在圣殿里。那么,人们自然无法忍受那些在锡安哀哭的人。

一定要摆脱悲哀的灵性、阴郁的宗教、拉长的脸、板着的脸以及假装的清醒。基督徒的人生必须是长久的庆祝，一首赞美的诗篇，一种完全快乐的声音！谁能忍受那些呻吟者、哀叹者和抱怨者呢？他们总像身处坑中，宁可坐在泥泞的坑里，或者那些无水之坑！所以，人们就是这样在喧嚣的信仰中培养他们的年轻人；带着轻松愉快的信念，情感丰富的信仰，高兴到欢呼雀跃。他们教孩子们去憎恨那些悲观者和那些在阴郁宗教氛围中无所事事之人。一定要有笑声，而不是哀哭声！欢欣，而不是流泪！然后，他们说："孩子们，丝毫不要理会那些虚伪的法利赛人！"此时，这听起来很像基督徒的样子。

然而，从属灵上来说，人们总是归属不同的群体。这只因每一个严肃的基督徒都需要作出巨大的努力，来反对那种被修饰、过度欢乐的基督教以及他们不真诚的活力；这并不会使每一个忧郁的属灵人都成为那些在锡安哀哭者中的一份子。

就人们如何哀悼而言，你会看出他们的不同。一方面，你会发现一个寡妇在绝望中情绪爆发。但几乎不到一年，她感觉自己的丧服令人窒息，虽然仍在悲伤之中，她就开始谈论再嫁的事了。另一方面，你会发现一个相当沉默寡言的女人默默承受着痛苦。她的眼泪不过是几颗贵重的珍珠。有时，当她嘴唇上爆发出天籁般的笑声时，她灵魂深处却还在哀悼她那逝去的丈夫。十年后，你会发现情况仍然如此。她总是有同样天使般的温柔笑声，总是有同样克制的悲伤；两者相互交织。

你在锡安的哀恸者中也发现有同样的情况。苦闷的性情和忧郁本身就缺乏灵性。苍白的外表本身并不神圣。在真正的上帝儿女中，你很少听到颤抖的声音。他们不是被雇来的送葬者，按时哭丧。他们如此行不是为了给人留下印象。他们觉得做样子就是冒犯。只有了解他们的人，才能体会他们的痛苦。他们不会向陌生人袒露内心的真实想法。但是在锡安的哀恸者给普通百姓留下的印象是：他们举止得体、内心满足、表现出高度的神圣平安。在生活中，他们的平静态度可以让步于宗教节日的欢庆。当在悔改的日子，他们或他们的孩子经历耶和华上帝他们天父的责备时，你也会觉察悲痛。

但这两个例子是特例。他们的生活通常有着平静、安宁、祥和的举止。他们不像快乐的基督徒那样过于兴奋或轻浮，也不像病态的抱怨者那样郁郁寡欢。

他们就像克制的寡妇，有种持续的悲伤，带着忧郁的痕迹；他们在其中的笑声就是神圣安慰的证据。

这是怎么发生的？这真实地且很自然地发生！你必须明白，上帝的孩子有两种生命。用我们美丽的认信中的词汇来说："生命有两种。其一是肉身的、今世的生命，这是我们与生俱来的，与众人一样；其二是属灵的、属天的生命，这源于我们的重生，唯独上帝所拣选的儿女才能分享这生命。"

你也要明白，这两种生活各有快乐和悲伤。上帝的孩子可能会意外地得到成千上万的宝藏。在今世的生命中，他们感到快乐和幸运。但他们属灵和属天的生命并不总是快乐的。他们甚至有可能会遇到金钱给属灵和属天生命带来的一切危险。他们害怕随之而来的撒但的网罗。他们感觉到，随着牠力量的增加，他们的灵魂可能会变得更穷乏。或者，当一个忠诚的殉道者听到人们大喊"把那个异教徒带到柴堆里烧死"时，他会作何反应呢？虽然他的神经在颤抖，肉体感到痛苦，内心在恐惧中退缩，但是他的灵魂会因为自己被算配为主耶稣的名去死而欢欣。

所以你扪心自问，在锡安哀恸的人是在经历内在的还是外在的悲伤。显然，"在锡安哀恸的人"是专指那些在属灵和属天生命中经历了悲哀的人，即便他们可能在肉身和今世的生命中一帆风顺。当祂的儿女因锡安而哀哭时，我们的天父必定知道。其他受苦的上帝的孩子们也能注意到这一点。但是，这种哀哭太神圣了，今世之人甚至都不会注意到它。

最重要的是，这里需要补充的是，赐给那些灵性忧郁之人的事物常常会被忘记。真正的悲伤不会没有内心深处的安慰。"哀恸的人有福了，因为他们必得安慰。"主的应许是不更改的："我必赐华冠与锡安悲哀的人，代替灰尘，喜乐油代替悲哀，赞美衣代替忧伤之灵！"在自己灵魂深处为锡安哀恸的上帝的孩子，绝对相信他们会得到上帝的安慰。这并非仿佛你说："首先，我要哀哭半年、一年甚至两三年。然后，我就突然会被华冠覆盖，灰烬都将消失。我会停止哭泣，开始欢喜。"对于上帝的孩子而言，并非如此机械。他们偶尔会在生活中经历一场巨大的浪潮。他们会先升到山巅，然后又会深深沉入谷底。但在大多数情况下，他们的生活很普通。

在这个意义上，他们的生活是普通的。锡安的悲哀深埋在他们心里。他们时不时才会有清晰的认识、生动的意识和强烈的感知。只有在极少数情况下，他们才会被这悲哀所胜。只在那时，耶利米的哀歌才会在他们嘴边响起。在他们的哀恸中，他们的担保者（Surety）和救主所提供的完全安慰之丰盛，深深地埋藏在他们的心里。但是，他们也只是偶尔才经历到这种安慰。这就是为什么他们只有在少数几个孤立的场合，才会爆发出热烈的歌声，唱着拯救的诗篇，赞美他们的上帝。

因为锡安的哀哭和全备的安慰这两种现实都存在，当他们说话的时候，总是悲喜交加。他们不能和那些兴高采烈的基督徒同行，因为那样会失去在锡安的哀哭。他们也不能和那些伤心的人坐在一起，因为那样他们会失去安慰。

所以，弟兄姊妹们，照照镜子吧！当你审视自己的时候，要持守这一点。在锡安哀恸，就是因罪的可怕后果和我们生命中日益增长的邪恶之洪流而深感悲伤。这是为罪如何悖逆主你的上帝和祂的受膏者而哀恸。所以，你要先为作为上帝孩子的自己，心里常感罪咎的内在背叛而哀恸；为经常挑动你反对你的上帝、救主、祂的教会和祂国度的那可怕罪恶而哀恸；为你灵魂渴慕去抓任何悦你眼目之物而哀恸。

第100篇
牛认识主人！

> 牛认识主人，驴认识主人的槽；以色列却不认识；我的民却不留意。
>
> 《以赛亚书》一3

　　动物的世界真是个奇妙的世界。它们被造无疑是用来喂养我们。它们也是服务于我们。某种程度上，它被造是为了借歌声和忠诚来鼓舞我们。除此之外，它被造却是被用来羞辱我们。它羞辱那离开婴儿的安乐窝，将其交给陌生人看守的母亲。它羞辱那不愿干活、因此被蚂蚁谴责的懒汉。它羞辱那不守规矩之人，因为他们拒绝被嚼或缰绳驯服。它羞辱焦虑之人，他们应该向天上的鸟儿学习如何面对他们的忧虑。它也羞辱了那些不忠之人，他们选择朋友又轻易抛弃他们。它尤其羞辱了我们无知的愚勇，让我们不曾注意上帝离我们到底很远还是很近。

　　最揪心的是，以赛亚将最后的挖苦之语指向了我们的灵魂。有什么动物比牛更蠢比驴更笨呢？你才干过人，作为一个聪明人，你看到愚蠢的牛抬起它迟钝的头放在轭下时，会如何做想？或当你看到那头笨拙的驴在路上跌跌撞撞地走路时，会如何做想呢？那头牛却比你厉害多了。驴会让你大大蒙羞。那牛在草场吃草，你进了田间，它就离开你。但如果它的主人打开门，走到牧场，牛就会跟着他，让他在牛角上系上绳子，然后自愿被牵走。还有那头蠢笨愚拙的驴，在回家的路上，它可能会经过十个棚子都敞着门，有填满饲料的槽。但是，它会走过每一扇门，然后静静地站在主人的栅栏前，因为它知道这个木槽属于它的主人。

所以，"牛认识主人，驴认识主人的槽"。牛的迟钝大脑和驴的长耳朵并不能解释它们为何会有此反应。动物只不过是物质和能量的混合物，其所有活力都来自万军之主。母鸡在小鸡面前昂首阔步，表现出主的爱铭刻其身。狗忠诚地在主人的墓碑旁哀思，证明它与生俱来的忠信，反映出全能者的信实。牛认识它的主人，驴认识它主人的槽，只是因上帝就是如此创造了牛、塑造了驴。它们所拥有的本能和意识由上帝植入、印刻和灌输给它们。

但这又有什么关系呢？有什么区别吗？"'出于尘土，也要归于尘土。'你所有的，有哪一样不是我赐给你的？"这些话岂不也适用于你吗？所以，有什么知识或悟性不是上帝印在你身上的呢？你内在的聪明智慧，有哪样不是耶和华上帝所造的呢？故此，仍然需要对你说："牛认识主人、驴认识主人的槽；以色列却不认识，我的民却不留意"吗？这责备岂不让你深深蒙羞吗？它岂不是显出了你可耻的堕落深渊吗？

你不认识你的主人，绝非因主向你隐藏了这一本能知识，就像祂如此对待软体动物或贝类。恰恰相反！你的创造主将这种知识植入你里面。祂印在你里面的方式和程度，异于祂对待动物的方式。你对祂的了解远超它们。在乐园里，亚当和夏娃被造之后，立即就认识了他们的主人。他们即刻、清楚、透彻地认识了祂。没有一种动物能单凭本能了解它们的主人。

人对全能者的认识和内在意识曾经没有被扭曲。一开始，人对祂的认识和理解是纯洁的，并非是创造的缺陷使得你意识下降，失去清晰；也非因此导致你灵魂变得迟钝，以至于你无法注意到上帝是近在眼前还是远在天边。这些完全是你全人所遭受的破坏使然。你现在是一个罪人。这就是你，而你就是如此生活。所有的真知识都消失了，剩下的顶多不过是不可靠的臆想、缺乏良好判断力，就像在黑暗中摸索。

耶和华上帝无处不在。祂在每个人的血液中。诸天述说上帝的荣耀，日夜发出言语。人们无需升到天上去得祂的圣言，因为圣言已经降下，离我们不远。然而，生活在我们祖国的四百万人口中，一大半人甚至未曾知道永生上帝的存在。日复一日，他们劳苦、发愁，不断犯罪。他们漫无目的，失去方向，四处奔跑。他们一直在寻找什么、尝试、抓住一些他们都无法辨别的事物。他们的嘴唇因灵魂焦灼般的饥渴而粘在一起。他们如同夏甲，在泉水旁坐下，而他们的以实玛利躺在旁边奄奄一息。他们无人注意到附近那条小溪流淌着美妙之水。没有空气、肺被封住，他们喘不过气来。他们因自己的虚荣和空虚而缺乏空气，没有注意也未察觉到那健康的空气就在上帝的圣山上打旋、流动，其实离他们只有两步之遥。

他们必须拥有上帝。他们的上帝真的存在。这就是扶持他们、喂养他们、保护他们的上帝；就是那位温柔地向他们伸出双臂，向他们显出怜悯的上帝。然而，他们什么也没听到，什么也没注意到。"牛认识主人，驴认识主人的槽。只是尊贵人没有知识，罪人也没有悟性。"

要是那样就好了！然而，事情并非如此。不！"是以色列人没有知识，是我的民缺乏悟性。" 我们这些承认耶稣之名的人，就是被牛羞辱、被驴责备的信徒。我们被赦免了，不再远远站着。我们藉着温柔的怜悯和常常漫溢的恩典，得以认识我们的上帝。上帝在我们昏暗的心中创造了光明。我们就是被祂的圣言刺透灵魂的人。我们与罪人有着不一样的主人，与不敬虔之人有着不一样的主。我们所拥有的这一位，祂用自己的血买赎了我们，把我们当作自己的产业。我们对自己的主人显然有外在的认识，并且有能力通过植入自己心中的信心来认识祂。没有这个认识，我们就不是上帝的孩子。但如果你完全缺乏这种外在的知识或内在相信的能力，也毫无益处；你也会丧失所有的安慰。

这是你应该承认的罪疚。那知识就像浮在水面上的一滴油，永远不会渗入你内部的存在（inner existence）。这种宝贵的相信能力往往不起作用。它会在内心萎缩，而非有力运行。对牛来说，问题不在于动物是否对主人的长相有印象，而在于当主人走近它时，它是否注意到并作出回应。对你来说，你的上帝或许每时每刻都在你身边，而你却从未注意到祂的脚步声，或回应祂衣服的沙沙声，这是令人羞愧的。如果上帝的手击打了你，那么你周围的人都会听到你在抱怨上帝，即便伸手打你的上帝也亲自与你同在。在灵魂干枯之时，虽然上帝不是远处的上帝，而是近处的上帝，并以祂的翅膀遮盖你，但是你也向众善之泉呐喊，祈求得到一滴水。

谎言和真相一次又一次搅在一起。你却缺乏明辨、直觉和敏感，不能分辨哪些是撒但的谎言，哪些是上帝所吩咐你的神圣真理。在你上帝的槽旁边是撒但的槽。头一个槽里躺着那位救主，祂的肉你可以吃，祂的血你可以喝，你就得供应。另一个槽里是灵魂试探者的有毒草料。但你缺乏辨别力来区分它们，所以你轮流从两个槽里取食。

你能分辨出来吗？若可以，你便会说："从后天开始，我再也不会那样了！"即使那样你都做不到。你太迟钝了，会一次次地犯错。唯一能救你的，是承认牛比你更了解它的主人，驴比你更能辨别主人的槽。你要在绝望中承认，从现在起，你要只依靠上帝的信实，并恳求："主啊，求祢带领我脱离我的迟钝和愚昧，进入认识祢的荣耀和祝福！"

www.ingramcontent.com/pod-product-compliance
Lightning Source LLC
Chambersburg PA
CBHW081341080526
44588CB00016B/2346